《西安城市史》编委会

主 任

李炳武

副主任

甘 晖　党怀兴　侯甬坚

编 委

（以姓氏笔画为序）

王子今	王双怀	王社教	王学理	尹夏清
尹盛平	田 野	史红帅	吕卓民	朱士光
朱永杰	任云英	刘庆柱	刘淑虎	安介生
孙家洲	李 浩	李令福	李健超	李裕民
李毓芳	杨恒显	肖爱玲	邹 贺	张晓虹
周宏伟	赵世超	荣新江	胡 戟	侯海英
耿占军	徐卫民	郭雪妮	黄留珠	萧正洪
梁克敏	韩光辉			

主 编

侯甬坚

陕西师范大学西北历史环境与经济社会发展研究院、
陕西师范大学中国史一流学科建设基金资助出版

"十三五"国家重点图书出版规划项目

国家出版基金项目
NATIONAL PUBLICATION FOUNDATION

陕西出版资金资助项目

主编 侯甬坚

西安城市史

西周丰京镐京卷

尹盛平 尹夏清 著

陕西师范大学出版总社

图书代号：SK21N1493

图书在版编目（CIP）数据

西安城市史. 西周丰京镐京卷 / 尹盛平，尹夏清著；侯甬坚主编. — 西安：陕西师范大学出版总社有限公司，2022.12
"十三五"国家重点图书出版规划项目　国家出版基金项目
ISBN 978-7-5695-2509-0

Ⅰ. ①西… Ⅱ. ①尹… ②尹… ③侯… Ⅲ. ①城市史—西安—西周时代　Ⅳ. ①K294.11

中国版本图书馆CIP数据核字（2021）第196395号

西安城市史·西周丰京镐京卷
Xi'an Chengshi Shi · Xizhou Fengjing Haojing Juan

尹盛平　尹夏清　著

出 版 人 /	刘东风
选题策划 /	侯海英
责任编辑 /	王丽敏　赵荣芳
责任校对 /	熊梓宇　张　姣
出版发行 /	陕西师范大学出版总社
	（西安市长安南路199号　邮编710062）
网　　址 /	http://www.snupg.com
电　　话 /	（029）85307864
印　　刷 /	中煤地西安地图制印有限公司
开　　本 /	787 mm × 1092 mm　1/16
印　　张 /	34
插　　页 /	2
字　　数 /	600千
版　　次 /	2022年12月第1版
印　　次 /	2022年12月第1次印刷
书　　号 /	ISBN 978-7-5695-2509-0
审 图 号 /	陕S（2019）036号
定　　价 /	240.00元

读者购书、书店添货或发现印刷装订问题，请与本公司营销部联系、调换。
电话：（029）85307864　85303629　　传真：（029）85303879

西安城市史

导 论

侯甬坚

目录

一、有关西安城市的前人著述 ……… 01

（一）古人的著述 ……… 02

（二）港台人士的著述 ……… 05

（三）日韩学者的著述 ……… 07

（四）欧美学者的著述 ……… 09

（五）《西安历史述略》的出版和增订 ……… 11

（六）长安学的提出及研究 ……… 14

二、考古学、历史地理学的参与 ……… 15

（一）考古队进驻古城西安 ……… 15

1. 西安半坡史前遗址的考古工作 ……… 16

2. 丰镐遗址的考古工作 ……… 16

3. 秦咸阳城和阿房宫遗址的考古工作 ……… 17

4. 汉长安城遗址的考古工作 ……… 18

1

  5.唐长安城遗址的考古工作⋯⋯⋯⋯⋯⋯⋯⋯⋯⋯⋯⋯⋯⋯⋯⋯⋯⋯19

 （二）城市历史地理研究诞生⋯⋯⋯⋯⋯⋯⋯⋯⋯⋯⋯⋯⋯⋯⋯⋯⋯⋯⋯20

 （三）西安兴起古都学⋯⋯⋯⋯⋯⋯⋯⋯⋯⋯⋯⋯⋯⋯⋯⋯⋯⋯⋯⋯⋯⋯23

三、国内外城市史研究之潮流⋯⋯⋯⋯⋯⋯⋯⋯⋯⋯⋯⋯⋯⋯⋯⋯⋯⋯⋯⋯28

四、西安城市史的研究意义⋯⋯⋯⋯⋯⋯⋯⋯⋯⋯⋯⋯⋯⋯⋯⋯⋯⋯⋯⋯⋯33

 （一）历史认识：自然史、人类史的划分⋯⋯⋯⋯⋯⋯⋯⋯⋯⋯⋯⋯⋯⋯34

 （二）对应人类史——体现人类文明的意义⋯⋯⋯⋯⋯⋯⋯⋯⋯⋯⋯⋯⋯35

  1.迄今为止，在全国范围内，西安还是建都时间最长的古代都城所在⋯⋯⋯36

  2.都城文化、后都城文化、现代都市文化一脉相承及其交织融汇⋯⋯⋯⋯37

  3.作为世界著名古都所在地的西安，享有独特的东方文化声誉⋯⋯⋯⋯⋯38

  4.长安城：观摩和认识东方文明、中华文化内涵的珍贵标本⋯⋯⋯⋯⋯⋯39

 （三）对应自然史——展现自然演变的内容⋯⋯⋯⋯⋯⋯⋯⋯⋯⋯⋯⋯⋯41

  1.土地——耕作层的形成⋯⋯⋯⋯⋯⋯⋯⋯⋯⋯⋯⋯⋯⋯⋯⋯⋯⋯⋯41

  2.水源——从依赖地表水到地下水，再到跨流域调水⋯⋯⋯⋯⋯⋯⋯⋯42

  3.地形——趋于平整顺直⋯⋯⋯⋯⋯⋯⋯⋯⋯⋯⋯⋯⋯⋯⋯⋯⋯⋯⋯43

  4.气候——旱涝间隔与冷暖交替⋯⋯⋯⋯⋯⋯⋯⋯⋯⋯⋯⋯⋯⋯⋯⋯43

 （四）西安（古长安）的研究意义⋯⋯⋯⋯⋯⋯⋯⋯⋯⋯⋯⋯⋯⋯⋯⋯⋯44

五、西安城市史的时代划分⋯⋯⋯⋯⋯⋯⋯⋯⋯⋯⋯⋯⋯⋯⋯⋯⋯⋯⋯⋯⋯47

 （一）长时段研究开阔视野⋯⋯⋯⋯⋯⋯⋯⋯⋯⋯⋯⋯⋯⋯⋯⋯⋯⋯⋯48

（二）都城时代···49
    1. 跨河而都：从沣河到渭河···50
    2. 汉隋唐三代：拥有渭河南岸开阔空间······································51
    3. 包百姓于城内：民众因素在加重···51

（三）西北重镇时代··52

（四）社会转型时代··53

（五）工业引领时代··55
    1. 第一个城市总体规划（1953—1972）······································55
    2. 第二个城市总体规划（1980—2000）······································56
    3. 第三个城市总体规划（1995—2010）······································57
    4. 第四个城市总体规划（2008—2020）······································57

六、城市生命力在西安的延展···58

（一）西安城市发展史上曾渡过的四大难关···59
    1. 粮食短缺···59
    2. 巨大战乱···60
    3. 都城迁走···60
    4. 水资源不足··60

（二）地理环境对西安的支撑作用···62

（三）关中平原的成长及其区位优势···63
    1. 中国平原第四位··63
    2. 西北地区最大平原··64
    3. 平均海拔··65

  4.区位及交通枢纽…………………………………………………………66

  5.历史上的成长过程………………………………………………………66

 （四）水：维持西安城市生命的关键所在……………………………………67

 （五）究竟谁可以决定西安城市的命运………………………………………70

七、本套城市史系列著作特点之说明……………………………………………73

导论

地球上总有些地方，在经济社会发展过程中，会聚集大量的人，成为人类活动极为活跃的地点。聚集了大量人群的地方，会有某种或某些强大的吸引力，吸引着更多的人前来会聚、谋生和奔赴前程。这样的地方就是城市。更进一步地说，城市是掌控更大的土地面积的地方，是包含社会财富、新颖建筑物、先进生产力、核心机密的地方，这里职业种类多，需要的劳动力数量大、素质高，时间稍长，必然会聚集起庞大的人群。一旦形成人头攒动、寸土寸金、人的心智趋高的局面，城市里又会产生各种各样的服务需求，创造出各类新技术，提供众多的就业机会，促使这里愈发熔炼成令世人向往的五光十色、光怪陆离的奇妙世界。

城市的来历不同也不凡，任何一个城市的兴起都有其引人注目的故事、诱人深思的奥秘、耐人寻觅的解释和盛衰不止的过程，于是，逐渐地就有了专门研究城市的现代学科——城市科学。一些相当活跃的研究领域或专业，如城市规划、城市设计、城市交通、城市地理学、人居环境科学、城市生态管理、城市史、都城史、都城考古学、古都学等，做起了专门以城市为对象的学术研究，注重挖掘城市的历史和弘扬城市崛起的精神。

一、有关西安城市的前人著述

一座城市在其正常运转之时，有可能产生不少日常行政管理方面的记录，而当一个辉煌的时代过去之后，也会有一些常怀思古之幽情的士人，竭尽所能地搜罗各种材料，予以整理汇集，留下自己的思考见解。对于古都长安这个地方，如唐朝的韦述，宋朝的程大昌、宋敏求，元朝的李好文、骆天骧，清朝的徐松，各自遗留下的种种著述，皆为爬梳史乘所得，都是弥足珍贵的文本，反映出我国古代文化典籍之中，早就有了属于历史阶段中的城市学和城市史学的著述内容①。

（一）古人的著述

最早记述秦汉都城景物的是汉代的《三秦记》，今有刘庆柱先生的《三秦记辑注》新本。刘先生采用考古所得资料，注释书中所述，多有心得，推测作者为东汉晚期陇东辛氏，认定"书名《三秦记》当取自'三秦'地名。东汉魏晋时代，以地名为历史地理著作之名较为普遍，如《关中记》、《长安记》、《荆州记》、《华山记》等"②。刘先生还著有《关中记辑注》一书，与《三秦记辑注》合册，判断《关中记》作者有两说，一为潘岳，一为葛洪。

汉初刘邦见长安城之未央宫修建得甚为雄壮，寻思花费钱财甚多，不由得勃然大怒，萧何说出"非壮丽无以重威"的道理后，刘邦才转怒为喜。诸多汉赋的作者，首先看中的是宫殿巍峨的都城，其次是林木繁盛的皇家园林，再次是远处挺拔高大的宫殿建筑。先有司马相如的《上林赋》《子虚赋》、扬雄的《甘泉赋》《长杨赋》，后有东汉班固的《两都赋》、张衡的《西京赋》，西晋左思的《三都赋》，皆极具那个时代大赋的显著特征。这是新的王朝兴盛之征象，似班固《两都赋序》所言："大汉初定，日不暇给。至于武宣之世，乃崇礼官，考文章，内设金马石渠之署，外兴乐府协律之事"③，兴起了一个时代的文化盛事。汉赋气魄宏大，在主客问答方式的叙述中，各位善书者从具体事象出发，又极尽夸耀之能事，以图压住对方的挑问，结果形成了一篇篇措辞激烈高昂、内容宏富、气势傲人的文学作品，以至于域外文学评论家就此留下了"西汉赋文类，最好是视之为一种'狂想曲'"这样的看法④。

---

① 皮明麻先生撰《城市史研究略论》（载《历史研究》1992年第3期，第3—13页）一文，认为"在公元前两千年以前，印度河、黄河流域也出现了城市。……尽管世界上有古老的城市，但却未建构起古老的城市学和城市史学，其'时间差'达数千年之巨"。古代社会保持着自身的文化积累方式，今人以近代分科方式治学，来揭橥古代文献事实和精义，正是一种极有意义的贯通式研究工作。

② 刘庆柱辑注：《三秦记辑注》，三秦出版社，2006年，"序言"第7页。以地名为历史地理著作之名，反映的是重视区域特征的著述方式，从东汉时代起就相当流行。

③ 〔梁〕萧统编：《文选》上册，〔唐〕李善注，中华书局，1977年，第21页。

④ 〔美〕孙康宜、〔美〕宇文所安主编：《剑桥中国文学史》上卷，刘倩等译，生活·读书·新知三联书店，2013年，第120页。该书中总说："《汉书·艺文志》'总共著录了一千零四篇赋作——这还不是完全统计，其中绝大多数都是西汉时期的作品'"。

汉代之后，又一部专著《三辅黄图》问世。该书作者在序文里信笔而书："今哀采秦、汉以来宫殿、门阙、楼观、池苑在关辅者著于篇，曰《三辅黄图》云，东都不与焉。"①作者所写"汉长安故城"部分，最像是东汉人的口吻。该书专记秦、汉都城的建设，而以汉都长安为主，所载有秦、汉关中故城及其周围的宫殿、苑囿、池沼、台榭、桥梁及诸多礼制建筑、附属设施等，条分缕析，甚为详备。有说其作者为如淳，或为晋灼，但都不能确定。

2006年，由魏全瑞主编的"长安史迹丛刊"问世，共10册：《三秦记辑注·关中记辑注》（刘庆柱辑注）、《三辅决录·三辅故事·三辅旧事》（陈晓捷注）、《三辅黄图校注》（何清谷校注）、《西京杂记》（周天游校注）、《关中佚志辑注》（陈晓捷辑注）、《两京新记辑校·大业杂记辑校》（辛德勇辑校）、《游城南记校注》（史念海、曹尔琴校注）、《类编长安志》（黄永年点校）、《南山谷口考校注》（李之勤校注）、《隋唐两京丛考》（辛德勇著）。丛刊出版后，在学界引起热烈反响。

此套"长安史迹丛刊"之"出版说明"中谓："可以说丛书基本包括了有关古代陕西尤其是古长安地域文化的经典作品。"事实上，还有多种重要著作并未收录进来，若按史念海先生"总序"所言丛刊甲至戊集编纂的计划，那相差甚远。如宋敏求的《长安志》、程大昌的《雍录》、徐松的《唐两京城坊考》等，均未收入其中。2013年12月，辛德勇、郎洁点校的《长安志·长安志图》②问世，正是对"长安史迹丛刊"的重要补充。

宋敏求（1019—1079）的《长安志》二十卷，记述关中都城建筑及景物更加条理化。前十卷记述以都城为中心的京兆府、雍州事项，后十卷分别记述都城周边二十余县，可谓不惮多费笔墨。卷五《宫室三·汉下》部分，记入了后汉献帝、西晋司马氏、前秦苻氏、后秦姚氏、西魏元氏、后周宇文氏，反映了作者对汉唐之间诸政权的重视。

李好文所做《长安志图序》，深思咏叹，称道不已，一气写出这样的文字："关中天府之邑，土居上游，古称天地奥区神皋，周及汉唐都之子孙皆数百岁，虽其积累深厚，亦曰神器之大，措之善也。观其创业垂统，规模宏廓，分郊画畿，制作详密，城郭宫室之巨丽，市井风俗之阜繁，山川灵迹之雄伟奇谲，史册所书，稗官所记，文

---

① 整理研究《三辅黄图》的著作主要有以下几种。张宗祥校录：《校正三辅黄图》，古典文学出版社，1958年；陈直校证：《三辅黄图校证》，陕西人民出版社，1980年；何清谷校注：《三辅黄图校注》，三秦出版社，1995年；何清谷：《三辅黄图校释》，中华书局，2005年。
② 〔宋〕宋敏求、〔元〕李好文：《长安志·长安志图》，辛德勇、郎洁点校，三秦出版社，2013年。

人硕士之揄扬颂叹,习而诵之,如谈蓬壶阆苑,钧天帝居,使人耳可得闻,目不可得而睹也。"有鉴于宋敏求《长安志》一书存有无图的遗憾,李好文便自行编纂《长安志图》,以求得一改观。后来在明成化四年(公元1468年)合阳书堂刻本及今本(辛德勇、郎洁点校本)的编排中,均为图在志前,合册刊行。

南宋程大昌(1123—1195)撰写《雍录》,传至明嘉靖年间,西安知府李经为之作序,序文称:"《录》皆右图而左书,表以山川,明如示掌,细如石鼓、铜狄、青琐、罘罳,悉加辨析,非博而何?……经固陋,承乏于斯,既有取于兹《录》,故刊诸郡斋,聊与诸生共焉。如其修文,以俟君子,今吾雍幸诸贤在焉,吾又何俟哉,又何俟哉!"通过对前贤撰述文献的尊示,表达了"吾雍"之人的一种心理满足。今本《雍录》点校人黄永年先生,认为程大昌的这一著述,是"不满足于这种保存文献式的记述,而是在此基础上进一步作考证解说","《雍录》的考证尤为研治长安地理者所重视","这都是开创时代风气的做法"。[①]

在程大昌所著《雍录》中,插入的第一幅地图,为《五代都雍总图》(见图1),从这幅图可以获知作者心目中的都城图像。五代者,周秦汉隋唐之谓也。作者自谓"予之此录,专以五代帝都为言"[②],其中汲取北宋人关于古代长安城的思想,其意义在于,既展现了五代帝都的地域关联性——建都于雍州,也反映了五代帝都在时间上的连续

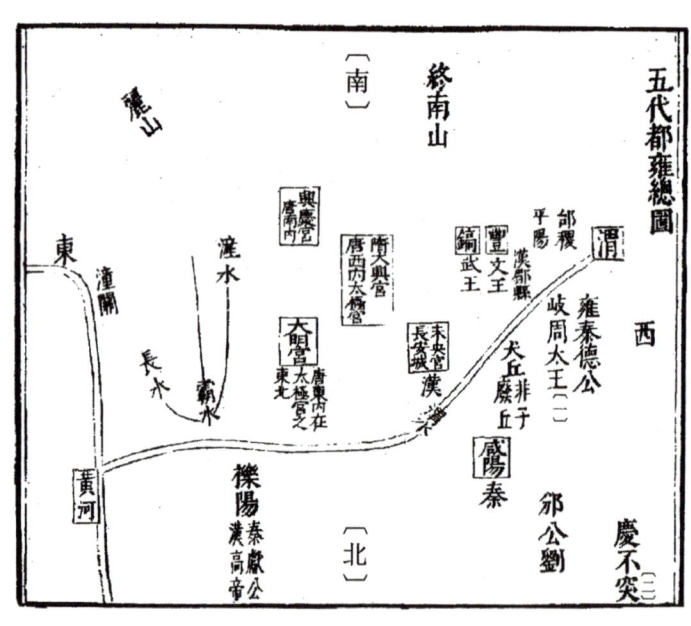

图1 宋人程大昌所绘《五代都雍总图》

原图说明:点校本添加了上南下北的文字,以完善图上已有的东、西方位标记。
图上注记:"〔一〕案:太王李本作大王。〔二〕案:不窋李本作不窑,皆误,当作不窋。"

---

① 〔宋〕程大昌《雍录》,黄永年点校,中华书局,2002年,"雍录序"第3页、"前言"第2页。
② 〔宋〕程大昌:《雍录》,黄永年点校,中华书局,2002年,第3页。

性，这可以说明作者程大昌的国都沿革意识是非常明晰的。

北宋作为继唐代之后的统一王朝，对于前面的历史认识往往具有总结性，"五代都雍"的表达，即为一个例子。北宋建都汴梁（今河南开封市），南宋移都临安（今浙江杭州市），周秦汉隋唐"都雍"的故事均成为既往，留给宋人乃至后人的是更平实而广阔的思考空间。

宋人的长安都城记述和考订，所搜罗和论述的范围都太大了，采用今日的话语来评说，就是把对城市的关注和研究扩大到区域尺度上去了。至清朝，徐松的《唐两京城坊考》才把注意力放在了城市里面。其做法甚为可取，具体是："古之为学者，左图右史，图必与史相因也。余嗜读《旧唐书》及唐人小说，每于言宫苑曲折，里巷岐错，取《长安志》证之，往往得其舛误，而东都盖阙如也。"①徐松是书刻印两年，程鸿诏自云："予得而读之，爱同球璧。庚戌自鸡泽南归，舟中暇，有校补次而记之，以贻好古者"②，作《唐两京城坊考校补记》一卷，可见徐松就城坊的选题及治学要领，甚得习者喜爱。

前人对长安城的喜爱，是普遍和执着的，如史念海先生撰述"长安史迹丛刊"之"总序"所言："由于长安的山川秀丽，人物荟萃，故四方景慕，咸思瞻仰，是以远道莅临，观风俗者，时有所闻。甚至王朝更易，都城他移，仍未稍替。其履履所及，耳闻目濡，往往撰有记述，旧典新章，多能引人入胜。"今天已有越来越多的事实证明，这种喜爱是以历史文化的多彩和先进为基础的。

（二）港台人士的著述

在整体观察古代长安城方面，需提及钱穆先生。1951年春，香港新亚书院钱穆先生在台湾讲述史学精神和史学方法，有一讲是"中国历史上的地理与人物"，讲到他曾经在1942年主张抗战胜利后建都西安，理由是"一个国家的立国精神，应该走逆势，不可走顺势"。他认为："中央政府是一国的头脑指导中心，头脑该摆在冷的地方，要暴露在外，要摆在大门口，摆在前面。头脑所在，全部血液都向那里输送，全部神经都向那里会合。头脑不能安放在胸腹安逸处。太温暖是不行的。"③这个比喻表露了钱穆先生对曾经承担中华历史大任的古都西安之偏爱。1976年4月，王恢先生不朽之作《中国

---

① 〔清〕徐松：《唐两京城坊考》，张穆校补，中华书局，1985年，"唐两京城坊考序"第1页。
② 〔清〕程鸿诏：《唐两京城坊考校补记》，见〔清〕徐松：《唐两京城坊考》，张穆校补，中华书局，1985年，第183页。
③ 钱穆：《中国历史精神》，九州出版社，2011年，第116—117页。1942年钱穆写过《战后新首都问题》、1945年写过《论首都》，用以表达己见。

历史地理》在台湾出版发行①。上册专论五大古都和长城、运河,古都依次为西安、洛阳、开封、北平、南京。开篇所列"五大古都建都年代表"内容翔实,统一时间远远多于分裂时间,此处仅转引西安部分,以飨读者。

表1 "五大古都建都年代表"中的西安部分

朝代	统一	分裂	时间	附注
周	341		前1111—前771	武王克殷至犬戎之难
秦	15	28	前221—前206	灭东周后28年,始皇统一六国,15年亡
汉	208		前200—8	汉高七年自栎阳徙都
新	15		9—23	
东汉	7	1	190—196	东汉初更始一年。董卓劫献帝居长安7年
西晋		7	304—306 313—316	张方劫持惠帝3年,愍帝4年。时李雄据蜀称成,刘渊据晋称汉
前赵		10	319—328	刘曜徙都至灭于后赵
前秦		35	351—385	苻坚入长安至灭于后秦
后秦		32	386—417	姚苌杀苻坚至姚泓降晋
西魏		22	535—556	
北周		24	557—580	
隋	28	9	581—617	开皇九年灭陈,统一南北。604年以洛阳为东京
唐	286		618—904	904年4月朱全忠迁昭宗于洛。肃代以后150余年,藩镇割据
13	900	168		

资料来源:王恢:《中国历史地理》上册,学生书局,1976年,第14—15页。

注:最后一行为前三列之小计,即建都西安朝代13个,合计统一时间共900年,分裂时间共168年,二者相合,建都西安时间为1068年。

台湾方面较早研究汉朝都城的是中国文化学院马先醒先生。1972年,他的题为《汉代之长安与洛阳》的博士学位论文在学校印行,所附第15图图名为《汉代长安区划略图》。②40余年后,陈文豪撰文指出:这幅图考订的北第地望、长乐宫跨处横贯驰道

---

① 王恢,1909年4月出生于广西全州。20世纪60年代初,在香港中文大学新亚研究所专治中国历史地理。1967年,由钱穆推荐,任教于台湾中国文化学院(1980年改为中国文化大学)史学系。先后就历代政治、经济、文化的地理之转变,各民族之关系,著文论述。其《中国历史地理》由学生书局于1976年出版,分为上、下两册。上册共分五大古都、长城、运河三编,下册历代疆域形势为第四编,各编均附图表。
② 马先醒:《汉代之长安与洛阳》,中国文化学院史学研究所博士学位论文,1972年。

（横贯霸城门、直城门之大道）两边，亦即霸城门至直城门有一条穿越长乐宫横贯长安城的大道等，后来均为考古发掘所证实，但是长期被忽视。①1983年，宋肃懿在台北出版《唐代长安之研究》一书，书中专列第十一章，即"结论——兼谈唐以后不都长安的解释"，探讨的原因是在战争的破坏、政治因素的阻绝、经济重心的转变、腹地狭小及交通不便、国防重心的东北移诸方面。②此外，刘章璋撰写的《唐代长安的居民生计与城市政策》，新意在于尝试突破中西方学者对城市概念的一些争论，从当时城市居民的职能出发，了解唐代首都长安的城市居民生计，从另一个角度探讨当时世界上最大的城市的规模、城市政策及其实行情况，两者之间的关系和相互影响。③

（三）日韩学者的著述

这里还要注意到与中国古代文明关系密切的日本，就长安城的历史研究，有许多事例可以叙说。据贝冢茂树先生介绍，从1930年开始，京都大学人文科学研究所就是"以东方文化基础的中国为中心来研究"。1956年，该所平冈武夫编著出版了《长安与洛阳（地图）》一书，序文由贝冢茂树先生执笔。平冈先生的研究由《全唐文》进至唐代历史、地方行政区划及其沿革、首都长安和洛阳的历史地理，他从吕大防《长安城图》（石刻照片）及中日诸多文献书册里择图编辑，还写了关于这两个都城的街道、市场、机关、寺庙、宫殿等的形状、位置的认识文字。不到两年，该书就有了中文版④。1989年，上海古籍出版社再次出版了这部图书，易名为《唐代的长安与洛阳（资料）》。

日本史学界的东洋史学研究，主要研究中国历史。在东洋史学界的中国长安城研究，有一个"长安三书"的美谈，这指的是石田干之助先生的《长安之春》、佐藤武敏先生的《长安》和妹尾达彦先生的《长安的都市规划》。西北大学高兵兵说："因为这三部论著分别问世于1941年、1971年、2001年，间隔均30年左右，且各具特色，通过这三部书，可以基本了解近一百年来日本国长安研究的情况，我把它们称之为'长安三书'。"⑤即便是1941年，石田先生已在《长安之春》里开始描写唐人的日常生活及长

---

① 陈文豪：《由汉长安城平面图看研究进展》，载《中国历史地理论丛》2016年第2辑，第50—58页。
② 宋肃懿：《唐代长安之研究》，大立出版社，1983年，第179—183页。
③ 刘章璋：《唐代长安的居民生计与城市政策》，文津出版社有限公司，2006年。
④ [日]平冈武夫：《长安与洛阳（地图）》，杨励三译，陕西人民出版社，1957年。雇页背面有注：本书系根据日本京都大学人文科学研究所1956年1月日文版译出。关于平冈武夫的生平，可参阅刘起釪《悼念日本的中国学权威平冈武夫先生》（载《中国史研究动态》1995年第8期，第17—20页）一文。
⑤ [日]佐藤武敏：《长安》，高兵兵译，三秦出版社，2013年，第235页。

安的景色，这些细腻的文字，已刻画出唐都长安是当时世界各地文化的集中之所[①]，其文字叙述之优美，内容之精湛，实在是令人赞不绝口。

中日文化源远流长，一个十分重要的特点是有汉文书籍的支撑，这体现了中国古代语言文字的文化联系作用，大概就是源于这一点，古代中日文化之间的交流，在学界有一个"书籍之路"的表达。唐文宗开成三年（公元838年）的7月8日，日本僧人圆仁以请益僧身份，由博多湾随船出洋，7月27日抵达扬州地面，一年多后又抵达文殊信仰十分兴盛的五台山，一边观摩学习，一边赶路，于开成五年（公元840年）9月21日上午从春明门进入长安城，在大兴善寺西禅院住下。圆仁在长安学习和生活了四年又十个月，且经历了唐武宗"会昌毁佛"事件，于845年离开长安，两年后才返回日本。圆仁采用汉文写下的日记体著作《入唐求法巡礼行记》四卷，成为记录他十年跨海求法经历的极为珍贵的文字作品。[②]20世纪初期，日本与古长安的缘分续增，足立喜六来到西安，任教于陕西高等学堂，他利用课余之暇在西安城内外调查不止，并撰述文稿，归国后出版了《長安史蹟の研究》一书，该书成为日本东洋史学界的一部有名著作。[③]2004年，日本京都大学爱宕元教授在1978年以来不断踏勘中国历史遗迹的基础上注译的《游城南记/訪古遊記》[④]一书出版，原著者分别为北宋的张礼、明朝的赵崡，内容直接与古长安有关，颇有意义，值得称道。

众所周知，朝鲜半岛政权与历代中原王朝交流频繁，汉唐时代更是如此。目前，我们只知道韩国学界有关唐长安研究的信息。相对于日本，韩国东洋史学界对汉唐长安体系性的研究很少。应该说，朴汉济教授的汉唐长安研究独具特色。在《中国中世胡汉体制研究》一书中，他认为从北魏洛阳开始的"坊"制在隋唐长安城盛行，是少数人统治多数人前提下的一种措施。[⑤]在《大唐帝国及其遗产：胡汉统合与多民族国家的形成》中，他探讨了唐帝国对外国人的政策，皇帝的巡幸、避暑、就食，皇后、皇太子的

[①] [日]榎一雄：《解说》，见[日]石田干之助：《长安之春》，钱婉约译，清华大学出版社，2015年，第238页。
[②] [日]圆仁：《入唐求法巡礼行记》，顾承甫、何泉达点校，上海古籍出版社，1986年。
[③] [日]足立喜六：《長安史蹟の研究》，日本东洋文库论丛第二十之一、二册，1933年（昭和八年）；[日]足立喜六：《长安史迹考》，杨炼译，商务印书馆，1935年；[日]足立喜六：《长安史迹研究》，王双怀、淡懿诚、贾云译，三秦出版社，2003年。足立喜六事迹，参见侯甬坚：《足立喜六先生与长安》，载《中日关系史研究》2001年第2期，第88—94页。
[④] [日]爱宕元注译：《游城南记/訪古遊記》，京都大学学术出版会，2004年。
[⑤] [韩]朴汉济：《中国中世胡汉体制研究》，一潮阁，1988年。

选择，长安城三苑的设置等。①卞麟锡教授《唐长安的新罗史迹》则考察新罗、百济等朝鲜半岛人士的在唐活动，涉及崔致远在长安宾贡及第，金可记在终南山子午谷修仙的遗迹，长安坊里的朝鲜半岛人士住居，新罗僧侣在长安城、终南山所在寺院巡礼求法，以及作者对西安存在的新罗史迹的实地调查等。②权憙永教授《古代韩中外交史：遣唐使研究》一书，首次将半岛政权派遣的贺正使、请兵使、谢罪使、告哀使、宿卫谢恩等使节，统称为遣唐使，全面论证遣唐使入唐经纬、在长安的活动、往返路径、时间等问题。③崔宰荣教授探讨唐长安城坊里制对东亚国家都城建设的影响，以及长安城的"萨宝府"、长安城的构造及治安问题、长安城鸿胪寺职能变化、长安城市场机能等。除此之外，还有学者注意到京师长安与东都洛阳的关系、唐长安妇女体育运动、唐长安外国移民、唐长安寺院佛教发展等问题。总之，随着中韩两国各层面学术交流的进一步深化，韩国东洋史学界对唐长安城的研究将会更加全面和深入。④

（四）欧美学者的著述

据美国休斯敦大学历史系史明正先生的研究，欧美城市史研究比较发达，作为社会史的一个分支，美国城市史研究在20世纪60年代获得新的突破。二战后美国城市发展的一个显著特点是所谓"阳光带城市"的兴起，这是对美国西部海岸城市的一种特别称呼。西方学者还普遍认为，城市史是研究城市在区域史、国别史和文明史中扮演什么特殊角色的学科⑤，这是一种与众不同、颇多高明之处的认识。对于古代中国的长安城研究，英语世界已产生如下论著：爱德华·谢弗（Edward Schafer）所撰《长安的最后岁月》（The Last Years of Chang'an），载《远东》（Oriens Extremis）1963年第10卷第2期；芮沃寿（Arthur Wright）所撰《象征主义与功能：关于长安和其他大城市的思考》（Symbolism and Functions, Reflections on Chang'an and Other Greater Cities），载《亚洲研究杂志》1965年第24卷第4期；熊存瑞（Victor Cunrui Xiong）所撰《隋朝第一都——大兴城异国情调之那巴臣理论价值再评价》（Re-evaluation of the Nabachen Theory on the Exoticism of Daxingcheng, the First Sui Capital），载《远东历史论文集》1987年第35

---

① [韩] 朴汉济：《大唐帝国及其遗产：胡汉统合与多民族国家的形成》，世昌出版社，2015年。
② [韩] 卞麟锡：《唐长安的新罗史迹》，亚细亚文化社，2000年。
③ [韩] 权憙永：《古代韩中外交史：遣唐使研究》，一潮阁，1997年。
④ 本段韩国史学界对中国长安城的研究信息，系陕西师范大学历史文化学院拜根兴教授应约撰写后提供，特致谢意。
⑤ [美] 史明正：《美国城市史学的回顾与展望》，载《国外社会科学》1989年第3期，第62—68页。

期;熊存瑞所撰《隋朝第一都——大兴城之规划》(*The Planning of Daxingcheng,the First Capital of the Sui Dynasty*),载《远东历史论文集》1988年第37期。

在阅读《剑桥中国文学史》时,我们也看到作者宇文所安在"文化唐朝(650—1020)"一章中饶有兴趣地写下的一段表现长安城国际性的文字:

> 唐代是一个具有国际性的朝代,有人旅行去印度,也有商人从印度洋周遭大陆来到扬州。波斯萨桑王朝最后一代君主逃脱阿拉伯人,寄居在长安城东北。长安城里有祆教寺庙,摩尼教寺庙,景教教堂,以及佛教和道教寺庙。唐代视觉艺术非常喜欢表现异族人。与唐朝关系最好的是朝鲜半岛上的盟友新罗,还有不断派遣使节和僧人学习吸收中国本土文化和佛教文化的日本。753年阿倍仲麻吕回日本时,王维和其他人写诗送别,王维还为这些诗写了一篇优雅的骈文序言。①

对此,北京大学荣新江教授也说过,唐代的"长安是当时东亚,乃至中亚、南亚、西亚人物精英的荟萃之都,也是各国物质文化的集中之地"②。世界著名汉学家爱德华·谢弗所撰《唐代的外来文明》(原名为《撒马尔罕的金桃——唐朝的舶来品研究》),就外来文明的具体种类(分为18类170余种),做了细致阐述和解读。③

美国加州大学伯克利分校历史系戴梅可教授醉心于西汉思想和文化的研究,2013年春季她在西安时曾对笔者说:在她常去的图书馆里,书架上可以看到大量的古代罗马城市方面的书,而关于中国古代长安城的书却很难找到。④2015年,经过她的组织和努力,为英语世界奉献了一部厚重之作——*Chang'an 26 BCE: An Augustan Age in China*(《公元前26年的长安:中国的辉煌时代》),16开本,厚达600余页。⑤近年,她还在

---

① [美]孙康宜、[美]宇文所安主编:《剑桥中国文学史》上卷,刘倩等译,生活·读书·新知三联书店,2013年,第355页。
② 荣新江:《高楼对紫陌,甲第连青山——唐长安城的甲第及其象征意义》,载《中华文史论丛》2009年第4期,第1页。
③ [美]爱德华·谢弗:《唐代的外来文明》,吴玉贵译,中国社会科学出版社,1995年;[美]爱德华·谢弗:《唐代的外来文明》,吴玉贵译,陕西师范大学出版社,2005年;[美]薛爱华:《撒马尔罕的金桃——唐朝的舶来品研究》,吴玉贵译,社会科学文献出版社,2016年。
④ 海外研究中国其他城市的历史论著则不少,如伊懋可(Mark Elvin)、施坚雅(G.William Skinner)主编:《两个世界之间的中国城市》(*The Chinese City Between Two Worlds*),斯坦福大学出版社,1974年;琳达·库克·约翰逊(Linda Cooke Johnson)主编:《中华帝国晚期的江南城市》(*Cities of Jiangnan in Late Imperial China*),纽约州立大学出版社,1993年;还有施坚雅主编的《中华帝国晚期的城市》,叶光庭等译,斯坦福大学出版社1977年出英文原版,中华书局2000年出中文版。
⑤ Michael Nylan, Griet Vankeerberghen, *Chang'an 26 BCE: An Augustan Age in China*, University of Washington Press, 2015.

美国研究中国的早期历史。①

此外，法国建筑历史学家、考古学家布鲁诺（Bruno Fayolle Lussac）2007年编纂出版的《现代世界中的古代城市：1949—2000年西安城市形态演变》，收录了多篇中国历史地理学者撰写的西安城市发展变迁相关论文，是在欧洲流传最广的有关西安城市史的系统著作。②法国汉学家魏丕信（Pierre-Etienne Will）于2013年发表了《从死水微澜到中流砥柱：1900—1940年的西安》一文，详述了从清末慈禧太后与光绪皇帝"西狩"西安，到1940年抗战期间古都西安军政地位的演变，高度评价了西安在中国历史上的地位。③近年来，在欧美地区高校执教的青年学者对西安城市史的探索逐渐增多，选题更趋细微具体，研究内容更加深入细致。代表性学者有加拿大麦吉尔大学的戴杰明（Jeremy Tai）助理教授，其在2015年撰写的博士学位论文《开发大西北：重塑西安与现代中国边疆》，从宏观与微观相结合的角度，综合利用大量中西文史料，对近代尤其是民国西安城市发展变迁历程进行了复原和分析。④还有德国图宾根大学黄菲副教授目前已搜集了大量保存在西安市档案馆的珍贵文献，正在开展有关民国西安城市水环境与社会变迁的专题研究。⑤

（五）《西安历史述略》的出版和增订

1949年后，国内最早采用现代历史研究方法撰写的西安城市著作，是1959年出版的《西安历史述略》，陕西省博物馆编。据该书"序言"所述⑥，第二章"西安附近的原始社会文化"是由中国科学院考古研究所西安研究室石兴邦同志撰写，第八章"解放以来西安市各项建设的巨大发展"是由西安市人民委员会办公厅同志供稿，其余都由陕西

---

① ［美］戴梅可、魏泓：《中国早期历史在西方的接受与研究——加州大学伯克利分校戴梅可教授访谈录》，载《国际汉学》2020年第2期，第23—26页。

② Bruno Fayolle Lussac, *Xi'an: An Ancient City in a Modern World- Evolution of the Urban form 1949-2000*, Editions Recherches, 2007.

③ Pierre-Etienne Will, *Xi'an, 1900-1940: From Isolated Backwater to Resistance Center*, in *New Narratives of Urban Space in Republican Chinese Cities: Emerging Social, Legal, and Governance Orders*, Edited by Billy Kee Long So and Madeleine Zelin, Brill, 2013, pp.223-274.

④ Jeremy Tai, *Opening Up the Northwest: Reimagining Xi'an and the Modern Chinese Frontier*, University of California（Santa Cruz）, A Dissertation for the Degree of Doctor of Philosophy, 2015.

⑤ 本段文字及其注释系陕西师范大学西北历史环境与经济社会发展研究院史红帅教授应约撰写后提供，特致谢意。

⑥ 陕西省博物馆编：《西安历史述略》，陕西人民出版社，1959年。"序言"由武伯纶撰写，落款时间为1959年4月15日。武伯纶（1902—1991），陕西西安市阎良区关山乡东兴村人。曾任中学教员，新中国成立后长期从事考古、文物保护研究和教育文博行业的管理工作，著有《西安历史述略》（陕西人民出版社，1959年、1979年、1984年增订本）、《西安史话》（陕西人民出版社，1981年）、《古城集》（三秦出版社，1987年）等。

省博物馆武伯纶同志"作了重写"。

这篇"序言"认为，西安地区的历史，从社会发展上说，应该分为三个时期：第一是原始社会时期，第二是阶级社会出现以后的时期，第三是社会主义时期。按目录（只显示一级标题）和正文所示，第七章"唐以后的长安"之后，即为第八章"解放以来西安市各项建设的巨大发展"。很明显，这是马克思主义关于社会发展形态学说在西安城市史研究中的具体运用，"三个时期"的划分涵盖了整个城市史的过程，展现了西安城市史的基本轮廓，在该书中还有许多具体的史实作为支撑。只是"三个时期"的划分，体现了人类社会发展阶段的共性，还缺乏与城市有关联的个性表达，这是当时条件下难以做到的。

这样的西安城市历史划分方式面世后，很快获得了西北大学李健超撰写的评论性文章《对"西安历史述略"一书的意见》[①]。他指出"本书提供了大批可供参考的史料和线索，并整理成一个完整的体系，对于进一步研究西安的历史提供了有利的条件"，也指出城市的发展不能越过一个历史阶段，"半封建半殖民地时代的西安历史，需要较详尽的说明，只有如此，才能显示西安由旧到新的变化，才能使我们更清楚的认识到西安是在怎样的一个废墟上日新月异的改变着自己的面貌"。应该说，这篇文章提出了如何对待和讨论处于近代变革时段中城市面貌的问题，但限于背景条件，当时这样做还有不少困难（一是档案材料还难以利用，二是如何对城市盛衰之"衰弱"景象进行分析）。

1979年1月，武伯纶编著的《西安历史述略》新版在西安面世[②]，按目录和正文所示，第七章"唐以后的长安"成为全书的终章，也就是说，1959年版中的第八章"解放以来西安市各项建设的巨大发展"，在新版中没有给予保留，这就将著述内容严格地限定在1949年以前的"历史"范围内。

新版第七章二级标题内容为（遵原书格式）：

一 首都地位的失去

二 长安城的重建和西安名称的出现

三 李自成在西安建立农民革命政权

[①] 李健超：《对"西安历史述略"一书的意见》，载《人文杂志》1960年第3期，第81—84页。
[②] 武伯纶编著：《西安历史述略》，陕西人民出版社，1979。第1—9页的"绪论"，由武伯纶撰写，比1959年版的"序言"内容增多。第280页的"后记"记述1959年版出版后，广大读者提出了不少宝贵意见，1965年、1969年、1976年曾进行几次增订。"后记"落款时间为1979年元旦。截止到1981年10月第3次印刷，该书印数为18000册。

四 西安碑林

五 西安长期的停滞状态和社会面貌、自然面貌的改变

兹抄录该书1959年版第七章的二级标题,以便于对照:

一 长安失去了领导全国的地位

二 长安城的重筑

三 人口的发展和少数民族的移入

四 社会面貌和自然面貌的改变

五 建置沿革

两版第七章二级标题相对照,第一、二、四(1959年版第四、新版第五)内容保留,表述有了调整;1959年版第三"人口的发展和少数民族的移入"换为新版的"李自成在西安建立农民革命政权",1959年版第五"建置沿革"换成新版的"西安碑林"。对于"半封建半殖民地时代的西安历史",并没有在目录上予以体现。

于此可见,在1959年、1979年两版《西安历史述略》中,关于西安城市史的分期认识,有过最早的尝试性论述,特别是在与社会发展阶段的对应上,最后将写作内容确定在1949年前(个别地方有延伸,如叙述1961年国务院正式公布西安碑林为全国重点文物保护单位)。时隔5年后的1984年6月,陕西人民出版社又出版了武伯纶编著的《西安历史述略(增订本)》。这可以说是《西安历史述略》的第三次出版,该书确是一部很有影响的著作。需要提及的是,这册增订本的篇幅明显扩充,尤其是增加了第八章,即"北洋军阀和国民党反动派盘据下的西安",将写作内容延续到了1949年西安解放前夕。

在前述1959年版的《西安历史述略》"序言"中,武伯纶先生这样写道:

> 西安古名长安,是我国的大都市之一,特别是周秦汉唐我国古典文化发育成长到最盛的时代,它是当时的首都所在。就是在唐代以后,没有再作首都,但始终是西北的一个重镇,就是说在历史上很长的时期内,西安一直是人文荟萃之处。因此自来学者对于古长安史迹的研究,都抱有极大兴趣,留下来的材料,也相当丰富。长安二字带有迷人的诗意。

这段文字的概括性很强,其中所展现的周秦汉唐时代的"首都"和唐代以后"重镇"的明确认识,对于西安城市史研究来说具有相当重要的指导性和启示作用。此后,按照历史朝代的兴替进行论述,成为这一领域研究的主要形式,问世的论著不胜枚举。

此外，还有一种贯穿式的著述形式，那就是对西安城市史的全过程予以撰写，如朱士光、吴宏岐合作主编的《西安的历史变迁与发展》①，属于合集体之力而成就的一部城市通史性质的著作。

（六）长安学的提出及研究

从进入21世纪开始，陕西省文史研究馆组织文史专家，陆续开展了一系列周秦汉唐历史文化研讨活动。2005年，在"隋唐文明座谈会"上，馆长李炳武提出了长安学的概念，并发表了《积极开展长安学研究》一文，还围绕长安墨宝、长安雅集、长安金石、长安新韵等内容，组织开展了一系列文化活动。2009年，文史研究馆成立"长安学研究中心"，陆续编辑出版了"长安学丛书"里的"长安学论丛"（综论卷、人物卷等），带来了一股长安学兴起的热潮。2013年3月，在陕西师范大学成立"国际长安学研究院"，并编辑出版院刊《长安学研究》。②傅璇琮先生为"长安学丛书"撰写"序言"，指出20世纪前半期陈寅恪先生《隋唐制度渊源略论稿》论述的"关中本位政策"实际上是一种文化政策，即"维系人心之政策"，这应是长安学在20世纪的学术渊源。傅先生还论述道："对于长安学的研究，其实也是对于历史上影响中华民族乃至世界范围的精神文化特质的关注与探究，对于构筑新世纪民族精神家园有着很好的借鉴作用"，所论极为重要。

至2016年11月，由西北大学黄留珠先生主编的《西安通史》（一至四卷）在西安出版。③整部通史分为七编编写，每编之下章数不等，内容起自原始社会，终于民国时期的西安（1949年前）。全书"总叙"即由主编执笔，其中阐述"编写大型《西安通史》的重要意义"，提到了西安的地理位置靠近著名的中国人口分布线——胡焕庸线（1935年提出），而"这条线也是中原王朝直接影响力和中央控制疆域的边界线，是汉民族和其他民族之间战争与和平的生命线"。依据这一创见，得出了从事创作这部通史的新的意义，即"西安作为沿线附近一个著名历史文化名城，无疑是一个理想的选点之地。而为这样的名城编写一部通史，总结其前期辉煌、后期落后的历史转变过程与经验，对于破解胡焕庸线来说应该属于基础性研究，既有必要，更有价值"。很明显，此处阐述的创作思路，对有意从事西安城市著述工作的人，都具有很大的启发性。

---

① 朱士光、吴宏岐主编：《西安的历史变迁与发展》，西安出版社，2003年。
② 黄留珠、贾二强主编：《长安学研究》第1辑，中华书局，2016年。至2021年，已连续出版6辑。
③ 黄留珠主编：《西安通史》（一至四卷），陕西人民出版社，2016年。

再至2019年6月，日本的中国都市史研究专家妹尾达彦所著《隋唐长安与东亚比较都城史》在西安问世。①这部著作以"概观东亚都城的历史，并论述隋唐长安的历史意义"为总的目标，使用比较都城史、城市社会史诸多研究方法和自创的"图表讨论法"，运用独自创造的"都城时代""农牧复合型国家"等概念，对中国都城史上的隋唐长安、隋唐长安与东亚国际关系、与隋唐长安共同反映东亚城市发展过程和盛况的建康和洛阳，展开了全面的研究。书中有诸多令人沉思的观点，如：探讨隋唐长安城的历史，可以发现隋唐长安城位于与欧亚大陆的农业-游牧交界地带邻近之处这一事实；从3世纪到10世纪，是中国都城中的"太极殿时代"；唐长安成为东亚古代都城的典范，对周边诸国的都城产生了巨大的影响；等等。

二、考古学、历史地理学的参与

1949年以来的古城西安考察和研究工作中，汇入了成批考古学专业人员的智慧和力量，这是揭示古城西安历史面貌的主力军。各支考古队进驻遗址，由地面至地下展开发掘工作，清理出土文物，探明河流、墓葬、灰坑、陶窑、房址、城门、城墙、下水道等与聚落、城市的关系，尤其是某些古遗址的位置，绘出了一幅幅、一版版古城遗址平面分布图。1983年中国古都学会在西安成立，历史地理学科研人员利用历史文献资料、考古发掘和文物资料，结合实地考察及观摩，从城市结构布局、功能、人口迁移、对外联系等角度展开研究，有助于推进西安城市史（包括都城史）的深入研究。这一部分最后的"国内外城市史研究之潮流"的叙述，则是为了观察学界研究的走势。

（一）考古队进驻古城西安

早在1954年，中国科学院考古研究所（1977年改属中国社会科学院）就商议建立了该所的外地派出机构——西安研究室②、洛阳工作站和安阳工作站，原因就在于这三个地方在中国历史上占有极为重要的地位，中国古代文明最早就形成、发展于这三个地方。考古研究所向这三个地方派出了自己的学术骨干，在西安方面新组成了西安半坡、丰镐遗址、汉长安城遗址、唐长安城遗址考古工作队，以长期开展当地的史前与西周、

---

① [日]妹尾达彦：《隋唐长安与东亚比较都城史》，高兵兵、郭雪妮、黄海静译，西北大学出版社，2019年。该书系李浩、[日]松原朗主编"海外中国研究书系·日本学人唐代文史研究八人集"之一。
② 中国社会科学院考古研究所著：《发现长安：中国社会科学院考古研究所西安研究室成立六十周年纪念》，中国社会科学出版社，2017年。

汉唐时期的考古工作。

1. 西安半坡史前遗址的考古工作

20世纪50年代以来，考古研究所相关考古工作队在西安及其附近地区进行的新石器时代晚期的半坡遗址、北首岭遗址，新石器时代中期的白家遗址，新石器时代早期的黄陵遗址等的考古工作，开创了中国考古学"聚落考古"之先河，首次全面、深入地揭示了新石器时代晚期的基本社会形态与物质文化面貌，借此建立了中国第一座史前聚落遗址博物馆——西安半坡博物馆，且在全国产生了相当积极的影响和反响。[①]

距今6000多年的半坡聚落位于陕西西安半坡村，先民们居住于半地穴式房屋，现存遗址面积约5万平方米。半坡聚落是黄河流域原始文化的重要代表之一。半坡居民处于母系氏族公社时期，人们已经学会了喂养猪、狗等家畜和种植粟、白菜或芥菜等农作物。他们还用鱼叉或鱼钩捕鱼，用纺轮制作麻衣。半坡人制造的彩绘陶器，形状各异，表面用赭色、黑色等颜料绘出动植物或几何形的花纹。他们的石器与北京人的石器相比，已经进步了很多，所以考古学界将其看作新石器时代仰韶文化类型的著名代表。

2. 丰镐遗址的考古工作

公元前770年，周平王东迁洛邑后，关中平原的丰镐二京遗址在岁月的流逝中被逐渐湮没。考古队在前人工作基础上，20世纪80年代初进一步明确，"丰邑在今沣河中游西岸，遗址北极客省庄、张家坡，南达新旺村、冯村，东至沣河，西至灵沼河，总面积约6平方公里。镐京在今沣河中游东岸，遗址北极洛水村，南达斗门镇，东至昆明池故址，西至滈水故道，总面积约4平方公里"[②]。滈水即潏水（为沣河的支津，留有故道）。

从古文献和出土铜器铭文判断，周王经常到沣西去举行重大活动，说明丰镐二京本身就是"一都双城"的格局，二者互补共存，一起发挥着都城的作用。就多批周文化陶器和遗存进行的分期断代研究，确立了丰镐遗址的先周文化、西周考古学文化分期断代标尺。近年来的考古工作，开始转向对遗址范围、地下遗存分布情况及布局等的勘探与研究。[③]

如胡谦盈先生1982年所述，截至目前，关于丰镐都址中的宫殿区以及西周王陵的位

[①] 参阅石兴邦口述，关中牛编著：《叩访远古的村庄》，陕西师范大学出版总社有限公司，2013年；张礼智主编：《被唤醒的史前村庄：半坡寻遗》，九州出版社，2018年。
[②] 胡谦盈：《丰镐考古工作三十年（1951—1981）的回顾》，载《文物》1982年第10期，第57页。
[③] 中国社会科学院考古研究所、陕西省考古研究院、西安市周秦都城遗址保护管理中心编著：《丰镐考古八十年》，科学出版社，2016年。

置、各种手工业的分布状况，乃至丰邑内的西周中期居址是否存在，诸如此类的一些基本的也是必须要交代的问题，都仍然有待于今人努力去探索和研究。

3.秦咸阳城和阿房宫遗址的考古工作

陕西省考古研究所成立于1958年，次年组成渭水考古队，专门以秦咸阳城为中心展开考古工作。对秦咸阳城址进行勘察，先后发现灰坑、水井、陶窑、夯土墙、排水管道、建筑遗址多处。1973—1979年发掘了一号宫殿遗址、三号宫殿遗址的壁画长廊，还有邻近的夯墙、宫殿遗址和中小型平民墓葬。1980—1990年，着重对二号宫殿遗址进行发掘，对古城遗址再次进行全面勘察，新发现陶窑90座、水井81口和数座瓮棺葬墓。关于秦咸阳的总体布局方面的探讨，多数学者倾向于秦都咸阳应不存在大城（郭城）城墙。在咸阳原上还发现了其他一些建筑遗址，应为秦都咸阳城郊的离宫别馆。在秦都咸阳一带发现有冶铜、铸铁、制陶、建材、骨器等手工业作坊多处，主要分布在渭北区域。由于历史上渭河河道不断改动、北移，对咸阳古城遗址造成很大的破坏，因此难以具备充分的资料，对咸阳城的范围、形制、平面布局、整体面貌进行复原。①

在今西安三桥一带的渭水南岸，现存东西长1270米、南北宽426米、高约9米的夯土台基范围，已确定为秦阿房宫遗址。21世纪初，中国社会科学院与西安市文物保护考古所联合对阿房宫遗址进行了大规模勘探和发掘，弄清前殿夯土台基上没有秦代建筑遗迹，前期工程只完成了夯土台基及其三面墙的建筑。考古队对此遗址曾做过小规模的调查与试掘，在距其前殿遗址东北、西南约数百米处的地面多座夯土台基上，曾发现筒瓦、板瓦、瓦当、铺地砖、陶水管、石柱础等建筑材料及带有戳印文字的陶片。现已发现100余口水井、29条排水管道，管道明暗结合，单、双乃至四管视情形而设，所反映的遗址给排水系统是秦都咸阳的一大重要收获。②

于20世纪60年代初期开展的秦始皇帝陵考古工作，至1962年测绘出第一张陵园平面布局图。1974年，陵园东面千余米处西杨村村民打井时意外发现了兵马俑，随后考古工作者进行了初步发掘，发现秦始皇的大型兵马俑陪葬坑，1979年在遗址上建立起秦始皇兵马俑博物馆。1987年，联合国教科文组织将秦始皇陵及兵马俑列入《世界遗产名录》。2009年2月11日，秦始皇帝陵博物院得以组建，具体由秦始皇兵马俑博物馆、秦

---

① 陕西省考古研究院秦汉考古研究部：《陕西秦汉考古五十年综述》，载《考古与文物》2008年第6期，第106—107页。
② 陕西省考古研究院秦汉考古研究部：《陕西秦汉考古五十年综述》，载《考古与文物》2008年第6期，第107页。

始皇帝陵遗址公园（丽山园）组成。

陕西省考古研究院的专家表示，秦都咸阳的布局、规模及内涵，汉长安城各功能区的结构及内涵，以及汉上林苑的界限及布局等学术问题，均有待展开新的探索。

4.汉长安城遗址的考古工作

汉长安城是中国古代都城遗址中开展考古工作最早、最多的城址之一，在都城考古学研究方面取得了许多重要的成果。

20世纪50年代后期和60年代初期，主要勘察了汉长安城城墙、城门、城内主要道路和长乐宫、未央宫、桂宫的地望与范围。80年代后期进一步勘察了未央宫、长乐宫和桂宫的结构和布局，究明了东市和西市的位置与基本形制，确定了高庙遗址的地望。90年代以来，勘察了汉长安城中手工业作坊遗址的分布和北宫的地望、范围。在这些考古勘察的基础上，对长安城进行了较大规模的考古发掘，如对城门遗址，礼制建筑遗址，武库遗址，长乐宫宫殿建筑遗址，未央宫宫殿、官署和角楼建筑遗址，制陶、冶铸和铸币等手工业作坊遗址等进行了考古发掘，集中探讨了崇"方"问题、择"中"与轴线问题、城门问题、道路结构与棋盘式道路网、"面朝后市"问题、"左祖右社"问题、"前朝后寝"问题及宫城在都城布局上的重要地位等。[①]

需要予以重视的是，曾主持汉长安城考古发掘工作的刘庆柱先生在论文中总结提出了"都城考古学"的概念和一系列思考。他认为："中国古代都城考古学的基础在于田野调查、勘探和发掘工作。都城是历史时代的产物，都城考古属于历史考古学的范畴。都城是国家最高政治机关所在地，一般也是国家政治、经济和文化中心。就这点而言，可以说都城是国家的缩影。都城考古是通过研究古代人们在都城及其附近各种活动的遗迹和遗物，准确描述都城古代社会生活的方方面面，揭示相关问题的历史发展规律。"此外，他还论述了都城考古学构成的基本要素，也就是从事都城考古的基本内容，提出了相应的考古学方法，这些都是汉长安城考古实践对都城考古的重要启示。[②]

值汉长安城遗址考古工作展开60周年之际，专业人员在《汉长安城未央宫（1980～1989年考古发掘报告）》等多部专题著作的基础上，从中国古代都城的构成要素——中心性、威严性、礼仪性、安全性、时代性这些新的视角，充分运用勘察和发

[①] 刘庆柱：《汉长安城的考古发现及相关问题研究——纪念汉长安城考古工作四十年》，载《考古》1996年第10期，第1—14页。

[②] 刘庆柱：《汉长安城的考古发现及相关问题研究——纪念汉长安城考古工作四十年》，载《考古》1996年第10期，第11—12页。

掘的资料，以及结合历史文献资料所反映的古代都城思想，对汉长安城又展开了综合的讨论。①

5. 唐长安城遗址的考古工作

20世纪30年代初期，随着中国考古学事业的起步，北平研究院史学研究会考古组来陕西调查，发掘了唐中书省遗址，出土了刻有唐大明宫和兴庆宫平面图的宋代吕大防刻石残块，为后来复原唐长安城的布局提供了十分珍贵的基础性图形资料。

1957—1960年，考古人员完成了对外郭城、皇城、宫城和城内街道、坊市、宫殿、渠道以及芙蓉园、曲江池等遗址的初步勘察。60年代初进行了全面复查和核实，并首次绘制出了长安城遗址实测图和初步复原图。在此前后，还陆续发掘了大明宫含元殿、麟德殿、三清殿、清思殿（包括后来对含元殿遗址的发掘），兴庆宫勤政务本楼、花萼相辉楼等宫殿建筑遗址，青龙寺、西明寺、实际寺等寺院遗址，胜业坊、兴化坊、太平坊、安定坊等里坊遗址，以及明德门、皇城含光门、西市、东市（部分围墙和街门）等遗址。②

1999年发掘的唐长安城南郊圜丘遗址是唐代天子举行祭天大典的场所，保存有较为完好的夯土四层圆台，表面以黄泥抹平并涂以白灰，简朴素洁。2005年9月至2006年1月，西安唐城队对唐大明宫正南门——丹凤门遗址进行发掘，清理出尚存的西侧墩台、城墙、马道和四个门道，证实原丹凤门为五门道，是迄今发现隋唐城门规模最大的一处。2000—2005年，中日联合发掘唐长安城大明宫太液池遗址，发现池岸、道路、殿址、廊院址、水榭址、杆栏式建筑基址以及其他建筑基址和给排水设施。③

过去对于长安城市的文化追寻，在其废弃之后直到清末，不断有士人进行追述，或实地查看，以作记述和考证。基于现今考古发掘所得到的有关唐长安城基本格局各方面的历史认识，远远超越过去士人的认识水准。考古遗迹调查、遗址发掘工作在前，随之而来的是考古发掘简报、专刊（报告）陆续面世，考古机构、遗址博物馆纷纷建立，半个多世纪以来，陕西考古、文博事业呈现一派兴旺景象。由于今日西安现代建筑物是叠加在过去的隋大兴城、唐长安城、宋金京兆府城、元奉元路城、明清西安府城基础上，

---

① 刘振东：《汉长安城综论——纪念汉长安城遗址考古六十年》，载《考古》2017年第1期，第9—16页。
② 陕西省考古研究院隋唐考古研究部：《陕西南北朝隋唐及宋元明清考古五十年综述》，载《考古与文物》2008年第6期，第169页。
③ 陕西省考古研究院隋唐考古研究部：《陕西南北朝隋唐及宋元明清考古五十年综述》，载《考古与文物》2008年第6期，第169页。

不同时代的遗址、器物在地下层层叠压，或者交错杂陈，还有许多新的现代城市建设工作在进行之中，这些都给城市考古发掘工作带来困难，因而西安城市的考古工作仍需要不断坚持，在坚持中保持信念，克服困难，以求逐步推进。

关于西安城市历史的考古研究，宿白先生曾做过评价："在现代城市中较系统的追查古代城市的范围和布局，是从1958年初，陕西省文物管理委员会在《唐长安城地基初步探测》中发表《唐长安城探测复原图》引起的"①。《唐长安城地基初步探测资料》首发于西安的《人文杂志》1958年第1期（执笔人是杭德州、雒忠如、田醒农），北京的《考古学报》1958年第3期随即予以全文转载，文中的《唐长安城探测复原图》在全国同行群体中也引起了不同程度的关注。

（二）城市历史地理研究诞生

在20世纪的中国城市史研究领域，存在着一种由来已久且引人注目的地理研究风格。就事实本身和研究经过而论，这种风格的引领者乃是北京大学的侯仁之先生，就其研究势头和特点而言，可以称之为异军突起。

侯仁之（1911—2013），祖籍山东恩县（今山东德州市平原县恩城镇）。1930年，他从山东德县博文中学转到通县潞河中学，走向了北京。他曾写道："我作为一个青年学生，对当时被称做文化古城的北平，心怀向往，终于在一个初秋的傍晚，乘火车到达了前门车站（即现在的铁路工人俱乐部）。当我在暮色苍茫中随着拥挤的人群走出车站时，巍峨的正阳门城楼和浑厚的城墙蓦然出现在我眼前。一瞬之间，我好象忽然感受到一种历史的真实。从这时起，一粒饱含生机的种子就埋在了我的心田之中。"②这就是侯仁之先生第一次看见北京城的内心感受，震惊而难忘。

之后，侯仁之先生开始了北京城的研究，在此基础上，发展起了我国独树一帜的城市历史地理研究（在后来同类研究中，也有"历史城市地理"的表述，术语的内涵是一致的）。其突出之处，是就城市的地理基础——地貌地形、河湖水体、交通线路、历代城址、兴衰演变等展开细致的复原研究工作。1946—1949年在英国利物浦大学地理系留学期间，他顺利完成了英文《北平历史地理》（*Historical Geography of Peiping*）博士学

---

① 宿白：《现代城市中古代城址的初步考查》，载《文物》2001年第1期，第56页。收入宿白：《魏晋南北朝唐宋考古文稿辑丛》，生活·读书·新知三联书店，2020年，第90—100页。
② ［瑞典］奥斯伍尔德·喜仁龙：《北京的城墙和城门》，许永全译，北京燕山出版社，1985年，"序"第1页。新版为邓可译，北京联合出版公司，2017年。

位论文的写作。①

作为一个东方的文明古国，中国黄河中下游地区的城市兴起早，数量亦多，具有城龄较长、城墙高耸等共性，此外还有各自不同的个性特征，而立足于北京城这样的名都所做的单体城市研究，对于揭示其城市个性具有更为重要的学术意义和实用价值。在这中间，侯仁之先生确定的研究步骤有：

第一，确定最早的城址位置，对其进行城市起源方面的地理解释。

第二，借助历史地理学的研究，复原该城市发展初期的古代地理面貌，这包括山麓、交通线、河流渡口等因素，在平原上汇聚对于城市所起的作用的进一步研究说明。

第三，在城址出现变动的情况下，需要把城市开辟水源的考虑，作为城址出现变动的重要动因加以详细考察。

第四，研究一个城市的历史地理，必须结合整个地区的历史地理进行综合探讨。

侯仁之先生在其学术生涯中，以绘制一部《北京历史地图集》为最大夙愿，到1997年图集第二集出版时，他已是86岁的老人了，最终没有等到图集最后一部的问世。他和同事、学生们研制这部图集的文字作品，主要汇集在《北京城市历史地理》这部著作里。②

表2 侯仁之主编《北京历史地图集》基本信息

卷次	卷名	主要内容	出版信息
第一卷	政区城市卷	北京建城以来历代行政区划的演变	第一集，北京出版社，1988年
第二卷	文化生态卷	北京地区自原始社会以来的自然环境变化	第二集，北京出版社，1997年
第三卷	人文社会卷	北京市域范围内不同时代人文要素以及古城文化要素的分布及变迁	一函三卷，文津出版社，2017年（收入第一至三卷而成）

三卷本《北京历史地图集》的卷名分别是政区城市卷、文化生态卷、人文社会卷，1988年出版第一集，1997年出版第二集，2013年又出版第二集增补版。第二集增补版共有7个图组，70个版面，其中包括173幅手绘地图，90余幅（个）照片、书影、素描图、统计表，约5万字的文字说明。总体设计上是以深入扎实的历史地理学科学研究为

---

① 英文原文见侯仁之：《我从燕京大学来》，生活·读书·新知三联书店，2009年，第395—604页；中译本见侯仁之：《北平历史地理》，邓辉、申雨平、毛怡译，外语教学与研究出版社，2014年。
② 侯仁之主编：《北京城市历史地理》，北京燕山出版社，2000年。

基础，从文化生态学的视角，系统研究和展示了北京地区从史前时期到近现代时期城市的出现与发展、变化的文化生态全过程，是一部跨学科、综合性的城市文化生态专题图集，具有创新性和示范性。①图集通过所有图幅和文字的设计，自然反映了所有制作者的学术追求。

侯仁之先生是一位很有学术影响力的学者，20世纪50年代就开始指导研究生，带领青年教师、研究生一同展开野外考察工作。在《城市历史地理的研究与城市规划》这篇具有奠基性质的论文里，侯先生总结时强调：

> 历史地理学作为现代地理学的一个分支，在城市地理的研究上，对一个城市的起源、城址的演变、城市职能以及城市面貌的形成和发展，都应该看作是研究范围以内的事。特别是在我国，历史悠久的重要城市为数甚多，结合城市规划的要求，进行这方面的研究，尤其是当务之急。②

这样清晰明了的阐述，对于学界同人产生了诸多积极的影响。1984年，钮仲勋先生在专题论文《历史地理怎样研究地区开发》中论述道："地区开发研究城市与一般研究城市历史地理有所不同，前者着重研究城市在地区中的地位，地区中各城市的相互联系；而后者往往研究城市本身的一些问题，如聚落的起源、城市的形成、城址的变迁、城市水源、城市布局等。"③前者类似城市史的研究，后者就是城市历史地理的研究方式和思路。

任职于陕西师范大学历史系的马正林先生，长期从事历史地理学教学和研究，在城市研究中选定了第二种途径。他在实践中坚信"城市历史地理学只能把城市兴起、演变的地理条件作为研究对象"，进而认为这门学科的任务也就是特别注重揭示地理条件在城市发展过程中的作用和规律性。在这一思想的指导下，他指导研究生调查写作，出版了《中国城市历史地理》一书。④

可见，由侯仁之先生开创的城市历史地理研究，是城市史研究最为基础性、势必要做的研究工作，而且还有侯先生已经做出的北京城市历史地理研究的示范（还有将旧城市改造与城市规划的工作结合起来的内容），这类研究就成为探讨城市起源及发展过程中不可缺少的工作。这样的研究风格和传统，在北京大学历史地理研究中心得到了长期

---

① 侯仁之主编：《北京历史地图集·文化生态卷》，文津出版社，2013年。
② 侯仁之：《城市历史地理的研究与城市规划》，载《地理学报》1979年第4期，第327页。
③ 钮仲勋：《历史地理怎样研究地区开发》，载《扬州师院学报》（社会科学版）1984年第3期，第73页。
④ 马正林编著：《中国城市历史地理》，山东教育出版社，1998年。

的坚持和发扬。

有了上述学术传承的影响和作用，2021年5月由何一民、余爱青合作撰写的《十年来中国城市史学科建设的考察与分析》一文，考察了全国城市史学科构建的基本要素，详细梳理了近10年来国内城市史学术机构的建立与发展、研究团队的构建、学术带头人与人才培养及研究平台以及学术交流与社会服务的发展状况，反映出了我国城市历史地理研究发展的一个侧面。①详见文中表1"国内部分高校、科研院所建立的中国城市史学相关的学术机构"，其中罗列西南地区有三家，第三家是西南大学历史地理研究所；西北地区有一家，是陕西师范大学西北历史环境变迁与经济社会发展研究中心（2011年升格为研究院）；华东地区有五家，第二家是复旦大学历史地理研究中心；华北地区有七家，第一家是首都师范大学历史学院北京都市文化研究中心；华南地区有两家，第二家是暨南大学历史地理研究中心。上述西南大学、陕西师范大学、复旦大学、暨南大学的研究机构，均为国内颇有实力的历史地理研究群。而北京大学城市与环境学院的历史地理研究中心因编制在理科，其有关城市史和城市历史地理研究的成果，未能在该表中予以列出。

（三）西安兴起古都学

1983年9月19日，中国古都学会在西安成立，首任会长由陕西师范大学史念海教授担任。在这一学会成立的同时，还举办了学会的首次学术研讨会。

1985年4月，史念海先生为学会编的第一部论文集《中国古都研究》撰写了"序言"，他论述道："中国是一个有悠久历史的国家。历史上曾经先后出现过相当多的王朝和政权。每个王朝或政权都各有其都城。一些都城由于具备较为优越的条件，曾经成为若干王朝或政权先后建都的所在。"②一个"古"字，确定了这一研究领域的历史学属性；一个"都"字，限定了这一领域的研究对象——历史上各个王朝或政权所建的都城；"古都"合称，则是时空条件限制下的近代以前的各个政治中心。时隔两年（1987年），史先生为在洛阳召开的第三次学会学术研讨会提供了题为《中国古都学刍议》的论文，就中国古都学的定义、特点、范畴和研究方法等，提出了自己独到的见解。其中

---

① 何一民、余爱青：《十年来中国城市史学科建设的考察与分析》，见任吉东主编：《城市史研究》第43辑，社会科学文献出版社，2021年，第1—17页。该文首页注云："本文为国家社科工作办2020年中国历史学中国城市史学科'十四五'规划调研报告的前期研究成果之一。受访对象仅限于中国近现代城市史学者，不包括海外学者。"《城市史研究》为中国城市史学术研究的交流园地。

② 中国古都学会编：《中国古都研究》，浙江人民出版社，1985年，"序言"第1页。

有这样的阐发：

> 中国古都学将是在悠久的历史渊源和广阔的学科基础上建立起来的一门新兴的科学。它研究我国历史上所有的都城的形成、发展、萧条以至于破坏的演变过程。通过这样一些演变过程，探索其中的规律，为当前的四化服务。①

这是有关中国古都学性质和研究内容的学术定义。类似这样的学科认识问题，也是参与学会工作的其他学者共同关心的事项，如北京社会科学院阎崇年先生曾在《中国古都研究》第2辑的"后记"里写道："古都学是一门既古老又新兴的学科。中国都城史的研究，需要同很多学科密切配合。近年来，中国古都的研究取得了很大的进展，但从历史地理学的角度进行研究比较多，这是很重要的，却是很不够的。"②言下之意，强调除要从考古、历史、地理、社会、文化、民族、城建、宗教、军事、水利、建筑、园林、交通和城市规划等方面继续加强研究外，应当加强对都城经济史料的搜集、整理和研究。此段文字提到的中国古都学、中国都城史的研究，有着紧密的关联。

1987年，来自南京的朱启銮、夏万年合作撰写的《关于制订古都学研究规范的建议》一文，从古都所在城市和现今城市科学、城市化发展的形势进行思索，大胆提出了这样的询问：

> 那么，古都研究是否就是"城市学"呢？或者，"城市学"是一个大系统，古都学是这个大系统里的子系统呢？
>
> 我们认为，两者研究内容虽然相近，但对象有异，彼此不能取代。③

两位学者在论文一开始就表达了"古都学研究的对象，应是古代的都城"的看法，最后建议中国古都学会抓紧研究解决两个问题：①制订古都研究的规范；②要开展学科之际的对话。围绕这两个问题，他们提出了自己的建议和期待。

自1978年全国实行改革开放后，我国的城市建设和发展事业得到各个方面工作的推动，由于"现代城市有的就建在以前的古都旧址上"，史念海先生在《中国古都学刍议》一文中明确说明："在古都的旧址建设现代城市，和另辟新地建设现代城市迥然不同。……这就足以说明，古都演变的某些规律还是可为当前的借鉴的。探索古都演变的

---

① 史念海：《中国古都学刍议》，见中国古都学会编：《中国古都研究》第3辑，浙江人民出版社，1987年，第6页。
② 中国古都学会编：《中国古都研究》第2辑，浙江人民出版社，1986年，第231页。
③ 朱启銮、夏万年：《关于制定古都学研究规范的建议》，见中国古都学会编：《中国古都研究》第3辑，浙江人民出版社，1987年，第39页。

规律,促进现代城市的建设,是有其重要的意义的。"①

应该说,古都与自身所在城市的关系是显而易见的。任何一座都城,就其本质而言,首先是作为一座城市存在于世的。就现在有关的历史、考古资料来看,关中平原历史上出现的城市,一旦出世,就是一座都城的面貌,这是令人惊异的,其根源在于关中平原及其周边,在先秦时期就是一个地理环境值得称道、政治军事价值甚高的地区。周人弃豳至岐,逐渐建立了自己的宗庙祭祀建筑,文王都丰,武王迁镐,最早在关中平原创建了新的都邑。而后的沣河流域,一直是西周十二王的起居和发号施令之地。此后,一朝接续一朝,首先构成了关中平原上的古代都城连贯历史。(见图2)

中国古都学会的学术影响,首先见之于史念海先生长期生活和工作的单位——陕西师范大学。检点古都学方面的论著,史念海先生业绩最为突出,其中首推于1996年主编出版的《西安历史地图集》②、提议编撰出版的"古都西安"丛书③、1998年正式出版的《中国古都和文化》④。此外,黄永年先生点校出版有《类编长安志》⑤、《雍录》⑥,何清谷先生点校出版有《三辅黄图校注》⑦。还有马正林先生撰写的《丰镐—长安—西安》⑧、吴宏岐撰写的《西安历史地理研

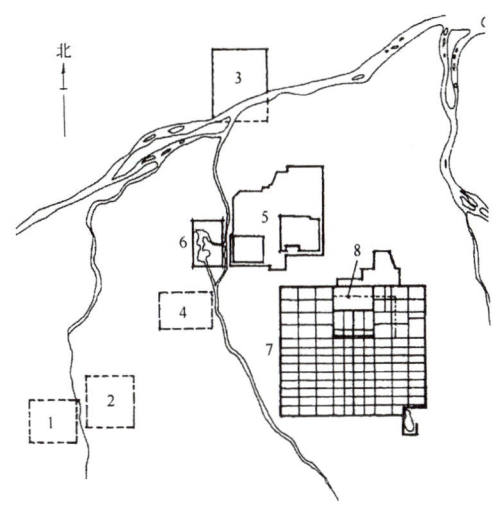

1.西周丰京 2.西周镐京 3.秦咸阳 4.秦阿房宫
5.汉长安 6.汉建章宫 7.隋唐长安 8.西安(虚线)

图2 历代西安都址位置示意图

(引自周干峙:《西安首轮城市总体规划回忆》,载《城市发展研究》2014年第3期,前彩页第3页)

---

① 史念海:《中国古都学刍议》,见中国古都学会编:《中国古都研究》第3辑,浙江人民出版社,1987年,第3、6页。
② 史念海主编:《西安历史地图集》,西安地图出版社,1996年。
③ 由崔林涛、冯煦初、史念海、朱士光负责的丛书编纂委员会,组织编写30余种,1995年起由西安出版社陆续出版。
④ 史念海:《中国古都和文化》,中华书局,1998年。
⑤ [元]骆天骧:《类编长安志》,黄永年点校,中华书局,1990年;三秦出版社,2006年。
⑥ [宋]程大昌:《雍录》,黄永年点校,中华书局,2002年。
⑦ 何清谷校注:《三辅黄图校注》,三秦出版社,1995年第1版,2006年第2版;何清谷:《三辅黄图校释》,中华书局,2005年。
⑧ 马正林:《丰镐—长安—西安》,陕西人民出版社,1978年。

究》①、李令福撰写的《秦都咸阳》②、王社教撰写的《汉长安城》③、肖爱玲等撰写的《隋唐长安城》④、薛平拴撰写的《长安商业》⑤、史红帅和吴宏岐合写的《西北重镇西安》⑥等著作，都写作于西安南郊陕西师范大学。

何以西安城市史研究要从丰镐两京讲起，历史地理学界前辈在这方面早已有过论述。1979年12月，侯仁之先生在《城市历史地理的研究与城市规划》一文中阐述道：

> 我国有些古老城市在长期发展的过程中，不仅城址屡有变化，就是城市的地理位置也每多迁移，这是值得注意的一个问题。例如周初的丰京和镐京以及相继而起的秦都咸阳、汉都长安，虽然名称各不相同，但是其主要功能先后相承，只有发展，没有改变，因此这应该看做是一个城市，只是它的地理位置屡有迁移而已。另外也有一些城市，虽然地理位置有了迁移，但是城市的名称则始终不变，例如从汉到唐的长安城，名称依旧，而城市的位置已经迁移，只是迁移的距离相去不远，也可以看作是城址变化的一例。⑦

这里提出城址虽有了移动，却需要看作是同一个城市的理由，一是城市功能相同（我们理解这个功能是指作为国都须有的商议国事、发号施令的政治作用），并先后相承；二是前后两个城址相距不远，这一表达是极为清楚的。城址移动后的城市，有名称延续的情况，如西汉长安之名，到唐代又恢复使用，也有名称发生变化的情况，如西周丰京到镐京，再到秦都咸阳，再到西汉长安，再到隋朝大兴等。上述城市的都城性质相同，一代接续一代发挥着作用，城址相距甚近的事实，即为我们把西周丰镐、秦都咸阳、西汉长安看作隋唐长安的前身，著述西安城市史要从丰镐二京开始的理由。

2006年，史念海先生为"长安史迹丛刊"撰述的"总序"，里面有这样的论述：

> 长安作为古都，历史最为悠久。长安之名，始于秦时。周的丰镐即在其西南，秦的咸阳亦位于渭河北岸，虽少有间隔，地理因素大致相若，故言上古的史事，率应视作一体；论都城的建置，亦上溯至于周初。

这里主张将西周丰镐、秦都咸阳、汉唐长安"率应视作一体"的理由，强调的是这

---

① 吴宏岐：《西安历史地理研究》，西安地图出版社，2006年。
② 李令福：《秦都咸阳》，西安出版社，2010年。
③ 王社教：《汉长安城》，西安出版社，2009年。
④ 肖爱玲等：《隋唐长安城》，西安出版社，2009年。
⑤ 薛平拴：《长安商业》，西安出版社，2005年。
⑥ 史红帅、吴宏岐：《西北重镇西安》，西安出版社，2007年。
⑦ 侯仁之：《城市历史地理的研究与城市规划》，载《地理学报》1979年第4期，第321页。

些都城的历史关联性和地理毗邻关系，其表述合情合理，如果不把这些城市视作一体，那就反而难以展开关中平原这些城市发展史的论述了。于此可见，历史发展具有自身的复杂性，城市发展也有自身的独有特征，这些复杂性和独有特征的内容，正是本套系列著作欲以做出细致研究和解释的地方。

1999年接任中国古都学会会长的朱士光先生，也是来自陕西师范大学历史地理学科。他有感于理论指导学术研究的重要性，一直在思考自己对这门新学科特有性质的认识，其认识包括如下三点：①它是一门包含多门学科相关内容的综合性学科；②大跨度的时空范围；③着重从文化意蕴的角度进行深层次的研究。①到2007年，在总结中国古都学会成立20余年来的发展状况时，他说："在中国古都学会的推动与多个相关学科专家学者的广泛参与下，迄今在学术研究的层面上已取得多方面的颇为丰硕的成果。然而尚未就中国古都学整体理论体系与基本理论思想作深层次的阐释。"②

2020年12月，朱士光先生又发表了题为《初论中国古都学理论之构成及其基本内容》的文章，展示了他多年研究和近期思考所得认识，即都城当居"天下之中"、遵循王朝之战略任务而迁建、居"天下之上游"、建于"龙兴之地"的择都、定都理论，以及《周礼·考工记》所确立的都城必须方正、严整，萧何倡导的"非壮丽无以重威"，道法自然、通易灵变的规划、建设理论，吁请学界同人予以审议，以图共襄盛举。③

笔者从1985年3月起就职于陕西师范大学，在这个以文史研究见长、历史地理学为全国学术重镇的校园里，很快就受到了中国古都学会的影响，并于1986年参加了学会在杭州举行的第四届学术研讨会，为会议撰写了《中国古都选址的基本原则》一文。④

2007年，笔者在写作《长安城——人类史和自然史研究之胜地》一文中，自身增加了一种感受，即堪与悠久古都长安城历史比肩对映的学术著作还没有问世，这应该是学术界致力的一大目标。⑤怀揣这样一种认识，至2010年得到陕西省文史研究馆李炳武馆

---

① 朱士光：《试论当前我国古都保护与城市建设问题》，载《陕西师大学报》（哲学社会科学版）1994年第3期，第103—104页；朱士光：《中国古都学理论建设刍议》，载《中国历史地理论丛》2005年第1辑，第133页。
② 朱士光：《中国古都学的研究历程》，中国社会科学出版社，2008年，第39页。
③ 朱士光：《初论中国古都学理论之构成及其基本内容》，见中国古都学会编：《中国古都研究》第39辑，陕西师范大学出版总社，2020年，第1—5页。
④ 侯甬坚：《中国古都选址的基本原则》，见中国古都学会编：《中国古都研究》第4辑，浙江人民出版社，1989年，第37—53页。
⑤ 侯甬坚、孟凡治：《长安城——人类史和自然史研究之胜地》，载《唐都学刊》2008年第2期，第69—76页。

长的支持后,就有了本套系列著作的组织和着手进行。这一年,笔者发表《"西安城市史"系列著作的构思和追求》①一文,公开了我们的写作缘由和思路,期望得到学界和社会人士的支持。

三、国内外城市史研究之潮流

自20世纪以来,关于一些欧洲国家城市的公共卫生史、教育史,以及诸如西班牙小城市的印刷和图书贸易历史的文章已有人写出来了。作为一个新兴研究领域的城市史,在二战后的欧洲各国、在60年代的美国,获得了新的突破。二战后德国家园重建的一部分——城市重建,产生过如何忠实地恢复历史的城市原貌的问题,就其他大多数国家而言,主要是与制定城市的再开发计划有直接关系,这些情况都带动了本国城市史的发展。二战后美国城市发展的一个显著特点是所谓"阳光带城市"的兴起,也间接推动了欧洲城市史的研究。西方学者普遍认为,城市史是研究城市在区域史、国别史和文明史中扮演什么特殊角色的学科。这一看法赋予城市史以更大的研究职责。

在西方学术界,关于什么是城市,什么是城市史学,城市史是否是一门独立的学科,都有过不少的讨论。哈里·S.J.詹森认为:城市史的定义是与方法论的内涵连在一起的,由于"城市"可以从不同的意义进行研究,所以城市史就可以根据研究的内容不同归属于不同的分支学科。而且,由于城市史采取了新的研究范型,于是就发生了革命性的转变,从旧城市史转变为新城市史。②

不同的学者因专长、视角时常不同,对于城市、城市史定义及其研究取向的归纳就会很不一样,而在现实社会中,城市一直是客观存在的,不同行政级别区域长官的驻地、车水马龙货物交易兴盛的商业中心、远近船只前来装卸货物不停奔忙的港口,都是可以予以细致描述和研究的城市类型。近现代城市的知名度及声誉有其基础,譬如20世纪五六十年代上海以永久牌、凤凰牌自行车,蝴蝶牌缝纫机,上海牌、宝石花牌手表,红灯牌收音机等闻名于中国的轻工优质产品为人称道③,体现的则是计划经济时代上海工厂的严格管理制度以及产业工人的业务素质。

---

① 侯甬坚:《"西安城市史"系列著作的构思和追求》,载《长安大学学报》(社会科学版)2010年第4期,第16—20页。
② 姜芃:《城市史是否是一门学科?》,载《世界历史》2002年第4期,第99页。
③ 熊月之:《上海五六十年代创造的奇迹》,载《社会科学报》2019年8月29日第008版。

对于一个个单体城市而言，人们的关注和研究视点往往在于它曾经有过的最显耀的城市特征，譬如西安，其古代都城史就颇为吸引人，譬如上海、天津、重庆、武汉、青岛等城市，是以其近代发展历程而引人注目，做起研究来就会偏重于某个历史时期（古代或近代），这是相当常见的。而当城市特征被关注和研究，研究其贯通的历史因为有了若干可以立足的条件和想法，或迟或早又会被提出来，而一旦具有某种通史或整体史的眼光，人们还可以从多方面加深对这一城市内涵和历史地位的分析认识，得到自己希望的研究结果，这时的研究就又向前推进了。

在进入改革开放时期之后，中国近代的上海、重庆、天津、武汉等城市史研究，的确构成了学界的一时选题之盛。其中既有关于城市史研究理论和方法的思考，也涉及城市近代化的进程、近代发展的原因与特点等方面的问题。最主要的还是怎样展现出一个全面真实的城市形成过程及其形象，如对天津的描述："在近代中国的城市化进程中，在渤海之滨，一座新兴的北方贸易大港和工商业中心城市于百余年前脱颖而出。这就是举世闻名的天津。"①这样的一种切入时代背景的重新擘画的研究，成为唤起人们对城市文明兴衰根源展开深思的一个良机。

每一座城市都有自己特定的生产构成、消费方式、历史传统、地理条件、城建风格和腹地特征等内涵，真实再现一座城市的历史风貌，写出高质量的城市史著作成为众多有志者的人生夙愿。很明显，这样的目标，与过去一些城市史研究，多注重地方沿革与历史掌故的陈述，或是对工商业的平面素描，有的则是政治史加地方掌故，而难以展示该城市的特质，是大不一样的。1992年，刘海岩先生在《历史研究》发表《近代中国城市史研究的回顾与展望》，记录和评价了城市史作为一门新学科在我国史学界悄然兴起的过程。

翻阅1976年底的统计资料，这一年中国的城市总数为188个，其中直辖市3个，设市政区185个，仅仅过了40年（按2016年底资料），全国的城市总数就发展到了657个，其中直辖市4个，地级市293个，县级市360个。②这样的城市化速度，在世界上真可以说是举世无双。正是国家城市化（另一种表述为城镇化）的快速发展，2020年全国城市又发展到663个。关注现实社会中的城市，包括城市对区域经济的带动和引领作用，会启发

---

① 罗澍伟：《近代天津城市史散论》，见刘志强、张利民主编：《天津史研究论文选辑》，天津古籍出版社，2009年，第904页。

② 中华人民共和国公安部编：《中华人民共和国行政区划简册》，地图出版社，1977年，第76页；中华人民共和国民政部编：《中华人民共和国行政区划简册 2017》，中国地图出版社，2017年，第1页。

和促使更多的人关心城市成长的社会历史这样的话题，引发人们对于城市成长之路的研究兴趣，并使其成为新的社会研究热点。1994年，华东师范大学张冠增先生依据学术发展态势做出的判断，即城市史的研究——21世纪历史学的重要使命①，应该说是非常准确的。②

城市史学作为一门独立学科兴起于中国的改革开放时代，其原因是多方面的，而时代发展的需要、历史学界研究的响应，则是最为基本而重要的原因。美国著名的城市学家刘易斯·芒福德曾说："要想更深刻地理解城市的现状，我们必须掠过历史的天际线去考察那些依稀可辨的踪迹，去了解城市更远古的结构和更原始的功能。这应成为我们城市研究的首要任务。但这还不够，我们还要循这些遗迹继续追寻，沿着城市经历的种种曲折和所留下的印痕，通考5000年有文字可考的历史，直至看到正在展现的未来。"③这就是城市史学展开的广阔学术天地和研究者已有的宽广胸怀。

开展中国城市史研究，需要具备良好的区域观念。武廷海教授曾就此着重阐述："首先，区域观念强调的是空间的概念。城市在时间中发展，但却在空间中展开。认识城市史，不搞清城市发展的区域、地理基础，没有空间观念，有些问题是说不清楚的。例如，中国历史上都城迁移问题，若不考虑大的地域格局而就城市论城市，显然难以作出令人信服的解释。即便是单个城市，也宜乎从区域的视野对其形成发展作宏观的、综合的审视，如在探讨北京城的兴起时，侯仁之先生将它与整个北京地区历史上区域交通的发展联系起来，就是一个成功的例证。必须指出的是，区域观念并非简单的地理区划分，每个区域都有自身特有的变化节奏，这集中体现于城市中；而城市在一定时期形成的特色往往又会积淀、留存下来，成为区域作用的表征，并进一步强化区域的特性。其次，所谓的区域、空间，并非一成不变，而是一个动态的概念：一方面，一定区域内的城市发展是一系列重叠的历史，它们既相互联动，又明显区别；另一方面，区域观念也注意到区域间城市的交流、冲突与融合。"④由此可见，任何一个城市的产生、存在和

---

① 张冠增：《城市史的研究——21世纪历史学的重要使命》，载《神州学人》1994年第12期，第30—31页。
② 2021年8月，何一民主编《中国城市通史》丛书由四川大学出版社出版，丛书以中国城市历史基本脉络及总体特征为中心，分为绪论先秦卷、秦汉魏晋南北朝卷、隋唐五代卷、宋辽夏金卷、元明卷、清代卷、民国卷，这可以看作进入21世纪以来中国城市史研究的一部代表性著作。
③ ［美］刘易斯·芒福德：《城市发展史——起源、演变和前景》，倪文彦、宋俊岭译，中国建筑工业出版社，1989年，第1页。
④ 武廷海：《中国城市史研究中的区域观念》，载《规划师》2000年第5期，第88页。

发展，事实上是被一种空间关系支持和维系的，今人意欲在城市史研究中有所作为，就必须熟悉和掌握这一类内涵丰富和变化复杂的空间关系。

在带有地区性质的研究方法方面，姜芃曾介绍过城市史研究中的都市—地区理论。都市主义理论的提出者是加拿大历史学家 J. M. S.凯尔莱斯（J. M. S. Careless）。1954年，凯尔莱斯在《加拿大历史评论》第35期上发表了《边疆主义、都市主义与加拿大历史》一文，提出了应该用都市主义理论来研究加拿大历史的主张，并得到了学界极大的关注和有效运用。他提出的解说是：都市主义根源于一种社会—经济概念，都市的普遍兴起是现代西方社会最引人注目的特征。这意味着一个超出一般规模的城市不仅对它周围的农村，而且对它周围的城市及其农村，即整个地区进行统治。这样的统治是通过控制其交通、商业、金融，使之形成一个经济、政治和社会单位，即都市的统治中心，并通过这个中心，与世界其他地区进行贸易和其他方面的联系。边疆的开发以城市为先导，从而使城市获得发展。边疆是城市最远的腹地，而城市又是与贸易活动有联系的边疆的统治中心。都市、地区、腹地、边疆，是凯尔莱斯的理论的几个基本概念。①

据姜芃阐述，凯尔莱斯这一理论的提出，在加拿大史学史上是具有航标转换作用的。加拿大与美国同处北美大陆，伴随着这么一个庞然大物似的邻国，处处都会受到美国的巨大影响，当然，在史学上也不例外。但是，凯尔莱斯提出用都市主义理论来解释加拿大历史，就使加拿大的史学与美国区分开来。以后几十年史学发展的历史证明，用这一理论来解释加拿大历史的确是卓有成效的，而且这影响到了整整两代历史学家。难怪在介绍加拿大史学发展的著作中，毫无例外地都给凯尔莱斯以重要的地位。②我们转引凯尔莱斯这一都市主义理论，自然是开阔眼界的需要，否则我们就难以领会到都市在其施加影响的广大区域范围内的运作方式及其可观的收效和业绩。

2018年，一部《美国城市史百科全书》在上海三联书店出版了中译本，该书主编是北卡罗来纳大学的历史教授戴维·古德菲尔德（David Goldfield）。这位主编1987年第一次来中国时，在四川大学开设了为期四周的美国城市史课程。采用他的话来说，那时中国还是乡村国家，他之后又多次重返中国，最近一次就在2014年春季，感受到中国正经历着一个快速而令人赞叹的转型，变成一个现代化、工业化的城市国家。巨大的变化不仅仅发生在成都，在整个中国都是如此，城市化的不可阻挡之势令人印象深刻。"我每

---

① 姜芃：《城市史研究中的都市—地区理论》，载《史学理论研究》1997年第4期，第79—91页。
② 姜芃：《城市史研究中的都市—地区理论》，载《史学理论研究》1997年第4期，第79—91页。

一次重回中国,总感觉是第一次来到这里。城市是凝结着人类伟大的创造力,所以,亲眼见证一个城市国家的出现怎能不令人振奋。"①

在如此热烈而兴盛的城市史研究局面下,那些对社会敏感性话题先知先觉的文学家,也发出感慨,按历史顺序,六大古都是西安、洛阳、南京、开封、杭州、北京(也有加上安阳而成"七大古都"的),其中的"重中之重",毫无疑问,前期是西安,后期是北京。于是,他们推出的"都市想象与文化记忆"学术话题,就以国际学术研讨会的方式做起来了,2003年10月是在北京,2006年11月是在西安,举办人说明了就是要为这两座城市"造像"和"招魂"。

2006年11月,我们有幸参加了在陕西师范大学举行的那场国际学术研讨会。会上,会题妙不可言,诸位学者学识渊博,各篇论文引人入胜。李峰所著《城市规制和古代国家的形态——以渭水中游周代城市为例》、平势隆郎所著《秦始皇的城市建设计划与其理念基础》、熊存瑞所著《唐长安住房考略》、梅家玲所著《从长安到洛阳——汉赋中的京都论述及其转化》、胡晓真所著《夜行长安——明清叙事文学中的长安城》、陈平原所著《长安的失落与重建——以鲁迅的旅行及写作为中心》,皆为其中之翘楚。②

陈平原教授主编的"都市想象与文化记忆丛书"之雍容态度,真是罕有其匹。其"总序"有云:

> 本丛书充分尊重研究者的眼光、趣味与学术个性,可以是正宗的"城市研究",也可以是"文学中的城市";可以兼顾古今,也可以比较中外;可以专注某一城市,也可以城城联姻或城乡对峙;可以阐释建筑与景观,也可以讨论舆论环境或文学生产;可以侧重史学,也可以偏于艺术或文化。一句话,只要是对于"都市"的精彩解读,不讲家法,无论流派,我们全都"虚位以待"。③

这样的包容态度,不正是来自城市本身的涵盖面和包容性,来自学者胸怀广大、发自肺腑的学术气魄吗?

于此,我们也略微陈述一下本套系列著作的基本主张:

(1)城市史的学科归属为历史学的一个分支学科,这是我们的学科依托,我们不

---

① [美]戴维·古德菲尔德主编:《美国城市史百科全书》,陈恒、李文硕、曹升生等译,上海三联书店,2018年,"中文版序言"第1页。
② 参见陈平原、王德威、陈学超编:《西安:都市想象与文化记忆》,北京大学出版社,2009年。
③ 陈平原、王德威、陈学超编:《西安:都市想象与文化记忆》,北京大学出版社,2009年,"《都市想象与文化记忆丛书》总序"第2页。

认为这一点会因研究内容选择上的不同而出现改变。

（2）城市史学是以不同时期的城市作为论述主体，兼及城外与帝王有关的宫殿、陵墓，与城市社会生活基本运作有关的地理、政治、经济、思想文化、建筑布局、外来影响等方面的内容。

（3）城市史研究的发展动力不少是来自现实社会，已有的先行者往往是就城市特征突出的时期或最近的时期展开城市研究，之后影响到高等院校的历史学者，历史学者又把研究视角伸向了有待于挖掘的古代的朝代。

（4）单体城市的最大学术引力，是其经过漫长历史时期所磨砺和蕴含的城市特征或特质，这是构成学者心目中最重要的学术研究目标的地方，学者能否实现这一目标，则在于是否能把握和挖掘出区域、城市关系约束下特定时代的相关研究内容。

四、西安城市史的研究意义

Ex oriente lux，ex occident lex. 这句拉丁文的意思是："光明从东方来，法则从西方来。"短短的一句话，是多少中西方文化交流中的内容和学识才凝结的一种智慧判断。

历史上，相对于西方，东方的土地和民族亦复不小和不少，而且东方与西方之间也有许多对外联系、文化交流和物品贸易活动；相比于印度、波斯，中国的地理位置的确太偏东了。西汉张骞西行，肩负着联系月氏、切断匈奴右臂的政治军事任务，结果成为西域凿空第一人。唐代玄奘法师西行，行至高昌，麴文泰国王诚意挽留，法师谢曰："此行不为供养而来，所悲本国法义未周，经教少缺，怀疑蕴惑，启访莫从，以是毕命西方，请未闻之旨"[1]，此行是为求法而来。张骞、玄奘法师各位东土使臣，在什么方面代表了东方的光明？他们身后的长安城，是一座什么样的东方城市？

长安城之名在东土延续甚长，前后还有西周丰镐、秦之咸阳城以及国都地位失去以后的城市史，国内外研究长安城的论著可谓多矣[2]。立足于人类文化史的层面，面对长安城市史的研究意义这一论题，的确还需要把已有的诸多分散的见解集中起来，在若干明确的主题下予以阐明，便于有兴趣的人士来共同交流和讨论。

---

[1] 〔唐〕慧立、〔唐〕彦悰：《大慈恩寺三藏法师传》，中华书局，1983年。
[2] 专题索引方面有陕西师范大学图书馆康万武主编的《中国七大古都研究论著索引》（陕西师范大学出版社，1998年）、北京大学荣新江、王静所编《隋唐长安研究文献目录稿》（载《中国唐史学会会刊》2003年第22期，第57—86页）、日本中央大学妹尾达彦所编《唐代长安城关系论著目录稿（1911—1983年）》（1984年）、《隋唐长安城关系论著目录稿（1911—2005年）》（2005年）等。

（一）历史认识：自然史、人类史的划分

公元23—79年，是古罗马博物学家大普林尼（该雅斯·普林尼·西各都）在世的时间。大普林尼曾任日耳曼骑兵队首长之职，于公元67年任西班牙检察长，其后任舰队首长，驻扎米晋（海角名，在意大利那不勒斯湾北部）。最终以《自然史》一书闻名于世的大普林尼，在维苏威火山爆发时，死于庞培、赫丘娄尼恩、斯塔比亚城为火山灰和熔岩所湮没的灾难中，那一年，正是公元79年。①

大普林尼所著37卷的《自然史》的风格，是百科全书式的，其第7卷的卷名为《人类学》。此后，自然史著述在欧洲成为一种传统。

到了1845—1846年，马克思、恩格斯在《德意志意识形态》第1卷手稿中写道："我们仅仅知道一门唯一的科学，即历史科学。历史可以从两方面来考察，可以把它划分为自然史和人类史。但这两方面是密切相联的；只要有人存在，自然史和人类史就彼此相互制约。自然史，即所谓自然科学，我们在这里不谈；我们所需要研究的是人类史，因为几乎整个意识形态不是曲解人类史，就是完全排除人类史。意识形态本身只不过是人类史的一个方面。"这段话放置在《马克思恩格斯选集》第1卷第21页页下注的位置，据编者注，是属于原手稿中被删去的部分。②而删去的原因，此处并没有给予交代。

从历史科学的角度，把历史分为自然史、人类史两个彼此区别而又有联系的部分，是一种简略而有意义的划分。马克思、恩格斯所取的顺序是自然史在前，人类史在后，而现在，我们需要突出人类的作用，关注人类对于这个世界所具有的最大意义，所以，在具体表述中，我们采取先人类史、后自然史的顺序。

必须强调一下，国外学者已有的关于人类消失的两种假设如果发生了，我们关于人类的所有思考或许就失去了意义。因为按照那些假设所描述的情形，一旦发生，人类和作为人类一分子的我都不存在了，这个世界就会重新回到出现人类以前那样沉寂，只剩

---

① ［苏联］波德纳尔斯基编：《古代的地理学》，梁昭锡译，商务印书馆，1986年，第306—307页。维苏威火山爆发于公元79年8月23—24日，应科纳留·塔西佗的请求，大普林尼的外甥加·普林尼（史称小普林尼），用书信的方式写下了其舅父遇难的经过（见前引书第359—362页）。

② 中共中央马克思、恩格斯、列宁、斯大林著作编译局编：《马克思恩格斯选集》第1卷，人民出版社，1972年，第21页。据"编辑说明"，选集采用人民出版社出版的《马克思恩格斯全集》的译文，有些著作的译文经过了重新校订。所以，书中页下注中的"编者注"，应当是指编译局的编者。

下自然而然的自然界。这第一种是《房龙地理——地球的故事》里的假设①，第二种则是艾伦·韦斯曼新作《没有我们的世界》中的假设。②

到目前为止，类似这样的假设，尽管还处于假设阶段，但其对于人类史研究的促进作用，是不可低估的。20世纪上半叶，学术界有了科学史和文明史的归纳与表述③，美国伊利诺斯大学的麦克斯·H.费许为乔治·萨顿《科学的生命——文明史论集》一书所作"前言"，就概括地说："科学史是文明史的主线，是知识综合的枢纽，是科学与哲学的中介，是教育的基石。"20世纪下半叶，环境史④、生态环境史⑤研究又上来了。综合分析学术潮流的本质内容，可以说，作为此处视角的自然史和人类史，已走到了人类文明史和自然演变史的轨道上。进入21世纪，自然史的研究又为国内学者所瞩目。⑥

时至今日，对应人类史之外的自然史，或对应有别于自然史的人类史，我们究竟应该怎样表述？其实，从二者出发或围绕二者展开研究的方法和角度已很多，但都不能替代它们的存在本身。最方便而具有历史传统的知识归纳，仍然莫过于自然史、人类史的表述。首先，这是一种系统的观点，即把对象——整个世界看作自然、人类两个互相关联的部分，再基于性质的不同，分为自然史、人类史来做历史演化的工作。如今，从文字表达来看，似乎是回到最初，但时过境迁，同样词语的语义学内容已愈益丰富，学者们的诠释已包罗万象，学科的分化也几近于拆开了的机器，需要综合组装，因此，又不能说完全回到了最初。

（二）对应人类史——体现人类文明的意义

在西安城市史（含都城史、一般城市史）上，颇具影响的时期是长安城作为国都的时代。洪武二年（公元1369年）三月，明朝政府去掉元朝的奉元路城之名，改用"西

---

① ［美］房龙：《房龙地理——地球的故事》，赵绍棣、黄其祥译，国际文化出版公司，1997年。该书在1933年就有中译本，开篇讲装进整个人类的大箱子，被送到亚利桑那州的科罗拉多大峡谷，掉下去后，"在死亡箱里的人类沙丁鱼很快就被遗忘了"。

② ［美］艾伦·韦斯曼：《没有我们的世界》，赵舒静译，上海科学技术文献出版社，2007年。该书作者接过《发现》杂志编辑乔西"如果所有地方的人类消失的话，世界会变成什么样呢"的话，写就了这本没有了人类的书，被评选为"2006年度美国最佳科学写作"。

③ ［美］乔治·萨顿：《科学的生命——文明史论集》，刘珺珺译，商务印书馆，1987年（原版1948年，美国纽约），第144页。

④ 高国荣：《环境史学在美国的兴起及其早期发展研究》，中国社会科学院研究生院博士学位论文，2005年。2014这篇论文以《美国环境史研究》为名，由中国社会科学出版社正式出版。

⑤ 钞晓鸿：《生态环境与明清社会经济》，黄山书社，2004年；王子今：《秦汉时期生态环境研究》，北京大学出版社，2007年。

⑥ 黄留珠：《21世纪史学应当更多地关注自然史研究》，载《西北大学学报》（哲学社会科学版）2002年第4期，第10—11页。

安"新名（西安府，属陕西行省），其后，西安之名就一直是一个当用地名。因为西安城市史上的改名之故，在有关历史内容的叙述中，就必须讲求历史地名所包含的不同内容，这是一件不可忽视的事情。

对应人类史研究范围，西安城市史所体现的人类文明的意义，可归纳为以下诸方面。

1. 迄今为止，在全国范围内，西安还是建都时间最长的古代都城所在

这一事实的存在，究其原因，在于中国的古代历史绵长，而在那相当长一段时间里，由于旧大陆的欧亚世界之间相互联系的需要和交通上的方便，以及古代中国范围内关中地区所处的地理位置十分优越，周秦汉隋唐王朝以及其他一些分裂时期的政权选择了这里，致使各个朝代连接起来的西安都城史长达千年。关中地区的地理位置略微偏西，在较多的历史时期，是洛阳在弥补着长安形势和物资供应上的不足，二者形成了著名的东西两京。北宋以后的朝代或都开封，或都杭州，或都南京，或都北京，换来换去，到现在为止，仍没有出现超过西安地区建都时间的其他地区（城市）。

表3 历时1077年的都城——西安（古长安）

顺序	都名	朝代	建都年数
1	镐	西周	268年
2	咸阳	秦	145年
3	长安	西汉	208年
4	常安	新（王莽）	15年
5	长安	汉（刘玄，更始）	3年
6	长安	汉（赤眉）	2年
7	长安	东汉（献帝）	6年
8	长安	西晋（惠帝、愍帝）	7年
9	长安	前赵	10年
10	长安	前秦	35年
11	长安	后秦	32年
12	长安	西魏	23年
13	长安	北周	25年
14	长安	隋	26年

续表

顺序	都名	朝代	建都年数
15	长安	唐	266年
16	长安	齐（黄巢）	4年
17	长安	大顺（李自成）	2年

资料来源：史念海：《中国古都概说》，见中国古都学会、北京史研究会编：《中国古都研究》第8辑，中国书店，1993年，第1—134页。本表有原注：镐与咸阳皆距长安甚近，实互为表里，建都时间虽前后不同，实应视为一体，故并列于此。

属于中国较大古都的特点，在西安城市史中的长安城时代，均有明显的表现：①城池高大，占地面积广，城市空间广阔，各种物质和人口的可容纳量很大；②皇帝常住，周围有大量的官僚阶层和护卫军队，形成极其明显的城市消费集团；③都城依靠城外不同地域供应日常消费物质，城市本身的生产性欠缺，商业活动成为主要生产特征，市场往往就设在城内外各色人等交易方便的地方；④皇帝、百官和百姓同住一城，城市社会生活极其丰富，富有充满时代和地域特征的娱乐文化；⑤墙体、护城河等多种防御设施和部队并存，所发挥的军事防御作用较为明显。因此，中国乃至东方都城史的研究，在西安具有得天独厚的条件。长安城为其中的精华部分。

有人问：唐长安城——中世纪最大的都市为什么在中国的关中地区出现？这不是出于偶然，而是公元10世纪前旧大陆多个古代文明自然分布的结果。隋代定都关中地区，建立起举世闻名的大兴城，之后迎来大唐盛世，仍定国都于此，又易名为长安城。中国的自然环境向来优越，它既是文明发祥地，又是文明可以延续光大的地方，自然资源和社会生产极为丰富，在繁衍七八千万以上人口的同时，还造就了璀璨夺目的东方文化（伦理学说、典章制度等），著名国都长安城则为积聚了一个辉煌时代精华之所在。

2. 都城文化、后都城文化、现代都市文化一脉相承及其交织融汇

确切地说，都城时期的周秦汉隋唐文化、后都城时期的宋元明清和民国文化，以及现代都市文化，在前后连贯的区域城市史基础上得以一脉相承，并交织融汇，具备历史积累下的丰富文化遗产，构成了西安城市史的一大特点。

基于西安城市史研究产生的学术成果，是大量的、层出不穷的。主要内容在于历史文献整理、实地调查报告、断代的都城史或城市史研究、历史地图集编绘、考古发掘报告、文化专题研究诸方面，可谓琳琅满目，美不胜收。

正因为有较多的人口数量（含迁移），长久地集中于一个城市，展开每日的城市生活，就有了可供今人研究的各式各样的制度史、法律史、民族史、文学史、宫廷史、人口移住史、城市建筑史、园林史、土地利用史、文化交流史、宗教史，以及越来越受到关注的商业史、服饰史、婚姻史、生育史、食物史、疾病史、家族史等内容。

无须讳言，学术界对于后都城时期宋元明清和民国的文化研究相对投入不足，唐以后本地区的封建社会经济特点，还有许多问题等待着深入研究；针对西安城市历史的研究，较多成果是在历史城市地理的框架下设计进行的，而基于城市史角度的研究还有较大的开拓余地。

3.作为世界著名古都所在地的西安，享有独特的东方文化声誉

在有关中文资料的表述中，西安有"世界历史文化名城"之谓①，还有世界四大古都（雅典、罗马、伊斯坦布尔和西安）或五大古都（开罗、雅典、罗马、伊斯坦布尔和西安）之一的说法。为弄清世界著名古都的基本情况，现根据一些常见资料制作表4。

表4　世界著名古都简况

现今城市名称	古都名称	始建时间	演变过程	现今城市地位
亚历山大（Alexandria）	亚历山大（Alexandria）	亚历山大大帝时（公元前332年）兴建而得名	古埃及及托勒密王国首都。希腊化时代（公元前4—前1世纪）地中海东部政治、经济和文化的中心	埃及最大海港，全国第二大城市
伊斯坦布尔（İstanbul）	君士坦丁堡（Constantinople）	公元前658年，称拜占庭（Byzantium）	公元330年经重建并成为东罗马帝国首都后，改名君士坦丁堡，别称新罗马。1453年后，有了伊斯坦布尔之名	土耳其共和国最大的港口和贸易、文化中心
雅典（Athínai）	雅典（Athínai）	约公元前8世纪，雅典城邦建立，有了雅典卫城	位于中希腊的亚提加半岛，参加海外殖民、希波战争和伯罗奔尼撒战争，其政治地位一直延续下来	希腊首都
罗马（Roma）	罗马（Roma）	传说公元前753年6月建立罗马城	历经王政、共和国、内战、帝国、"蛮族"入侵等时代，有"永恒之城"之称	意大利首都
西安	长安	公元前200年	西汉长安城在公元前200—前190年建成，位置略微南移的隋大兴城，建于582年，唐代长安城继之，从903年后，国都东移	中国陕西省省会城市

---

① 陕西省人民政府办公厅：《2002 中国陕西》，五洲传播出版社，2002年，第12页。

资料来源：辞海编辑委员会：《辞海·地理分册（外国地理）》，上海辞书出版社，1982年；辞海编辑委员会：《辞海·历史分册（世界史·考古学）》，上海辞书出版社，1982年；邵献图、周定国、沈世顺等编：《外国地名语源词典》，上海辞书出版社，1983年；《泰晤士世界历史地图集》中文版翻译组：《世界史便览：公元前9000年—公元1975年的世界》，生活·读书·新知三联书店，1983年。

实际上，埃及的底比斯（Thebes）是古埃及中王国和新王国时代的都城，那里还有卡尔奈克和卢克斯特神殿，公元前88年被毁。马其顿国王亚历山大转战埃及时，在尼罗河三角洲建立了国都亚历山大城。在尼罗河三角洲顶点南面的开罗（Cairo），从1801年起才开始成为埃及的首都。因此，埃及的底比斯、亚历山大属于古都，开罗则为后来的国都，究竟如何选择对应的古都，还需要听取专家的意见。此外，雅典、罗马、伊斯坦布尔的地理位置一直比较稳定，尤其是雅典和罗马，其名称未变，似乎永远是本地区君主、政府和人民喜爱的名字。土耳其的伊斯坦布尔是东西方文化交流最直接和受惠最多的地点，所以，有人称它为丝绸之路的终点[1]。

日本学者妹尾达彦所著《长安的都市计划》里，着重叙述了8—9世纪欧亚大陆的"三都故事"，即处于基督教圈内的君士坦丁堡、伊斯兰教圈内的巴格达和佛教圈内的长安[2]，其中登场都市和文化特征各有不同。于此可见，世界著名古都的历史背景以及现状，还有许多情况不清楚，需要再事研究，方能同我国的古都研究结合起来，给出更为周洽的判断和表述。西安作为世界著名古都所在地，不仅对内是多个朝代的全国文化中心，对周边地区也都有积极的文化影响，还是东西方文化交流的荟萃之所[3]，因此，长安城可视为汉民族同其他地区或民族文化交流的代表性城市，享有独特的东方文化声誉。

4. 长安城：观摩和认识东方文明、中华文化内涵的珍贵标本

古代东西方都城、城市之间的差异，一是表现在具体的历史内容里，二是表现在研究者的认识上。在国内，人们习惯把古都全看作城市，而关于城市的概念，我们认定的标准是：具有城墙和比较固定居住的居民。在国外，比利时历史学家亨利·皮雷纳所著《中世纪的城市（经济和社会史评论）》[4]一书，第三章"城镇和城堡"开头就说："九世纪时在西部欧洲那种基本上以农业为基础的文明中，是否有城市存在？对这个问题的回答以所给予城市一词的含义而定。如果所指的是一个地方，其居民不是以耕种土地为生，而是从事商业和工业，那么回答应该是'否'；如果我们把城市理解为一个社

---

[1] 地图出版社编制：《世界地图集》"土耳其"文字说明部分，地图出版社，1978年第2版。
[2] ［日］妹尾达彦：《长安的都市计划》，讲谈社，2001年，第51—61页。
[3] ［美］爱德华·谢弗：《唐代的外来文明》，吴玉贵译，陕西师范大学出版社，2005年。
[4] ［比利时］亨利·皮雷纳：《中世纪的城市（经济和社会史评论）》，陈国樑译，商务印书馆，1985年。

会,具有法人的资格,并拥有自己特定的法律和制度,那么回答也是否定的。反之,如果我们认为城市是一个行政中心或者一个堡垒,则我们不难相信加洛林时代几乎与其后的数世纪有着同样多的城市。这就是说存在于当时的城市没有中世纪和近代城市的两个基本属性——市民阶级的居民和城市组织。"这里举例说明了判断是否有城市的若干标准和三种情形。

在中国的历史条件下,国家总是被放在第一位的;在具体事务中,国家意志最显重要。以唐朝为例,荣新江带有总结性的描述和归纳是:"进入唐代,民族的进一步融合,疆域的更广阔开拓,政治制度与思想文化的整合,使得唐王朝凝聚了极大的力量。生产发展、商业繁荣、文化昌盛,唐王朝以博大的胸怀,大量接受外来文化,使之融会到中国文化的整体当中。从唐太宗到武则天,唐朝的势力不仅直接牢固控制了塔里木盆地的西域诸王国,而且成为天山以北、葱岭以西广大区域内各个王国的宗主国,中西往来更加畅通无阻,当时的文化交流也呈现出令人眼花缭乱的景象。西方的珍禽异兽、珠宝香料、玻璃器皿、金银货币纷纷传来;中亚、西亚的穿着、饮食等生活方式,音乐、舞蹈等文化娱乐活动都源源进入中原;佛教进一步盛行的同时,祆教、摩尼教、景教以及新兴的伊斯兰教都在此时正式传入中国内地。唐朝的两京长安和洛阳,以及丝绸之路上的一些城市,如凉州、敦煌,都纷纷呈现出国际都市的风貌。在吸引外来文化的同时,借助唐朝强大的政治力量,中原文明也传入西方,深浅不等地影响了西方各国。"[1]在长安城这样典型的中国都城里,人们可以看到以皇室礼仪和朝廷议事为中心的制度文明、社会上层较普遍的华丽物质生活,以及兵员充足、武器精良、指挥得当的军事防卫系统,这是一个政治化的军事堡垒,所以,李约瑟说"中国的城市在根本上是皇家行政系统的一个环节"。[2]

在中国古代城市里,人口相对高度集中,其间不可能没有商业和工业(历史上更多地称为手工业),问题是这种商业和手工业是如何展开的,二者在经济结构中处于什么位置和发挥了什么作用,其交易和影响的范围有多大,它们同居民的关系又如何。对此,首先是作为都城的中国古代城市,提供了较好的研究样本,可以同欧洲的城市研究相比较。其他反映东方文明、中华文化内涵的研究内容,同样可以在长安城这样的功能

---

[1] 荣新江:《敦煌学十八讲》,北京大学出版社,2001年,第43—44页。
[2] [英]李约瑟:《现代中国的古代传统》,劳陇译,见[英]李约瑟:《四海之内》,生活·读书·新知三联书店,1987年,第23—85页。

性（政治）城市中去挖掘。

（三）对应自然史——展现自然演变的内容

人类史的悠久和辉煌，预示着相对应的自然史方面不会没有精彩独到的地方，那就是在人类活动影响下的自然演变方面，具有更多的同人类社会相关联的内容。鉴于自然要素众多，我们谨选土地、水源、地形、气候几种要素，来考察在西安城市史演变过程中的情况，至于生物利用等方面，内容较多，这里略而不述。

1. 土地——耕作层的形成

人类文明得以建立的基础，毫无疑问是基于以农业生产为核心的社会运行和管理方式。着眼于长安城所在的关中地区，我们应当注意西汉著作《氾胜之书》①。《氾胜之书》的农业生产内容在许多场合曾被有关人士反复讨论②，此处我们特别注重这部农书所述——农业生产活动对于土壤耕作层形成所起的作用。

土壤耕作层原本是一个自然有机体，在地面植被清除、准备进入耕种时，《氾胜之书》交代了"耕田"要领，它说"凡耕田，在于趣时和土，务粪泽，早锄早获"，其中的耕、施肥（粪）、锄，均为人力的体现。农业生产的目的，即获得较多的田地物产，为此，各个时代的人们想尽了办法。人们对于土壤，已有了良田（含膏泽）、腊田、脯田、败田的认识，对于土壤性能，则有了强土、黑垆土、轻土、弱土的划分。最主要的是，为了达到和满足作物的种植和生长要求，人们分别运用耕（深耕、复耕）、耘（平摩、躏、重躏、践）、粪（施肥）之法，进行田间作业，针对具有不同土壤结构的田地，采取"强土而弱之""弱土而强之"的改良手法，来逐年改善土壤性质。长此以往，年复一年，原本被视为土质坚硬、产量不大的生土农田，逐渐改良成为结构疏松、软硬适宜、肥效明显、为人喜用的土壤耕作层（熟土）。

农业生产随着时代的进步，在生产工具、作物品种、种植技术和有关制度上的表现，实际上都需要在土壤耕作层里来体现。就关中地区（属于黄土区）的古老耕作土而言，它早已为土壤学家所关注③，近半个世纪以来，在日渐细化的我国土壤系统分类方

---

① 石声汉：《氾胜之书今释》，科学出版社，1956年；万国鼎辑释：《氾胜之书辑释》，中华书局，1957年，此外有农业出版社1963年新1版、1980年新2版。

② 譬如，英国崔瑞德、鲁惟一所编《剑桥中国秦汉史 公元前221年至公元220年》第10章"前汉的社会经济史"讨论了"华北旱田农业的发展"，见［英］崔瑞德、［英］鲁惟一编：《剑桥中国秦汉史 公元前221年至公元220年》，杨品泉等译，中国社会科学出版社，1992年，第599—608页。

③ ［苏联］A.H.罗赞诺夫：《中华人民共和国黄土区古老耕种土》，载《土壤学报》1958年第4期，第228—234页。

案中,关中的黑垆土、堘土已被认识为半淋溶土(褐土),再认识为人为土,而人为土本身,也由土类划分进到土纲划分,人为土的亚纲也从灌耕土进到旱耕人为土,其下又包括灌淤、土垫、泥垫、肥熟旱耕人为土四个土类①。

于此,我们把千百年来被人们视为衣食之源的农业生产,集中在土壤耕作层上,以此来反映人类劳动对自然有机体的改良作用,以及人类活动加入其中后自然演变的路径。

2. 水源——从依赖地表水到地下水,再到跨流域调水

古代长安城内外的水资源,在西安城市史演变中的历程异常复杂。这一方面的研究已经不少,基本观点是,经过千百年的利用,地表水已大为减少,河流水量不足,池沼减少和干涸,地下水位下降,不少地方的人畜饮水和农业灌溉,越来越依赖于地下水。假如我们把有史以来关中地区水利事业的内容予以简化,简化到淤灌、浇灌、打井灌溉(土井)、1949年以后的机井灌溉这些内容上来,所透露的信息也许是较为清楚的,即地表水在日益减少,为满足各方面的需求,整个社会不得不将利用方向转到地下水上面。对此,李令福所撰《关中水利开发与环境》一书叙述甚详,技术环节阐发得颇为精到。②再就是,于风军博士的《释"漤"——基于对方志舆图符号的解读》一文③,另辟蹊径,阐述了明清时期关中地区民众对有机泉水的利用过程。

接续历史遗留下来的问题,今日西安正处于严重缺水的困境。由于连续几十年对地下水的过度开采(3亿立方米/年),西安出现地面沉陷和地裂缝,地面下沉多的超过2.6米,大雁塔朝西北方向发生倾斜,预示着超量开采地下水所带来的严重后果。西安开采地下水深度为100—300米,已造成某些地点地下水位下降140多米。在西安,人类活动所带来的水文效应是极其典型的。中华人民共和国成立以来的地下水开采,支持了西安的城市化进程,如今面临的水资源严重紧缺和用水需求增大这一对矛盾,为今日西安最大忧患所在,也是制约西安可持续发展的最重要因素之一。

事实上,早在20世纪80年代,陕西省内南水北调的设想就已经提出过。2003年,经过对多种调水线路组合方案论证比较,陕西省水利厅完成了《陕西省南水北调总体规划》,确定以引汉济渭为骨干线路,之后国家发改委批复陕西省引汉济渭工程的可行性

---

① 杜娟:《中国人为土的文化属性及其研究进展》,载《华南农业大学学报》(社会科学版)2017年第5期,第124—131页。
② 李令福:《关中水利开发与环境》,人民出版社,2004年。
③ 于风军:《释"漤"——基于对方志舆图符号的解读》,载《中国历史地理论丛》2005年第1辑,第99—104页。

研究报告，水利部也正式批复了引汉济渭工程的初步设计报告。这项工程于2011年12月动工，连续作业时间超过10年，到2022年2月，整个工程的关键性环节——秦岭输水隧洞已全线贯通。

闻名于世的秦岭主脉分布在陕西南部，因秦岭北坡短促、南坡缓长的地理事实，大量蓄积之水出自南坡，又流入南面的汉江之中。于1958年9月1日开工的丹江口水利枢纽工程（南水北调第一期工程），所汇聚的水流主要就是来自汉江及丹江。通过跨流域引水的方式，兴建的引汉济渭工程即将惠及三秦大地，这是一项随着国家社会经济的快速发展而来的促进三秦大地可持续发展的重大变化。

3. 地形——趋于平整顺直

新石器时代以来，长安及其周边的地形在朝什么方向变化？在商鞅变法时代，一部《商君书》告诉我们，秦国的土地是"地方百里者，山陵处什一，薮泽处什一，薮谷流水处什一，都邑蹊道处什一，恶田处什二，良田处什四"，由于尚做不到物尽其用，商鞅把它看作"人不称土"现象。后来，经过不同时期的开垦，人口增殖了，土地扩大了，"人不称土"的现象就渐渐减少。

在城市建设中，为了方便城市生活，地形也被较多地处理成平顺的样子。汉长安城位于龙首山北，《三秦记》云："龙首山长六十里，头入渭水，尾达樊川"。《长安志》曰："今按山首在长安城中，自汉筑长安城及营宫殿，咸以堙平，其余即今宫城之太仓以东是也。"[①]隋建大兴城于龙首山南的"六坡"地形上，时去久远，动土取土之事不断，加之城内建筑林立，坡面地形已不太明显。

河流阶地是人类最早的栖息之所，对河道加筑堤坝后，河漫滩多被当地居民有效利用。上游泥沙在洪水挟带中下移，河床逐渐淤浅，日益朝着宽平方向发展，河流地貌大为改观。向南面察看，长安城外多原，原上多开辟为田，间有寺院、农舍，对土地的平整，代代有之。有的地方还修建了梯田，地势也在逐渐走低。总之，长安城内外的地形，是朝着人力所为的平整顺直方向演变。

4. 气候——旱涝间隔与冷暖交替

古人经年累月所做的同气象有关的记录，不断积累增多，成为今日历史气候学研究的依据。利用这些记录，学者们已做了不少研究。李兆元等的论文，依据历史记载，

[①]〔唐〕李泰等著，贺次君辑校：《括地志辑校》卷一，中华书局，1980年，第11页。

采用最优分割法、功率谱分析及谐波分析等方法,建立了西安(古长安)地区近1604年的旱涝指数气候序列,探讨了该地区旱涝气候特征及旱涝变化规律。①张德二的论文,对史料较丰富的7—9世纪(唐朝)渭河谷地湿润指数进行换算和比较,获得710—719年干旱最甚、720—729年降水最多的信息;1450年以后的干湿交替变化,则有明代崇祯年间(公元1628—1641年)的连年大旱,清代顺治、康熙年间(公元1644—1665年)与乾隆前期(公元1736年至某年)的多雨涝气候现象。②朱士光等的论文,利用多种资料证据,划分出全新世中期、西周以至明清时期的10个气候变化阶段,显示愈到后段,凉干的气候征象愈益明显。③最近50年间,以1986年为界,秦岭山地以北进入暖干阶段,贫水化问题严重,环境脆弱度大于秦岭南部。④

然而,人类活动对气候环境的影响,不似对生物、土壤、地形、水资源那样直接明显,整个气候有自己的运行系统。尽管这样,减少对自然的过多过度干扰,仍然是保证人类自身生存环境可持续发展的一个基本原则。

(四)西安(古长安)的研究意义

在中国古代社会前期的政治旋涡中,黄河中下游地区涌现出多处政治中心,关中地区即为其中的著名地域。由于政治军事上所具有的特殊地位,以及文明富裕社会所散发出的文化吸引力,国都成为万邦景仰、万众膜拜的神圣之地。另一方面,营建都城,首先就会大兴土木,掠取自然资源,而为维持豪华的帝王贵族生活,又会无休止地掠取下去。

东汉科学家张衡曾著洋洋洒洒之《西京赋》⑤,他借冯虚公子之口发表议论,曰"秦据雍而强,周即豫而弱,高祖都西而泰,光武处东而约,政之兴衰,恒由此作",的确点中了关中秦汉都城的要害。但是,这主要述说了咸阳、长安都城的政治意义。

如果我们把目光对准历史更早的蓝田人、半坡人、姜寨人、传说中的黄帝、周人先祖后稷等进行追寻,西安的历史还会更长。作为我们研究对象的西安(古长安),唯其历史长,才留下了大量的历史记载;唯其建都时间早而长,才留下了别处所不具备的

---

① 李兆元、李莉、仝小伟:《西安地区(380—1983年)旱涝气候变化》,载《地理研究》1988年第4期,第64—69页。
② 张德二:《渭河谷地的气候变化》,见刘东生主编:《黄土·第四纪地质·全球变化》第1集,科学出版社,1990年,第1—6页。
③ 朱士光、王元林、呼林贵:《历史时期关中地区气候变化的初步研究》,载《第四纪研究》1998年第1期,第1—11页。
④ 延军平等:《秦岭南北环境响应程度比较》,科学出版社,2006年。
⑤ 〔东汉〕张衡:《西京赋》,见〔梁〕萧统编:《文选》卷二,〔唐〕李善注,中华书局,1977年。

珍贵资料。这些资料经系统整理所形成的较为完整的、连续的时间序列，在自然演变方面，可以起到树轮、冰芯、深海沉积物、黄土地层剖面记录所不能起到的作用。

秦人喜好治室，更遑论身居高位者。史载：秦穆公居西垂，以境地多良材，大加营建宫观，戎人之使由余观后，惊讶曰：使鬼为之，则劳神矣；使人为之，亦苦民矣。秦人东进到了关中平原，其做法更是不断升级。《三辅黄图》原序云："惠文王初都咸阳，取岐雍巨材，新作宫室。南临渭，北逾泾，至于离宫三百。复起阿房，未成而亡。"进入西汉时期，"至孝武皇帝，承文、景菲薄之余，恃邦国阜繁之资，土木之役，倍秦越旧，斤斧之声，畚锸之劳，岁月不息，盖骋其邪心以夸天下也"。仅秦汉时之作为，即可想见渭河流域周边山地森林资源消耗之巨。这种历史现象提示我们，一个社会既然对自然资源的需求是超量的，那么，高级别行政区及高密度人口分布区，对于环境的影响程度也必然会是高量级的，因此，都城居住人群侈靡消费各种资源的行为，尤其需要予以约束和节制。

关中平原被选建为都城后，在政治上出现的大起大落局面，给予当时的社会和自然景观以巨大的影响，其间带来的变化之大之速，又是极为少见的。春秋时有人路过丰镐，看到"故宗庙宫室，尽为禾黍"，昔日之都城已成为"彼黍离离，彼稷之苗"的农田。秦末天下大乱，项羽入关，屠城焚宫，咸阳顿成废墟。至于王莽改制引发的社会混乱，后果更是惨不忍睹，史载"赤眉遂烧长安宫室市里，害更始。民饥饿相食，死者数十万，长安为虚，城中无人行。宗庙园陵皆发掘，唯霸陵、杜陵完"。安史之乱后，唐长安城内忧外患不断，皇帝被迫出逃次数增多，朝内迁都之议不绝于耳。僖宗（李儇）广明年间（公元880—881年），长安遭遇黄巢"巨盗陷覆，宫阙、局署、帑藏、里闬（里巷门）、井肆，所存十二，比幸石门、华阴，十二之中又亡八九，高祖、太宗之制荡然矣"。光启元年（公元885年）十二月，"沙陀逼京师，田令孜奉僖宗出幸凤翔。初，黄巢据京师，九衢三内，宫室宛然。及诸道兵破贼，争货相攻，纵火焚剽，宫室居市闾里，十焚六七。贼平之后，令京兆尹王徽经年补葺，仅复安堵。至是，乱兵复焚，宫阙萧条，鞠为茂草矣"。宋人程大昌《雍录》记述："凡唐世邑屋宫苑，至此时已自不存。"元人张养浩《山坡羊·潼关怀古》吟："望西都，意踟蹰。伤心秦汉经行处，宫阙万间都做了土。"词义发人深省，寓意可谓深远。

离开周秦汉隋唐的时代，今日人们已看不全过去关中的情景了，龙首山在不断的修城取土中变低了，变成了原，又变成了坡；渭河河床因流域内的伐木和垦殖活动带来的水土流失，已变得面目全非，诸多支流情形亦差相仿佛。关中地区自然资源耗竭过度，动物、植被和池塘大量消失，地下水也因近代以来的深度开采而急剧下降，触目皆是的黄土土壤耕作层，则成为人类收获最大同时也是景观最为单调的历史产物。

可是，对应自然史方面的精彩论述，尤其是针对人类活动影响下的自然演变史内容，应该如何来分析呢？譬如说，农业垦殖的作用该如何评价呢？有人说"土地的开垦是一把'双刃剑'，三江平原在为国家粮食供应作出巨大贡献时，由于大量的垦荒也使生态环境遭到极大的破坏"①。这种看法，还不太明确，即前人过去的做法是否可取，我们今天又该怎样去做，需要给出更富有智慧的分析。

我们已知，自2003年9月1日起，《中华人民共和国环境影响评价法》开始在我国施行。这部法律"总则"第一条即规定："为了实施可持续发展战略，预防因规划和建设项目实施后对环境造成不良影响，促进经济、社会和环境的协调发展，制定本法。"第四条还规定："环境影响评价必须客观、公开、公正，综合考虑规划或者建设项目实施后对各种环境因素及其所构成的生态系统可能造成的影响，为决策提供科学依据。"正因为有了这一法律条文，自1989年12月26日开始施行的《中华人民共和国环境保护法》才有了严格的保证。

这样的事例对我们的一个启发，就是对于历史上涉及环境效应的人类活动，也应该开展环境影响的评价工作，不同的是，历史上的人类活动已经发生，我们只能根据这类活动的效果来展开评价。我们又知，1982年6月30日国务院发布过《水土保持工作条例》，其中有一个一般性的规定，即"二十五度以上的陡坡地，禁止开荒种植农作物"。另外还规定："黄土高原地区的黄土丘陵沟壑区和高原沟壑区，禁止开荒。有关省、自治区应根据具体情况规定禁垦的区域。"西安（古长安）地区地势较为平坦，25度以上的陡坡地只能在原下存在，经过开垦的农田，早已成为当地稳定的粮田，区域社会至今仍然享其恩惠，所以，对此绝不能使用"破坏"一词来做评价。

Ex oriente lux, ex occident lex.（"光明从东方来，法则从西方来。"）在著名的丝绸之路上，中国的丝织品、书籍、茶叶、瓷器、药品以及其他作物和物产品种等，经波斯等阿拉伯地区转运到欧洲，还有四大发明，是中国对世界的独特贡献。欧洲对中国的诗书礼仪（儒学典籍）、社会习俗、典章制度、官僚政治，也抱有浓厚的兴趣，这在17

---

① 思远、于石、马宏杰等：《哪个粮仓是"天府"》，载《中国国家地理》2008年第1期，第174页。

世纪前后传教士的活动、18世纪的欧洲汉学研究中，都是主要的内容。①说到长安城，这里是许多西域诸国使臣或更远的商人的东方目的地，义净、玄奘前往印度求法取经，而新罗、日本的僧人又到长安来学习和收集佛经，带回国内，进行传教活动。从这些角度来说，中国的长安城，可以看作东方的"光明之城"。

上述周秦汉隋唐五代，选建都城的结果，都进入关中平原的核心，也就是自然条件最好的地方。无论是开展农业活动，还是联络或交通四方，这里都是最好的位置。都城位置接近，其边缘多处相连和重合，均是对"关中核心区"的认可和扩大。这也可以说明，周秦汉唐时代对这里的看重，是颇具眼光的，历史上著名朝代都城的区位优势是具有长久性的。今日西安仍然是一个大都市，咸阳也是一个中等城市，这些事实说明：关中核心区优越的地形条件并未丧失，它既可以供养众多在这里生活的人民，还是连接我国中部和西部地区的一个重要枢纽，同时尚需当今社会予以百倍爱护和培育。

从公元前11世纪中叶周人在豳地、岐山之下的周原兴起以后，丰镐、咸阳、长安城就是中国的文化兴盛之地，前人在这里积累了大量的建立家园、制作器械用具的技能，安邦定边的政治统治经验，繁育后代、教人以善、培育文化的经验，还有巧妙利用自然、同自然和谐相处的经验，也有过度影响和干扰自然的教训。以上内容，尚需深入挖掘，一来可以更加明了西安（古长安）的研究意义，二来可以将研究成果运用在有利于社会进步的事业上，继续东方文化的传承，使人类更好地与自然和谐相处，促进世界各国各民族彼此协助，共同走上可持续发展的道路。

五、西安城市史的时代划分

城市从关中平原地平线上隐约浮现时，一定引起过世人的惊讶、关注和向往。正因为城市是属于人类文化的创造物，类似这样的世人的惊讶、关注和向往又是极为自然而然的。此后，这里的城市又不断新增、发展或收缩，有关这一区域的城市史著述也在不停地增加、修改和出版。

此处以古都西安为研究对象，试图借助这座城市所拥有的影响力和深厚内涵，对其发展全过程做一次阶段性划分，竭力寻求能够反映人类历史发展内涵之素质，具体表达中欲以冠上"时代"之名，来体现研究立意之取向。

---

① 参见李喜所：《中国文化对欧洲的影响》，载《人民日报》1994年3月9日第5版。

（一）长时段研究开阔视野

2008年6月，五卷本的《北京城市发展史》在京出版。其著作结构为先秦—辽金卷、元代卷、明代卷、清代卷、近代卷，其探讨主题即为"从古都北京由区域性城市发展为国家都城的历程"，最后一部的近代卷，探讨的是"晚清及民国初年北京由传统城市向近代城市的转型"，政区资料截止到1928年4月国民政府迁至南京那一年。关于这套著作的编写思想，其负责人吴建雍先生介绍说：

> 在确定研究方向和本书的结构和内容时，遇到的首要问题是对城市发展内涵的理解。城市具有物质的形态和结构，是建筑与空间的组合。城市发展首先反映在物质形态的变化。城市史的研究必然从考察北京城市形制和各类建筑入手；然而，又不能仅限于此，还要深入到社会结构和制度的层面，并要探讨城市赖以存在和发展的自然、经济和人文条件。①

这篇文字精练的"前言"，如实地叙述了这部著作的由来、特点和学术建树，也包含有作者群在著述中的若干体验，尤其是"对城市发展内涵的理解"的体会相当重要。此外，一个至为明显的事实是，这部著作没有现当代史这一段的内容。一部城市发展史的多卷本著作，为何会没有现当代史这一段的设计呢？书中对此没有交代性文字。一个可资参考的意见是，1949年以来我国历史书籍的撰述方式，比较常见的是始于古代，止于近代（起于1840年，止于1911年或1949年），盖因现代部分与古代史和近代史的写作有很大差别（首先是资料形式的不同），所以一般就写到近代时期。

学界对于中国现代史起止的认识，受到了前段近代史起止划分的影响，已出现1911—1949年和1949—1978年两种主张，自然也受到了近二三十年来当代史研究观念的影响。1992年12月，中华人民共和国国史学会（简称"国史学会"或"当代中国史学会"）在京成立②，当代中国出版社、当代中国研究所及《当代中国史研究》期刊等机构、媒体的活动，主张1978年以来的历史即为中国当代史，不断地强化这种认识的一个结果，就是逐渐起到加强学人们当代史意识的作用。

时至今日，若假以城市史研究题目着手，或放长历史的视野，由历史划分的基本

---

① 吴建雍等：《北京城市发展史》（五卷本），北京燕山出版社，2008年，"前言"第2页。
② 参见《中华人民共和国国史学会章程（修正案）》（2015年9月23日国史学会第五次会员代表大会上通过）。《章程》第一条规定：本团体名称为"中华人民共和国国史学会"，英文译名为：The Association of National History of the People's Republic of China（缩写：ANHPRC）；又称"当代中国史学会"，英文译名为：The Association of Contemporary China Studies（缩写：ACCS）。

原则入手，着力去寻找一座城市的阶段性特征，或"时代之别"，所对应的正是当代城市史研究中必须首先考虑的各项重要史实。2016年11月，由西北大学黄留珠教授主编的《西安通史》四卷本出版，"全书四卷计七编正文，记述自原始社会至1949年新中国建立的西安历史；所记地域范围，以今西安市行政管辖区域为准，个别特殊问题可适当超出"。[①] 与武伯纶先生编著的《西安历史述略（增订本）》相同，也是包含了民国时段的历史，止于1949年新中国成立前。

言及于此，对于我们现代人而言，在历史博物馆里举目所见[②]，多有一个个历史朝代的"时代标志"，就此，该采取什么样的路径来考察和认识城市的特征呢？只能尽早进入文物所属时代，在考古报告或类似西安唐皇城墙含光门遗址博物馆里，见习"时代标志"文物与一般文物之异同，加深对于具有典型形制特点文物的印象，以取得相关事物之间历史的联系乃至关联性，其内心和古典学者一样虔诚，心中总是在寻觅那具有时代意义的标志物。这是一种体验方式。

归纳前述看法及其相应的认识，我们得到表5的内容。

表5 西安城市史的时代划分

时代划分	起讫时间	重要人物	时代特征	城市面貌
都城时代	周秦至隋唐	历朝皇帝	皇权至上	皇城居中，居民住在城墙内外，大批军队驻防
西北重镇时代	五代至清代中期	督抚官员	地方性增强	区域防御性突出
社会转型时代	清代中期至民国	省府官员、社会贤达人士	时常受到西风影响，如思想启蒙等	近代政治、工业制造、社会风气出现，近代建筑兴建
工业引领时代	1949年以来	党政领导、城市精英	内陆城市特点明显，民主观念深入人心	生产性城市显现，公共设施扩大，市民意识增强

表5内容中的细节部分，还需要论证夯实，加以广泛讨论和交流。在按照历史朝代作为论述框架展开研究著述的同时，开创按时代撰写城市史的新模式，为此处的一种提议，以备为西安三千年城市文明史开启新的研究篇章。

（二）都城时代

进入改革开放后的90年代，跨越朝代的"文明史研究"在西安出现。1999年，西

[①] 黄留珠主编：《西安通史》，陕西人民出版社，2016年，"总叙"第16页。这套通史著作是由西安市地方志办公室组织编写的，书籍图片前有"西安市地方志编纂委员会"名单。

[②] 2019年10月，陕西历史博物馆的基本陈列——分为史前、周、秦、汉、魏晋南北朝、隋唐、宋元明清七个阶段的"陕西古代文明"展览的图文内容，被编辑为一册可以携带的书，即王炜林主编、陕西历史博物馆编《陕西古代文明》的精装本（陕西师范大学出版总社，2021年1月进行了第2次印刷），受到了读者的欢迎。

北大学黄留珠先生主编的《周秦汉唐文明》问世，成为一部别开生面、引人注目的新史学著作①。本书"绪论"首先界定"文明"和"文化"概念并阐发其社会意义，在论述"中国古文明"的基础上，全面阐述了关于周秦汉唐文明的三个论点：①周秦汉唐文明是中国文明中具有集大成性或开创性的文明成就；②周秦汉唐文明因周秦汉唐国力强盛而远播域外，影响最为巨大；③周秦汉唐文明最能集中体现中国古文明的诸多特色。著作体大思精，思想性强，受到学界的好评。

在已有大量研究论著基础上，学术界提出西安城市史发展第一阶段为"都城时代"，的确属于水到渠成。但还有一个问题，即西周丰镐二京建立之前的关中地区城市兴起和发展状况的研究还十分薄弱，丰镐二京建立的年代也扑朔迷离，学界有不同的推测，尚待考古学界的田野工作、各个专业的断代工作，期待学术界对早期文明之曙光——古城初兴的实况做出新的探讨。

漫步于周秦汉隋唐时代遗留下来的都城遗址，人们不由得会思索：对于前一时代而言，后一时代究竟有着怎样的超越？身处今日的读图时代，着眼于过去的山川地理和交通布局，我们如何读懂史念海先生主编的《西安历史地图集》、国家文物局主编的《中国文物地图集·陕西分册》中的都城内容，尤其是那些体现继承和递进关系的部分？

在后继王朝的都城选建中，首先是对前代同样事物的继承和学习，然后才是超越和发展，也不排除还有今不如昔的地方。本着这样的认识，我们归纳下列若干超越之处，以供讨论。

1. 跨河而都：从沣河到渭河

周人都于丰，之后又都于镐，丰镐二京跨河而都，是一个引人注目的都城发展特点。咸阳本身即为一个津渡所在，秦人先都于渭北咸阳，至"始皇帝三十五年，以咸阳人多，先王之宫庭小，曰：吾闻周文王都丰，武王都镐，丰、镐之间，帝王之都也。乃营朝宫于渭南上林苑中"。《三辅黄图》告知我们，秦人在学习周人的做法。沣河是一条河道平直、水量丰富、河槽浅、河床不宽的渭河支流，周人应该建有河桥，以供人车往来。但是，秦人面对的渭河就相当宽阔了，其宽度数倍于沣河，秦人在渭河以南修建信宫、阿房宫、兴乐宫后，更需要建设桥梁以沟通两岸。所以，《三辅黄图》等书籍记载，秦人在渭河上修建了一座宽6丈、长280步的横桥，供车马行人往来。可见，秦国学

---

① 黄留珠主编：《周秦汉唐文明》，陕西人民出版社，1999年；黄留珠主编：《周秦汉唐文明（简本）》，陕西人民出版社，2006年。此处所引，见简本之"绪论"。

习西周丰镐二京跨沣河而建的做法，实现了跨渭河建立都城的想法。

2. 汉隋唐三代：拥有渭河南岸开阔空间

从渭河到秦岭山地，依次排布着河滩地、河流阶地、成层黄土台塬、山前洪积扇、山区，地貌变化显得颇有规律。今人从文献阅读中已了解到长安地势"南高北洼"的特点①。从文献中可见未央宫内有沧池，长乐宫内有酒池，建章宫内有太液池等水体，武帝时还在东南面建造出一个人工蓄水池——昆明池，既可操练水军，又是城内用水来源。龙首山南面地形略为高起，直至秦岭山麓，诸多河溪从山谷峪口东西一线齐刷刷流出，状如发辫，流散到秦川大地上，成为汉朝和隋唐帝都盛大的活动舞台。都城南面或北面未被开辟的地方，被有意识地作为帝王苑囿圈占起来，好供帝王在其中田猎。

从黄土台塬的位置及分布与秦岭诸多河溪流出的关系上，研究者注意到，"只有灞、浐与潏、沣之间这块平原，既无河流切割，又坦荡宽广，东西宽约17公里，南北长约40公里，以龙首原为分界线，形成南北两个不同的地形单元"②。汉长安城选择在龙首原北，隋大兴城和唐长安城与之相比，后靠了一段，实际上是落在了秦汉都城南面的上林苑范围内。就隋唐都城内的自然地形而言，实际上存在着"六坡"地形，即北从今西安市莲湖区红庙坡街道一带，南到大雁塔之间，连续分布着横贯东西的六条高坡，海拔在400—450米之间，愈到东南面，地势愈高。隋文帝时迁都，重用了颇有"巧思"的宇文恺（555—612），领营新都副监之职，"凡所规画，皆出于恺"。在隋大兴城的总体布局中，宇文恺就是以六条高坡为中心来设计的③，成为一代杰作，体现了隋代都城设计中对地理空间的利用能力。此种做法，又为唐代所继承，其种种布设和改易，在《西安历史地图集》绘制的《唐长安城住宅图》《唐长安城商业及娱乐场所图》《唐长安城园林、池沼、井泉分布图》《唐长安城寺观图》等图幅中，对于一代帝都包含的丰富而细致的社会生活空间都做了清楚的展示。

3. 包百姓于城内：民众因素在加重

对于封建王朝来说，人口虽然是一种看得见和感觉得到的社会力量，但在现实社会中究竟如何去对待，还是取决于时代的内容。根据勘察所得认识，咸阳初建时，是以秦

---

① 杨鸿年：《隋唐两京考》，武汉大学出版社，2005年，第61页。
② 马正林：《汉长安城总体布局的地理特征》，载《陕西师大学报》（哲学社会科学版）1994年第4期，第60页。
③ 马正林：《唐长安城总体布局的地理特征》，见中国地理学会历史地理专业委员会《历史地理》编委会编：《历史地理》第3辑，上海人民出版社，1983年，第67—77页。

孝公定下的"冀阙宫廷"为基点，逐渐向外展开的，而且仅有宫城，并不曾形成真正的外郭城，充其量只有向西南扩展的附郭，那诸多宫城的连属，也许就是咸阳的大城。①也就是说，百姓在都城中的安置情况，尚不清楚。在西汉长安城故地，通过考古发掘所确认的城内布局，仍然是以宫殿群为主要特色，文献中的记载也不明确，推想百姓的住所只有大致的安排，城内城外都会有。据《汉书·王莽传》所载，地皇三年（公元22年）二月，东面的灞桥失了一次火，桥尽火灭，有司调查的结果是，"或云寒民舍居桥下，疑以火自燎，为此灾也"。从关东而来的流民临时住在桥下，城内的百姓居于何处，一向很少有人关注。

元人骆天骧《类编长安志》卷二记"京城·隋唐·皇城"部分，曾云"自两汉之后，宫阙之间，并有人家。隋文帝以为不便于事，皇城之内，唯列府寺，不使杂人居止，公司有办，风俗齐肃，盖隋文帝之新意也"。在汉长安城失去都城地位的年代，过去的宫殿里住起了寻常人家，这一现象为隋文帝所留意，于是，新建的大兴城有了给百姓划定的居所范围。隋大兴城为新建都城，建设的顺序是"先修宫城，以安帝居。次筑子城，以安百官，置台、省、寺、卫，不与民同居。又筑外郭京城一百一十坊两市，以处百姓"。这"以处百姓"四字，在都城建设史上来之不易，这是一个很大的历史进步，而这种统一划分的里坊布局，后来又为唐朝统治者所继承。

隋唐都城建设中划区"以处百姓"，表达的是规划者已具有一种成熟的设计思想，即满足民众安全居住要求的想法，至于民众因素在国家社会生活中得到加重的其他原因，还可以另外加以细致考察。

（三）西北重镇时代

1959年版的《西安历史述略》，武伯纶先生在"序言"中叙述道："西安古名长安……唐代以后，没有再作首都，但始终是西北的一个重镇"。到了2007年6月，陕西师范大学史红帅、吴宏岐两位学者以《西北重镇西安》一本书的篇幅来论述这一历史事实，他们在开篇"绪论"（研究重镇时代西安城的价值与意义）里很明确地写道：

> 唐代之后，西安由一统帝国都城的地位一降而为区域重镇，城市发展也由"都城时代"转入"重镇时代"（或称"后都城时代"）。作为中国历史上建都时间最久的城市，西安城在"重镇时代"的发展轨迹值得深入研究。10—12世纪的西安城不仅是封建社会晚期区域中心城市的典型，也是中国为数众多的

---

① 王学理：《秦都咸阳》，陕西人民出版社，1985年，第90—91页。

由一统或分裂王朝都城降级为区域重镇的代表。①

如这部著作名称所示,这一重镇所影响的区域被确定为西北,已是一个具有确定含义的表达。如果对这种影响之程度加以追问,则须做出必要的探索性工作。

唐后期藩镇割据,五代的政局仍然很不稳定,与北宋对峙的是西夏政权、突厥、回纥、吐蕃诸部力量,陕西区域在这种边地军事对抗中逐渐形成,西安(北宋京兆府城)也因此成为中原王朝管控西北地区的政治军事重镇。对于国都业已东迁的王朝来说,西安的位置恰到好处,极为重要,这里是可以面朝西、北、南三个方向进退有度的政治军事枢纽,据有西安,掌控关中地区,才能有向西北进取的主动权。这样的经营做得到位,才可以将进取西北的政治军事枢纽放在更西面的兰州城。清代陕甘总督设立及其治所发生移动的安排,反映的就是这种局势,乾隆二十九年(公元1764年),陕甘总督衙门从西安移驻兰州府,直到清朝灭亡,因为从平日里的边疆防务事宜和直接的应急指挥步骤及效果来说,兰州的地理位置更有利,即有利于促使西北局势走向稳定的状态。

(四)社会转型时代

从清代进入中国的近代社会,对于这一特别时期的西安城市内涵的归纳,我们一直很纠结。可以述说出来的一个事实是,我们对都城时代、西北重镇时代之后的时段,曾采用第三、第四时代来表示。2017年7月,同事潘威博士提出可以称之为"转型时代",之后为了对应"都城""重镇"表达中的城市物质形态内容,我们为之加上了"城市"二字,成为"城市转型时代"。可是,历史上及现在和今后,就不会再有具有转折内涵的时期了吗?显然会有,只是这里我们和众人的思维习惯一样,是将此处的"转型"限定在"近代"了。最近,我们着眼于城市发展的契机,在于社会条件的变化,依照此处对城市史划分时代的做法所采取的史实特征考察方式,又将认识确定在"社会转型时代"的表达上了。

前面所述1960年秋季,李健超先生对《西安历史述略》一书的历史时期划分发表评论性意见,也正是就"半封建半殖民地时代的西安历史"提出来的。李先生认为:只有对这一时期的西安历史做出"较详尽的说明","才能显示西安由旧到新的变化,才能使我们更清楚的认识到西安是在怎样的一个废墟上日新月异的改变着自己的面貌"。前述于1984年6月问世的武伯纶编著《西安历史述略(增订本)》②,最重要之处就是新增

---

① 史红帅、吴宏岐:《西北重镇西安》,三秦出版社,2007年,第1页。
② 武伯纶编著:《西安历史述略(增订本)》,陕西人民出版社,1984年。在作者"绪论"前,为陈元方撰写的《增订本〈西安历史述略〉序》。

近2万字的第八章"北洋军阀和国民党反动派盘据下的西安"。作者在"增订后记"中说明这样做，是"以求能够比较完整地反映截止解放前西安的历史"，我们可以将此举看成是作者对李健超先生1960年发表书评文章往事的一种回应。1983年5月，武伯纶先生撰写这份"增订后记"时，已是82岁的耄耋老人，而他心系学术，竭尽残年之力补充自著篇什之精神，却宛然在目，矍铄而动人。

最近30余年来，因为区域史、地方史、城市史研究的推动，诸多学者的勤奋治学，近代西安历史的基本面貌，已经得到较为详尽的阐明。①

中国历史学界就近代历史在中国社会中的展开实况所做的"社会转型"之表达，是面向整个中国社会而言的，如同华中师范大学刘伟教授所言："近代中国的社会转型，从总体上看是从传统农业社会向近代工业社会的转变，伴随着这一转变的，是社会政治、经济、文化诸方面新旧结构的更替过程。"②所谓"社会转型"的研究工作，实质上就是对资本主义生产方式建立及其政治制度各方面兴起状况的实际考察。

由于西方列强对中国社会采取商品蚕食侵入和武装侵略的方式，西方人及西方文化随之大量进入中国，而西安地处内陆地区，出现了接受近代生产方式及其思想观念的机会少，速度缓慢的状况，加上封建政治及经济的势力强大和抵触顽抗，许多社会问题解决不了，也就产生了社会经济基本状况凋敝的景象。尽管如此，辛亥革命后的陕西省和西安府，也出现了政府议事会、警察署等新机构，工厂、学校、医院、邮政、公路、铁路等新事物，就连古老的西安城市形态及其空间结构也有了些变化③。所以，我们认为，对于这一段以半封建半殖民地为特点的西安近代历史，仍以"社会转型时代"相称为宜。

1912年进入民国时期，先后出现的北洋军阀④、国民政府各个主政阶段，不同政治

---

① 主要著作有孙志亮、马林安、陈国庆：《陕西近代史稿》，西北大学出版社，1992年；张岂之、史念海、郭琦主编：《陕西通史·民国卷》，陕西师范大学出版社，1997年；郭润宇：《陕西民国战争史》上册，三秦出版社，1992年；史红帅编著：《西方人眼中的辛亥革命》，三秦出版社，2012年；史红帅：《近代西方人视野中的西安城乡景观研究（1840—1949）》，科学出版社，2014年；等等。
② 刘伟：《近代中国社会转型的发展趋势及其特征》，载《华中师范大学学报》（哲学社会科学版）1997年第1期，第39页。
③ 任云英：《近代西安城市空间结构演变研究（1840—1949）》，陕西师范大学西北历史环境与经济社会发展研究中心博士学位论文，2005年。
④ 参阅王独清（1898—1940）的自传体小说《长安城中的少年》，1965年日本平凡社出版了日译本（东洋文库57），译者是京都大学的田中谦二，书名为《長安城中の少年——清末封建家庭に生れて》。小说的思想倾向是反封建，并向往新的时代。中州古籍出版社2019年新版第77页写道："谁都知道民国二年以后是一个使人窒息的时期，这是袁世凯在尽可能地扩大着反动局面的时代"，那时，作者因为和同学们罢课，他说"我就这样脱离了三秦公学，变成长安市上游荡的少年"（第75页）。三秦公学当时位于西安城内的西北角。

力量纷纷登上政治舞台,加之外国侵略势力的侵入,整个社会呈现混乱不堪的局面。1932年的西安,被国民党中央确定为陪都,定名为西京,由随即成立的西京筹备委员会负责领导建设事宜①,并接纳了抗战中的多家内迁企业(如大华纱厂)。1936年12月12日,在这里发生的震惊中外的"西安事变",立即吸引了国内外许多人的目光,将西安这座古老的城市推进到全民统一抗日战线的潮头之上,在当时发挥了挽救民族危亡的巨大宣传和推动作用。

(五)工业引领时代

1949年5月20日,中国人民解放军第一野战军解放了西安,并举行了入城式,受到市民群众的欢迎。②时间进入20世纪50年代,西安城市建设规划开始启动,从那时到现在,指导和伴随西安城市发展的是四个城市建设总体规划③。

规划的制定系由西安市人民政府负责,之后报送陕西省人民政府讨论通过,最后报呈国务院批准,予以参照执行。总体规划期限为10年至20年,建设规划一般为5年,建设规划是总体规划的组成部分,是实施总体规划的阶段性规划,之后愈来愈成为制度。20世纪50年代里,这项制度的推行与苏联专家的援助关系密切,譬如1953—1972年的西安首个规划,苏联建筑科学院的通讯院士亚历山大·穆欣前后一直参加。④

每一轮总体规划的制定,所附图纸和相应文件有:①城市现状图;②城市用地评价图;③城市环境质量评价图;④城市规划总图;⑤城市各项工程系统规划图;⑥城市建设规划图;⑦城市郊区规划图;⑧总体规划说明书(包括投资估算)。根据城市的不同规模、性质和特点,规划图纸可以适当合并或增减。图纸一般为1:5000或1:10000的比例尺,城市郊区规划图用较小的比例尺。

1. 第一个城市总体规划(1953—1972)

20世纪50年代初,西安作为中央政府直辖市,完成了第一个城市总体规划(1953—1972)。该规划确定的城市性质为:"西安是以轻型精密机械制造和纺织为主的工业城市。"城市规模为:中心市区面积131平方公里,人口120万。

---

① 《国民党中央确定行都与陪都地点决议案》(1932年3月5日),见西安市档案局、西安市档案馆编:《筹建西京陪都档案史料选辑》,西北大学出版社,1994年,第5页。
② 乔连川:《在解放西安的日子里——第一野战军解放西安的情况》,见中共西安市委党史研究室编:《历史见证 口述西安》第1辑,2009年,第12—18页。
③ 本文第五部分的撰写,参考了张锦秋《和谐共生的探索——西安城市文化复兴中的规划设计》一文,详见《城市规划》2011年第35卷第1期,第19—22页。
④ 周干峙:《西安首轮城市总体规划回忆》,载《城市发展研究》2014年第3期,前彩页第1—6页。

据周干峙先生《西安首轮城市总体规划回忆》一文，这个规划是伴随发展国民经济的第一个五年计划的实施而诞生的。1953年11月，中苏西安基本建设设计组到来，对西安城市的发展进行总体规划。此时的西安，是全国12个中央直辖市之一，还是西北行政委员会的驻地。规划的编制于1954年8月完成，10月29日国务院予以批准，确定把西安市建设成轻型精密机械制造与纺织工业城市。

这一规划不仅包含苏联的规划为生产服务、为劳动人民服务的思想，还有城市的发展不能割断历史的思想。因为西安是历史悠久的古城，所以编制西安城市总体规划，就必须十分了解西安的历史，还要延续西安的历史。西郊的电工城，东郊的军工城、纺织城，北郊的铁路运输及其后备用地、文物保护区，还有南郊的文教区设计及其建设，就是这个规划的主要内容，实施之后也经受了西安数十年城市建设实践的检验。

第一个西安城市总体规划对我们的教育和启发在于，这座城市业已逝去的古老部分的确是我们研究和认识的学术目标。作为一座将要超过百万人口、获得社会主义新生的城市，西安是所有西安人生活、学习和工作的地方，是无数建设者投入智慧和汗水的地方，是将建设得越来越美丽和繁荣的地方，这是国民经济计划建设的实施目标，也是我们目前所面对的城市——西安的发展方向。

2. 第二个城市总体规划（1980—2000）

20世纪80年代，西安编制了第二个城市总体规划（1980—2000），1983年11月20日得到国务院的批准。规划所确定的城市性质为："西安将建设成为一座保持古城风貌，以轻纺、机械工业为主，科学、文教、旅游事业发达的社会主义现代化城市。"城市规模为：中心市区面积162平方公里，人口180万。

经过第一个城市总体规划的建设，西安已经从一个消费性城市转变为生产性城市。由于政治运动的连续进行，西安第二个城市总体规划（1980—2000）成为进入改革开放时期的第一个规划。在改革开放之初，我国的城市政策还停留在控制城市发展以及限制大城市、侧重发展中小城市的方向[①]，所以规划做得非常沉稳，进度不大。

1989年1月，西安市人民政府批准《西安高新技术产业开发区规划范围》，确定开发区位于西安市南郊的西南方向，总面积22.35平方公里，其中集中新建区3.2平方公里。至1991年3月，被国务院批准为国家级高新技术产业开发区，成为西安市社会经济

---

① 周干峙：《论城市化》，中国建筑工业出版社，2011年，"前言"第3页。

发展的一个鲜明标志。

3. 第三个城市总体规划（1995—2010）

第三个城市总体规划（1995—2010）确定的城市性质为："西安是世界闻名的历史名城，我国重要的科研、高等教育及高新产业基地，北方中西部地区和陇海兰新地带规模最大的中心城市，陕西省省会。"城市规模为：中心市区面积175平方公里，人口310万。这个规划的特点是，城市类非农业用地控制得非常严格，城市人口的比重明显加重，以满足人民群众加入城市居民行列的实际愿望。

国务院1999年5月下发给陕西省人民政府的批复，提出要严格控制城市人口和建设用地规模，采取切实有效的措施保护耕地，节约用地。到2000年，城市实际居住人口控制在265万人以内，建城区建设用地控制在215平方公里以内；到2010年，城市实际居住人口控制在310万人以内，建城区建设用地控制在275平方公里以内。规划的新筑、纪杨组团用地要予以控制，留作2010年以后发展。要严格保护划定的基本农田保护区，乡镇企业要结合小城镇的建设相对集中发展。

到2001年，实际情况是全市人口上升到694.8万人，其中市区为400万人；在用地规模方面，到2002年，城市建设用地面积为183.7平方公里，建城区面积为187平方公里，被认为是合理控制了城市建设规模。

4. 第四个城市总体规划（2008—2020）

第四个城市总体规划（2008—2020）确定的城市性质为："西安是陕西省省会，国家重要的科研、教育和工业基地，我国西部地区重要的中心城市，国家历史文化名城，并将逐步建设成为具有历史文化特色的现代城市。"城市规模为：中心市区面积490平方公里，人口528万。

2008年5月6日，这个总体规划经由国务院正式批复。与前三个规划相比，这个总体规划为西安市民描绘了一幅宏伟蓝图：未来的12年内，西安的城市面貌将会发生"质"的改变，市民的生活将更加便捷、舒适，具体而言，那就是经过城乡统筹发展，城乡百姓共同享受发展带来的成果，人居环境更加宜人，老百姓生活更加舒适，等等。[①]还有专家总结了四个规划之间的思想转变及其启示，从局部规划到全局规划、从关注市民到

---

① 西安规划局：《西安城市总体规划（2008年—2020年）概要》，载《建筑与文化》2008年第7期，第9—17页。

关注全民、从单一发展到协调发展、从关注资源配置到关注公共利益、从构筑理想空间到构筑特色城市的五个变化历程①，均表明西安的城市建设在朝着以人为本、关怀人居的方向发展②，其进程的确耐人寻味，可借鉴之处良多。

表6　西安市四个城市总体规划中的用地和人口内容

规划次数	建设时段	规划面积（中心市区，平方千米）	增长率（%）	规划人口（万）	增长率（%）
第一次	1953—1972	131		120	
第二次	1980—2000	162	23.7	180	50
第三次	1995—2010	175	8	310	72.2
第四次	2008—2020	490	180	528	70.3

综括上述四个规划的指导思想及其发展目标和实施过程，从工业城市、工业基地到现代化城市，再到区域中心城市，再进至更高层次的区域中心城市，建设势头可以说是一浪高过一浪。我们试图采用"城市化"的表述来归纳1949年以来西安城市发展的基本内涵，却不能符合20世纪90年代之前的实际情况，根据我们对城市的本质、职责和潜能的理解③，提出将工业发展引领社会发展这一点放在一个极为重要的位置上，才形成我们对这一时期为"工业引领时代"的表达。应该说，这一认识来之不易，诚如北宋诗人苏轼《题西林壁》诗云："横看成岭侧成峰，远近高低各不同。不识庐山真面目，只缘身在此山中。"我们身处现实社会和所研究城市之中，当从丰富多彩的城市研究潮流中理清思绪，看准方向，才能够有所收获。

六、城市生命力在西安的延展

在从事中国历史地理，尤其是城市史研究的过程中，我们越来越真切地感受到，诸多城市如繁星如锦绣，错落分布在中华大地上，不仅历史长，而且持续至今，构成了世界历史上引以为傲的东方城市生命史。我们想知道，这些城市的生命史为何如此之长，其生命力何在，其生存的奥妙何在，自然条件、社会条件在哪些方面起作用。我们曾试想，尽可能地从一个个城市的细节入手，就其城址、演变关节、延续和扩展的关键因素

---

① 龙小凤：《西安历次城市总体规划理念的转变与启示》，载《规划师》2010年第12期，第40—45页。
② 吴良镛：《明日之人居》，清华大学出版社，2013年，第14页。
③ 参见［美］爱德华·格莱泽：《城市的胜利：城市如何让我们变得更加富有、智慧、健康和幸福》，刘润泉译，上海社会科学院出版社，2012年。

等展开连续性思考和研究,将一个个城市作为一个个生命体来看待,以生命力解析生命史,从中揭示出一些带有本质性的东西,这成为我们研究认识中的一种热切追求。

此处以古都西安为例,意欲初步展开揭示其城市生命力的解析工作。工作之初所怀有的一种预设和感受,就是应当采用拟人的方式,在细致描述城市为人类美好居住场所的同时,对其寄予人类精神生活上的无限关怀。

(一)西安城市发展史上曾渡过的四大难关

西安坐落在黄河支流渭河下游平原中部的南侧,在这一习称为"八百里秦川"的宽广土地上,西安小平原上渭河到秦岭沣峪口的南北距离为30公里,西安东南靠近秦岭山脚前向北延伸出去的白鹿原、少陵原、神禾原,形成很可靠的地理依托。历史上周秦汉隋唐诸王朝的都城就先后选建在这里。

西安的都城史及城市史都很长。由于早期历史纪年的缺乏,今人只知周文王在晚年(约公元前1057年)建都丰京(沣河西岸),周武王时(公元前1051—前1043年)建都镐京(沣河东岸),接续下来的都城有秦之咸阳(跨渭河两岸)、西汉西晋南北朝之长安(龙首原之北)、隋唐之大兴和长安(龙首原之南)等等。包含都城史尤其是唐以后连贯的城市史,一直持续到现在的西安市,都城史逾千年,城市史超过3000年,这就是西安城市的生命史。西安数千年间经历过的磨难,难以备述,只能举其大端,略加申明。

1. 粮食短缺

秦国征伐诸国,多辟草莱,实行"农战政策",兼修郑国渠,以达富国强兵的目的。西汉建都长安,皇帝百官加百姓人口二三十万,还有大量军队,消费极大,粮食吃紧,当地不能满足,主要靠从关东地区不断漕运粮食,如河东守番系所说"漕从山东西,岁百余万石"[①]。隋唐建都大兴城及长安城,人口数又多于西汉,遭遇灾荒之年,粮食极为短缺时,还出现过皇帝"就食东都"洛阳的事情。唐中宗李显不愿意做"逐粮天子"、唐德宗李适赶到东宫对太子说"米已至陕,吾父子得生矣"的故事,是尽人皆知的。关西地区自身粮食供应不足的困境[②],断断续续的漕粮西运,支撑到唐末,加上中原王朝其他内外部环境发生的变化,国都就顺势向东迁走了。

---

① 〔东汉〕班固:《汉书》卷二九《食货志》,中华书局,1962年,第1680页。
② 王培华:《汉唐长安粮食供应与关中天地人关系》,载《陕西师范大学学报》(哲学社会科学版)2009年第3期,第60—66页。

2. 巨大战乱

国都所在，既然是全国的要害之地，一旦出现反抗王朝的势力，若控制不住，不断升级，就会出现兵临城下的危险境地。秦末、西汉末、隋末、唐末战乱之火烧及都城，立即导致王朝灭亡或走向衰落，就是这样的例子。魏晋南北朝时期长安的名声一直不振[①]，就在于天下动乱不宁，长安城深受其害。至于西汉历时近200年、唐朝历时接近300年间，所承受的兵荒马乱甚多，平日里人们多以生活在天子脚下、京畿之地为荣耀，战乱之时民众则迅即遭受战火涂炭，诸多辉煌的建筑也一道付之于一炬。新的王朝建立，系一次次从废墟中再建，为西安都城史的一个特点。

3. 都城迁走

公元904年，在唐末战乱中崛起的朱全忠，勒逼唐昭宗李晔及宫人东迁洛阳，"令长安居人按籍迁居，彻屋木，自渭浮河而下，连甍号哭，月余不息"[②]，从此，封建王朝的都城迁离了长安。罗伯特·萨默斯深谙其中意味，他说："这是一个具有重大历史意义的事实，因为在唐代及其以前时代里，关中地区许多世纪以来一直是中国政治权力和权威无可争辩的所在地，它此后再也不能恢复其中心地位了"[③]。都城迁走对当地人士的感情而言是一次很大的挫伤，多少年以后，还有不少人对此扼腕叹息，不胜唏嘘。

4. 水资源不足

历史上建都西安的朝代，充分依赖"八水绕长安"所形成的有利地形建造都城，尤其是隋唐长安城所利用的水源，主要来自秦岭山脉流出的河流和地下潜水层。关中平原的天然降雨具有夏秋多于冬春季节的特点，山区降雨也多于平川台塬，年降雨量的年际变化也很明显，冬春雪雨少会出现干旱现象，夏秋降雨多也会形成洪涝灾害。尽管如此，限于人口总量和城市性质，在1949年以前的长安或西安，有过饮用水水质苦涩的记录，但还没有出现城市建设中的水资源不足的问题。

西安出现"水问题"应该说是从1949年开始的[④]。当时从政治上考虑，政府要把西安从剥削阶级的消费性城市转化为劳动人民当家做主的生产性城市，1953年制定并经

---

① [日]窪添慶文：《魏晋南北朝時期の長安》，见东洋文库中国古代地域史研究班编：《水经注疏译注（渭水篇 下）》，东洋文库，2011年，第3—14页。
② [后晋]刘昫等：《旧唐书》卷二〇上《昭宗本纪》，中华书局，1975年，第778页。
③ [英]崔瑞德编：《剑桥中国隋唐史 589—906年》，中国社会科学院历史研究所西方汉学研究课题组译，中国社会科学出版社，1990年，第774页。
④ 包茂宏：《建国后西安水问题的形成及其初步解决》，见王利华主编：《中国历史上的环境与社会》，生活·读书·新知三联书店，2007年，第259—276页。

国家正式批准开始实施的《西安市1953—1972年城市总体规划》《东西郊详细规划》和《近期发展规划》等，目标是把西安建设成为"以轻型精密机械制造和纺织工业为主的工业城市，国家工业基地之一"。经过这样的规划和坚持不懈的发展，到1978年西安建城区面积达到131平方公里，城区和郊县总人口从1949年的227.33万增长到498.1万，到2000年的发展速度更为惊人，市区面积达到1964平方公里，人口达688万。与此相对应，从20世纪50年代开始出现的自来水供需矛盾，一方面是城市需水量不断增大，另一方面是尽力扩大生产，挖掘潜力予以满足，呈现的是旺盛的供需指标不断突破原有规模的趋势，而解决水源的主要方式就是超采地下水一条途径。到80年代，西安城市生产和生活出现严重的"水荒"，超采地下水引起地下水位的急剧下降，导致大范围沉降区和城市地裂缝的出现，这成为当时最棘手的市政问题。1996年投入使用的黑河引水工程为西安市区输水，通过工程手段引调客水进入西安，成为改善和及时解决西安供水不足问题的主要方式。之后10余年，西安城市化速度越来越快，经济新区不断建立，2010年开展的第六次人口普查数据显示，西安市常住人口达到846.78万，人口激增意味着经济发展上了高速路，新一轮供水形势将更为严峻。

进入2010年，据西安市水务局工作人员介绍，西安人均占有地表水资源量仅325立方米，为全国人均占有量的六分之一，而且地表水受自然条件的影响很大。假如出现几年连旱，或者河流水源地萎缩，供水很可能会有危机。经过对西安市中长期供水需求情况进行分析，到2020年，即使将全市26亿立方米水资源量全部开发利用，供需缺口仍有19亿立方米。为防患于未然，经过一系列的地质勘察和工程设计，陕西境内穿越秦岭隧道的引汉济渭工程已于2011年12月8日开始动工，这项工程一直做到2022年2月22日，随着秦岭输水隧洞岭北TBM（全断面隧道掘进机）刀盘破岩而出，工程的秦岭输水隧洞实现全线贯通。不久之后，源自汉江的汨汨清水将穿越秦岭，助力陕西开启高质量发展的新场景。①

从历史到今天，西安都城史在全国甚至在东方曾经独领风骚，唐以后西安城市史虽步履蹒跚，却步入寻常城市的行列。如今面对未来的发展蓝图，势必需要就地理环境对西安城市发展的支撑作用再做一番考量。

---

① 参见《引汉济渭"大动脉"贯通　综合施工难度世界罕见》，澎湃媒体：澎湃陕西2022年2月23日新闻报道。

（二）地理环境对西安的支撑作用

西安的地理位置牢固如磐，有人在论述西安南面的山脉时说："秦岭山脉由西向东逶迤，在这里却向南拐了一个弯，这个弯度的伟大之处，是在秦岭北麓亮出了一个巨大的怀抱"①，叙述极为有趣。从海拔2802米的牛背梁向远处望去，秦岭绕出的这个弯，正好是西安小盆地的展开地域。一个至为明显的事实是，唐末国都虽然向东迁走，五代和宋金时期的京兆府、元代的奉元路、明清时期的西安府，以及近代以来的西安市，仍然建在这里，说明历史上周秦汉隋唐诸王朝选建都址的地方具有极为有利的地理条件，不仅是一个区域中心，还是区际的重要枢纽，可见参与选址之人无不目光睿智。

西安市的气候属暖温带大陆性季风气候，在长期的人类生产等活动影响下，总的特点依然是温暖湿润，四季分明。西安的气候适宜于农作物的生长发育，也为西安地区经济的发展提供了有利的条件；其寒暖适宜，一向宜于人类生存居住。②关键的降雨状况，记录上虽有月际和年际的变化，但每年6—9月降雨集中、年降雨量维持在500—700毫米的情况还是比较稳定的（2007—2009年年均降雨量为628毫米）。在西安的气候历史上，既有连续多年的干旱天气，也有降雨量超常增加的年份，如2011年9月1日至17日，西安市降雨量即达236.3毫米，是常年同期降雨量50毫米的4.7倍，被称为1961年以来之最。如此稳定或增大的降雨量，正是西安城市环境中最基本的生态保障。

表7　西安市2007—2009年月降雨量记录及其合计（单位：毫米）

年度	1月	2月	3月	4月	5月	6月	7月	8月	9月	10月	11月	12月	合计
2007	1.9	2.3	37.1	2.5	30.2	64.0	254.4	161.3	57.8	78.7	2.6	5.7	698.5
2008	19.1	7.5	21.7	55.6	22.0	59.8	83.7	87.3	83.1	73.1	12.3	0	525.2
2009	0	18.4	35.5	21.0	116.3	59.0	57.6	176.0	81.3	27.6	56.3	11.3	660.3

西安的地形地貌及土壤物理化学性状也比较稳定。南部秦岭山脉海拔一般为1500—2000米，北部关中平原海拔一般为400—600米，地质构造不同，地貌景观互异，彼此界限清晰，形成良好的山地、平原间的气流和水热能量输送系统。西安小平原东西长为140公里，宽达40公里，自北而南依次为渭河河漫滩及渭河1—3级阶地，地势宽阔平

---

① 陕西柞水牛背梁森林公园宣传片《牛背梁》解说词，见陕西柞水牛背梁森林公园网站视频材料。如果说秦岭山脉在蓝田东侧向北伸出了骊山支脉，在蓝田西侧分布了白鹿、少陵、神禾诸原，形成了一个可供城市据以兴起的怀抱，当更为准确。
② 陕西师范大学地理系编：《西安市地理志》，陕西人民出版社，1988年，第88页。

坦，黄土物质覆盖深厚。自新石器时代以来不断开辟扩大的农田，长期施用农家肥形成的肥沃的耕作层，在现代各种农业技术的参与作用下，夏秋粮食产量一般保持在千斤以上。新征用的城镇及交通道路用地，承载着各式各样的高大建筑物群，呈现出日益繁荣的西部都市景象。

西安城市的外在表象，依然是平坦的八百里秦川、冬夏较长的四季，如果就此认为西安的自然状况一直稳定，没有什么问题，那也不完全符合事实。城市"作为人类与自然之间对抗最为激烈的地点，作为'天然的智人库'，作为威胁整个地球、最大量的污染的源头"①，自然界各个要素及其总体面貌绝对不会平静。据《西安市的颗粒物污染控制》报告介绍，西安的空气质量除本身受到天气诸种因素的影响外，还受到燃煤污染源、机动车污染源、城市逸散性粉尘源、城市垃圾颗粒物污染源、非燃煤工业源及远程自然粉尘来源的共同影响，可吸入颗粒物成为城市空气中的主要污染物。②前些年，一年之内，尤其是秋冬季节，空气中多有悬浮的浮尘颗粒及有害气体，如果不是雨天雨水产生裹挟作用的话，仰望西安天空难以见到蓝天白云。此外，土地承载力、植被覆盖率等状况均不及细述，唯有河流水文的变化最为吸引人们的眼球，成为社会关注的焦点。

（三）关中平原的成长及其区位优势

就古代长安、今日西安的位置而言，它所寄寓其中的关中平原自然区域具有最大的地理意义。对于这一堪称经典的区域与城市关系样板来说，我们需要放眼西北乃至全国的广袤国土做一些比较，才能更清楚地析出关中平原诸多颇见优势的地理特征。

1. 中国平原第四位

在一份中国境内主要平原区的名单中，写着东北平原、华北平原、长江中下游平原、河套平原、成都平原、台南平原，还有珠江三角洲、黄河三角洲，却没有关中平原之名。情况之所以这样，估计是著作者习惯上把关中平原放置在黄土高原里面了，所以在列出"中国主要平原区简表"之时，就没有再去考虑关中平原这块地方了。如果认可这样的做法，就有可能淹没关中平原曾经有过的历史价值和作用，至少在中国历史区域的发展演变中，就会影响对于关中平原支撑封建社会前期政治中心——长安的作用的论证说明。再者，陕西省中部的关中平原，面积为3.4万平方千米，比3.578万平方千米的

---

① ［法］克洛德·阿莱格尔：《城市生态，乡村生态》，陆亚东译，商务印书馆，2003年，第116页。
② 联合国开发计划署、中国国际经济技术交流中心编：《中国城市空气污染控制》，中国科学技术出版社，2001年，第222—234页。

台湾岛面积略小些,却是台南平原面积的7倍多,按表8列入的各个平原面积数字,它该列在第四位,即列在河套平原之前。

表8 中国主要平原区简表

平原名称	面积(平方千米)	一般海拔高程(米)
东北平原	350000	绝大部200米以下
华北平原	300000	100米以下
长江中下游平原	200000	50米以下
河套平原	25000	1000—1100
珠江三角洲	11000	20米以下
成都平原	9100	450—500米
黄河三角洲	5400	10米以下
台南平原	4550	100米以下

资料来源:刘明光主编:《中国自然地理图集》①(第2版)附录,中国地图出版社,1998年,第245页。

为《中国自然地理图集》(第2版、第3版)所忽略的关中平原面积数字,其实正是这一地区在历史上和现实社会生活中发挥巨大作用的最基本的地理条件。按照陕西省20.56万平方千米总面积来衡量,只有3.4万平方千米面积的关中平原,虽然不及陕北高原、陕南山地面积广大,却是陕西省土地资源的精华所在。经过新石器时代及上古三代先民的辛勤开发,肥沃的黄土得到了《尚书·禹贡》的颂扬,至秦汉时期又获得"陆海"和"天府之国"的美称,后世的历史学家视其发挥的历史作用,称之为全国的"基本经济区"。②

2. 西北地区最大平原

中国西北地区这个概念,是具有两种含义的。一是基于国家行政区域及其空间位置的划分,即包括陕甘宁青新五省区的地理范围;二是基于地理区划实践的西北地区,也就是基础教育和地理学综合自然区划中常用的西北地区概念,指的是位于昆仑山-阿尔金山-祁连山和长城以北,大兴安岭、乌鞘岭以西,包括新疆维吾尔自治区、宁夏回族

---

① 这部《中国自然地理图集》共有3个版本,第1版为西北师范学院地理系、地图出版社主编,1984年6月出版,全书并无中国平原方面的表格;第2版为刘明光主编,1998年8月出版,附录里有了"中国主要平原区简表";第3版于2010年6月出版,主编和"中国主要平原区简表"内容同于第2版,只是在河套平原"一般海拔高程(米)"数字后加了一个"米"字,推测第2版、第3版期间没有出现对于此表的异议。
② 冀朝鼎:《中国历史上的基本经济区与水利事业的发展》,朱诗鳌译,中国社会科学出版社,1981年,第1—10页。

自治区、内蒙古自治区的西部和甘肃省西北部等的地理范围（地理学上的表达是"西北干旱半干旱区"）。①于此可见，这两种西北地区的概念，就其内涵和范围来说有很大的不同。

既然关中平原的面积位居中国平原第四位，那就这两种中国西北地区的含义来说，还存在另外一个地理事实——关中平原还是中国西北地区最重要的一块平原，它比约2.5万平方千米的河套平原、1.7万平方千米的银川平原，具有面积更为广大的优势。

我国西北地区五省区的面积，陕西省为20.56万平方千米，甘肃省为45.37万平方千米，宁夏回族自治区为6.64万平方千米，青海省为72.10万平方千米，新疆维吾尔自治区为166万平方千米，其总数310.67万平方千米已接近全国国土面积的三分之一。西北地区的草场、沙漠、戈壁、山脉、湖泊体量大，地势高，面积宽广，许多位居全国前列，反观东南位置上的关中平原，其面积、海拔和地理位置具有较多的相关性，区域功能出色，的确难能可贵。

3. 平均海拔

西安市的经纬度位置是东经107.40度—109.49度、北纬33.42度—34.45度之间，其平均海拔为397.5米②，而关中平原处于400—600米间，河套平原处于约1000米，银川平原处于1000—1100米间，可见西安所在的关中平原海拔低，就自然地理位置来说，亦处于较为东南的位置上。

在《中国地势三大阶梯示意图》（1：50000000）上③，以上表8"中国主要平原区简表"中所列的河套平原、成都平原，还有此处所加入的关中平原，均位于中国地势的第二大阶梯上。成都平原的地势自西北向东南倾斜，一般海拔在600米左右，略高于秦岭以北的关中平原，它们皆为第二大阶梯上的低地，土壤肥沃，雨量充沛，自古以来就是农业生产兴旺的地区。战国时期的秦国长期经营，依赖这两个地区的农业和人力，积累起了统一东方六国的力量。

在关中平原上，渭河接纳了自南自北而来的众多支流，从平原中部缓缓流过，平原上的经营长期兼有农牧之利，因而自古以来一直引人注目。关于关中平原重要性的一

---

① 参阅课程教材研究所、地理课程教材研究开发中心编：《义务教育课程标准实验教科书·地理》八年级下册，第五章"中国的地理差异"图5.4 我国的四大地理区域，人民教育出版社，2001年，第4页；《区域地理》，http://www.gov.cn/guoqing/2005-09/13/content_2582640.htm，2021-04-09。
② 此数据来自中华人民共和国水准零点平台（青岛市市南区东海中路30号），获取时间为2019年11月20日。
③ 参见刘明光主编：《中国自然地理图集》（第2版），中国地图出版社，1998年，第8页。

个表征，就是它获得了较多的或远或近政治集团的兴趣和认可，他们付诸实施的行动就是在这里选建政权的立足点，确定新建国家的都城位置，其中最有名的都城就是咸阳、长安。

4. 区位及交通枢纽

20世纪30年代起，国内外地理学家对中国做过较多的自然区划，最有影响力的是黄秉维先生主持的《中国综合自然区划图》的编制[①]。到80年代，赵松乔先生编制出了《中国自然地理区域》图件，席承藩等编制出了《中国自然区域》图件，将中国自然区划最高级别的区域数缩小到三个，即后来逐步确定下来的东部季风区、西北干旱半干旱区和青藏高寒区[②]，唯其最高级别的区域数少，反而更加直观地展现了三个区域之间的差异性。

那么，上述三个区域的交会点在哪里呢？大致是在西宁、兰州之间黄河河道北面的一个位置上。通过赵松乔先生《中国自然地理区域》图件底图中的甘肃省行政区图，找到三个区域的交会点，利用"百度"影像地图中的地名信息来比对其大致方位，确认距离该交会点最近的县是古浪县，据此判断三个区域的交会点是在古浪县境内偏西的位置上。

结合中国古代史实，可以观察到，在古代群雄逐鹿中原的时期，在关中平原及其周边区域所汇聚的力量，经常是来自西面二级阶梯上的挑战者和进攻者，他们利用顺流而下、居高临下的有利地形，曾多次夺得统御天下的权力。而中原王朝势力强盛时，就会在关中平原建立大本营，并以长安为军政重镇，将对外的拓展方向推进到西面的第三级阶梯上。

关中平原的最大区位优势，就是在借助黄河南岸崤函古道走出豫西山地后，可以放眼整个东部平原地区，用心经略天下，如周武王克殷之后实行分封制那样。而东部地区的各个地域，西进的势力大多会选择绕过太行山或伏牛山、汇聚洛阳盆地后，逆黄河进入崤函古道，再进入关中平原的路线。这应该被理解为汉唐时代定都关中平原的重要考量。

5. 历史上的成长过程

自然地理环境是人类社会存在和发展的自然基础，为城市及其区域社会提供必要的

[①] 黄秉维：《中国综合自然区划草案》，载《科学通报》1959年第18期，第594—602页。
[②] 参见刘明光主编：《中国自然地理图集》（第3版），中国地图出版社，2010年，第106—112页。

物质条件，而一个城市及其区域社会的出现和发展，又离不开诸多人文因素与自然环境的交互作用，我们把这种现象看作城市及其区域社会在历史上的成长过程。

最需要看重的这种成长过程，是城市及其区域社会在历史上孕育和传播开来的影响力，这以建都古代咸阳、长安的朝代最为著名，因为统一和强盛的王朝从四面所汇聚的力量及在四周所表现出来的威力往往是惊人的。关中平原是中华文明重要的发祥地，古代长安是连接欧亚大陆两端的丝绸之路的起点，顺着祁连山下的河西走廊，以及伸向中亚地区的天山山麓东西向通道，这条绵绵不绝的丝绸之路走向了西亚和欧洲。玉器、丝绸、汉籍、茶叶、瓷器、植物种子等，皆为传播中华文化影响力的持续性媒介。

时至21世纪的现今，国家倡导"一带一路"建设，向西发展丝绸之路经济带，为的是因时制宜，充分发挥欧亚大陆桥的交通功能，增进世界各国的了解和互信，推动人类命运共同体的创建。在国家的现代化建设大局和全方位开放格局中，2018年已提出培育发展关中平原城市群的规划，赋予"其命维新"的关中平原以新的历史使命，明确指示要发挥这一地区"承东启西、联接南北"的区位优势，确立推动全国经济增长和市场空间由东向西、由南向北拓展的目标，创造性地实现以西安带动周边城市群、以关中平原城市群引领我国西北地区各项事业发展的新格局。

（四）水：维持西安城市生命的关键所在

2005年初，经过一段较长时间的论证和修改，中共西安市委、西安市人民政府撰写了一份对西安城市建设具有指导意义的专题报告——《西安国际化、市场化、人文化、生态化发展报告》。这份以白皮书形式发布的报告不到3万字，但取材广泛，立意高远，意义重大。报告对西安城市发展的定位，归纳为"进一步提升城市的核心竞争力和经济的外向度，使之尽显其人文之都、科技之市、现代新城的魅力"这样生动的表述。当时新闻媒体的报道，采用的题目是《关注城市发展路线图：四化西安将这样打造》，也是抓住了报告灵魂之所在。

我们尤其关注报告中第四章"生态化——西安发展的美好前景"部分的阐述。报告拟定今后生态化建设的目标为：通过系统持久的建设，使西安生态环境逐步达到自然、清洁、安全、协调、舒适、优美；城市绿化覆盖率达到40%以上，人均公共绿地面积大于8平方米；河流水系污染得到普遍治理；城市水域功能区水质普遍达标；全市普遍采取节水措施，达到水资源供需基本平衡；城市生活污水集中处理率达到60%以上，工业废水基本全部达标排放，工业用水重复利用率达到90%；城市空气质量到2010年好于或达到二级标准282天/年以上;城市噪声达标区覆盖率达到90%;城市气化率达到100%;公众对环境的满意率大于90%。

报告整理出来的西安生态环境方面存在的四大问题,其中前三个都同水资源有关:①山地、台塬、丘陵植被破坏严重,水源涵养和水土保持能力降低。②水资源短缺和水资源浪费并存。地下水开发利用过度,地表水开发利用不足。③河流水系污染严重。西安境内较大的河流有40多条,其中中度至严重污染的超过总数的一半,地下水中度以上污染面积超过200平方公里。这些分析点中了要害,抓住了关键。

那么,今日西安城市建设究竟缺不缺水,如果缺水的话,究竟缺少到什么程度?关于水资源统计的这一笔账,计算和统筹起来的难度,很可能超过对任何其他稀缺或紧缺物品的统计。农业、工业各个行业建设需要水,市民生活需要水,房地产开发景观建造需要水,旅游业发展和世界园艺会举办也需要水……一个众所周知的事实是,历史上一直保留下来的浐灞、泾渭、沣渭汇合处,本来是西安周边的湿地所在,现在也逐渐纳入各个经济新区的开发计划内。一个是以河流形式存储的水资源,为西安的需要作为客水被引走,一个是河流岸边的平整土地,为不断扩大的西安城区——包括进来,西安周边河流生态的日趋恶化及西安城市向周边的大幅度扩张,均引起广大市民的焦虑和不安。总而言之,今日西安之大,已大大超过了历史上作为国都存在的周秦汉隋唐诸王朝的都城范围,西咸经济一体化的深度运作,已经将周秦汉隋唐诸王朝在西安小平原的所有都址,采用城市联结的方式连接在一起了。

对此,我们不妨重温一下1972年召开的联合国人类环境会议和1992年联合国环境与发展大会(又称"地球高峰会议")上的重要成果,为区域人口资源环境与发展如何协调的问题寻找一些确定性的原则。

1972年在瑞典的斯德哥尔摩召开的联合国人类环境会议,通过了举世闻名的《人类环境宣言》,该项宣言申明了一个共同的信念:"在使用地球上不能再生的资源时,必须防范将来把它们耗尽的危险,并且必须确保整个人类能够分享从这样的使用中获得的好处。"[①]其中作为原则之一书写的条款是:"现在已达到历史上这样一个时刻:我们在决定在世界各地的行动时,必须更加审慎地考虑它们对环境产生的后果。由于无

---

① 《人类环境宣言》,见中国环境报社编译:《迈向21世纪——联合国环境与发展大会文献汇编》,中国环境科学出版社,1992年,第158页。

知或不关心，我们可能给我们的生活和幸福所依靠的地球环境造成巨大的无法挽回的损害。"①

1992年在巴西的里约热内卢联合国环境与发展大会上，通过了《里约环境与发展宣言》《气候变化框架公约》《生物多样性公约》诸多文件，第一份文件重申了1972年《人类环境宣言》的精神，提出了"可持续发展"概念及其思想，成为对以前有关环境问题认识的新观念。第三项原则的具体表述是："为了公平地满足今世后代在发展与环境方面的需要，求取发展的权利必须实现。"②第八项原则的具体表述是："为了实现可持续的发展，使所有人都享有较高的生活素质，各国应当减少和消除不能持续的生产和消费方式，并且推行适当的人口政策。"③

此外，我们也注意到1992年的春天，一群科学知识界的著名人士在德国海德堡的活动情况，他们面对自然保护主义者和政治生态学者所持意见，在里约热内卢联合国环境与发展大会之前采用《致各国国家元首及政府首脑的海德堡呼吁书》的形式，向大会发出了自己的声音④，这种声音在维持人类社会进步和环境改善关系方面被认为具有特别深远的意义。此呼吁书的最后一段文字集中地阐明了这些重要人士的看法，即"威胁我们的地球的最大问题是无知和压制，而不是科学、技术和工业，因为它们的手段是使人类能够由自己并为自己战胜人口过剩、饥饿和大流行病等灾难不可缺少的工具，只要这些手段得到恰当的运用"。学者们的思想已经阐发清楚，并在随即召开的大会通过的文件中有明显的反映，问题是怎样做才算是"这些手段得到恰当的运用"，这是具体实践中最难的事情——特别是对利润或利益的追求脱离了科学知识界人士的期望的时候，而许多忧虑、不满甚至指责都是从这里产生出来的，远在亚太地区的中国西安城市建设之实际，遇到的也多是这样棘手的问题。

到了21世纪初，率先提出环境可持续发展概念的著名学者莱斯特·R.布朗，大概是受到他的同伴论著的启发，在《生态经济：有利于地球的经济构想》中写入了"为人民

---

① 《人类环境宣言》，见中国环境报社编译：《迈向21世纪——联合国环境与发展大会文献汇编》，中国环境科学出版社，1992年，第157页。
② 《里约环境与发展宣言》，见中国环境报社编译：《迈向21世纪——联合国环境与发展大会文献汇编》，中国环境科学出版社，1992年，第29页。
③ 《里约环境与发展宣言》，见中国环境报社编译：《迈向21世纪——联合国环境与发展大会文献汇编》，中国环境科学出版社，1992年，第30页。
④ 这份由425位科学知识界人士签名的《致各国国家元首及政府首脑的海德堡呼吁书》，形成于1992年4月14日，是写给当年在里约热内卢召开的联合国环境与发展大会的，全文见［法］克洛德·阿莱格尔：《城市生态，乡村生态》，陆亚东译，商务印书馆，2003年，第145—146页。

重新设计城市"一章,在这一章的具体阐述中,他极力摒弃"以汽车为中心无计划延伸的城市"模型,提倡建立"城市铁路和自行车系统",著作中的重要思想之一是在论述如何"为人民计划城市"。①莱斯特·R.布朗阐述的"为人民计划城市"的思想,也许并不是新的发明,我们社会主义国家的城市也是这么做的,事实上我们的城建工作为人民不满意之处甚多,那就值得为"城市病"所困扰的诸方人士加以学习和体会。

就西安来说,实际工作中如何获知广大市民的基本意愿,工作方案或措施能够征求到最重要的意见或建议,是政府工作人员做好工作的关键一着。如今,西安作为一个资源性缺水城市的性质已经确定,西安水资源分布和储存总量不足已是基本事实,那么,"大水大绿"的期望与这种事实之间的差距该如何协调和扭转,有什么条件可以支持西安建设"山水城市"这样令人陶醉的说法,周秦汉隋唐和宋元明清哪个时期离我们更近,怎样缅怀前贤和敬仰王朝盛世才更加符合实际,能否尽可能减少城市周边水面的汇聚,采用多养花养草种树培植绿地的方式是不是更符合西安的自然条件和人民可持续居住之夙愿,诸如此类的问题,都值得深入探讨。

(五)究竟谁可以决定西安城市的命运

论述至此,还有一个问题萦绕心头,即究竟是谁在决定西安城市的命运。许多人会自然而然地说理所应当是政府,这是具有许多道理和符合以往及现在诸多事实的想法。但是,时至今日,我们还要继续询问和提出这个问题:究竟谁可以决定西安城市的命运?

一个城市的居民,从法律角度而言,都是国家的公民。从城市管理的角度来看待,则有市政府管理人员和市民之分。所有居民同住一个城市,有关这个城市的市政条件、福利安排与人们的学习、工作和生活利益休戚相关。最为重要的是,涉及基本生活条件的供水、供电、供气、道路建设等事项,无一不同资源环境要素紧密相连。我们处在一个居民总数在向千万大关靠近的时间段内,每一名市民自然拥有更多的理由关心和过问所居住城市的可持续居住问题。

在此,笔者非常愿意回顾一下1983—1985年西安市政府领导得到人民群众热烈欢迎和响应的那次西安环城建设活动,因为此活动可以称为政府和人民情感交融的见证。据

---

① [美]莱斯特·R.布朗:《生态经济:有利于地球的经济构想》,林自新、戢守志等译,东方出版社,2002年,第211—238页。

最新研究，清乾隆四十六年至五十一年（公元1781—1786年）整修西安城墙[①]，约200年后，又一次大力修整破败不堪的西安城墙[②]。工程准备期间，成立了省市等部门负责人参加的"西安环城建设委员会"。在开工典礼上，兼任西安环城建设委员会名誉主任的中共陕西省委第一书记马文瑞讲了这一工程的修建方式和教育作用：

> 西安市委和市政府决定采取国家投资和多渠道筹集资金相结合，全面规划与分期实施相结合，专业队伍与发动群众相结合的办法，我看是正确的。"人民城市人民建"、"依靠群众自己动手谋福利"，不仅可以节约国家投资，而且有利于恢复和发扬党的优良传统，也是进行共产主义教育的很好课程，对于锻炼一支有理想、有道德、有文化、守纪律的朝气蓬勃的革命队伍，具有重大意义和深远影响。[③]

许多西安市民，以及在外地外国居住的有古城西安生活经历的人士，获知将要修整西安城墙的消息，都无比激动，热情高涨。许多工作人员积极参加到义务劳动的行列中，不少市民也自愿加入，出工出力，干部、群众主动捐款，还有人写信提出环城园林规划构想，提出修复城墙中应重视的抗震问题、桥坝结合问题、环城公路建设问题等。旅居美国科罗拉多的华裔人士龙英写信说："我在万里之外的美国看到《人民日报》关于西安市人民动手兴修环城公园的报道，兴奋得不能入睡，当想到古城西安将围上绿色的'项链'，清澈的河水流绕城周，游人能够在林荫中沿河堤散步，这怎能不使人心潮起伏、思绪万千呢！"[④]当时许多人已经意识到古城墙是西安的珍贵文物和重要标志，借助还保留着的时代激情参与其中，形成与政府倡导的"人民城市人民建"号召极为难得的共鸣，完成了一项非历史上历次城墙修缮活动可比的人民群众广泛参与的城建维修工程。

时至今日，与城市同呼吸、共命运的市民阶层，在城市文化的熔铸和熏陶中，已经日渐成熟，环境保护理念也更为深入人心，同过去相比，一句话，人民群众对政府的要求更高了。事实上，"人民群众"这种政治意味浓厚的表达，在不少方面已经悄悄让位于更有法律和民主意味的"市民阶层"之表达。市民这一阶层包含着居民身上所有的社

[①] 史红帅：《清乾隆四十六年至五十一年西安城墙维修工程考——基于奏折档案的探讨》，载《中国历史地理论丛》2011年第1辑，第112—126页。
[②] 西安市城墙管理所、莲湖区"三整顿"办公室：《关于西安城墙被破坏情况的调查》（1980年7月25日），见西安环城建设委员会办公室：《西安环城建设资料汇编》第1辑，1984年，第20—21页。
[③] 马文瑞：《群策群力，为把西安建设成美丽整洁的文明城市而奋斗》，载《西安晚报》1983年4月1日。
[④] 《龙英的信》，见西安环城建设委员会办公室编：《西安环城建设资料汇编》第1辑，1984年，第178页。

会性，包含着在同一城市生活居住的所有人，他们生活中的种种意愿总会找到合适的诉求对象予以表达，这些对象可能是受到市民认可的某某报纸或某某团体，有时也会是某些市民自觉不能错过的机会。

许多西安人知道甚至不能忘记，这样的机会在西安公众媒体中已经出现并有过展露。2004年12月18日，一名在"华商网"上开设"新西安论坛"的版主秦透社（市民网名），在西安的"华商网"等三家本地网站先后开展了"2004年西安发展十大教训评选"活动。这一评选活动给网民留的时间不长，仅仅两周，2005年1月1日评选结果就揭晓了，"西安宝马彩票案影响了政府公信力，损害了西安形象"等十条教训名列其中（有六条属于市政方面）。这一活动不仅在广大网民中产生了强烈反响，而且还惊动了政府部门。

据报道，评选活动发起后，立即引起了陕西省委、西安市委和市政府有关领导的重视，无论是做出的批示还是在网上的回应，都充分肯定了评选活动的意义。评选活动一结束，西安市方面很快召开了专题会议，对评选结果进行了研究讨论，要求相关部门和区县针对网民提出的问题，积极改进工作，寻找差距和不足，并在一周内提出整改措施。西安公安局交管支队率先在"华商网"上回应"十大教训"问题，提出整改意见。2005年3月4日，西安市委、市政府正式约请参与评选活动的主要网民代表进行座谈，座谈的话题直接而美好——"西安咋样变得更美好？"

对于此次评选活动，舆论也给予了支持。2005年1月4日，人民网"强国论坛"首页发布了网评，认为西安的评选活动是"2004年中国最有价值的一次'十大'评选"。1月24日，《西安日报》发表题为《让教训成为推进发展的动力》的评论员文章，提出"'十大教训'，对全市所有的部门和企业都是一次警醒"。2月，《瞭望东方周刊》发表的文章题目就是《十大教训评选，网民参政试验》。网民就是市民，市民发表的意见就是民意，秦透社说："'十大教训评选'之所以引起广泛关注，之所以得到政府部门肯定，其意义就在于民意的真实有效表达。"有人评论说："现在是网民通过网络，以后可能是市民更为直接、广泛地参与，这是一个政治文明的标志，也是一种必然。"

很明显，上述两个实例的实际意义各有不同，广大市民参与的西安环城建设活动，属于"人民城市人民建"的事例，时隔20年后一部分市民以网民身份开展的"2004年西安发展十大教训评选"活动，属于"人民城市人民管"的事例，只是后者意欲参政的方式和途径都还远远未能达到应有的广度和高度。

我们认为，今日行使行政职权，甚至在相当程度上决定西安城市命运的主导力量还是政府，正因为政府担负的职责重大和崇高，任重而道远，才需要一届届政府公职人员殚精竭虑，服务市民，着眼长远，传好接力棒。为更好地调动广大市民当家做主、参与城市发展和管理工作的积极性，政府必须广开合理渠道（如建立民意调查中心、赋予市民以相当的话语权、举行各种听证会、定期公布市政专项信息），与广大市民沟通，广泛了解民意，努力形成以关心城市前途为中心的政府-市民新型关系，在全国尤其是历史文化名城城市中做出表率。在这中间，充分展开磋商和论证工作，依据西安城市历史和环境特点形成自身特色，同广大市民一道共同为西安城市的可持续居住探索新路。

一个城市的生命力支撑着一个城市的生命史，相对而言，满足今天的需要和管理好今天的城市还是相对容易的。在这里，我们不仅要考虑西安城市发展的今天，还要考虑明天和将来，考虑与世界上的希腊、罗马、开罗这些著名古都齐名的西安城市史的长久延续。在中国，西安是数百个城市中的一个很特别的代表、一个很耐人寻味的地方，需要整个社会和每一个市民认真地关爱她，保护她，也只有这样做，做得合情合理，恰到好处，西安才会享有"长安"之名的真实含义。

七、本套城市史系列著作特点之说明

本套系列著作，是以城市史为学科依托，以不同时期的城市作为论述主体，兼及城外帝王宫殿、陵墓和与城市政治、经济、文化关系甚密的交通运输、人口迁移等方面的内容。

此处的叙述，只能就西安这座城市在不同历史时期的价值和作用，给出一个提纲挈领的简要提示，所能得到的一个鲜明印象则是：这座城市因历史背景、地理条件、空间位置和区际关系诸方面的原因，在关中平原核心区建立起来了，其屡仆屡起的城市兴衰发展经历，显示出发挥过作为国家政权政治军事中心止乱除暴的镇抚作用，而当进入全国政治经济活跃重心逐渐东移的五代宋元阶段，则又承担起稳定国家西北局势的政治军事重镇的历史使命，此种使命经封建王朝晚期和近现代文化思潮与社会改造的磨砺转换，不断增强了的自身工业生产能力，于今又体现出强有力的经济功能和大西北社会发展的引领作用。

第一卷 西周丰京镐京卷

这是关中平原都市走向东方和天下广大区域的初兴阶段，随着公元前1046年武王伐纣取得成功，周人成为中国历史的主角，西周"宗子维城"的统治模式也就推向了全国。以城市作为论述主体，这是从整个系列著作的设计来考虑的，而这一设计对于本卷来说，却意味着著述展开中存在显而易见的难处，那就是丰镐二京建立在3000年之前，自20世纪开展的考古工作至今还有一些不能确定的地方，如都城城址的具体位置等。

本卷作者尹盛平先生及合作者尹夏清教授将周族兴起放在一个重要的论述位置上，在周族的叙述中考察各个城邑的由来及特点，连带叙述了早周文化。其竭尽己力的方式，是极为重视第一手遗址调查和分析资料的使用，围绕丰镐二京的主要和相关内容做了大量耐心细致的叙述工作，写出了目前为止最为详尽的著作。随后尹夏清教授联手参与，进一步保证了论著工作的连续性。今后的进展，寄希望于关中平原城市的起源研究，能够取得促使学界不断向前推进的有利条件。

公元前1046—前771年，本卷著述的时间长度为270余年。

第二卷 秦都咸阳卷

作者王学理先生对于城市史的写作具有自己的认知。他认为："实际上，城市史的研究，总是围绕城市的形制与布局而展开的"，他的写作开始于秦孝公立都咸阳，而结束于秦末，写出了咸阳城市史的最长历程。如东汉辛氏《三秦记》记咸阳之地，"秦自孝公、惠文、悼武、昭襄王、始皇、二世胡亥，并都之。……汉高帝元年，更名新城。七年，罢入长安"。① 在本卷"后记"里，他表示"应该说，《秦都咸阳卷》是《秦都咸阳》（1985年出版）和《咸阳帝都记》（1999年出版）两书的细化与提高"，我们从这句话和10年来的相处中产生的感受则是，庆幸王先生加盟作者群，他的确是这一卷的最佳作者，这也是这套系列著作的幸运。

经过春秋战国时期天下局势的大开大合，秦国发展成政治军事和经济实力最强的国家。此国从小到大，从弱到强，不仅须得抵抗住西北面戎狄的不断袭扰，还必须内修韬略，外习武备，取得与其他国家势力相抗衡的力量，直至除灭山东六国，取得统治天下的独尊地位。是什么赋予或造就了秦国君臣和民众这样顽强的意志和战斗力？只能是关中平原及其以北、以西、以南广大的秦地地理环境所赋予，以及自前776年襄公"迁都汧"开始，至前221年秦统一业绩完成的时代风云构成的天下形势所造就。咸阳居渭河北岸，位于关中平原东西大道上，秦人建都于此，显示了自身所具有的气度和取向。本

---

① 〔宋〕宋敏求、〔元〕李好文：《长安志·长安志图》，辛德勇、郎洁点校，三秦出版社，2013年，第401—402页。

卷著作60余万字，实乃作者一生探研秦都咸阳之积累所铸成。

公元前350—前207年，本卷著述的时间长度为140余年。

第三卷　西汉长安城卷

西汉是一个朝纲树立、为国家奠基的朝代。汉高祖刘邦听取谋士延续建都关中这一周秦之道的建议，具有对于关中平原政治军事地理位置重要性做一次全面验证的意义。开国皇帝吟唱《大风歌》，所发出的"安得猛士兮守四方"之呼声，成为之后无数汉朝将士效命疆场时叨念不已的誓词。西汉的疆场是在路途遥远的边疆，长安城国家机器的运转，很多时候都是以边疆安宁与否作为指向的。长安城本身的安稳、繁盛，也是国家机器正常运转的一个组成部分，因此之故，朝廷之上、太学之堂、市井之中的诸多事务也都空前忙碌起来。也就是说，在西汉长安城里才可见到中国皇帝制度初期运转中的各种情形和局面。作者王学理先生以长期的秦汉考古实践优势，完成了西汉长安城的著述工作，自然带有非常明显的考古学家特征，这是各位读者在阅读中需要掌握和了解的地方。

公元前200—25年，本卷著述的时间长度为225年。

第四卷　东汉—北朝长安城卷

东汉移都于洛阳，自然容易激活东部各个地域集团。在天下纷乱的魏晋南北朝时期，长安城仍不失为一个全国性的引人注目或令某些地域集团垂涎不已的政治控制据点。无论是南征北伐，还是东挺西进，不知有多少支军队光顾过关中平原及长安城，掳掠人口和社会财富似乎是这些军队的共有特征。据长安城建国立都的前赵、前秦、后秦、西魏和北周，由于坚守此都的目标明确，所以在历史上留下了分裂时期割据政权在长安城一番作为的记录。作者杨恒显博士在西安的求学过程中就开始用心体会，历经数年，撰写成篇，最终为学界贡献了一部从根基上开始夯筑和修建的断代城市史著作。

公元25—581年，本卷著述的时间长度为550余年。

第五卷　隋大兴城、唐长安城卷

隋朝和唐朝再度建都关中平原（包括开皇二年那次都址的短距离挪动），只能看作对关中平原政治军事地理位置重要性的新的认可，而唐朝存世280多年，尤其是盛唐时期国力和影响所达到的高度，也反映了欧亚大陆陆路交通运输方式可以企及的多种效能。边疆得到安宁的后面，国都和内地更是经济文化繁荣祥和，从初唐开始，在国都长安就飘扬起了唐诗的氤氲，以至于文学评论有言：放眼望去，"长安可能是世界上最具诗意的城市。生活在现代的我们几乎无法想象长安是怎样地随着诗的节奏震动着。从皇宫到妓馆，诗溢满了长安城，并且从长安流向外省"①。"西京长安的人口将近200万。100万住在城墙环绕的城里，另外一半在郊区。东都洛阳居民100来万"②。宫城、皇城和外郭城布局，三省六部朝堂架构，纵横二十余条大街上人头攒动，构成了唐长安城难以磨灭的人间盛况印象。安史之乱后这种盛况在延续中出现越来越多的破绽，尤其是各处的割据势力限制了以前的皇权的作用，这个社会就以一种颓势向下滑行。

作者王双怀教授和梁克敏博士，师生默契配合，运用动态的发展史观、多维度的社会史观、全局性的大长安史观，立足于隋唐时期有关长安城的历史文献资料，在学术界对隋大兴城、唐长安城研究的基础上，开足马力，全面铺开，叙述中再现了300余年间长安城的兴盛局面和社会繁华景象，展现了一座国都兴起、发展、繁荣、衰落，直至最后毁灭的完整过程，揭示了长安城作为这一时代全国政治中心、中外文化交流中心、国际化大都市的历史背景及根本原因。

公元581—904年，本卷著述的时间长度为320余年。

第六卷 宋金京兆城、元奉元城卷

五代十国时期政治局面的混乱程度，似乎正对应着当时的全国政治经济活跃重心发生东移的偏向，分裂后的新政权虽多，但已经没有看好长安的史例了（指建都方面）。历史自有其耐人寻味之处，按照宋夏、宋金之间的战争烈度，都城若还在长安，那怎么能经受得住？于是，含义甚好的长安之名，在进入五代后很快就被换掉，进入宋元时代就开始以京兆城、奉元城相称了。在后梁韩建缩城后的这座关中平原名城，面积已经比唐长安城小了许多，到宋元时的京兆城、奉元城也是如此，这就是地方路城、省城与国都相比的差别。不过，地方路城、省城也是一方之大城，其地理位置沿袭的是隋唐都城所在，必要时可以向外拓宽，本卷著述中坚持和体现的是"王气黯然后，民气仍堪歌"的历史观③，仍然写出了有声有色的宋元城市史篇章。

---

① ［美］倪健：《唐代长安诗歌的流传》，见陈平原、王德威、陈学超编：《西安：都市想象与文化记忆》，北京大学出版社，2009年，第105页。
② ［美］段义孚：《神州——历史眼光下的中国地理》，赵世玲译，北京大学出版社，2019年，第154页。书中只有人口总数的叙述，而没有具体论证或资料出处的说明。
③ 秦晖：《王气黯然——宋元明陕西史》，山西人民出版社，2020年，第2、4页。

作者邹贺、朱永杰教授合作著述本卷，二位各自发挥自己的才情和优势，力垦"后都城时代"长安地区的宋金京兆城、元奉元城历史，为学术界贡献了公元10世纪中叶至14世纪中叶这部缺席已久的长安城历史著作。这一时期的中国经济重心已经南移，作者认为历史唯物主义的基本观点是经济基础决定上层建筑，那就意味着这一时期的全国政治中心也要按照东移的轨迹走下去，国都东移之后的长安区域政治中心面貌在这里得到一种大书特书，也是学界期望甚久的事情。毫无疑问，这一时期的区域政治中心如何起到西北地区军事重镇的作用，尚需坚持不懈，继续研究。

公元907—1368年，本卷著述的时间长度为460余年。

第七卷 明清西安城卷

明朝先都南京，再移都北京，清朝直接建都北京，处于西面的奉元路城，在洪武二年（公元1369年）就因奉元路被改为西安府，而改称西安城了。与宋元时代一样，这座城必须承担作为地方重镇需要承担的来自政治军事方面的重任和压力，明朝的秦王府城、清朝的满城和南城、陕甘总督衙署等均建在这座城里，这无疑加重了西安城所担负的政治军事职责，而明朝的秦王府城，清朝的满城和南城、四个关城在城内城外辟地修筑，均带来了西安城市空间格局的变化。两个朝代的官署，城内的分区和居民的坊里街巷，以及与居民生活联系最密切的商贸、就学考试、参拜神庙、外出交通等事项的基本情况，无不展现出封建社会后期内陆城市的基本情况。这一时期的新鲜事儿是西学东渐，诸多西洋事物传入，还有遥远的西方人士也来到了古城，有的人竟然在城内观察到一种少见的现象，即没有看到贫民居住区，甚至在"最富和最穷的人之间，在教育、机遇和环境方面没有宛如鸿沟的差异"[①]，这项观察定有其合理准确的部分，的确是值得有意者加以关注的地方。

作者史红帅教授在著述《明清时期西安城市地理研究》（2008年）、《近代西方人视野中的西安城乡景观研究》（2014年）等著作的基础上，再接再厉，为学术界奉上这部新的力作，对于所有城市史研究者都是一种鼓舞。从城市的奠基——城垣修建，到城市的影响扩散——域外交流，每一方面的研究都立足于翔实的史料和缜密的分析之上，必将获得阅读者出自内心的首肯。

公元1368—1911年，本卷著述的时间长度为540余年。

---

① 史红帅：《明清时期西安城市地理研究》，中国社会科学出版社，2008年，第393页。

第八卷 近现代西安城卷

这一卷的历时，涵盖了近代、现代两个时代（这里包括了改革开放以来的当代史部分）。1840年，时当清宣帝旻宁的道光二十年（庚子年），此时距清朝的逝去，还有71年。1840年鸦片战争爆发作为中国近代史之始，1911年武昌起义作为推翻清朝统治的辛亥革命的开端，均为中国古代史和近代史分期或划界时间点方面的具体事实。1928年，陕西省政府设立西安市（之后有过反复），这是城市管理机构的新气象，1947年行政院升其为院辖市。1919年至1949年的新民主主义革命期间，西北地区现代史上"革命"与"反革命"之间的搏斗异常激烈，后者如1926年"二虎守长安"（指杨虎城、李虎臣）、8个月才解除的刘镇华"镇嵩军"西安之围，前者如1949年5月20日西北野战军入城西安，这座古老的城市获得了新生。解放后的西安立即进入社会主义建设时期，革命与生产的高潮迭起，经济发展纳入全国的国民经济建设体系，60年代的西安已从消费性城市转变为生产性城市，经历了一浪高过一浪的城市发展规划建设热潮。这些内容已然成为西安现当代史书写的主要内容，其撰述方式与古代城市的书写有所不同，这是古代与近现代城市所处不同时代上的重大差异，尚请读者逐步适应。

本卷主要作者任云英教授具有一种与其他作者不同的"国家注册规划师"身份，承担本卷著述工作之后，指导着博士生刘淑虎、田野，一直跟踪着时代迅猛的发展势头，树立的是近代西安社会转型、工业引领作用所包含的大量与时俱进事实的书写思想，是为符合近现代城市发展特质，作者不得不采纳的紧随时代演进的著述方式。这样坚持下来，方才把一座城市从近代到当下的过程叙述完成，并且赋予读者一种随着时代演进而包括愈来愈多样的事物、内涵特别广深的思维空间。

公元1840年至今，本卷著述的时间长度为180余年。

放眼学界内外，人所共知，漫长的历史采用分卷撰述的方式，才能做到脉络清楚，史实明确，而将各卷的内容贯通和联系起来，方能构成通史的脉络和意味。为了增加西安城市史通史的意味及意义，本篇导论在关于这一城市的前人著述、考古学和历史地理学的参与、在人类史和自然史上的研究意义、城市史的时代划分、城市生命力延展诸方面，以及国内外城市史研究思潮的介绍和影响方面，尽力做了相应的论述。对于这些论述内容，殷切希望有更多的专家学者感兴趣，前来参与讨论交流，因为唯有通过史料的发掘和学识的增长，才能够推进对于这座世界名城——长安城各个方面的新的认知。

目录

绪论 ……………………………………………………………………………… 001

第一章 周族的起源与周原发祥 ……………………………………………… 009

第一节 周族的起源 …………………………………………………………… 011
一、关中东部的古国 …………………………………………………………… 011
二、关中西部的国族 …………………………………………………………… 014
三、关中东部夏商时代考古学文化及其族属 ………………………………… 018
四、关中西部夏商时代考古学文化及其族属 ………………………………… 021

第二节 周族族源与世系的争议 ……………………………………………… 026
一、传说中的姬周族源 ………………………………………………………… 026
二、先周的世系 ………………………………………………………………… 028
三、周族早期的都邑 …………………………………………………………… 030

第三节 先周文化的探索历程 ………………………………………………… 043

第四节 周原发祥 ……………………………………………………………… 062
一、肥美的周原 ………………………………………………………………… 063
二、周族的得名 ………………………………………………………………… 065
三、周原的发展壮大 …………………………………………………………… 069

第二章　周文王迁都丰邑……083

第一节　文王周原奋发图强与灭崇迁丰……085
第二节　沣西考古与丰邑的位置……093
　　一、文献所载丰邑的位置……093
　　二、沣西考古发现的丰京位置……093
第三节　丰邑宫室园林建筑基本布局的推测……104

第三章　周武王增建镐京……111

第一节　武王营镐……113
　　一、文献记载的镐京位置……115
　　二、沣东考古与镐京遗址……116
第二节　武王灭商　西周都镐……122

第四章　西周的都城宗周……135

第一节　宗周与镐京……137
　　一、镐京最初也称为周……137
　　二、宗周的性质……139
　　三、宗周是镐京……142
第二节　西周的王宫与宗庙……145
　　一、"京宫"是王宫，但是其中有宗庙……145
　　二、"康宫"也是王宫，但是其中也有宗庙……152
　　三、西周三个都邑都有"京宫""康宫"……160
第三节　宗周与"蒡京"……162
　　一、学术界关于"蒡京"归属的分歧观点……162
　　二、关于"蒡京"归属诸说的简要评述……163

        三、"蒿京"在丰邑……………………………………165
        四、"蒿京"是怎样形成的………………………171
    第四节　西周的故都周邑……………………………173
        一、关于金文中"周"的归属……………………174
        二、西周中晚期周邑的性质……………………176
    第五节　陪都成周洛邑………………………………179

第五章　西周的丰京、镐京……………………………………183

    第一节　丰京、镐京的宫室遗存……………………185
        一、丰京的宫室遗存……………………………185
        二、镐京的宫室遗存……………………………189
    第二节　丰京是姬姓贵族聚居区……………………193
    第三节　丰京的民居…………………………………206
        一、半竖穴式房屋………………………………206
        二、窑洞房子……………………………………209
        三、其他与居住有关的遗迹……………………210

第六章　丰京、镐京的社会经济………………………………213

    第一节　西周社会的等级结构………………………215
        一、西周王畿地区发现的采邑…………………216
        二、采邑的分级情况分析………………………218
        三、诸侯国内采邑的考察………………………221
    第二节　西周的经济管理模式………………………224
    第三节　丰京、镐京的农业经济……………………229
        一、丰京、镐京发现的农业生产工具…………230
        二、农作物种类…………………………………232

三、农业生产技术……234
　　　四、耕作制度……237
　　　五、蚕桑养殖……238
　　　六、畜牧业……239
　　　七、渔猎业……241
　第四节　丰京、镐京的手工业……242
　　　一、丰镐遗址出土的手工业生产工具……242
　　　二、丰镐遗址发现的手工业生产迹象……245
　　　三、西周的手工业管理……252
　第五节　丰京、镐京的商业与交通……255
　　　一、西周的商业……255
　　　二、宗周丰京、镐京的交通……260
　　　三、陪都成周的交通……264

第七章　丰京、镐京的文化艺术与宗教信仰……267

　第一节　文化艺术……269
　　　一、文字与符号……269
　　　二、装饰品与艺术品……271
　第二节　宗教信仰……276
　　　一、占卜……276
　　　二、易卦……277
　第三节　丰京、镐京的墓葬及其反映的丧葬习俗……280
　　　一、墓葬数量及其分布概况……280
　　　二、墓葬分类……281
　　　三、殉葬风俗……287
　　　四、随葬品……288
　　　五、车马坑与马坑、牛坑……296

六、关于王陵问题……………………………………………………300
第四节　西周的服饰文化………………………………………………301
　　一、西周玉人、铜人反映的西周贵族服饰…………………………301
　　二、西周玉人、铜人反映的平民奴隶服装…………………………306
　　三、西周少数民族的服装与发型……………………………………307

第八章　丰京、镐京的军事防御……………………………………311

第一节　殷八师参加的平叛战争………………………………………313
第二节　西六师参加的征伐战争………………………………………317
　　一、康王征伐鬼方的战争……………………………………………317
　　二、昭王南征荆楚的战争……………………………………………318
　　三、周穆王救乱的战争………………………………………………329
　　四、厉王灭鄂的战争…………………………………………………332
　　五、宣王伐"太原之戎"的战争……………………………………334

第九章　陪都成周……………………………………………………339

第一节　洛邑的发现……………………………………………………341
第二节　新邑与成周……………………………………………………346
第三节　"王"与王城…………………………………………………350
第四节　洛邑的分区……………………………………………………353
第五节　宗周在东方的经济中心………………………………………357
第六节　宗周在东方的军事重镇………………………………………361
　　一、穆王时期抵御淮夷入侵的战争…………………………………361
　　二、西周中晚期与淮夷的战争………………………………………364

第十章　西周灭亡　宗周废弃……369

第一节　西周中晚期的内乱……371
第二节　西周中晚期"戎狄交侵"……375
一、南有淮夷之扰……375
二、北有猃狁之难……379
第三节　宗周毁于战火……384
一、赫赫宗周，褒姒灭之……384
二、秦人出陇……385

结语……391

参考文献……405

附表……419

大事记……427

索引……431

后记……437

Contents

Introduction /001

Chapter 1
The Origin of Zhou Tribe and Its Cradle Zhou Yuan /009

Section 1　The Origin of Zhou Tribe　/011
    1. The Ancient State in the East of Guanzhong　/011
    2. The Guo Tribe in the West of Guanzhong　/014
    3. Archaeological Culture and Its Type of Eastern Guanzhong in Xia and Shang Dynasties　/018
    4. Archaeological Culture and Its Type of Western Guanzhong in Xia and Shang Dynasties　/021

Section 2　Disputes over the Origin and Lineage of Zhou Tribe　/026
    1. Legend on the Origin of Jizhou　/026
    2. The Lineage of Pre-Zhou　/028
    3. The Early Capital of Zhou　/030

Section 3　The Exploration Process of Pre-Zhou Culture　/043

Section 4　Zhou Yuan as Cradle of Zhou Culture　/062
    1. The Fertile Zhou Yuan　/063
    2. The Name of Zhou People　/065

3. The Development and Growth of Zhou Yuan /069

Chapter 2
King Wen of Zhou Moved to Fengyi /083

Section 1　Wenwang Made Efforts in Zhou Yuan and Destroyed Chong State, Then Moved the Capital to Fengjing /085

Section 2　Archaeological Work in Fengxi and the Location of Fengyi /093

　　1. The Location of Fengyi in the Literature /093

　　2. The Location of Fengjing Excavated in Fengxi /093

Section 3　The Speculation on the Basic Layout of Fengyi Palace and Garden /104

Chapter 3
King Wu of Zhou Built Haojing as a New Capital /111

Section 1　Wuwang Constructed Haojing /113

　　1. The Location of Haojing in the Literature /115

　　2. The Archaeological Work in Fengdong and Ruins of Haojing /116

Section 2　Wuwang Conquered Shang and the Western Zhou Established the Capital in Hao /122

Chapter 4
Zongzhou, the Capital of Western Zhou /135

Section 1　Zongzhou and Haojing /137

　　1. Haojing is Originally Called Zhou /137

　　2. The Nature of Zongzhou /139

　　3. Zongzhou is Haojing Exactly /142

Section 2　The Royal Palace and Ancestral Temple of the Western Zhou /145

　　1. "The Jing Palace" is the Royal Palace, But There are Ancestral Temples in It /145

　　2. "The Kang Palace" is Also the Royal Palace, But There Also are Ancestral Temples in It /152

    3. There are "Jing Palace" and "Kang Palace" in Three Capitals of the Western Zhou Separately /160

Section 3 Zongzhou and "Pangjing" /162

    1. Different Views on "Pangjing" in the Academic Field /162

    2. A Brief Review of "Pangjing" /163

    3. "Pangjing" is in Fengyi /165

    4. How was "Pangjing" Formed /171

Section 4 Zhouyi: The Ancient Capital of the Western Zhou Dynasty /173

    1. On the Attribution of "Zhou" in the Inscription on Ancient Bronze Objects /174

    2. The Nature of Zhouyi in the Middle and Late Western Zhou Dynasty /176

Section 5 The Accompany Capital Chengzhou in Luoyi /179

Chapter 5
Fengjing and Haojing in the Western Zhou Dynasty /183

Section 1 The Palace Ruins of Fengjing and Haojing /185

    1. The Palace Ruins of Fengjing /185

    2. The Palace Ruins of Haojing /189

Section 2 Fengjing is a Concentrated Area of Ji Nobles /193

Section 3 The Folk House of Fengjing /206

    1. Seml-vertlcal Cave House /206

    2. Cave House /209

    3. Other Relics Related to Residence /210

Chapter 6
The Social Economy of Fengjing and Haojing /213

Section 1 Hierarchical Etructure of the Western Zhou Dynasty /215

    1. The Fiefs Found around the Capital of Western Zhou /216

    2. Analysis on the Classification of Fiefs /218

    3. Investigation of the Fiefs in the Feudal Lord States /221

Section 2　The Economic Management Model of the Western Zhou　/224

Section 3　The Agricultural Economy of Fengjing and Haojing　/229

  1. Agricultural Production Tools Discovered in Fengjing and Haojing　/230

  2. Crop Types　/232

  3. Agricultural Production Technology　/234

  4. Farming System　/237

  5. Sericulture　/238

  6. Animal Husbandry　/239

  7. Fishing and Hunting industry　/241

Section 4　Handicrafts of Fengjing and Haojing　/242

  1. Handicraft Production Tools Unearthed from the Ruins of Feng and Hao　/242

  2. Signs of Handicraft Production Found from the Ruins of Feng and Hao　/245

  3. Handicraft Management of the Western Zhou Dynasty　/252

Section 5　Business and Transportation of Fengjing and Haojing　/255

  1. The Business of the Western Zhou Dynasty　/255

  2. The Traffic of Fengjing and Haojing　/260

  3. The Traffic of the Accompany Capital Chengzhou　/264

Chapter 7

The Culture, Art and Religious Belief of Fengjing and Haojing　/267

Section 1　Culture and Art　/269

  1. Written Words and Symbols　/269

  2. Decorations and Artwork　/271

Section 2　Religious Belief　/276

  1. Divination　/276

  2. Hexagrams of the Yi　/277

Section 3　Tombs and Funeral Customs in Fengjing and Haojing　/280

  1. The Number of Tombs and Their Distribution　/280

  2. The Tombs' Classification　/281

    3. The Funeral Customs /287

    4. The Funeral Objects /288

    5. Chariot Pits, Horse and Cattle Pits /296

    6. The Issue of Emperor's Mausoleum /300

Section 4   The Costume Culture of the Western Zhou Dynasty /301

    1. The Jade and Copper Person Image and Aristocratic Costumes /301

    2. The Jade and Copper Person Image and Clothing of Civilians and Slaves /306

    3. The Minority's Costumes and Hair Style /307

Chapter 8
The Military Defense of Fengjing and Haojing /311

Section 1   Countering Insurgency War of Yin's Eight Division /313

Section 2   The Expedition War of West Sixth Division /317

    1. The Expedition War of Kangwang against Guifang /317

    2. The Expedition War of Zhaowang against Jingchu /318

    3. Muwang's Rescue War /329

    4. Liwang Conquered E /332

    5. The War of Xuanwang against "The Rong of Taiyuan" /334

Chapter 9
Chengzhou as an Alternate Capital /339

Section 1   The Discovery of Luoyi /341

Section 2   Xinyi and Chengzhou /346

Section 3   "King" and His Capital /350

Section 4   The Partition of Luoyi /353

Section 5   The Economic Center of Zongzhou in the East /357

Section 6   The Military Center of Zongzhou in the East /361

    1. The War against the Huaiyi's Invasion during the Muwang Period /361

    2. The War against Huaiyi in the Middle and Late Western Zhou Dynasty /364

Chapter 10

The Western Zhou Dynasty Perished and Zongzhou Abandoned /369

Section 1   Internal Disaster in the Middle and Late Western Zhou Dynasty /371
Section 2   "The Invasion of Rong and Di" in the Middle and Late Western Zhou Dynasty /375
  1. A Disturbance in Huaiyi in the South /375
  2. A Disturbance of Xianyun in the North /379
Section 3   Zongzhou was Destroyed in War /384
  1. Prosperous Zongzhou was Destroyed by Baosi /384
  2. The Qin People Start Off from Long Area /385

Conclusion /391

References /405

Appendix /419

Chronology /427

Index /431

Postscript /437

插图目录

图1-1　周族迁徙图 / 042

图1-2　碾子坡居址出土的陶器和铜器 / 048

图1-3　碾子坡早期墓葬出土陶器 / 048

图1-4　碾子坡晚期墓葬出土陶 / 048

图1-5　碾子坡先周方形半竖穴房址H304复原图 / 049

图1-6　郑家坡遗址早期陶器 / 050

图1-7　郑家坡遗址中期陶器 / 050

图1-8　刘家墓地陶器 / 052

图1-9　断泾遗址的陶鬲 / 058

图1-10　沣西先周文化陶器 / 059

图1-11　郑家坡与沣西先周陶器比较 / 060

图1-12　周原地区略图 / 064

图1-13　周原遗址保护规划图 / 065

图1-14　京当型商文化所见铜器 / 072

图1-15　宝山文化与京当型文化遗物比较 / 072

图2-1　丰镐地区水道及昆明池旁西汉遗存位置图 /094

图2-2　沣河中游东西两岸村庄位置图 /095

图2-3　丰邑西周宫室建筑群及相关遗存分布图 /096

图2-4　新旺村铜鼎 /097

图2-5　遹盂铭文拓片 /097

图2-6　客省庄村北发掘地点位置图 /098

图2-7　张家坡遗址发掘地点位置图 /098

图2-8　马王村二号宫室北边的陶水管 /098

图2-9　马王村北地四号西周夯土基址平面图 /099

图2-10　张家坡长方形半竖穴式房址H105（由北往南） /099

图2-11　张家坡圆形半竖穴式房址H104平面、剖面图 /100

图2-12　张家坡西周居址的陶器纹饰 /100

图2-13　张家坡西周早期居址的陶器 /100

图2-14　张家坡西周晚期居址的陶器 /100

图2-15　沣河两岸丰镐遗址景色 /103

图2-16　丰邑客省庄南地H10西周铜簋外范花纹 /105

图2-17　H18出土部分陶器 /106

图2-18　客省庄1983年先周墓M1平面、剖面图及部分出土器物 /107

图2-19　张家坡先周墓葬M89平面图及陶器 /108

图2-20　张家坡沣西毛纺厂1983年先周墓葬M1平面图及出土器物 /109

图3-1　周原凤雏H11∶20号甲骨文摹本 /114

图3-2　周原凤雏H11∶117号甲骨文摹本 /114

图3-3　长由盉及其铭文拓片 /117

图3-4　镐京遗址上泉北村西周居址的铜铲 /118

图3-5　镐京西周遗址发掘及唐昆明池北界夯筑土堤位置图 /118

图3-6　镐京遗址洛水村西周板瓦 /118

图3-7　镐京西周墓葬分布图/120

图3-8　丰京、镐京遗址位置图/121

图3-9　利簋及其铭文拓片/126

图3-10　何尊及其铭文拓片/127

图3-11　墙盘及其铭文拓片/128

图3-12　北京琉璃河1193号墓出土铜器图/131

图3-13　克罍（器）铭文拓片/131

图4-1　麦方尊铭文拓片/140

图4-2　扶风召陈甲区西周建筑群外观示意图/151

图4-3　召陈F3复原设想图/151

图4-4　岐周遗址图/176

图5-1　丰京遗址大型夯土基址区位置图/186

图5-2　丰镐遗址/192

图5-3　丰邑先周和西周墓葬陶器比较图/194

图5-4　张家坡墓葬M157平面、剖面图/195

图5-5　张家坡墓葬M157出土的玉器/195

图5-6　张家坡西周墓葬铜牺尊（M163∶33）/196

图5-7　丰井叔家族墓地墓葬分布图/203

图5-8　张家坡方形半竖穴房址H205/208

图5-9　张家坡半竖穴套间房址HA平面图/209

图5-10　张家坡西周居址的铜斧和石制工具/211

图5-11　张家坡西周居址的骨锥及其他/212

图5-12　张家坡西周居址的骨笄/212

图6-1　岐山周公庙/217

图6-2　兮甲盘铭文拓片/227

图6-3　张家坡西周居址的石制农具/230

图6-4　张家坡西周居址的骨铲 /230

图6-5　张家坡西周居址的铜镞和骨角镞 /231

图6-6　张家坡西周居址的磨石 /243

图6-7　张家坡西周居址的纺轮 /244

图6-8　张家坡西周居址的铜刀 /247

图6-9　西周车马器物 /247

图6-10　普渡村Ⅱ式陶窑Y2平面、剖面图 /249

图6-11　镐京西周遗址出土陶器 /251

图6-12　乳形袋足陶鬲和瘪裆陶鬲制作方法分解示意图 /251

图6-13　张家坡西周轮舆复原图 /260

图6-14　沣西车马坑铜饰和贝饰马具及第三号车马坑车子复原图 /261

图7-1　周文化甲文和陶文 /270

图7-2　西周石雕残器和泥塑牛头 /273

图7-3　玉饰 /273

图7-4　丰镐西周居址的铜器 /274

图7-5　丰镐西周居址的铜器 /274

图7-6　张家坡西周刻字卜骨 /276

图7-7　周原出土的甲骨卜辞 /279

图7-8　西周贵族人物雕像图 /302

图7-9　西周平民、奴隶、少数民族人物雕像图 /308

图8-1　鲁侯簋铭文拓片 /314

图8-2　小臣谜簋铭文拓片 /315

图8-3　班簋铭文拓片 /330

图8-4　多友鼎铭文拓片 /336

图8-5　多友鼎 /337

绪论

《西安城市史·西周丰京镐京卷》是《西安城市史》的开篇之作。以王权为代表的国家力量,是城市形成的重要因素。丰京、镐京是姬姓周人建立的西周王朝,是周人在陕西建立的第一个全国性政权的都城,首开了周、秦、汉、唐建都长安的先河,具有里程碑式的意义。

一、发展阶段与主要特征

西周的丰京、镐京是西安城市发展史的第一个阶段,是西安城市发展的开创时期,是当时全国的政治、经济、文化、军事中心,主要的特征是有"市"而没有"城"(城墙),而且是一都双城制。

周人建立城市选址时要实地踏查,还要经过占卜,有吉兆才能营建,城市的布局是有规划的,且依循一定的准则。据《周礼·考工记》所载,规划的内容有"左祖右社,面朝后市","后市"据《周礼·司市》记载,有多种类型:"大市,日昃而市,百族为主。朝市,朝时而市,商贾为主。夕市,夕时而市,贩夫贩妇为主。"同时,还设有专门管理市场的机构,从担负"平市""均市""止讼""去盗""除诈"等职能情况看,丰京、镐京城中的"市"已是形成都城的重要组成部分。

根据考古发掘,丰京、镐京城中有制陶、制骨、制玉、铸铜等各种手工业作坊,有发达的手工业必有各种市场。丰京、镐京城中不仅集中居住着一大批王族宗室与公侯贵族,还有人数不断增加的百工、商贾。他们与各类"市"相结合,使丰京、镐京除具有政治、文化功能外,经济功能也愈益突显出来,使其成为名副其实的城市。

丰京是周文王建立的都邑,坐落在沣水中游西岸被称为郿坞岭的一片高地上。2012年,经过考古调查勘探,重新确定丰京遗址的分布范围约8.62平方千米(见《丰镐考古八十年》)。丰京的东面是沣水,西面是灵沼河,北面、南面是低洼沼泽地,不适合人居住,这就限制了城市的发展,所以文王死后,周武王又在沣水东岸增建了镐京。镐京在沣水中游的东岸,比丰京的位置稍偏北,也是建在郿坞岭的高地上。2012年,经过考古调查勘探,重新确定镐京遗址的分布范围约9.2平方千米(见《丰镐考古八十年》)。

周武王灭商后建立了西周政权,都镐京。镐京最初是在一片长满蒿草的地方建立的，所以称为"蒿"，又称"周"。"周"是周太王古公亶父在周原建立的都邑，表示是周族居住的地方，所以镐京最初也称为"周"。成王五年洛邑建成后，定名为"成周"，表示洛邑是成王建立的"周"。西周王室"祖文王而宗武王"，认为周武王是天下的大宗，诸侯宗之，所以改称镐京为"宗周"，表示镐京是"宗"（武王）建立的"周"。

根据文献与西周金文记载，丰京与镐京近在咫尺，仅为一河之隔，一个早晨步行便可到达。丰京、镐京都有王宫，但是周王室主要的王宫与宗庙是在丰京，因为是在镐京的近旁，所以成王时称之为"旁"，康王时在此设朝处理国政，因此称之为"莽京"。"莽京"是"宗周"在丰邑的王宫、宗庙区。总之，西周的"宗周"包括镐京与丰京（因"莽京"在丰邑，所以后世称丰邑为丰京，丰京应是丰邑与"莽京"的合称）两座城市，于是形成了一都双城制，汉唐时期的两都制（西都长安、东都洛阳）也许就来源于此。

丰京、镐京的地理位置与自然环境是古代建立都城最大的优势。丰京、镐京居于天下之中，在中国大陆的腹地。中国大地的原点，就在丰京、镐京以北的今西咸新区永乐镇。丰京、镐京位于秦岭的终南山下，而且又在八百里秦川的广川之上。秦岭不仅是一条高高隆起的龙脉，而且是中国南北水系长江与黄河的分水岭，将中国农业分为秦岭以南的稻作农业区、秦岭以北的粟作农业区。周族是一个善于经营粟作农业的民族，且丰京、镐京周围水系发达，平畴沃野千里，因此成为中国历史上周、秦、汉、唐等十三个王朝的龙兴之地。

西周社会是以血缘关系为纽带形成的宗族社会，各个氏族生前聚族而居，死后聚族而葬。根据丰京、镐京遗址考古发现的墓葬资料与西周金文资料，丰京是姬姓公卿贵族及其族人的聚居区，还有少量姜姓贵族及族人居住；镐京是异姓王臣贵族的聚居区，且以殷人居多，当然也有不知种姓的平民。

二、基本材料与研究条件

研究丰京、镐京的历史，离不开先秦时期的文献及其考古资料，还有历代学者研究的成果。本卷依据的基本材料是相关的古代文献，特别是先秦文献、西周金文、甲骨文，八十多年来有关丰京、镐京遗址的考古资料，以及历代学者的研究成果。

（一）基本的文献资料

古代文献方面，主要引用了《诗经》《尚书》《左传》《国语》《周礼·考工记》《竹书纪年》《史记·周本纪》《后汉书》《三辅黄图》《雍录》《长安志》等。还有西周金文、甲骨文等。

（二）今人的研究成果

1. 研究专著

除古文献资料外，本书的撰写还吸收了大量今人的研究成果。目前的研究成果中，有对历史时期西安城市发展进行整体性研究的专著，如马正林《丰镐—长安—西安》[1]，武伯纶《西安历史述略》[2]，史念海主编《西安历史地图集》[3]及所著《中国古都和文化》[4]，朱士光主编《古都西安·西安的历史变迁与发展》[5]，吴宏岐《西安历史地理研究》[6]，黄留珠主编《西安通史》[7]，等等。这些专著从宏观角度研究西安城市发展变迁时专门对西周的丰京、镐京的发展、变迁做了客观、有深度的探讨。

还有一些学者在介绍西周历史时对丰京、镐京的发展进行了阐述与解读。例如齐思和《西周地理考》[8]，白川静《西周史略》[9]，许倬云《西周史》[10]，杨宽《西周史》[11]，等等。

同时随着考古研究的不断深入，出现了许多涉及西周丰京、镐京城市发展的考古系列的研究著作，这些成果既补充了西周文献资料缺乏所带来的不足，又可与文献资料相互印证，增强了书稿的可信度。从西周器物解读角度折射西周丰京、镐京的有陈梦家《西周铜器断代》[12]、唐兰《作册令尊及作册令彝铭文考释》[13]、张光直《中国青铜

---

[1] 马正林：《丰镐—长安—西安》，陕西人民出版社，1978年。
[2] 武伯纶：《西安历史述略》，陕西人民出版社，1979年。
[3] 史念海主编：《西安历史地图集》，西安地图出版社，1996年。
[4] 史念海：《中国古都和文化》，中华书局，1998年。
[5] 朱士光主编：《古都西安·西安的历史变迁与发展》，西安出版社，2003年。
[6] 吴宏岐：《西安历史地理研究》，西安地图出版，2006年。
[7] 黄留珠主编：《西安通史》第1卷，陕西人民出版社，2016年。
[8] 齐思和：《西周地理考》，燕京大学哈佛燕京学社，1946年。
[9] [日]白川静：《西周史略》，袁林译，三秦出版社，1992年。
[10] 许倬云：《西周史》，生活·读书·新知三联书店，1994年。
[11] 杨宽：《西周史》，上海人民出版社，1999年。
[12] 陈梦家：《西周铜器断代》，中华书局，2004年。
[13] 唐兰：《作册令尊及作册令彝铭文考释》，见故宫博物院主编：《唐兰先生金文论集》，紫禁城出版社，1995年。

时代》①。根据现有考古成果对西周丰京、镐京进行介绍的有胡谦盈《三代都址考古纪实——丰、镐周都的发掘与研究》②和《胡谦盈周文化考古研究选集》③、陕西省考古研究所《镐京西周宫室》④、中国科学院考古研究所编著《沣西发掘报告》⑤等。

2. 研究论文

一些学者还根据昆明池或者丰镐地区诸水道的位置探讨了丰京、镐京的具体位置，如陈子怡《由昆明池而溯及镐京与丰邑》⑥和胡谦盈《丰镐地区诸水道的踏察——兼论周都丰镐位置》⑦。

自20世纪四五十年代开始，关于西周丰京、镐京遗址的考古成果不断涌现，考古资料与文献资料相印证，为西周的丰京、镐京位置的确定提供了丰富、可靠的资料，进而促使了西周丰京、镐京科研成果的出现。从考古学角度论证西周的丰京、镐京位置的研究成果有卢连成《西周丰镐两京考》⑧、中国社会科学院考古研究所丰镐工作队：《1984—85年沣西西周遗址、墓葬发掘报告》⑨、张天恩《西周社会结构的考古学观察》⑩、张长寿《沣西的先周文化遗存》⑪、中国社会科学院考古研究所丰镐考古队《1997年沣西发掘报告》⑫等。

还有一些学者从周原、成周的营建等角度对西周的都城问题进行论述，进而涉及丰京、镐京的位置等问题，主要成果有史念海《周原的历史地理与周原考古》⑬、史为乐《西周营建成周考辨》⑭、王玉哲《西周荟京地望的再探讨》⑮、杨升南《周族的起源及

---

① 张光直：《中国青铜时代》，生活·读书·新知三联书店，1983年。
② 胡谦盈：《三代都址考古纪实——丰、镐周都的发掘与研究》，中国社会科学出版社，2009年。
③ 胡谦盈：《胡谦盈周文化考古研究选集》，四川大学出版社，2000年。
④ 陕西省考古研究所：《镐京西周宫室》，西北大学出版社，1995年。
⑤ 中国科学院考古研究所编著：《沣西发掘报告》，文物出版社，1963年。
⑥ 陈子怡：《由昆明池而溯及镐京与丰邑》，见陈子怡《西京访古丛稿》，西京筹备委员会，1935年。
⑦ 胡谦盈：《丰镐地区诸水道的踏察——兼论周都丰镐位置》，载《考古》1963年第4期。
⑧ 卢连成：《西周丰镐两京考》，载《中国历史地理论丛》1988年第3辑。
⑨ 中国社会科学院考古研究所丰镐工作队：《1984—85年沣西西周遗址、墓葬发掘报告》，载《考古》1987年第1期。
⑩ 张天恩：《西周社会结构的考古学观察》，载《考古与文物》2013年第5期。
⑪ 张长寿：《沣西的先周文化遗存》，载《考古与文物》2000年第2期。
⑫ 中国社会科学院考古研究所丰镐工作队：《1997年沣西发掘报告》，载《考古学报》2000年第2期。
⑬ 史念海：《周原的历史地理与周原考古》，载《西北大学学报》（哲学社会科学版）1978年第2期。
⑭ 史为乐：《西周营建成周考辨》，载《中国史研究》1984年第1期。
⑮ 王玉哲：《西周荟京地望的再探讨》，载《历史研究》1994年第1期。

其播迁——从邰的地望说起》①、周宏伟《西周都城诸问题试解》②等。

3.作者的研究积累

多年来，笔者一直致力于先秦文化研究，对西周的族源，尤其是丰京、镐京的起源、发展多有研究，主要论著有《周原文化与西周文明》③、《周文化考古研究论集》④、《西周史征》⑤。主要的研究论文有《周原西周宫室制度初探》⑥、《周原遗址为什么大量发现西周青铜器窖藏——兼论周原遗址的性质》⑦、《玁狁、鬼方的族属及其与周族的关系》⑧、《先周文化的初步研究》⑨、《试论金文中的"周"》⑩、《西周的昭穆制度与金文中的"康宫"问题》⑪、《邢国改封的原因及其与郑邢、丰邢的关系》⑫。

丰京、镐京是西安城市史重要的组成部分，有必要对其进行深入考证与探索。弄清这一阶段的情况，既有益于填补西安城市历史认识的不足之处，亦可为当前西安城市建设和发展提供历史经验和借鉴。因此本卷依托相关历史资料，总结以往研究成果，立足史料研究，借鉴考古文物资料，较为系统全面地对西周的丰京、镐京进行了梳理。

三、本卷章节结构

本卷的章节结构是由远到近，由宏观到具体，环环相扣，逐步展开对丰京、镐京的论述。第一章是从周族的起源说起，周族的族源与世系历史上是有争议的，笔者认为周族是华夏族黄帝的后裔，周人的始祖后稷弃出自姜姓的炎帝族，是典型的炎黄子孙。

---

① 杨升南：《周族的起源及其播迁——从邰的地望说起》，载《人文杂志》1984年第6期。
② 周宏伟：《西周都城诸问题试解》，载《中国历史地理论丛》2014年第1辑。
③ 尹盛平：《周原文化与西周文明》，江苏教育出版社，2005年。
④ 尹盛平：《周文化考古研究论集》，文物出版社，2012年。
⑤ 尹盛平：《西周史征》，陕西师范大学出版社，2004年。
⑥ 尹盛平：《周原西周宫室制度初探》，载《文物》1981年第9期。
⑦ 尹盛平：《周原遗址为什么大量发现西周青铜器窖藏——兼论周原遗址的性质》，见宝鸡青铜器博物馆编：《周秦文明论丛》第1辑，陕西人民出版社，2006年。
⑧ 尹盛平：《玁狁、鬼方的族属及其与周族的关系》，载《人文杂志》1985年第1期。
⑨ 尹盛平、任周芳：《先周文化的初步研究》，载《文物》1984年第7期。
⑩ 尹盛平：《试论金文中的"周"》，见《考古与文物》编辑部编辑：《陕西省考古学会第一届年会论文集》（考古与文物丛刊第三号），1983年。
⑪ 尹盛平：《西周的昭穆制度与金文中的"康宫"问题》，见宋镇豪、郭引强、禾亮等主编：《西周文明论集》，朝华出版社，2004年。
⑫ 尹盛平：《邢国改封的原因及其与郑邢、丰邢的关系》，见《三代文明研究》编辑委员会编：《三代文明研究》（一），科学出版社，1999年。

"先周文化的探索历程"一节，论述了为解决周族起源问题，从20世纪30年代初开始，考古学界为寻找与识别先周文化所做出的艰苦努力。最后根据文献记载与先周文化来源的线索，提出周族可能起源于泾水、杜水、漆水流域，当在泾渭之间。

"周原发祥"一节提到周族历史上有两次振兴时期，一次是公刘居豳时复兴后稷之业（农业），后来其族因为善于经营农业而得名为周族；另一次是周族在周原的发展壮大，论述了从周太王古公亶父迁居周原后"实始翦商"开始，又经过文王在周原的开拓进取，最后为武王灭商建立西周王朝奠定了坚实的基础。

第二章是周文王迁都丰邑，论述了周文王在周原发奋图强，成为西方的霸主。彼时，商纣王昏庸残暴，周文王感慨之余被崇国之君崇侯虎听闻，马上向商纣王进献谗言，因此商纣王将文王囚禁在羑里（今河南汤阴县境内）。后来周文王的众谋士向纣王进献美女、宝物，文王才被放回自己的国度，并得到了商王朝授予的对外征伐权。所以文王晚年不断地征伐属于殷商势力的小国，最后灭掉了崇国，迁都于丰邑。

第三章是周武王增建镐京。周武王即位后为了都城的发展与扩大，以便容纳天下之众，所以又在沣水东岸的鄗坞岭上增建了新都镐京。周武王灭商后，建立了西周政权，回到镐京封功臣谋士，并追封先王之后为诸侯，还打算在天下之中的洛阳建都治理民众，但他很快就死去了，于是迁都洛阳成了他的遗愿。

第四章是西周的都城宗周。本章论述了西周的"宗周"包括丰京与镐京两个分区，以及西周的王宫与宗庙，同时还论述了西周的三都：都城镐京（宗周）、陪都洛邑（成周）、故都"周"（史称岐邑、岐周）。

第五章是西周的丰京、镐京。根据丰京、镐京的考古资料，阐述了丰京、镐京的宫室与民居遗存，以及丰京是姬姓贵族和平民的聚居区。

第六章是丰京、镐京的社会经济。在这一章里，笔者首先指出西周是一个等级社会，而且是一个以农业经济为主的社会，最重视对土地的分级管理，从而形成了王畿、诸侯国、采邑等不同等级的土地管理制度。其次，介绍了王畿之内发现的采邑，分析了采邑的分级状况，重点考察了晋、齐两国采邑的布局情况。最后，还介绍了丰京、镐京的农业、手工业、商业与交通等。

第七章是丰京、镐京的文化艺术与宗教信仰。西周的文字有甲骨文、金文、陶文、铜器铭文等。装饰艺术品有石雕、陶塑、骨器、青铜器、玉器等。西周的文学成就集中在《诗经》中，而丰京和镐京是《诗经》的发源地。周人崇拜"天"，笃信鬼神，其宗教信仰有祭祀、占卜等，墓葬反映了视死如生的宗教信仰。本章最后还介绍了西周的服饰文化。

第八章是丰京、镐京的军事防御。本章主要从殷八师参加的平叛战争、西六师参加的征伐战争两个方面阐述了西周时期丰京、镐京的军事防御措施及具体情况。

第九章是陪都成周。通过对成周洛邑的分析，可知陪都成周也是一都双城。洛邑以瀍水为界，瀍水东岸是成周又称"下都"，居民以殷民贵族及其部属为主；瀍水西岸是"新邑"，又称"王"或"王城"，有西周的王宫与宗庙，居民以姬姓贵族及其族人为主，在瀍水西岸、涧河东岸还有手工业工匠等。西周时期陪都成周是周王室在东方的经济中心与军事重镇，担负着征收东方诸侯及方国的贡赋、保卫宗周安全的重任，两者关系密切，故专设章阐述。

第十章是西周灭亡与宗周废弃。本章分析了西周中晚期的内乱与"戎狄交侵"，外患内忧导致了西周的灭亡，最终宗周丰镐二京毁于战火。

第一章 周族的起源与周原发祥

陕西地处中华民族的发祥地。文献记载与考古发现相互印证，夏商时代关中地区居住着姒姓的夏族、子姓的商族、姬姓的周族，以及姜姓的羌戎等民族。

虞夏之际，炎帝的后裔共工从孙四岳氏族，因为帮助大禹治水有功，其首领被封为诸侯，并在关中西部汧陇地区的吴山之下，建立了四岳国，得姓为姜，氏曰有吕，这就是姜姓羌戎部族的起源。

周人的老祖母姜原，是姜姓部族有邰氏（有吕氏）的女儿，生下周人的始祖后稷弃。后稷弃从小喜欢种植庄稼与桑麻，长大后担任了夏王朝的农官，从此姬姓的周族在关中西部的黄土高原发展壮大。

夏代后稷弃的后世仍以官名号称后稷，传了十几代。到了夏代末年，末代后稷不窋为了逃避战乱，自窜于戎狄之间。不窋之孙公刘带领自己的宗族迁豳（今陕西旬邑、彬州一带），开始振兴农业。此后其族因为农业发达而得名为周族。

商代后期，北方的薰育戎狄（鬼方）被商王朝征服后，不断地南下袭扰豳地的周族，不堪忍受的周先王古公亶父（周太王），带领私属（家族）迁徙到岐山之下的周原，"而豳人悉从亶父而邑焉，作周"，即建立都城周邑（在今岐山、扶风两县北部的交界处）。从此周族在周原发祥兴起，开始剪商。

第一节
周族的起源

中国的远古时代，氏族林立，古国众多。徐旭生先生把中国众多的氏族划分为华夏、东夷、苗蛮三大集团。华夏集团是三集团中最重要的一个集团，"所以此后它就成了我们中国全族的代表，把其他的两集团几乎全掩蔽下去。此部族中又分两个大亚族：一个叫作黄帝，一个叫作炎帝"[①]。正是如此，所以我们常自称是"炎黄子孙"。

当中国的历史进入夏王朝与商王朝时期，陕西关中地区居住的是华夏集团的黄帝与炎帝族群，他们分别属于姬姓的周族、姜姓的姜氏之戎、姒姓的夏族、子姓的商族，是典型的炎黄子孙。

一、关中东部的古国

夏商时期，陕西关中东部先有华夏集团的夏族后裔建立的古国，后有商族的后裔建立的诸侯国，他们分别是崇国、骊山氏、北殷氏、莘国。

（一）崇国

崇国是见于史书的古国，《史记·夏本纪》司马贞《索隐》引《连山易》云："鲧封于崇。"《国语·周语上》云："昔夏之兴也，融降于崇山。"《国语·周语下》称鲧为"崇伯鲧"。由此可知，崇山一带是夏王朝的龙兴之地。崇山又名嵩山、嵩高山、太室山、外方山，今名嵩山，位于河南省登封市境内。崇山一带正是夏人活动的中心区域，有很多夏代的历史事件和传说，都与这一带有关。从考古发现来观察，夏代的二里头文化也集中分布在这一带。

《史记·周本纪》曰："伐崇侯虎。"《正义》载："皇甫谧曰：夏鲧封。虞、

[①] 徐旭生：《中国古史的传说时代》，科学出版社，1960年，第40页。

夏、商、周皆有崇国，崇国盖在丰镐之间。《诗》云'既伐于崇，作邑于丰'，是国之地也。"商代崇国确在丰、镐之间。《诗经·大雅·文王有声》曰："既伐于崇，作邑于丰。"《史记·周本纪》说："明年，伐崇侯虎。而作丰邑"。20世纪50年代开始的沣西考古发掘证明：文王伐崇之后建立的丰邑，就在今西安市的沣河西岸的马王街道。

周原考古发掘出土的甲骨文中有"虫""虫白"，有学者认为"虫白"即"崇伯"①，"虫"与"崇"音同字也可以通用。

所谓"虞、夏、商、周皆有崇国"，夏代的崇国应该是封在河南豫西登封一带的崇伯鲧国，其后世夏王朝曾建都在河南偃师市二里头一带。商代初年夏王朝被商族的先王商汤攻灭以后，可能有一部分姒姓的后裔西迁陕西西安一带，建立了崇国，这就是商代的崇国。至于西周时崇国，其国已被周文王所灭，不复存在。

据《史记·夏本纪》，夏后氏的姒姓中有"有扈氏"。《正义》引《括地志》云："雍州南鄠县，本夏之扈国也。"引《汉书·地理志》说："鄠县，古扈国，有户亭。"引《训纂》说："户、扈、鄠三字一也，古今字不同耳。" 雍州南鄠县即今天西安市的鄠邑区，因此旧说崇侯虎之国在今鄠邑区。西安市东郊的老牛坡商代遗址有可能是崇国遗存，那么位于今西安市鄠邑区一带的崇国当为姒姓的户氏（有扈氏）所建。

（二）骊山氏

骊山氏也作郦山氏，是商代活动于关中东部的氏族之一，其国称为骊戎国。《史记·秦本纪》记载申侯谏周孝王的一段话说："昔我先郦山之女，为戎胥轩妻，生中潏，以亲故归周，保西垂，西垂以其故和睦。"《正义》说："胥轩，仲衍曾孙也。"

仲衍是嬴姓秦人的先祖之一，胥轩也是秦人的一代祖先，其子中潏所处的时代为商代晚期。西垂为地名，在今甘肃省天水市西南的礼县一带。嬴姓秦人为东夷的一支，原居地在今山东省济南市莱芜区一带，夏代末年曾参加灭夏的商夷联军，共同攻灭了夏桀。商代初年有一部分秦人跟随商族西进陕西关中，定居于邠、岐之间，即关中西部的岐山、扶风、兴平、礼泉一带，其文化遗存即发现于关中西部的商文化京当类型。东夷的嬴姓秦人因其都邑名称为犬丘，故史称其为犬夷（畎夷），兴平市境内有犬丘，秦代称为废丘。关中西部考古发现的商文化京当类型，应该是嬴姓秦人迁居陕西后的文化遗存。

商代晚期，周人的先王古公亶父率领其族人，由豳地（今陕西旬邑、彬州一带）迁

---

① 徐锡台：《周原甲骨文综述》，三秦出版社，1987年，第29页。

居岐山之下的周原地区，与当地的姜氏之戎也就是羌戎结成政治与军事同盟，开始剪商（剪除周原地区的殷商势力），逼迫嬴姓秦人西迁甘肃省天水地区（详见下文），所以商代晚期中潏居犬丘（即西犬丘，在今甘肃礼县），为周人保西垂（即甘肃礼县境内的西犬丘）。胥轩娶骊山氏之女为妻是在商代晚期，这说明秦人西迁甘肃天水一带后曾与骊山氏通婚。《史记·周本纪》张守节《正义》引《括地志》云："骊戎故城在雍州新丰县东南十六里，殷、周时骊戎国城也。"新丰县在临潼，所以学者考证，骊山氏的居地当近骊山，骊山即今西安市临潼区的骊山。①

（三）北殷氏

《史记·殷本纪》太史公曰："余以颂次契之事，自成汤以来，采于书诗，契为子姓，其后分封，以国为姓，有殷氏、来氏、宋氏、空桐氏、稚氏、北殷氏、目夷氏。"《索隐》说："然北殷氏盖秦宁公所伐亳王，汤之后也。"由此可知北殷氏出自商王族。《史记·秦本纪》说："宁公二年，公徙居平阳。遣兵伐荡社。三年，与亳战，亳王奔戎，遂灭荡社。"《索隐》说："西戎之君号曰亳王，盖成汤之胤，其邑曰荡社。"此亳王当春秋早期，是北殷氏的后世，是商族灭夏后进入关中所余的一支。

关于北殷氏的居地古存两说。其一，《史记·秦本纪》司马贞《索隐》说："其邑曰荡社。徐广云一作'汤杜'，言汤邑在杜县之界，故曰汤杜也。"杜县在今长安区一带。其二，《史记·秦本纪》张守节《正义》云："《括地志》云：'雍州三原县有汤陵。又有汤台，在始平县西北八里。'按：其国盖在三原、始平之界矣。"三原、始平均在西安附近。

（四）莘国

有莘氏与夏商周三族均发生过密切关系。《大戴礼记·帝系》说："鲧娶于有莘氏，有莘氏之子，谓之女志氏。"鲧是夏族的始祖，可知有莘氏与夏族有过通婚关系。

《史记·殷本纪》说："伊尹名阿衡。阿衡欲奸汤而无由，乃为有莘氏媵臣，负鼎俎，以滋味说汤，致于王道。"《集解》引《列女传》曰："汤妃有莘氏之女。"可见有莘氏早期与商王朝是姻亲关系，商初的名臣伊尹也出自该氏族。《正义》引《括地志》云："古莘国在汴州陈留县东五里，故莘城是也。《陈留风俗传》云陈留外黄有莘昌亭，本宋地，莘氏邑也。"据此可知有莘氏最早居住在中原的开封地区。

《诗经·大雅·大明》云："命此文王，于周于京。缵女维莘，长子维行。"这是

---

① 彭邦炯：《西安老牛坡商墓遗存族属新探》，载《考古与文物》1991年第6期。

说周文王娶有莘氏之女为妃。《诗经·大雅·大明》说："文王初载，天作之合。在洽之阳，在渭之涘。""在洽之阳，在渭之涘"，山南水北为"阳"，这句诗是指文王娶亲的地方，在今陕西合阳县渭河北岸一带，这里是有莘氏的居地。

《史记·周本纪》说：

> 崇侯虎谮西伯于殷纣曰："西伯积善累德，诸侯皆向之，将不利于帝。"帝纣乃囚西伯于羑里。闳夭之徒患之，乃求有莘氏美女、骊戎之文马、有熊九驷、他奇怪物，因殷嬖臣费仲而献之纣。纣大说，曰："此一物足以释西伯，况其多乎！"乃赦西伯，赐之弓矢斧钺，使西伯得征伐。曰："谮西伯者，崇侯虎也。"

西伯，就是周文王。《正义》引《括地志》云："古䇃国城在同州河西县南二十里。《世本》云莘国，姒姓，夏禹之后，即散宜生等求有莘美女献纣者。"

有学者考证："夏代莘国当在黄河西岸的大荔、合阳二县之间。"①古莘国最早（夏代）可能是在中原的开封地区，商代可能迁徙到陕西的大荔、合阳二县之间。莘国姒姓，为夏禹之后，当是夏族的后裔。

二、关中西部的国族

夏商时期，关中西部居住的氏族主要是姬姓的周人与姜姓氏族。《国语·晋语》说：

> 少典娶于有蟜氏，生黄帝、炎帝。黄帝以姬水成，炎帝以姜水成。成而异德，故黄帝为姬，炎帝为姜，二帝用师以相济也，异德之故也。

"黄帝以姬水成"，说明黄帝族起源于姬水流域；"炎帝以姜水成"，说明炎帝族是在姜水流域形成的，那么姜水就成了探索炎帝族起源地的重要线索。

炎帝族起源于姜水，关于姜水有两种说法。其一，刘起釪先生说："既然古姜、羌字同，那就很有可能姜水即羌水。《汉书·地理志》所载的古羌水……即发源于陇西郡临洮（今岷县）南境，至羌道（今舟曲）与《禹贡》桓水（今白龙江）合，再东南至武都郡阴平（今甘肃文县东）与自岷山南麓逶迤西北来的白水江会合，然后东南至广汉郡入西汉水（嘉陵江）。因其流程全在羌族区域内，故称羌水。"②刘先生所说的羌水也

---

① 郑杰祥：《夏史初探》，中州古籍出版社，1988年，第77页。
② 刘起釪：《周姬姜与氐羌的渊源关系》，见田昌五主编：《华夏文明》第2集，北京大学出版社，1990年，第15页。

就是姜水，是包括洮河、白龙江、白水江在内的西汉水。其二，即传统所说的姜水在周原腹地。北魏郦道元的《水经注·渭水》说：

> 岐水出石桥山，东南流……二川并逝，俱为一水，南与横水合，自下通得岐水之目，俗谓之小横水，亦或名之米流川，迳岐山西又屈迳周城南，城在岐山之阳而近西。所谓居岐之阳也，非直因山致名，亦指水取称矣。又历周原下，北则中水乡成周聚，故曰有周也，水北即岐山矣，昔秦盗食穆公马处也。岐水又东迳姜氏城南，为姜水。

岐水俗名"小横水"，又叫米流川。此水发源于岐山山脉，出山后东南流，在岐山县城西南注入雍水，以下通称岐水，东迳姜氏城南，以下又称为姜水。由此可知，凤翔横水河以下的雍水，即今天岐山、扶风县境内的沣水（古雍水下游），就是《水经注·渭水》所谓的姜水。

《元丰九域志》卷三说岐山县境内有"岐山、终南山、渭水、姜水"。姜氏城传说在扶风县城以东，这也说明今天的沣水就是姜水。

炎帝族是古代西北著名的氏族，最早的起源地应在甘青地区，其后裔分为两大支：一支是河湟间的羌族，另一支是不断向东迁徙的共工氏族。《左传·昭公十七年》说："共工氏以水纪，故为水师而水名。"《国语·鲁语上》说："共工氏之伯九有也，其子曰后土，能平九土，故祀以为社。""九有""九土"皆为"九州"之别称，古今语不同而已。由于共工氏族能平定"九州"的水患，所以称霸"九州"。"战国以前，'九州'是指夏族居住的晋南、豫西一带"①，正是古代洪水成患的中心地区。战国时期的《禹贡》分天下为"九州"，"九州"的含义发生了变化。文献中有说共工氏防治洪水有功的，也有说共工氏因防治洪水不得法而遭到灭亡的。《国语·周语下》说：

> 昔共工弃此道也，虞于湛乐，淫失其身，欲壅防百川，堕高埋庳，以害天下。
> 皇天弗福，庶民弗助，祸乱并兴，共工用灭。

这是说共工氏族治理水患时，不肯遵守"不堕山，不崇薮，不防川，不窦泽"的规则，偏要壅塞河流，把高地铲平，把低地垫高，使得上天不保佑，百姓不帮助，造成祸乱并兴，而走向了灭亡。

共工氏族兴起于何时不能确指，但是帝尧时仍然是一个显赫的氏族，为当时的"四

---

① 尹盛平：《猃狁、鬼方的族属及其与周族的关系》，载《人文杂志》1985年第1期。

凶"之一，被尧流放于幽陵，即今河北省北部。后来共工氏族有一支后裔继承治水的祖业，帮助大禹治水取得成功，被"命以侯伯，赐姓曰姜"，号称"四岳"。《国语·周语下》说：

> 其在有虞，有崇伯鲧播其淫心，称遂共工之过，尧用殛之于羽山。其后伯禹……共之从孙四岳佐之……祚四岳国，命以侯伯，赐姓曰姜，氏曰有吕。

"四岳"即"四嶽"，是共工氏族后裔中的一支，本为羌戎，后来得姓为姜，氏曰有吕。大禹得到四岳氏族的帮助取得治理洪水的成功，《史记·六国年表》说"禹兴于西羌"。

齐家文化是西北地区龙山晚期至夏代早期的一支重要的考古学文化，主要分布于甘肃、青海、宁夏境内。1972年冬，陕西陇县川口河村平整土地时，出土了一批属于齐家文化的陶器。[①]这是齐家文化在陕西境内的首次发现，使我们了解到齐家文化由西向东发展，越过陇山扩展到了陕西关中西部的汧河流域。2001年，陇县图书博物馆，又在川口河以西约4公里的郑家沟村，征集到一批齐家文化陶器，文化面貌与川口河村所出陶器接近。陇县出土的川口河类型齐家文化的年代，大体相当于齐家文化的中期，或者略晚些，在夏代建国前后。

《诗经·大雅·崧高》云："崧高维岳，骏极于天。维岳降神，生甫及申。"顾颉刚先生说："按'岳'为山名（《周官·职方氏》：'正西曰雍州，其山镇曰岳山。'《尔雅·释山》：'河西，岳。'），在今陕西陇县西，即吴山，是姜姓一族的发源地（《国语·周语下》：'祚四岳国……赐姓曰姜，氏曰有吕。'）。周人居岐山，在吴山东，相去密迩，因此姬和姜成为世通婚姻的两族，和辽的耶律氏和萧氏一样。"[②]这说明陇县川口河类型齐家文化是四岳国的文化遗存，所以其后辈姜氏之戎才能在吴山之下的宝鸡市区兴起。关于姜氏之戎，《左传·襄公十四年》说：

> 范宣子亲数诸朝，曰："来！姜戎氏！昔秦人迫逐乃祖吾离于瓜州。乃祖吾离被苫盖、蒙荆棘以来归我先君，我先君惠公有不腆之田，与女剖分而食之。今诸侯之事我寡君不如昔者，盖言语漏泄，则职女之由。诘朝之事，尔无与焉。与，将执女。"对曰："昔秦人负恃其众，贪于土地，逐我诸戎。惠公蠲其大德，

[①] 尹盛平：《陕西陇县川口河齐家文化陶器》，载《考古与文物》1987年第5期。
[②] 顾颉刚：《祝融族诸国的兴亡——周公东征史事考证四之六》，载《燕京学报》2000年新8期。

谓我诸戎,是四岳之裔胄也,毋是翦弃。"

"姜戎氏"即姜氏之戎,为西北的诸戎之一,是四岳的后裔。根据宝鸡市区一带发现的以高领袋足鬲为代表的刘家文化,也就是姜戎文化的大量遗迹、遗物来判断,姜氏之戎约在商代早期兴起于今宝鸡市区一带。商周时代,宝鸡市区及其周围的矢王之国就是姜氏之戎建立的一个方国。春秋时代姜氏之戎的原居地在"瓜州",他们因受到秦人的驱逐投奔了晋国,晋惠公念其是四岳的后裔收留了他们。杨伯峻先生指出:"瓜州,旧注皆以为即今甘肃敦煌。顾颉刚则以为在今秦岭高峰之南北两坡,详《史林杂识·瓜州》。"①其实顾颉刚先生明确指出"瓜州"在汧陇山区,认为"瓜州"得名,是因为古代汧陇山区有"瓜子"族,即"傻瓜"族。②《左传·襄公十四年》中的"瓜州"在汧陇地区是正确的,但是汧陇地区,包括秦岭高峰(在宝鸡地区)之南北两坡古代称为"瓜州",不是因为当地有"瓜子"族而得名,而是因为当地古代瘿瓜瓜(甲状腺肿)病人多,所以被称为"瓜州"。姜氏之戎原居地在汧陇,包括宝鸡市区一带,后来被秦人赶走,晋惠公收留了他们。姜氏之戎的文化遗存——刘家文化集中分布于宝鸡地区,特别是刘家文化早期姬家店、石嘴头、晁峪类型(时代约为商代二里岗时期)集中分布在宝鸡一带,说明姜氏之戎的起源地在关中西部的宝鸡市区一带,所以后世宝鸡市流传着炎帝生于宝鸡的传说及其有关的史迹。

商代末年,以宝鸡市区矢王之国为主的姜氏之戎,帮助武王伐商有功,西周分封他们为齐、吕、申、许四国。齐国在今山东省临淄一带;吕国在今河南省南阳西;申国封邑原在陕西周至、眉县一带,宣王时改封到今河南省南阳北;③许国在今河南省许昌东。关于姬姓的周族,《史记·周本纪》说:

周后稷,名弃。其母有邰氏女,曰姜原。……及为成人,遂好耕农,相地之宜,宜谷者稼穑焉,民皆法则之。帝尧闻之,举弃为农师,天下得其利,有功。……封弃于邰,号曰后稷,别姓姬氏。

邰地,《集解》引徐广曰:"今斄乡,在扶风。"《索隐》云:"即《诗·生民》曰'有邰家室'是也。邰即斄,古今字异耳。"《正义》引《括地志》云:"故斄城,一名武功城,在雍州武功县西南二十二里,古邰国,后稷所封也。有后稷及姜原祠。"

---

① 杨伯峻编著:《春秋左传注》,中华书局,1981年,第1005页。
② 顾颉刚:《史林杂识·瓜州》,中华书局,1963年,第52—54页。
③ 尹盛平:《西周史征》,陕西师范大学出版社,2004年,第85—86页。

《括地志》所说的"故斄城",是秦汉时期的斄县城,在今陕西武功县武功镇西南22里,即今陕西扶风县的法禧村一带。"古邰国",是指姬姓周族始祖弃的封国,按上述传统的说法,是在今陕西关中西部的武功县、杨陵区一带的漆水下游。由于这一带是"古邰国",所以战国晚期秦国在此设斄县,后世因境内有武功山改称武功县。按照以上所引传统的说法,姬姓的周族起源于关中西部的武功、杨凌一带的漆水下游。

三、关中东部夏商时代考古学文化及其族属

孔子说:"惟殷先人,有册有典。"这就是说,商代以前的历史是没有文字记载的,需要考古资料证明,即使商代及西周的历史,由于文献记载很简略,也需要考古资料补充和佐证。

陕西地处华夏民族的发祥地、摇篮之中,所以古代文化遗存十分丰富,在我国古史和古代文明研究中占有重要地位。以北首岭下层、半坡、庙底沟二期、客省庄二期文化为代表的陕西新石器时代文化遗存,揭示了关中地区史前考古学文化的面貌特征,并初步建立起了史前文化发展的基本序列,同时也成为周边地区考古学研究的重要参照标准。

关中地区夏商周考古发现说明,当以二里头文化为标志的夏王朝开启中原文明的大门时,渭水流域的关中平原从东到西先后也发生了重大而复杂的文化变迁。约当夏代早期,关中东部出现了具有齐家、客省庄二期和二里头等文化特点的新文化遗存——老牛坡类型文化。[①]

老牛坡类型文化陶器是以罐类为主体,流行平底器,较少三足器的文化遗存,与客省庄二期文化流行以鬲为炊器、二里头文化流行以鼎为炊器的现象均有较大的区别。西安老牛坡以及商洛市东龙山遗址,都提供有老牛坡类型文化晚于客省庄二期文化的地层关系,并有与二里头文化早期遗物共存的现象,证明其年代相当于二里头一、二期。

这就是说,夏代早期当陕西的客省庄二期龙山文化被新型的考古学文化——老牛坡类型文化所取代时,关中东部的龙山时代结束。夏代晚期相当于二里头文化三、四期之时,强大的夏文化势力直接进入渭河下游地区,取代了老牛坡类型文化,这里渐次成为

---

① 张天恩:《试论关中东部夏代文化遗存》,载《文博》2000年第3期,第7—8页。

二里头夏文化分布区。渭南市华州区的南沙村、元君庙，大荔县的赵庄等遗址，先后发掘到二里头文化三、四期墓葬和灰坑等遗迹，出土了比较典型的陶器。①与此相呼应，丹江上游地区经历了同样的文化更替，商洛市东龙山遗址也发生了二里头文化取代老牛坡类型文化的现象。

二里头文化循秦岭南北自东向西拓展的具体动因，从考古学方面已不易廓清。古本《竹书纪年》和今本《竹书纪年》分别有"胤甲即位，居西河"和"帝孔甲即位居西河"的记载，也许说明夏代后期曾强化过对西方的统治，从而导致了二里头文化的西进。可能正是因为二里头文化势力进入渭河下游地区，中断了老牛坡类型文化遗存的发育。②关中东部与丹江上游地区二里头夏文化遗存的发现，证明夏代有夏族进入关中东部与丹江上游地区。

商汤灭掉夏桀建立商王朝以后，出现了中原地区早商文化迅速取代二里头文化的考古学文化方面的变化，从此渭水流域关中地区先后有多种新的考古学文化登上这一地区的历史舞台。

首先，商代早期商文化的覆盖区直抵现在的西安及其附近。西安及其以北以东的关中东部地区，经过发掘的商代文化遗址主要有渭南市华州区南沙遗址、蓝田怀珍坊遗址、铜川市耀州区北村遗址、西安老牛坡遗址等。除此以外，经过发掘的商代文化遗址还有大荔县白村遗址、大荔县赵庄遗址。近几十年来，关中东部出土商代早期青铜器的地点有渭南南堡、西安天王村、蓝田县黄沟村、铜川市三里洞、华阴市桃下村、铜川市十里铺、铜川市耀州区丁家沟等。可以说商代早期文化遗存的分布以西安市、铜川市为中心，几乎遍布关中东部地区。

关中东部发现的相当于郑州二里岗时期的早商文化，是以铜川市耀州区北村遗址和西安老牛坡遗址文化遗存为代表，关中东部早商文化中主要的文化因素是郑州二里岗早商文化，时代包括郑州二里岗上层、下层。以北村遗址为例，其早商遗存的文化因素可分为两类。A类郑州二里岗早商文化因素包括鬲、甗、豆、盆、簋、大口尊、敛口瓮、大口缸、小口瓮、鼎、壶、器盖及釉陶尊等，特征与以郑州二里岗为代表的早商文化近同。B类地方文化因素事实上只有花边罐一类器物，明显与以郑州二里岗为代表的早商

---

① 张天恩：《试论关中东部夏代文化遗存》，载《文博》2000年第3期，第3—7页。
② 张天恩：《关中商代文化研究》，文物出版社，2004年，第7页。

文化无关，而最有可能的是与关中东部夏代文化的影响有牵连，因为后者就有不少的花边罐。①

关中东部的晚商文化以西安老牛坡遗址、铜川市耀州区北村遗址文化遗存为典型代表，其时代相当于以殷墟为代表的晚商文化时期。西安老牛坡晚商文化遗物有鬲、甗、鼎、豆、簋、盆、罐、瓮、侈沿大口缸、壶、盘、盉、碗、杯、器盖等，最主要也是数量最多的是鬲、甗、豆、盆、瓮、侈沿大口缸等。西安老牛坡晚商文化遗存是在关中东部二里岗类型早商文化的基础上，吸收其他文化的一些因素发展起来的，因此与殷墟晚商文化有明显的差别，是具有一定地方特色的商文化遗存，它代表了关中东部渭水以南地区的晚商文化。老牛坡晚商文化包含A、B、C、D四类文化因素：A类因素是在早商文化基础上发展的结果；B类、C类因素可能受到先周等文化因素的影响；D类因素是属于陕南城固、洋县地区商代宝山文化即早期巴文化影响形成的文化因素。

铜川市耀州区北村遗址晚商文化器类主要有鬲、甗、盆、豆、簋、壶、小口瓮、敛口瓮，还有极少的花边罐、钵、鼎等。北村遗址晚商文化在继承关中东部二里岗文化的主要因素的基础上，明显地受到了关中西部京当型商文化和先周文化的影响，而且可能还与北方文化发生了交流，它代表了关中东部渭水以北地区的晚商文化。

关于关中东部商文化遗址的族属问题，刘士莪先生在探讨西安老牛坡遗址的族属问题时，认为其主人或许是商遗民而归顺于西周王朝的被征服者，因此将老牛坡遗存与"西土三亳"相联系。②李学勤先生认为殷墟卜辞中所记的"作大邑于唐土"，也就是唐杜，即荡社，可能与老牛坡遗址有关。③彭邦炯先生则从老牛坡地近骊山，结合古文献与殷墟甲骨文的有关记载，认为与其说老牛坡商墓地为崇国遗存，不如说它属骊山氏文化遗存可能性更大。④尽管目前学术界有这些争论，但是多数学者都认为西安老牛坡遗址可能是崇国的文化遗存。至于关中东部其他夏商时代的文化遗存，目前虽然不能准确地说出它们的国别，但是与夏商时代在关中东部居住过的北殷氏、有莘氏、骊山氏等这些夏商氏族应该有些牵连。

---

① 张天恩：《关中商代文化研究》，文物出版社，2004年，第149页。
② 刘士莪：《老牛坡——西北大学考古专业田野发掘报告》，陕西人民出版社，2002年，第356—357页。
③ 李学勤：《荡社、唐土与老牛坡遗址》，见《周秦文化研究》编委会编：《周秦文化研究》，陕西人民出版社，1998年。
④ 彭邦炯：《西安老牛坡商墓遗存族属新探》，载《考古与文物》1991年第6期。

四、关中西部夏商时代考古学文化及其族属

从考古学文化方面观察,夏代早期西安以西的关中西部地区似乎尚未完全走出龙山时代,在这里能见到客省庄二期文化"双庵类型"的晚期遗存,以麟游县蔡家河遗址H29[1]、千阳县望鲁台遗址残灰坑[2]等单位为代表。与此同时,这里与大部分甘青地区一样,属于晚期齐家文化的势力范围,确切地说,主要分布的是陇县川口河类型齐家文化。

陇县川口河类型齐家文化,与甘肃武威皇娘娘台齐家文化晚期较接近,又有一定的特点,是一类以带耳罐、鼓腹罐为主,缺少三足器的齐家文化。其代表器物在甘肃东部的一些县区有收藏,但最初发现是在陕西的陇县川口河村。[3]由于该遗存中可见老牛坡类型文化陶器,又有与二里头文化二期陶盉相似的器物见于其分布区[4],故知其年代也相当于夏代早期,是姜姓四岳国的文化遗存。

关中西部地区夏代晚期的考古学文化目前尚不能确认,而已发现的商代考古学文化有京当型商文化,其时代约当商代早期二里岗上层时期。这说明商文化又向西推进到渭河中游岐山县、扶风县境内的周原地区,形成了京当型商文化。大约持续到殷墟二期阶段,京当型商文化开始从周原地区退出。[5]与京当型商文化同时相邻的关中西部地方文化主要有先周文化(包括武功郑家坡类型和彬州断泾类型)、刘家文化和碾子坡文化。

先周文化早期分布于漆水河流域至泾水中游局部的地方,偏南部与京当型商文化似有交错相处的现象,到晚期几乎占据了整个泾渭之间的区域。

刘家文化是一类流行高领袋足鬲、高领鼓腹罐等陶器为代表的文化遗存,早期主要分布在宝鸡市区及其周围,中晚期分布区域相当广泛,包括周原及其以西的宝鸡地区,以及陇山东西两侧的渭河上游大部分地区和陇东地区,曾与京当型商文化相邻而同时存在相当长的时间。

碾子坡文化的面貌,包括先周和刘家文化的部分特征,而炊器以刘家文化的高领

---

[1] 北京大学考古系、宝鸡市考古工作队:《陕西麟游县蔡家河遗址龙山遗存发掘报告》,载《考古与文物》2000年第6期。
[2] 张天恩:《关中西部夏代文化遗存的探索》,载《考古与文物》2000年第3期。
[3] 尹盛平:《陕西陇县川口河齐家文化陶器》,载《考古与文物》1987年第5期。
[4] 张天恩:《天水出土的兽面铜牌饰及有关问题》,载《中原文物》2002年第1期。
[5] 张天恩:《关中商代文化研究》,文物出版社,2004年,第4页。

袋足鬲为主，早期分布区域主要是在泾水中游的支流黑河流域，晚期进入漆水河的上游地区。

这几支文化除碾子坡的上限约在殷墟一期外，其余都可达二里岗上层时期，而刘家文化的上限可能还要略早一些。这几支文化除京当型商文化外，其余几支的下限基本上均可到商末。

商代关中西部诸多考古学文化的发现，可以佐证先周族、姜氏之戎，可能还包括早期的秦人"畎夷"（犬夷）等氏族，商代在关中西部地区的存在。

关中西部的京当型商文化内涵相当复杂，包含有A、B、C、D等几种不同的文化因素。它与关中东部的老牛坡类型、北村类型商文化明显不同，显示出非常鲜明的地方特点。

A类因素是其主体，陶器主要有鬲、甗、深腹盆、假腹豆、直口罐和敛口瓮等，器形特征与郑州二里岗上层商文化接近，特别是与关中东部铜川市耀州区北村类型商文化近似的成分更多。铜器除个别如小足尖鬲、高圈足杯之外，其他各类铜器的形制均与中原地区商文化的同类器物无别。因此，A类因素当来源于商文化，也就是说京当型商文化的主体是殷商文化。

B类因素褐陶和红褐陶所占比重较大，陶质略差，烧成温度偏低，主要器类也可见鬲、甗、盆、豆、罐、瓮以及尊等。B类因素中最有代表性的陶器是联裆鬲、联裆甗、折肩罐、侈沿盆、折肩瓮、真腹豆、折肩尊等。其炊器以联裆三足器、盛器以折肩类为典型特征的文化因素，目前可知绝不见于典型的商文化及其他地区年代相当的文化之中，而仅在关中西部的漆水河流域及附近地区有较集中的发现，其代表遗址有武功县的郑家坡、岸底，麟游县的史家塬等。这类遗存的性质属于先周文化。

C类因素所能辨认的陶器只有C型鬲和C型甗，均为夹砂陶，红褐色为主，也有灰褐色与灰色。质地较差，烧成温度偏低，大多陶胎相当薄。C类因素与北方地区以蛇纹陶器为代表的文化遗存，有着密不可分的联系。北方地区这类文化遗存，早期遗存代表遗址有内蒙古清水河县白泥窑子遗址、伊金霍洛旗朱开沟遗址等，晚期遗存代表遗址有陕北清涧县的李家崖遗址，其文化被称为朱开沟文化、李家崖文化，其族属可能与北方的鬼方族有关。

D类因素能见到高领袋足鬲等陶器，这类文化因素与以扶风县刘家墓地、长武县碾子坡遗址为代表的姜氏之戎文化有关。

京当型商文化所包含的主要文化因素除上述以外，陶器、铜器中能见到的还有高圈足杯，这类器物属于商代陕南的宝山文化所特有的文化因素，而宝山文化是商代的巴族文化。

总之，京当型商文化是在郑州二里岗、安阳殷墟商文化的基础上，接受当地先周文化、姜氏之戎文化，以及以陕北清涧县李家崖遗址为代表的鬼方文化、以陕南城固县宝山遗址为代表的巴文化一些影响，形成的一种关中西部地方性的商文化。京当型商文化分布在西安市以西的关中西部地区，其分布范围北边已知到淳化县，南边、东边达长安区，西边到岐山县。关于京当型商文化的族属，可以做以下推测：

①《史记·殷本纪》太史公曰："契为子姓，其后分封，以国为姓，有……北殷氏"。《索隐》云："北殷氏盖秦宁公所伐亳主，汤之后也。"《史记·秦本纪》说："宁公二年，公徙居平阳。遣兵伐荡社。"《索隐》："西戎之君号曰亳王，盖成汤之胤，其邑曰荡社。徐广云一作'汤杜'，言汤邑在杜县之界，故曰汤杜也。"杜为秦汉县名，秦武公时初设县，杜县城在今西安市西南10余里处的杜城村一带。荡社虽然讲的是春秋时期的事，但北殷氏的历史也许要追溯到商代。2000年，陕西省考古研究所在长安县调查，就在距杜城村不远的高家堡、羊元坊等多个遗址发现属于京当型商文化的陶器，有些器物的时代，约略相当于殷墟文化的早期阶段。京当型商文化的族属或与北殷氏有关。

②《后汉书·西羌传》说："昔夏后氏太康失国，四夷背叛。及后相即位，乃征畎夷，七年然后来宾。至于后泄，始加爵命，由是服从。后桀之乱，畎夷入居邠、岐之间，成汤既兴，伐而攘之。"古本《竹书纪年》载："桀二年……畎夷入于岐以叛。"《后汉书·东夷列传》说："桀为暴虐，诸夷内侵，殷汤革命，伐而定之。"注引古本《竹书纪年》曰："后泄二十一年，命畎夷、白夷、赤夷、玄夷、风夷、阳夷。后相即位二年，征黄夷。七年，于夷来宾，后少康即位，方夷来宾。"

"畎夷"商代甲骨文作"犬夷"，因其都邑称"犬丘"，其族又是东方九夷之一而得名。"犬丘"又称"垂"，王国维说："余疑犬邱、西垂本一地，自庄公居犬邱号西垂大夫，后人因名西犬邱为西垂耳。"①先秦史籍上有四个称"犬丘"或"垂"的

---

① 王国维：《秦都邑考》，见王国维：《观堂集林》，中华书局，1959年，第530页。

地名，山东、河南、陕西、甘肃各一处。古代部族迁徙，其祖先居住的地名往往因袭不变，犬丘地名由东向西的分布，是犬（畎）夷族由东方向西方迁徙时留下的足迹。

东方两犬丘我们暂可不论，陕西省内之犬丘在兴平市境。《史记·项羽本纪》说："项王乃立章邯为雍王，王咸阳以西，都废邱。"《正义》引《括地志》云："犬邱故城一名废邱，故城在雍州始平县东南十里。"《索隐》引孟康语云："今槐里是也。"顾祖禹《读史方舆纪要》："槐里城，（兴平）县东南十一里。"京当型商文化的分布范围是在畎夷入居的邠、岐之间，而兴平市也正是在我们所讨论的关中西部京当型商文化分布的范围以内。

殷墟卜辞中多条记载有犬侯，且多与周族有联系，两者的居地应相距不远。如：

令多子族暨犬侯璞周。　　（《前》5.1.7＋5.7.7）

令多子族从犬侯璞周。　　（《续》5.2.2）

周弗其卑犬。　　（《坎》TO1007a）

殷墟卜辞中的犬侯，丁山先生认为其封地在今河南商丘。①犬侯奉商王之命率多子族征伐周族，这是商王武丁时代的事情，而当时周族在泾水上游旬邑、彬州一带的豳地，故犬侯的封地不应当远在河南商丘，而应当在关中西部。殷墟卜辞中的犬侯当是畎夷之君，因其都邑称犬丘而得名犬侯。犬侯的都邑犬丘在兴平，京当型商文化很可能是畎夷族的文化遗存，所以京当型商文化中含有较多先周文化因素，也就不难理解了。

畎夷既然是东方九夷之一，那么他们为什么能够入居西方的邠、岐之间？段连勤先生指出："商族酋长汤率领商夷联军在鸣条与夏桀率领的夏军展开决战，夏军败溃，桀逃南巢（今安徽巢县），并且死在那里。商夷联军乘胜西进，攻占了夏朝的心脏地区汾河下游的大夏，并西上扫荡了泾渭流域的夏朝残余势力。"②这说明商族与畎夷进入关中地区，都是在商汤领导的灭夏战争之后。

段连勤先生还指出："西周春秋时，今陕西兴平东南有犬丘，亦曰废丘；甘肃天水县西南亦有犬丘，史称西犬丘或西垂。此两犬丘当为畎夷入居泾渭流域后的居地。"③

---

① 丁山：《甲骨文所见氏族及其制度》，科学出版社，1956年。

② 段连勤：《关于夷族的西迁和秦嬴的起源地、族属问题》，见人文杂志编辑委员会编：《先秦史论文集》（《人文杂志》专刊），1982年，第167页。

③ 段连勤：《关于夷族的西迁和秦嬴的起源地、族属问题》，见人文杂志编辑委员会编：《先秦史论文集》（《人文杂志》专刊），1982年，第168页。

甘肃之犬丘，是指《史记·秦本纪》"非子居犬丘"之西犬丘，《集解》引徐广说"今槐里也"，指其为陕西兴平之犬丘，当然是错误的。王国维、郭沫若等考证西犬丘在今西和、礼县一带，其说较可信。1991—1992年，盗墓者在甘肃礼县城西南10余里处的大堡子山盗掘大墓，出土西周晚期特征的青铜器及金器等珍贵文物甚多，并有不少器物带有"秦公"字样铭文，证明大堡子山是一处早期的秦公墓地，西周时期的秦人都邑西犬丘无疑就在附近。

段连勤先生已指出秦族本身是东方九夷中的畎夷①，而居甘肃西犬丘者为嬴姓秦人，证明居兴平犬丘者当与秦族之先祖有关。所以，关中犬丘、犬侯自应是秦族在商代所居之地及其首领了。从这一方面来看，关中西部的京当型商文化族属中确应该包含有嬴秦氏族了。京当型商文化在殷墟文化二期后从关中西部消失了，这可能与周族首领古公亶父迁岐，开始剪商，逼迫嬴姓秦人西迁甘肃有关。

邹衡先生最早指出："姬家店和晁峪一类的遗址（指其早期），同辛店文化和先周文化都有密切的关系。同时，此二址又都地处宝鸡，再结合以上羌、姜的有关论述，可以暂时叫它'姜炎文化'。"②

邹衡先生提出的"姜炎文化"，是以高领袋足鬲为代表的一种考古学文化。我们根据扶风刘家墓地的发掘资料，命名为刘家文化，以其族属而言，我们称之为姜戎文化③。我们之所以没有采用"姜炎文化"这一命名，是因为扶风刘家墓地的时代为商代殷墟文化时期，而宝鸡市姬家店、晁峪等刘家文化早期遗存的年代约为商代二里岗文化时期，因此刘家文化的时代距离炎帝的时代仍太远，无法与炎帝相对应。刘家文化只是炎帝后裔姜氏之戎，也就是姜戎的文化遗存。姜戎文化的命名，是历史学文化命名在考古学中的应用。先周文化是指周武王灭商以前的周族文化，或称为早周文化（详见下文）。综合以上所述，夏商时期关中西部居住着姬姓的周族、姜氏之戎，可能还有嬴姓秦人的先祖畎夷等氏族。

---

① 段连勤：《关于夷族的西迁和秦嬴的起源地、族属问题》，见人文杂志编辑委员会编：《先秦史论文集》（《人文杂志》专刊），1982年，第174页。
② 邹衡：《论先周文化》，见邹衡：《夏商周考古学论文集》，文物出版社，1980年，第351页。
③ 尹盛平、任周芳：《先周文化的初步研究》，载《文物》1984年第7期。

第二节
周族族源与世系的争议

西安之所以能成为著名的华夏古都，与姬姓周族是密不可分的。要了解西安的建都史，首先应该先了解周族的历史。关于周族的历史，在姬周族源、周族的起源地等问题上争议最大，有些问题至今悬而未决，所以我们首先来讨论这些问题。

一、传说中的姬周族源

众所周知，姬姓周族是中国古代夏、商、周奴隶社会时期，华夏族形成与发展中最后一个建立全国政权的族群。中国社会进入秦、汉封建大帝国后，形成而且延续至今的汉民族的主体是华夏族，而姬周族是华夏族中的一个重要族体。关于姬周的族系及其早期历史的有关传说，西汉时期的史学家司马迁，曾根据当时掌握的史料在《史记》中有过介绍。但是司马迁把两种不同的矛盾传说并载于《史记》之中。

（一）关于周族与殷族同源的传说

周人和殷人属于同一族源的传说，司马迁在《史记》里记载的原文如下：

《史记·殷本纪》云："殷契，母曰简狄，有娀氏之女，为帝喾次妃。"

《史记·周本纪》云："周后稷，名弃。其母有邰氏女，曰姜原。姜原为帝喾元妃。"《正义》引《说文》云："邰，炎帝之后，姜姓，封邰，周弃外家。"《正义》引毛苌云："邰，姜嫄国也，后稷所生。尧见天因邰而生后稷，故因封于邰也。"

根据以上所述，可知周族的始祖弃和殷族的始祖契之母同为帝喾之妃，他们是同父异母的兄弟。也就是说，周人和殷人乃同祖同宗；或者说，周人和殷人原本可能是一个原始氏族中的两个胞族，到后来才逐渐分化发展为周族和殷族。不仅如此，而且按照前引《国语·晋语》所说，周族与姜姓族居住的地域相近，因此姬、姜两姓早期就互相通婚。

（二）关于姬周族是戎狄族的传说

根据《史记·周本纪》记载，周人从始祖后稷传至古公亶父历"十三世十三个王"。其中周人从后稷之子不窋开始，长期和戎狄族在一起杂居生活，直到古公亶父迁岐以后才出现大发展的局面，《史记·周本纪》说：

> 豳人举国扶老携弱，尽复归古公于岐下。及他旁国闻古公仁，亦多归之。于是古公乃贬戎狄之俗，而营筑城郭室屋，而邑别居之。作五官有司。民皆歌乐之，颂其德。

由此可见，姬周族在迁岐以前，不仅和戎狄族在一起杂居和生活，而且他们的习俗也是"戎狄化"的，与戎狄族存在着千丝万缕的联系，二者在族属问题上难以分家。况且古史有明文记载，早在西周以前，姬周族与姜戎族（或称为羌戎族）是世代通婚的，换言之，姬、姜两姓氏族存在着密切的血缘关系。

西汉史学家司马迁在《史记·周本纪》中对周人的所谓始祖后稷的身世做了以下介绍和说明：

> 周后稷，名弃。其母有邰氏女，曰姜原。姜原为帝喾元妃。姜原出野，见巨人迹，心忻然说（悦），欲践之。践之而身动如孕者。居期而生子，以为不祥，弃之隘巷，马牛过者皆辟不践……以为神，遂收养长之。

上述记载说明，传说中的周人始祖后稷只知其母而不知其父，而且后稷可能是在其母姜原所属的游牧或者畜牧业发达的姜姓氏族中长大的，或者说，姬周族可能是从姜氏之戎中分化出来的一个族群。上述历史现象，也暗示了姬姓周人可能是戎狄族群中的一个分支，由于后来周人的社会生产和文化都有了较大的进步和发展，才与仍然保持落后状态的其他戎狄族的社会文化面貌有所区别。

上述关于姬周族属的两种不同的矛盾传说，按理是不应该同时存在的。根据已有史料特别是现有考古发掘材料分析，殷族的始祖契为卵生，而周族的始祖弃乃其母姜原践巨人迹感孕而生，表明殷人和周人对祖先的图腾崇拜是不同的，可知殷人和周人并非同祖同宗，他们应该分属于不同的两个氏族。这一点从现在的考古发掘材料可以得到证实。例如，姬周文化面貌的基本特征与殷商文化面貌的基本特征是迥然有别的，而且两者的文化渊源也不相同。

根据《左传·定公四年》记载，周武王灭殷以后，曾将"殷民六族"分给伯禽，将"殷民七族"分给康叔，将"怀姓九宗"分给唐叔。这些已丧国的殷遗民和戎族，虽然可以保持原有的氏族结构和文化习俗，但是被"疆以周索"或"疆以戎索"，也就是必须遵守周人的法规或者戎人的法规。《左传·定公四年》所记载的历史现象，与我们在前面已经讨论过的周人早期"戎狄化"，二者显然是前后相联系和互相衔接的。这也就是说，姬姓周人不仅在初期阶段与戎狄族的文化面貌有相同之处，而且直到他们建立西周王朝以后，使用的法规即"周索"与戎狄族的法规即"戎索"，可能也有相同之处。总之，姬周族虽然属于华夏族的氏族之一，但是文化上确实有戎狄化的倾向。这一点，在考古材料中也得到证实，例如先周文化中从早期开始就使用少量的姜戎式高领乳状袋足鬲，后来又使用与朱开沟北方狄人文化有关的三足瓮。

史载殷民族兴起并活动在中国的东部地区，即今黄河中下游地区；周民族则崛起并活动在中国西部地区，即今黄河中游支流的泾渭之间。迄今发现的早商文化遗址和先周文化遗址的分布区域，与古代文献所记殷人和周人的活动地区基本吻合，表明殷人和周人是中国古代分布在东、西不同地域的两个古老民族。周族的起源虽然与姜姓的羌戎有关，但是从考古学文化来说，二者截然不同。不过先周文化中有少量的高领乳状袋足分档鬲，说明先周文化确实受到过姜姓羌戎刘家文化的影响。周族是黄帝集团的一个重要主体，既不与商族同源，也不属于戎狄族。

二、先周的世系

先周时期姬姓周族的世系也是有争议的问题之一，据西汉太史令司马迁所撰《史记·周本纪》记载，西周王朝建立以前，先周时期周族的世系为：弃（后稷）—不窋—鞠—公刘—庆节—皇仆—差弗—毁隃—公非—高圉—亚圉—公叔祖类—古公亶父—季历（公季）—昌（文王）—武王。

先周时期姬姓的周族，与姒姓的夏族、子姓的商族，虽然就建立全国性政权来说有先有后，但是作为族体来说，几乎是同时形成的。夏代三族并存，平行发展。商代周族又与商族并存，平行发展。

邹衡先生指出："关于先周时代的绝对年代，《史记·匈奴列传》略有所记：'夏道衰，而公刘失其稷官，变于西戎，邑于豳。其后三百有余岁，戎狄攻大王亶父，亶父亡走岐下，而豳人悉从亶父而邑焉，作周。其后百有余岁，周西伯昌伐畎夷氏。后十有余年，武王伐纣而营雒邑，复居于酆鄗，放逐戎夷泾、洛之北。'是先周总年数约四五百年之谱。"①

《史记·匈奴列传》提供的先周年数是从公刘算起的，公刘活动的年代约相当于商代二里岗下层文化偏晚阶段。在先周经历的四五百年间，夏代王族传了十三世十六王，商族从其始祖契至成汤建国，共传十四代，所以《国语·周语下》说："玄王勤商，十有四世而兴。"先周时期周族共传十六代，如果不把后来建立西周王朝的周武王算在内，只有十五代。但是周族在夏代从其始祖弃至不窋，只传了两代，与夏、商两族所传的十三世、十四世相差甚远，于情理十分不合。

正因为上述原因，自古以来就有学者怀疑周族的世系缺代。《史记·周本纪》张守节《正义》引《毛诗疏》云："虞及夏、殷共有千二百岁，每世在位皆八十年，乃可充其数耳。命之短长，古今一也，而使十五世君在位皆八十许载，子必将老始生，不近人情之甚。以理而推，实难据信也。"

《史记·周本纪》司马贞《索隐》："《帝王世纪》云'后稷纳姞氏，生不窋'，而谯周按《国语》云'世后稷，以服事虞、夏'，言世稷官，是失其代数也。若以不窋亲弃之子，至文王千余岁唯十四代，实亦不合事情。"

清代崔述《丰镐考信录》说："不窋之父乃弃之裔孙袭为后稷者，不窋非弃子也。"②清代戴震也说："周自公刘始居豳，书传阙逸，莫能详其时世。考《国语》、《史记》所录，祭公谋父谏穆王曰：'昔我先王，世后稷以服事虞、夏。及夏之衰也，弃稷弗务，我先王不窋用失其官，而自窜于戎、狄之间。'盖不窋以上，世为后稷之官，不知凡几，传至不窋，然后失其官也。……《史记》不曰'弃'卒，而曰'后稷'卒，且上承'后稷之兴，在陶唐、虞、夏之际，皆有令德'，此书法也。世次中阙，莫知其名。继弃而为后稷，谨修其官守，以至不窋，是不一人，故曰'皆有令德'。及最后为后稷者卒，其子不窋立，末年而失其世，世守官，微窜之际，殆不绝如缕……而世后稷者。汉刘敬对高帝曰：'周之先自后稷，尧封之邰，积德累善，十有余世。'公刘

---

① 邹衡：《再论先周文化》，见邹衡：《夏商周考古学论文集》续集，科学出版社，1998年，第265页。
② 崔述：《崔东壁遗书》，上海古籍出版社，1983年，第164页。

避桀居豳，所谓积德累善，十有余世，与本纪皆有令德之文，是汉初相传，咸知不窋以上，代系中隔矣。"①

上述学者的怀疑很有道理，商代周族世系中从不窋至武王，共传十五世，这与商王朝商王传十七世大体相当，这期间周族世系应该是不缺代。所以，周族世系缺代应该是在夏代，因为不窋不是第一代后稷弃之子，而是第一代后稷弃之十几代裔孙，也就是末代后稷之子。从第一代后稷弃，至不窋，这中间缺了十几代后稷。

周族的始祖叫弃，姬姓。相传帝尧举弃为农师，弃以官为号称后稷。稷是古代农官名，但是因为古代农官至为重要，所以农官稷往往被后世百姓祀以为神，因此古代稷也是农业神的称谓。《左传·昭公二十九年》说："有烈山氏之子曰柱，为稷，自夏以上祀之；周弃亦为稷，自商以来祀之。"《国语·鲁语上》说："昔烈山氏之有天下也，其子曰柱，能殖百谷百蔬；夏之兴也，周弃继之，故祀以为稷。"由此可知，烈山氏（又称厉山氏）之子柱先为农官，夏代以前就被奉为农业神进行祭祀，当为前稷；周弃后为农官，自商代被祀为农神，故史称其为后稷。

三、周族早期的都邑

周族起源问题中的争议之一是关于周族早期的都邑。传说中的周都，即西周及其以前的周人都城或都邑，关于其数目，古来就存在着不同的说法。下面将各家的说法列举如下：

① "五都"说。《汉书·地理志》说："昔后稷封邰，公刘处豳，太王徙郊，文王作酆，武王治镐。"邰、豳、岐都是姬周族建立丰镐二京以前早期都邑所在地的地名、山名。宋代史家郑樵在他所著《通志·都邑略·周都》中记载，传说中的周都计有邰、邠、岐、丰和镐等五个。

② "六都"说。如李吉甫《元和郡县志》、顾祖禹《读史方舆纪要》和宋敏求《长安志》等史书记载，周都计有邰、邠、岐、程（也作郢）、丰和镐等六个。

③《史记·匈奴列传》云："公刘……邑于豳。"《史记·周本纪》云："公刘卒，子庆节立，国于豳。"据《正义》引唐代李泰《括地志》记载，介于后稷封邰和公

---

① 戴震：《周之先世不窋以上阙代系考》，见戴震：《戴震集》，上海古籍出版社，1980年，第27—28页。

刘居豳之间，还有一个周先王"不窋故城"。

上述三说所记，传说中的周人都城或都邑，计有邰、"不窋故城"、豳、岐、程、丰和镐等七个。下面根据传说中周人建都先后次序进行说明。

（一）后稷居邰

《史记·周本纪》载帝舜时因为后稷弃能适时播种百谷，解决了黎民的饥荒问题，因此"封弃于邰"。《诗经·大雅·生民》云："后稷之穑，有相之道，……即有邰家室。""邰"是姬周族最早的都邑，自汉代以来，学者一般都认为邰地在今陕西省武功县境内。《汉书·王莽传》说："属县氂严春"，唐代颜师古注云："氂属右扶风"，《汉书·地理志》说："昔后稷封氂。"《汉书·樊哙传》说："从攻雍、氂城，先登。"唐代颜师古注云："氂读与邰同，县名，即后稷所封，今武功故城是，音胎。"唐代司马贞《索隐》说："即《诗·生民》曰'有邰家室'是也。邰即氂，古今字异耳。"唐代张守节《正义》引《括地志》说："故氂城，一名武功城，在雍州武功县西南二十二里，古邰国，后稷所封也。有后稷及姜原祠。"《水经注·渭水》说："渭水又东，迳氂县故城南，旧邰城也，后稷之封邑矣，《诗》所谓即有邰家室也。城东北有姜嫄祠，城西南百步有稷祠。"晋代皇甫谧《帝王世纪》说："后稷始封邰，今扶风是也。"明代武功人康海所作《武功县志·地理志》认为，古氂城在武功县南8里，汉氂城在武功县西南30里。以上所述，是汉代以来关于后稷封邰的传统说法。

然而这种传统看法，自1931年钱穆先生发表了著名的《周初地理考》之后，开始受到了前所未有的质疑与考验。钱文力主后稷封邰、公刘居豳皆在晋地，其立论的主要依据是豳、邠为古今字，汾、邠相通，邠乃滨汾之邑，在今临汾古水之地。并说，太王迁岐，亦在渭洛河下游，自朝邑至于富平。钱氏认为邰即《左传·昭公元年》提到的"骀"，并举山西省稷山县有稷山、闻喜县有姜嫄祠为证。[①]

继钱氏山西说之后，吕思勉《先秦史》等皆采其说。现代一些学者则进一步论证周族来自山西省。《诗经·大雅·绵》是周人追述其先祖初始之地的篇章，其中有"民之初生，自土沮漆"，清代王引之释"土"为杜，认为杜即唐氏之后唐杜氏，在晋南临汾地区，其《经义述闻》卷六言："沮，当为徂；徂，往也。"邹衡先生说："王引之以为土即杜（《经义述闻》卷六），陈梦家从其说（《殷虚卜辞综述》，页272）。我们

---

① 钱穆：《周初地理考》，载《燕京学报》1931年第10期。

认为土即卜辞所见土方，也就是今天山西西南部的石楼县。据此，更可直接证明周人来自山西省。"①王玉哲也认为："这个'土'实即古史上经常提到的'土方'。《诗·长发》：'洪水芒芒，禹敷下土方。'土方既是与禹发生关系，其地望应当距夏墟不远，而夏墟古在山西南部。一直到商时山西南部仍居有土方之族"②。方述鑫则提出："姬周族本属夏族，原为夏族中的一支。殷墟卜辞和古文献中的土方当即夏族，其所居中心唐土（今山西南部）当即周族所居。"③杨升南认为："'后稷之封邑'乃沿汉人旧说，不可据已如前述，而邰（郃）城在渭水旁，可见不窋出晋南，溯渭水而西，到今武功地住下，而将此地名为邰。"④杨善群认为，邰最初地望应在今山西西南闻喜、稷山一带。⑤晁福林认为，姬周族是在大河以东的汾水流域形成的，古公亶父以前，由于长期居于汾水流域，所以只称为汾，而没有周称。甲骨文"周"字有其特定含义，并不指夏商周之周。《诗经·豳风》是晋诗，是追述姬周族居于晋境时的农事和社会情况以及周公东征情况的史诗性的作品，并论证姬周族源于晋境。⑥主张周族起源于山西晋地的学者还有李民⑦等。从考古学文化方面论证钱氏说的学者曾有邹衡、李仲立、王克林等。邹衡先生早年提出山西的光社文化是先周文化的三个来源之一⑧，李仲立认为先周文化来源于山西⑨。王克林认为汾水流域的龙山晚期和二里头东下冯类型是先周文化⑩。考古学家胡谦盈先生认为"周后稷封邰"的"邰都"之说，"系出于后人附会是十分明显的"。他从两个方面对此加以分析和说明：

1. 周"后稷"是属于虚构的人物

笔者在拙著《太王以前的周史管窥》一文中已经讨论过，根据西汉初期史

---

① 邹衡：《论先周文化》，见邹衡：《夏商周考古学论文集》，文物出版社，1980年，第342页。
② 王玉哲：《先周族最早来源于山西》，载《中华文史论丛》1982年第3辑。
③ 方述鑫：《姬周族出于土方考》，见陕西历史博物馆编：《西周史论文集》，陕西人民教育出版社，1993年。
④ 杨升南：《周族的起源及其播迁——从邰的地望说起》，载《人文杂志》1984年第6期。
⑤ 杨善群：《周族的起源地及其迁徙路线》，载《史林》1991年第3期。
⑥ 晁福林：《从甲骨卜辞看姬周族的国号及其相关诸问题》，见中国古文字研究会、中华书局编辑部编：《古文字研究》第18辑，中华书局，1992年，第203页。
⑦ 李民：《释〈尚书〉"周人尊夏"说》，载《中国史研究》1982年第2期。
⑧ 邹衡：《夏商周考古学论文集》，文物出版社，1980年，第342页。
⑨ 李仲立：《试论先周文化的渊源——先周历史初探之一》，载《社会科学》1981年第1期。
⑩ 王克林：《试论齐家文化与晋南龙山文化的关系——兼论先周文化的渊源》，载《史前研究》1983年第2期。

学家司马迁在《史记·周本纪》中介绍的周人先公先王世系,我们认为姬周族系中比较明确而且可信的周族始祖,约略是生活在"戎狄之间"的不窋,大致相当于商代中期即盘庚迁殷墟或稍早时候的人。至于周人始祖不窋之父的所谓"后稷",传说中的文献记载其人其事无疑是一个神化了的人物,在现实生活中当无真人真事,而是属于后人理想中的不窋以前周族生活图景的一种神话传说。也就是说,传说中的"周后稷,名弃"(《史记·周本纪》语)是属于后人虚构的一个似人又似神的模特儿,所以"后稷封邰"的"邰都"之说难以成立,也就显而易见了。

2. "邰都"地望的传说出于后人附会

关于周"后稷"的出生地点,以及所谓"后稷封邰"的所在地望,笔者在考古调查中听到的传说地点颇多。这里仅就近人推崇而且有一定影响的两种说法列举于下,来加以讨论。

(1)"后稷封邰"地望一般都认为在陕西,即武功县境内或其附近。持此说者的主要论据,大致都是出于相信以下传说中的记载。《史记·周本纪》集解:"徐广曰,今斄乡,在扶风。"《史记·周本纪》正义引《括地志》云:"故斄城一名武功城,在雍州武功县西南二十二里,古邰国,后稷所封也。有后稷及姜原祠。"

(2)认为"邰都"包括"豳邑"均位于今日山西省西南部,这里仅就此说中具有代表性的著作摘引原文如下:

> 类似的传说也在晋西南地区流传。例如在稷山、闻喜一带也有稷王庙、后稷庙和姜原墓(《古文辨》第二册,页97~108)等等,这当然也是附会。不过,照一般文献记载,周人是起源于陕西,很少说到起源山西的。晋西南地区既有此传说,总会多少有些影子。

> 近人也有从文献上找出根据的。譬如有人认为豳、邠古今字,皆得名于汾。又引《水经·汾水注》:

> 汾水又西与古水合,水出临汾县故城黄阜下。

> 又《太平寰宇记》卷四十七绛州正平县条:

> 九原一名九京。……有水名古水,出此原西。

说者谓《汾水注》的汾山就是《说文》（六下）的齒山，乃古公去岐以前的齒邑，古公得名于古山、古水等等（陈梦家：《殷虚卜辞综述》页292，北京，科学出版社1956年版）。这些考据，自然也为先周文化来自山西说提供了旁证。

我们于此，还可以稍加补充。《诗·大雅·绵》记明周之先人曾经"自土沮（徂）漆"。王引之以为土即杜（《经义述闻》卷六），陈梦家从其说（《殷虚卜辞综述》，页272）。我们认为土即卜辞所见土方，也就是今山西西南部的石楼县（邹衡：《关于夏商时期北方地区诸邻境文化的初步探讨》，《夏商周考古学论文集》第78~281页）。据此，更可直接证明周人来自山西省。

"后稷封邰"地望的上述两种不同传说和主张，其中关于"邰都"在陕西省武功县即今扶风县绛帐附近的姜原嘴的传说，已故的邹衡同志曾经做过实地踏察和研究，认为它出于后人附会。我在这里将他考察后所得结论摘引如下：

> 1976年11月，作者曾到传为古邰国遗址的今扶风绛帐附近的姜原嘴（今又名颜村）调查一次，看到该处确有姜原庙，并有堆积比较丰富的仰韶文化和陕西龙山文化遗址，偶尔也拾到西周晚期陶片，但未发现先周文化遗物。可以肯定说，这个传说完全出于后人的附会。
> （《夏商周考古学论文集》，第342页）

我们于此，还可稍加补充。新中国成立后五十多年来，考古工作者在关中地区进行过大量的调查、发掘工作，迄今在这一地区所发现的先周文化遗址和墓葬，其中遗存年代最早者只能上溯到周先王古公亶父时代，而早于此时期的周文化遗址和墓葬则无发现，所以，即便我们将所谓"邰都"的传说地望范围，从今日的扶风姜原嘴扩大到武功县境，乃至岐邑故址（即今岐山、扶风两县接壤地区的凤雏村和召陈村一带）及其附近地区，也同样可得出上述传说出于后人附会的结论来。

论及所谓"邰都"在山西省稷山、闻喜县一带的传说，包括认为"齒邑"故址也在山西省南部的立说在内，问题出在后人的误解和附会的道理更为明显。因为：（1）前已谈及，据《史记·周本纪》介绍的传说中周人先公先王族系，其中比较可信的周族始祖是生活在"戎狄之间"的不窋，约相当于商代盘庚或稍早时候的人。（2）而商王朝的疆域西界（或说势力范围），目前已知达到了关中地区的中部。例如在渭河下游的北岸，近年在铜川市附近的石川河东岸耀县北村，发现了殷商文化遗址（文化内涵有商代前期和后期两种遗存）；在渭河下游的南岸，在今西安市东边约22公里的灞河西岸的蓝田县怀珍坊村，发现了"二里冈期"的商文化遗址。在西安市东郊约21公里灞河东岸灞桥区洪庆乡老牛坡村，发现"二里冈期"至商代末年的商文化遗址。另外，殷王朝的势力达到关中地区东部这一点，也见于《史记·殷本纪》记载："（殷王）武乙猎于河、渭之间。"所谓"河、渭之间"，说的就是今日黄河和渭河交汇地区（潼关至渭南县一带）。（3）20世纪80年代初期在河南省偃师县城附近的塔庄发现了一座商代王朝都城的遗址。晋西南地区位于上述都址西北方的黄河北岸，山西省稷山、闻喜县一带距偃师商城都址约300多公里。另外，20世纪70年代在稷山东南约70公里的夏县东下冯遗址的发掘中，曾经发现一座"二里冈期"的商代小城址。以上两种现象充分说明，晋西南地区不仅属于商王朝控制的疆域，而且那里还是商都附近地区的一个设有夯土城墙的重镇所在地。（4）迄今在晋西南地区，考古工作者从未发现过先周文化遗址或墓葬。基于上述种种理由，可以肯定地说，所谓"邰都"位于山西省稷山、闻喜县一带的说法，是出于后人附会。所谓"豳、邠古今字，皆得名于汾（汾水、汾山）"，从而断言"豳邑"遗址在晋西南的说法，也是属于一种偌大的误会。

综合以上两方面的分析，我们可以认为，所谓"后稷封邰"及"邰都"地望等传说，完全出于后人的附会。……

总之，根据以上分析，笔者赞同周都只有"不窋故城"、豳邑、岐邑、丰邑和镐京等五个。①

胡先生否定姬周族起源于山西晋南说是正确的，但是他否定"邰都"的说法并不能令人信服。周人先公的世系，从后稷弃以下是有缺代的，所以周族的信史应该是从不窋开始，但是不能借此否定一个后稷时代的存在。（详见下文）胡先生所引的邹衡先生的

---

① 胡谦盈：《三代都址考古纪实——丰、镐周都的发掘与研究》，中国社会科学出版社，2009年，第6—9页。

说法是过去的事情。邹衡先生当年在传为古邰国遗址的扶风绛帐附近的姜原嘴村,进行考古调查时没有发现先周文化遗物。邹先生当年没有发现,不等于邰地的先周文化不存在,后来在扶风县发现的北吕先周墓地,就在姜原嘴村附近。尽管北吕先周墓地年代的上限在商代殷墟二期以后,但是这已改变了邹衡先生当年的结论。

前引胡先生说:"新中国成立后五十多年来,考古工作者在关中地区进行过大量的调查、发掘工作,迄今在这一地区所发现的先周文化遗址和墓葬,其中遗存年代最早者只能上溯到周先王古公亶父时代,而早于此时期的周文化遗址和墓葬则无发现"。如今,其遗存年代只能上溯到古公亶父时代的说法已被改变。彬州断泾遗址发现的先周文化遗存,其上限年代为商代殷墟文化一期,早于古公亶父时代。武功郑家坡遗址发现的先周文化遗存,其年代上限约为商代郑州二里岗上层文化时期,更早于古公亶父时代。(详见下文)彬州断泾遗址在古代文献所记豳地范围内,武功郑家坡遗址在古代文献所记邰地范围内。近几十年来先周文化的考古发现,不但没有否定"邰都"的传说,而且更加有利于"邰都"以及"豳都"传说的确立。

尽管现代仍有不少学者认为姬周族起源于晋南,主张"邰""豳"在山西省南部,但是大批学者仍相信传统的说法,例如早期丁山先生考证后稷所居的"邰"在今陕西省武功县西南①。齐思和先生也赞同此说法。②

据以上所述,可知从20世纪30年代开始,关于姬姓周族的起源,中国学术界就出现了汉代以来的传统说法与山西说两种不同说法之间的争论,一直延续至今。由于周族的起源有争议,所以周族早期都邑"邰""豳",甚至包括岐邑的所在地在学术界也曾有过争议。

(二)公刘居豳

《诗经·大雅·公刘》云:"笃公刘,既溥既长,既景乃冈。相其阴阳,观其流泉。其军三单,度其隰原,彻田为粮。度其夕阳,豳居允荒。"由"豳居允荒",可知公刘带领其军旅部众治理农田种粮食的地方是在豳地,这是公刘居豳最早的记录。《史记·周本纪》说:"公刘卒,子庆节立,国于豳。"《史记·刘敬传》说:"周之先自后稷,尧封之邰,积德累善十有余世。公刘避桀居豳。"《史记·匈奴列传》说:"夏

---

① 可参看丁山:《由三代都邑论其民族文化》,载《国立中央研究院历史语言研究所集刊》1935年第五本第一分。
② 可参看齐思和:《西周地理考》,见齐思和:《中国史探研》,河北教育出版社,2000年。

道衰，而公刘失其稷官，变于西戎，邑于豳。"《白虎通义·封公侯》说："周家始封于何？后稷封于邰，公刘去邰之豳。"

近代以来，学者关于豳地的地望，主要有三种说法。第一种为传统的说法，至今仍为大多数学者所遵从的今陕西旬邑、彬州说。第二种是山西晋南说。前述钱穆先生在《周初地理考》中首先提出："周人盖起于冀州，在大河之东。后稷之封邰，公刘之居豳，皆今晋地。"山西晋南说一出，曾为不少学者所信从。第三种是今甘肃庆阳市说。

最早记载豳地所在的是东汉的班固，《汉书·地理志上》的"右扶风"之"栒邑"条下，班固自注说："有豳乡，《诗》豳国，公刘所都。"班固之父班彪所作《北征赋》云：

> 余遭世之颠覆兮，罹填塞之厄灾。旧室灭以丘墟兮，曾不得乎少留。遂奋袂以北征兮，超绝迹而远游。朝发轫于长都兮，夕宿瓠谷之玄宫。历云门而反顾，望通天之崇崇。乘陵岗以登降，息郇邠之邑乡。慕公刘之遗德，及《行苇》之不伤。彼何生之优渥，我独罹此百殃。故时会之变化兮，非天命之靡常。登赤须之长阪，入义渠之旧城。

《文选注》引《流别论》说："更始时，班彪避难凉州，发长安，至安定，作《北征赋》也。"《北征赋》是说班彪早晨从长安出发，傍晚投宿在长安西北瓠谷的玄宫（瓠谷在陕西泾阳县西北，那里有瓠口，即焦获泽。玄宫是指北方之宫）。然后经过云门（即云阳县门，在今陕西淳化县西北），回头远望甘泉宫通天台，高耸入云。登上大山又走下山坡，夜晚歇息在栒邑的邠乡。古代的交通道路往往是沿着河谷走，可知班彪出了长安城，向北过渭河，然后沿着泾水河谷朝西北走去，第一天晚上投宿在泾阳县西北瓠谷的玄宫。第二天又经过陕西淳化县西北的云阳县城，沿着泾水河谷继续向西北走去，然后在三水河谷转向北，爬上高原又走下高坡，到达了旬邑的豳乡，夜晚住在豳乡。

《毛诗正义·绵》说："豳地今为栒邑县，在广山北、沮水西，有泾水从此西南行，正东乃得周，故言东西。"其所说的"广山"当是指淳化县北部的山脉，"沮水"可能是指今三水河，豳乡应当在旬邑三水河的西岸。《后汉书·郡国志》记载："栒邑有豳乡。"由以上所引，可知汉代的豳地在陕西省的旬邑县境内，而汉代的豳邑是指公刘所居。

唐代《元和郡县志》卷三《关内道三·邠州》"三水县"条说："栒邑故城，在县东二十五里，即汉栒邑县，属右扶风。"《太平寰宇记》卷三十四"三水县……东北二十五里邠邑原上有栒邑故城"。北魏时改栒邑县为三水县，其治所一直在今旬邑县城关街道，则汉代的栒邑县治在今旬邑县城关街道东北25里（或说30里）处。

南朝刘宋裴骃《集解》引徐广曰："新平漆县之东北有豳亭。"《正义》引《括地志》说："豳州新平县，即汉漆县，《诗》豳国，公刘所邑之地也。"汉代的漆县即今陕西省彬州市，可知公刘所居的豳地在彬州东北一带。据以上所述，文献所记公刘所居的古豳地在今陕西省旬邑、彬州境内。

通过考古调查和试掘，在旬邑、彬州的三水河流域及其交汇的泾河沿岸发现了孙家、断泾等多处先周文化遗址，已发掘的断泾遗址年代的上限为商代殷墟文化一期①。断泾遗址的文化遗存为典型的先周文化，包括其年代的上限已得到考古学界的公认。断泾遗址的年代上限虽然晚于公刘时代，但是三水河流域的考古发现，已可证实先周时代周人曾活动在三水河流域，公刘所居之豳地，当在陕西旬邑、彬州的三水河流域。

关于"不窋故城"的问题，《史记·周本纪》张守节《正义》引唐代成书的《括地志》云："不窋故城，在庆州弘化县南三里，即不窋在戎狄所居之城也。"唐代的弘化县后世改名为庆城县，在今庆阳市。自唐代以来，志书对不窋所居多有记载。《元和郡县志》卷三《关内道三·宁州》下言："当夏之衰，公刘邑焉。周时为义渠戎国，其后戎狄攻太王，亶父避于岐山脚而作周。按今州理城，即公刘邑地也。"《关内道三·庆州》下言："《周本纪》曰，夏氏政衰，后稷子不窋奔戎狄之间，今州理东南三里有不窋故城是也。"《太平寰宇记》卷三十三"庆州"条下言："夏衰，后稷子不窋奔戎翟之间，今州理东南三里有不窋故城。"《明一统志》卷三十六言："旧志，庆州，不窋、公刘所居之地。""庆阳府"条下言："周之先不窋所居，号北豳。""宁州"条下言："本公刘邑。"祠庙有"不窋庙，在（庆阳）府城内。不窋，后稷子，周先祖也。庙有塑像，东西两壁绘文王以下三十七王像"。"公刘庙，在廉城西南八十里。公刘，后稷之曾孙，庙有宋守王庶所撰碑。"其陵墓有"不窋冢，在府城东三里，碑久剥落，上有片石，大书'周祖不窋氏陵'"。古迹有"不窋城，在府境内，夏政衰，后稷

---

① 中国社会科学院考古研究所泾渭工作队：《陕西彬县断泾遗址发掘报告》，载《考古学报》1999年第1期。

子不窋奔戎翟之间，建邑而居，即此城"。清《嘉庆一统志》卷二百六十二载，庆阳府古迹有"公刘庄，在安化县北三十里，其地有腴田数亩，号天子掌，人不敢垦，相传为公刘庄"。其陵墓有"夏，不窋墓，在府城东三里"。祠庙有"不窋庙，在安化县南"。"公刘庙，在安化县西南八十里。"清代宣统元年（公元1909年）刻本《甘肃省新通志》卷十三"古迹"条："（庆州府）安化县（后改名庆阳县），不窋故城在县东南三十里。"

对于"不窋故城"，现代学者齐思和先生曾提出质疑，他认为："《括地志》所言，不知何据，且其地远在泾北，亦未必可信也。"[①]目前在庆阳地区尚未发现典型的先周文化遗存，也就是说"不窋故城"，还没有得到地下考古资料的证实，有待进一步研究。

（三）太王迁岐

《诗经·大雅·绵》云："古公亶父，来朝走马，率西水浒，至于岐下。""岐下"，唐代的孔颖达注曰："岐山之下。"《史记·周本纪》也说："（古公）乃与私属遂去豳，度漆、沮，逾梁山，止于岐下。"古公亶父就是周太王，他是周文王的祖父。太王迁岐，就是到了陕西省岐山县岐山主峰箭括岭之下，所以《诗经·大雅·皇矣》云："居岐之阳，在渭之将。"古代山南水北为阳，这是说太王及其族人是居住在岐山以南、渭水以北，这一带是一片黄土高原，周人称之为周原。《诗经·大雅·绵》云："周原膴膴，堇荼如饴。"大意是说，周原的土地肥美，生长的野菜都像饴糖一样甜。《集解》引徐广曰："岐山在扶风美阳西北，其南有周原。"《后汉书·郡国志》在"扶风"下引《诗谱》曰："周原者，岐山阳，地属杜阳，地形险阻而原田肥美。""岐山阳"，指岐山以南，可知周原在岐山以南。

周族是一个以善于经营农业而著称于世的族体，古公亶父率领族人到达岐山之下以后，在肥美的周原上，可谓如鱼得水，"于是古公乃贬戎狄之俗，而营筑城郭室屋，而邑别居之。作五官有司。民皆歌乐之，颂其德"（《史记·周本纪》）。《史记·匈奴列传》说：

> 夏道衰，而公刘失其稷官，变于西戎，邑于豳。其后三百有余岁，戎狄攻大王亶父，亶父亡走岐下，而豳人悉从亶父而邑焉，作周。

---

① 齐思和：《西周地理考》，见齐思和：《中国史探研》，河北教育出版社，2000年，第66页。

《史记·周本纪》张守节《正义》说:"然则梁山横长,其东当阳,西北临河,其西当岐山东北,自豳适周,当蹦之矣。"《索隐》说:"后稷居邰,太王作周。""作周",就是营建周邑。太王迁岐后在周原营建的都邑史称"周城""岐邑""岐周",而由"适周""作周",可知太王迁岐后在周原营建的都邑应该称为周邑。《诗经·大雅·大明》云:"挚仲氏任,自彼殷商,来嫁于周,曰嫔于京。""来嫁于周",这是说周文王之母太任从殷商嫁到周邑;"曰嫔于京",是说太任为王宫"京室"的嫔妃。太王迁岐,在周原营建的都邑称为"周",此后"周"成为周族王都固定的名称。

根据近几十年的考古调查、发掘,以及铜器窖藏的发现,已知岐邑、岐周遗址位于陕西省岐山县与扶风县北部交界处,即今岐山县京当镇王家嘴、董家村、凤雏村、贺家村、礼村,扶风县法门镇、云塘村、齐家村、下樊村,以及召陈村、庄白村一带,东西宽约4公里,南北长约5公里,总面积约20平方公里。目前在岐山县的王家嘴、贺家村、凤雏村都发现了先周晚期的遗址和墓葬,说明古公亶父迁岐以后,在周原所作的"周"(岐邑、岐周)主要是在岐山县的京当镇,西周时岐邑、岐周扩大至今日扶风县的法门镇地界。

(四)关于"程都"问题

胡谦盈先生说:

> 关于周王季历"宅程"的所谓"程都"之说,过去已有史学家指出其立论靠不住,如程大昌在《雍录》里所论甚详。云:
>
>> 元和志、长安志皆谓王季迁都栎阳,此其说本出周书也。曰:"惟王季宅于程",程在安陵北(安陵惠帝陵,在咸阳东),或曰以程为郢,又近栎阳,故有王季改都之说。然孟子明曰文王生于岐周,卒于毕郢,若王季既已去郢,则文王之生安得在岐周也。其曰卒于毕郢,欲恐文王之殁,适在毕郢则不可知也。周公在丰将殁,欲葬成周,公薨,成王葬于毕,孔安国曰:成王不敢臣周公,使近文王之墓,墓在毕也。以事揣之,文王之卒在毕,故葬也在毕也,毕郢连称必是同一地,或者因以郢为文都,恐未然也。
>
> 我们于此,还可以考古研究成果对问题作进一步的讨论和补充。关于"程都"地望的传说,以上引文已涉及,李吉甫《元和郡县志》和宋敏求《长安志》

均谓"程"在栎阳。根据《临潼县志》卷一"建置"条记载，今渭河北岸的临潼栎阳镇，是唐代的栎阳城旧址。秦、汉时期的栎阳都城遗址，考古工作者已经通过调查、钻探和发掘等方法查明故址的位置及范围，城址位于唐代栎阳城东北约25公里的石川河下游西岸旁，即今临潼县武屯乡关庄和玉宝屯一带。

首先，前已论及，目前已知的商王朝势力范围的西界：在渭河下游的北岸，约略达到石川河流域今日陕西省耀县一带；在渭河下游南岸则更往西边，到达今日西安市东郊21公里的灞河东岸灞桥区老牛坡一带和西岸蓝田县的白鹿原上怀珍坊村。由此可见，周王季时期是不可能将都城从岐邑东迁至栎阳，也就是石川河下游西岸岸旁的，因为石川河流域属商人的势力范围，至少那里是地处商人势力东、南两面夹击之中。

其次，《古本竹书纪年》云：

（殷王武乙）三十四年，周王季历来朝，武乙赐地三十里，玉十珏，马八匹（《太平御览》卷八三引）。

（殷王文丁）四年，周人伐余无之戎，克之。周王季命殷牧师（《后汉书·西羌传》注引。另一说"武乙即位，周王季命为殷牧师"。——见《文选典引》注引）。

（殷王文丁十一年）文丁杀季历（《晋书·束晳传》、《史通·疑古篇》、《杂说篇》引）。

（殷王帝乙）二年，周人伐商（《太平御览》卷八三引）。

又，《史记·周本纪》云：

明年，伐崇侯虎，而作丰邑。自岐下而徙都丰。明年，西伯崩。太子发立，是为武王。

以上引文说明，周王季之时，周对殷处于时服时叛的关系，这反映了周人在此时期的力量还不够强大。到了文王时代，周人势力大概有了较大的发展，故出现"伐商"、"伐崇侯虎"及"自岐下而徙都丰"等现象。也就是说，周族力量发展、壮大达到与殷人抗衡以及将都城由西往东迁移（岐邑位于丰邑西北部约100多公里）是始自文王时期，而不是王季时代。

再次，迄今在唐代栎阳或秦、汉栎阳故址及其周围地区，考古工作者从未发现过先周文化遗址或墓葬。

基于上述种种理由，我们可以认为，所谓"程都"及其所在地望在栎阳一带的传说，完全出于后人的误解和附会。[①]

胡先生以上论述颇有道理。过去认为"程都"在咸阳毕原，但是考古发现证实，毕原在今西安市长安区境内，位于丰镐二京附近，这也说明关于"程都"的传说靠不住。综合以上所述，我们认为先周时代姬姓周族的都邑有邰、豳、岐、丰、镐等五都（见图1-1）。

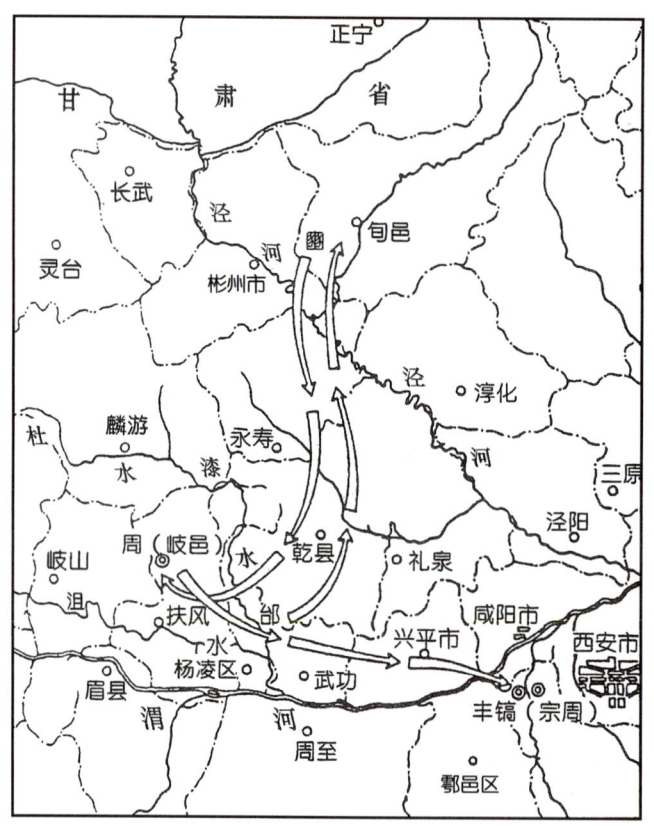

图 1-1 周族迁徙图

---

① 胡谦盈：《三代都址考古纪实——丰、镐周都的发掘与研究》，中国社会科学出版社，2009年，第8—9页。

第三节
先周文化的探索历程

后稷居邰、公刘居豳，周族起源于陕西关中西部的武功县和泾水上游的旬邑、彬州，历来别无异说。但是20世纪初期，在当时疑古思潮的推动下，钱穆先生于1931年首创周族起源于山西晋南说，他认为"邰"为晋南的骀地，在今山西省南部的新绛、闻喜一带，而且他把与周族起源有关的一些山名、水名，以及氏族、方国都考证在山西晋南，并得出结论说："周人盖起于冀州，在大河之东。后稷之封邰，公刘之居豳，皆今晋地。及太王避狄居岐山，始渡河而西"①。

晋南说影响极大，后来响应的学者群起而随者众多。除此而外，徐中舒先生早年曾提出周人起源于白狄说。时至今日仍有个别学者重提周族起源于白狄说，认为"周族非起源于晋南，亦非出自关中土著，而是出自居住在今陕西东北部及山西西部黄河两岸一带的戎狄族人，也就是以后文献所称的白狄"。②

今天看来周族起源于晋南说或白狄说很难成立，因为山西境内，特别是晋南一带，全今未发现先周文化。但是周族起源于晋南说，对于后来为解决周族起源问题而寻找先周文化的田野考古与周族起源研究，却起到了极大推动作用。为解决周族起源问题，考古学界从20世纪30年代初期开始，就走上了为寻找周族早期文化的考古调查、考古发掘的漫漫长途，至今已走过了80多年的历程。这一漫漫长途大致经历了四个阶段。

第一阶段是20世纪30至40年代，这一时期是寻找周族文化的阶段。

解决周族的起源问题，最有效的途径是找到周族早期的都邑，并寻找到后稷居邰、

---

① 钱穆：《周初地理考》，载《燕京学报》1930年第10期。
② 沈长云：《周族起源诸说辨正——兼论周族起源于白狄》，载《中国史研究》2009年第3期。

公刘迁豳，以及古公亶父迁岐时代的周族早期文化。正是沿着这条道路，根据古史传说，从1933年开始，国立北平研究院考古组的徐炳昶（徐旭生）先生率队，在渭河两岸的长安、兴平、凤翔、宝鸡等县进行了考古调查。①1934年至1937年，由苏秉琦先生最终主持完成了对宝鸡斗鸡台沟东区墓地的重点发掘，于1948年和1954年，先后出版了《斗鸡台沟东区墓葬》和《斗鸡台沟东区墓葬图说》两本考古发掘报告。报告的作者苏秉琦先生依据器物类型学，对墓葬出土的瓦（陶）鬲进行了分类，共分袋足、联裆、折足、矮脚四类，划分为初、中、晚三期，初期的年代推断为武王伐商以前。

1943年，中央研究院历史语言研究所的石璋如先生又在陕西长安、武功、岐山、旬邑、彬县等地，对传说的周都邰、豳、岐邑、丰、镐进行了实地考察。这次调查所获多为新石器时代遗存，商周时期遗物罕见②，但是石璋如先生指出："历史上早期的都城，是从事考古工作最理想的出发点"③。

这一阶段中宝鸡斗鸡台沟东区墓葬的发掘与研究最有成效，后人给予了很高的评价。例如邹衡先生在《论先周文化》中说："苏先生又认为'折足瓦鬲……至此期（衡按：指瓦鬲墓中期）末叶已发展为颇近周式铜鬲的形态'（斗鸡台，页277）。不言而喻，瓦鬲墓初、中期自然属于先周文化的范畴了。苏先生在该报告中虽然没有如此明说，实际上却给我们留下了这样的暗示。我们认为，苏先生的这个暗示是很重要的，它为我们继续探索先周文化开辟了一条可寻的途径。"④张忠培先生认为苏秉琦先生在宝鸡斗鸡台的工作是在中国第一次系统地运用分型分式法，也是在中国第一次根据遗迹、遗物的共存关系来判断各单位的相对年代。⑤

第二阶段是20世纪50年代至80年代初期，这一时期是研究先周文化的初始阶段。

本阶段有关先周文化的遗存只有零星的发现，但是与先周文化有密切关联的西周考古收获颇丰，其中以丰镐二京和周原两大遗址发掘中的发现尤为突出。1951年由苏秉琦先生率团的沣河流域考古调查和试掘，辨认出仰韶文化、客省庄二期龙山文化和西周文化三种不同的文化遗存，这一认识与寻找周文化遗存的第一阶段相比，已有了不小的进

---

① 徐炳昶、常惠：《陕西调查古迹报告》，载《国立北平研究院院务汇报》1933年第4卷第6期。
② 石璋如：《传说中周都的实地考察》，载《中央研究院历史语言研究所集刊》1949年第20本下册。
③ 石璋如：《关中考古调查报告》，载《中央研究院历史语言研究所集刊》1956年第27本。
④ 邹衡：《夏商周考古学论文集》，文物出版社，1980年，第298页。
⑤ 张忠培：《中国考古学：走近历史真实之道》，科学出版社，1999年。

步。[①]1954年陕西省文物管理委员会发掘了长安县普渡村西周墓，发现了长甶盉等重要文物，为西周考古树立了一个西周中期的重要年代标尺。[②]普渡村在沣河东岸，这里的西周墓属于西周都城镐京遗址的文化遗存，这里的发现尤为重要，可以说是目前镐京遗址内最重要的发现之一。1955—1957年，中国科学院考古研究所在沣河西岸的张家坡和客省庄展开了大规模的考古发掘。沣西遗址即西周的丰京遗址，当年的发掘报告将发掘的居址分为两期，将墓葬分为五期。[③]1959—1960年，在沣西马王村遗址发现H10打破H11的关系，这是第一次发现西周早期文化遗存打破先周文化遗存的层位关系，可惜当时并未认识到这一点，错把H11当作西周早期遗存。[④]1961—1962年，中国科学院考古研究所在沣河东岸的白家庄、洛水村进行了考古发掘，发现镐京居住遗址，简报将居住遗址分为三期。[⑤]1967年，中国社会科学院考古研究所沣西发掘队在沣西张家坡村发掘了一批墓葬[⑥]，后来有学者把一些墓葬的年代确定为"克商前作邑于丰的时期"[⑦]。沣西、沣东遗址（镐京遗址）的考古发掘，证实丰镐二京在长安的沣河西岸和沣河东岸，两京近在咫尺，隔沣河相望。

丰镐二京的考古发掘取得重要收获的同时，20世纪50年代末，陕西省社会科学院考古研究所泾水队在陕西彬县下孟村遗址的发掘中，也发现了后来被学者认定为先周文化的遗存。[⑧]此遗址在周族早期都邑豳的范围内。

周原遗址在陕西省岐山与扶风两县北部交界处，这里除不断出土重要的西周窖藏青铜器之外，1963年、1973年，以及1976—1978年，在岐山县贺家村发掘到几批先周晚期墓葬，大大丰富了先周文化的材料。[⑨]

---

① 考古研究所陕西省调查发掘团通讯组：《1951年春季陕西考古调查工作简报》，载《科学通报》1951年第2卷第9期。
② 陕西省文物管理委员会：《长安普渡村西周墓的发掘》，载《考古学报》1957年第1期。
③ 中国科学院考古研究所编著：《沣西发掘报告》，文物出版社，1963年。
④ 中国科学院考古研究所沣西发掘队：《陕西长安鄠县调查与试掘简报》，载《考古》1962年第6期。
⑤ 中国科学院考古研究所丰镐考古队：《1961—62年陕西长安沣东试掘简报》，载《考古》1963年第8期。
⑥ 中国社会科学院考古研究所沣西发掘队：《1967年长安张家坡西周墓葬的发掘》，载《考古学报》1980年第4期。
⑦ 张长寿：《沣西的先周文化遗存》，载《考古与文物》2000年第2期。
⑧ 陕西考古所泾水队：《陕西邠县下孟村遗址发掘简报》，载《考古》1960年第1期。
⑨ 陕西省博物馆、陕西省文物管理委员会：《陕西岐山贺家村西周墓葬》，载《考古》1976年第1期；徐锡台：《岐山贺家村周墓发掘简报》，载《考古与文物》1980年第1期；陕西周原考古队：《陕西岐山贺家村西周墓发掘报告》，见文物编辑委员会编：《文物资料丛刊》第8集，文物出版社，1983年。

20世纪60年代末至70年代初，随着考古发掘资料的不断积累，辨认先周文化的研究工作开始起步。最早开始研究先周文化的学者是徐锡台和邹衡先生。

徐锡台《早周文化的特点及其渊源的探索》一文，重点介绍了长安沣西遗址马王村H11、周原遗址岐山贺家村、彬县下孟村发现的先周文化遗存，总结出"早周"（先周）陶器五点特征，并提出："早周文化可能是在客省庄第二期文化的基础上接受了齐家文化的一些因素发展起来的"。[1]

邹衡《论先周文化》一文，首次提出了"先周文化"的命名，被学术界广泛采用。文中第一次对发现的先周遗存系统地进行了断代和分期，不仅确认了一批已发现的先周文化陶器，还首次辨认出灭商以前周人的铜器，认为不仅高领袋足鬲是先周时期陶器，更重要的是联裆鬲的年代也可早到先周时期。他利用铜器族徽，结合古文献和考古资料研究文化族属，认为先周文化的来源有三：一是东方的殷墟文化；二是东北方的山西光社文化；三是西方的辛店文化和寺洼文化。他将宝鸡姬家店、晁峪发现的以早期高领袋足鬲为代表的文化遗存称为"姜炎文化"。[2]

徐锡台、邹衡先生对先周文化的研究不仅具有开创之功，而且对于后来的先周文化考古发掘与研究，起到了推动作用。随后，有学者针对上述二文提出了不同的意见。张忠培先生认为："先周文化以高领袋足分裆鬲著称，客省庄文化晚期以单把联裆罐形鬲为其文化的显著特征，两者当不属于一个谱系……先周文化陶鬲是自有渊源的。从这个角度观之，很难把客省庄文化说成是周族的原始文化。"[3]胡谦盈先生提出："姬周袋足鬲和'瘪裆'鬲，似渊源于寺洼文化。"[4]他所说的瘪裆鬲就是联裆鬲。梁星彭先生曾与邹衡先生针对一些理论方法和遗存年代问题展开过讨论。[5]这一阶段成果虽然不

---

[1] 徐锡台：《早周文化的特点及其渊源的探索》，载《文物》1979年第10期。此文最早在20世纪70年代陕西省第三次文物工作会议上宣读。

[2] 邹衡：《论先周文化》，见邹衡：《夏商周考古学论文集》，文物出版社，1980年。此文是由1973年春《试论夏文化》第三稿部分章节扩充修改而成。1979年4月，在西安召开的中国考古学会成立大会上宣读过此文的摘要。

[3] 张忠培：《客省庄文化及其相关诸问题》，见故宫博物院编：《中国陶鬲谱系研究》，故宫出版社，2014年，第13页。

[4] 胡谦盈：《姬周陶鬲研究——周族起源探索之一》，见胡谦盈：《胡谦盈周文化考古研究选集》，四川大学出版社，2000年，第91页。

[5] 梁星彭：《〈论先周文化〉商榷》，载《考古与文物》1982年第4期；邹衡：《关于考古学理论和方法上的几个问题——与梁星彭同志讨论》，载《考古与文物》1982年第6期。

多，但是在先周文化探索的历程中，却起到了承前启后的作用。

第三阶段是20世纪80年代，这一阶段是先周文化探索过程中大发现、大讨论，并取得突破性进展的时期。当时在改革开放春风的吹拂下，在先周文化研究初步阶段成果的推动下，发现并发掘了一批与先周文化有关的重要遗址和墓葬，收获颇丰，推动先周文化研究进入了一个空前高涨的时期。当时发掘的最重要的遗址和墓葬有三处：

①长武碾子坡遗址。中国社会科学院考古研究所，从1980年至1986年，连续十一个季度在陕西省长武县碾子坡遗址进行了大规模的发掘。碾子坡文化遗存分为早、晚两期，早期有居址和墓葬，晚期只有墓葬。早期的年代被认定为略早于古公亶父时期，大致与商代殷墟文化二期的年代相当，晚期年代被确定为周族迁岐前夕或稍晚。主持遗址发掘工作的胡谦盈先生认为早、晚两期文化遗存均属于先周文化。①

碾子坡遗址陶器有高领袋足鬲、大口深腹尊、大口深腹盆、大口浅腹盆、敛口罐、小口罐、敛口折肩深腹瓮、小口圆肩深腹瓮等，还有盆形簋、粗柄豆、器盖等，并发现有少量青铜礼器。遗址的陶鬲虽然以高领袋足鬲为主，但是也有少量的联裆鬲。陶器纹饰以绳纹、弦纹为主。（见图1-2、图1-3、图1-4）

碾子坡的早期墓葬均为长方形土圹竖穴墓，葬具以木棺为主，个别墓葬的葬具为石棺。葬式男性为俯身直肢葬，女性为仰身直肢葬。晚期墓葬仍以长方形土圹竖穴墓为主，但发现有个别偏洞室墓。碾子坡偏洞室墓是在竖穴式墓道的西北角与东南角各挖一平面为半圆形的壁龛，东南角的壁龛内放置高领袋足鬲1件。碾子坡的长方形土圹竖穴墓，绝大多数也有平面为半圆形的壁龛，个别墓有腰坑。碾子坡偏洞室墓的形制，以及土圹竖穴墓多有壁龛，都与扶风刘家姜戎墓地的偏洞室墓和土圹竖穴墓带壁龛相同。

长武县碾子坡遗址发现穴居和半地穴式的房屋建筑（见图1-5）。碾子坡的穴居建筑，是先在黄土高原上从地面向下挖一个大而深的椭圆形土坑，土坑直径最大的约8米，最小的约4米，最常见的直径为5米左右。挖土坑时留有生土斜坡通道，以便上下。土坑挖好后，然后再在坑底选择一壁向里挖成一个可以居住的窑洞。窑洞内的地面近乎平整，并有土炕。

《诗经·大雅·绵》云："民之初生，自土沮漆。古公亶父，陶复陶穴，未有家

---

① 中国社会科学院考古研究所泾渭工作队：《陕西长武碾子坡先周文化遗址发掘记略》，见《考古》编辑部编辑：《考古学集刊》第6集，中国社会科学出版社，1989年。

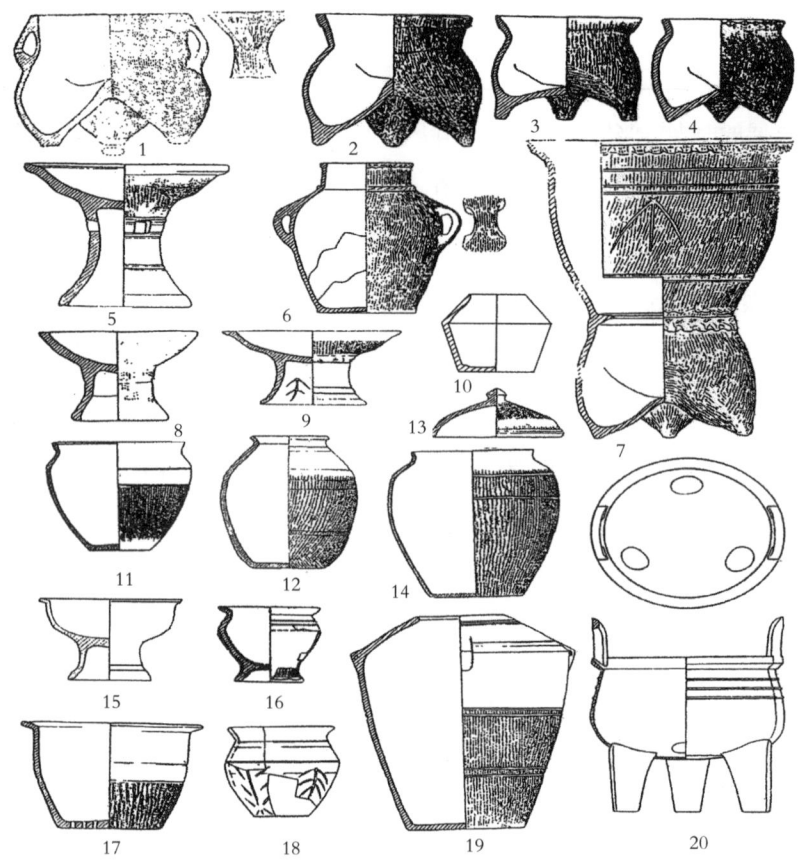

1、2.袋足陶鬲（H134：6、H134：5）3、4.瘪裆陶鬲（H13：14、H151：87）5、8、9.陶豆（H307：2、H131：76、H507：23）6.腹耳罐（H7：10）7.陶甗（H131：73）10.敛口罐（H116：17）11.陶尊（H140：37）12.陶罐（H503：5）13.器盖（H2：69）14、19.陶瓮（H191：75）15.陶簋（H191：201）16.陶瓿（H813：35）17.陶甑（H134：4）18.小罐（H191：75）20.铜鼎（赵H1：2）（引自《周文化及相关遗存的发掘与研究》）

图 1-2　碾子坡居址出土的陶器和铜器

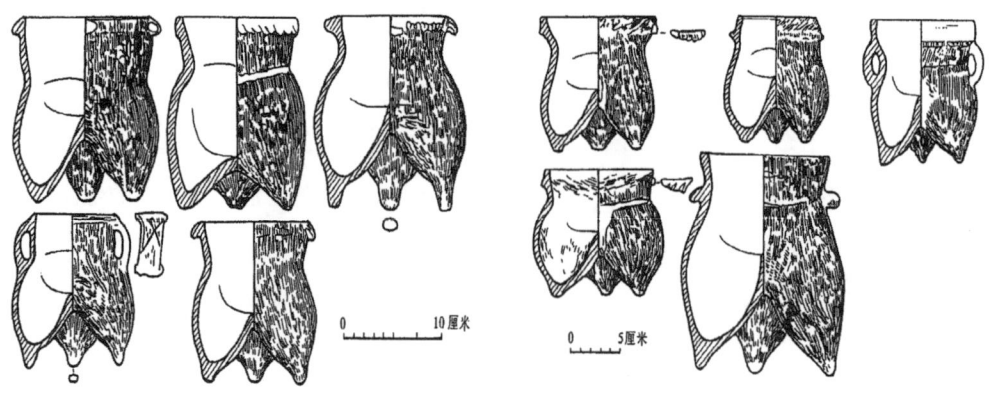

图 1-3　碾子坡早期墓葬出土陶器　　　　图 1-4　碾子坡晚期墓葬出土陶器

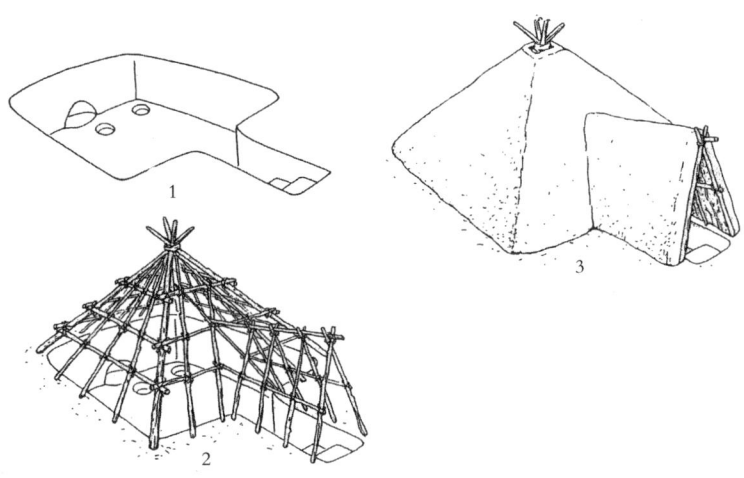

（引自《南邠州·碾子坡》图三七）

图 1-5　碾子坡先周方形半竖穴房址 H304 复原图

室。"关于"陶复陶穴"，徐中舒先生解释说："陶与窑同，古谓之陶，今谓之窑，穴是窑洞，复是半穴居。"①"复"，《唐韵》《集韵》解释为地室也。《广雅》释为"窟"，指洞穴。《说文》云："穴，土室也。""陶"，古代用火烧过的土谓之陶。

古人穴居或半穴居，为了防潮往往要把挖掘的地室用火烧烤。"陶复陶穴"，是指用火烧烤过的地下土室，应该就是指碾子坡那种先挖椭圆形深土坑，然后在深土坑底再向一壁挖窑洞的居室。这种下沉式的窑洞在沣西张家坡居址内也有发现。古公亶父的族人在豳地居住的"陶复陶穴"，应该是指这种下沉式的窑洞。这种窑洞，后世演变为带地下庭院的下沉式窑洞。在黄土高原地区，有时选择有断崖的地方，从断崖上面的地面向下挖一个方形或长方形的深土坑，作为地下庭院。地下庭院与原有的断崖之间留有一定的距离，再从庭院内向外挖一条隧道通到外面的断崖，以便从外面的断崖进出地下庭院。在地下庭院内，可以任意选择断壁面挖窑洞，一般是选择在地下庭院的北壁挖窑洞居住。这种下沉式的窑洞后世也称为地窑。"未有家室"，是指没有地面建筑。

②武功郑家坡遗址。1981—1988年，宝鸡市考古队对该遗址进行了发掘。我们将1981—1983年所发掘的遗存分为早、中、晚三期，认为都属于先周文化，并推测"早期的年代相当于二里头文化晚期至二里岗下层"，中期年代"约在太王迁岐前后"，早、中期遗存之间有缺环，晚期的年代"约在文王作丰时"，同时"改变了以前将高领乳状

---

① 徐中舒：《周原甲骨初论》，见四川大学学报编辑部、四川大学古文字研究室编辑：《古文字研究论文集》，四川人民出版社，1982年，第2页。

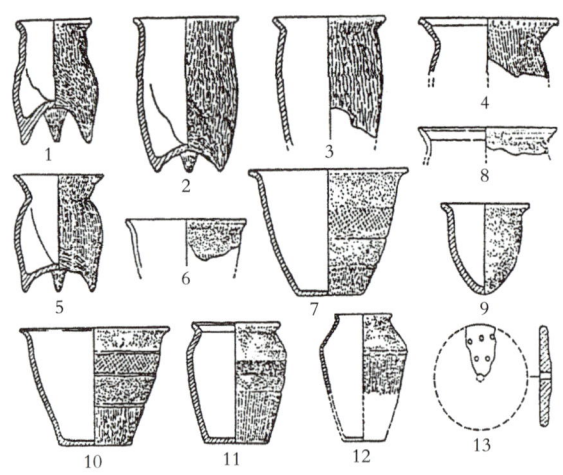

1—5. 鬲 6—8、10. 深腹盆 9. 圜底罐 11. 尊 12. 折肩罐 13. 甑箅

图 1-6 郑家坡遗址早期陶器

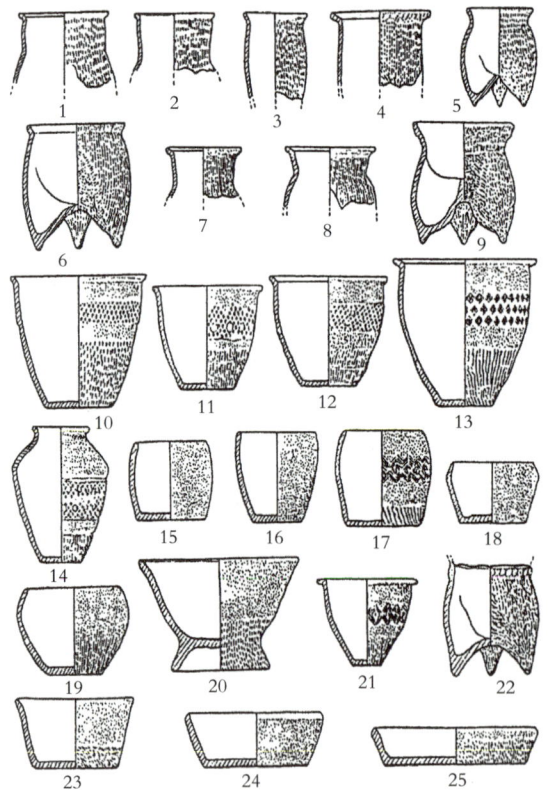

图 1-7 郑家坡遗址中期陶器

袋足分裆鬲作为先周文化典型器物的观点"。① 当时偏重考虑了遗址内采集品红陶双耳杯的年代及文献记载,将早期的年代估计过早,后来我们将早期的年代纠正为:"郑家坡早期前段年代应早于殷墟一期,相当于二里岗上层。"②

武功郑家坡文化的陶器,炊器以联裆鬲为主,只发现个别几件高领袋足鬲的残片。陶器群由联裆鬲、折肩罐、平底敞口盆、敛口瓮、敛口钵、敞口簋、敞口尊、直腹豆等一大群有特征的陶器组成。(见图1-6)陶器纹饰以麦粒状绳纹最具特征,并有重菱乳钉纹、云雷纹、方格乳钉纹、网状方格纹、叶麦纹等等。(见图1-7)工具有陶纺轮、陶轮、陶拍、石铲、石斧、石锛、石矛、石凿、石刀、石镞、骨铲、骨镞、骨锥、骨匕、骨针、骨笄等。

郑家坡遗址发现的房屋多为半地穴式,而且平面多呈不规则圆形,坑壁略呈弧形,深2米左右。早期门向北,中期门向西北。从门道向室内有斜坡或台阶式通道,以便

---

① 宝鸡市考古工作队:《陕西武功郑家坡先周遗址发掘简报》,载《文物》1984年第7期。
② 尹盛平:《关于先周文化的几个问题》,见《周秦文化研究》编委会编:《周秦文化研究》,陕西人民出版社,1998年,第260页。

上下。室内通道将居室分为两部分，每部分长约5米，宽约2米。这种建筑在武功岸底遗址也有发现。室内的灶坑位于中部偏东处，由储火坑、灶台口（进火口）、火膛、火眼组成。储火坑多为椭圆形，位于灶台口前，直径0.26~0.46米，深0.16米，距灶台口0.32米。灶台口高0.22米，宽0.26米。火膛为椭圆形，直径0.7~0.8米，底部为斜坡状，顶部为穹隆状，高0.22~0.4米。灶箅厚0.1米，有三个圆形火眼，呈等腰三角形分布，间距0.1米。火眼直径0.06米。房屋一周发现柱洞六个，平面为圆形或椭圆形，大小不一。最大直径0.52米，深0.16米；最小直径0.18米，深0.15米。柱洞间距0.42~1.4米不等，柱洞内有陶片，也有扁平柱础石。晚期出现前室后灶式的地面建筑（F6）。

1981年，郑家坡村民平整土地时，发现几件青铜器，其中铜鼎1件、铜甗1件、觚形单把铜杯1件。另外还有铜泡1件。这几件铜器被村民卖到村里供销社的商店内，因此被送到县文化馆内。铜杯口沿下饰一周斜角雷纹，腹底部饰一周连珠纹，圈足有三个十字形镂孔。铜鼎为圆鼎，深腹，其三足为椭圆形直足，很有特点。这几件铜器年代不晚于商代殷墟文化二期，特征不同于殷墟文化铜器，当年我们就是根据这几件铜器提供的线索发现了郑家坡遗址，并申请发掘。

③扶风刘家墓地。1981年，陕西周原考古队在扶风县法门公社刘家村清理发掘商代墓葬20座。我们将这批墓葬分为六期，认为第一期的年代"与二里头文化晚期相当"，第二期"时代大体与二里岗下层相当"，"三、四、五期的时代为商代前期至周人迁岐"，"六期的年代当在西周文武之际"。我们提出了刘家文化的考古学命名，认为高领乳状袋足分裆鬲不是周文化的代表性器物，而是属于刘家文化的代表性器物，其族属是姜氏之戎（简称"姜戎"），因此我们称刘家文化为姜戎文化。①

扶风刘家墓葬文化特征是由高领袋足鬲、双耳罐、单耳罐、腹耳壶等陶器组成。（见图1-8）刘家墓地早、中期墓葬均为偏洞室墓，葬具为框式木棺，无底无盖。晚期出现土圹竖穴墓，但是有壁龛。

这一时期有关先周文化的重要发现，除上述三处遗址、墓地外，还有凤翔南指挥西村墓地②、扶风北吕墓地③、武功黄家河墓葬④、沣西几座墓葬⑤。重要居址材料有宝鸡市

---

① 陕西周原考古队：《扶风刘家姜戎墓葬发掘简报》，载《文物》1984年第7期。
② 韩伟、吴镇烽：《凤翔南指挥西村周墓的发掘》，载《考古与文物》1982年第4期。
③ 扶风县博物馆：《扶风北吕周人墓地发掘简报》，载《文物》1984年第7期。
④ 中国社会科学院考古研究所武功发掘队：《1982—1983年陕西武功黄家河遗址发掘简报》，载《考古》1988年第7期。
⑤ 中国社会科学院考古研究所丰镐发掘队：《长安沣西早周墓葬发掘记略》，载《考古》1984年第9期。

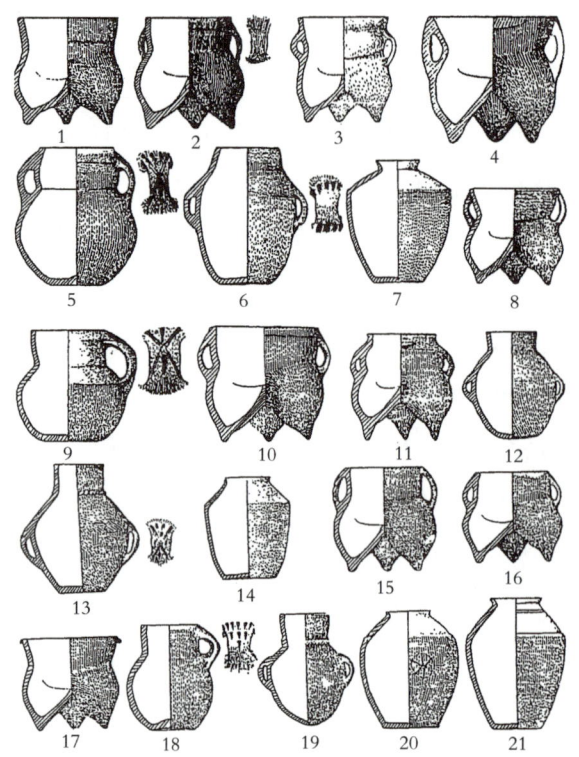

1—4、8、10、11、15—17. 高领乳状袋足鬲 5. 双耳罐 6、12、13、19. 腹耳罐（壶）7、14、20、21. 折肩罐 9、18. 单耳罐（壶）

图1-8 刘家墓地陶器

纸坊头遗址[①]、1985年沣西发掘的H3[②]。另外，关于先周文化的重要材料还有漆水河下游的考古调查结果[③]、宝鸡市周围古遗址的调查结果[④]，以及宝鸡市博物馆所藏高领袋足鬲的整理结果[⑤]。

碾子坡遗址、郑家坡遗址、刘家墓地，因其鲜明的文化特征，而且都在周族早期活动的范围内等，迅速引起考古学界的高度重视并展开了对先周文化的热烈讨论。

这一阶段，除上述先周文化方面的大量发现外，关中地区与先周文化有关的商文化考古，也取得了重要收获，例如1984年耀县北村遗址的发掘[⑥]、1985年开始的西安老牛坡遗址的发掘[⑦]。

这一阶段如此众多的重要考古发现，提供了空前丰富的第一手资料，有力地推动了先周文化研究，短时间内形成了讨论的高潮。当时讨论聚焦在两个方面：一是各遗存的分期与年代；二是各遗存的文化性质。当时的讨论虽然观点分歧很大，但是正面交锋比

---

① 宝鸡市考古队：《宝鸡市纸坊头遗址试掘简报》，载《文物》1989年第5期。
② 中国社会科学院考古研究所丰镐工作队：《1984—85年沣西西周遗址、墓葬发掘报告》，载《考古》1987年第1期。
③ 宝鸡市考古工作队：《关中漆水下游先周遗址调查简报》，载《考古与文物》1989年第6期。
④ 宝鸡市考古队：《宝鸡市附近古遗址调查》，载《文物》1989年第6期。
⑤ 刘宝爱：《宝鸡发现辛店文化陶器》，载《考古》1985年第9期；刘宝爱、啸鸣：《宝鸡市博物馆收藏的陶鬲》，载《文物》1989年第5期。
⑥ 陕西省考古研究所商周室、北京大学考古系商周实习组：《陕西耀县北村遗址发掘简报》，载《考古与文物》1988年第2期。
⑦ 刘士莪：《西安老牛坡商代文化的发现与问题》（摘要），见《周秦汉唐考古与文化国际学术会议论文集》，西北大学学报编辑部，1988年；宋新潮：《西安老牛坡遗址发掘的主要收获》，载《西北大学学报》（哲学社会科学版）1987年第1期。

较少。学者有代表性的观点主要有以下几种。

第一种观点，只承认高领袋足鬲为先周文化的代表性器物，而把联裆鬲排斥在先周文化之外，划归西周陶器。

胡谦盈先生以长武碾子坡遗址的材料为主，撰写了多篇论文，例如《试谈先周文化及相关问题》①等。他把关中地区商代殷墟文化时期的相关遗存均视为先周文化，认为先周文化可分为三期。第一期包括碾子坡早期居址和墓葬，年代大致与殷墟文化二期相当；第二期包括碾子坡晚期、刘家、晁峪三地的墓葬，以及贺家村部分墓葬和下孟村居址，年代为古公、季历时期，大致与殷墟文化三期相当；第三期包括郑家坡个别陶器（指高领袋足鬲）及沣西地区先周居址，年代为灭商前，大致与殷墟文化四期相当。认为郑家坡遗址简报上的陶器多属西周常见之器皿，遗址内涵以西周遗存为主。②实际上他也是只承认高领袋足鬲是先周文化陶器，而把联裆鬲看作西周的遗存。他甚至认为西周的瘪裆鬲（又称联裆鬲）似是由高领袋足鬲演变而来。③

张长寿、梁星彭先生认为郑家坡遗存是西周早期文化遗存，以刘家墓葬为代表的文化不是先周文化，只有包括碾子坡在内的以斗鸡台瓦鬲墓初期为代表的遗存才是先周文化。④斗鸡台瓦鬲属于晚期的高领袋足鬲，所以他们只承认高领袋足鬲是先周文化的代表性器物。

第二种观点是以笔者的观点为代表的意见，我们的观点与第一种观点迥异。先周文化中虽然有少量的高领袋足鬲，但是以联裆鬲为主，而且西周文化中没有高领袋足鬲，以斗鸡台瓦鬲墓初期（高领袋足鬲）为代表的遗存不是先周文化中所固有的因素，而是从姜氏之戎文化中吸收来的。因此我们认为联裆鬲才是先周文化中固有的炊器，是先周文化的代表性器物，所以郑家坡遗址的文化遗存是典型的先周文化，而以高领袋足鬲为代表的刘家文化遗存是姜氏之戎的文化，简称为姜戎文化。⑤

为什么说以联裆鬲为主的郑家坡遗存是典型的先周文化？这是因为研究先周文化

---

① 胡谦盈：《试谈先周文化及相关问题》，见《中国考古学研究》编委会编：《中国考古学研究——夏鼐先生考古五十年纪念论文集》，科学出版社，1986年。
② 胡谦盈：《胡谦盈周文化考古研究选集》，四川大学出版社，2000年。
③ 胡谦盈：《姬周陶鬲研究》，载《考古与文物》1982年第1期。
④ 张长寿、梁星彭：《关中先周青铜文化的类型与周文化的渊源》，载《考古学报》1989年第1期。
⑤ 尹盛平、任周芳：《先周文化的初步研究》，载《文物》1984年第7期。

离不开以西周文化为基础，而在沣西遗址的西周文化中，普遍使用联裆鬲，不使用高领袋足鬲。西周个别陶鬲虽然为袋足，但是与高领袋足鬲比较，已演变得面目全非，不像是高领袋足鬲。郑家坡遗址中虽然发现个别高领袋足鬲残片，但是绝大多数陶鬲是联裆鬲。不仅如此，后来在彬州断泾遗址发现的先周文化中，以及周原、沣西过去发现的先周文化中，也是以联裆鬲为主，所以联裆鬲才是周人自己一贯使用的最具有代表性的陶器；高领袋足鬲是周人吸收的姜氏之戎的文化因素。正因为如此，周武王灭商后建立了西周政权，开始大量接受商文化，而且西周初年姜氏之戎多被分封于东方，他们向东方殖民建立了齐、许、吕等姜姓国，所以姜戎文化很快在西周文化中销声匿迹了。

扶风刘家墓葬中全为高领袋足鬲，没有一件联裆鬲，文化面貌与郑家坡文化遗存迥然不同，两者不属于同一个文化谱系。扶风刘家墓地的族属我们判断为姜氏之戎，这说明高领袋足鬲原本是姜氏之戎使用的炊器，而不是周人固有的炊器。以刘家墓葬为代表的文化遗存，包括宝鸡市姬家店、晁峪等早于刘家墓葬的文化遗存，邹衡先生曾经称之为"姜炎文化"，与姜姓的炎帝族搭上了关系。从时代上判断，"姜炎文化"距离炎帝的时代较远，而与姜氏之戎的时代比较接近，因此我们简称之为姜戎文化。①姜氏之戎是羌族的一个分支，因此姜戎又称为羌戎。这一时期在有关先周文化的研究中，与我们观点相近的意见介绍如下：

刘军社把郑家坡文化和刘家文化各分为六期八组，年代皆为从商代二里岗下层至殷墟四期。认为碾子坡和下孟村部分单位的性质属郑家坡文化，其年代介于郑家坡早、中期之间。认为郑家坡文化为姬姓周族文化，即先周文化，来源于双庵文化，刘家文化代表了姜姓羌族文化，来源于齐家文化。②

张天恩依据宝鸡市纸坊头遗址的地层关系，对高领袋足鬲进行了详细的谱系研究，将其分为五期：第一期的年代"当不晚于二里岗上层，上限达到二里岗下层的可能也是存在的"，"第五期年代相当于殷墟第三期后段至第四期或略晚"。③他还通过对关中商文化的分析，讨论了先周文化早期的相关问题，认为以郑家坡为代表的先周文化最早年代相当于殷墟一期左右，上限可进入二里岗上层时期，以碾子坡为代表的文化遗存有

---

① 尹盛平、任周芳：《先周文化的初步研究》，载《文物》1984年第7期。
② 刘军社：《郑家坡文化与刘家文化的分期及其性质》，载《考古学报》1994年第1期。
③ 张天恩：《高领袋足鬲的研究》，载《文物》1989年第6期。

可能是豳人遗存。关中西部相当于夏代或稍晚的以花边罐为主的土著文化有可能是先周文化的来源。①

邹衡先生利用新资料，对先周文化的内涵、分期、年代，以及文化来源等问题，进行了再研究，认为郑家坡遗存是典型的先周文化，刘家墓地可以命名为姜戎文化，碾子坡遗存可能属姜戎类文化或其分支。提出郑家坡遗址年代的上限不超过殷墟二期，还对刘家墓地的分期提出了批评，赞同分为三期。②

俞伟超、张忠培先生在《苏秉琦考古学论述选集》的编后记中指出："在这种意见（指《斗鸡台沟东区墓葬图说》结语中的意见——引者注）发表后的三十多年中，许多人显然因为对这一推断的方法论根据的深刻性认识不足，纷纷想从锥脚袋足鬲的发展系统来寻找周文化渊源，但总是没有成功。不久前，宝鸡市文管会的同志在武功尚家坡开始找到了折足类鬲从联裆到瘪裆的中间阶段典型标本，终于看到其前身的确不同于锥脚袋足鬲的前身；而他们在扶风刘家发掘的一处墓地，又说明那种锥脚袋足鬲，原来是源自陕甘邻境地区另一支属于羌戎系统的青铜文化的。"③

张忠培等先生认为郑家坡遗存的年代可到殷墟一期，很有可能是周文化的来源。④

王占奎认为："郑家坡遗存的年代上限不早于古公迁岐，下限不晚于武王伐纣"，"刘家墓葬的年代不超过殷墟二期，最早当始于殷墟三期"，族属"与古公迁岐或稍后归附的所谓他旁国异族有关，而此他旁国异族当与羌人关系极为密切"。⑤

第三种观点认为碾子坡、郑家坡遗址和刘家墓地的文化遗存，都属于先周文化。

卢连成先生把刘家墓地发掘简报划分的六期合并为三期，后来又改二期，认为一期的年代相当于殷墟文化三期，可早到商王祖甲之时，二期相当于殷墟四期。认为刘家墓地可划归为先周文化，并把先周文化划分为两个类型，一是姬家店、石嘴头、晁峪-刘家-斗鸡台类型，二是郑家坡-北吕类型。郑家坡遗址早、中期间无缺环，早期年代不超

---

① 张天恩：《先周文化早期相关问题浅议》，见陕西历史博物馆编：《西周史论文集》，陕西人民教育出版社，1993年。
② 邹衡：《再论先周文化》，见邹衡：《夏商周考古学论文集》续集，科学出版社，1998年。
③ 俞伟超、张忠培：《编后记》，见苏秉琦：《苏秉琦考古学论述选集》，文物出版社，1984年，第311页。
④ 张忠培、朱延平、乔梁：《晋陕高原及关中地区商代考古学文化结构分析》，见内蒙古文物考古研究所编：《内蒙古文物考古文集》第1辑，中国大百科全书出版社，1994年。
⑤ 王占奎：《论郑家坡先周遗存与刘家遗存》，见石兴邦主编：《考古学研究》，三秦出版社，1993年。

过商王武丁阶段，约略在殷墟文化二、三期之交，晚期年代相当于殷墟文化四期晚段至西周初年。①

李峰认为现知最早的先周文化是碾子坡遗存，年代大约是古公迁岐之前，较晚的先周文化遗存可以郑家坡、北吕、斗鸡台、贺家村墓葬为代表，年代相当于古公亶父、王季、文王三世。刘家墓地可归于晁峪-石嘴头类型，是古羌人遗留。②

日本饭岛武次先生认为"无论是郑家坡陶器群，还是刘家陶器群"，两者皆属先周文化。郑家坡早期年代和殷墟一、二期大体相当。③

这一阶段虽然众说纷纭，分歧较多，但是也取得了一些共识，如一些先周文化晚期的典型遗存已得到公认，各遗存的分期年代分歧缩小，大多数研究者主张将郑家坡类遗存与刘家类遗存区分开来等。

第四阶段为20世纪90年代前后至今，这一阶段先周文化的考古发掘与研究进入了验证期。

为了验证郑家坡先周文化的年代等问题，早在1986年，北京大学考古系就对扶风壹家堡商代遗址进行了小规模的发掘。④

扶风壹家堡遗址第一期的年代相当于商王盘庚、小辛、小乙时，也就是殷墟文化一期之时，性质属于商文化京当类型；第二期年代相当于商王武丁至祖甲时期，也就是相当于殷墟文化二期时，文化性质属于郑家坡类型的先周文化；第三期年代相当于商王廪辛至文丁时期，即殷墟文化三期时，文化性质属刘家文化遗存；第四期年代相当于商王帝乙、帝辛时期，文化性质属于郑家坡类型的先周文化。⑤其实壹家堡遗址四期中都有郑家坡类型先周文化的因素，这就把关中西部的商文化与先周文化联系在一起，为判断先周文化的年代提供了一个可参照的标尺。

---

① 卢连成：《扶风刘家先周墓地剖析——论先周文化》，载《考古与文物》1985年第2期；卢连成：《先周文化刍议》（摘要），见《周秦汉唐考古与文化国际学术会议论文集》，西北大学学报编辑部，1988年；卢连成：《先周文化与周边地区的青铜器文化》，见石兴邦主编：《考古学研究》，三秦出版社，1993年。

② 李峰：《先周文化的内涵及其渊源探讨》，载《考古学报》1991年第3期。

③ ［日］饭岛武次：《先周文化陶器的研究——刘家遗址出土陶器的再检讨》，载《考古学杂志》1988年第74卷第1号；饭岛武次：《先周文化陶器研究——试论周原出土陶器的性质》，见北京大学考古系编：《考古学研究》（一），文物出版社，1992年。

④ 北京大学考古系：《陕西扶风县壹家堡遗址发掘简报》，载《考古》1993年第1期。

⑤ 孙华：《关中商代诸遗址的新认识——壹家堡遗址发掘的意义》，载《考古》1993年第5期。

1991—1992年，北京大学考古系和宝鸡市考古队在陕西麟游县蔡家河、史家塬、园子坪三处遗址进行了发掘。①发掘者之一雷兴山在其硕士毕业论文中认为，应从殷商时期关中西部地区诸考古学遗存中划出"碾子坡类遗存"，该遗存与刘家文化的关系应为同一文化的两个类型，与郑家坡遗存的关系应为两支年代同时、平行发展的不同考古学文化，其族属不是灭商前的周人，而可能是姜戎的一支。②发掘者之一张天恩提出了"碾子坡文化"的命名，将其分为三期六段，认为"碾子坡文化就是古密须国的考古学文化"。③

1991年，北京大学考古系、陕西省考古研究所在武功岸底遗址进行了发掘。④发掘者之一牛世山在其硕士毕业论文中，将所获遗存分为连续发展的四期七段，最早年代相当于商王武丁时期（殷墟二期），最晚年代为殷墟四期，或可到西周初年，认为文化性质属郑家坡文化。⑤另一发掘者刘军社在该遗址发掘简报中，将遗址分为早、中、晚三期，早期的年代"大致相当于殷墟一期，上限或许还要早一些"，中期"正好填补了郑家坡遗址早、中期之间的缺环"。⑥

1995年，北京大学考古系对彬县等地的商代遗址进行了调查，⑦并对礼泉县朱马嘴遗址进行了发掘。发掘者张天恩在其博士毕业论文《关中西部商文化研究》中，将朱马嘴遗址分为三期：第一期年代相当于商代二里岗上层时期；第二期年代相当于商代殷墟文化一期或略晚；第三期年代相当于殷墟文化二期或稍晚。文化性质属商文化京当类型。朱马嘴京当型商文化，"第二期所含的先周文化因素最多，其次是第三期，然后为第一期"。通过礼泉县朱马嘴遗址的验证，郑家坡先周文化早期年代的上限约为二里岗

---

① 田仁孝、雷兴山：《先周文化研究中的又一重要收获——麟游县发现碾子坡文化遗存》，载《宝鸡文博》1992年第1期；北京大学考古文博院、宝鸡市考古工作队：《陕西麟游县蔡家河遗址商代遗存发掘报告》，载《华夏考古》2000年第1期。园子坪和史家塬的资料尚未发表。
② 雷兴山：《蔡家河、园子坪等遗址的发掘与碾子坡类遗存分析》，见北京大学考古学系编：《考古学研究》（四），科学出版社，2000年。
③ 张天恩：《古密须国文化的初步认识》，见《远望集——陕西省考古研究所华诞四十周年纪念文集》，陕西人民美术出版社，1998年。
④ 陕西省考古研究所：《陕西武功岸底先周遗址发掘简报》，载《考古与文物》1993年第3期。
⑤ 牛世山：《陕西武功县岸底商代遗存分析》，见中国社会科学院考古研究所编著：《考古求知集：'96考古研究所中青年学术讨论会文集》，中国社会科学出版社，1997年。
⑥ 陕西省考古研究所：《陕西武功岸底先周遗址发掘简报》，载《考古与文物》1993年第3期。
⑦ 北京大学考古文博院：《陕西彬县、淳化等县商时期遗址调查》，载《考古》2001年第9期。

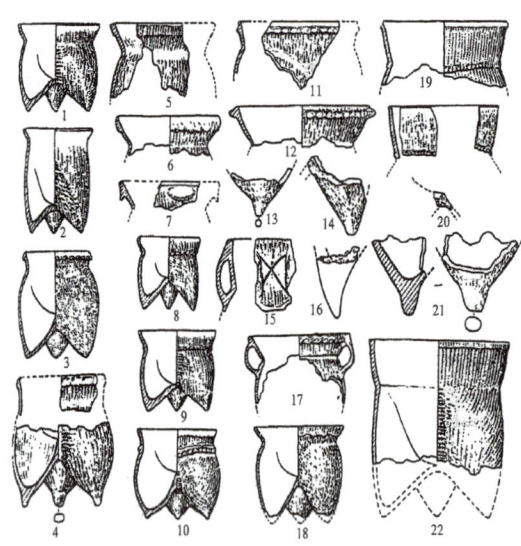

1、8、9、16、19、22.AⅢ式（T202④:4、M6:1、M7:1、M103④B:3、H2:7、H2:6）2.AⅣ式（采:02）3、5、6、11、12、14、18.AⅠ式（采:01、T201④:2、H22:4、H17:3、H22:5、H22:6、H17:2）4、7、13、21.BⅠ式（采:03、T201④:2、G1:15、G1:14）10、20.BⅢ式（采:04、M4:05）15.BⅡ式（T203④:3）17.AⅡ式（G1:13）（3、22.1/10、12、19.1/8、14、16.1/4，余为1/6）

图1-9 断泾遗址的陶鬲

上层时期。①

1995年秋，中国社会科学院考古研究所对彬县断泾遗址进行了发掘。②发掘报告把遗存分为两期，认为第一期的年代早于碾子坡早期，相当于殷墟一期左右，为周人居豳时期的先周文化。第二期"与迁岐以后的先周文化相当"，个别器物"可以晚到先周末年或西周初年"，很可能是戎狄文化。断泾类型一期先周文化，与碾子坡遗存文化面貌差异较大，高领袋足鬲虽然尚有一定数量，但是较后者有所减少，而郑家坡类型文化因素增加，例如桶状联裆鬲等（见图1-9）。1994年，陕西省考古研究所对旬邑县孙家遗址进行了试掘。③该遗址与断泾遗址一样，位置都在文献记载的豳地范围内，对探讨先周文化都具有重要意义。

"夏商周断代工程"有力地推动了先周文化的研究工作。1997年春，"丰镐遗址分期与年代测定"专题组在沣西马王乳品厂北发掘一批居址和墓葬，其中H18等单位被认定为文王居丰至武王灭商以前先周晚期的文化遗存。④（见图1-10）

1996—1997年，"先周文化的研究与年代测定"专题组在周原岐山王家嘴遗址和武功郑家坡遗址进行了发掘，发现约相当于殷墟一期的商式分裆陶鬲与先周高领联裆鬲共存同一灰坑，为郑家坡遗存年代的确定又增添了一个有力的证据。这说明郑家坡遗址早期年代的上限不会晚于殷墟文化一期。

---

① 张天恩：《关中商代文化研究》，文物出版社，2004年，第52、54页，第82、84页。
② 中国社会科学院考古研究所泾渭工作队：《陕西彬县断泾遗址发掘报告》，载《考古学报》1999年第1期。
③ 资料尚未公布。
④ 中国社会科学院考古研究所丰镐工作队：《1997年沣西发掘报告》，载《考古学报》2000年第2期。

"夏商周断代工程"取得上述重要收获之后，曾在西安召开先周文化的讨论会，与会专家集体参观了沣西马王乳品厂北出土的先周晚期陶器，围绕着改革开放以后发现的先周文化进行了认真的讨论。由于沣西马王村发现的先周晚期文化遗存，既有数量较多的联裆鬲，又有一定数量的高领袋足鬲，所以会上取得了一个共识，即先周文化中既有高领袋足鬲，又有联裆鬲。就连原本只承认高领袋足鬲为先周陶器的学者，在总结会上的发言中也表示，原以为先周文化中的代表性器物是高领袋足鬲，现在看来先周文化中除了高领

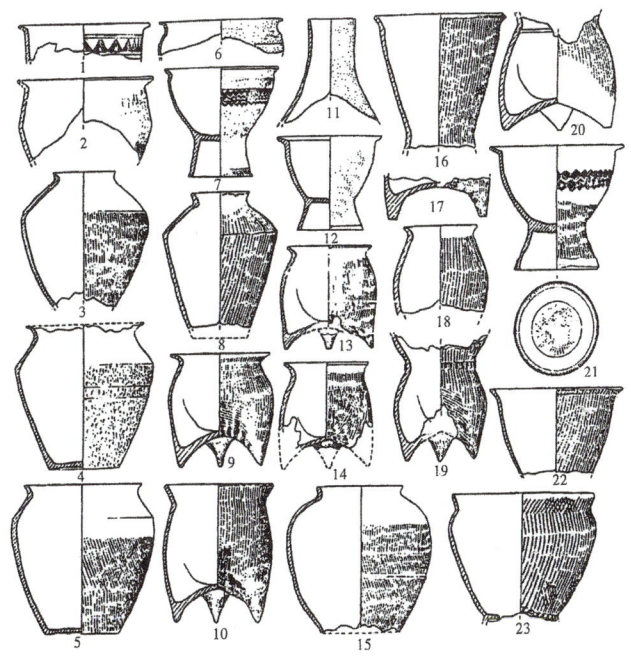

1、7、12、21.A式簋（H18：73、H18：44、H18：46、H18：45）2.BⅠ式盆（H18：87）3、8.Ⅰ式小口罐（H18：43、H18：58）4、5.大口尊（H18：40、H18：41）6.Ⅰ式盂（H18：83）9.AbⅠ式鬲（H18：50）10、13、14.AaⅠ式鬲（H18：49、H18：51、H18：39）11.小口长颈壶（H18：131）15、18.大口罐（H18：42、H18：48）16、20.BⅡ式甗（H18：60、H18：143）17.AⅠ式鬲足（H18：109）19、23.A型甗（H18：59、H18：57）22.BⅠ式甗（H18：142）（8.约1/5，余约1/10）

图1-10　沣西先周文化陶器

袋足鬲，还有其他的陶鬲。这就承认了先周文化中有联裆鬲。尽管如此，为了否定郑家坡文化遗存是先周文化，王巍、徐良高后来在其发表的有关先周文化研究的论文中，又提出"郑家坡类遗存是商文化京当类型的延续"，其性质为归附于周人的"他旁国"，[①]这真是令人匪夷所思。

郑家坡先周文化与沣西先周晚期文化，其文化特征高度一致（见图1-11），不同之处只是郑家坡遗址早、中期的年代早于沣西先周晚期文化的年代。上述两者在文化面貌方面的差异，仅仅是沣西先周晚期文化中高领袋足鬲的数量较郑家坡遗址有所增加。从武功郑家坡遗址，到后来发掘的彬州断泾遗址，再到周原岐山王家嘴遗址、贺家村先

---

① 王巍、徐良高：《先周文化的考古学探索》，载《考古学报》2000年第3期。

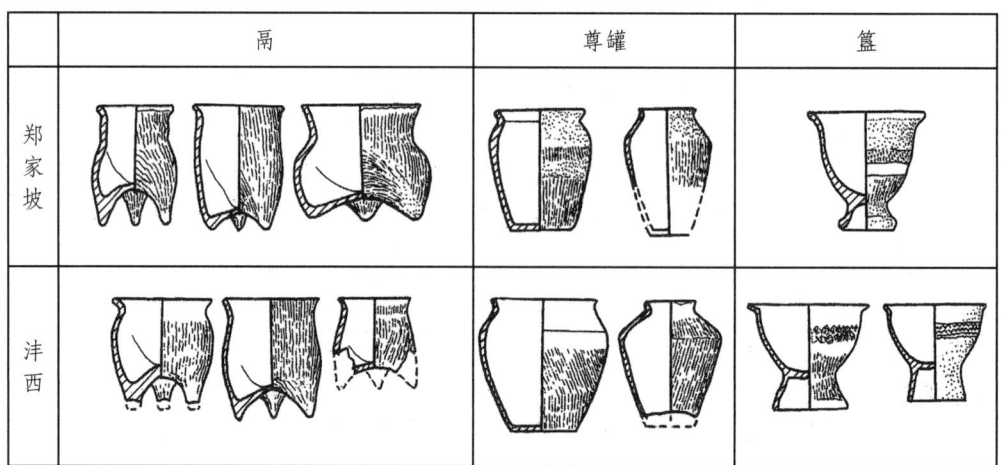

图 1-11 郑家坡与沣西先周陶器比较

周墓葬，最后到沣西先周遗址，先周文化中高领袋足鬲确有逐步增加的趋势。特别是周原、沣西遗址都发现有随葬一鬲一罐的先周墓葬，而且随葬陶鬲为高领袋足鬲。这说明先周文化晚期，周人可能也使用高领袋足鬲随葬。上述现象表明，古公亶父迁岐后，虽然"乃贬戎狄之俗"，但是由于周人与姜氏之戎结为政治、军事同盟，所以使用姜戎式高领袋足鬲的周人增多了。从郑家坡、断泾遗址，再到周原、沣西遗址等典型的先周文化，从早到晚的变化仅此而已。

京当型商文化是以商式分裆鬲、假腹豆等陶器为特征。商式分裆鬲、假腹豆等京当型商文化陶器在郑家坡遗址中根本不见，而且郑家坡类型先周文化早期的年代，并不晚于商文化京当类型。那么郑家坡先周文化怎么就成了京当型商文化的延续呢？

为解决周族起源而进行的先周文化考古发掘与研究，如今已走过了80多年的历程。虽然邠地发现的郑家坡类型先周文化，学术界对其年代上限在认识上仍有分歧，甚至个别学者还否认其为先周文化，认为是商文化京当类型的延续；但是由于沣西马王村先周晚期遗存，包括豳地的断泾遗址中的先周文化遗存，文化面貌与郑家坡先周文化高度相同，而且郑家坡遗址的年代上限显然早于断泾遗址、沣西马王村遗址，不仅证明郑家坡文化遗存是典型的先周文化，而且是沣西马王村等晚期先周文化的来源。

至于长武碾子坡文化遗存，由于其文化面貌较为复杂，既有先周文化的一些因素，又有姜戎文化的一些特征，显然不是典型的先周文化。从其墓葬来看，偏洞室墓虽然是个别现象，但是多数的土圹竖穴墓都有壁龛，而且男性的葬式为俯身葬，这些都与先周文化的墓葬不同。从其陶器群来看，使用的炊器多为高领袋足鬲，联裆鬲较少，就是具有先周文化陶器特征的陶器，其文化面貌与典型的先周文化面貌也有差异。所以碾子坡文化遗存，其族属有可能是姜氏之戎。如果说，碾子坡文化遗存的族属是周人的话，那么其遗存可能是戎狄化了的先周文化遗存。碾子坡的文化性质还有待于进一步研究。

周原、沣西遗址发现的先周文化遗存，证明古公亶父迁岐、文王居丰是历史事实，而周人早期都邑邠地的郑家坡遗址、豳地的断泾遗址发现的先周文化，年代都早于古公亶父迁岐，这说明《史记·周本纪》关于周族起源地的记载基本是可信的。

关于周族的起源，周人自己的说法是："民之初生，自土沮漆。"（《诗经·大雅·绵》）清代王引之《经义述闻》卷六释"土"为杜，是正确的，但是他认为杜是陶唐氏之后唐杜氏之杜，却是错误的。杜指杜水，是漆水的上游，在今麟游县西部山区。他还说："沮，当为徂；徂，往也。"沮虽然可以释为徂，但是古代每每以漆、沮连言，漆为漆水，沮当为沮水。诗中是说周族起源于杜水、沮水、漆水流域，这可以与泾水、杜水、漆水流域发现的先周文化互相印证。总之，周族当是起源于泾渭之间。

第四节
周原发祥

周族在夏、商时代,偏处西北泾渭之间,势力比较弱小。周族的发展史上有两次振兴时期,第一次兴起是公刘时代。《史记·周本纪》说:

> 公刘虽在戎狄之间,复修后稷之业,务耕种,行地宜,自漆、沮渡渭,取材用,行者有资,居者有畜积,民赖其庆。百姓怀之,多徙而保归焉。周道之兴自此始,故诗人歌乐思其德。

《诗经·大雅·公刘》对公刘的创业有详细的描述:

> 笃公刘,于胥斯原,既庶既繁。……陟则在巘,复降在原。……笃公刘,既溥既长,既景乃冈。相其阴阳,观其流泉。其军三单,度其隰原,彻田为粮。度其夕阳,豳居允荒。笃公刘,于豳斯馆,涉渭为乱,取厉取锻。

这是说,公刘选择了一片高而平、广而平的高原让老百姓居住。公刘带领其军旅,选择向阳之处,有泉水能够流到的地方,治理为良田种粮食。又带领民众渡过渭河到南山(秦岭)取材用。由此可知,第一次"周道之兴"始于公刘,而"周道"就是"后稷之业",也就是农业。正因为公刘带领姬姓的周族振兴了农业,使周族成为以善于经营农业而著称于世的民族,所以公刘以后,其族得名为"周"。(详见下文)

周族第二次兴起始于古公亶父之时,《史记·周本纪》说:

> 公叔祖类卒,子古公亶父立。古公亶父复修后稷、公刘之业,积德行义,国人皆戴之。薰育戎狄攻之,欲得财物,予之。已复攻,欲得地与民。民皆怒,欲战。古公曰:"有民立君,将以利之。今戎狄所为攻战,以吾地与民。民之在我,与其在彼,何异。民欲以我故战,杀人父子而君之,予不忍为。"乃与私属遂去豳,度漆、沮,逾梁山,止于岐下。豳人举国扶老携弱,尽复归古公于岐下。及他旁国闻古公仁,亦多归之。于是古公乃贬戎狄之俗,而营筑城郭

室屋，而邑别居之。作五官有司。民皆歌乐之，颂其德。

《索隐》："皇甫谧云：'公祖一名组绀诸盩，字叔类，号曰太公也。'"古公亶父周人追称为太王，其父号称太公。古公亶父由豳迁岐的过程，详见《诗经·大雅·绵》，这里不赘述。

太王古公亶父由豳迁岐，是一次具有战略意义的大转移。他率族人迁徙至岐山之下的周原一带，不仅使周族开始昌盛，而且开辟了周族灭亡商王朝的大业，所以《诗经·鲁颂·閟宫》歌颂说："后稷之孙，实维大王，居岐之阳，实始翦商。"

位于岐山山脉以南的周原，是姬姓周族的发祥地，也是西周王朝和后来秦王朝的发祥地。那么周原为什么能成为周族与西周王朝以及秦王朝的发祥地呢？这首先是由周原优越的自然条件决定的。

一、肥美的周原

周原一名始见于《诗经》。《诗经·大雅·绵》云："周原膴膴，堇荼如饴。"意思是说周原肥美，地里生长的本来带有苦味的野菜都甜得像饴糖。

周原的位置，《史记·周本纪》裴骃《集解》引徐广曰："岐山在扶风美阳西北，其南有周原。"汉代的美阳县城在今陕西省扶风县法门镇，遗址犹存。《水经注·渭水》说："（岐水）又历周原下，北则中水乡成周聚，故曰有周也。水北即岐山矣"。据此两条，可知狭义的周原在岐山、扶风两县交界处的岐山山脉以南。明代康海《武功县志》称岐山（指岐山主峰箭括岭）东南70余里的武功县雍原为周原。《宝鸡县志》把宝鸡县、凤翔县三畤原一带也称为周原，那一带至今有周原乡。史念海先生根据周原一带地形、地貌的变迁，提出了广义周原，也就是大周原的范围，认为"当时的周原包括现在陕西省凤翔、岐山、扶风、武功四个县的大部分，兼有宝鸡、眉县、乾县、永寿四个县的小部分"。[①]《诗经·大雅·皇矣》云："居岐之阳，在渭之将。"又据周原遗址岐山王家嘴、贺家村和扶风北吕等地发现的先周晚期遗存，可知古公亶父迁岐后，其族人居住在岐山以南，渭河以北，大体在狭义周原的范围内。

大周原的东、西、南三面临水，东面是漆水河，西面是汧河，南面是渭水，三水中间是一片广大的黄土高原，高原以北是岐山山脉，地形险阻，易守难攻，为周族的

---

① 史念海：《论两周时期黄河流域的地理特征》，见史念海：《河山集》二集，生活·读书·新知三联书店，1981年，第320页。

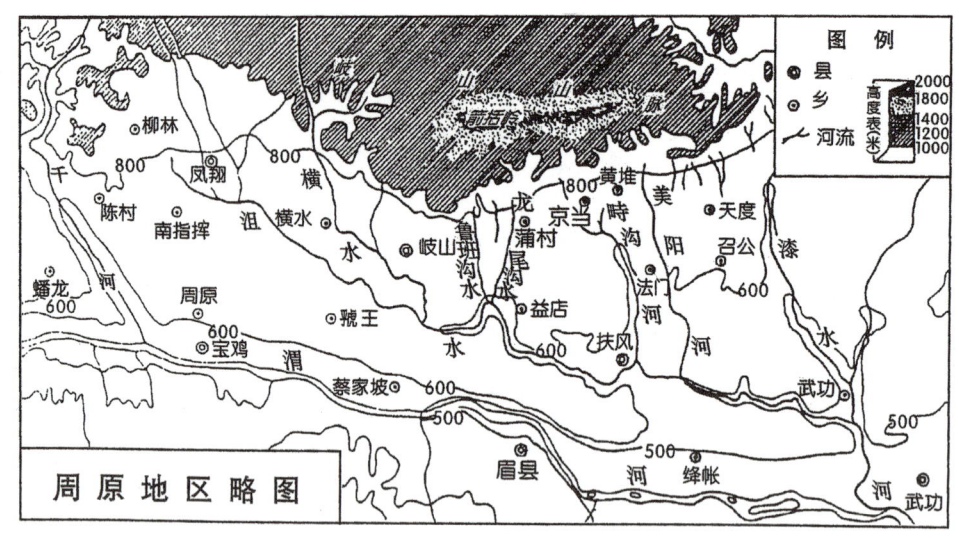

图1-12 周原地区略图

发展壮大提供了安全环境。(见图1-12)周原土地肥沃,水利资源丰富,使得善于农耕的周族如鱼得水,勃然兴起。史念海先生说:"不同的土壤当然就有不同的性能和肥力。《禹贡》既论九州的土壤,也就根据它们肥力的高下按三等九级分别排列起来。当时黄河流域四州,雍州的黄壤居于上上,不唯居黄河流域的首位,也是全国最优良的土壤。"①周原处在雍州的中心地域,土层深厚,土质尤为肥沃,而且古代的雨量充沛、水系发达,特别适宜农业、畜牧业。史念海先生指出:"周人的先世曾经数度迁徙,后来才在周原定居。《诗》三百篇中记周人的兴起,历历如绘。由诗人歌诵所及,则岐山之下,渭河之滨,植被的分布就与后世有所差异。那时的山上有柞棫,也有松柏。那里的原上也都是灌、栵、柽、椐、檿、柘丛生的地方了。"②当时的周原不仅植被好,而且水中的鱼类多,水鸟成群。《诗经·周颂·潜》云:"猗与漆沮,潜有多鱼,有鳣有鲔,鲦、鲿、鰋、鲤,以享以祀,以介景福。"《诗经·周颂·振鹭》云:"振鹭于飞,于彼西雍。"周原正处在西雍之地,不只是山川秀美,风景如画,而且为周族的发展壮大提供了丰富的自然资源。在周原遗址(见图1-13)的考古发掘中,发现了不少捕鱼工具,例如网坠、鱼杈等,还发现大量蚌壳等,有的蚌壳个体很大,被当作蚌盘使

---

① 史念海:《论两周时期黄河流域的地理特征》,见史念海:《河山集》二集,生活·读书·新知三联书店,1981年,第347页。

② 史念海:《论两周时期黄河流域的地理特征》,见史念海:《河山集》二集,生活·读书·新知三联书店,1981年,第352页。

用。除此而外，周原北面的岐山层层叠嶂，而且是优良的天然牧场和狩猎场，直到西周成康时期，仍在这里举行"岐阳之蒐"。周人当时不但农业发达，而且畜牧业也很发达。1976年发掘的扶风云塘村制骨作坊遗址，虽然只试掘了200平方米，但是出土的废弃骨料就有20000多斤，主要是牛骨，还有马、羊、猪、狗和骆驼等的骨骼。仅在21号灰坑就出土了废弃骨料8000多斤，其中包含1300头牛骨、21匹马骨。周人在周原使用牛、马等骨料制作骨器，充分说明当时周原的畜牧业是很发达的。

图1-13　周原遗址保护规划图

二、周族的得名

关于周族的得名，汉唐学者的说法是，因为"邑于周地，故始改国曰周"（《史记·周本纪》裴骃《集解》），"因太王所居周原，因号曰周"（《史记·周本纪》张守节《正义》）。按照这种说法，是古公亶父迁居周原后，其族才改国号、族名为周。那么周族迁岐以前，其族名、国号是什么呢？关于这一点史无记载，唐兰先生曾提出周族迁岐以前其族名是"京"[①]，我们不赞同这种说法。

[①] 唐兰：《西周铜器断代中的"康宫"问题》，载《考古学报》1962年第1期。

首先，"京"是周族在豳地时王室住地的名称，既不是其族名，也不是其国号。《诗经·大雅·公刘》云：

　　笃公刘，逝彼百泉，瞻彼溥原，乃陟南冈，乃觏于京。京师之野，于时处处，于时庐旅，于时言言，于时语语。笃公刘，于京斯依，跄跄济济，俾筵俾几，既登乃依，乃造其曹，执豕于牢，酌之用匏。

诗中的大意是说，公刘考察了有很多泉水的地方，又观察了广大的高原，然后登上南面的高冈，看见一处堪称"京"的又高又大的土丘（"京"，古代是指高大的土丘），认为"京"这个地方可以建立都邑，教化民众。公刘在"京"地的宫室建成后，他与群臣饮宴，群臣为其设几筵使之升坐。公刘升坐以后，众人去猪圈捉猪，杀猪进行祭祀，然后用匏饮酒，表示敬意。

正因为公刘在豳地选择了一处堪称"京"的高大土丘居住，所以古公亶父迁岐后，其王室的居地，也就是王宫所在的地名仍旧叫"京"，甚至周族迁都丰镐以后，王室的王宫、宗庙称为"京宫"，王宫的所在地仍称为"京"。

其次，古公亶父迁岐后，不是改国号、族名为"周"，而是称其在岐山之下所建立的新都邑为"周"。前引《史记·匈奴列传》说："夏道衰，而公刘失其稷官，变于西戎，邑于豳。其后三百有余岁，戎狄攻大王亶父，亶父亡走岐下，而豳人悉从亶父而邑焉，作周。"《史记·周本纪》司马贞《索隐》也说："后稷居邰，太王作周。"《诗经·大雅·大明》云："挚仲氏任，自彼殷商，来嫁于周，曰嫔于京"，"命此文王，于周于京"。《诗经·大雅·思齐》云："思媚周姜，京室之妇。"郑玄笺云："京，周地名也。"孔颖达疏云："大姜言周，大任言京，见其谦恭自卑小也。""周"是大地名，是指古公亶父在岐山之下所建立的都城周邑，"京"是小地名，是指周邑内王宫的所在地。

正因为古公亶父迁岐后，把所建的都邑称为"周"，所以武王营建的镐京最初也称为"周"。从西周的金文来看，成王五年（公元前1038年）洛邑建成后，定名为"成周"，表示周人的王业告成，称武王所建的"周"（镐京）为"宗周"。因为周人"祖文王而宗武王"，"宗周"表示是"宗"（武王）所建的"周"。依旧称太王所建的都邑为"周"（详见下文）。以上证据，充分证明，古公亶父迁岐后，是把所建的新都邑称为"周"，而不是改国号、族名为"周"，从此"周"成为西周王都固定的名称。

一般来说，古代族名都是来源于其族最初居地的地名，例如商族，就是因为其族起源于滴水流域而得名，商代甲骨文中的滴水，就是商族起源地的那条水。周族的族名"周"，甲骨文中作"田"，最初它不是山名、水名，也不是地名，而是指农业发达的农业区。徐中舒先生说："周就是一个发达的农业区。田象农田整饬，中有农作物之形。"①此说不可易。刘毓庆先生说：

> 前人认为，周的命名始于太王。《史记·周本纪·集解》引皇甫谧云："邑于周地，故始改国曰周。"意思是，因为古公迁居周原所以称国曰周了。近代和现代的学者，还继续沿用这种观点，这是不正确的。因为武丁时甲骨文中，就已有了周的称谓。……因此可以说，周之为号，远在古公之前。可是有的学者却认为，武丁甲骨文所记之周，因在太王前，当与周族无关。这种观点是欠妥当的，周族世代从事农业，周字甲骨文作田，像播谷田中之状，即显示了它与农业国——周的密切关系。……参之《山海经》"西周之国"的记载，恐怕在公刘之前，就有了周的称号。古代部族的迁徙，往往要把旧称带到新地，如商迁到那里也叫商，周也当如此。周原当因周族而得名，不是周族因周原而有称。②

笔者的看法与上述观点相同，试想古公亶父迁岐后，他为什么要把新建立的都邑称为"周"呢？这或许是因为他要表示新都邑是周族居住的地方，如果这一推理不错的话，那么古公迁岐之前，其族已经得名为"周"了。

周族何时得名为"周"，史籍没有记载，但是河南安阳殷墟出土的甲骨文中，相当于殷墟文化二期时，即商王武丁时期就出现了"周"这一族称，例如：

贞：令多子族眔犬侯璞周，叶王□（事）。（《前》5.7.7）

己卯卜，宾贞：令多子族从（比）犬侯璞周，叶王事。五月。（《簠》八引，并见《续》5.2.2）

……贞：令𦥑从（比）仓侯璞周，……（《前》7.31.4）

王其令□璞周，不□事，吂。三月。（《明》984）

"璞"，从文义看，有征、伐、伤、败等含义。上述卜辞属武丁时期，说明商王武

---

① 徐中舒：《周原甲骨初论》，见徐中舒：《川大史学·徐中舒卷》，四川大学出版社，2006年，第220页。
② 刘毓庆：《太王迁周为失去商之保护考》，见刘毓庆：《雅颂新考》，山西高校联合出版社，1996年。

丁时与周族有过战事。从卜辞看，商王对周方也有过关心，如：

……周方无卜囚。（《合集》8472，甲正）

贞周弗无卜囚，二告。（《合集》590，正）

殷墟卜辞中有关周族的记载70余次，除单称"周"外，还有称"周方"（《乙》270）、"周侯"（《甲》436）的。就时代而言，除见于武丁卜辞外，还见于祖庚、祖甲、武乙、文丁卜辞。武功岸底先周文化遗址出土的陶文中有"周"字，时代相当于殷墟文化二、三期。周原凤雏出土的甲骨文中有"周方伯"（H11:82、84），一般都认为是指周文王。

学者多认为殷墟卜辞中的"周"，是指姬姓的周族，例如田昌五先生就认为卜辞中所见之"周侯"，就是指后来的周人先祖。①当然也有学者认为殷墟卜辞中的"周"，与姬姓周族无关，例如晁福林就认为甲骨文的"周"，实际上是"琱"字初文，他举《说文》："琱，治玉也。一曰石似玉，从王，周声"为证，提出殷墟卜辞的所有"周"（琱）字都不指姬周方国，并说卜辞中的"周"字，"甚至不是一个方国名称"。②周原甲骨文中的"周方伯"，明白地说周文王是一方的霸主，周是方国名称无疑。武丁时代殷墟卜辞中的"周"也应该是方国名，证明古公迁岐以前，其族已得名为周。这也说明，"邑于周地，故始改国曰周"，是倒果为因，周原当是因为周族迁此居住而得名。

王国维先生指出："男子称氏，女子称姓，此周之通制也。上古女子无称姓者，有之，惟一姜嫄。姜嫄者，周之妣，而其名出于周人之口者也。"③姜嫄是周人追称的不假，问题是姜嫄这个名字是怎么来的。姜嫄原作姜原，应是地名，后世加女旁，成为姜嫄。田昌五先生说："现在看来，姜原当是一个姜姓氏族部落居住之原，如前述姬塬一样。在这个原上居住的姜姓氏族部落的女子统称姜原。"④

根据考古发掘得知，商代二里岗上层时期至殷墟文化二期时，周原是商文化京当类

---

① 田昌五：《对周灭商前所处社会发展阶段的估计》，见田昌五：《中国古代社会发展史论》，齐鲁书社，1992年。
② 晁福林：《从甲骨卜辞看姬周族的国号及其相关诸问题》，见中国古文字研究会、中华书局编辑部编：《古文字研究》第18辑，中华书局，1992年，第212—214页。
③ 王国维：《殷周制度论》，见王国维：《王国维手定观堂集林》，浙江教育出版社，2004年，第258页。
④ 田昌五：《对周灭商前所处社会发展阶段的估计》，见田昌五：《中国古代社会发展史论》，齐鲁书社，1992年，第283页。

型的分布地区,而京当型商文化的族属可能是秦人的先祖畎夷。[1]

陕西省商洛市东龙山遗址、西安市老牛坡遗址和铜川市耀州区北村遗址发现的商文化遗存,其年代上限相当于商代二里岗下层时期,这就证实商代初年,商族已进入关中东部和陕南商洛地区。商文化京当类型的年代上限相当于商代二里岗上层时期,虽然还不能与文献中畎夷进入邠、岐之间的时间相对应,但是已可证明商代前期畎夷已进入关中西部地区,包括周原地区。

姜氏之戎文化,也就是姜戎文化,早期分布的中心是今宝鸡市区周围。根据扶风刘家姜戎墓地和壹家堡遗址的发掘,可以确知约当殷墟文化二期时,姜氏之戎已由宝鸡市区向东发展,比周人先期到达周原地区,开始驱逐畎夷势力。周人迁岐后,姬、姜两姓联盟,迫使畎夷迁徙至甘肃天水西南礼县一带的西犬丘,又称西垂。这就是说,周族迁居周原以前,姜姓氏族部落已经居住在周原,当时周原很可能被称为姜原。古公迁岐后,因为周族的居住,姜原又被称为周原。可能周人追述其始祖母时,不知道她的名字,只知道她是来自姜原的姜姓氏族部落女子,所以称她为姜原,后世加女旁称为姜嫄。总之,古公亶父迁岐以前周族已得名为周。周字既然是指农业发达地区,那么周族的得名应该与公刘振兴农业有关。所以周族得名应该在公刘之世或其以后。

三、周原的发展壮大

古公亶父在岐山之阳,选择肥美的周原定居后,为了周族的发展壮大,大力进行社会改革:一是"乃贬戎狄之俗";二是改都邑名称为"周";三是"作五官有司"。

"乃贬戎狄之俗"的详细内容不得而知,但是有一点是清楚的,即放弃在豳地"陶复陶穴,未有家室"的戎狄之俗。前述古公亶父的族人在豳地居住的房屋有地窑式的窑洞,即"陶复陶穴",可能当时其族人还没有地面上的建筑。"陶复陶穴,未有家室",应该是戎狄之俗。古公迁岐后,改变戎狄之俗,利用版筑技术,夯打土墙,建造地面以上的宫室、宗庙。《诗经·大雅·绵》云:

> 乃召司空,乃召司徒,俾立室家。其绳则直,缩版以载,作庙翼翼。捄之陾陾,度之薨薨,筑之登登,削屡冯冯,百堵皆兴,鼛鼓弗胜。乃立皋门,皋门有伉。乃立应门,应门将将。乃立冢土,戎丑攸行。

---

[1] 刘军社:《壹家堡类型文化与早期秦文化》,见秦始皇兵马俑博物馆《论丛》编委会:《秦文化论丛》第3辑,西北大学出版社,1994年。

称新都邑为"周"已见前文,"作五官有司"是指设置司徒、司马、司空等官职。《史记·周本纪》裴骃《集解》引《礼记》曰:"天子之五官曰司徒、司马、司空、司士、司寇,典司五众。"西周王室卿(部长)一级的官员,见于金文的有司土(徒)、司马、司工(空),卿士一级,即卿事寮长官,相当于后世宰相、总理一级的执政大臣,见于金文的有太师、太保。所谓"作五官有司",当是指设置太师、太保、司徒、司马、司空等高级官员。这些官员武王伐纣时就有(见《史记·周本纪》),而且一直沿袭到西周末年。不过金文中,西周中晚期只见太师,分为伯太师、仲太师,而不见太保一职。古公亶父迁岐后,他在周原除进行上述改革以外,还完成了具有战略意义的三件大事。

(一)建立姬姜联盟

古公亶父迁岐后,他与比周人先到达周原地区的姜氏之戎结成了政治、军事上的同盟,而且这种同盟通过姬姜通婚的形式,维持到西周结束时。周人与姜氏之戎的联盟,大大增强了周族自身的势力,不但商王朝的盟友畎夷被赶出周原地区,而且为灭商打下了基础。牧野之战时,不仅周武王的军事统帅是姜氏之戎的族长姜子牙,而且姜氏之戎的同族羌人也参加了这次战役。西周灭亡的导火索表面上看是周幽王宠褒姒,实际上是因为幽王废姜姓的申后,并废弃申后所生的太子。幽王的行为破坏了几百年的姬姜联盟,引起姜姓申侯大怒,"与缯、西夷犬戎……遂杀幽王骊山下"(《史记·周本纪》)。西周兴也姬姜联盟,亡也姬姜联盟,可见姬姜联盟在西周一代的重要性。

《诗经·鲁颂·閟宫》曰:"后稷之孙,实维大王,居岐之阳,实始翦商。"这是说太王古公亶父迁岐之后,开始剪除商王朝的势力。那么周太王古公亶父迁岐以后,剪除的商王朝势力是指什么呢?这要从嬴姓的畎夷,也就是秦族的西迁说起。

据《史记·秦本纪》记载,秦族的先祖伯益,名大费,"佐舜调驯鸟兽,鸟兽多驯服,是为柏翳。舜赐姓嬴氏"。秦族古称畎夷(详见下文),以鸟为图腾崇拜,又善于捕捉鸟兽驯养,其族属于东夷族的一支。古代族群多因居地而得姓,秦人也应该是起源于嬴水流域而得姓。嬴水在今山东省济南市莱芜区。莱芜地处齐鲁大地中部,古称嬴牟。春秋时齐国有嬴邑,《春秋·桓公三年》:"公会齐侯于嬴。"《左传·哀公十一年》:"公会吴子伐齐。五月克博,壬申,至于嬴。"汉代置嬴县,城在山东济南市莱芜区西北40里北汶水之北,俗名"城子县"。据说古嬴水之滨城子县村,至今仍保存有嬴城遗址。

自战国以来，犬夷与犬戎被混为一族，至今还有学者仍以为犬夷即犬戎，笔者也曾误认为犬夷是犬戎①。然而犬夷与犬戎并非同族。犬夷又称畎夷、昆夷、绲夷、混夷、串夷，是东夷的一支。《后汉书·东夷列传》说："《王制》云：'东方曰夷。'……夷有九种，曰畎夷、于夷、方夷、黄夷、白夷、赤夷、玄夷、风夷、阳夷。"这说明畎夷属于东方的夷族。犬戎即"允姓之戎"，为西戎的一支，与犬夷不是同一个族系。那么犬夷与犬戎为什么会混而为一呢？这是因为犬夷的一支后来迁徙到西方，其居地与犬戎毗邻，所以被后世混为同族。

夏代初年，夏启死后，东方九夷乘夏王朝内部混乱之机，袭取了夏都安邑，造成太康失国。后来经过帝相，特别是"少康中兴"，又征服了东方九夷。《后汉书·西羌传》说："昔夏后氏太康失国，四夷背叛。及后相即位，乃征畎夷，七年然后来宾。至于后泄，始加爵命，由是服从。后桀之乱，畎夷入居邠、岐之间，成汤既兴，伐而攘之。"古本《竹书纪年》载："桀三年……畎夷入于岐以叛。"

夏代末年，由于夏桀暴虐，东方九夷归附了商族，随成汤参加了灭夏战争。商夷联军打败了夏桀以后，乘胜进军关中和商洛地区。陕西铜川市耀州区北村、西安老牛坡，以及商州区东龙山村，都发现了商文化遗址，其年代的上限相当于商代二里岗下层，证明商代初年，商族已进入关中东部和陕南商洛地区。

关中西部也发现了商文化遗存，其年代上限为商代二里岗上层。关中西部商文化除方唇光足尖分裆鬲、瓿、假腹豆、矮直领的圆肩罐、弧腹盆等商式陶器居多外，还有与当地相邻的诸文化有关的陶器，例如先周文化的联裆鬲、折肩罐，刘家文化的高领袋足鬲，北方地区朱开沟文化的蛇纹鬲，以及陕南城固、洋县商代宝山文化的典型器——高足杯（有陶器也有铜器），②特别是还有具有地方特点的器物，例如岐山京当村出土的小足跟铜鬲③、扶风白家窑出土的小足跟陶鬲，都是关中西部商文化中独具特征的器物，因此邹衡先生称关中西部的商代文化为商文化京当类型（见图1-14）。这种文化遗存证明约相当于商代二里岗上层文化时期，商王朝的势力进入了关中西部地区，而且对临近的刘家文化（姜戎文化）、先周文化、宝山文化（巴文化）产生过影响。（见图1-15）总之，地下考古资料证实商代早期商王朝的势力占据了关中地区。

---

① 尹盛平：《猃狁、鬼方的族属及其与周族的关系》，载《人文杂志》1985年第1期。
② 罗西章：《扶风美阳发现商周铜器》，载《文物》1978年第10期。
③ 王光永：《陕西省岐山县发现商代铜器》，载《文物》1977年第12期。

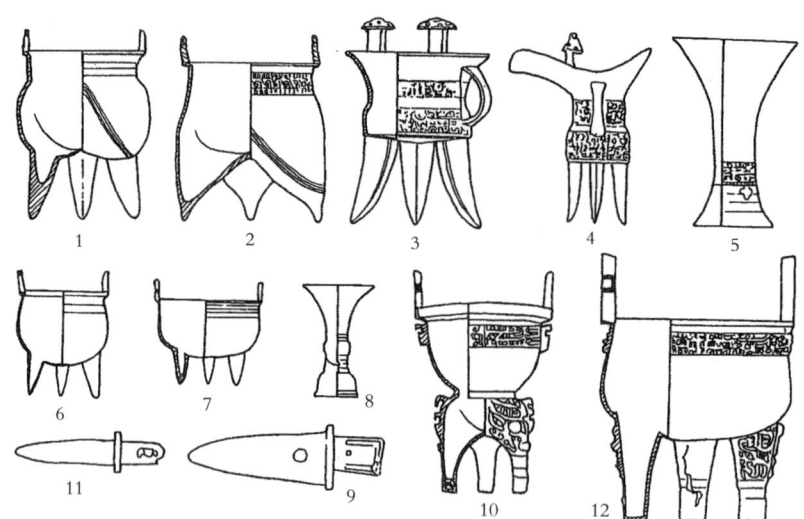

1—5、11. 京当出土　6. 壹家堡出土　7—10、12. 朱马嘴出土

图 1-14　京当型商文化所见铜器

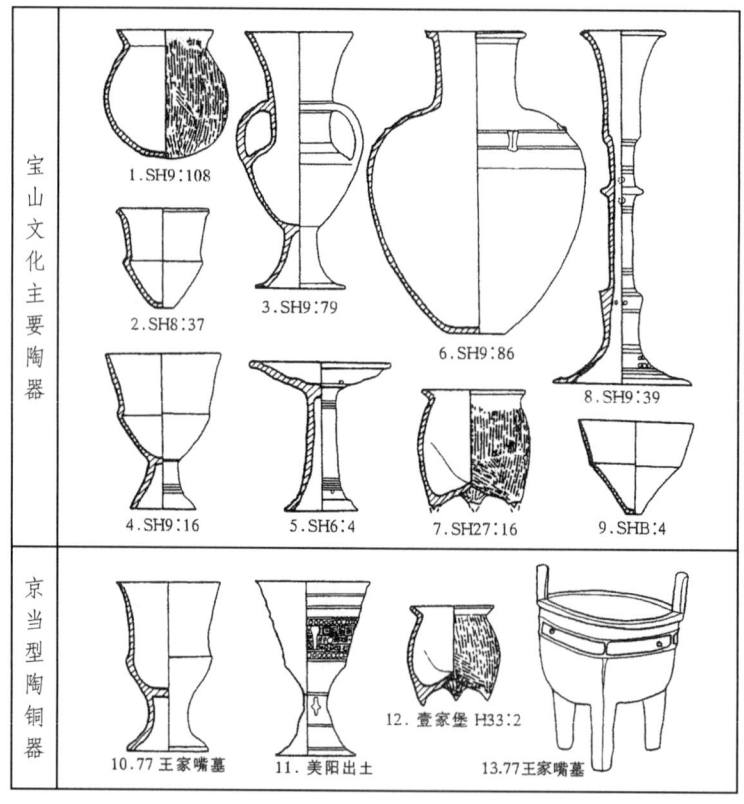

宝山文化陶器：1. 釜　2、9. 小底杯　3. 高圈足尊　4. 高圈足杯
5. 高柄柄豆　6. 小底尊　7. 鬲　8. 高柄器座
京当型陶、铜器：10. 高圈陶杯　11. 高圈足铜杯　12. 陶鬲　13. 铜鼎

图 1-15　宝山文化与京当型文化遗物比较

据殷墟卜辞记载，从商王武丁开始，商王多次命犬侯率兵征伐周族（记载犬侯率兵伐周的卜辞已见前文）。"犬侯"是卜辞中的"犬方"之君，也就是文献中的畎夷之君。"犬侯"，前述丁山先生认为其封地在今河南商丘。"犬侯"是商代征伐周族的主帅，周族王室当时在豳地，因此"犬侯"的封地不应当远在河南商丘。

"犬侯"应该是因其都邑称犬丘而得名，先秦史籍中有四个称"犬丘"的地名，山东、河南、陕西、甘肃各一处。"犬丘"，也称为"垂"。学者已指出，"部族迁徙所至，即以该部族的族名或原住地的地名作为新居的地名，这是古代常见的事，注意了这些史料，对于了解古代的部族迁徙有很大的帮助"①。段连勤先生已指出："'犬丘'，应是我国远古时期东夷族中以犬为图腾之犬（畎）氏族或部落留下来的居住遗址；'犬丘'地名由东方向西方的分布，是犬（畎）族由东方向西方迁徙时留下来的足迹。"②关于陕西省境内之"犬丘"，《史记·项羽本纪》说："项王乃立章邯为雍王，王咸阳以西，都废邱。"《正义》引《括地志》云："犬邱故城一名废邱，故城在雍州始平县东南十里。"《索隐》引孟康语云："今槐里是也。"顾祖禹《读史方舆纪要》："槐里城，（兴平）县东南十一里。"因为犬侯、畎夷、秦人的都邑都称犬丘，所以殷墟卜辞中的"犬侯"就是文献中的畎夷之君，也就是秦人的先祖，其国都在今陕西省兴平市境内，与周族王室在豳地居住的"京"地临近，所以商王经常派遣他率军伐周，并到"京"地开荒拓疆。

段连勤先生指出，秦族本身是东方九夷中的畎夷。③殷墟卜辞中有"秦"字，而且记载了在秦的宗庙祭祀妣庚的史实，如："弜秦宗于匕（妣）庚。"（《甲》五七一）"弜秦宗于伏（妣）庚古（故）。"（《甲》七九七）"弜秦宗。"（《佚》九五五）"有典于匕（妣）庚其奠秦宗。"（《南坊》五五八）"其酹曰于且（祖）丁秦右宗。"（《宁》二九二）何清谷先生认为："殷商卜辞中的秦，只能是禹封伯益的秦，即今河南范县秦亭，绝不指西周中期周孝王封非子的秦。"④西周初年的塑方鼎铭曰：

唯周公于征伐东夷，丰伯、薄姑咸戈。公归，禦于周庙。戊辰，酓（饮）秦酓，

---

① 谭其骧：《汉书地理志选释》，转引自段连勤：《犬戎历史始末述——论犬戎的族源、迁徙及同西周王朝的关系》，载《民族研究》1989年第5期。
② 段连勤：《犬戎历史始末述——论犬戎的族源、迁徙及同西周王朝的关系》，载《民族研究》1989年第5期。
③ 段连勤：《关于夷族的西迁和秦嬴的起源地、族属问题》，见礼县秦西垂文化研究会、礼县博物馆编：《秦西垂文化论集》，文物出版社，2005年。
④ 何清谷：《嬴秦族西迁考》，见何清谷：《秦史探索》，兰台出版社，2004年，第14页。

公赏望贝百朋，用作尊鼎。

"秦酓"即秦地之清酒。周初东夷熊盈十七族响应商纣王之子武庚禄父作乱，起兵叛周。周公东征，用了3年时间才将武庚与东夷的叛乱镇压下去。当时叛周的熊盈十七族，其中盈姓族即嬴姓族，当包括嬴姓的秦夷，也就是畎夷族。周公征伐东夷时，可能征伐过畎夷，至少是到过秦地，带回秦地的清酒。所以周公东征回到镐京时，到其祖庙献俘馘后，然后饮秦地之清酒。"周庙"是以文王为始祖，以武王为宗的宗庙。

《盐铁论·结和》引桑弘羊的话说："伯翳之始封秦，地为七十里。"《春秋·庄公三十一年》说："秋，筑台于秦。"杜注："东平范县西北有秦亭。"顾祖禹《读史方舆纪要》说："东平郡尝治范县之秦城，即秦亭。"杨伯峻《春秋左传注》云："据《清一统志》，今山东省范县旧城（今范县已移治于旧县北之英桃园）南三里古有秦亭。"《左传·昭公十二年》载楚王的话说："昔我皇祖伯父昆吾，旧许是宅。"昆吾指伯益，因居于昆吾之虚而取名。《左传·哀公十七年》说："卫侯梦于北宫，见人登昆吾之观，被发北面而噪曰：'登此昆吾之虚，绵绵生之瓜，余为浑良夫，叫天无辜。'"杜注："卫有观在古昆吾氏之虚，今濮阳城中。"濮阳与范县相邻，这也证明秦夷的居地在濮阳、范县一带。周公所饮的秦酒当是濮阳、范县一带秦地的酒。西周的询簋、师西簋铭文中有秦夷，由于两器的时代，特别是询簋的时代早于周孝王封非子，所以秦夷当是范县一带秦地的夷人。

畎夷的都邑称犬丘，又是东夷之人，所以被称为畎夷。犬丘又称为垂。《水经注·瓠水》云："瓠河故渎，又东迳句阳县之小成阳城北，……又东迳句阳县西，句渎出焉，濮水枝渠，又东北迳句阳县之小成阳东垂亭西，而北入瓠河，……瓠渎又东迳垂亭北，《春秋·隐公八年》，宋公卫侯遇于犬丘，经书垂也，京相璠曰：'今济阴句阳县小成阳东五里，有故垂亭者也。'"汉代的句阳县城在今山东省菏泽市以北35里的句阳店，成阳县城在今河南省濮阳市东南，可知东垂亭，也就是东犬丘，在范县以南不远。

《春秋·隐公八年》说："八年春，宋公、卫侯遇于垂。"《左传》云："八年春，齐侯将平宋、卫，有会期。宋公以币请于卫，请先相见。卫侯许之，故遇于犬丘。"杜注："犬丘，垂也，地有两名。"旧说此垂、犬丘在今山东省曹县北句阳店。段连勤先生指出，天水西南的犬丘之所以又称西犬丘、西垂，正是相对于山东曹县的犬丘又称垂而言的。① 《史记·秦本纪》说：

> 费昌当夏桀之时，去夏归商，为汤御，以败桀于鸣条。大廉玄孙曰孟戏、中衍，鸟身人言。帝太戊闻而卜之使御，吉，遂致使御而妻之。自太戊以下，中衍之后，遂世有功，以佐殷国，故嬴姓多显，遂为诸侯。其玄孙曰中潏，在西戎，保西垂。……非子居犬丘，好马及畜，善养息之。犬丘人言之周孝王，孝王召使主马于汧渭之间，马大蕃息。……于是孝王曰："昔伯翳为舜主畜，畜多息，故有土，赐姓嬴。今其后世亦为朕息马，朕其分土为附庸。"邑之秦，使复续嬴氏祀，号曰秦嬴。……西戎反王室，灭犬丘大骆之族。周宣王即位……乃召庄公昆弟五人，与兵七千人，使伐西戎，破之。于是复予秦仲后，及其先大骆地犬丘并有之，为西垂大夫。

从上述记载中，可知秦人，也就是畎夷，是从商王太戊以后才有人成为诸侯。太戊是商代的中宗，其时商王朝已历五世十王，时代已进入二里岗上层时期，与关中西部商文化京当类型的时代上限大体相当。到了相当于殷墟文化二期时，关中西部的周原地区，除有商文化京当类型的文化遗存以外，刘家文化（姜戎文化）、先周文化也先后进入这一地区。殷墟文化二期以后，商文化京当类型从周原地区乃至于关中西部消失了，取而代之的是先周文化和刘家文化。这一现象或许与古公亶父迁岐后与姜姓结盟"实始翦商"有关，因此有学者提出商文化京当类型属于秦人的文化遗存。《史记·秦本纪》说：

> 文公元年，居西垂宫。三年，文公以兵七百人东猎。四年，至汧渭之会。曰："昔周邑我先秦嬴于此，后卒获为诸侯。"乃卜居之，占曰吉，即营邑之。

"昔周邑我先秦嬴于此，后卒获为诸侯"，这是说从前岐山之下的周邑，即岐邑、岐周，我们的先祖秦嬴曾在此居住过，最后终于成为诸侯。曾经在周原一带居住过，并终于成为诸侯的，是入居邠、岐之间的畎夷。这就证明畎夷是嬴姓秦人的先祖，商文化京当类型是畎夷的文化遗存，同时也说明畎夷进入关中平原西部的原因，虽然与夏桀之乱有关，但是时间上可能是在商王太戊以后，即秦人先祖中衍以后才有一支被封于邠、岐之间，所以京当型商文化的时代上限为商代二里岗上层文化时期。

秦人的先祖畎夷西迁陕西，其都邑仍沿袭该族在东方的都邑名称称为犬丘，在今

---

① 段连勤：《关于夷族的西迁和秦嬴的起源地、族属问题》，见礼县秦西垂文化研究会、礼县博物馆编：《秦西垂文化论集》，文物出版社，2005年。

兴平市境。殷墟卜辞中"其酌曰于且（祖）丁秦右宗"一句，"右宗"是对"左宗"而言，"秦右宗"有可能是指当时秦人在陕西的宗庙。

殷墟卜辞中的犬侯，时代为商王武丁时期及其以后，是中衍的后世。《史记·秦本纪》说中潏"在西戎，保西垂"，其时代为商王帝乙、帝辛时，中潏是殷墟卜辞中犬侯的后世，也是一代畎夷之君。中潏时代的畎夷已西迁甘肃天水一带，所以说他是"在西戎，保西垂"。

关于"西垂"，学术界有不同的说法。王国维在《秦都邑考》中说："余疑犬丘、西垂本一地，自庄公居犬丘号西垂大夫，后人因名西犬丘为西垂耳。"①徐中舒先生认为西犬丘又称西垂，也视二者为一地。②何清谷先生说："西垂大夫应是以今甘肃天水市一带为食邑，治所在西犬丘，所以西犬丘又名西垂。"③林剑鸣先生则认为西垂是泛指西部边陲，非具体城邑。④

畎夷虽然屡经迁徙，有不同的分支，但是其都邑名称始终沿袭不变。陕西关中西部的这支畎夷西迁甘肃后，其都邑仍称垂，又称犬丘。周孝王未封非子以前，非子居犬丘，是指其族在天水西南的都邑，就是大骆的都邑犬丘，而不是汉代陕西槐里县（今名兴平市）的犬丘。槐里的犬丘是大骆、非子之族（畎夷）在陕西的故都，所以后来秦人称为废丘，是指废弃的犬丘。

西垂、西犬丘正是相对东方的垂、犬丘而言，是指西方畎夷的都邑，是具体的地名，而不是泛指西北边陲。《史记·秦本纪》说中潏"在西戎，保西垂"，是指在西戎之地保其都邑西垂，也就是西犬丘，而不是泛指保卫西方的边陲。

畎夷的族徽是𢆉或𢆊，其族铜器铭文有在族徽中加"西"字的，如《博古图》8.17铜簋铭，表示其族是西方的畎夷。殷墟卜辞中有一𢆉族，传世有1件广折肩青铜罐，形制与周式折肩罐相似，铭文是亚形，内有一族徽𢆊字（《三代吉金文存》11.39.6）。此族徽为张网扑鸟之形，邹衡先生收集有类似这一族徽的铜器8件，并详加考证。他指出："上述诸金文族徽皆从𢆉，或是同族的分化，因而卜辞中的𢆉氏族和金文中的𢆊氏族（二期卜辞，此二字连用，见《文录》637）很可能就是秦的祖先费、蜚、非之类

---

① 王国维：《秦都邑考》，见王国维：《古史新证》，湖南人民出版社，2010年，第57页。
② 徐中舒：《先秦史论稿》，巴蜀书社，1992年。
③ 何清谷：《嬴秦族西迁考》，见何清谷：《秦史探索》，兰台出版社，2004年，第26页。
④ 林剑鸣：《秦史稿》，上海人民出版社，1981年。

了。"①邹衡先生收集商王派㚔族到京地开荒从事农业活动的卜辞三条，今抄录如下：

贞：勿令㚔田于京。（《殷契卜辞》52，田为动词，即耕种，此从张政烺释）

癸卯〔卜〕，宾，贞：〔令〕㚔衺田于京。（同上417，一期）

□卯，贞：王令㚔袁田于京。（《殷契佚存》250，四期）

这三条卜辞的时代为武丁、武乙时期。京是地名，周族先祖公刘的都邑称为京，可能与卜辞中的京地有关。殷墟卜辞中的京地当在陕甘一带的泾水上游，即不窋所奔的"戎狄之间"。邹衡先生说："联系到以上族徽中有加'西'字的，也许正是因为该族已经住在西方的缘故。"②㚔与䇂，当是秦人，也就是畎夷的族徽，其族可能至武乙早期尚在陕西关中西部，武乙后期已迁往甘肃礼县一带。

关于秦人的西迁除以上所述外，还有另外一说。据战国时代的清华简记载，周武王伐纣时，纣王有个大臣叫蜚廉（也作飞廉），他是中潏的儿子。蜚廉有个儿子叫恶来，也是纣王的臣下。他们助纣为虐，纣王死后，蜚廉跑到东方鼓动东夷人起来造反。后来周成王东征杀了蜚廉，将商奄之民的嬴姓秦人，流放到西方的朱圉山一带（在今甘肃甘谷县境内），从此秦人就在这一带。③这个故事说明，嬴姓秦人的西迁，可能不是一次完成的，一次是在商初，一次可能是在商末。

北京大学考古系发掘的甘肃省甘谷县毛家坪秦文化遗址，年代为西周早期至战国中晚期。④甘谷县毛家坪就在朱圉山下，这里发现的秦文化遗址，其年代上限恰好可以与清华简记载相对应。但是，近年来的考古发掘证明毛家坪遗址与清华简所说的"商奄之民"西迁无关，它属于秦人一个氏族的居址。天水市曾发现有董家坪秦文化遗址，礼县大堡子山曾发现西周晚期的秦公大墓。这些考古发现已可证实从陕西西迁以后的嬴秦族是在天水、礼县、甘谷一带，而且大量吸收周族文化。礼县大堡子山西周晚期秦公大墓的发现，说明西垂、西犬丘当在天水市西南礼县的西汉水沿岸。

综上所述，畎夷即犬夷、昆夷、混夷、绲夷、串夷，是东方夷族的一支，嬴姓，其都邑称为垂，又称犬丘，因此又得名为犬夷，又称秦夷。商代早期该族的一支进入陕

---

① 邹衡：《论先周文化》，见邹衡：《夏商周考古学论文集》，文物出版社，1980年，第328页。
② 邹衡：《论先周文化》，见邹衡：《夏商周考古学论文集》，文物出版社，1980年，第329页。
③ 《当代历史学家李学勤先生谈嬴历史文化时指出——秦人始祖来自东方嬴姓》，载《嬴秦学刊》2012年第1期。
④ 赵化成：《甘肃东部秦和羌戎文化的考古学探索》，见俞伟超主编：《考古类型学的理论与实践》，文物出版社，1989年。

西关中西部，其文化遗存是发现于关中西部的商文化京当类型，分布于兴平、礼泉和扶风、岐山等地。殷墟卜辞中的"犬侯"，即畎夷之君；"犬方"即畎夷之国，都于兴平市的犬丘。商王武丁时期，"犬侯"是多次奉王命率军征伐周族的主帅。周族迁岐，古公亶父与姜氏之戎结盟，"实始翦商"，就是将畎夷族这支亲商势力赶出了关中西部地区，他们被迫迁往甘肃礼县一带。商代晚期西犬丘的畎夷仍是商王朝的诸侯国，所以《后汉书·西羌传》说："及文王为西伯，西有昆夷之患"。

（二）与商王朝建立姻亲关系

古公亶父迁岐后，古公的少子季历娶了商朝挚仲氏之女为妻，从此与商王朝搭上了姻亲关系，改变了与殷商王朝交恶的历史。今本《竹书纪年》云："（武乙三年）命周公亶父，赐以岐邑。"这说明商王朝对于古公迁岐之事，并未进行挞伐，而是加以认可。究其原因，可能与殷周关系的改善不无关系。

古本《竹书纪年》说："三十四年，周王季历来朝，武乙赐地三十里、玉十毂、马八匹。""（文丁四年）周王季命为殷牧师也。"这说明，古公死后，其子季历仍维持了与商王朝友善的关系。周王季历，一方面继续执行古公的亲商政策，另一方面大肆向外扩张。《后汉书·西羌传》说："及武乙暴虐，犬戎寇边，周古公踰梁山而避于岐下。及子季历，遂伐西落鬼戎。太丁之时，季历复伐燕京之戎，戎人大败周师。后二年，周人克余无之戎，于是太丁命季历为牧师。自是以后，更伐始呼、翳徒之戎，皆克之。"这段文字有误，逼迫古公由豳迁岐的不是"犬戎寇边"，而是"薰育戎狄"，即鬼方族。可能正是因为这个原因，所以周人在周原站稳脚跟，势力有所增强后，季历首先征伐宿敌鬼方族的"西落鬼戎"。鬼方族原在山西省境内，可能靠近河南省安阳市殷墟一带，曾是商王朝西北方的强敌。经过商王武丁三年的征伐，后来西迁至黄河两岸，在山西省的石楼、永和、太谷县和陕北的清涧、绥德等县一带。西迁至黄河西岸的鬼方族，可能就是季历所伐的"西落鬼戎"。学者认为，以陕北清涧县李家崖遗址为代表的商代李家崖文化是鬼方文化[①]，更确切地说，可能是"西落鬼戎"的文化遗存。

季历死后，其子文王姬昌即位，"遵后稷、公刘之业，则古公、公季之法，笃仁，敬老，慈少，礼下贤者，日中不暇食以待士，士以此多归之"（《史记·周本纪》）。

---

① 吕智荣：《试论陕晋北部黄河两岸地区出土的商代青铜器及有关问题》，见《中国考古学研究论集》编委会编：《中国考古学研究论集——纪念夏鼐先生考古五十周年》，三秦出版社，1987年。

周文王"遵后稷、公刘之业",就是继续发展农业。他"则古公、公季之法",就是继续执行亲商、向外扩张的政策。他即位不久就娶了商王帝乙之少女为妻,《诗经·大雅·大明》云:"文王初载,天作之合。在洽之阳,在渭之涘。文王嘉止,大邦有子。大邦有子,俔天之妹,文定厥祥,亲迎于渭。"《诗经·大雅·思齐》云:"思齐大任,文王之母。思媚周姜,京室之妇。大姒嗣徽音,则百斯男。"郑笺云:"大姒,文王之妃也。"按此说文王迎娶的妻子是姒姓女子,与商王室无关。但是顾颉刚先生根据《周易》爻辞中有"帝乙归妹",提出文王所娶的大邦之子,就是帝乙的小女。王晖从其说,也认为:"大姒也就是'大邦之子',帝乙之少女。"他引用《尔雅·释亲》所说"长妇谓稚妇为娣妇,娣妇谓长妇为姒妇"为证,认为"'大姒'之谓是后宫称诸妇排行之号的沿用,并非是文王之妻的族姓"[①]。商人自称其都邑为"大邑商",《诗经·大雅·大明》中的"大邦",应当是指商王朝,"大邦之子",有可能是帝乙的少女。文王有可能是通过婚姻,与商王朝建立了姻亲关系,并且充分利用这种关系,不间断地祭祀殷人的先王,抬高自己的身份。这方面周原甲骨文有记载:

> 癸巳,彝文武帝乙宗,贞:王其邵祭成唐,御钕二女,其彝血牡三、豚三,𠳋又正。(凤雏 H11:1)

> ……文武……天□典册周方伯□□……𠳋正亡ナ……王受有佑。(凤雏 H11:82)

> 彝文武丁□,贞:王翌日乙酉,其秦禹中□武丁豐,□□,卯……ナ王。(凤雏 H11:112)

上述几片甲骨的年代均为周文王时期,由于文王祭祀的对象有商王成汤、文丁、帝乙等,所以学者对周原甲骨性质方面的看法有分歧,有人认为周原甲骨是周人的,有人认为是商人的,还有人认为祭者是商王,而记录者是周人。王晖先生认为:

> 这些祭祀殷先王的周原甲骨卜辞和其他出土于周原的甲骨刻辞一样,都是属于周人自己的。周文王、武王奉商人典祭祀殷先王在先秦文献中也是有记载的,克殷后周人行殷礼、祭殷人亳社、尊祢帝营等祀典亦与周原甲骨刻辞中周王祭祀殷先王的做法是一脉相承的。周人谓商人先王先祖祀典纣弃而周王祀之的文献记载,正好在殷墟甲骨文及周原甲骨文中得到了充分的印证。追溯这些

---

① 王晖:《季历选立之谜与贵族等级名号传嗣制》,见黄永年、李裕民、马驰等编:《中国古代史论集》,陕西师范大学出版社,1999年,第111—112页。

现象出现的原因——殷周之间的舅甥关系，则可阐释周原甲骨刻辞属性的问题，对商周之际殷周关系祭礼的变化也会有一些新认识。①

以上所引王晖先生的说法可从，《诗经·大雅·大明》所云也可以佐证：

> 天位殷適，使不挟四方。挚仲氏任，自彼殷商，来嫁于周，曰嫔于京。乃及王季，维德之行。大任有身，生此文王。维此文王，小心翼翼，昭事上帝，聿怀多福。厥德不回，以受方国……有命自天，命此文王，于周于京。

王晖先生读"位"为"立"，并说："'殷適'依《诗集传》可读为'殷之嫡嗣'。"②"天位殷適"，就是说天立殷之嫡嗣。嫡嗣是指殷人先王的嫡系后嗣，当指周文王。这里周人认为殷人先王的外甥周文王是上天所立殷人先王的嫡系后嗣，所以周原甲骨文中周文王祭祀殷人先王是理所当然的。

商代的上帝，不仅包括自然神，而且还包括祖先神。据殷墟卜辞，商王武丁以后，诸王称死去的先王为帝，如称武丁为帝丁，称祖甲为帝甲，称文丁为文武帝，称帝乙为文武帝乙。周原甲骨文中的文武丁即文丁，文武帝乙即帝乙。"昭事上帝"，就是祭祀殷之先王。《大明》所云清清楚楚地表明：在周人看来，是上天为了立殷之嫡嗣，所以太任才自殷商来，嫁与王季，生下文王。文王能恭恭敬敬地祭祀殷之先王，而且这种美德不间断，所以才有了周方国，帝乙才能册封文王为"周方伯"，成为受天命之君。周人认为文王所受的"天命"，是来自殷人先王之命。

《尚书·召诰》中周公说："皇天上帝，改厥元子，兹大国殷之命。""皇天上帝"就是指已死去的在天上的殷之先王；"改厥元子"就是指改立文王、武王为殷之嫡嗣，所以下文说"兹大国殷之命"。当然"大国殷之命"是指大国殷之先王的命令。眉县杨家村出土的西周宣王时代的逨盘铭曰：

> 丕显朕皇高祖单公，桓桓克明哲厥德，夹召文王、武王达（挞）殷，膺受天鲁命，甸（敷）右（有）四方，并宅厥堇疆土，用配上帝。

《尚书·顾命》云："昔君文王、武王……用克达殷，集大命"，说法与逨盘铭相同。"达殷"，即挞伐殷王朝。西周的单氏家族是姬姓贵族，他们认为其高祖单公帮助文王、武王挞伐殷王朝，并且在其疆土上建国立邦，是"膺受天鲁命"，普遍受有四方

---

① 王晖：《周原甲骨属性与商周之际祭礼的变化》，见黄永年、李裕民、马驰等编：《中国古代史论集》，陕西师范大学出版社，1999年，第58—59页。

② 王晖：《季历选立之谜与贵族等级名号传嗣制》，见黄永年、李裕民、马驰等编：《中国古代史论集》，陕西师范大学出版社，1999年，第112页。

土地，所以文王、武王死后配祀"上帝"。"上帝"当是指殷人死去的先王，那么"膺受天鲁命"，应该就是接受殷先王之命。墙盘（又称史墙盘）铭曰：

　　曰古文王，初盭龢（和）于政，上帝降懿德大甹（屏），匍（敷）有上下，迨受万邦。

墙盘铭对文王的颂词中，"上帝"指天神，也是指殷人先王。史墙是殷人的后代，他也说是殷之先王降下美德屏定文王，使文王会聚受有万邦。由此可见，西周一代普遍认为文王、武王挞伐殷王朝，是受"天命"，也就是接受殷先王之命而进行的。事实上周人是以受"天命"，也就是以受殷先王之命为号召，拉大旗作虎皮，推翻了殷王朝，并取而代之。文王、武王受"天命"是"达殷畯民"的合法依据。那么周人为什么会提出文王、武王是受命之君呢？这一是因为文王是来自殷商的太任所生，又是商王帝乙的女婿，而武王是商王帝乙的外甥，按照古代贵族等级名号传嗣观念，女婿与外甥也有贵族等级名号的继承权；二是因为文王能恭敬不断地祭祀殷先王，而商王帝辛（殷纣王）"自弃其先祖肆祀不答"（《尚书·牧誓》），废弃了殷先王的祀典，因此殷先王"改厥元子"，立文王、武王为嫡嗣。很显然，周人充分利用了与殷王朝的姻亲关系发展壮大了自己，并最终取而代之夺取了商王朝的政权。

（三）打开西南、西北的通道

古公亶父迁岐后，他感叹说："我世当有兴者，其在昌乎？""昌"为周文王的名，他是季历的儿子。古公亶父的话，暗示出要传位给少子季历（王季），再传位给周文王，这就促使其长子太伯、次子仲雍放弃了继位为君的权力，离家出走投奔了当时在陕南城固、洋县一带的"荆蛮"巴族弓鱼人，以便让位给季历。"荆蛮"弓鱼人被太伯、仲雍的义举所感动，有千余家人追随太伯、仲雍在宝鸡市的陇县建立了虞国。周武王灭商以后封功臣谋士，追封太伯、仲雍的四世孙周章为诸侯。虞国因为是在古代的矢地建国，所以其宗室以居地为氏自称矢氏族。西周康王时代，虞侯周章之子虞侯矢氏熊遂被改封到江苏省丹徒县（今江苏镇江市丹徒区）一带的宜地为诸侯，自称宜侯矢氏，春秋时代其国又南迁今苏州市建立都城。虞国改封东南江苏后，因其宗室氏名"矢"古代的读音为"吴"，所以后世文献中称其国为吴国，但是春秋时代金文中吴国诸王自称为工虘王、工獻王、攻敔王、攻吴王，这是为什么呢？

根据《史记·吴太伯世家》的记载，太伯、仲雍投奔"荆蛮"以后，入乡随俗按照荆蛮人的习俗"文身断发"，自称"句吴"族。太伯、仲雍投奔的"荆蛮"是指荆山、荆州（在今湖北北部）的蛮族，"荆蛮"是个泛称，而"句吴"才是他们自称的族名。《正义》说："吴，国号也。太伯居梅里，在常州无锡县东南六十里。至十九世孙寿梦居之，号句吴。寿梦卒，诸樊南徙吴。至二十一代孙光，使子胥筑阖闾城都之，今苏州也。"春秋时代晚期，吴王寿梦时，吴国强大起来，他为了在姬姓诸侯中首先称王，便假借少数民族（巴族）的名义，而改国号为"句吴"自称为王。正是因为这种原因，所以春秋晚期吴国诸王所作的铜器铭文中自称为工䱷王、攻吴王、工𢿩王、攻吴王。"工䱷""工𢿩""攻敔""攻吴"等都是弓鱼的假借，而后世文献中的"句吴"是由金文中的"工䱷""攻吴"等音转而来。"工䱷""工𢿩""攻敔""攻吴"等族名都来源于西周金文中的弓鱼，因为二者音同字通，所以西周金文中的弓鱼就是文献中的"句吴"族。

太伯、仲雍投奔的"荆蛮"弓鱼族，后来因为参加武王伐商有功，其君被封为畿内诸侯（王畿之内的采邑主），称为强伯，封地在宝鸡市区。"强"字北方用单音语读为鱼，而南方古代多用复音语其族自称为弓鱼，所以太伯、仲雍所奔的"荆蛮"其族名本为弓鱼，文献称为句吴。

太伯、仲雍奔"荆蛮"后，与扼守通往西南道路的巴族弓鱼人交好，同时又在姜氏之戎所在的矢地建国，这就为周族向外发展打开了通往西南、西北的道路，使周族与西南、西北的少数民族建立了友好关系。所以周武王灭商的牧野之战，西南、西北庸、蜀、羌、髳、彭、濮、微、卢、巴等诸多少数民族都参加了战斗，特别是勇猛善战的巴族充当先锋，他们"歌舞以凌"，使商纣王的军队"前徒倒戈"，倒转矛头为武王的军队开路。

古公亶父迁岐，是周人发展史上最重要的一个阶段。周族在周原之所以能够发展壮大，一方面是因为这里土地肥美，物产丰富，为周族的发展提供了优越的地理环境、良好的自然条件、丰富的物质基础，另一方面也是因为古公亶父、王季、文王祖孙三代的政策得当，特别是古公亶父有敏锐的战略眼光，为周族的发展壮大打下了良好基础，最后又经过文王一代在周原的开拓进取，从而为武王灭商建立西周王朝奠定了坚实的基础，所以周原是周族的发祥之地。

第二章 周文王迁都丰邑

在周原，经过古公亶父、季历、文王祖孙三代100多年的苦心经营，特别是周文王节制游乐，勤于政事，礼贤下士，广纳人才，周族空前壮大。

为了向东发展完成灭商大业，周文王灭崇后迁都丰邑（在今西安市沣河西岸的马王街道），为周武王伐纣灭商建立西周王朝奠定了坚实的基础。所以西周共王时代的墙盘铭文颂扬周文王说："曰古文王，初鳌龢（和）于政，上帝降懿德大甹（屏），匍（敷）有上下，迨受万邦。"

第一节
文王周原奋发图强与灭崇迁丰

周族在周原，经过古公亶父、季历、文王祖孙三代100多年的苦心经营，空前壮大。特别是周文王是一个大有作为的政治家，他能节制游乐，勤于政事，礼贤下士，广纳人才，使周围许多小方国臣服。《史记·周本纪》说：

> 西伯曰文王，遵后稷、公刘之业，则古公、公季之法，笃仁，敬老，慈少，礼下贤者，日中不暇食以待士，士以此多归之。

1976年在扶风庄白一号青铜器窖藏（西周微氏家族青铜器窖藏）发现出土的西周共王时代的墙盘铭文颂扬文王说：

> 曰古文王，初盭龢（和）于政，上帝降懿德大粤（屏），匍（敷）有上下，迨受万邦。

墙盘铭对文王的颂词是说：文王开始善理刚柔于政治之中，上帝降下美德屏定其王位，使他广有臣民，会聚受有万邦方国。这是西周人对文王的高度评价。《史记·周本纪》说：

> 西伯阴行善，诸侯皆来决平。于是虞、芮之人有狱不能决，乃如周。入界，耕者皆让畔，民俗皆让长。虞、芮之人未见西伯，皆惭，相谓曰："吾所争，周人所耻，何往为，只取辱耳。"遂还，俱让而去。诸侯闻之，曰："西伯盖受命之君。"

这就是所谓的文王断"虞芮之讼"，这一年是所谓的文王受天命之年。据周原岐山凤雏遗址发现的甲骨文记载，可能是商王帝乙册封周文王为"周方伯"，例如凤雏H11：82曰："天□典晋周方伯□□"。文献中称周文王为"西伯"。"伯"者，霸也。"方伯"是指一方的霸主。"周方伯"之义为周方霸主，"西伯"义为西方霸主。

总之，商王朝的册封，承认了周文王在西方的霸主地位。

周文王在周原几十年的经营与发展，不是一帆风顺的，而是经过与昆夷、猃狁的抗争得来的。《后汉书·西羌传》说："及文王为西伯，西有昆夷之患，北有猃狁之难，遂攘戎狄而戍之，莫不宾服。"这说明周文王虽然是西方的霸主，但是当时有"昆夷之患""猃狁之难"，这些都是周族发展壮大道路上的威胁。

昆夷就是混夷，也就是畎夷，商代甲骨文称为犬夷，是秦人的先祖，因其都邑称犬丘而得名。商代早中期，畎夷进入关中西部，居于邠、岐之间。他们是亲商的势力，畎夷之君犬侯，曾多次奉商王之命率军挞伐周族。

周族先公古公亶父迁岐后，与姜氏之戎结为同盟，开始剪除商王朝的势力，逼迫畎夷西迁甘肃天水市西南礼县一带，他们在那里建立的新都邑"犬丘"，史称"西犬丘"。周文王时畎夷居于"西犬丘"，在甘肃天水地区，因此成为周人的西方之患。

据《孟子·梁惠王下》所载，文王曾一度"事昆夷"。《诗经·大雅·绵》孔颖达疏引《帝王世纪》云："文王受命四年，周正丙子，混夷伐周，一日三至周之东门，文王闭门修德而不与战。"周文王后来曾征伐过昆夷，《诗经·大雅·皇矣》云："帝迁明德，串夷载路。"郑玄笺云："串夷即混夷，西戎国名也。路应也，天意去殷之恶，就周之德，文王则侵伐混夷以应之。"由于上帝（天神）因殷王朝的罪恶而离开殷王朝，去就周之德，所以混夷受到周文王的征伐而得到报应，这是指混夷亲商得到的报应。

关于"北有猃狁之难"，这里《后汉书·西羌传》的说法有误。猃狁本来是指西周中晚期居于陇东高原的犬戎，西周金文中称其为"严允"。后世加犬旁，称为"玁狁"，也就是猃狁。文王时期还没有猃狁的称谓，当时的猃狁不在陇东高原，也不称猃狁，而是称为犬戎。

犬戎为"允姓之戎"，是古代的氏族，是三苗被迁往西北的一支。《史记·周本纪》裴骃《集解》引《山海经》曰："有人，人面兽身，名曰犬戎。"《正义》又云："黄帝生苗龙，苗龙生融吾，融吾生弄明，弄明生白犬。白犬有二，是为犬戎。"《说文》云"赤狄本犬种"，故字从犬。《史记·周本纪》裴骃《集解》云："《后汉书》云'犬戎，槃瓠之后也'，今长沙武陵之郡大半是也。"

《三国志·魏书·乌丸鲜卑东夷传》注引《魏略·西戎传》曰："氐人有王，所从来久矣。自汉开益州，置武都郡，排其种人，分窜山谷间，或在福禄，或在汧、陇左右。其种非一，称槃瓠之后，或号青氏，或号白氏，或号蚺氏，此盖虫之类而处中国，人即其服色而名之也。"这说明犬戎是槃瓠的后裔，其族源是三苗，因为崇拜犬图腾而得名，是后世的氏族。

犬戎的考古学文化是寺洼文化，早期分布在洮河流域，后来向白水江、西汉水流域，以及陇山西侧葫芦河流域发展。西周穆王时，西征葫芦河流域的犬戎，俘虏了犬戎五个部落的首领，并将其众迁至"太原"，即陇东高原，在今宁夏固原，甘肃平凉、庆阳一带。这一带是黄土高原，地形山小而高，古代称这种地形为"厰"（严）；又因为犬戎是允姓之戎，所以西周中晚期称古"太原"的犬戎为严允，即严地的允姓之戎。陇东高原地区寺洼文化的晚期类型九站类型是其文化遗存。

犬戎的原居地在今甘南的洮河流域，《左传·昭公九年》说："先王居梼杌于四裔，以御魑魅，故允姓之奸居于瓜州。"杜预注："'允姓'，阴戎之祖，与三苗俱放三危者。"这里的"瓜州"应该与"三危"是同一个地方，因为居于瓜州的"允姓之奸"就是"允姓之戎"，是被流放于"三危"的三苗氏族。"三危"在甘肃渭源县西，在甘南洮河流域。早期的寺洼文化就发现于洮河流域的临洮县。①

"允姓之戎"也就是犬戎，起源于洮河流域，后来向东发展到西汉水、白水江流域，又向东北发展到天水市以北的葫芦河流域。这一带考古发现的寺洼文化是其文化遗存。文王时如果说"北有猃狁之难"，应该是指天水市以北葫芦河流域这部分犬戎的威胁。

《后汉书·西羌传》说："至穆王时，戎狄不贡，王乃西征犬戎，获其五王。……王遂迁戎于太原。"西周穆王西征的犬戎，当在天水市以北的葫芦河流域。他们被穆王迁至陇东高原，也就是今平凉、庆阳、固原一带的古"太原"后，西周中晚期得名严允，后世称之为猃狁。

《史记·周本纪》张守节《正义》引杜预云："允姓之戎居陆浑，在秦、晋西北，二国诱而徙伊川，遂从戎号，今洛州陆浑县，取其号也。"杜预所说的"允姓之戎"，本来是在甘肃陇东的庆阳、平凉，宁夏的固原一带，即古代"太原"地区，所以说他们在秦、晋的西北。春秋时代秦、晋"二国诱而徙伊川"，也就是徙洛阳西南的陆浑县一带，所以又被称为陆浑戎。

《左传·襄公十四年》说："将执戎子驹支，范宣子亲数诸朝，曰：'来！姜戎

---

① 尹盛平：《猃狁、鬼方的族属及其与周族的关系》，载《人文杂志》1985年第1期。

氏！昔秦人迫逐乃祖吾离于瓜州……'"杜预注："四岳之后皆姜姓，又别为允姓。"杨伯峻先生指出："瓜州之戎本有二姓，一为姜姓，此戎是也；一为允姓，昭公九年《传》'故允姓之奸居于瓜州'是也。杜注混而一之，不确。"①杜预的错误说法是有所本的，《后汉书·西羌传》说："西羌之本出自三苗，姜姓之别也。其国近南岳。及舜流四凶，徙之三危，河关之西南羌地是也。"由于《后汉书·西羌传》错误地将羌族说成是出自三苗，所以杜预只好说："四岳之后皆姜姓，又别为允姓。"其实出自三苗的是"允姓之戎"。徐旭生先生曾针对《后汉书·西羌传》指出：

> 姜与羌本属同源，为西方著名的氏族。把南方的"允姓之奸"迁移到那边，使姜姓的首长管理生业，也是很可以有的事情。……因为三苗氏族窜到西北的一部分曾同姜姓发生过关系，就说他们的氏族完全属于姜姓，这种用偏赅全的办法是很不对的。②

徐先生的说法很有道理，羌族起源于甘青的河湟地区，姜氏之戎起源于宝鸡地区，他们是西北的土著民族，与三苗没有族源上的关系。但是三苗的后裔"允姓之戎"，也就是氐族曾与羌族杂居，所以古代每每以氐羌连言。

古代羌族商代的文化遗存，是分布在青海黄河沿岸，包括黄河支流湟水、大通河流域的卡约文化，以及分布在甘青地区的辛店文化；姜氏之戎的文化遗存是刘家文化，分布在陕甘两省的宝鸡、天水、平凉、庆阳等地。早期的刘家文化姬家店、石嘴头、晁峪类型，分布在宝鸡市区及其周围，说明姜氏之戎起源于宝鸡。姜氏之戎是炎帝的后裔，所以宝鸡市区明清时期曾流传炎帝"生于濛峪，长于瓦峪"的传说。

周文王在周原发展壮大的过程中，曾被西安附近的崇国之君崇侯虎告密与谗毁，因此商纣王将其囚禁在羑里（今河南汤阴县北）。周文王属下的谋士"闳夭之徒患之，乃求有莘氏美女，骊戎之文马，有熊九驷，他奇怪物，因殷嬖臣费仲而献之纣。纣大悦，曰：'此一物足以释西伯，况其多乎！'乃赦西伯，赐之弓矢斧钺，使西伯得征伐。曰：'谮西伯者，崇侯虎也。'"（《史记·周本纪》）。由此可见，周文王在周原的奋斗是冒着极大的风险。

文王晚年周族的国力大增，不断向外扩张，《尚书大传》卷四说："文王受命，一年断虞、芮之质，二年伐于，三年伐密须，四年伐畎夷，五年伐耆，六年伐崇，七年而

---

① 杨伯峻编著：《春秋左传注》，中华书局，1981年，第1005页。
② 徐旭生：《中国古史的传说时代》，文物出版社，1985年，第123页。

崩。"据《尚书·武成》记载，文王受命九年而崩。

周文王在断"虞芮之讼"后的第二年，便开始了对外的征伐，并取得了胜利。他不仅控制了西南、西北地区，而且势力达到了晋西南，号称"三分天下有其二"。这三分之二的天下，是指商王朝的天下，可见文王时周族是多么强大！《史记·周本纪》说：

> 明年，伐犬戎。明年，伐密须。明年，败耆国。殷之祖伊闻之，惧，以告帝纣。
> 纣曰："不有天命乎？是何能为！"明年，伐邘。明年，伐崇侯虎，而作丰邑。
> 自岐下而徙都丰。

周文王所伐的犬戎，当时可能是在洮河流域或西汉水流域，所以周文王的军队路过混夷之地，混夷之人纷纷逃离。《诗经·大雅·绵》说："混夷駾矣，维其喙矣。"郑笺云："混夷，夷狄国也。见文王之使者将士众过己国，则惶怖惊走奔突，入此柞棫之中而逃，甚困剧也。"混夷，就是畎夷，是嬴姓秦人的先祖，他们当时是在西犬丘，即西汉水流域的甘肃礼县一带。

《史记·周本纪》裴骃《集解》引应劭曰："密须氏，姞姓之国。"密须国在今甘肃灵台县境内。关于文王伐密须之国，齐思和先生在《西周地理考》中指出：

> 此事《诗·大雅·皇矣》记之甚详："密人不恭，敢距大邦。侵阮徂共。王赫斯怒，爰整其旅，以按徂旅。以笃于周祜，以对于天下。依其在京，侵自阮疆，陟我高冈。无矢我陵，我陵我阿。无饮我泉，我泉我池。"读此诗，则与密交战之原因，出兵之路线，皆可以知矣。盖阮、共乃二小国，臣服于周者。密乃周西北之强国，不服于周，且侵二小国，周制止之不听，所谓"敢距大邦"也。其侵阮、共也，乃自京出师，自阮侵入，而及于周之高冈。周人大怒曰："勿阵于我陵，此我之陵也。勿饮我泉，此我之泉也。"而文王亦遂整其师旅，以遏止其众焉。密即《左传》之密须。《吕氏春秋·用民》："密须之民，自缚其主，而与文王。"盖密人终败而献其君。《左传》昭公十五年传："密须之鼓，与其大路，文所以大蒐也。"此盖伐密之战利品也。①

王国维《今本竹书纪年疏证》载：殷帝辛三十二年"密人侵阮，西伯帅师伐密"。三十三年"密人降于周师"。

周文王晚年为了向东发展，缩短与商王朝的距离，以便于剪灭商王朝，周文王在远征山西的黎国、河南的邘国之后，第二年又灭掉了西安附近的崇国，自岐山之下的周原

---

① 齐思和：《西周地理考》，见齐思和：《齐思和自选集》，首都师范大学出版社，2010年，第25—26页。

迁都沣水西岸，建立了丰邑。

"耆"，即"黎"，古文作"䵪"，亦作"饥"。《说文》云："䵪，殷诸侯国，在上党东北。"《后汉书·郡国志》"上党郡"："壶关，有黎亭，故黎国。"注云："文王戡黎即此也。"故地在今山西省黎城县东北，一说在今山西省长治市西南。

《史记·周本纪》裴骃《集解》引徐广曰："邘城在野王县西北，音于。"《正义》引《括地志》云："故邘城在怀州河内县西北二十七里，故邘国城也。"其国在今河南省沁阳市。齐思和先生在《西周地理考》中说：

> 周至文王而始大，实开灭殷之基。《论语》称：文王之时，已三分天下有其二，以服事殷。……大抵至文王之时，周之势力已达于陕西全省、甘肃、山西、河南之一部，似可断言。①

徐喜辰先生在《周文王及其在周族社会发展中的重要地位》中说：

> 周武王虽是西周的开国之君，但是武王伐商完全是继承周文王未竟事业，它的基础实际上是由周文王奠定的。所以，古代文献中对于周文王备致赞美之词，如《左传》襄公三十一年云："文王之功，天下颂而歌舞之，可谓则之；文王之行，至今为法，可谓象之，有威仪也。"②

关于周文王所都丰邑的位置，唐代张守节《正义》引皇甫谧云："夏鲧封。虞、夏、商、周皆有崇国，崇国盖在丰镐之间。《诗》云'既伐于崇，作邑于丰'，是国之地也。"

崇国都邑的位置旧说在今西安市鄠邑区境内，虽然至今因缺乏证据而未能确定，但是其国当在西安附近。西安老牛坡商代遗址，位于西安市东郊21公里处，坐落在灞河及其支流沙河交汇处北岸的黄土高原上。从1985年秋季至1989年夏季，西北大学考古专业师生在老牛坡遗址进行了六次发掘，发掘面积达5000平方米。通过发掘，可知这是一处面积广阔、堆积深厚、内涵丰富的古代文化遗址。其内涵虽然包括有仰韶文化、陕西龙山文化，特别是还有与二里头文化年代相当的老牛坡文化，但是以商代文化遗存为主。商文化的年代上限相当于郑州二里岗下层，下限为商末，与商王朝的历史相始终。由此而知，商朝初年，有一支商人西进关中，占据了西安地区，活动于老牛坡一带。他们烧造陶器，制作骨器、玉器，冶炼青铜器，还能建造大型的夯土台基建筑，例如1987年发

---

① 齐思和：《西周地理考》，见齐思和：《齐思和自选集》，首都师范大学出版社，2010年，第29—30页。
② 徐喜辰：《周文王及其在周族社会发展中的重要地位》，见吉林省历史学会编：《历史人物论集》，吉林人民出版社，1982年，第18页。

掘的2号夯土基址，以柱础推算，其建筑南北长约23米，东西宽12米，这是陕西境内发现的商代最大的房子。

老牛坡商代遗址的发现，引起学者的注意，李学勤先生说："就历史地理说，很可能属于崇国。"①西安老牛坡一带属于崇国的地盘应该不成问题，但是崇国的都邑是否在西安老牛坡，尚缺乏确凿的证据，有待进一步研究。

据《史记·殷本纪》记载，商代末年，西伯昌、九侯、鄂侯同为纣王三公。纣王无道，醢九侯，脯鄂侯，周文王听到这个消息后，颇有感慨。周文王的感慨被崇侯虎听闻后，马上向商纣王暗通消息并进献谗言，于是周文王被商纣王囚禁在河南汤阴县的羑里。崇侯虎是崇国之君，崇国因为邻近周方国，是殷王朝用来监视周人，屏藩其西部边境的一支重要力量。

周文王被囚后，其臣下向纣王进献美女宝器，因此纣王释放了周文王，并赐给他弓矢斧钺，使文王享有了征伐大权。正如前述，文王晚年对外进行了多次征伐战争，并且都取得了胜利。最后他打着为国为民的旗号开始伐崇，据说"文王伐崇，先宣言曰，予闻崇侯虎蔑侮父兄，不敬长老，听狱不中，分财不均，百姓力尽，不得衣食"②。《诗经·大雅·皇矣》记载伐崇战争时说"临冲闲闲，崇墉言言""临冲茀茀，崇墉仡仡"。其中"闲闲""茀茀"是说临阵兵车威武强大，而"言言""仡仡"则是对崇国高大的城墙将要倒塌的形容。

马正林先生在《丰镐—长安—西安》"二、周原和周都丰镐"中说："为了适应周商矛盾斗争的新形势，做好灭商的准备，周文王姬昌灭崇以后即作邑于丰，把国都向东迁徙，缩短与商人之间的距离。"③他认为：

> 周人把他们的国都迁到沣水流域，也是和这里优越的自然条件分不开的。沣水是渭水的重要支流，它流经关中平原中央地区，恰好也是关中平原最开阔的地带。根据考古发掘，沣水两岸是关中地区新石器时代遗址最密集的地方，今天位于这里的所有村庄几乎都是建筑在古代遗址的基地上。这说明自古以来，这里就是关中人口最稠密的地区。周人建都于丰，既可以控制东来西往的水陆交通要道，又便于发展农业生产，比较周原显然要优越得多。周原虽美，但却

---

① 李学勤：《海外访古记（四）》，载《文博》1987年第3期。
② 《说苑·指武》，转引自朱士光主编：《古都西安·西安的历史变迁与发展》，西安出版社，2003年，第111页。
③ 马正林：《丰镐—长安—西安》，陕西人民出版社，1978年，第11页。

地势高亢，容易受到旱灾的袭击。周人是一贯经营农业的部族，从发展农业生产的角度来看，周原是不如沣水两岸优越的。这里地势低平，一望无垠，而且又靠近沣、渭，容易解决城市用水和发展农田水利。同时，国都所在，人口集中，用粮必多，也需要选择自然条件更优越的地方进行生产。好在崇国对沣水两岸的经营已有了一定的基础，在此基础上继续发展，当然易于收到成效。①

齐思和先生在《西周地理考》中指出：

> 文王之迁丰，不徒便于向东发展，与商争霸，抑丰、镐之间川渠纵横，土地肥饶，自古号称膏腴之地。汉东方朔称其"有秔、稻、梨、栗、桑、麻、竹箭之饶，土宜姜、芋，水多蛙鱼，贫者得以人给家足，无饥寒之忧，故酆、镐之间，号为土膏，其贾亩一金。"是其地肥美，至汉犹然。文王以前，周之建都，多在渭北，自是文王都丰，武王都镐，皆在渭南，渭之支流，多在渭南，其地较渭北尤为富饶。②

周文王灭崇迁丰，既可以东向发展灭商，又立都沣、渭之间，从而使周人居膏腴之地，而且灌溉便利，旱涝保收，国富民强，所以《诗经·大雅·文王有声》称颂文王伐崇迁丰的功绩时说："文王受命，有此武功，既伐于崇，作邑于丰。文王烝哉。"

---

① 马正林：《丰镐—长安—西安》，陕西人民出版社，1978年，第11—12页。
② 齐思和：《西周地理考》，见齐思和：《齐思和自选集》，首都师范大学出版社，2010年，第28页。

第二节
沣西考古与丰邑的位置

一、文献所载丰邑的位置

丰邑因沣水而得名,其位置汉唐史籍记载较多,但是最明确的记载也只是说在沣水以西。由于记载简略,难以确定丰邑具体的方位。清代《读史方舆纪要》引《诗经·大雅·文王有声》郑玄笺说:"丰邑在丰水西,镐京在丰水东"。《帝王世纪》说:"丰、镐皆在长安之西南。"这里长安指汉代长安城。汉代长安城位置偏北,近渭水,所以丰邑在其西南。《汉书·郊祀志》颜师古注云:"酆,今长安城西丰水上也。"这里长安城指唐代长安城,其位置比汉长安城稍向东向南移动,所以丰邑在其西。(见图2-1)《历代宅京记》引《括地志》说:"周丰宫在雍州鄠县东三十五里,今陕西西安府鄠县。"明代冯复京引皇甫谧《帝王世纪》云:"丰在京兆鄠县东,丰水之西,文王自程徙此"。《史记·周本纪》裴骃《集解》引徐广曰:"丰在京兆鄠县东,有灵台。"

由于汉唐史家所指的丰邑位置并不具体,而且又经过上千年的沧桑之变,所以自北宋以后,丰邑的具体位置就不能确指了。明清以来,学者做了不少努力,试图弄清丰镐二京的确切位置,但是限于当时条件不足,而未能实现。

二、沣西考古发现的丰京位置

现代考古学在中国兴起以后,1943年,中央研究院历史语言研究所石璋如先生在沣河沿岸进行过考古调查,但此次所获多为新石器时代遗存,商周时期遗物罕见。[1] 1951—1954

---

[1] 石璋如:《传说中周都的实地考察》,载《中央研究院历史语言研究所集刊》1949年第20本下册。

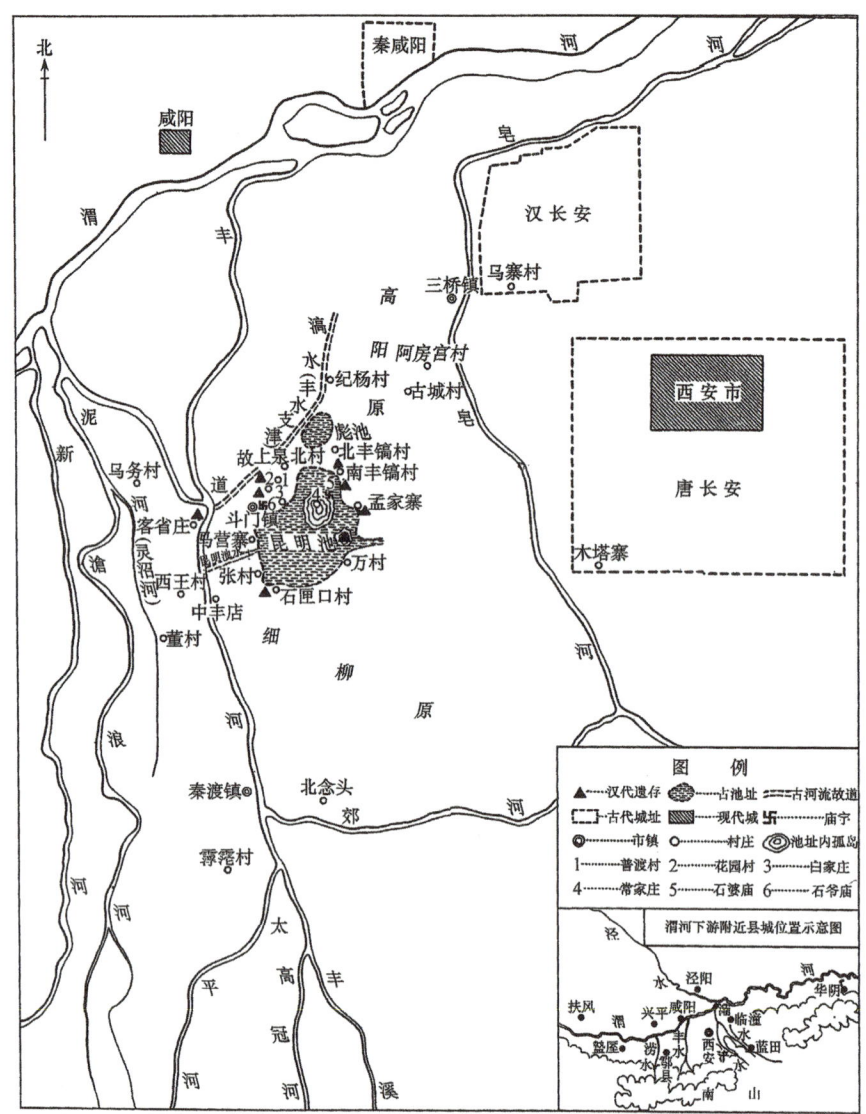

（引自《胡谦盈周文化考古研究选集》图一）

图 2-1　丰镐地区水道及昆明池旁西汉遗存位置图

年，中国科学院考古研究所沿沣河两岸进行了多次考古调查、试掘。1951年苏秉琦先生领导的沣河流域考古调查试掘，辨认出仰韶文化、客省庄二期文化和西周文化三种不同的文化遗存。[①] 1955—1957年，中国科学院考古研究所在沣河西岸张家坡和客省庄进行了大规模的考古发掘（见图2-2），其成果《沣西发掘报告》将发现的居址分为西周

---

① 胡谦盈：《丰镐考古工作三十年（1951—1981）的回顾》，载《文物》1982年第10期。

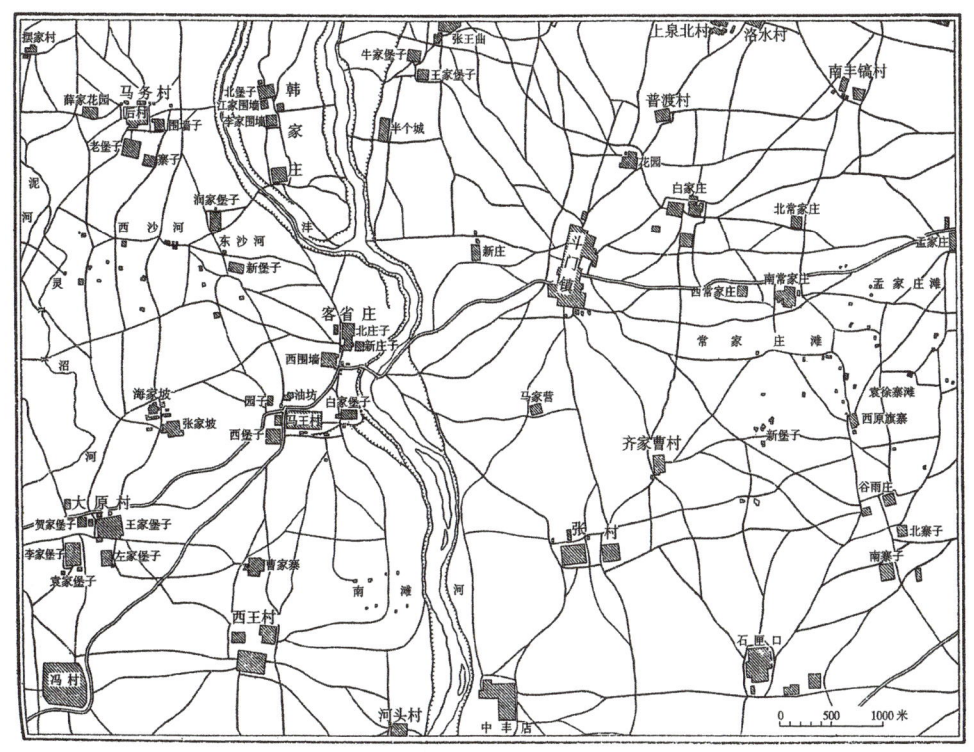

（引自《沣西发掘报告》图一）

图 2-2　沣河中游东西两岸村庄位置图

早、晚两期，墓葬分为西周五期。①1955年冬季，在张家坡村东的发掘中，第一次发现了西周刻字卜骨。1959—1960年，在沣河西岸的马王村发现H10打破H11的地层关系，其中H10是西周早期遗迹，而H11为先周晚期遗存。这是第一次发现西周文化层对先周文化层的打破关系，只可惜当时并未能认识到这一重要地层关系。②1959年，在马王村北的发掘中，首次发现两处残缺的西周夯土建筑基址，在其东北邻近地区还钻探出若干夯土台基，为探索丰邑中心区域提供了重要线索。（见图2-3）1961年冬，在马王村西清理一座西周青铜器窖藏，出土西周中晚期青铜器53件，其中有鬲、簋、壶、盘、盉、豆、杯等，有铭文的32件。③1964—1966年，沣西考古发掘时断时续，重要收获是在马王村西和西王村（新旺村）北分别发现西周青铜器窖藏，出土西周青

---

① 中国科学院考古研究所编著：《沣西发掘报告》，文物出版社，1963年。
② 张长寿：《沣西的先周文化遗存》，载《考古与文物》2000年第2期。
③ 中国科学院考古研究所编辑：《长安张家坡西周铜器群》，文物出版社，1965年。

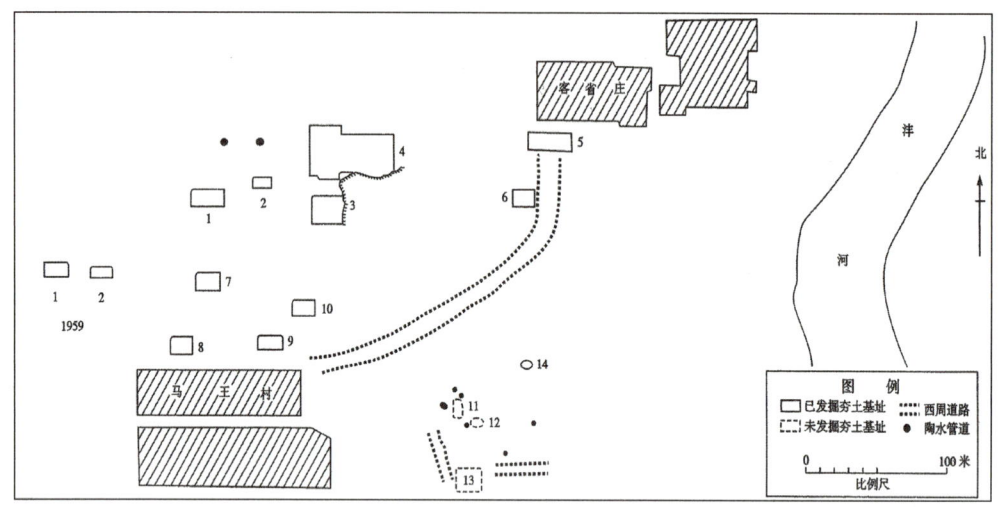

（引自《周文化及相关遗存的发掘与研究》图三）

图 2-3　丰邑西周宫室建筑群及相关遗存分布图

铜器29件（见图2-4）。①1967年，在张家坡发掘了一批西周墓葬。此后沣西考古发掘停顿了10年之久。

1967年在西王村村西发现一处青铜器窖藏，出土遹盂等铜器2件。遹盂腹内有铭文6行，共49个字。（见图2-5）铭文曰：

　　佳（唯）正月初吉，君在魰（歔）既宫。命遹事（使）于述（遂）土，隰
　　谋各姒司寮女寮奚、送华。天君事（使）遹事（使）颢，遹敢对扬，用作文且（祖）
　　已公障盂，其永宝用。

遹盂的铭文很重要，记载了周王内宫后妃遴选宫人宫婢之事，是有关西周宫廷选婢制度的一则新材料。②

1979年开始，中国社会科学院考古研究所恢复了对沣西遗址的考古发掘工作，取得了新的重要考古收获。1983年在客省庄、张家坡发现两座先周晚期墓葬。③1984年第一次在沣西发现偏洞室的姜戎墓葬，同时在张家坡村西西周墓地的南区，发掘了西周中晚期居住在丰邑的井（邢）叔家族墓地，这是第一次在丰邑遗址内发现西周执政大臣卿士一级的家族墓地，其意义非同一般。④

---

① 西安市文物管理处：《陕西长安新旺村、马王村出土的西周铜器》，载《考古》1974年第1期。
② 陕西省博物馆：《陕西长安沣西出土的遹盂》，载《考古》1977年第1期。
③ 中国社会科学院考古研究所丰镐发掘队：《长安沣西早周墓葬发掘记略》，载《考古》1984年第9期。
④ 中国社会科学院考古研究所编著：《张家坡西周墓地》，中国大百科全书出版社，1999年。

（引自《胡谦盈周文化考古研究选集》图版四，1）
图2-4 新旺村铜鼎

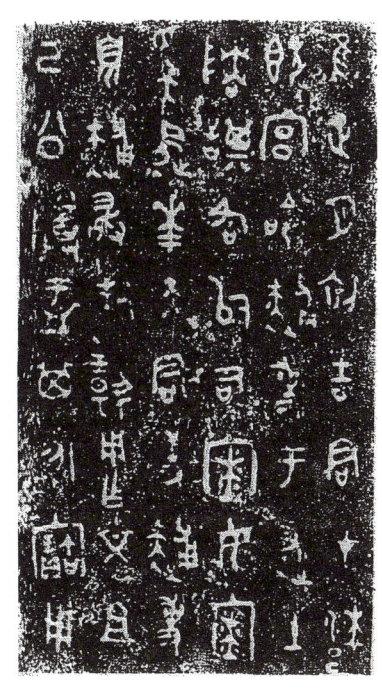
（引自《陕西长安沣西出土的䢯盉》，载《考古》1997年第1期）
图2-5 䢯盉铭文拓片

1997年春季，"夏商周断代工程"丰镐遗址分期与年代测定专题组，在沣西马王乳品厂北发掘了一批居址和墓葬遗存，其中H18等灰坑被认定为先周晚期文化遗存，年代为文王居丰时期[①]。这一重要发现，加上1959—1960年在马王村发现的先周灰坑H11，以及1983年在张家坡发现的两座先周墓葬和1984年在沣西发现的偏洞室姜戎墓葬，为我们确定周文王建立的丰邑故址位置提供了重要的证据。

丰邑遗址发掘的地点比较多，但属于大规模发掘的地点，只有1955—1957年在客省庄村北（见图2-6）和张家坡村东两个不同地点（见图2-7）。其余地点都属于试掘或小规模发掘，揭露遗址面积比较小，从20~500平方米不等，出土西周文化资料的数量和种类都不多，尤其能辨别器形和粘对复原的陶器数量更少。少数几个地点的遗址发掘面积虽然达1000平方米以上，但由于发掘地点的文化层堆积层被破坏严重，出土西周文化遗存也不丰富，尤其能粘对复原的陶器种类和数量更少，例如：①1976—1978年在马王村北地发掘遗址面积1140平方米，主要收获是清理出三座残破的西周夯土建筑基址。由于

---
① 中国社会科学院考古研究所丰镐工作队：《1997年沣西发掘报告》，载《考古学报》2000年第2期。

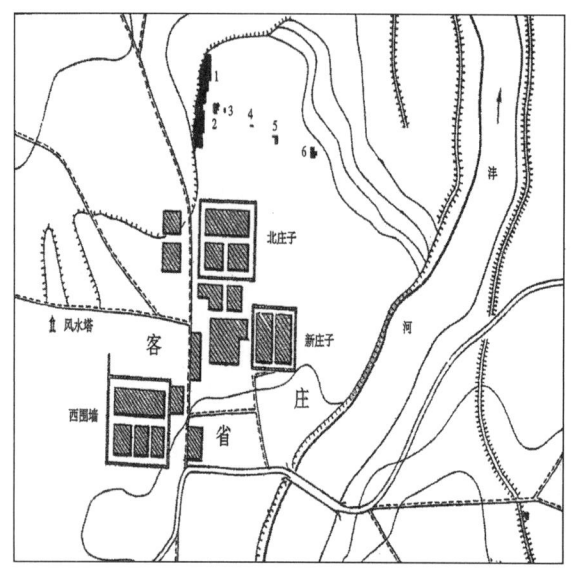

1.第一地点 2.第二地点 3.第三地点 4.第四地点 5.第五地点 6.第六地点（引自《沣西发掘报告》图二）

图2-6 客省庄村北发掘地点位置图

文化堆积遭破坏严重，出土的西周遗物数量不多。（见图2-8）②1983年9月—1984年6月在马王村北地发掘遗址面积达2350平方米，清理出一座特大的西周宫室夯土建筑基址，长61.5米，平均宽31.5米，面积约1940.35平方米。（见图2-9）但是由于宫室建筑只残存夯土台基址的下半部，出土西周遗物数量甚少。③1984年秋季在西王村西南发掘遗址面积1000平方米，西周文化层堆积薄而且包含物不多。

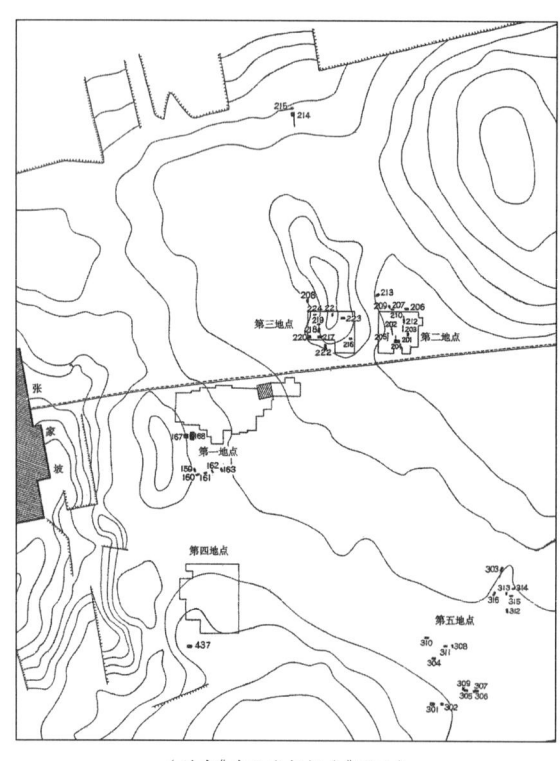

（引自《沣西发掘报告》图三）

图2-7 张家坡遗址发掘地点位置图

图2-8 马王村二号宫室北边的陶水管

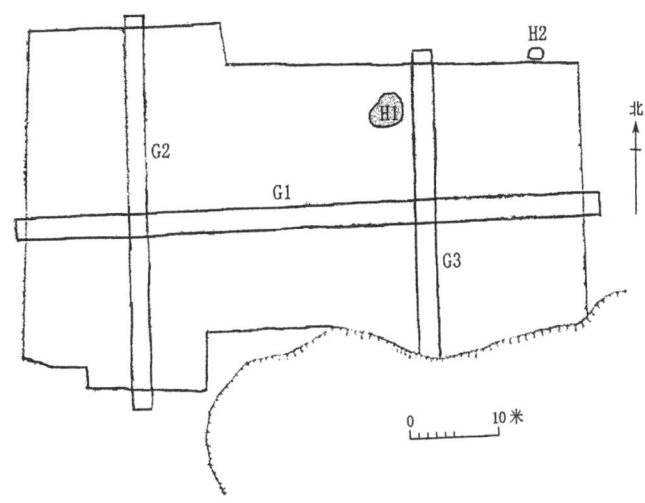

（引自《陕西长安沣西客省庄西周夯土基址发掘报告》图五，载《考古》1987年第8期）

图 2-9　马王村北地四号西周夯土基址平面图

（引自《沣西发掘报告》图版三捌，1）

图 2-10　张家坡长方形半竖穴式房址 H105（由北往南）

　　经过半个多世纪的考古调查与发掘，虽然已掌握了沣西遗址的许多信息，但是对于沣西遗址的地层分期与年代，在认识上却有一个不断提高的过程。最早《沣西发掘报告》认为：客省庄和张家坡两个不同发掘地点的西周文化层，都可以分为早期和晚期两种不同年代的堆积，居址分为早、晚两期。据《沣西发掘报告》介绍，在早期居址里，发现铸铜和制造各类骨、角器的迹象，房子计有深土窑式房址（全洞式窑洞房址）和长方形半竖穴式房址（见图2-10）两种。晚期居址只发现一种圆形半竖穴式房址（见图2-11）。长方形和椭圆形水井以及深浅不同的圆形、长方形和不规则形灰坑，在早、晚两期居址里不见或罕见。红色粗泥绳纹陶片，早期比晚期的数量多得多。早期陶器常饰印纹，如云雷纹、回纹、重圈纹和"S"形纹等；晚期陶器流行饰弦纹和篦纹。（见图2-12）器形早期有簋、尊、盂等（见图2-13）。两期共有的器皿，往往属于完全不同的型式。例如：早期流行粗柄豆、三宽足瓮、双立耳小口折肩罐和裆部内陷甚深的瘪裆陶鬲；晚期流行细柄豆、圆底瓮、弦纹和篦纹小口圆肩陶罐、矮裆袋足鬲或足跟附加乳头状疙瘩的袋足鬲（见图2-14）。

　　《沣西发掘报告》根据西周墓葬和早、晚两期居址的地层叠压关系，认为早期居址的绝对年代，约略在周文王作邑于丰至西周成康时期或更早——先周时期或主要是先周时期。晚期居址的上限年代和第四期墓葬的年代相当，约为西周夷王、厉王、共和时

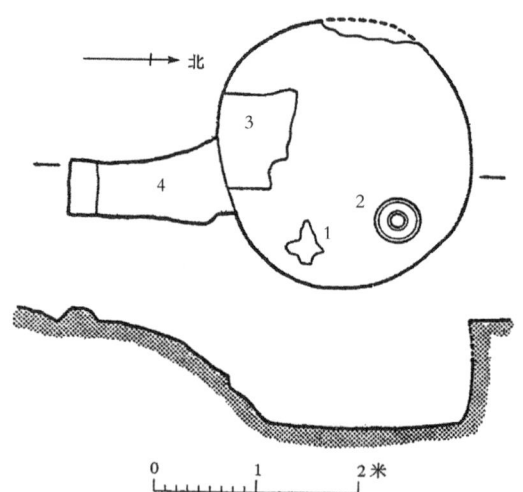

1.灶坑 2.陶鬲 3.土坡 4.出入口（引自《沣西发掘报告》图四七）

图 2-11　张家坡圆形半竖穴式房址 H104 平面、剖面图

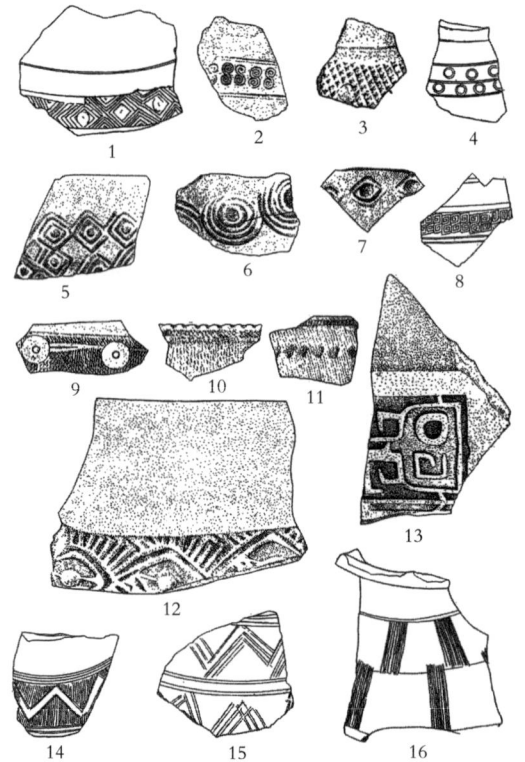

1—8、12、13.印纹　9.附加堆纹　10.花边口沿　11.指甲纹（以上早期）　14.划纹和篦纹　15.划纹　16.篦纹（以上晚期）（引自《沣西发掘报告》图六一）

图 2-12　张家坡西周居址的陶器纹饰

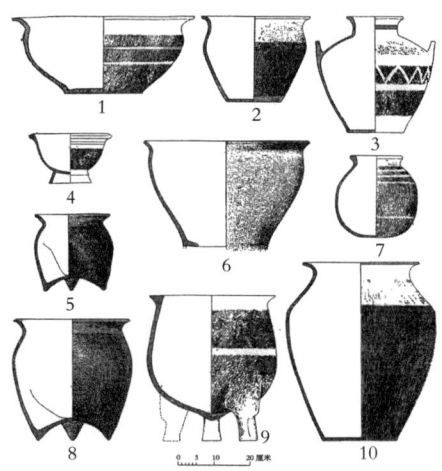

1. Ⅰ式盆（T308:3）2. Ⅱ式尊（H201）3. Ⅱ式罐（H301）4. Ⅰ式簋（H301）5. Ⅲ式鬲（H301）6. 甗（H202）7. Ⅰ式罐（H423:5A）8. Ⅳ式鬲（T174:4A）9. Ⅰ式鼎（H301）10. Ⅰ式尊（H413）（引自《沣西发掘报告》图六二）

图 2-13　张家坡西周早期居址的陶器

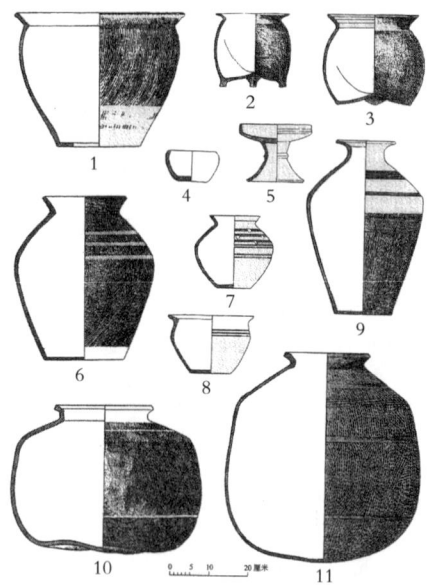

1. Ⅰ式瓿（H162:1:11）2. Ⅵ式鬲（H401:14）3. Ⅶ式鬲（H410）4. Ⅱ式碗（H108）5. Ⅲ式豆（H141:1）6. Ⅲ式瓮（H152）7. Ⅵ式罐（T202:3）8. Ⅲ式盂（H422）9. Ⅷ式罐（H410:2）10. Ⅱ式瓮（H104）11. Ⅱ式瓮（H162:1:9）（引自《沣西发掘报告》图六四）

图 2-14　张家坡西周晚期居址的陶器

期，其下限年代可到西周末年。①

后来曾长期在沣西地区进行考古发掘的胡谦盈先生，在详细分析了《沣西发掘报告》以后，提出：

> 《沣西》关于客省庄和张家坡两地西周早、晚两期居址的区分及其年代推断，与报告中的西周陶器资料显然存在诸多难以自圆其说的自我矛盾现象。而且《沣西》作者把西周居址分为不同年代的早、晚两期，与将西周墓葬划分为不同年代的五期，二者在年代上也是互不对应的。换一句话来说，《沣西》中没有西周中期居住遗存，但有数量众多的二、三期也就是西周中期墓葬。我们认为，上述只见埋葬死者遗留而不见活人活动遗存的现象是不应该存在的。（1）前已讨论，《沣西》中的西周早、晚两期陶器中都混杂有西周中期偏早的典型陶器。（2）1997年在马王乳品厂发现了西周中期居址堆积层，发掘地点西距1956~1957年张家坡村东出土西周中期陶罐第二发掘点约100米。基于上述两点，人们有理由认为《沣西》中无西周中期居住遗存似乎是资料基础整理和分期断代工作做得太粗疏所致，即作者把西周中期居住遗存错误地分别划归《沣西》中的所谓"西周初期或晚期两种不同文化堆积层"的缘故。
>
> 前面已介绍，1959年春季在客省庄村南的西户公路南侧发现西周初期灰坑H10挖破先周窑洞房址H11的现象。H10和H11两个不同单位的出土物是有明显区别的。例如：横绳纹瘪裆陶鬲和高领乳形袋足陶鬲只见于H11出土，而不见于H10出土。上述两种陶鬲，在岐邑等地先周墓葬中或遗址里是常见之物。H10出土了一些铸铜泥范，其中有一块铜簋外范的主纹是西周初期流行的翘尾夔龙。又，1997年春季在张家坡村东的马王乳品厂再一次发现西周初期和先周两种不同年代遗存的叠压地层。计发现先周房址1座和灰坑3个（发掘地点东距1959年发掘的先周房址H11约1000米左右。西距1956~1957年张家坡村东第五发掘地点约100米），出土先周遗物数量比较多，陶器形制与前述张家坡西周初期陶器器形有明显的区别。其中马王乳品厂先周灰坑H18出土完整的和能辨别器形的陶器数量比较多，陶器群的面貌基本清楚。上述客省庄村南和马王乳品厂两地先周文化堆积的发现，补充和纠正了《沣西》中关于西周早期

---

① 中国科学院考古研究所编著：《沣西发掘报告》，文物出版社，1963年。

文化层分期和年代的论述。

总之，根据上述比较研究和分析充分说明，《沣西》中的周文化居住址的地层堆积内涵，应该包含以下四期不同年代的文化遗存：其中一期约当周文王作邑于丰至武王灭商以前的先周文化遗存；二期约当周武王灭商至昭王时期的西周初期文化遗存；三期约当周穆王至夷王时期的西周中期文化遗存；四期约当周厉王至幽王时期的西周晚期文化遗存。由此可见，丰邑遗墟中的周文化居住址遗存内涵，与我们在下面第四章第三节中把墓葬分为不同年代的四期遗存——即先周墓葬、西周初期墓葬、西周中期墓葬和西周晚期墓葬是相互对应和一致的。①

胡谦盈先生关于沣西遗址文化层分期与年代的分析是有道理的，特别是1997年沣西马王乳品厂先周文化遗存的发现，可知沣水西岸的沣西遗址，其年代是从文王晚年延续至西周末年，与文献记载的丰邑遗址的年代吻合，证明沣西遗址不仅是西周的丰京，而且也是周文王建立的丰邑遗址。

沣西遗址位于沣水中游的西岸，所以被称为沣西遗址。沣水始见于《诗经》，《文王有声》云："丰水东注，维禹之绩，四方攸同，皇王维辟。"《水经注·渭水》说"（沣水）北迳灵台西"，灵台遗址在今西安市原鄠邑区秦渡镇北。

关于古代的沣水，曾长期在沣西地区进行考古发掘的胡谦盈先生，1959—1962年根据文献记载并结合实地踏察、钻探和试掘查明：沣水发源于终南山北侧的丰溪口，水北流入渭河。全河分为三段，由丰溪口至秦渡镇是上游，从秦渡镇至马王镇的客省庄是中游，从客省庄至渭河是下游。上游由丰溪、高冠、太平三水汇合成流，至秦渡镇略南，郊河从东岸注入。中游仅有一股水，即沣水。下游在古代有两股水：一水在客省庄村的东北与沣水分流，向东北流为沣水支津，也称滈水，其故道位于今日斗门街道西北以及花园村、普渡村、上泉北村和纪杨村的西边，也就是在今日高阳原以西原下低洼的盐碱滩地上。这股水流河道自唐代以后不断由东往西移动，形成今日向北流的沣河。另一股水流原本为沣水的主流，在客省庄村北折向西北流，至今日长安区西马坊村的西边流入泥河。这股河水今已枯竭断流，但在1935年出版的万分之一的地形图上还有明确的河道

---

① 胡谦盈：《三代都址考古纪实——丰、镐周都的发掘与研究》，中国社会科学出版社，2009年，第61—62页。

标志。今天的沣河下游，实际上是由古代滈水不断向西移动形成的，它在客省庄村东北向北流入渭河。

沣河沿岸，上游是秦岭北麓浅山丘陵区，从中游开始地势较平坦，平畴沃野，水系发达，极适宜农业和人类居住。沣河下游是渭河一级阶地和潮湿的河滩地，不适合古代人类居住，考古调查在马王镇客省庄村以北，也就是丰邑遗址以北，至今也没有发现古代文化遗存。

西周的丰京遗址，南依秦岭山脉的终南山，北近渭水，坐落在沣河中游西岸被称为郿坞岭的一片高地上，遗址范围内属于渭河南岸的二、三级阶地，占据着沣河流域最适合人类居住的地段。近年来经过考古钻探得知，遗址的北界客省庄以北，南界曹家寨、西王村、冯村以南，都是低洼的沼泽地。其中水道密布，古代一旦沣水泛滥，人类就无法居住。（见图2-15）

图 2-15　沣河两岸丰镐遗址景色

据中国社会科学院考古研究所多年的考古调查、发掘，以及近期的考古钻探，西周的丰京遗址在沣水中游的西岸，遗址范围东以沣河为界，西至灵沼河（今名沧浪河），北至西安市长安区马王街道的客省庄、张家坡和海家坡村北，南至曹家寨、西王村和冯村，总面积约为8.9平方公里。遗址区内以马王街道的客省庄、张家坡、马王村、冯村、曹家寨、西王村等地的周人遗址和墓葬最为密集。这一带位于汉长安城西南、唐长安城西、鄠邑区以东，与汉唐史籍所指的丰邑位置也相吻合。先周时期的丰邑包括在西周的丰京遗址范围之内，其中心区域可能在西周丰京遗址的北部，即张家坡村至客省庄村南一带。

第三节
丰邑宫室园林建筑基本布局的推测

《史记·周本纪》张守节《正义》引《括地志》云:"周丰宫,周文王宫也,在雍州鄠县东三十五里。"清代乾隆《鄠县新志》卷一《地理志一》说:"周丰宫,旧志一名酆宫,在沣水西,去县三十里。"今本《竹书纪年》载,周武王十二年牧野之战后的"夏四月,王归于丰,飨于太庙。……十三年……荐殷于太庙,遂大封诸侯"。

《周礼·考工记》说:"匠人营国,方九里,旁三门。……左祖右社,面朝后室,市朝一夫。""夏后氏世室,堂修二七,广四修一。五室,三四步,四三尺。九阶,四旁两夹窗。白盛。……殷人重屋,堂修七寻,堂崇三尺。四阿重屋。周人明堂,……堂崇一筵。五室,凡室二筵。"丰京遗址目前还没有发现周人的明堂建筑,但是周原扶风召陈建筑群基址的F3是一座明堂建筑(参阅第四章第二节《西周的王宫与宗庙》)。

《诗经·大雅·灵台》云:

经始灵台,经之营之。庶民攻之,不日成之。经始勿亟,庶民子来。

王在灵囿,麀鹿攸伏。麀鹿濯濯,白鸟翯翯。王在灵沼,于牣鱼跃。

虡业维枞,贲鼓维镛,于论鼓钟,于乐辟雍。

于论鼓钟,于乐辟雍,鼍鼓逢逢,矇瞍奏公。

宋代程大昌《雍录》说丰宫"今在鄠县,灵台、灵沼、灵囿皆属其地也"。据《三辅黄图》记载,周灵台"高二丈,周回百二十步"。由此可知,灵台是登高远望、游乐观赏的地方,至于灵台之上有没有楼阁建筑则不得而知。《三辅黄图》说:"周文王灵沼,在长安西三十里",《说文》云"沼,小池也"。明代王应麟《玉海》卷一百六十二《宫室·庭台》引《左氏》云:"雍之灵沼谓之辟雍。"《三辅黄图》卷四

《苑囿》记载：

> 周灵囿，文王囿也。《诗》曰："王在灵囿，麀鹿攸伏，麀鹿濯濯，白鸟翯翯。"毛苌注云："囿，所以域养禽兽也，天子百里，诸侯四十里。灵者，言文王之有灵德也。灵囿，言道行于范围也。"

综合以上所述，可知先周晚期，文王、武王时代丰邑有王宫（丰宫）、太庙、灵台、灵沼、灵囿等大型建筑以及园林游乐场所。然而这些大型建筑和园林在地面上早已荡然无存。

从20世纪50年代以来，考古工作者在沣河西岸丰京遗址北半部的客省庄、马王村和张家坡一带，发掘出先周居住遗址和墓葬，而在沣西遗址南半部及其周围地区尚未发现先周文化遗存。目前在客省庄至张家坡一带发现的先周文化遗址有：

①1959年春季在客省庄村南西户公路南侧，发现一座先周窑洞式房址H11，出土了一些典型的先周文化陶器及碎片。房址被西周初期灰坑H10打破，而H11又打破一座竖穴式先周陶窑。H10除出土一些西周陶器和碎片外，还出土了一些铸铜泥范，内有一块铜簋外范刻有西周初期常见的翘尾夔龙花纹（见图2-16）。先周窑洞房址H11的建筑形制，与西周同类窑洞式建筑结构相同。[①]

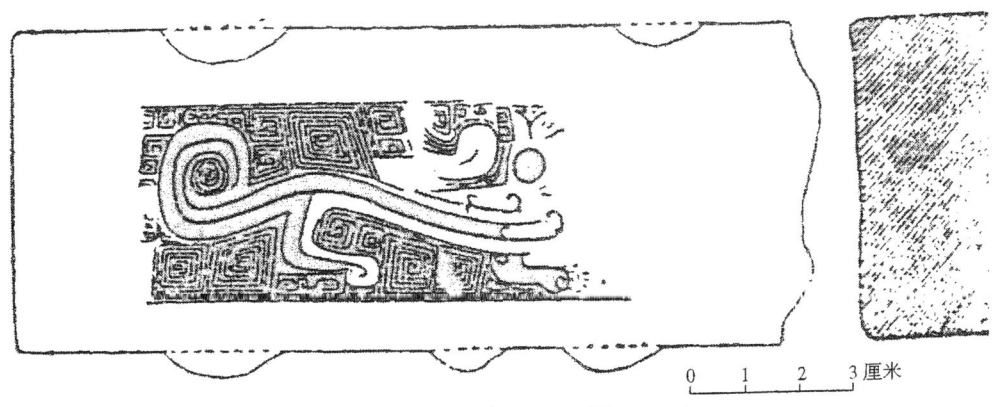

（引自《胡谦盈周文化考古研究选集》图十二）

图2-16 丰邑客省庄南地H10西周铜簋外范花纹

②1997年春季，在马王村西北约80~100米处的马王乳品厂内，发现西周房址一座和灰坑三个。房址属于半竖穴式建筑，平面形状近似方形，南北长约3.72米，东西宽约2.9

---

① 参见胡谦盈、张孝光：《论窑洞——考古中所见西周及其以前土洞穴房基址研究》"表一"，见苏秉琦主编：《考古学文化论集》（三），文物出版社，1993年，第358页。

米，面积为14.5平方米。房址四周的墙壁遭破坏，房址西南角被先周灰坑H7打破。房子建筑形制与张家坡村东，1960年秋季发掘的半竖穴式方形房址（编号H205）的建筑结构相同。在三个灰坑中，H12是一个口小底大的圆形袋状灰坑，H7和H18都是口大底小的不规则椭圆形灰坑，其中H18深达5.2米，用途不详。灰坑H18出土陶器及其碎片比较多，基本上反映出先周文化晚期陶器群面貌的特征，这是沣西地区发现的最重要的先周文化遗存。H18出土的先周晚期陶器，时代相当于文王晚期，有较多的联裆鬲、圈足盆形簋、折肩罐、深腹大口盆等，都是典型的先周晚期文化陶器。（见图2-17）

这次发现解决了先周文化研究中的一个重要问题，即关于联裆鬲的问题。过去有的学者只承认高领袋足鬲属于先周时期，而把联裆鬲都看作是西周时期的陶器。这就使高领袋足鬲成了先周文化中的唯一代表性炊器，而把联裆鬲排斥在先周文化之外。沣西马王村H18的重要发现使坚持认为联裆鬲是西周陶器的学者认识到，先周文化中除了有高

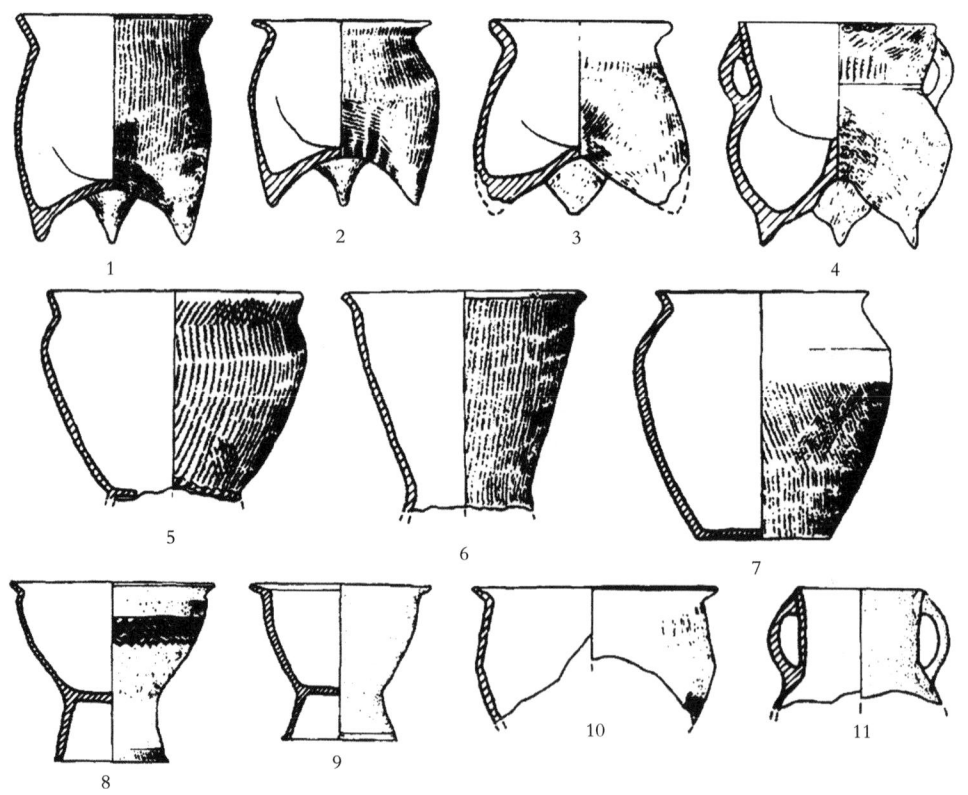

1—4.鬲（H18：49、H18：50、H18：52、H18：53） 5、6.瓿（H18：60） 7.大口尊（H18：41）
8、9.簋（H18：44、H18：46） 10.盆（H18：87） 11.双耳罐（H18：132）

图 2-17　H18 出土部分陶器

领袋足鬲,还有联裆鬲,也称弧裆鬲。

沣西遗址发掘先周墓葬三座,墓穴都是口小底大的圆角长方形覆斗状土坑,墓室底部中央有一个长方形腰坑。腰坑内埋狗,狗架朽腐或被扰乱。其中1983年在客省庄发掘的M1,编号为83SCKM1,位于客省庄4号西周夯土基址南约15米处,东南距1959年发掘的先周窑洞房址H11约70米。它是三座先周墓中形制最大的一座,墓葬东西向,长方形土坑竖穴。墓口长3.8米,东宽2.1米,西宽2.15米。葬具为一棺一椁,棺盖上装饰有云纹彩绘图案。墓底有腰坑,殉狗一只。墓主骨架已朽,可辨认出为仰身直肢。在墓室南、北两侧的生土二层台的中部各挖一个长方形浅凹坑,长2米,宽0.4~0.5米,深0.5米,坑内各埋一殉葬人,位南的殉人为女性,头东足西,下肢微屈。位北的殉人头西足东,侧身下肢微屈。两殉人均面向墓主。墓主头顶二层台上随葬有高领袋足鬲1件,椁内有铜戈2件、铜镞4枚、弓形器1件。头箱部位晚期被扰动,椁底留有大片青铜锈斑,说明原有青铜器随葬。北侧殉人的木质葬具已腐朽成灰末,随葬石璧1件、碎玉块2件、骨管2件、贝3枚和蛤壳3扇。(见图2-18)

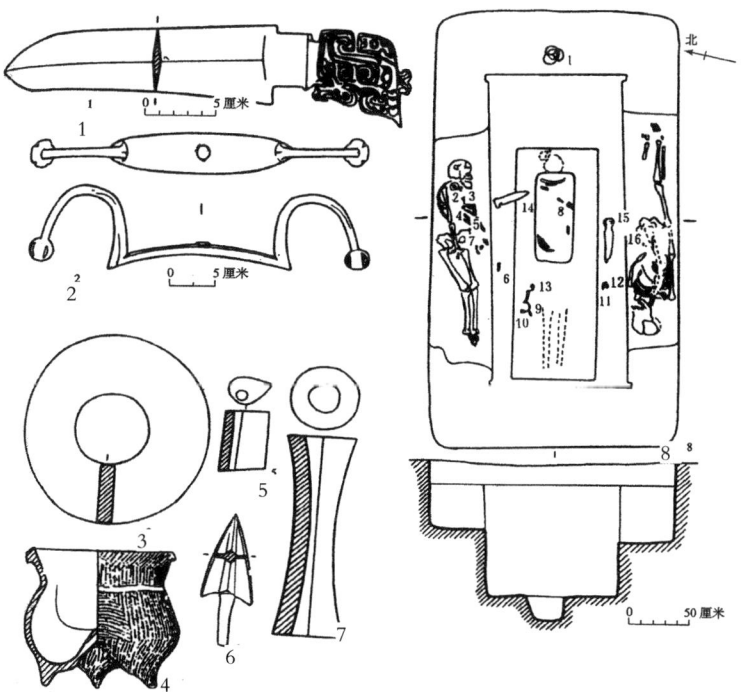

1.铜戈(M1∶14) 2.铜弓形器(M1∶13) 3.玉璧(M1∶2) 4.陶鬲(M1∶1)5、7.骨管(M1∶5、M1∶6) 6.铜镞(M1∶12) 8.M1平面、剖面图(引自《长安沣西早周墓葬发掘记略》,载《考古》1984年第9期)

图2-18 客省庄1983年先周墓M1平面、剖面图及部分出土器物

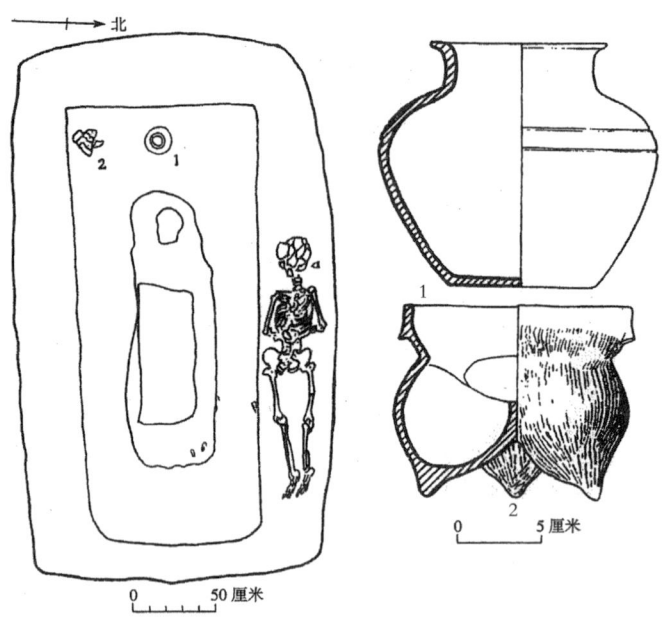

（引自《1967年长安张家坡西周墓葬的发掘》图二）
图2-19 张家坡先周墓葬M89平面图及陶器

1967年在张家坡发掘的M89，位于1956—1957年张家坡村东第二发掘地点北边的断崖旁，墓底东西长3.3米，南北宽2米，深4.1米。墓主人骨架朽没，葬式不明，头向西。北侧二层台上埋一殉葬人，头向西，侧身直肢，上肢交于腹下。随葬陶鬲和陶罐各1件。（见图2-19）

1983年张家坡沣西毛纺厂M1，位于1956—1957年张家坡村东第一发掘地点北边旁。该墓是三座先周墓中形制最小的一座，墓底东西长3.1米，南北宽1.56米。墓主人骨架全部朽没，葬式不明，只能确定头向西。此墓无殉葬人，但是在墓主人头端的椁室内放有铜鼎、铜簋、乳形袋足陶鬲和小口圆肩陶罐各1件。其中铜鼎腹内壁有铭文3字，上为族徽图像，下有"父乙"二字。（见图2-20）

此外，1967年在张家坡村东发掘了M2、M4、M16、M71和M72[①]，以及1983—1986年在张家坡村西南发掘了M21、M77和M318[②]等八座西周墓葬。这批墓葬出土的陶鬲和陶罐既见于西周初期，又见于先周时期，但是这八座墓出土的周式盆形陶簋的形制，迄今似乎只见于先周而未见于西周。[③]也许墓葬的年代略早于西周，或属于先周末期。

沣西遗址已发现的先周晚期文化遗存，时代相当于文王居丰至武王灭商以前。1959年春在客省庄村南马王村北发现西周早期灰坑H10打破先周房址H11的现象。H10和H11包含物是不同的，例如，高领袋足鬲只见于H11。徐锡台先生指出："H11被H10打破，

---

① 中国社会科学院考古研究所沣西发掘队：《1967年长安张家坡西周墓葬的发掘》，载《考古学报》1980年第4期。
② 中国社会科学院考古研究所编著：《张家坡西周墓地》，中国大百科全书出版社，1999年。
③ 胡谦盈：《三代都址考古纪实——丰、镐周都的发掘与研究》，中国社会科学出版社，2009年，第70页。

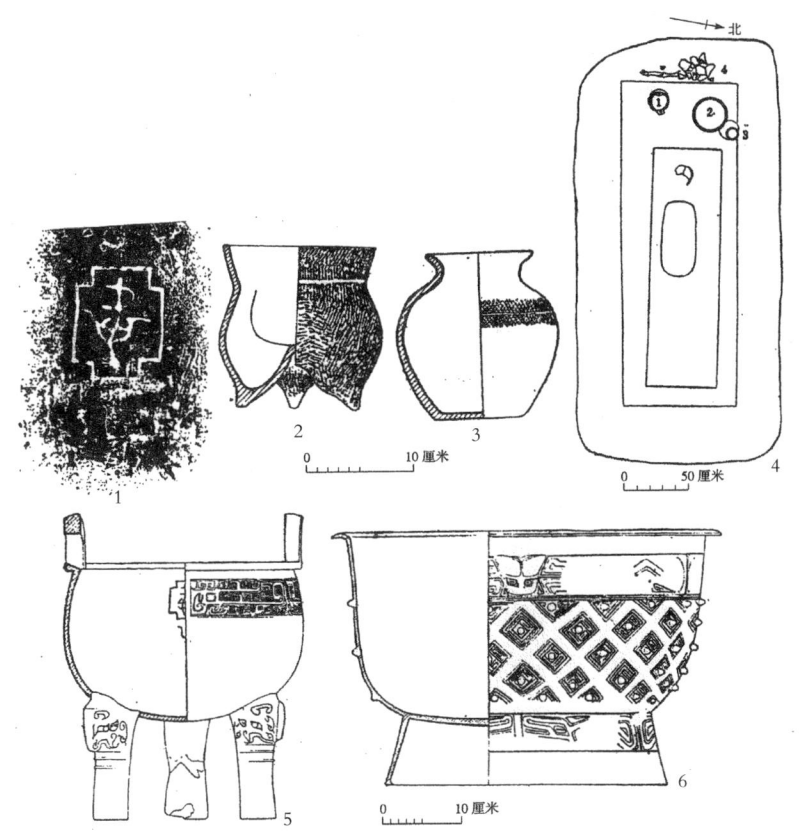

1.铜鼎铭文拓本(9/10) 2.陶鬲(M1:4) 3.陶罐(M1:3) 4.M1平面图 5.铜鼎(M1:1)
6.铜簋(M1:2)（引自《长安沣西早周墓葬发掘记略》，载《考古》1984年第9期）

图 2-20 张家坡沣西毛纺厂 1983 年先周墓葬 M1 平面图及出土器物

H10出土二十六块铸铜器陶范，可以辨出器形的有铸簋的合范一块，外范花纹以夔纹为主题，雷纹为地，从陶范花纹看，H10属于西周早期遗迹，H11比H10要早，因此它可能属于早周遗迹。"①H11出土的高领袋足鬲、联裆（旧称"瘪裆"）陶鬲、陶盆、陶簋等，都是先周文化晚期的常见之物。H11出土的高领袋足鬲，时代相当于文王居丰时。张家坡居址发现的印纹陶片中有一部分也属于先周晚期文化遗存，例如方格印纹陶片。另外，张家坡67M89、83SCKM1，沣毛M1等出土的姜戎式高领袋足鬲，其时代均在武王灭商以前，即文王居丰至武王早期。这些重要发现，特别是1997年在沣西发现的先周晚期文化遗存，有较多的联裆鬲、圈足盆形簋、折肩罐、深腹大口盆等，这些都是典型的先周晚期文化陶器。

---

① 徐锡台：《早周文化的特点及其渊源的探索》，载《文物》1979年第10期。

沣西遗址先周文化遗存的发现，不仅证实沣西遗址就是周文王迁都的丰邑遗址，而且证明西周文化是从先周文化直接发展而来的。与此同时，沣西遗址发现的先周文化遗存，说明文王时期的先周时代晚期，当时在沣西遗址的北部客省庄、马王村、张家坡一带，居住着周族居民。

周文王时期丰邑的宫室建筑基址虽然尚未发现，但是在沣西遗址东北部的客省庄和马王村之间，已发现了分布十分密集的西周时代的雄伟建筑群夯土残基址（其位置见图2-3），故推测周文王时期丰邑的王室宫室建筑，可能也在这一带。

元代骆天骧所撰《类编长安志》说："文王又引水为辟雍灵沼，《括地志》曰今悉无复处所，唯灵台孤立，今案台高二丈，周回百二十步。"《括地志》是唐代的地理志书，这说明唐代还能看到灵台。今西安市长安区灵沼街道最南一处称为"灵台"的高地，相传是周文王所筑的灵台，至今有明代所建的祭祀周文王的祠庙。这里与西安市高新区秦渡街道接壤，离沣水的西岸不远，位于丰邑遗址以南。《孟子·梁惠王下》说："文王之囿，方七十里，刍荛者往焉，雉兔者往焉。"又说："文王以民力为台为沼，而民欢乐之，谓其台曰灵台，谓其沼曰灵沼，乐其有麋鹿鱼鳖。"灵沼遗址在今沣西上南丰村西北，位于丰邑遗址的南部。以上所述，说明先周时期丰邑贵族的游乐场所，是在丰邑的南郊。总之，先周丰邑宫室、园林等大型建筑基本的布局可能是：周王室的大型宫室建筑分布在丰邑的北部，即今客省庄、马王村一带；灵台、灵沼、灵囿等游乐园林和野生动物园等则分布在丰邑的南部。

第三章 周武王增建镐京

《春秋·隐公元年》何休注云："王者受命，必徙居处。"周武王即位后，经过占卜，在今西安市沣河东岸斗门街道一带，营建了新的都邑镐京，并且任命太公望（姜太公）为太师，周公旦为其副手，掌管军队，积极备战，准备完成周文王的遗志——灭商。

周武王即位后的第九年，为了预演灭商战争，周武王在毕地（在今西安市长安区）周文王墓前进行了祭祀，并用车载着周文王的木雕像（或为牌位），"东观兵，至于盟津（今河南孟津县东北、孟州市西南）"。

孟津观兵的第二年（公元前1046年），武王听说商纣王愈加昏乱暴虐，于是下定决心发兵伐商。当年二月甲子日黎明前，周武王在商郊牧野举行了战前誓师动员大会，参加的人有友邦的大君（诸侯、方国首领），司徒、司马、司空，亚旅、师氏，千夫长、百夫长，以及庸、蜀、羌、髳、微、卢、彭、濮等少数民族。

牧野之战中，巴族弓鱼（句吴）人充当先锋，他们"歌舞以凌"，使商纣王的军队"前徒倒戈"。经过一天的战斗，周军占领了殷都（今河南安阳市），商纣王火焚自杀，商王朝灭亡，西周王朝建立。

灭商以后，周武王追封炎帝（神农氏）、黄帝，以及尧、舜、禹等先王之后，也包括吴太伯、仲雍之后周章、虞仲为诸侯，并且在王畿之内为功臣谋士姜太公、周公、召公等封采邑。

第一节
武王营镐

《春秋·隐公元年》何休注云："王者受命，必徙居处。"《毛诗谱》云："文王受命，作邑于丰。"周武王也是受命之君，也要迁徙居处，所以他经过占卜，营建了新的都邑镐京。《诗经·大雅·文王有声》云："考卜维王，宅是镐京，维龟正之，武王成之。武王烝哉。"诗中是说周文王做出在镐地营建居所的决定，周武王经过占卜并完成了营建任务。周武王灭商后，建立了全国性的政权——西周王朝，定都镐京。所以《说文》云："镐……武王所都。"据今本《竹书纪年》，殷纣王帝辛三十六年，"西伯使世子发营镐"。

旧说"镐"因镐池而得名，但是周人最初称镐京之地为"蒿"。今本《竹书纪年》说："周德既隆，草木茂盛，蒿堪为宫室，因名蒿室。既有天下，遂都于镐。"《大戴礼记·明堂》也有类似的说法："周时德泽洽和，蒿茂大，以为宫柱，名蒿宫也，此天子之路寝也。"上述说法过于夸张，皆不可信。蒿草生长得再好也难以用来建造宫室，更不能用来当宫柱使用。实际的情况很可能是武王营镐时，那里是一片长满蒿草的荒芜之地，武王率领周人在沣水东岸长满蒿草的荒滩上，披荆斩棘建立了新的都邑，故称为"蒿"，史称镐京。

黄盛璋先生说："镐之本字就是高，作镐、作滈、作鄗皆其后起字，所以可互为通假。"①其实镐的本字为蒿，从草，高声。西周早期出土的甲骨文、金文中"镐"字作蒿。周原凤雏遗址出土的甲骨文有两处提到蒿（见图3-1、图3-2）：

祠，自蒿于壴。（H11：20）

祠，自蒿于周。（H11：117）

上述周原甲骨文的时代都早于康王，当为武成时期。"祠"，又见于禺邗王壶铭

---

① 黄盛璋：《周都丰镐与金文中的蒿京》，载《历史研究》1956年第10期。

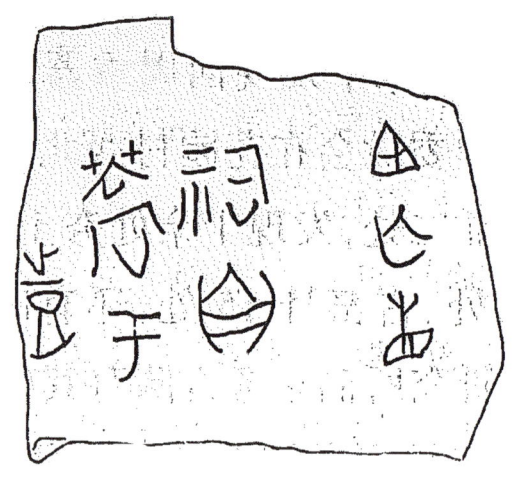 

图 3-1　周原凤雏 H11：20 号甲骨文摹本　　图 3-2　周原凤雏 H11：117 号甲骨文摹本

文。甲骨文中的祠,为祭名。《礼记·王制》云:"天子诸侯宗庙之祭,春曰礿,夏曰禘,秋曰尝,冬曰烝。"郑玄注云:"此盖夏殷之祭名,周则改之。春曰祠,夏曰礿,以禘为殷祭。《诗·小雅》曰:'礿、祠、烝、尝,于公先王。'此周四时祭宗庙之名。"《说文》认为"祠"是祈祷之祭,云:"祠,春祭曰祠。品物少,多文词也。从示,司声。仲春之月,祠不用牺牲,用圭璧及皮币。"《尔雅·释天》也云:"春祭曰祠。"周原 H11：117 甲骨文是说春天的祭祀从镐京开始,延续到周(岐周)结束。

"蒿"字作为地名又见于西周成王时代的德方鼎铭文:"惟三月,王在成周,延(延)珷(武)福,自蒿,咸。"郭沫若先生最早指出:"蒿通镐,即镐京。"[1]陈梦家先生认为德方鼎的时代为成王时期。[2]郭沫若、唐兰、王世民、刘启益、彭裕商等皆从之。[3]德方鼎铭文是说周成王在成周(洛邑),把从镐京开始的对武王的祭祀活动进行完毕。

"蒿"字见于殷墟卜辞:"酉卜,王曰贞:蒿田……"(《掇》二·二四);又见于西周曾姬无(许)恤壶铭:"望安兹(此)漾陲蒿间之无匹。"卜辞中的"蒿田",当是指长满蒿草的田地;金文中的"蒿间",当是指蒿草之间。可见"蒿"之本义是指

---

[1] 郭沫若:《由周初四德器的考释谈到殷代已在进行文字简化》,载《文物》1959 年第 7 期。
[2] 陈梦家:《西周铜器断代》上册,中华书局,2004 年,第 72 页。
[3] 郭沫若:《由周初四德器的考释谈到殷代已在进行文字简化》,载《文物》1959 年第 7 期;唐兰:《西周青铜器铭文分代史征》,中华书局,1986 年,第 70—71 页;王世民、陈公柔、张长寿:《西周青铜器分期断代研究》,文物出版社,1999 年,第 13 页;刘启益:《西周纪年》,广东教育出版社,2002 年,第 73 页;彭裕商:《西周青铜器年代综合研究》,巴蜀书社,2003 年,第 219 页。

蒿草。周武王为什么要迁都镐京呢？除他可能受到"王者受命，必徙居处"观念的影响以外，马正林先生指出：

> 丰、镐尽管只有一河之隔，但把国都从丰迁到镐应该说是一件重大的事情，是对当地形势作过详细考察的。丰京和镐京遗址虽都位于沣河两岸的二级高地上，但丰京位于沣河与灵沼河之间，要建设一个大的国都，显然会受到当地自然条件的制约。向北、向南和向沣河西岸发展，由于地势较低，均会受到沣水泛滥的影响，而向西发展则又受到灵沼河的限制。灵沼河本是平地起水，它的水源就是一个海子（灵沼）。该河两岸地势低平，每当阴雨连绵，平地即积水成涝，潮湿异常。由此可见，在沣河与灵沼河之间这样一个南北狭长的地带上扩建丰京，显然是会受到限制的；要扩大国都，只有向沣水东岸发展才是唯一的出路。"武王都镐京，为四方来朝者丰不以容之"，我们认为这是符合当地的实际情况的。丰京不足以容四方之众，而又无法扩建，就不得不向地势开阔、平畴沃野的沣水东岸发展，另建镐京。①

马正林先生的说法是正确的，近年为配合西安国际化大都市建设，考古工作者对沣西遗址周围进行了钻探，探明在沣西丰京遗址范围以外，其南面、西面、北面地势低洼，不适合古代人居，而东面是沣河。这说明，周文王、武王可能受到在沣西无法向外扩建都城的限制，所以只能另辟蹊径，在沣水东岸的高地鄗坞岭上建立新的都邑镐京。

一、文献记载的镐京位置

关于镐京的位置，汉唐史家皆以为在镐池一带，而镐池又在昆明池北。谯周《古史考》说："武王迁镐，长安丰亭镐池也。"《水经注·渭水》说："渭水又东北与鄗水合，水上承鄗池于昆明池北，周武王之所都也……自汉武帝穿昆明池于是地，基构沦褫，今无可究。"《三辅黄图》说："镐池在昆明池之北，即周之故都也。"《汉书·地理志》说"武王治镐"，颜师古注云："今昆明池北镐陂是。"《太平寰宇记》卷二十五引《帝王世纪》说："镐池，即周之故都也。"《后汉书·郡国志一》引孟康曰："长安西南有镐池。"这里长安指汉长安城。《庙记》云："长安城西有镐池，在昆明池北，周匝二十二里，溉地三十三顷。"这里长安指唐长安城。《史记·周本纪》裴骃《集解》引徐广曰："镐，在上林昆明北，有镐池。"据以上所述，镐京内有镐

---

① 马正林：《丰镐—长安—西安》，陕西人民出版社，1978年，第13—14页。

池，而镐池在昆明池以北，所以要确定镐京的位置，首先应该弄清昆明池的所在。

唐代《括地志》云："昆明池在雍州长安县西十八里。"宋代宋敏求《长安志》说："昆明池在县西二十里，今为民田。"根据近年来的考古钻探，汉唐昆明池遗址的准确位置在"今陕西省西安市长安区斗门镇、细柳镇一带"①。其位置与《括地志》所说"长安县西十八里"的记载基本吻合。

昆明池大体是一个周回40里的人工湖，当时是在低洼的沼泽地上向下挖出来的。其遗址范围在今孟家寨、万村以西，上泉村、丰镐村以南，石匣口村以北。

1935年，陈子怡先生在《由昆明池而溯及镐京与丰邑》一文中，大体上确定了西周镐池旧址，指出小昆明池为镐池故址，从而初步勾画出了镐京遗址的方位和范围。②小昆明池也就是镐池，在今上泉北村东北，纪阳村以南，位于昆明池正北。

二、沣东考古与镐京遗址

寻找周都镐京遗址的考古调查工作始于1933年，北平研究院史学研究会徐炳昶先生带队，在沣河东岸的斗门镇至丰镐村地区进行实地踏察，从发现的文化遗存的性质上，初步肯定了镐京旧址的方位。1943年，中央研究院历史语言研究所石璋如先生在丰镐村周围进行了考古调查。自1951年开始，中国科学院考古研究所、陕西省文管会、西安市文管会在沣河两岸的丰镐地区进行了一系列考古调查和发掘工作，确定沣东地区有仰韶、龙山、西周三种不同类型的文化遗存。③

1953—1954年，中国科学院考古研究所在沣东的普渡村发掘清理了三座西周墓葬，其中有一座西周穆王时代的长甶墓，随葬品丰富，为西周中期的考古树立了断代标尺。④（见图3-3）

1962年在白家庄发现窑洞房址F1⑤，窑洞顶部及窑洞前面的环境已被破坏，北壁西部残高2.3米，其余墙壁残高约1.4米。房址的平面形状为不规则长方形，四角呈弧形，东西长4.1米，东墙宽1米，房址西部宽约2.1米。房门向西，房内西端靠南墙有一条土坡路经旁门通往屋外。房内靠南墙下有三个浅小的凹穴。在中间的凹穴底面发现3件能粘

---

① 中国社会科学院考古研究所汉长安城工作队：《西安市汉唐昆明池遗址的钻探与试掘简报》，载《考古》2006年第10期。
② 陈子怡：《由昆明池而溯及镐京与丰邑》，见陈子怡：《西京访古丛稿》，西京筹备委员会，1935年。
③ 考古研究所陕西调查发掘队：《丰镐一带考古调查简报》，载《考古通讯》1955年创刊号。
④ 石兴邦：《长安普渡村西周墓葬发掘记》，载《考古学报》1954年第8期。
⑤ 胡谦盈：《胡谦盈周文化考古研究选集》，四川大学出版社，2000年，第25页。

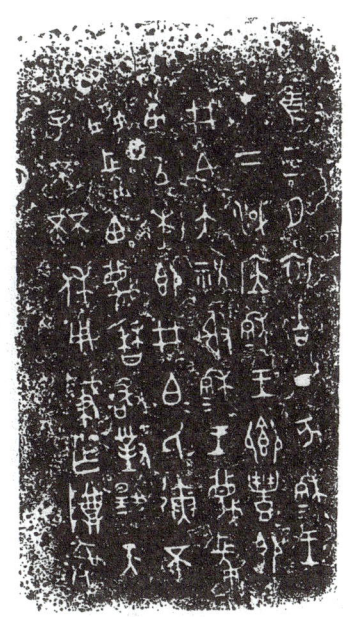

图 3-3　长由盉及其铭文拓片

对复原的陶器。房内居住面平坦，地面上有一层厚约 0.5 厘米的路土硬面，东半部的地面用火烧烤过，表面呈红色，房墙周壁没有加工整治，壁面凹凸不平。房址属西周初期遗存。

1962 年、1963 年在洛水村和上泉北村进行过发掘工作（见图 3-4），在洛水村发现第一号水井和一处西周初期夯土残基址（见图 3-5），出土大量西周瓦片（见图 3-6）和一些"白灰面"墙皮残块。

1980 年在下泉北村西边，村民在商周时期沣水下游故道河床中发现铸有长篇铭文的西周重器多友鼎，其铭文记载了西周晚期周王朝与猃狁的一次战争过程，具有重要的史料价值。这次战争是在泾水上游的陇东地区进行的，多友是周王朝的重要将领之一，他率领周军取得了多次战斗的胜利，俘获甚众。多友鼎铭文 200 多字，是丰镐地区发现的西周铜器铭文字数最多、史料价值最为重要的一篇铭文。

1981 年，中国社会科学院考古研究所丰镐发掘队，在普渡村东约 150 米处，发掘遗址面积约 140 平方米，清理灰坑 1 个，发现全洞式窑洞房址 2 座、烧陶窑址 2 座。它们都是属于西周中期偏晚阶段的遗存。[①]过去在丰镐地区发掘全洞式窑洞房址的数量比较多，

---

① 中国社会科学院考古研究所沣西发掘队：《1979—1981 年长安沣西、沣东发掘简报》，载《考古》1986 年第 3 期。

（引自《胡谦盈周文化考古研究选集》图版三，2）

图 3-4　镐京遗址上泉北村西周居址的铜铲

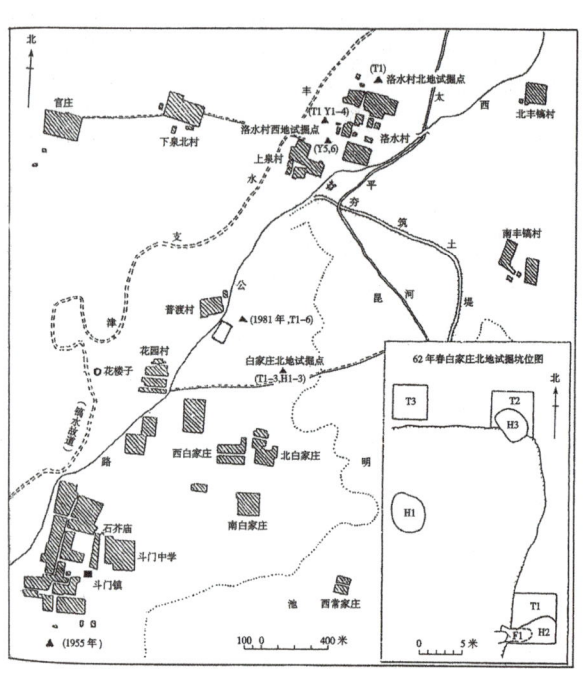

图 3-5　镐京西周遗址发掘及唐昆明池北界夯筑土堤位置图

（引自《胡谦盈周文化考古研究选集》图版四，2）

图 3-6　镐京遗址洛水村西周板瓦

但房址出入口外边的斜坡状坑道都遭破坏，在普渡村东发现的两座房址斜坡坑道基本上保存完好，从而使我们对这类房址的形制结构有较全面的了解和认识。2座烧陶窑址中，1号是竖穴式窑址，2号是横穴式窑址。

1984年，中国社会科学院考古研究所丰镐发掘队，又在普渡村发掘西周墓葬39座、车马坑2座。墓葬和车马坑均分布在村东西户公路东侧旁。墓葬的年代可以分为西周初、中、晚三期遗存。[①]

从20世纪70年代末期至80年代初期，陕西省文物管理委员会，在普渡村和花园

---

① 中国社会科学院考古研究所沣西发掘队：《1984年长安普渡村西周墓葬发掘简报》，载《考古》1988年第9期。

村之间，配合工农业建设工程，清理了数座西周墓葬和车马坑，发现了一批精美的青铜器。①

1983—1985年，陕西省考古研究所调查了镐京遗址并对部分灰坑、烧陶窑址进行了清理。②

1985—1986年，陕西省考古研究所在花园村一带清理了数座西周墓葬。③（见图3-7）

1985年7月，西安市文物管理处在斗门中学西南清理了一座铜器窖藏，出土了鼎、鬲和簋等20件青铜容器。1件铜簋上有"太师小子……"铭文。④

根据《镐京西周宫室》一书介绍，1983年5月—1993年3月，陕西省考古研究所镐京考古队，在镐京遗址的普渡村和花园村一带钻探出十一座"镐京西周宫室夯土基址"，发掘了其中的1号和5号基址。⑤十一座夯土基址都遭破坏过，多数夯土基址只残存底部，建筑的形制不清楚。在5号夯土基址中部的T17—T20等四个探方内（面积为400平方米）发现客省庄二期文化房址2座和灰坑21个；在T1探方内清理西周窖穴1座；在T7探方内清理春秋墓1座；在T6探方内清理西汉水井1口。

上述诸遗存分布在两个不同地区，其中一、二、三、六、七、八、九、十等八座夯土基址位于普渡村的西北部。这里原本是一处残留的约为4万平方米的高冈地带。其他四、五和十一等三座基址则分布在花园村西边的洼地，这里称为"花楼子"或称"观花楼"。另外，落水村也发现大型建筑基址。这些遗存的位置，均在古代滈水故道的东岸近旁。

据考古踏察，原为沣水支津的鄗水在斗门街道以北由西南向东北流，经洛水村、上泉北村西北，在纪阳村南折向北流入渭，今已干涸。⑥《诗经·大雅·文王有声》云："丰水东注，维禹之迹。"由此可知，西周时期沣水是向东注入渭水。由于"丰水东注"流经镐京，所以后来被称为"鄗水"。《水经注》云："丰水出丰溪。西北流分为二水，一水东北流为枝津，一水西北流"。汉魏时期的沣水下游，一水折向西北流，在今咸阳市的西张村入渭。这条沣水的主流今已干涸，当地村民称其为沙河。另一水东北

---

① 陕西省文物管理委员会：《西周镐京附近部分墓葬发掘简报》，载《文物》1986年第1期。
② 郑洪春、蒋祖棣：《长安沣东西周遗存的考古调查》，载《考古与文物》1986年第2期。
③ 郑洪春、穆海亭：《长安县花园村西周墓葬清理简报》，载《文博》1988年第1期。
④ 陕西省考古研究所：《镐京西周宫室》，西北大学出版社，1995年，第2页。
⑤ 陕西省考古研究所：《镐京西周宫室》，西北大学出版社，1995年。
⑥ 胡谦盈：《丰镐地区诸水道的踏察——兼论周都丰镐位置》，载《考古》1963年第4期。

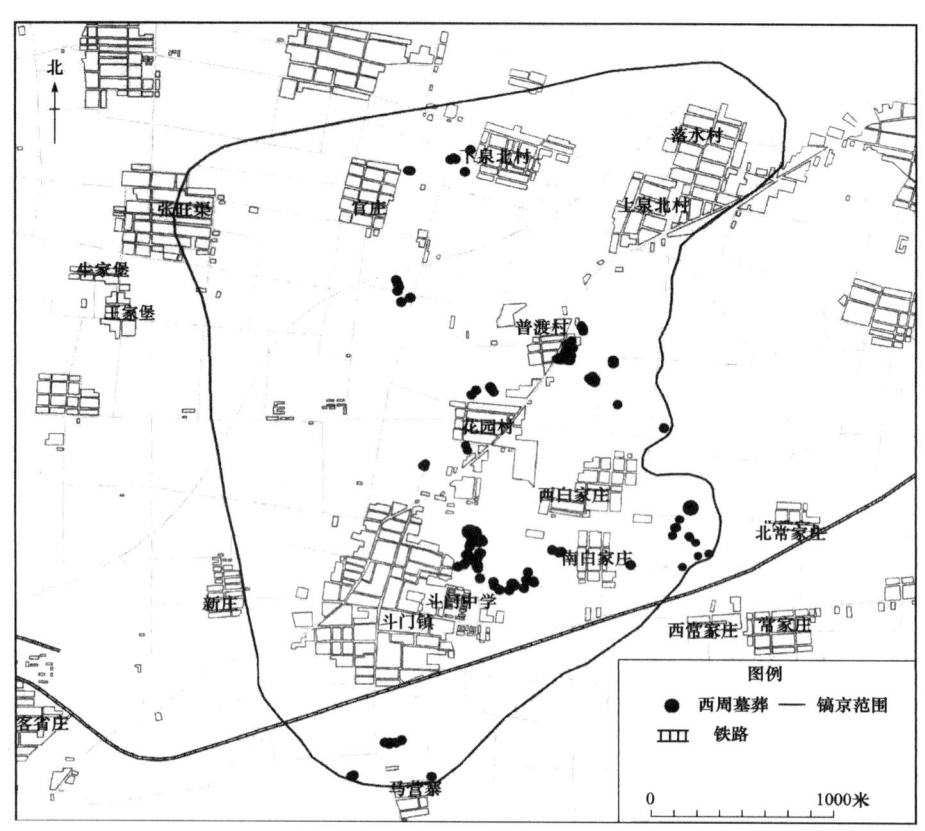

（引自《丰镐考古八十年》图 4-101）

图 3-7 镐京西周墓葬分布图

流为支津的就是滈水，后来也干涸，所以汉魏及其以前的沣水下游的两条水均已干涸。明清时期的沣水下游改为北流入渭，成为今天的沣河下游河道。

经过几十年的考古调查、钻探、发掘，现已查明：在今长安区斗门街道沣河中游东岸的白家庄、洛水村、上泉北村、普渡村、镐京村、花园村和斗门街道一带，是一处面积广大、内涵丰富的西周遗址。遗址在汉武帝凿昆明池时被破坏过，证据有二：一是昆明池北的土堤内夹杂有西周陶片；二是土堤西端下面还压着未经扰乱的西周窖穴。

近年来为了配合西安国际化大都市建设，陕西省考古研究院对镐京遗址分布的范围进行了钻探，现已查明镐京遗址的总面积约为9.2平方千米，并发现昆明池西岸靠近镐京遗址的地段，即普渡村、花园村以东的地势本来就低洼，就是不开凿昆明池，也不适合人居，而汉武帝之所以选择在那里开凿昆明池，可能正是因为那一带地势低洼，本来就有一些小的陂塘之类的蓄水池。由此推测，汉武帝凿昆明池对镐京遗址的破坏可能并不严重，只破坏了镐京遗址东南角的一部分，即今普渡村、花园村以东一带的遗址，面积可能不太大。

周初成王东征以及迁宅成周后，两次都回到了丰京，而且西周早期从成王到穆王时期，周王室主要居住在丰京的王宫，即金文中的"莽京"。其中的原因，除当时周王室的宗庙在丰京，镐京因为距离丰京很近所以没有建立宗庙外，可能还与镐京当时的地理环境有关。

镐京遗址主要分布在被称为郿坞岭的高地上，由此可知，西周时沣东地区适合人居的高地范围也并不十分广大，因此在镐京扩大都城的范围也会受到限制。这可能也是周初成王东征、迁宅成周，两次都回到了丰邑的原因之一。这也可能是周王室始终不放弃丰邑，而且后来在镐京近旁的丰邑出现"莽京"的原因。（详见下文）

今长安区斗门街道沣河东岸的西周遗址，位于汉代昆明池遗址以北以西，在小昆明池即镐池西南，遗址的东南角已被昆明池破坏，这些与文献关于镐京的记载基本吻合，此处是镐京遗址无疑。总之，镐京遗址的位置在沣河中游东岸的长安区斗门街道，与沣河西岸的丰京遗址呈东西分布，略偏北。遗址的范围包括白家庄、洛水村、上泉北村、普渡村、镐京村、花园村和斗门街道等地。（见图3-8）

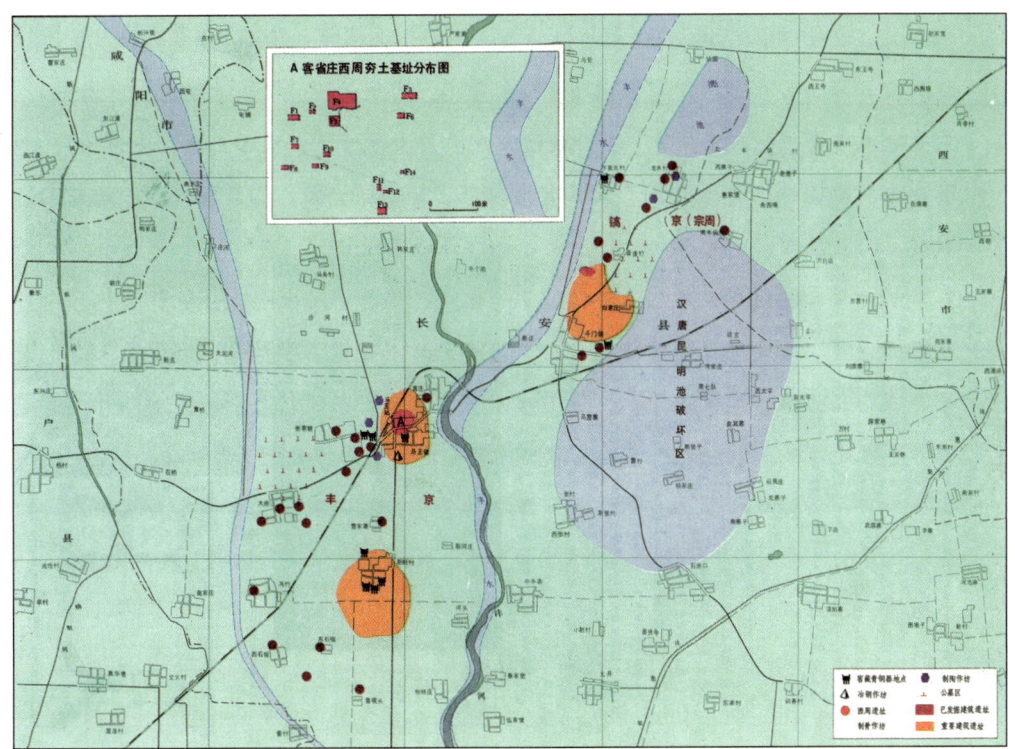

图3-8 丰京、镐京遗址位置图

第二节
武王灭商　西周都镐

周武王在沣水东岸建立了新的都邑镐京以后，从此开始实施灭商大业。这是周族先王几代人，特别是周文王的遗志。周武王经过牧野之战，夺取了全国性的政权。《史记·周本纪》说：

武王即位，太公望为师，周公旦为辅，召公、毕公之徒左右王，师修文王绪业。

九年，武王上祭于毕。东观兵，至于盟津。为文王木主，载以车，中军。武王自称太子发，言奉文王以伐，不敢自专。乃告司马、司徒、司空、诸节："齐栗，信哉！予无知，以先祖有德臣，小子受先功，毕立赏罚，以定其功。"遂兴师。师尚父号曰："总尔众庶，与尔舟楫，后至者斩。"武王渡河，中流，白鱼跃入王舟中，武王俯取以祭。既渡，有火自上复于下，至于王屋，流为乌，其色赤，其声魄云。是时，诸侯不期而会盟津者八百诸侯。诸侯皆曰："纣可伐矣。"武王曰："女未知天命，未可也。"乃还师归。

居二年，闻纣昏乱暴虐滋甚，杀王子比干，囚箕子。太师疵、少师彊抱其乐器而奔周。于是武王遍告诸侯曰："殷有重罪不可以不毕伐。"乃遵文王，遂率戎车三百乘，虎贲三千人，甲士四万五千人，以东伐纣。十一年十二月戊午，师毕渡盟津，诸侯咸会。曰："孳孳无怠！"武王乃作太誓，告于众庶："今殷王纣乃用其妇人之言，自绝于天，毁坏其三正，离逖其王父母弟，乃断弃其先祖之乐，乃为淫声，用变乱正声，怡说妇人。故今予发维共行天罚。勉哉夫子，不可再，不可三！"

二月甲子昧爽，武王朝至于商郊牧野，乃誓。武王左杖黄钺，右秉白旄，以麾。曰："远矣西土之人！"武王曰："嗟！我有国家君，司徒、司马、司空，亚旅、师氏，千夫长、百夫长，及庸、蜀、羌、髳、微、卢、彭、濮人，称尔戈，比尔干，立尔矛，予其誓。"王曰："古人有言'牝鸡无晨。牝鸡之晨，惟家之索'。今殷王纣维妇人言是用，自弃其先祖肆祀不答，昏弃其家国，遗其王父母弟不用，乃维四方之多罪逋逃是崇是长，是信是使，俾暴虐于百姓，以奸轨于商国。今予发维共行天之罚。今日之事，不过六步七步，乃止齐焉，夫子勉哉！不过于四伐五伐六伐七伐，乃止齐焉，勉哉夫子！尚桓桓，如虎如罴，如豺如离，于商郊，不御克奔，以役西土，勉哉夫子！尔所不勉，其于尔身有戮。"誓已，诸侯兵会者车四千乘，陈师牧野。

帝纣闻武王来，亦发兵七十万人距武王。武王使师尚父与百夫致师，以大卒驰帝纣师，纣师虽众，皆无战之心，心欲武王亟入。纣师皆倒兵以战，以开武王。武王驰之，纣兵皆崩畔纣。纣走，反入登于鹿台之上，蒙衣其珠玉，自燔于火而死。武王持太白旗以麾诸侯，诸侯毕拜武王，武王乃揖诸侯，诸侯毕从。武王至商国，商国百姓咸待于郊。于是武王使群臣告语商百姓曰："上天降休！"商人皆再拜稽首，武王亦答拜。遂入，至纣死所。武王自射之，三发而后下车，以轻剑击之，以黄钺斩纣头，县太白之旗。已而至纣之嬖妾二女，二女皆经自杀。武王又射三发，击以剑，斩以玄钺，县其头小白之旗。武王已乃出复军。

通过以上记载可知周武王即位后第九年，他用木头雕刻了文王的像，装载在车中，放在中军的队伍里，东观兵（向东试探军情）到了河南孟津的渡口。他向部下发布了赏罚的命令，他的军师师尚父即姜子牙号令军队上船渡河，约定落后者斩首。这次象征性的进军，据说"诸侯不期而会盟津者八百诸侯"，诸侯都说："纣可伐矣。"而武王却说，你们还未了解天命，还不可伐。于是武王还师回归镐京。

又过了两年，听说商纣王昏乱暴虐更严重了，他杀了王子比干，囚禁了箕子。商王朝的乐官太师疵、少师彊抱着他们的乐器投奔了镐京。于是武王遍告诸侯说，殷王有重罪，不可以不把他彻底消灭。于是武王遵照文王的遗志，率领战车三百乘，虎贲三千人，甲士（戴盔披甲的战士）四万五千人，向东进军伐纣。

周武王十一年十二月戊午这一天，武王的军队全部渡过了孟津渡口，诸侯也都率领军队前来会合。周武王声讨了商纣王的罪行，号召大家不可再忍耐了。武王率领的军队和诸侯、方国参加伐纣的军队，在河南孟津黄河北岸会合后，继续向殷都（在今河南安阳市）进发。

西汉刘安在《淮南子》卷六《览冥训》中说："武王伐纣，渡于孟津，阳侯之波，逆流而击，疾风晦冥，人马不相见。于是武王左操黄钺，右秉白旄，瞋目而挥之曰：

'余任天下，谁敢害吾意者！'于是风济而波罢。""右秉白旄"，是指武王右手握着白色的牦牛尾。

第二年（周武王十二年）二月甲子日，这一天即将天明时，周武王在商都殷的郊外牧野这个地方，举行战前的誓师动员大会。武王左手拿着铜钺，右手握着白色的牦牛尾，大力一挥说，远方西土来的人，我友邦的大君，司徒、司马、司空、亚旅、师氏、千夫长、百夫长，以及庸、蜀、羌、髳、微、卢、彭、濮族来的人，都举起你们的武器，我要宣誓了。

他首先列举了商纣王的一系列罪行，包括唯妇人之言是听，不祭祀先祖，不任用王族子弟，宠信四方逃犯，使其暴虐百姓，祸害商王朝。然后他说，我今天要替天行罚，今天这场战事，会很快结束，大家都要努力，要像老虎熊罴、豺狼螭龙那样威武，在商都郊外勇猛地杀敌，但是不得乱杀不战而逃的敌人，以便让他们将来为西土服役。要努力啊夫子们！你们如果不努力，将会招来杀身之祸。当时参加誓师动员大会的诸侯军队有战车四千乘，列队于牧野誓师现场。

商纣王听到周武王来讨伐的消息后，发兵七十万人抵抗武王的进攻。纣王发兵七十万未必可信，但是当时纣王军队的人数众多，所以《诗经·大雅·大明》云："殷商之旅，其会如林，矢于牧野。"《尚书·武成》也说："甲子昧爽，受率其旅若林，会于牧野。罔有敌于我师，前徒倒戈，攻于后以北，血流漂杵。""受"就是"纣"，指商纣王。"受"与"纣"音同字通。纣王的军队虽然很多，但是多数是被驱赶在前锋的步兵，他们多数是东夷奴隶，因此掉转矛头攻击纣军，造成自己一方互相残杀，使得"血流漂杵"。

《史记·周本纪》裴骃《集解》引孔安国说："虎贲，勇士称也。若虎贲，言其猛也。"《尚书·顾命》有"师氏、虎臣、百尹、御事"，伪《孔传》云："虎臣，虎贲氏。""贲"与"奔"音同字通，虎贲言其既勇敢又奔走迅速，所以《诗经·大雅·常武》云："进厥虎臣，阚如虓虎"。郑笺："虎臣之将。"

"虎臣"是周王禁卫部队的编制名称，《周礼》中有虎贲氏，是"虎臣"的长官，但是西周金文中虎臣的长官是师，相当于《周礼》中的虎贲氏。"虎臣"的职责主要有两项：一是做爪牙（保镖）守卫王宫和捍卫周王；二是奉王命出征冲锋陷阵。

西周金文中有"左右虎臣"和"正侧虎臣"的称呼，说明周王的禁卫部队至少分为两支。"虎贲""虎臣"可能是从周人贵族中征集的战士，属于贵族子弟兵。

牧野之战时，关于纣王军队"前徒倒戈"问题，《华阳国志·巴志》云："周武王伐纣，实得巴、蜀之师，著乎《尚书》。巴师勇锐，歌舞以凌，殷人倒戈，故世称之曰：'武王伐纣，前歌后舞'也。"

《华阳国志·巴志》说："阆中有渝水，賨民多居水左右。天性劲勇，初为汉前锋，陷阵，锐气喜舞。帝善之，曰：'此武王伐纣之歌也。'乃令乐人习学之，今所谓'巴渝舞'也。"《后汉书·南蛮西南夷列传》也有类似的记载。渝水沿岸的賨民为板楯蛮，是一支巴人。汉高祖刘邦称赞巴渝舞为武王伐纣之歌，说明参加牧野之战的少数民族中确实有巴族。

1960年湖北荆门出土1件战国时代的大武舞戚，与巴式柳形叶剑同出，当是巴人的遗物。《周礼·大司乐》云："舞大武，以享先祖"。《大武》是一种乐舞，《礼记·明堂位》说"朱干、玉戚冕而舞大武"，可知《大武》乐舞是手执朱红色的盾和玉戚而歌舞，是一种武舞。

大武舞戚的铭文过去释为"大武避兵"，后来又释为"兵辟太岁"，近年黄盛璋先生释为"大武兵开"。他说，戈铭"大武兵开"，《大武》乐舞就是以歌舞乐舞表演武王克商与周初开国武功，"兵开"就是"殷人前徒倒兵，以开周师"……巴人以《大武》作为"兵开"最主要的表演，反映巴人与周人共同战斗的友谊，佐周开国，也是巴人最初建国史最大的光宠。①大武舞戚的铭文，也说明巴族参加了牧野之战，他们歌舞以凌，使纣兵"前徒倒戈"（前锋的步兵掉转枪头），为周武王的军队开道。

由于牧野之战誓师时，周武王提到的庸、蜀、羌、髳、微、卢、彭、濮等八个少数民族中，只有蜀，没有巴，所以有人认为巴隐于髳、微之中，有人认为濮就是巴，还有人认为彭是巴，等等。我们认为参加牧野之战的巴族，是巴族弓鱼人。牧野誓师时，周武王之所以没有提到巴族，是因为巴族"荆蛮"当时已是周族友好的邻邦，他们包括在武王前面提到的"有国冢君"之中，所以没有单独提到巴族。

巴族弓鱼人原在湖北的荆山地区，商代中期迁徙到陕南洋县、城固一带，所以被称为"荆蛮"。古公亶父迁岐后，其长子太伯、次子仲雍为了让位给少子季历，自动离家出走投奔了当时在陕南洋县、城固的"荆蛮"，"自号句吴"，就是自称弓鱼人，"句吴"乃是弓鱼的转音。弓鱼人因后来参加武王灭商的牧野之战充当先锋有功，其首领被武王封在今宝鸡市区为畿内诸侯，称伯。"弜"字古代北方多用单音语读为鱼，而南方多用复音语读为弓鱼，所以春秋时代的金文中，曾"自号句吴"之太伯、仲雍的后

---

① 黄盛璋：《论"兵避太岁"戈与"大一避兵图"争论症结、引出问题是非检验与其正解》，见陕西历史博物馆编：《陕西历史博物馆馆刊》第10辑，三秦出版社，2003年。

世——东吴诸王，都自称工虞王、攻吴王。

牧野誓师结束后，周武王让姜太公等向战士表达决战必胜的信心，然后用大卒（指武王自己的军队，即有戎车三百五十乘，士卒两万六千二百五十人，其中包括虎贲三千人）冲击商纣王的军队。纣王的军队虽然很多，但是都没有斗志，心里希望武王尽快进入商都，都倒戈而击，为武王开道。武王的战车冲击，纣兵皆叛。纣王从前线逃走，回到王宫的鹿台之上，穿上缀有宝玉的衣服，自焚而死。武王手持白色的牦牛尾指挥诸侯作战，诸侯都拜武王，武王于是向诸侯拱拱手，诸侯都跟从他。

武王到了商王朝的国都，百姓都到城外迎接。于是武王派群臣告诉商王朝的百姓说："上天降吉祥！"百姓磕头拜谢，武王亦答拜，于是进入殷都城内，到了商纣王死的地方——鹿台。武王亲自向纣王射了三箭，然后走下战车，以轻剑击杀纣王，用铜钺斩下纣王的头，悬挂于大白旗上。然后到纣王嬖妾二女之处，二女已自杀。武王向她们射了三箭，用剑击之，又斩下她们的头，悬挂于小白旗上。武王做完这些事情，然后退出商王宫，回到自己的军队中。

1976年临潼南罗村出土的利簋铭文记载了周武王灭商的牧野之战，其铭文（见图3-9）曰：

图3-9　利簋及其铭文拓片

第三章 周武王增建镐京

珷（武）征商，隹（唯）甲子朝，岁鼎，克昏，夙又（有）商。辛未，王才（在）闌师，易（锡）又（有）事利金。用乍（作）檀（檀）公宝障彝。

"珷（武）征商"，是说武王征伐商王朝。"隹（唯）甲子朝"，是说甲子日早晨。"岁鼎"是指岁星在中天，是当时的天象。"克昏"，是说攻克昏君纣王。周人认为纣王是一个昏君，所以铭文中称攻克纣军为"克昏"。"夙又（有）商"，是说到了晚上就占领了商朝的都城。

《牧誓》的"甲子昧爽"，与利簋铭文的"甲子朝"，时间上前后衔接，印证了周武王是在他即位后的第十二年（按"夏商周断代工程"公布的年表为公元前1046年），二月甲子日早晨，在牧野与商纣王决战，并打败了纣军，晚上占领了殷都这一史实。

成王五年的何尊铭文说"隹（唯）珷（武）王既克大邑商"（见图3-10），殷墟甲骨卜辞中"大邑商"与"天邑商"并见。《尚书·多士》说："肆予敢求尔于天邑商。""大邑商"与"天邑商"，都是指商王朝的都城殷都。共王时代的墙盘铭文（见图3-11）关于周武王的颂词是：

豁（䎽）圉武王，遹征四方，达（挞）殷畯（畯）民，永不巩（恐）狄虘，
长（彭）伐尸（夷）童（僮）。

图3-10 何尊及其铭文拓片

图 3-11　墙盘及其铭文拓片

"豁"亦从糸作"络",假借为"恪",是庄敬的意思。"圉",《楚辞·离骚》王逸注:"强圉,多力也。""豁(络)圉武王",是对庄敬而强有力的统帅武王的颂词。"㞋"字或释为"挥",或释为"长",唯陈世辉先生隶定为㞋,释为髟,认为是地名。①墙盘铭文中"㞋"作手握羽旄之形,释为髟是正确的,但是髟不是地名。《后汉书·马融列传》说"羽毛纷其髟鼬",注云:"髟鼬,羽旄飞扬貌也。"据《尚书·牧誓》记载,牧野之战时,"王左杖黄钺,右秉白旄,以麾","白旄"是指白色的牦牛尾。而《逸周书·克殷解》说:"武王乃手太白以麾诸侯","太白"旧说是白色的大旗,以墙盘铭证之,当以《尚书·牧誓》之说为是。"㞋(髟)伐尸(夷)童(僮)",是形容武王右手挥动着羽旄飞扬的白色牦牛尾,指挥诸侯率领的军队作战,征伐纣王驱赶来的由东夷奴隶组成的军队。"尸(夷)童(僮)",是对东夷奴隶的称呼。利簋、何尊、墙盘铭文,都印证了周武王在牧野之战一举灭商的史实。

----

① 陈世辉:《墙盘铭文解说》,载《考古》1980年第5期。

周武王在牧野一战成功，推翻了殷商王朝，建立了全国性的西周政权——西周王朝。为了巩固新建立的西周政权，他除在殷都附近设"三监"以外，回到镐京又采取了两项措施：一是追封先圣王之后；二是封功臣谋士。《史记·周本纪》说：

> 武王追思先圣王，乃褒封神农之后于焦，黄帝之后于祝，帝尧之后于蓟，帝舜之后于陈，大禹之后于杞。于是封功臣谋士，而师尚父为首封。封尚父于营丘，曰齐。封弟周公旦于曲阜，曰鲁。封召公奭于燕。封弟叔鲜于管，弟叔度于蔡。余各以次受封。

《史记·周本纪》说："封商纣子禄父殷之余民。武王为殷初定未集，乃使其弟管叔鲜、蔡叔度相禄父治殷。"周武王虽然封商纣王之子武庚禄父为殷都之君，但是又设"三监"——管叔鲜、蔡叔度、霍叔，加以监视。可知武王封商纣王之子，给他一个名分，目的是安抚殷遗民。

晁福林先生指出："大致而言，武王时期的'分封'，只是夏商时代以来传统的分封现象的继续；周公东征以后大规模的封邦建国才是周代分封制的真正开始。"[1] 此说正确，周武王分封先圣王之后，目的是安抚天下先圣王的后代，有些只是名义上进行了追认而已，例如《史记·吴太伯世家》说："求太伯、仲雍之后，得周章。周章已君吴，因而封之。乃封周章弟虞仲于周之北故夏虚，是为虞仲，列为诸侯。"

周武王封功臣谋士，是在王畿之内为他们建立"采邑"，而不是分封诸侯国。西周齐、鲁、燕三个重要的诸侯国，虽然与姜太公、周公、召公在灭商过程中的功劳有关，但是都不是武王"封功臣谋士"时分封的。这三国的分封是在周公东征平定武庚禄父与"三监"的叛乱以后，由周成王分封的。

《汉书·地理志》说："周成王时，薄姑氏与四国共作乱，成王灭之，以封师尚父，是为太公。"此说可信。西周初年，薄姑氏与东夷丰、奄等四国追随商纣王之子武庚禄父共同作乱，成王东征灭掉了薄姑氏，占领其旧地（在今山东淄博市一带），分封姜太公长子吕伋为齐侯。武王时薄姑氏尚未被灭国，所以不可能分封齐侯。同样的原因，鲁国的分封也是周公东征，灭掉了曲阜一带的奄国后，成王分封的，由周公的长子伯禽代周公就封的。

---

[1] 晁福林：《先秦社会形态研究》，北京师范大学出版社，2003年，第397页。

唐兰先生指出：

> 前人误信《史记·周本纪》，说武王克殷后，"封功臣谋士而师尚父为首封，封尚父于营丘曰齐"，因而解释《书序》"迁其君于薄姑"为把奄君迁至齐地，并说《汉书·地理志》是错了。不知《史记》这一段所封齐、鲁、燕三国都是错的。成王还没有践奄，如何能封周公于鲁，武王根本没有讨伐到殷以北，如何能封召公于燕。这三国实际上都是周公东征以后才封的。①

唐兰先生的说法正确，《汉书·地理志》说齐国是成王初年武庚叛乱以后分封的，而鲁国确实也是成王分封的。《诗经·鲁颂·閟宫》云："王曰叔父，建尔元子，俾侯于鲁，大启尔宇，为周室辅。"《閟宫》是成王时代的作品，诗中"王"是周成王，"叔父"是指周公，"元子"是周公长子伯禽，证明鲁国也不是武王所封。下面再说燕国的分封：

北京琉璃河1193号大墓出土的克盉、克罍（见图3-12）铭文（见图3-13）曰：

> 王曰："太保，隹乃明（盟）乃鬯，享于乃辟。余大对乃享，令（命）克侯于匽（燕），旂（使）羌、马、叡、雩、驭，兇（微）。"克宦匽（燕），入（纳）土眔（及）厥又（有）司。用乍（作）宝障彝。

克盉、克罍的时代为成王世，铭文中的"王"是周成王，"太保"是召公奭，"克"是人名，是太保召公奭的长子。克罍、克盉铭文证明：第一代燕侯克是被成王分封为诸侯的，他是召公奭的长子，燕国不是武王分封的。据西周金文资料，周初东征时，召公曾指挥过北征燕赵地区的战争。因为召公有功，所以成王分封召公的长子克为燕侯。虽然当时召公没有就封为燕侯，但是燕国的分封与召公对周王室的忠诚和所建立的功劳有关。总之，齐、鲁、燕三个诸侯国都不是周武王分封的，而是成王分封的。分封的原因与太公、周公、召公的功劳有关。但是他们三人并没有就封，而是分别由其长子就国。周武王"封功臣谋士"时，他们三个人在"王畿"之内都有自己的"采邑"。

齐、鲁、燕三国分封时，姜太公、周公、召公当时都在周王室为王臣。太公吕尚号称师尚父，其后辈世袭太师之职，说明周初姜太公担任太师之职。《史记·周本纪》说："召公为保，周公为师，东伐淮夷，残奄，迁其君薄姑。""保"指太保，"师"

---

① 唐兰：《西周青铜器铭文分代史征》，中华书局，1986年，第42—43页。

第三章　周武王增建镐京

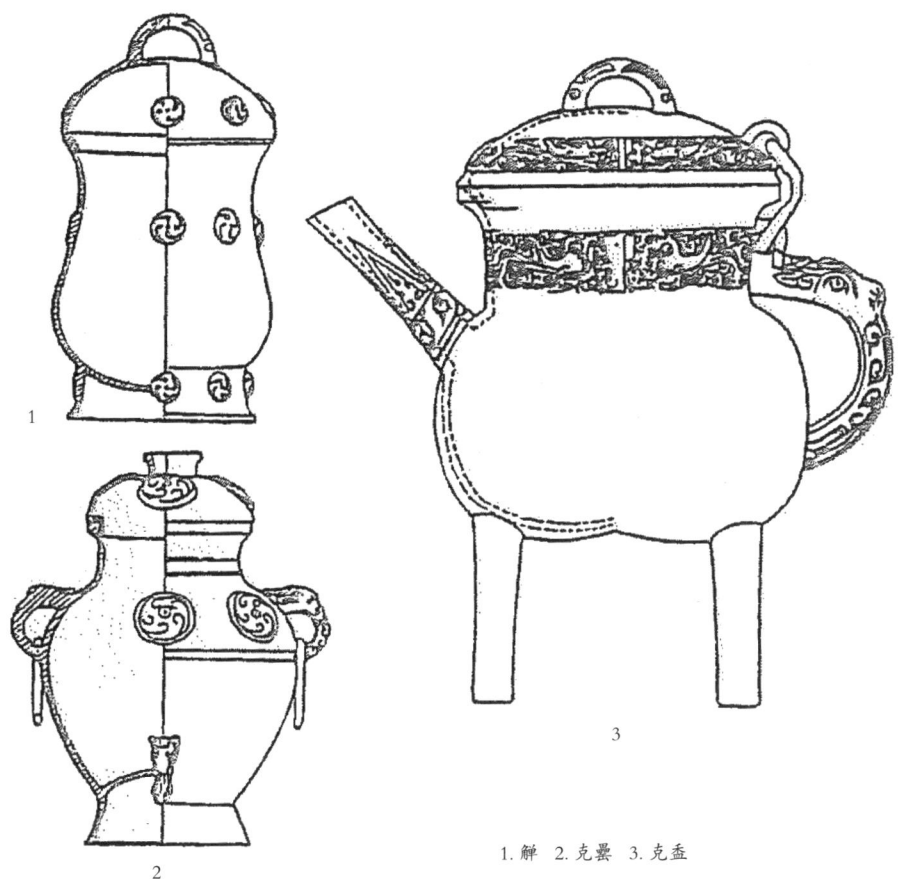

1.觯　2.克罍　3.克盉

图3-12　北京琉璃河1193号墓出土铜器图

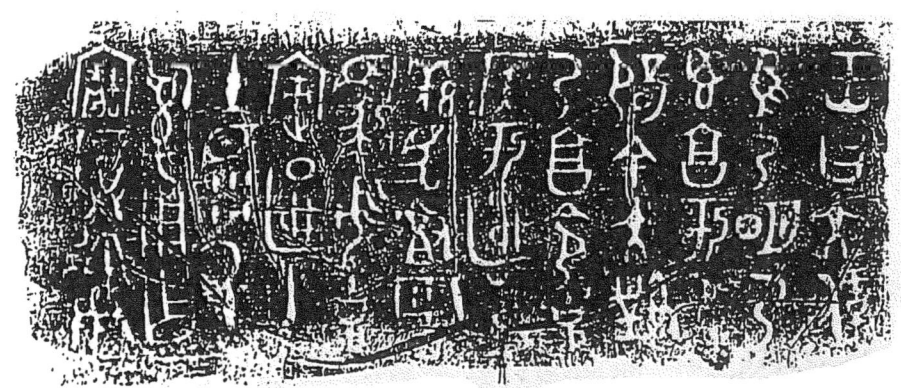

图3-13　克罍（器）铭文拓片

指军师，周公的官职是太宰兼任太傅，都是西周最高的官职。由此可知，周初他们三人当时分别在周王室担任太师、太保和太傅的官职，是所谓的三公。周武王"封功臣谋士"时，他们都因为有功而享有自己的封邑。例如：周公旦的封邑在周原岐山县周公庙一带；召公奭的封邑在今岐山县城西南的刘家原村一带。众所周知，以上周、召两个采邑已被考古发现所证实，下面再来探讨姜太公的采邑。

《诗经·大雅·崧高》云：

崧高维岳，骏极于天。维岳降神，生甫及申。……王命召伯，定申伯之宅。……于邑于谢，南国是式。……王命召伯，彻申伯土田。王命傅御，迁其私人。申伯之功，召伯是营。有俶其城，寝庙既成。……王遣申伯，路车乘马，我图尔居，莫如南土。锡尔介圭，以作尔宝。往近王舅，南土是保。申伯信迈，王饯于郿。

诗中说甫与申是"四岳"之后，"四岳"之后是姜氏之戎（已见前文）。由此可知，西周姜姓的申、吕、齐、许四国都是姜氏之戎的封国。甫就是吕，其国在河南南阳东。宣王命召伯虎在南土谢邑为申伯筑城，建宗庙、宫室，整治土田，又命傅御迁移申伯的私属。这一切都安排好了，宣王又赐申伯介圭，让申伯乘车马南迁，去保卫南土。宣王的母亲是申姜，所以诗中称申伯为王舅。申伯临行时，宣王亲自到郿地饯行。"郿"即眉，是指河边高地，郿县正是因为处在渭河南岸的高地上而得名。宣王为申伯饯行在"郿"地，也就是说申伯改封前的"采邑"在"郿"地。

1974年陕西周至县城关公社出土1件西周的青铜簋，铭曰："王乍（作）姜氏隩簋。"原报道认为其时代为西周后期，并指出是周王室所作之器。[①]刘启益先生认为应定为厉王器，并根据厉王妃为申姜，确定是厉王为其妻申姜所作的铜器。[②]此说可从。

1981年眉县青化公社油坊堡村出土1件王鼎，铭文曰："王乍（作）仲姜宝鼎。"刘怀君认为"当是穆王为其妃仲姜所作器"[③]。据彧鼎铭文，穆王妃称王俎姜，俎与仲为一声之转，俎姜当即仲姜。这说明周穆王之妃也应该称为申姜，西周王室多与姜姓的申伯通婚。

《诗经·大雅·崧高》叙述的是宣王改封申伯的史实，由"王饯于郿"，以及周

---

① 刘合心：《陕西省周至县发现西周王器一件》，载《文物》1975年第7期。
② 刘启益：《西周金文中所见的周王后妃》，载《考古与文物》1980年第4期。
③ 刘怀君：《西周申国初封地浅谈》，见《陕西省文博考古科研成果汇报会论文选集》，陕西省文物事业管理局，1981年。

至、眉县出土的厉王为其妃申姜、穆王为其妃仲姜所作的铜器，可以说明申伯的封邑在周至县原城关镇至眉县原青化乡一带。申既然在宗周镐京近畿，因此是"采邑"而不是封国。

1972年，周至县竹峪公社仓峪村出土1件西周晚期厉王时的铜簋，有铭文七字："太师乍（作）孟姜悚簋。"仓峪村位于周至县城关公社与眉县青化公社之间，在申伯的封地之内。古代世官，吕尚官为太师，其后代世袭其职。《左传·襄公十四年》记载周灵王派刘定公"赐齐侯命"时说："昔伯舅大公，右我先王，股肱周室，师保万民，世胙大师，以表东海。"

"世胙大师"，说明姜太公及其后世子孙世世代代官居太师之职。太师簋铭文中为孟姜作器的太师，当是申伯，孟姜可能就是厉王为其作器的"姜氏"，也就是申姜。如果上述推测不误的话，那么申地原本是师尚父的采邑，在陕西周至县城原城关镇至眉县原青化乡一带。周宣王时，改封姜太公的后世申伯到河南南阳市以北的谢地为诸侯，但是仍沿袭他们的初封地名，称其国为申国，又称为南申。

通过以上所述，可知周武王封功臣谋士不是分封诸侯国，而是为功臣谋士封"采邑"。总而言之，周武王虽然追封了一些先代圣王之后，但是并没有分封诸侯国，而真正分封诸侯国"以蕃屏周"是从成王开始的。

西周"采邑"的主人称为采邑主，后世也称采邑主为畿内诸侯，称"采邑"为国，但是"采邑"与诸侯的封国不同。"采邑"都是在王畿以内，是王臣的食邑；而诸侯的封国都在王畿以外，被称为畿外诸侯。"采邑"的封地小；而诸侯国的封地大。采邑主都在周王室担任公、卿级的王臣，爵称分为公、伯两级；而诸侯治理自己的封国，不在周王室担任王臣，爵称分为侯、甸（子）、男三级。西周王臣与诸侯的爵称合起来，成为春秋时期公、侯、伯、子、男五等爵位。正是因为王臣与诸侯爵位的合流，所以后世采邑主被称为畿内诸侯，"采邑"被称为国。

西周所谓"王畿千里"，是指周王室直接管理的土地，包括故都岐周、都城宗周丰镐二京、陪都成周洛邑周围的土地，合起来是"王畿千里"，实际上东西超过了千里。西周王室设立公、卿等大大小小官吏管理王畿以内的土地，王畿以外的领土，采取封邦建国的措施，建立起大大小小的诸侯国，把土地分封给诸侯管理，当然王畿以外还有自立为王的少数民族方国，也占有不少的土地。王畿以内也有方国，例如今宝鸡市区一带西周就有一个自称为矢王的方国,是姜氏之戎的一个小国。

西周真正意义上分封诸侯国的制度,形成于成王时期,所以西周共王时代的墙盘铭文,对成王的颂词是:"宪圣成王,左右绶毃(计)刚鲧,用肇彻周邦。"这是颂扬周成王左右的大臣为其出谋划策,成王用其开始治理周王朝天下的领土。周成王治理全国土地的办法就是自己管理王畿以内的土地,将王畿以外的土地分封给诸侯,达到分而治之的目的。

周成王的儿子周康王延续封邦建国、"以蕃屏周"的制度,除将周公的一个儿子分封在河北省邢台市一带为诸侯外,还改封了一些诸侯国。根据江苏丹徒出土的宜侯矢簋铭文记载,康王将原在宝鸡市陇县境内的虞侯矢(氏族),改封到江苏宁镇地区的宜地为诸侯。改封后的虞侯矢(氏族),自称宜侯矢(氏族)。由于康王延续了成王将王畿以外的领土分而治之的政策,所以墙盘铭文对康王的颂词是:"渊哲康王,遂尹亿疆。"这是歌颂康王对广大的领土分而治之。

周武王灭商以后回到镐京,除采取上述巩固政权的措施以外,还准备迁都洛阳,想住在"中国"(中原地区)治理民众。但是灭商后回到镐京他很快就死去了,于是迁都洛阳成了他的遗愿。成王时建成了洛邑,定名为成周,表示是成王建立的周(王都),而且成王也曾短期迁居成周,不久后他又回到了丰镐旧都。因为西周"祖文王而宗武王"的原因,所以改镐京的周为宗周,表示是宗(武王)建立的周。从此宗周(镐京,也包括丰邑)成为西周的都城。(详见下文)

第四章 西周的都城宗周

周太王古公亶父由豳迁岐作"周",从此"周"成为周人都城的专称,镐京、洛邑建成后最初都叫"周"。西周王朝有三个都城:故都"周",史称岐邑、岐周;都城镐京(宗周);陪都洛邑(成周)。

成王五年命名洛邑为"成周",命名镐京为"宗周",故都岐邑、岐周仍然称为"周"。所以成王五年以后西周金文中的"周"是指岐邑、岐周。

京宫、康宫是西周三个都城中最主要的王宫。《逸周书·作雒解》说:"乃位五宫"。洛阳的京宫中建有太庙、宗宫(文王庙)、考宫(武王庙)、路寝(正寝,又称大寝)、明堂等五座宫室,所以京宫不是单纯的宗庙,而是王宫的总称。但是其中有太庙、周庙(以文王为始祖的宗庙)。

根据西周金文,康宫中有周庙、康庙(康王庙)、康寝(康宫中的路寝),应该还有明堂等建筑。所以康宫也不是单纯的宗庙,但是其中有以康王为始祖的康庙,应该是昭王时所建。

西周的禘祭是继承商代的禘祭而来,实行三庙制,即父、祖、曾三庙。小盂鼎铭文中的周庙,就是文王、武王、成王三庙,考古发掘的凤翔马家庄秦国宗庙也是三庙,始祖居中,左昭右穆。西周中期康庙中有康庙、昭宫、穆宫三庙。到了西周晚期可能是厉王革典,破例为其父建立了夷宫,于是宣王又为其父建立了厉宫,所以康宫中有康庙、昭宫、穆宫、夷宫、厉宫等五庙,形成了五庙制。

第一节
宗周与镐京

一、镐京最初也称为周

西周王朝是武王所建,西周的都城是宗周,宗周之名与武王有关。周文王晚年,周武王在沣水东岸建立了新都,史称镐京。镐京最早也曾沿袭周太王在岐山之下营建的都城名称,也曾称为周。《尚书·召诰》说:"王朝步自周,则至于丰"。孔颖达疏:"成王朝行,从镐京则至于丰,以迁都之事告文王庙。告文王则告武王可知,以祖见考。"

《史记·鲁周公世家》说:"成王七年二月乙未,王朝步自周,至丰"。《集解》引马融曰:"周,镐京也。丰,文王庙所在。朝者,举事上朝,将即土中易都,大事,故告文王、武王庙。"郑玄曰:"步,行也,堂下谓之步。丰、镐异邑,而言步者,告武王庙即行,出庙入庙,不以为远,为父恭也。"《索隐》说:"丰,文王所作邑。后武王都镐,于丰立文王庙。"

"文王庙",文献与西周金文都称为"周庙",在丰邑。(见下文)《召诰》是周成王时代的作品,成王早晨从周步行到丰邑,则周必距丰邑很近,那么周是指沣水东岸的镐京无疑。

《史记·周本纪》说:"武王至于周,自夜不寐。"《正义》云:"周,镐京也。"《逸周书·世俘解》说:"武王朝至燎于周。"《孟子·滕文公下》引《逸周书》说:"绍我周王见休,惟臣附于大邑周。"上述周与大邑周,都是指镐京,这就充分说明,镐京最初沿袭周太王作周的都邑名称,称为周。

据《史记·周本纪》记载,武王克商后,"营周居于雒邑而后去"。"周居",是指武王在洛邑临时营建的居所,可见西周初年不仅称沣水东岸的镐京为周,而且武王在洛邑临时建立的居所，也称之为"周居"。

保员簋铭文说：

> 唯王既燎，厥伐东夷，在十又一月，公返自周。己卯，公在房，保员逦，辟公赐保员金车，曰：用事。①

这是一件与周初成王征伐东夷有关的铜器，"公返自周"一句中，周是指镐京，是说公从周（镐京）返回军中。"燎"是祭天的大型祭祀活动，《说文》云："祡，烧柴焚燎以祭天神。"这种祭祀活动，是通过焚烧柴火，产生气体与天神沟通。由此铭文，可知成周东征前曾在镐京进行过燎祭。"房"当是"鲁"字的假借，因知"公"当是周公，周公东征伐奄时到过鲁地。周公东征时，尚未营洛，所以"周"是指镐京。

综上所述，古代文献与西周金文资料中，周武王至成王五年成周洛邑建成以前，除周太王在岐山之下所建立的岐邑称为周以外，周武王在沣水东岸营建的蒿（镐京）也称为周。可知自周太王在岐山之下作周后，周就成为周人国都的专称，表示是周人居住的都邑，在那里建立都邑都会沿用旧都名，称为周。所以不仅镐京最早称为周，而且成周洛邑最早也称为周。保卣铭文说：

> 乙卯，王命保及殷东或（国）五侯，征兄（贶）六品，蔑历于保，易（锡）宾，用作文父癸宗宝尊彝。遘于四方，迨（会）王大祀，祐于周，在二月既望。

彭裕商先生说：

> 上文已指出，及在甲骨文中已有遭遇或到达之意，与本铭的及意义极为相近。在典籍中，训及为至的也不少见……《仪礼·聘礼》："及境，张旜誓。"郑注："及，至也。"故本铭"王命保及殷东国五侯，诞贶六品"，意为王命保至殷东国五侯之处，转交王赐与的六种物品。②

彭裕商先生将保卣铭文翻译如下：

> 乙卯日，王命保去殷东国五侯处，转交王赐的六种物品。（王）为了表示对保的奖励，就赐予了保殷东国五侯的宾献之物。（保）因此作了文父癸宗庙的祭器。时逢四方会王大祭祀于周，在二月既望。③

保卣铭文中的地名"周"，是指后来的成周洛邑，一方面说明保卣的年代在洛邑

---

① 张光裕：《新见保员簋铭试释》，载《考古》1991年第7期，转引自周宏伟：《西周都城诸问题试解》，载《中国历史地理论丛》2014年第1辑。
② 彭裕商：《保卣新解》，见彭裕商：《述古集》，巴蜀书社，2016年，第124页。
③ 彭裕商：《保卣新解》，见彭裕商：《述古集》，巴蜀书社，2016年，第126页。

定名为"成周"以前（成王五年以前），另一方面说明成周洛邑在定名成周以前也称为"周"。

二、宗周的性质

成王五年迁宅洛邑后，正式命名洛邑为成周，而改称镐京为宗周，仍然称岐邑为周。成王五年以后，周王室虽然有了称周的三个都邑，但是只有宗周是西周王朝的都城，而周（岐邑、岐周）是故都，成周后来成为陪都。正因为如此，所以西周金文中宗周的地位十分重要，非王都莫属。同簋铭文云：

> 唯十又二月，初吉丁丑，王在宗周，格于大庙。

趞簋铭文曰：

> 唯三月，王在宗周。戊寅，王格于大庙。密叔佑趞即位，内史即命。

大克鼎铭文曰：

> 王在宗周，旦，王格穆庙，即位。

由以上所引，可知宗周有太庙、穆庙。太庙的问题下节再讨论。按照西周的昭穆制度，始祖庙居中，然后昭庙居左，穆庙居右，所以西周晚期大克鼎铭文中的"穆庙"，当是周穆王之庙。宗周不仅有宗庙，而且也是周王举行大型祭祀活动的地方。例如士上盉（臣辰盉）铭文说：

> 隹（唯）王大禴于宗周，裚（诞）饔（祼）荼京年。

献侯鼎铭文说：

> 隹（唯）成王大䄍才（在）宗周，赏献侯器、贝，用作丁侯尊彝。

庸伯𣪘簋铭文说：

> 隹（唯）王伐逑鱼，裚（诞）伐淖。黑至，燎于宗周。

禴（袷）为夏祭，燎是火祭。镐京的火祭又见于前引保员簋铭文。由西周金文资料可知，宗周是周王举行夏祭、火祭等大型祭祀活动的地方。

西周早期至周穆王时代，金文中常见"王在宗周"，亦偶尔见"王在成周"，但是不见"王在周"之语，这说明当时周王不去或很少去故都周邑（岐周），也很少在成周活动，周王经常在宗周活动。所以诸侯和在成周的大臣都到宗周朝见周王，例如作册䰧卣铭文说"隹（唯）公大（太）史见服于宗周年"，匽侯旨鼎铭文说"匽侯旨初见事于宗周"，麦方尊铭文说"（邢）侯见于宗周"。

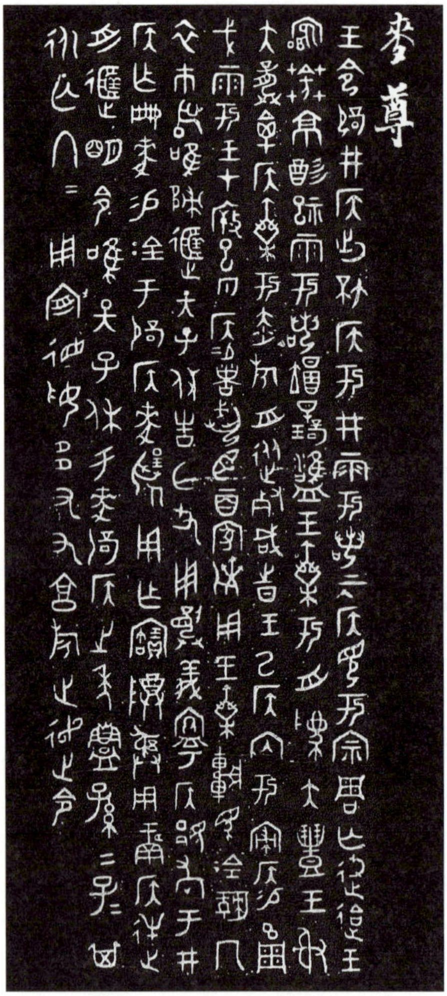

"见服"与"见事"同义，都是指诸侯和王室大臣到宗周进行述职活动。匽侯旨初次"见事"于宗周比较好理解，然而公太史"见服"于宗周需要解释一下。"公太史"很可能是指周初的毕公。《史记·周本纪》说："康王命作策毕公分居里，成周郊，作《毕命》。"毕公曾担任周王室的作册，本身是史官，后来又担任太史之职，其爵位是"公"，故称其为"公太史"。他曾主持过陪都成周洛邑的政务，所以他回到都城宗周向康王述职。宗周也是诸侯朝见周天子的地方，康王时代的麦方尊铭文（见图4-1）曰：

> 王命辟井（邢）侯出虢，侯于井（邢）。雩若二月，侯见于宗周，亡尤。迨王飨蓂京，肜祀。雩若翌日，在辟雍，王乘于舟，为大丰（礼）。王射大龏禽，侯乘于赤旂舟，从。死咸。

李学勤先生说："'虢'字前人作为地名解释，致文义不通。这个字当读为'陪'，《尔雅·释言》：'朝也。'出陪意思是出

图4-1 麦方尊铭文拓片

朝。……邢侯是周公庶子，本是王的朝臣，现在命他到邢做诸侯，所以说出朝。"① "侯见于宗周"，与"匽侯旨初见事于宗周"，以及"公大（太）史见服于宗周"性质相同，都是到宗周进行朝见、述职活动。关于邢侯，《左传·僖公二十四年》说："凡、蒋、邢、茅、胙、祭，周公之胤也。"《汉书·王莽传》说："成王广封周公庶子六人，皆有茅土。"邢侯原是周公的六庶子之一。"茅土"是指房屋和土地，即采地，可知"成王广封周公庶子六人"是在王畿以内为其封采邑。邢侯原是王臣，也是宗周王畿之内的采邑主，其采邑在陕西关中西部的郑地（西郑），古代的西郑在今宝鸡市凤翔县和陈仓区北面周原的西部。康王将原在西郑

---

① 李学勤：《麦尊与邢国的初封》，见杨文山、翁振军主编：《邢台历史文化论丛》，河北人民出版社，1990年。

的畿内诸侯，也就是采邑主邢叔，改封到河北的邢台市一带为畿外诸侯，故称其为邢侯。康王时代的邢侯簋（旧称周公簋）铭文说：

　　唯三月，王命荣眔内史曰："䵼（胡）邢侯服，易（锡）臣三品：州人、重人、庸人。"拜稽首，鲁天子授厥濒福……无终命于有周。……用册王命，作周公彝。

郭沫若先生说："'菁井侯服'与班服之'叏虢䡊公服'语例相同，菁即䵼之繁文，《方言》'苏，芥草也，沅、湘之南或谓之䵼'，即此字。字在此乃假为更。井侯当即《左传》僖廿四年'凡、蒋、邢、茅、胙、祭，周公之胤也'之邢，今河北邢台县西南襄国故城，即其地。更井侯服者谓继井侯之内服。井侯盖因就封开缺，故命𡮐（荣）继任其职。"①

以上所引郭沫若先生早年对铭文的解释是错误的，侯志义先生指出："菁从害声，于此疑读'胡'，《广雅·释诂》卷三上：'害、曷、胡、盍，何也'，王念孙疏证云：五字'皆一声之转也'，知五字同义亦同音，故菁可假为'胡'。《广雅·释诂》卷一上云：'胡，大也。'铭云'胡邢侯服'，谓张大邢侯之政事也。下文'授厥濒福'即对'胡'而言，'无命于有周'是对'服'而言，对应极为贴切。"②侯先生的考证正确。

师𩛥鼎铭曰："天子亦弗諲（忘）公上父瞉德。"于豪亮先生指出"瞉"读为胡，训大，"瞉德"就是大德。③菁就是"瞉"，假借为胡，训大。康王命荣及内史曰："胡邢侯服"，这句话不是命荣继任邢侯之职，而是命荣及内史说"加大邢侯服"，是让他们加大邢侯的服事。"服"，是指服事，即官员所担任的职务和所管的政事。

西周的"服"分"内服"和"外服"，王臣为"内服"，诸侯为"外服"。"内服"是指在王畿以内，也就是在王室为官；"外服"是指在王畿以外为诸侯。"内服"封邑小，而"外服"封土大。由"内服"王臣改封为"外服"诸侯，是加大其"服"，所以说"胡邢侯服"。另外，从爵位来说，邢侯改封以后，其长子留相王室担任卿一级王臣，见于西周金文，称为邢伯，加上其采邑名称为"郑邢"，所以判断邢侯作为朝臣时，其封邑在今宝鸡凤翔县的郑地，史称西郑。"伯"既是邢伯的排行（长子），也是

---

① 郭沫若：《两周金文辞大系图录考释》，科学出版社，1958年，释文第39页。
② 侯志义：《金文古音考》，西北大学出版社，2000年，第55—56页。
③ 于豪亮：《陕西省扶风县强家村出土虢李家族铜器铭文考释》，见于豪亮：《于豪亮学术文存》，中华书局，1985年，第13页。

邢伯的爵称。那么邢侯改封前的爵位可能也是伯，改封他为诸侯，是提升其爵位，故曰"胡邢侯服"。①

麦方尊铭文与邢侯簋铭文内容结合起来分析，可知头一年三月康王命麦的君长邢侯出朝，即离开西周王室，到河北的邢台市一带为诸侯。应该是第二年二月，邢侯到宗周朝见康王述职，受到康王优渥的礼遇。总之，西周早期外服诸侯和在成周洛邑主政的王臣，都到宗周朝见周王，进行述职活动。这说明西周早期周王是在宗周居住，因此在宗周接见述职的诸侯、大臣，证明宗周是西周早期的都城。除此而外，西周早期到穆王时期，周王常在宗周册命大臣，也证明宗周是当时的首都。例如康王时代的大盂鼎铭文说：

隹（唯）九月，才（在）宗周命盂。王若曰："……命汝盂型乃嗣祖南公。"

王曰："盂，乃召夹尸司戎、敏谏罚讼，夙夕召我一人烝四方……"

这是周康王在宗周册命南宫盂继承其祖父南公（周初的南宫括）的官职"司戎"（就是主管军事、战争），并告诫盂要敏锐地处理诉讼和惩罚事项，昼夜为"我一人"（康王）服务，保四方平安。班簋铭文说：

唯八月初吉，才（在）宗周。甲戌，王令（命）毛伯更虢䙗（城）公服……

班就是毛伯，在《穆天子传》中称为毛班。班簋铭文是说，八月初吉，周穆王在宗周册命毛伯班代替虢城公的职务。康王在宗周册命南宫盂的官职，穆王在宗周册命毛伯班代替虢城公的职务，都应该是在宗周的宗庙中进行。

综上所述，可知西周早中期，特别是西周早期，宗周第一有宗庙，第二是周王举行夏祭、火祭等大型祭祀活动的地方，第三是诸侯朝见周天子并进行述职，以及主政成周大臣向周王述职的地方，第四是周王册命大臣的地方。这充分说明宗周是西周王朝的王都。

三、宗周是镐京

讨论宗周是不是镐京的问题，要从宗周的得名说起。周初镐京也称为周，那么为什么又改称为宗周了呢？这要从成周的得名说起。何尊铭文说：

隹（唯）珷（武）王既克大邑商，则廷告于天曰："余其宅兹中或（国），

---

① 详见尹盛平：《邢国改封的原因及其与郑邢、丰邢的关系》，见《三代文明研究》编辑委员会编：《三代文明研究》（一），科学出版社，1999年；又见尹盛平：《周文化考古研究论集》，文物出版社，2012年。

自之辪（乂）民。"

铭文是说周武王攻克殷商王朝的都城（大邑商）以后，在广庭之中向天神祷告说："我要居住在中国（中原地区），从这里治理民众。"这说明成王时营建成周洛邑，是周武王的遗愿，武王本来是要迁都洛邑。成王五年洛邑建成后，成王曾迁居洛邑。按照古代的惯例，洛邑建成后应该称为周，然而当时周人的都邑称周的，有关中西部周原的故都岐邑、岐周；还有武王在沣水东岸建立的新都镐京，如果洛邑再单称为周，那么就不好互相区别了。正因为如此，所以洛邑建成后，为了区别几个称周的都邑，表示成王时周人的王业已经告成，于是定名洛邑为成周，并改称镐京的周为宗周。从此西周金文中就有了宗周（镐京）、成周（洛邑）、周（岐邑、岐周）等不同的都邑名称。

宗周的归属，历来多有争论，过去某些学者将西周金文所见的宗周与周混为一谈，例如吴其昌先生认为周是宗周的简称[①]。因记有宗周的青铜器在周原出土，有的金文研究者甚至怀疑宗周并非镐京而是指岐邑、岐周，如陈梦家先生认为岐周在西周时称宗周，他说："宗周，宗庙所在，在此朝见，即武王时的周；在岐山"。[②]李学勤先生也曾有类似看法，他认为："文王晚年，出于东进中原的战略需要，已建立两都制度，旧都岐邑为周先公先王宗庙所在，此盖'宗周'一名之由来"[③]。王占奎认为宗周之"宗"为一地名，乃取自"旧有地名即崇侯虎之崇"。[④]周宏伟认为："第一，丰邑确实是周王进行重要政治经济活动的地方。""第二，丰邑建有太庙，多有西周百官贵族居住。""第三，丰置有专门的管理者'大左（祝）'。""第四，宗周即丰有较明确的文献记载。"他举出《史记·周本纪》关于"东伐淮夷，残奄，……归在宗周，作《多方》；既绌殷命，袭淮夷，归在丰，作《周官》"的记载，又举今本《竹书纪年》成王四年："王师伐淮夷，遂入奄。……迁其君于薄姑。夏五月，王至自奄。"最后得出结论说："对比两处对同一事件的记载，即可知宗周即丰无疑。"[⑤]还有人认为宗周是有宗庙的丰邑。

我们对宗周之义有新解：宗周不是因为有宗庙而得名，而是指武王建立的周。宗周只能是镐京，而不可能是丰京。《国语·鲁语上》说：

---

① 吴其昌：《矢彝考释》，载《燕京学报》1931年第9期。
② 陈梦家：《西周铜器断代（二）》，载《考古学报》1955年第10册。
③ 李学勤主编：《中国古代文明与国家形成研究》，云南人民出版社，1997年，第523页。
④ 王占奎：《成周、成自、王城杂谈——兼论宗周之得名》，见北京大学考古文博学院编：《考古学研究（五）》下册，科学出版社，2003年。
⑤ 周宏伟：《西周都城诸问题试解》，载《中国历史地理论丛》2014年第1辑。

> 商人禘舜而祖契，郊冥而宗汤；周人禘喾而郊稷，祖文王而宗武王。

《礼记·祭法》也说：

> 殷人禘喾而郊冥，祖契而宗汤。周人禘喾而郊稷，祖文王而宗武王。

西周王室"祖文王而宗武王"，当始于周成王时代。首先周文王是成王的祖父，其次"宗武王"，是把周武王作为周王室祖宗中的"宗"。"宗"也有"诸侯宗之"的意思，说明武王集王权与宗主权于一身，宗法之义由此而生。宗法制应是产生于成王分封诸侯以后，所以我们认为：过去学者认为宗周是指宗庙所在的地方，这种说法并不正确。第一，西周金文证明西周时期宗周、成周和周（岐周），三个都邑皆有周王室的宗庙（详见下文），为什么偏偏镐京称为宗周呢？第二，皇甫谧《帝王世纪》指出："武王自丰居镐，诸侯宗之，是为宗周。""诸侯宗之"，是说诸侯尊武王为天下的大宗。宗周之义是指周武王建立的周，所以宗周非镐京莫属。

文献中的宗周，始见于先秦史籍《尚书·多方》："惟五月丁亥，王来自奄，至于宗周。"又说"王曰：'呜呼！猷告尔有方多士，暨殷多士，今尔奔走臣我，监五祀'"。"王来自奄"，说明这是周公东征以后的事情。"五祀"，当是指成王五年，因《多方》作于成王五年，这一年文献中出现宗周。据何尊铭文，成王五年定名洛邑为成周，宗周的出现是在定名洛邑为成周的同一年。

西周金文中宗周出现于献侯鼎铭文，其铭曰："隹（唯）成王大祓才（在）宗周"。献侯鼎的时代当在成王五年以后。

《尚书·毕命》说："王朝步自宗周，至于丰。"《毕命》作于康王时代，直称镐京为宗周。《诗经·大雅·正月》云："赫赫宗周，褒姒灭之。"《毛传》云："宗周，镐京也。"《王城谱》云："始武王作邑于镐京，谓之宗周，是为西都。"以上所引文献中宗周均指镐京。另外，从《尚书·毕命》来看，宗周与丰邑距离很近，一个早晨步行就可以到达，而且宗周是王都，因此宗周是镐京无疑。

《春秋·隐公元年》何休注云："王者受命，必徙居处。"《毛诗谱》云："文王受命，作邑于丰。"文王是所谓的受命之君，必徙居处。所以文王晚年灭掉崇国以后，徙都于丰，而且不沿袭祖辈都邑的名字称自己所建的新都邑。终西周一代，丰邑在文献与金文中从不称为周，也不见称为"京"。武王也是受命之君，所以徙都于"蒿"（镐），而且不沿袭其父文王都邑的名称，而是沿袭其曾祖父周太王在岐山之下建立的都邑名称，称镐京为周，成王时改称为宗周。

第二节
西周的王宫与宗庙

根据文献与西周金文资料,西周有"京宫"与"康宫"。关于"京宫"与"康宫"的性质,过去有王宫与宗庙两种认识。唐兰先生著有《西周铜器断代中的"康宫"问题》[1]一文,对西周的"京宫"与"康宫"进行了系统的论述,认为"京宫"与"康宫"都是宗庙。这是一篇著名的论文,影响极大。唐兰先生说:

> 我在《作册令尊及作册令彝铭考》和写在容庚所著的《武英殿彝器图录》里的一条考释,认为"康宫"是周康王的宗庙。令彝上"京宫"和"康宫"并称,"京宫"是祭太王、王季、文王、武王、成王的宗庙;"康宫"里有"邵宫"、"穆宫"、"剌宫",是昭王、穆王、厉王的宗庙,𢵢太室是夷王的宗庙。[2]

这就是说,"京宫""康宫"都是西周的宗庙,而且"京宫""康宫"里面实行的都是五庙制度。"京宫""康宫"是不是宗庙?下面我们根据文献和金文资料,并结合唐兰先生的论述进行讨论。

一、"京宫"是王宫,但是其中有宗庙

唐兰先生说:

> 《吕氏春秋》说:"归,乃荐俘馘于京太室",可见这个"京宫"是在宗周的。当时成周还没有建立,当然不会有"京宫"。当周公营建洛邑作为大邑成周的时候,据《逸周书·作雒解》说:"乃位五宫:大庙、宗宫、考宫、路寝、明堂。"

---

[1] 唐兰:《西周铜器断代中的"康宫"问题》,载《考古学报》1962年第1期;又见故宫博物院主编:《唐兰先生金文论集》,紫禁城出版社,1995年,第115—167页。
[2] 唐兰:《西周铜器断代中的"康宫"问题》,载《考古学报》1962年第1期;又见故宫博物院主编:《唐兰先生金文论集》,紫禁城出版社,1995年,第116页。

所谓"宗宫",显然就是宗庙(宗周的所以称为宗,也就因为宗庙所在的原故),它必然是仿照宗周的"京宫"盖的。……据《逸周书》所讲的"五宫",是"太庙、宗宫、考宫、路寝、明堂",朱右曾《逸周书集训校释》说:"宗宫文王庙、考宫武王庙",从营造洛邑是成王时代来说,当时的"考宫"确实应该是"武王庙"。①

唐兰先生认为《吕氏春秋·古乐》所说的"京宫"是在宗周,"所谓'宗宫',显然就是宗庙……它必然是仿照宗周的'京宫'盖的",这些看法都是正确的。

《逸周书·作雒解》说:"乃位五宫:大庙、宗宫、考宫、路寝、明堂。"孔晁注:"五宫,宫府寺也。大庙,后稷庙。二宫,祖考庙、考庙也。"

周公营建成周洛邑时所盖的"五宫",其中包括宗庙与路寝、明堂等宫殿建筑。"二宫"(祖考庙、考庙)是文王庙、武王庙。《国语·鲁语上》说:

  商人禘舜而祖契,郊冥而宗汤;周人禘喾而郊稷,祖文王而宗武王。

《礼记·祭法》也说:

  殷人禘喾而郊冥,祖契而宗汤。周人禘喾而郊稷,祖文王而宗武王。

"禘喾",就是禘祭帝喾;"郊稷",就是郊祭后稷。《白虎通·宗庙》说:"周以后稷文武特七庙,后稷为始祖,文王为太祖,武王为太宗。"《国语·鲁语上》《礼记·祭法》所说的"祖文王而宗武王",就是西周王朝以文王为太祖,以武王为太宗,这可能是祖宗一称的来源。过去老一辈学者认为宗周是指宗庙所在地,其实这是不正确的。西周的三个都城——宗周、成周、周(岐邑、岐周),都有周王室的宗庙,②为什么唯独镐京称为宗周呢?我们曾指出"武王至成王营洛前镐京也叫'周'"③。由于西周"祖文王而宗武王",文王是西周王朝的太祖,武王是西周王朝的太宗,"所以成王把武王,也就是'宗'所营建的周(镐京)称为宗周,仍称太王的周邑为周,史称'岐邑''岐周'"④。宗周的含义不是指宗庙所在地,而是指太宗(武王)建立的周。《逸周书·世俘解》说:

---

① 唐兰:《西周铜器断代中的"康宫"问题》,载《考古学报》1962年第1期;又见故宫博物院主编:《唐兰先生金文论集》,紫禁城出版社,1995年,第119—120页。
② 尹盛平:《西周的昭穆制度与金文中的"康宫"问题》,见宋镇豪、郭引强、朱亮等主编:《西周文明论集》,朝华出版社,2004年;又见尹盛平:《周文化考古研究论集》,文物出版社,2012年,第439—440页。
③ 尹盛平:《试论金文中的"周"》,见《考古与文物》编辑部编辑:《陕西省考古学会第一届年会论文集》(考古与文物丛刊第三号),1983年;又见尹盛平:《周文化考古研究论集》,文物出版社,2012年,第292页。
④ 尹盛平:《西周史征》,陕西师范大学出版社,2004年,第95页。

> 时四月既旁生魄，越六日庚戌，武王朝至燎于周。……乃以先馘入，燎于周庙。……武王乃以庶国祀馘于周庙。

《汉书·律历志下》引《尚书·武成》篇说：

> 惟四月既旁生霸，粤六日庚戌，武王燎于周庙。翌日辛亥，祀于天位。粤五日乙卯，乃以庶国祀馘于周庙。

"燎于周庙"，是在周庙中进行火祭，祭天。"祀馘于周庙"，是在周庙中献俘馘进行祭祀。《吕氏春秋·古乐》说：

> 武王即位，以六师伐殷。六师未至，以锐兵克之于牧野。归乃荐俘馘于京太室。

《逸周书·世俘解》《尚书·武成》所说"祀馘于周庙"，《吕氏春秋·古乐》所说"乃荐俘馘于京太室"，讲的都是同一件事情，都是指周武王灭商后归来，在"京宫"的太室中献俘馘之事。"京太室"，是指"京宫"中的太室。"荐俘馘"是在宗庙中进行，所以"京太室"是指"京宫"中周庙的太室。据今本《竹书纪年》记载，周武王十二年牧野之战后：

> 夏四月，王归于丰，飨于太庙。十三年……荐殷于太庙，遂大封诸侯。

这说明宗周的太庙是在丰邑，而不是在镐京。西周金文中宗周有"大（太）庙"，例如趞簋铭文说：

> 唯三月，王在宗周。戊寅，王格于大庙。密叔佑趞即位，内史即命。

（《殷周金文集成》4266，简称《集成》4266）

同簋铭文说：

> 唯十又二月，初吉丁丑，王在宗周，格于大庙。荣伯佑同，立中廷，北向。

（《集成》4270）

丰邑是文王所都，终西周一代，丰邑都是宗周的一个分区，所以宗周的太庙是在丰邑。唐兰先生说：

> 《逸周书·世俘解》说武王在"荐俘殷王鼎"时，先告"天宗上帝"，接着"格于庙"，在"籥人九终"以后，"王烈祖自太王、太伯、王季、虞公、文王、邑考以列升，维告殷罪"。第三天又"荐殷俘王士百人"。这些记载都和《吕氏春秋》符合。可见这个时候在京里所祭的是由太王到邑考等六人。到了《诗经·下武》，则说"下武维周，世有哲王，三后在天，王配于京"。京宫的祭

祀典礼，显然已经有了调整，所以只说到三后，也就是只有太王、王季跟文王了。《下武》这首诗是成王时做的，说"王配于京"，是指武王在这时已经列入配享里面去了。①

祭祀太王至伯邑考等六人，应该是在太庙中进行，所以《逸周书·世俘解》中的"格于庙"，应该是指进入太庙。

周文王死后，武王调整了"京宫"里的祭祀典礼，尊文王为西周王朝的太祖，因此在丰邑的"京宫"中建立了以文王为太祖的周庙。清华简《耆夜》说：

> 武王八年，征伐耆，大戡之。还，乃饮至于文太室。②

"文太室"，当是文王庙的太室，可知武王灭商前已在丰邑的"京宫"中建立了周庙。到了成王时代，又尊武王为西周王朝的太宗，所以又在"京宫"中建立了武王庙，因此武王配享于"京宫"。《诗经·大雅·下武》云"王配于京"，这个"王"确实是指周武王。这就说明太庙、周庙都是在丰邑的"京宫"中。成王初年所作的𠭯方鼎铭文说：

> 唯周公于征伐东夷，丰伯、薄姑咸戈。公归，禦于周庙。（《集成》2739）

周公征伐东夷诸国取胜归来，当时丰邑"京宫"的周庙中，包括文王庙、武王庙，相当于成周洛邑的宗宫、考宫。康王二十五年的小盂鼎铭文说：

> 唯八月既望，辰在甲申，昧爽，三左三右多君入服酒，明，王格周庙……□□入燎周□。……□□用牲禘周王、〔武〕王、成王……（《集成》2839）

小盂鼎铭文记载康王在周庙中禘祭周王（文王）、武王、成王。彭林先生指出：

> 周代禘祭是从殷代禘祭发展而来的，但致祭的对象不再象殷代那样泛杂，而是专一于先祖父考。③

小盂鼎铭中在周庙的禘祭，正是对曾祖父、祖父、父考三代的祭祀。铭中的"周王"，陈梦家先生认为是文王④。《诗经·大雅·棫朴》有"周王于迈，六师及之"，"周王寿考，遐不作人"，《诗序》认为诗中的"周王"是文王。王晖先生说：

---

① 唐兰：《西周铜器断代中的"康宫"问题》，载《考古学报》1962年第1期；又见故宫博物院主编：《唐兰先生金文论集》，紫禁城出版社，1995年，第119页。
② 李学勤主编：《清华大学藏战国竹简》（一），中西书局，2010年，第149—155页。
③ 彭林：《周代禘祭平议》，见陕西历史博物馆编：《西周史论文集》，陕西人民教育出版社，1993年，第1049页。
④ 陈梦家：《西周铜器断代》上册，中华书局，2004年，第111页。

因为周文王应是在岐周出生的,故小盂鼎铭中就直接称他为"周王",武王克商后所作《逸周书·世俘》中的"周庙"就是文王之庙。①

《左传·襄公十二年》说:"秋,吴子寿梦卒,临于周庙,礼也。"杨伯峻《春秋左传注》说:"周庙,杜注以为周文王庙。吴祖泰伯,鲁祖周公,鲁或无泰伯之庙,故以文王庙为周庙。"②周代都是以文王为太祖,周庙本来就是文王庙,所以吴子寿梦死了,要"临于周庙",这才合乎周礼,并非因为鲁国无泰伯之庙,才以文王庙为周庙。不过由此可知,鲁国也立有周庙。

小盂鼎铭丰邑"京宫"的周庙中有文王、武王、成王三庙,《逸周书·作雒解》中成周洛邑也有三庙,即太庙、宗宫、考宫。二者互相印证,可知成周洛邑的太庙,就是宗周丰邑"京宫"中的太庙。宗宫(文王庙)、考宫(武王庙),这二宫相当于成王时期丰邑"京宫"中的周庙,说明周公营建成周洛邑时,确实是仿照宗周丰邑的"京宫",在洛邑建造了太庙、宗宫、考宫、路寝、明堂等五宫,也就是建造了一个新的"京宫",所以矢令方彝铭文中说:"明公用牲于京宫。"西周金文中,成周有太庙。敔簋铭文说:

惟王十又一月,王格于成周太庙。武公入右敔,告禽(擒)馘百,执讯四十……

据《逸周书·世俘解》,成周的太庙是在"京宫"中。敔簋铭文说周王进入成周的太庙后,武公作为"佑"者,导引敔步入太庙,敔报告(与淮夷的战争中)俘虏可供审问的人四十名,杀死后割下耳朵的人一百名,敔在太庙献俘馘。正是因为成周洛邑的"京宫"中有太庙、周庙,所以成王五年的何尊铭文说:

唯王初迁宅于成周,复禀武王礼福自天,在四月丙戌,王诰宗小子于京室,曰:"昔在尔考公氏,克逨文王,肆文王受兹大命。"(《集成》6014)

"京室",是指"京宫"中的太室,应该是指"京宫"中周庙的太室。"王诰宗小子于京室",是说成王在"京宫"中周庙的太室,告诫同宗的小子们。时代与何尊相同的甲戌方鼎③铭文说:

唯四月甲戌,在成周。丙戌,王在京宗,赏方安□□□贝,用作宝尊彝。④

---

① 引自王晖待刊的论文《西周金文"京宫""周庙""康宫"考辨——并唐兰"康宫说"驳议》。
② 杨伯峻编著:《春秋左传注》,中华书局,1981年,第996页。
③ 参见李学勤:《何尊新释》,载《中原文物》1981年第1期。
④ 王杰等编:《西清续鉴甲编》卷一,商务印书馆据内府写本缩小影印本,1910年,第36页。

"京宗",是指"京宫"中的宗庙。成周洛邑"京宫"中虽然有太庙、周庙,但是"京宗"应当是指周庙,因为周庙才是西周王室这一支的宗庙,所以文王庙称为"宗宫"。

《礼记·明堂位》说:"鲁公之庙,文世室也;武公之庙,武世室也。"郑玄注:"此二庙象周有文王、武王之庙也。世室者,不毁之名也。"由此可知,西周"京宫"中的文王庙、武王庙是两座世世不毁之庙。

太庙、周庙是成周洛邑"京宫"中的宗庙,已如上述,而路寝又称"正寝""大寝",是周王的寝宫。根据周原扶风召陈西周大型建筑群基址的F8,也就是八号房基的分间来看,西周的路寝也应该是一明两暗,即中间是太室,两侧是"夹室"。① 西周的明堂,根据《周礼·考工记》记载,商代称为"重屋",夏代称为"世室",是周王听朝布政之所,也就是朝见大臣的宫殿(朝堂)。王国维先生指出:

> 古制中之聚讼不决者,未有如明堂之甚者也。……今试由上章所言考之,则《吕氏春秋》之四堂一太室,实为古制。《考工记》中"世室""五室""四旁""两夹""四阿""重屋"等语,均与古宫室之制度合。……则明堂之制,……中央有太室,是为五室。太室之上,为圆屋以覆之,而出于四屋之上,是为重屋。②

太室就是大房间,后世称为厅、堂,居于明堂的中央,故称为中央太室。又据《考工记》,明堂的另外四室为"四旁两夹",就是由位于中央太室四旁(四角)的四室,组成中央太室左右两侧的两个"夹室"。因为中央太室之上有圆形的重屋顶,光线明亮,所以西周称之为明堂。(见图4-2)

周原遗址扶风召陈大型建筑群基址,其中F3,中央是太室(呈正方形,面积180平方米)。中央太室东西两侧的两个稍间(夹室),从其柱础布局来看,南北最中间的两排柱础比较靠近,也就是这两排柱础之间的距离,小于其他的柱间距,因此推测这两排柱础之间可能有隔墙,将两个稍间(夹室)分为四个小房间,形成所谓的"四旁两夹"。所以召陈F3,即三号建筑复原后,应该就是明堂一类的建筑。③(见图4-3)

综上所述,成周的"京宫"中除有宗庙——太庙、周庙外,还有周王的正寝——路寝,以及周王的朝堂——明堂等建筑。《礼记·明堂位》说:"昔者周公朝诸侯于明

---

① 参见尹盛平:《西周史征》,陕西师范大学出版社,2004年,第220页图94:召陈F8复原设想图。周原扶风召陈西周大型建筑群基址,其中F3、F5、F8中央都有大房间,可知西周的太室是指大房间,相当于后世的厅、堂。太室居于房子的中央位置,其左右有两个小的稍间,称为"夹室",即夹堂之室。
② 王国维:《明堂庙寝通考》,见王国维:《观堂集林》,中华书局,1959年,第125—127页。
③ 参见尹盛平:《西周史征》,陕西师范大学出版社,2004年,第224页图97、图98。

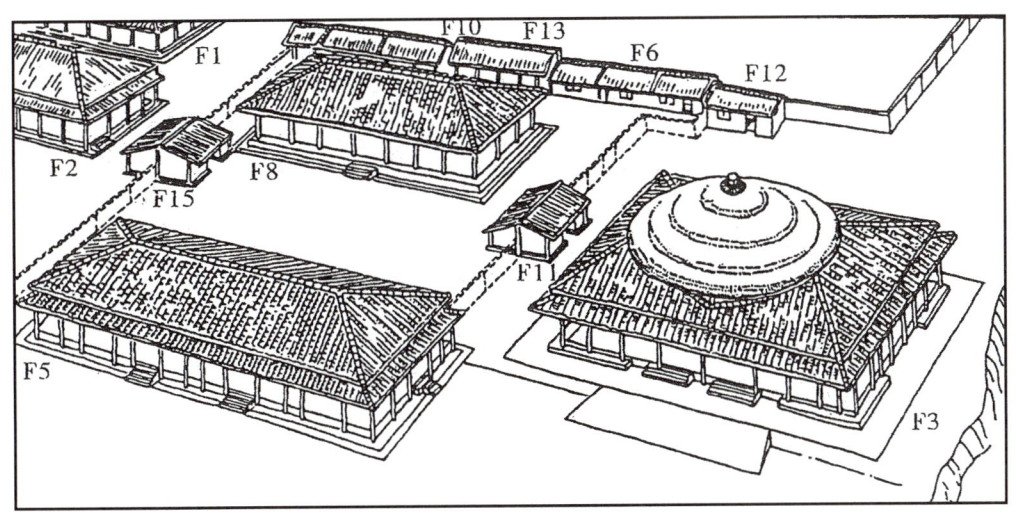

图 4-2　扶风召陈甲区西周建筑群外观示意图

堂之位。"成周的明堂在"京宫"中，那么宗周的明堂也应该在"京宫"中。有明堂必有路寝，而且成周的"京宫"是仿照宗周的"京宫"建造的，所以宗周丰邑的"京宫"中除有太庙、周庙外，还应该有明堂、路寝等建筑。宗周的"京宫"虽然是在丰邑，但是丰邑与镐京隔沣水相望，近在咫尺，而且宗周的宗庙是在丰邑的"京宫"中，所以丰邑是宗周的一个分区。

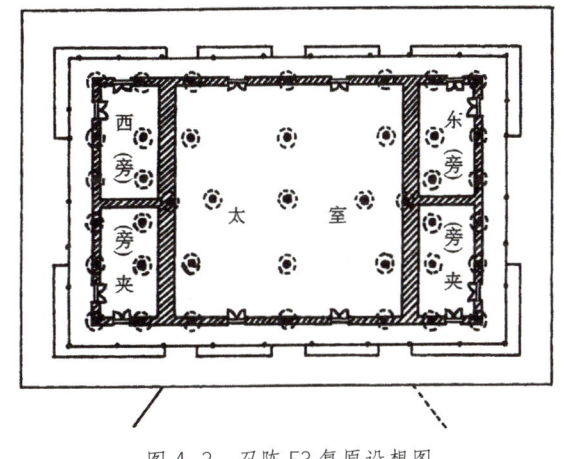

图 4-3　召陈 F3 复原设想图

总之，宗周、成周的"京宫"中，包括有路寝、明堂等建筑，所以"京宫"不是单纯的宗庙，而是王宫的总称，但是其中都有西周王室的宗庙——太庙、周庙。

小盂鼎铭文中"京宫"的周庙中有（文王、武王、成王）三庙。凤翔马家庄发掘的春秋时期秦国近亲父祖曾宗庙遗址，也是三庙，[1]其排列布局是曾祖庙居中，昭庙（祖父庙）居左，穆庙（父庙）居右。[2]小盂鼎铭文中康王时代的周庙中有太祖文王庙、太

---

[1] 参见王晖未发表的论文《西周春秋宗庙制度研究》。
[2] 陕西省雍城考古队：《凤翔马家庄一号建筑群遗址发掘简报》，载《文物》1985年第2期。

宗武王庙、父考成王庙，其排列布局应与凤翔马家庄秦国宗庙遗址相同。

"京宫"在西周金文中，最后见于周穆王时代的铜器铭文，班簋铭文说：

> 唯八月初吉，才（在）宗周。……班拜稽首曰："乌呼！丕杯乃皇公，受京宗懿釐，毓后文王孙圣孙，登于大服广成厥功。"（《集成》4341）

"京宗"，是指"京宫"的宗庙，可知西周穆王时代，宗周的"京宫"还是存在的，但是此后西周金文中，不见了"京宫"及其有关的"京室""京宗"的踪影，这是为什么呢？

《汉书·地理志》引臣瓒说："穆王以下都于西郑。""西郑"在今陕西宝鸡市凤翔、陈仓区一带。①我们根据西周中晚期，金文中经常有"王在周"之语，而且周原遗址自西汉以来，特别是自清代以来，大量发现西周王臣窖藏的青铜器，因此认为"西周中晚期，周王室实际是都于周邑"②。"周邑"就是岐邑，也就是今天的周原遗址，"西郑"在周原范围内。"穆王以下都于西郑"，实际上是都于周邑（岐邑），周王经常住在岐周，很少在宗周、成周活动，这也许正是宗周、成周的"京宫"不见了踪影的原因。

二、"康宫"也是王宫，但是其中也有宗庙

"京宫"既然不是单纯的宗庙，而是一座王宫，那么"康宫"是不是宗庙呢？我们继续讨论。矢令方彝铭文说：

> 唯八月辰在甲申，王命周公子明保尹三事四方，受卿事寮。丁亥，命矢告于周公宫。公命出同卿事寮。唯十月月吉癸未，明公朝至于成周，出命舍三事命众卿事寮、众诸尹、众里君、众百工、众诸侯：侯、甸（田）、男，舍四方命。既咸命，甲申，明公用牲于京宫。乙酉，用牲于康宫。咸既，用牲于王。明公归自王。（《集成》9901）

矢令方彝铭文说明，成周洛邑不仅有"京宫"，而且还有"康宫"。唐兰先生指出：

---

① 尹盛平：《周原遗址为什么大量发现西周青铜器窖藏——兼论周原遗址的性质》，见宝鸡青铜器博物馆编：《周秦文明论丛》第1辑，陕西人民出版社，2006年；又见尹盛平：《周文化考古研究论集》，文物出版社，2012年，第313页。

② 尹盛平：《周原遗址为什么大量发现西周青铜器窖藏——兼论周原遗址的性质》，见宝鸡青铜器博物馆编：《周秦文明论丛》第1辑，陕西人民出版社，2006年；又见尹盛平：《周文化考古研究论集》，文物出版社，2012年，第318页。

令彝铭里记载周王在八月甲申这一天命令周公的儿子明保"尹三事四方，受卿事寮"，明保由于做了尹，所以改称为明公。隔了两个月，十月月吉癸未，明公才到了成周，发布了尹三事四方的命令。第二天"甲申，明公用牲于京宫。乙酉，用牲于康宫。咸既，用牲于王"。①

当年唐兰先生认为"康宫"是宗庙，其中有康王、昭王、穆王、夷王、厉王等五庙②，依据的是"王在周"，也就是周王在岐周的金文资料。当时他没有将金文中的周（岐邑）与成周（洛邑）区别开来，而是将成周的"康宫"与岐周的"康宫"混同起来论述，当然那时候还不知道金文中的周与成周是两个不同的地方。

成周的"康宫"只在矢令方彝铭文中出现一次，因此笔者曾不相信"康宫"是康王庙，提出"康宫""当是康王生前以他母亲的名字在成周洛邑建造的宫室，或许就是康王为其生母在成周建造的庙"③。

西周金文中，成周的"康宫"中没有出现康王及其后世子孙的宗庙，而岐周的"康宫"多次出现康王或其子孙的宫或庙。西周中晚期的金文中，岐周的"康宫"中先有"康庙""昭宫""穆宫"，分别为康王庙、昭王庙、穆王庙。例如西周晚期的元年师兑簋铭文说：

唯元年五月初吉甲寅，王在周，格康庙，即位，同仲（佑）师兑入门，立中廷。

（《集成》4274）

南宫柳鼎铭文也说："王在康庙。"西周成王五年洛邑建成后，定名为成周，从此称武王建立的周（镐京）为宗周，而太王迁岐后所建的都邑周（史称岐邑）依然称为周，从此西周金文中的周是指岐邑、岐周，即今陕西岐山、扶风两县交界一带的周原遗址。④元年师兑簋铭文中的"康庙"，包括南宫柳鼎铭文中的"康庙"是在周，也就是在岐周，即今周原遗址。

西周金文中，记载岐周"康宫"中有"昭宫"的铭文较多，例如西周晚期的颂鼎铭文说：

---

① 唐兰：《西周铜器断代中的"康宫"问题》，载《考古学报》1962年第1期；又见故宫博物院主编：《唐兰先生金文论集》，紫禁城出版社，1995年，第118页。

② 唐兰：《西周铜器断代中的"康宫"问题》，载《考古学报》1962年第1期。

③ 尹盛平：《西周的昭穆制度与金文中的"康宫"问题》，见宋镇豪、郭引强、朱亮等主编：《西周文明论集》，朝华出版社，2004年；又见尹盛平：《周文化考古研究论集》，文物出版社，2012年，第447页。

④ 尹盛平：《试论金文中的"周"》，见《考古与文物》编辑部编辑：《陕西省考古学会第一届年会论文集》（考古与文物丛刊第三号），1983年；又见尹盛平：《周文化考古研究论集》，文物出版社，2012年，第291页。

> 唯三年五月既死霸甲戌，王在周康邵（昭）宫。旦，王格大室，即位。（《集成》2829）

"周康邵（昭）宫"是指岐周"康宫"中的昭宫（昭王庙）。《周礼·隶仆》说："隶仆掌五寝之埽除粪洒之事"，郑玄注："五寝，五庙之寝也……诗云：'寝庙绎绎'，相连貌也。前曰庙，后曰寝。"由此可知，宗庙是有后寝的，可供生人居住。

颂鼎铭文是说：周王夜晚住在岐周"康宫"中昭王庙的后寝，天亮后，进入昭王庙的中央太室。西周中晚期，金文记载"康宫"中有"穆宫"的铭文也较多，例如西周晚期的善夫克盨铭文说：

> 唯十又八年十又二月初吉庚寅，王在周康穆宫。（《集成》4465）

"周康穆宫"是指岐周"康宫"中的穆宫，即穆王庙。西周共王时代的金文中，穆王庙还不称"穆宫"，而称"新宫"或"穆大室""穆王大室"。例如望簋铭文说：

> 唯十又三年六月初吉戊戌，王在周康宫新宫。旦，王格大室。（《集成》4272）

望簋是西周共王十三年器，"周康宫新宫"，就是岐周"康宫"中的新宫。铭文是说周王夜晚住在新宫的后寝，天亮后，周王进入新宫的中央太室。西周晚期的伊簋铭文说：

> 唯王廿又七年正月既望丁亥，王在周康宫。旦，王格穆大室，即位。（《集成》4287）

"王在周康宫"，这里没有某王的庙，因此周王夜晚是住在"康宫"的康寝内，康寝相当于"京宫"中的路寝，是"康宫"的正寝。天亮后，周王进入"穆大室"。"穆大室"，曶鼎（又称"智鼎"）铭文作"周穆王大室"。关于共王时代，为什么称穆王的庙为"新宫"和"穆王大室"呢？这个问题唐兰先生已有合理的解释：

> 《春秋·闵公二年》"夏五月乙酉，吉禘于庄公"，《公羊传》说："其言'于庄公'何，未可以称宫庙也。"根据这个例子，我们可以看到刺鼎说"王禘，用牲于太室，禘昭王"，是在周穆王初年，昭王死得不久，还不能称为"昭宫"或"昭庙"。又智鼎说："唯王元年六月既望乙亥，王在周穆王太室"，显然是共王元年，穆王刚死不久，所以不说"穆宫"、"穆庙"或"穆太室"，而说"周穆王太室"，跟鲁闵公时只说庄公而不说庄宫是一个道理。《春秋·成公三年》二月"甲子新宫灾"，《公羊传》说："新宫者何，宣公之宫也。"

何休注说："以无新公,知宣公之宫庙。"《穀梁传》说:"新宫者祢宫也。……迫近不敢称谥,恭也。"成公称他父亲宣公的庙为"新宫",《穀梁传》说是"祢宫",那就是《逸周书》的"考宫"了。由此可见,金文趞曹鼎第二器说"龏王在周新宫",师汤父鼎说:"王在周新宫",师遽簋说:"王在周,客新宫",望簋说:"王在康宫新宫"等资料里的"新宫",都是周穆王的庙,因为这些铜器都是共王时做的,所以还称为新宫。①

因为穆王是共王之父,所以共王不称穆王的庙为"穆宫",而称为"新宫""穆王大室""穆大室",从而隐晦穆王已死去的事实,这是一种恭敬的称呼。

岐周的"康宫"中有西周早期的康王庙、昭王庙,还有西周中期的穆王庙,唐兰先生说:

> 从上文已经说过的,我们可以看见京宫里是五庙,太王、王季、文王、武王和成王,是一个始祖和二昭二穆。但康王以后,忽然改了,变为昭王是昭,穆王是穆了。②

王晖先生不同意康王改昭穆的说法,认为唐兰先生"显然是把周代宗庙里昭穆制和周王名号相混起来"。他说:

> 昭王之"昭"和穆王之"穆",过去学术界认为是以谥法而命名的称号。……近代王国维根据青铜器铭文中有诸如"穆王"的名称,认为古说的谥法不可全信,提出成王、昭王、穆王、共王、懿王等称号应为生时的"美名",而非"谥号"。但不管是"谥法"的死后之名号,还是生称的"美名",似乎皆与宗庙里昭穆的排列顺序无关。③

康王是否改变了周初宗庙中的昭穆问题,还可以讨论,但是周厉王以前的西周金文中,"康宫"中有"康庙""昭宫""穆宫"等三庙,不见共、懿、孝三王的宗庙,唐兰先生说:

> 金文厉宣时代,既有"昭宫"、"穆宫",又有"夷宫"、"厉宫",显然由于共、懿等王已为祧庙,附入昭穆两宫了。可见西周后期,还是用五庙制

---

① 唐兰:《西周铜器断代中的"康宫"问题》,载《考古学报》1962年第1期;又见故宫博物院主编:《唐兰先生金文论集》,紫禁城出版社,1995年,第128页。
② 唐兰:《西周铜器断代中的"康宫"问题》,载《考古学报》1962年第1期;又见故宫博物馆主编:《唐兰先生金文论集》,紫禁城出版社,1995年,第132页。
③ 王晖:《西周金文"京宫""周庙""康宫"考辨——西周宗庙制度研究之一》,载《中华文化论坛》2019年第2期。

度的。①

岐周的"康宫"中虽然不见共、懿、孝三王的宫或庙，但是却有周庙，昭穆时期的盠方彝铭文说：

> 唯八月初吉，王格于周庙。穆公佑盠，立于中廷，北向。（《集成》9899）

宣王时代的虢季子白盘铭文说：

> 唯十又三年正月初吉丁亥，虢季子白作宝盘。……王孔嘉子白义，王格周庙宣廟，爰饗。（《集成》10173）

"宣廟"，是周庙中的习射之宫。铭文说周王进入宣廟举行酒席宴会。西周晚期的无叀鼎铭文说：

> 唯九月既望甲戌，王格于周庙，述于图室。（《集成》2814）

周王步入周庙，述于图室，知图室在周庙内。王晖先生认为西周宗庙的图室与军事地图及方国疆域图有关。②西周中晚期的周庙，不是在"京宫"内，而是在"康宫"中。宣王四十三年逨鼎铭文说：

> 王在周康宫穆宫，旦，王格周庙即立（位）。（《商周青铜器铭文暨图像集成》2503）

铭文是说，宣王夜晚住在岐周"康宫"中穆宫的后寝，天明后，进入周庙即位。这就证明西周中晚期周庙是在岐周的"康宫"内，而不是在"京宫"中。关于西周中晚期岐周"康宫"中的周庙，王晖先生指出：

> 文王、武王同时被立为太祖太宗庙，是周王室世世不毁之庙，而周成王庙在三世后的周共王时，按照宗法制被祧去只存神主在周庙之中。所以西周中期共王后的周庙只有文王、武王两位开国先王。

关于西周中晚期的宗庙，王晖先生说：

> 西周中晚期的是文武王"周庙"加近亲父亲、祖父、曾祖父三庙而为五庙，加始祖后稷及"所自出之帝"的帝喾共有七庙。西周晚期"康庙""昭宫""穆

---

① 唐兰：《西周铜器断代中的"康宫"问题》，载《考古学报》1962年第1期；又见故宫博物院主编：《唐兰先生金文论集》，紫禁城出版社，1995年，第127页。

② 王晖：《从西周金文看西周宗庙"图室"与早期军事地图及方国疆域图》，载《陕西师范大学学报》（哲学社会科学版）2012年第1期。

宫"当祧入太庙而未祧的现象是另有其因。①

为了证明"西周中晚期是文武王'周庙'加近亲父祖曾三庙而五庙",王晖先生引用《逸周书·祭公解》:"王曰:'公称丕显之德,以予小子扬文武大勋,弘成、康、昭考之烈。'"并说:

> 近出清华简《祭公之顾命》这几句异文作:"王曰:'公再(称)不(丕)显惪(德),以余少(小)子飏(扬)文武之剌(烈),飏(扬)城(成)、康、邵(昭)宝(主)之剌(烈)。'"可见周穆王时代的近亲宗庙之主也是父祖曾三位。这种情况在战国时期才发生变化,如战国后儒所说那样,近亲宗庙由三位变为四位。根据西周金文和古文献资料,西周中期以来,皆是以近亲父祖曾三庙制加上文武太祖太宗庙形成五庙制,近亲三庙之前的先祖一般都祧入太祖庙中。②

王晖先生认为:"周成王庙在三世后的周共王时期,按照宗法制被祧去,只存神主在'周庙'中。"果真如此,那么当时周庙中只有文王、武王二庙,而近亲父祖曾(成、康、昭)三庙中,只剩下康、昭二庙,需要再加上穆宫(穆王庙)方足五庙之数。而且共王时期,"康宫"中的康庙、昭宫、穆宫三庙,也属于近亲父祖曾三庙。也许正是文武王周庙加近亲父祖曾三庙而五庙的制度,所以共王时期没有把穆王庙祧入太庙之中。

西周晚期厉宣时代的金文中,岐周的"康宫"内出现了"夷宫"和"厉宫"。例如吴虎鼎铭文说:

> 唯十又八年十又三月既生霸丙戌,王在周康宫夷宫。(《近出殷周金文集录》364,简称《近出》364)

"周康宫夷宫"是指周(岐周)的"康宫"内夷王的宗庙。

《国语·周语上》记载周宣王"乃命鲁孝公于夷宫"。韦昭注:"命为侯伯也。夷宫者,宣王祖父夷王之庙。古者爵命必于祖庙。""夷宫"是周厉王之父夷王的宗庙。再例如此鼎甲铭文说:

> 唯十又七年十又二月既生霸乙卯,王在周康宫徲(夷)宫,旦,王格大室。

---

① 王晖:《西周金文"京宫""周庙""康宫"考辨——西周宗庙制度研究之一》,载《中华文化论坛》2019年第2期。
② 王晖:《西周金文"京宫""周庙""康宫"考辨——西周宗庙制度研究之一》,载《中华文化论坛》2019年第2期。

(《集成》2821)

铭文是说，周王夜晚住在岐周"康宫"内夷王庙的后寝里面，天明后进入夷王庙的中央太室。克钟铭文说：

唯十又六年九月初吉庚寅，王在周康剌宫。(《集成》204)

"剌"通"烈"，也就是"厉"。岐周"康宫"中的"剌宫"，就是"厉宫"，也就是厉王庙。唐兰先生指出：

金文里所说"周康邵宫""周康穆宫"等都在厉王时代或宣王时代，那末很可能在厉宣时期对宗庙制度又有过新的安排。①

西周中晚期的金文中不见共、懿、孝三王的宗庙，而西周晚期却出现了夷王的宗庙——"夷宫"，这就有可能是周厉王改变了"康宫"中的宗庙制度。

周厉王"革典"，虽然引起国人暴动，被国人赶跑了，但是他却不失是一位改革者。当厉王之父夷王死后，厉王打破了"康宫"中原有的宗庙制度的限制，为夷王在"康宫"的康庙中立了庙，建立了夷宫。所以厉王死后，其子宣王又在"康宫"的康庙中为他立了庙，建立了厉宫。从此岐周的"康宫"中形成了周庙的二庙（太祖文王庙、太宗武王庙），加康庙（康王庙）以及昭王庙、穆王庙、夷王庙、厉王庙五庙，共是七庙。总之，"西周晚期'康庙''昭宫''穆宫'当祧入太庙而未祧的现象"，很可能与周厉王的"革典"有关。

"康宫"与"京宫"一样，也不是一座单纯的宗庙，而是一座完整的王宫，其中除有宗庙外，还有康寝。师遽方彝铭文说：

唯正月既生霸丁酉，王在周康寝饗醴。(《集成》9897)

金文中"饗"的本字像对坐取食，故隶定为卿。康寝犹如"京宫"中的路寝，是周王的正寝、大寝，而不是康庙的后寝，所以周王在其中举行酒席宴会。夨簋铭文说：

唯十又一月既生霸戊申，王在周康宫饗醴。(《新收》1958)

铭文中省略了"康寝"，直书总宫名。正因为"康宫"是一座王宫的总称，所以伊簋铭文说："命伊：'𩁹宫司康宫王臣妾、百工。'"陈梦家先生曾提出："康宫之内有臣妾百工。由此知康宫为时王所居之王宫，亦是朝见群臣之所"②。今天看来陈先生的意见是正确的。西周中期后段的宰兽簋铭文说：

唯六年二月初吉甲戌，王在周师录宫，旦，王格大室，即位。司土荣伯佑

---

① 唐兰：《西周铜器断代中的"康宫"问题》，载《考古学报》1962年第1期；又见故宫博物院主编：《唐兰先生金文论集》，紫禁城出版社，1995年，第126页。

② 陈梦家：《西周铜器断代（二）》，载《考古学报》1955年第10册。

宰兽入门，立中廷，北向。王呼内史尹仲册命宰兽曰：昔先王既命汝，今余唯或申京乃命，更乃祖考事，䚄司康宫王家臣妾仆佣，外内毋敢无闻知。

（《近出》490）

王晖先生认为：

> 依宰兽簋铭看，"康宫"为"王宫"的性质十分明显。……说明"臣妾"是"王家"所有，不是"宗庙"所有。因此"康宫"的性质也就很明晰：不仅王室在"康宫"，臣妾也在"康宫"。[①]

蔡簋铭文说：

> 唯元年既望丁亥，王在滅庒。旦，王格庙，即位。宰曶入佑蔡，立中廷，王呼史兊册命蔡。王若曰："蔡，昔先王既命汝作宰，司王家。今余唯申京乃命，命汝眔曶䚄足对各，从司王家外内，毋敢有不闻，司百工，出入姜氏命……"

（《集成》4340）

"滅庒"，宋人释为"雍庒"，是滅水岸边周王的行宫。滅水因发源于槭山而得名，而槭山在今凤翔县，因此秦汉时期凤翔县有槭阳宫[②]，所以滅水就是今天凤翔县雍水的上游。

周王在"滅庒"的宗庙，重申先王对蔡的册命，命蔡担任"宰"这一官职，与曶互相配合，管理"王家外内，毋敢有不闻"。"王家"就是周王的家，也就是王宫。这句话简单地说就是管理王宫内外的事务，做到每一件事情都要让周王及时知晓。又命蔡主管"百工"，出入传达姜氏（王后）的命令。这就进一步证明"宰"是王宫的大总管，也证明"康宫"是王宫的总称，而不是单纯的宗庙之名。

综合以上所述，可知"京宫""康宫"都不是单纯的宗庙，而是王宫的总称，但是两座王宫中都有宗庙。宗周、成周的"京宫"中都有路寝、明堂等周王的寝宫和朝堂建筑，而且还有西周王室早期的宗庙——太庙、周庙；岐周的"康宫"中有周王的寝宫康寝，还应该有明堂等建筑，其中的宗庙有周庙（文王庙、武王庙）和康庙、昭宫、穆宫等宗庙。

[①] 王晖：《西周金文"京宫""周庙""康宫"考辨——西周宗庙制度研究之一》，载《中华文化论坛》2019年第2期。

[②] 参见尹盛平：《试论金文中的"周"》，见《考古与文物》编辑部编辑：《陕西省考古学会第一届年会论文集》（考古与文物丛刊第三号），1983年；又见尹盛平：《周文化考古研究论集》，文物出版社，2012年，第300页。

王晖先生说:"据伊簋、宰兽簋铭可知,'康宫'的性质是西周王宫之名,大概是康王时所建并以之命名的王宫。"①我们赞同"康宫"是王宫之名,但是"康宫"是昭王所建。

我们要特别强调指出的是,尽管唐兰先生关于"康宫"是宗庙之说不能成立,但是"康宫"中有康庙等周王的庙,所以唐兰先生认为"康宫"是西周铜器断代中一个标尺的观点,是可以成立的,而且这个标尺是可靠的。矢令方彝的年代是昭王早期。

三、西周三个都邑都有"京宫""康宫"

前文已指出,成周洛邑的"京宫"是仿照宗周的"京宫"建造的,所以宗周与成周都有"京宫",而且宗周的"京宫"是在丰邑而不是在镐京。成周有"康宫",那么宗周有没有"康宫"呢?大克鼎铭文说:

王在宗周,旦,王格穆庙,即位。䚄季佑膳夫克入门,立中廷,北向,王呼尹氏册命膳夫克。(《集成》2836)

"穆庙"是穆王庙,在"康宫"中,这说明宗周与成周一样,既有"京宫"又有"康宫"。那么宗周的"康宫"是在哪里呢?周穆王时代的鲜盘铭文说:

唯王卅又四祀,唯五月既望戊午,王在𦬒京,禘于昭王。(《集成》10166)

这是说周穆王在"𦬒京"禘祭昭王。禘祭昭王要在昭宫中进行,而昭宫又是在"康宫"中,所以宗周有"康宫",而且是在"𦬒京",而不是在镐京。"𦬒京"是宗周在丰邑的王宫、宗庙区。(详见下节)

许多金文资料证明岐周(岐邑)有"康宫",那么岐周(岐邑)有没有"京宫"呢?据《诗经·大雅·大明》和《诗经·大雅·思齐》所云,岐周(岐邑)有"京室",就是"京宫"之室。西周金文也证明岐周有"京宫",例如免簋铭文说:

唯十有二月初吉,王在周,昧爽,王格大庙。(《集成》4240)

再例如三年师兑簋铭文说:

唯三年二月初吉丁亥,王在周,格大庙。(《集成》4318)

宗周、成周的太庙,都在"京宫"中,那么岐周的太庙也必在"京宫"中,所以岐

---

① 王晖:《西周金文"京宫""周庙""康宫"考辨——西周宗庙制度研究之一》,载《中华文化论坛》2019年第2期。

第四章 西周的都城宗周

周有"京宫"。

总而言之，西周王朝的都城宗周、陪都成周、故都岐周，都建有"京宫"和"康宫"，而且宗周和成周的"京宫"中，都有周王室早期的宗庙——太庙、周庙；宗周的"康宫"中有昭王庙、穆王庙等宗庙。

岐周的"京宫"中有太庙，"康宫"中有周庙（文王庙、武王庙）和康庙、昭宫、穆宫、夷宫、厉宫等七庙。岐周"康宫"中的周庙，可能是营建岐周的"康宫"时所建。

西周王朝在三个都邑都建有王宫"京宫""康宫"，而且其中都有周王室的宗庙，就连周王在㵲水岸边的行宫中也有宗庙，这是为什么呢？这是因为当时"国之大事，唯祀与戎"，周王非常重视祭祀活动。

西周中晚期，周邑（岐邑、岐周）还有一座王宫——琱宫。庚嬴鼎铭文说："王格琱宫"。即簋铭文说：

> 唯王三月初吉庚申，王在康宫，格大室，定伯入佑即，王呼："命汝赤市、朱衡、玄衣、黹纯、銮旂。"曰："司琱宫人虢、旟，用事"。（《集成》4250）

即簋于1974年12月出土于周原遗址内扶风县黄堆公社强家村西，同窖出土的还有师訇鼎、师丞钟等青铜器，共7件，据学者研究，这批青铜器属于同一个家族四代人之物。即的家族是出自虢季的一支，其家族四代世系为师訇—师望—即—师丞，他们世袭师职，就是世世代代担任相当于《周礼》中师氏的官职。[①]据《周礼》记载，师氏除掌管贵族子弟的教化以外，还"使其属帅四夷之隶，各以其兵，服守王之门外，且跸"（《十三经注疏》）。周王命即管理的琱宫人虢、旟，正是守卫王宫宫门的两支少数民族的族称。

师毂簋铭文中有"宰琱生"，"琱生"又称"周生"（见周生豆），他出自召公家族中的一支小宗，因为他是琱宫的大总管——"宰"，所以他以官为氏称"宰琱生"。琱宫是西周中期在周（岐邑、岐周）建造的一座王宫，所以用地名周加王字旁称为"琱宫"，表示是周邑的王宫。

[①] 李学勤：《西周中期青铜器的重要标尺——周原庄白、强家两处青铜器窖藏的综合研究》，载《中国历史博物馆馆刊》1979年第1期。

第三节
宗周与"莽京"

西周金文中有"莽京",见于康王时代的麦方尊,穆王时代的遹簋、静簋、静卣、静彝、伯姜鼎,懿王时代的史懋壶,宣王时代的召伯虎簋等20多件西周铜器铭文,其中"莽京"出现最多的是穆王时期的铜器铭文。自清代以来,许多学者研究过西周金文中的"莽京",但是众说纷纭,观点分歧很大,至今未取得共识。

一、学术界关于"莽京"归属的分歧观点

关于"莽京"的归属,历代学者或以为"莽京"是丰京,或以为是镐京,或以为是丰镐二京以外的某地。还有学者提出"莽京"在周原。自清代以来,学术界关于"莽京"的归属,主要有如下几种观点。

①镐京说。清人吴大澂首倡此说,他在《说文古籀补·释莽》中认为:"古器多莽京,旧释旁京……其为镐京无疑。"此说影响颇大,以致后来的容庚[1]、丁山[2]、陈梦家[3]、陈云鸾[4]等诸位先生也持类似观点。

近年周宏伟发表《西周都城诸问题试解》一文,他用了很长的篇幅对镐京与"莽京"进行对比研究,最后得出结论说:

> 综上可见,传世文献中的"镐京"与金文中的"莽京",不但位于同样的地域"辟"地,有着同名的地理标志物——辟雍,而且发挥着几乎完全一样的功能:祭祀、居住、宴饮、娱乐、教育等。因此,镐京、莽京应是一地异写无疑。[5]

---

[1] 容庚:《金文编》,中华书局,1985年。
[2] 丁山:《由三代都邑论其民族文化》,载《国立中央研究院历史语言研究所集刊》1935年第五本第一分。
[3] 陈梦家:《西周铜器断代》下册,中华书局,2004年。
[4] 陈云鸾:《西周莽京新考》,载《中华文史论丛》1980年第1辑。
[5] 周宏伟:《西周都城诸问题试解》,载《中国历史地理论丛》2014年第1辑,第71页。

②蒲坂说。王国维先生在《周蓁京考》一文中提出："则所谓蓁京者，非蒲坂莫属矣。"①

③岐周说。卢连成先生曾经对有关"蓁京"的讨论进行过归纳，统计并分析了关于记载"蓁京"的铜器。②他认为"蓁京"是西周丰镐两京附近最重要的一处别都③。武功出土楚簋铭文有"蓁鄙"，周原遗址扶风刘家村出土王盂残底座，铭曰："王乍（作）蓁京中寝归盂。"据此，他认为："蓁京"在岐周的周原地区。④

④在丰邑营建的独立王都说。日本学者白川静先生认为"蓁京"是在丰营建的一处独立王都，他说：

> 新邑即成周的筹划营建，……由《柯尊》铭可知，武王时就有迁都于此的打算，但实际营建开始于成王时期。然而，成王不久就返回原丰镐地区，都于镐之宗周，又于有祭祀先祖场所的丰营建了蓁京，至此确立了三都之制。⑤

⑤镐京附近说。刘雨先生认为"蓁京"在镐京附近，他说：蓁京不是丰京，也不是镐京，而是镐京附近的地方，即文献中"侵镐及方"的"方"。⑥

⑥丰京说。郭沫若先生在考释麦方尊铭文时指出："蓁京即丰京，此与宗周相距仅一日，其地复有辟雍在焉，其为文王之旧都无疑。"⑦

⑦秦阿房宫附近说。王玉哲等先生主张："蓁"从方得声，殆即秦时之阿房宫。认为镐京的辟雍也就是"蓁京"的辟雍，由于镐京的发展，而到达渭水南岸的蓁，所以金文就称为"蓁京"，成为镐京一部分，即宗周。⑧

⑧笔者曾提出："蓁京是丰邑内的宗庙和王宫区"⑨。

以上几种观点，代表了学术界对蓁京问题的基本认识。

二、关于"蓁京"归属诸说的简要评述

首先来分析"蓁京"为镐京说，《诗经·大雅·文王有声》云：

---

① 王国维：《周蓁京考》，见王国维：《观堂集林》第12卷，河北教育出版社，1999年，第333页。
② 卢连成：《西周金文所见蓁京及相关都邑讨论》，载《中国历史地理论丛》1995年第3辑。
③ 卢连成：《论商代、西周都城形态（续篇）》，载《中国历史地理论丛》1991年第1辑。
④ 卢连成：《西周丰镐两京考》，载《中国历史地理论丛》1988年第3辑。
⑤ [日]白川静：《西周史略》，袁林译，三秦出版社，1992年，第50页。
⑥ 刘雨：《金文蓁京考》，载《考古与文物》1982年第3期。
⑦ 郭沫若编著：《郭沫若全集考古编》第8卷《两周金文辞大系图录考释》，科学出版社，2002年，第40—41页。
⑧ 王玉哲：《西周蓁京地望的再探讨》，载《历史研究》1994年第1期。
⑨ 尹盛平：《西周史征》，陕西师范大学出版社，2004年，第98页。

镐京辟雍，自西自东，自南自北，无思不服。皇王烝哉！

《毛诗正义》郑笺云："武王于镐京行辟雍之礼，自四方来观者，皆感化其德，心无不归服者"。这条史料是"蒡京"为镐京说论者所依据的重要证据，但是"镐京辟雍"又称"西雍"，在镐京的西郊。（详见下文）

蒲坂说。蒲坂在山西省运城市一带，依据麦方尊铭文，邢侯第一天在"蒡京"参加康王举行的祭祀活动，第二天参加康王在"辟雍"举行的大射礼。"蒡京"的"辟雍"，很可能就是"镐京辟雍"。如果"蒡京"是在蒲坂，那么邢侯第二天就无法赶到"辟雍"去参加康王举行的大射礼，所以"蒡京"也不可能是在蒲坂。

岐周说，主要依据周原地区出土的2件青铜器的铭文，此说难以成立。第一缺乏旁证，第二铜器是可以流动的。带有"蒡京""蒡鄙"铭文的铜器，有可能是从"蒡京"移动到周原地区的，并不能证明"蒡京""蒡鄙"就在周原。

我们赞同刘雨先生的说法，"蒡京"即文献中"侵镐及方"的"方"。《诗经·小雅·六月》说："玁狁匪茹，整居焦获，侵镐及方，至于泾阳。"《毛诗正义》郑笺："镐也、方也，皆北方地名。"玁狁侵犯镐京，可以波及"方"，说明"方"在镐京的近旁。因此我们同意郭沫若先生所说："蒡京即丰京"。

"蒡京"在镐京附近，如今有了地下出土文字的新证据。1992年，西安市黑河引水工程，在西安市长安县以南约2公里的申店乡徐家寨村南发现1件宣王十八年制作的吴虎鼎，其铭文说：

隹（惟）十又（有）八年十又（有）三月既生霸丙戌，王才（在）周康宫徲（夷）宫，□□右吴虎，王令（命）善（膳）夫丰生、嗣（司）工雍毁，醽（申）剌（厉）王命，□吴盉（？）旧疆，付吴虎。氒（厥）北疆涵人眔疆，氒（厥）东疆官人（？）眔疆，氒（厥）南疆毕人眔疆，氒（厥）西疆蒡姜眔疆。氒（厥）眔（俱）履弄□丰生、雍毁、白徫（道）：内（芮）嗣（司）土（徒）寺（粲）。……①

"徲"通"夷"，"徲宫"就是"夷宫"。这篇铭文记载周宣王重申其父厉王之命，在吴盉（？）旧有土地之内，授予吴虎一块土地，并划定了四面的疆界：北面与涵人土地接壤；南面与毕人土地交界；东面与官人土地接壤；西面与蒡姜的土地相邻。

"吴"即虞字，是古代的官名，即虞官，是管山林的官员。吴虎鼎是虞官叫虎的人所作的铜鼎。出土吴虎鼎的徐家寨村，西面为神禾原，东面有少陵原。鼎铭中授予吴虎

---

① 穆晓军：《陕西长安县出土西周吴虎鼎》，载《考古与文物》1998年第3期。

的那块土地，南界与毕人土地接壤，西面与荠姜的土地交界。

《史记·周本纪》文末太史公曰："所谓'周公葬毕'，毕在镐东南杜中。"杜中当在今西安市南郊电子城街道与长安区交界一带，附近有杜城村，其西北有沈家桥村，著名的秦杜虎符就出土于此。《元和郡县志》记万年县说："毕原，在县西南二十八里。"1989年韦曲（今长安区所在地）北面的东韦村出土韦豫、韦最两通墓志，都记载其葬地为毕原。长安区文管会藏有一方墓志，也记载墓主人的葬地为毕原。

根据以上所引，可知吴虎鼎铭中的毕人土地当在今长安区西南的神禾原上，位于镐京的东南不远，而"荠姜"的土地在毕人的土地以西，更接近镐京。

"荠姜"是居住于"荠京"的姜姓之人，属于姜氏之戎，其土地在丰镐遗址东南几公里的地方是合理的。吴虎鼎铭文与麦方尊铭文共同证明"荠京"在镐京附近，故可排除"荠京"在周原之说。

"荠京"在镐京附近，但是"荠京"并不是一处独立的王都，丰镐遗址几十年的考古所获，也不支持"荠京"为独立王都说，因为在丰京和镐京遗址的附近，并未发现可以称之为西周都城的遗址。所以日本学者白川静关于丰、镐、"荠京"为三都之说，也是不能成立的。

关于秦阿房宫附近说，由于秦阿房宫附近至今未发现可以称之为都城的西周遗址，所以缺乏考古资料的支持，也难以成立。

三、"荠京"在丰邑

关于"京"的问题，唐兰先生说：

> "京"本来是地名，也是周王国的旧称号。《诗经·公刘篇》说："乃觏于京"，和"于京斯依"，可见周部族那时住在"京"的地方，所以当时的部族名称就是"京"。到古公亶父发现了岐周的一块肥美土地以后，迁移到了周原，所以又叫做"周"，但"京"这个名称，当时还照样使用。《诗经·大明篇》叙述太任嫁过来的时候，还说是"曰嫔于京"。《思齐篇》又说："思媚周姜，京室之妇"，这是说古公亶父的配偶已经可以叫做"周姜"，但她的儿媳妇，却还称为"京室"的新妇。[1]

---

[1] 唐兰：《西周铜器断代中的"康宫"问题》，载《考古学报》1962年第1期；又见故宫博物院主编：《唐兰先生金文论集》，紫禁城出版社，1995年，第118—119页。

"京"是不是周王国的旧称号还可以讨论，但是公刘在豳地确是居住在叫"京"的高冈上。古公亶父迁岐后，构筑的宫室是叫"京宫"，所以称他新嫁过来的儿媳妇为"京室之妇"。"京室"，就是"京宫"之室。

我们在第一章第四节中也指出，"京"是周族王室居住地的专名，公刘居豳时，周族王室住在叫"京"的地方。所以《诗经·大雅·公刘》云：

笃公刘，逝彼百泉，瞻彼溥原，乃陟南冈，乃觏于京。

这是说公刘走过有许多流泉的地方，远望广大的黄土高原，然后登上南冈，选择了一处绝高的地形，在称为"京"的地方构筑居屋。可知公刘居豳时，周族王室的居住地称为"京"。

古代部族的都邑虽然经常迁徙，但是先王所居的地名往往沿袭不变。例如商族早期经常迁徙，但是其王室居地的名称始终叫"亳"。再例如畎夷也多次迁徙，但是畎夷之君的居地始终称为"犬丘"。

周族也有沿袭先王都邑名称的习俗，公刘在豳地时王室的居住地称为"京"，古公亶父从豳地迁到周原后，虽然以其族名改称在岐山之下营建的都邑为周，但是其王室居住地的小地名仍然称为"京"。所以《诗经·大雅·大明》云"挚仲氏任，自彼殷商，来嫁于周，曰嫔于京"，并云"于周于京"。"周"是周族在岐山之下所建都邑的名称，是大地名；而"京"是周王室在周邑居住地的名称，也就是王宫的名称，是小地名。所以《诗经·大雅·思齐》云："思媚周姜，京室之妇。"周原的"京"，是沿袭豳地的"京"而来。由于"京"是周族王室居住地的专称，所以"京"成为后世历代王朝都城的专称。

周武王迁都镐京，沿袭周太王古公亶父在周原都城的名称，最初也称镐京为周，直到洛邑建成后定名为成周，镐京才改称为宗周。西周宗周、成周中的周，都是来源于岐山之下的周，而周邑（岐邑）的"京室"，以及镐京、丰京中的"京"，都是沿袭豳地的"京"而来。

由"荓京"一称，可知是西周王室居住的地方，那里一定有王宫。倗匜铭文曰："隹（唯）三月既死霸甲申，王才（在）荓上宫。""荓上宫"，就是"荓京"的上宫。史懋壶盖铭文曰："隹（唯）八月既死霸戊寅，王才（在）荓京湿宫，……"这些金文资料证明"荓京"有周王室的"上宫""湿宫"等王室宫室。

周原遗址内的扶风县法门镇刘家村，出土1件西周康王时代铜盂的残底座，仅存圈足部分，外饰饕餮纹，内底有铭文八字："王作荓京中寝归盂。"

商代甲骨卜辞中有"东寝"(《燕》595)、"西寝"(《京津》4614)。西周金文中周王有"东宫""西宫"。高卣盖铭曰:"唯十又二月,王初饔(祼)旁,唯还在周,辰在庚申,王饮西宫,烝。"曶鼎铭文曰:"昔馑岁,匡众厥臣廿夫寇曶禾十秭。以匡季告东宫。东宫乃曰:'求乃人,乃弗得,汝匡罚大。'"这里的"东宫"是以宫名代人称,可能是指太子。由以上所引,可知西周天子有"东宫"和"西宫",应该就是商代的"东寝"与"西寝"。"蒡京"的"中寝",可能就是路寝,也就是正寝,又称大寝,加上西周天子有"东宫""西宫",合为三宫。西周天子有三寝,也就是有三宫,应该不成问题,西周金文中"蒡京"就有"上宫""湿宫""中寝"等三宫。所以卯簋铭文说:"今余唯命汝尸司蒡宫、蒡人,汝毋敢不善。""蒡宫"这里是泛指"蒡京"的王宫。

根据西周金文资料,"蒡京"是周王经常举行祭祀与射猎活动的场所。西周金文中"蒡京"与宗周常常同时出现,康王时代的士上盂和士上卣铭文说:

唯王大禴于宗周,䄍饔蒡京年,在五月,既望辛酉,王命士上眔史寅殷于成周,

眚百姓豚,眔赏卣鬯、贝,用作父癸宝尊彝。(《集成》9454)

郭沫若先生指出:"禴,禴省,《尔雅·释天》'夏祭曰礿',《周官·大宗伯》'以禴夏享先王',此'在五月'为时正合。"他认为:宗周即镐京,蒡京即丰京。①"王大禴于宗周,䄍饔蒡京年",是说初夏的五月,周王在宗周举行大型祭祀先王的禴祭,延续下来又在"蒡京"举行饔祭。康王时代的麦方尊铭文说:

王命辟井(邢)侯出劢,侯于井(邢)。雪若二月,侯见于宗周,亡述。

迨王饔蒡京,肜祀。雪若翌日,在辟雍,王乘于舟,为大豊(礼)。王射大弇禽,

侯乘于赤旂舟,从,死咸。

邢侯簋铭文说:"唯三月,王命荣眔内史曰:'蒡(胡)邢侯服……'"我们曾指出:"蒡(胡)邢侯服",就是加大邢侯的服事,是康王命大臣荣及内史改封原为内服诸侯的井侯为外服诸侯。②改封邢侯在前,命邢侯出朝,也就是命邢侯到邢地为侯在后,合情合理,所以李学勤等先生的解释十分正确。

大约是在改封后的第二年二月,邢侯到宗周朝见康王,恰逢康王在"蒡京"饔祭,举行"肜祀"。第二天在"辟雍",康王乘船举行大射礼,射大(鸿)禽。邢侯乘坐在

---

① 郭沫若:《两周金文辞大系图录考释》,科学出版社,1958年,释文第32页。
② 尹盛平:《邢国改封的原因及其与郑邢、丰邢的关系》,见《三代文明研究》编辑委员会编:《三代文明研究》(一),科学出版社,1999年;又见尹盛平:《周文化考古研究论集》,文物出版社,2012年,第426—437页。

有红色旗帜的船上，随从。伯唐父鼎铭文说：

> 乙卯，王飨荠京。王祼，辟舟临舟龙。咸祼，伯唐父告备。王格，乘辟舟，临祼白旗。用射兕、鳖虎、貉、白鹿、白狼于辟池。咸祼，王蔑历，赐秬鬯一卣，贝廿朋，封扬王休，用作□公宝尊彝。①

铭文中的"辟池"即辟雍大池，"临舟龙"是指辟雍大池里装饰着龙纹的大船。铭文是说周王要祭祀白旗，要用辟雍大池内的龙船，伯唐父告知龙船等都齐备了。于是周王乘船在辟雍大池射兕、鳖虎、貉、白鹿、白狼等兽类，而且将射猎所得到的动物，全部用来祭祀白旗。"辟雍"在金文中又称"大池"。例如遹簋铭文说：

> 隹（唯）六月既生霸，穆王才（在）荠京，呼渔于大池。

这是说周穆王在"荠京"，叫人捕鱼于辟雍大池。据以上所述，可知"荠京"与宗周的关系密切，而且距离很近，所以士上卣铭中在宗周（镐京）举行了禴祭，又在"荠京"祭；"辟雍"在"荠京"，所以麦方尊铭中头一天在"荠京"祭祀，第二天在"辟雍"举行大射礼。那么"辟雍""辟池""大池"在哪里呢？

《诗经·大雅·灵台》云："经始灵台，经之营之。……王在灵囿，麀鹿攸伏。麀鹿濯濯，白鸟翯翯。王在灵沼，于牣鱼跃。……于论鼓钟，于乐辟雍。"

"灵台"传为文王所筑，民间传说的灵台遗址在丰京遗址范围以南约4公里的沣河西岸，临近西安市高新区的秦渡街道。灵台建筑春秋时代尚能使用，《左传·僖公十五年》说："秦获晋侯以归。……乃舍诸灵台。"杜注："在京兆鄠县，周之故台。"

《五经异义》引《左氏》云："天子灵台在太庙之中，雍之灵沼谓之辟雍。"由此可知，灵台周围有大水池称为"灵沼"，灵沼池水围绕在灵台周围，形如圆形的玉璧，所以称为"辟雍"。

由于"辟雍"中养有鱼类，因此说"王在灵沼，于牣鱼跃"。"辟雍"围绕的湖心岛，不仅有灵台（观景台），而且还有灵囿（动物园），养有各种飞禽走兽，所以说："王在灵囿，麀鹿攸伏。麀鹿濯濯，白鸟翯翯。"因为"辟雍"中乘船围绕湖心岛可以射猎岛上的飞鸟走兽，而且周天子在"辟雍"射猎时有鼓乐助兴，所以说："于论鼓钟，于乐辟雍。"王晖先生指出：

> 西周金文中的"序"与"射庐（庐）"、"宣射（榭）"、"射学宫"，是学习射箭技术的学宫，是武学堂，亦即西周时的"大学"。《白虎通义·辟

---

① 刘雨、卢岩编著：《近出殷周金文集录》第2册，中华书局，2002年，第220页。

雍》云："小学，经艺之宫；大学者，辟雍乡射之宫。"周代这种习射的学宫之中有圆形的大池，古文献中则称为"辟雍"，西周金文中也有这种"辟雍"，或称为"大池"、"辟池"。

…………

……这种"辟雍"是一种圆形的大池塘，因为这种大池塘中间养殖有飞禽走兽，供习射者作为靶的来射猎，也作为"大射"等礼仪活动射击的靶的。从这个意义上说，西周金文中"璧廱"的"璧"才是本字，"辟"字应是假借字。借玉璧的圆形象征大圆池，玉璧中心皆有圆孔，用来表示圆池中心有养殖飞禽走兽的小岛。这种小岛上有"白鹭"——《诗经·振鹭》云："振鹭于飞，于彼西雍。我客戾止，亦有斯容。""西雍"就是地处西郊的辟雍，从这里飞出振动翅膀的白鹭，表明白鹭就养育在辟雍之中。①

"西雍"是地处镐京西郊的"辟雍"，应该就是《诗经·大雅·文王有声》所云的"镐京辟雍"。从古文献记载来看，《吕氏春秋·古乐》说周武王克殷后，"荐俘馘于京太室"。"京太室"，就是"京宫"中的太室。据今本《竹书纪年》记载，周武王十二年牧野之战后：

夏四月，王归于丰，飨于太庙。十三年……荐殷于太庙，遂大封诸侯。

周武王克殷后回到了丰邑，"荐俘馘于京太室"，"荐殷于太庙"，这说明"京宫"以及其中的太庙，都是在丰邑而不是在镐京。《左传·昭公四年》说：

周武有孟津之誓，成有岐阳之蒐，康有酆宫之朝，穆有涂山之会。

服虔说："酆宫，成王庙所在也。""酆宫"，顾名思义是指丰邑之宫。小盂鼎铭文中的周庙有文王庙、武王庙、成王庙三庙，证明"酆宫"是在丰邑的"京宫"中。

周穆王时代的鲜盘铭文说："王在莾京，禘于昭王"。这就是说周穆工在"莾京"的昭宫中禘祭昭王，而昭宫是在"康宫"中，所以宗周的"康宫"是在"莾京"，而不是在镐京。

西周金文中的"莾京""辟雍"，与《诗经·大雅·文王有声》描写的"镐京辟雍"，情景十分相似。《五经异义》引《左氏》云："天子灵台在太庙之中，壅之灵沼谓之辟雍。""辟雍"是太庙之中灵台周围的大水池，而宗周的太庙是在丰邑的"京宫"中，那么"莾京"的"辟雍"当是"镐京辟雍"，又称为"西雍"，是在镐京的西

---

① 王晖：《庠序：商周武学堂考辨——兼论周代小学大学所学内容之别》，载《中国史研究》2015年第3期。

郊，也就是在丰邑。问题讨论到此，可知"莽京"是宗周在丰邑的王宫、宗庙区。

正因为丰邑有宗周的王宫、宗庙区，所以不仅武王灭商后归来，在丰邑"京宫"中的周庙献俘馘，而且成王东征践奄后，也回到丰邑。《尚书·周官》说：

> 成王既黜殷命，灭淮夷，还归在丰，作周官。

这段话《史记·周本纪》引作："既绌殷命，袭淮夷，归在丰，作周官。"这里的"淮夷"是指山东曲阜一带的奄国。周初成王虽然年幼，但是也参加了征伐殷都纣王之子——武庚禄父的东征，在践奄之后，也就是灭掉了奄国之后，就回到了丰京。然后由周公率军继续东征，打败了东夷的丰伯、薄姑后归来，也到丰邑的周庙献俘馘。成王初年的塑方鼎铭文说：

> 唯周公于征伐东夷，丰伯、薄姑咸戈。公归，禦于周庙。（《集成》2739）

这是说周公打败了东夷的丰伯、薄姑归来后，献俘馘于周庙（文王庙）。

综合以上所述，可知"莽京"是指宗周在丰邑的王宫、宗庙区。正是因为这种原因，所以从成王到穆王时期，周王经常往来于丰、镐之间，而且还经常在"莽京"。《史记·鲁周公世家》说：

> 成王七年二月乙未，王朝步自周，至丰，使太保召公先之雒相土。其三月，周公往营成周雒邑，卜居焉，曰吉，遂国之。

《集解》引马融曰：

> 周，镐京也。丰，文王庙所在。朝者，举事上朝，将即土中易都，大事，故告文王、武王庙。

《索隐》说：

> 丰，文王所作邑。后武王都镐，于丰立文王庙。按：丰在鄠县东，临丰水，东去镐二十五里也。

宋代程大昌著《雍录》也说：

> 武王继文，虽改邑于镐，而丰宫元不移徙。每遇大事，如伐商作洛之类，皆步自宗周而往，以其事告于丰庙，不敢专也。

正是因为"莽京"是宗周在丰邑的王宫、宗庙区，所以在宗周（镐京）举行重大祭祀活动时，往往要在"莽京"进行饗祭和肜祀等活动，特别是要在"莽京"的辟雍大池举行大射礼，所以"莽京"的礼乐十分盛行，特别是穆王时期，"莽京"的礼乐盛行达到了顶峰。

西周的国都——宗周，虽然因为镐京是太宗（武王）所建立的周而得名，但是由于丰镐二京近在咫尺，而且丰邑有西周王室的王宫、宗庙区"莽京"，所以宗周包括镐京与丰邑两个分区。又因为"莽京"在丰邑，所以后世称丰邑为丰京，丰京应该是丰邑与"莽京"的合称。终西周一代，丰京的繁华胜过镐京。丰镐遗址的考古发现，也证明了这一点。

四、"莽京"是怎样形成的

"莽京"的形成，一个原因是宗周的宗庙在丰邑，另一个原因马正林先生已指出：

> 周人虽然迁都镐京，但丰京从未废弃，仍然显示出它的重要性。西周二百余年间，周王朝奴隶主贵族集团除经常到那里去朝拜他们的祖庙以外，也有常住那里料理国事的。丰、镐近在咫尺，隔水相望，可以说它们是一个城市的两个分区；沣水纵贯其间，一桥相通，实际上是连在一起的。……《周礼·考工记》云："匠人营国，方九里，旁三门。国中九经九纬，经涂九轨。左祖右社，面朝后市。"这就说明，建立国都，祖庙和社稷是不可缺少的，而周人没有搬动他们的祖庙，也正好说明了丰、镐之间的密切关系。①

此说正确，镐京与丰京，二者隔沣水相望，近在咫尺，确实是属于宗周的两个分区。正是因为这种原因，所以成王"迁宅成周"后，不久又回到了丰邑。日本学者白川静说：

> 新邑即成周的筹划营建，如同《多士》所述，是为了将多士之类庶殷聚集移居于此，使之成为军事与政治的中心。由《㝬尊》铭可知，武王时就有迁都于此的打算，但实际营建开始于成王时期。然而，成王不久就返回原丰镐地区，都于镐之宗周，又于有祭祀先祖场所的丰营建了莽京，至此确立了三都之制。②

正因为"莽京"在丰邑，所以高卣盖铭文说：

> 唯十有二月，王初饔（祼）旁，唯还在周，辰在庚申，王饮西宫，烝。（《集成》5431）

高卣盖铭文与《尚书·召诰》所说"王朝步自周，则至于丰"近似，只是来往的方向是相反的。

---

① 马正林：《丰镐—长安—西安》，陕西人民出版社，1978年，第14—15页。
② ［日］白川静：《西周史略》，袁林译，三秦出版社，1992年，第50页。

高卣盖铭文是说，庚申这一天早晨，成王初次在"旁"（莽京）举行饔祭，然后回到周（镐京），饮宴于西宫，最后又举行烝祭活动。

成王在"旁"初次举行饔祭，然后回到镐京饮宴于西宫，这只是一个早晨的事情，可知"旁"地与镐京距离很近，同时也说明"旁"地不是镐京。"旁"不是镐京，却又在镐京近旁，所以"旁"非丰京莫属。

西周金文中成王时代出现"旁"，康王时代又出现了"莽京"。"莽京"之"莽"，从方得声。《诗经·小雅·六月》云："狁匪茹，整居焦获，侵镐及方，至于泾阳。"由于古代只有重唇音而无轻唇音，所以古代"方"读为旁。"旁"就是"方"，二者音同字通。《释名·释道》曰："在边曰旁"。《玉篇·上部》曰："旁，犹侧也，边也。""莽京"是因为在镐京的近旁而得名，所以就是"侵镐及方"的"方"。

顺便指出，成周洛邑在瀍水东西两岸也有两个分区：瀍水东岸是成周，又称为"下都"；瀍水西岸是包括"京宫""康宫""王城"在内的王宫、宗庙区。成周的分区与宗周的分区十分相似，所以我们认为成周洛邑很可能是仿照宗周的分区营建的。

至于"莽京"的具体位置，推测可能是在沣西的马王村、客省庄一带。这里有西周大型建筑基址①，可惜破坏严重，无法确定建筑基址的具体性质。但是建筑基址属于西周王室的建筑遗迹，而且位于镐京的近旁，因此这一带有可能是"莽京"。

民间传说的灵台遗址，元代骆天骧所撰《类编长安志》说："文王又引水为辟雍灵沼，《括地志》曰今悉无复处所，唯灵台孤立，今案台高二丈，周回百二十步。"灵台遗址是今西安市长安区灵沼街道最南的一处高地，位于丰京遗址范围以南约4公里的沣河西岸，靠近西安市高新区的秦渡街道，明代开始建有祭祀文王的庙宇。这里本来可以作为寻找"莽京"的线索之一，但是灵台遗址附近，考古调查发现的多为新石器时代遗物，很少见到西周的遗存，因此是"莽京"遗址的可能性不大。寻找"莽京"的遗址，恐怕重点还应该是在丰京遗址的中心区域。

---

① 沣西马王村北、客省庄村南一带，已发掘西周大型建筑基址十余处，其中最大的一座建筑的夯土台基平面呈"T"字形，东西长61.5米，南北最宽处为35.5米，总面积1826.98平方米。这一带的建筑基址铺设有地下排水陶管道，屋顶施有板瓦和筒瓦。见中国社会科学院考古研究所沣西发掘队：《陕西长安沣西客省庄西周夯土基址发掘报告》，载《考古》1987年第8期。

第四节
西周的故都周邑

西周的三个"周",即宗周、成周、周邑,其中西安丰镐地区的宗周是西周的都城已成定论,洛阳地区的成周作为西周的陪都也成为学者的共识,唯独金文中的"周",即周邑,其归属与性质尚有分歧。在西周中晚期金文中,"周"是一个出现频率极高的地名,学者曾有以下几种观点:

①宗周简称说。吴其昌认为"周"是"宗周"的简称。①

②宗周、成周简称说。陈初生提出:"西周先后有两个政治中心,先是在镐京称宗周,其后周成王迁至洛邑叫成周。宗周、成周铭文常简称周。"②

③王城说。陈梦家先生根据矢令方彝铭文,曾提出:"成王时器,记王在宗周、镐京、新邑、成周、王而从无'王才周'之语;成王以后器常见'王在周'而从无'王才王'之语,亦无'王才新邑'之语。似此暗示了'新邑'是成周的较早的称谓而'王'是成王以后的周。……可知令方彝的王即西周金文中之周、春秋的王城。"③

④成周说。郭沫若根据矢令方彝铭文中,关于"明公朝至于成周……甲申,明公用牲于京宫。乙酉,用牲于康宫。咸既,用牲于王"的记载,提出:"彝铭中凡称周均指成周,以康宫在成周,而屡见'王在周康宫'知之"④。

⑤岐周说。笔者根据墙盘、何尊铭文所载,在《试论金文中的"周"》一文中提出:"成王五年以后,西周金文中的'周'是岐周,也就是岐邑"⑤。后有宗德生也用

---

① 吴其昌:《矢彝考释》,载《燕京学报》1931年第9期。
② 陈初生编纂:《金文常用字典》,陕西人民出版社,1987年,第119页。
③ 陈梦家:《西周铜器断代(二)》,载《考古学报》1955年第10册。
④ 郭沫若:《两周金文辞大系图录考释》,科学出版社,1958年,第8页。
⑤ 尹盛平:《试论金文中的"周"》,见《考古与文物》编辑部编辑:《陕西省考古学会第一届年会论文集》(考古与文物丛刊第三号),1983年,第35页;又见尹盛平:《周文化考古研究论集》,文物出版社,2012年,第291页。

类似的题目进行论述。① 目前岐周说是大多数学者接受的一种观点。

⑥丰地说。曹玮先生认为西周金文中的"周"，"是西周王朝的宗庙所在地，具体指文王在殷商之丰地建立的都城，金文中被称之为'周'；它是西周三京之一，与武王之宗周、成王之成周共同构成了西周时期的政治中心。而西周金文之'丰'，当是诸侯之封地"。②

一、关于金文中"周"的归属

西周金文中周、宗周、成周三者之间的关系是互相排斥的，这就排除了金文中的"周"是宗周和成周简称说。根据西周金文，成周曾出现康宫，周也有康宫，但是成周的康宫与周的康宫不同。西周中晚期金文中，不仅经常出现"王在周"之语，而且还经常出现周王在康宫中进行册命大臣的记载，特别是康宫中有昭宫、穆宫、夷宫、厉宫等昭王庙、穆王庙、夷王庙、厉王庙，而成周的康宫只见于矢令方彝铭文，仅此一例，而且成周的康宫不见昭宫、穆宫、夷宫、厉宫等昭王庙、穆王庙、夷王庙、厉王庙出现，因此不能因为金文中的"周"有康宫，就说"周"是"成周"。

关于丰地说，其主要的根据是因为金文中的"周"有周王室庞大的宗庙群。我们认同金文中的"周"有周王室的宗庙群，但是根据文献和金文记载，西周的宗周、成周、周等三地都有周王室的宗庙，为什么偏偏"周"是丰地呢？金文中的"周"为丰地说也不能成立。

"周"作为都邑名称起源于古公亶父迁岐，我们在第一章第二节中所引的《史记·匈奴列传》说：

夏道衰，而公刘失其稷官，变于西戎，邑于豳。其后三百有余岁，戎狄攻大王亶父，亶父亡走岐下，而豳人悉从亶父而邑焉，作周。

《史记·周本纪》唐代司马贞《索隐》也说："后稷居邰，太王作周。"由此可知，周太王古公亶父迁岐后"作周"，证明他在岐山之下建立的都邑称为"周"，即周邑，史称岐邑、岐周。

《诗经·大雅·江汉》云："锡山土田，于周受命，自召祖命，虎拜稽首，天子

---

① 宗德生：《试论西周金文中的"周"》，载《南开学报》（哲学社会科学版）1985年第2期。
② 曹玮：《也论金文中的"周"》，见北京大学考古文博学院编：《考古学研究》（五），科学出版社，2003年；又见曹玮：《周原遗址与西周铜器研究》，科学出版社，2004年。

万年。"《毛诗正义》说："时实周世，而特言'于周受命'，明非京师，以召祖之故，地在岐周，故知周为岐周也。"《毛诗疏》也说："又加益以土田，令之大于故时也。召虎于时往于岐周之地，受王此命。"由以上所引，可知西周中晚期文献中单称"周"，也是指岐邑、岐周，即周邑。

1976年，周原遗址扶风法门公社庄白村，一号西周铜器窖藏出土的墙盘铭文说："雩武王既伐殷，微史烈祖乃来见武王，武王则命周公舍宇于周俾处。"痪钟（64号）铭文说："雩武王既伐殷，微史剌且来见武王，武王则令周公舍寓吕（以）五十颂处。"①

《左传·定公四年》说："失其守宇。"杜注："于国则四垂为宇。"垂即边陲，"四垂"，指国境四周的边陲。"于国则四垂为宇"，于邑也是如此，"宇"字的含义是"远"。1975年周原遗址岐山县董家村出土了一件五祀卫鼎，其铭文记载了共王五年五月，邦君厉与裘卫的一次土地交易。交换的数量是五田。当时的五大臣邢伯、伯邑父、定伯等，通过询问核实了双方的交易：

  乃令（命）参（三）有嗣（司）：嗣（司）土（徒）邑人赵、颀（司）马颀人邦、颀（司）工（空）隆（附）矩、内史友寺刍，帅履裘卫厉田四田。乃舍寓（宇）于氒（厥）邑：氒（厥）逆（朔）疆眔（逮）厉田；氒（厥）东疆眔（逮）散田；氒（厥）南疆眔（逮）散田、眔（逮）政父田；氒（厥）西疆眔厉田。

铭文中"帅履裘卫厉田四田"，是说通过步测付给裘卫（邦君）厉田四田，比要交易的五田还少一田，于是铭文后面说"乃舍寓（宇）于氒（厥）邑"，并划定了舍宇的四界。这说明："舍宇"是给予邦君厉居邑四周相当于一田的土地，所以所舍的"宇"，才能北面与厉田，东面与散田，南面与散田、政父田，西面与厉田交界。这也就是说给予的"宇"，是夹在北面、西面的厉田和东面的散田及南面的散田、政父田之间，"宇"非厉邑四周的土地莫属。因此"宇"不是指用来种庄稼的土地，而是指可以建房居住的土地，即宅基地，它是指城或邑，以及国四周边远的土地，所以"宇"的含义为"远"。

墙盘铭文中"舍宇于周俾处"，是说周武王命周公在周邑给予微史烈祖宅基地，让他建房居住在那里。古代"颂"与"容"通，是指礼仪容貌，也就是威仪，所以痪钟铭文中"舍寓吕（以）五十颂处"，是周武王命周公在岐周，给予微史烈祖相当于五十田

---

① 陕西周原考古队：《陕西扶风庄白一号西周青铜器窖藏发掘简报》，载《文物》1978年第3期。

的宅基地，让他作为礼仪方面的学者，建房居住在那里，以便作为西周王朝威仪方面的顾问。正因为这种原因，微史烈祖的后代——微氏家族后来四代人都担任西周王朝的史官作册，主管"威仪"。

正是因为从微史烈祖入周见武王后，就居住在岐周，所以微史烈祖的后代——微氏家族的亚祖辛公旂、乙公丰、丁公墙、痰等，四代人的铜器同藏一窖，出土于周原（岐周）遗址内的扶风法门公社庄白村，这就证明西周金文中的"周"是指周邑，也就是岐邑、岐周。

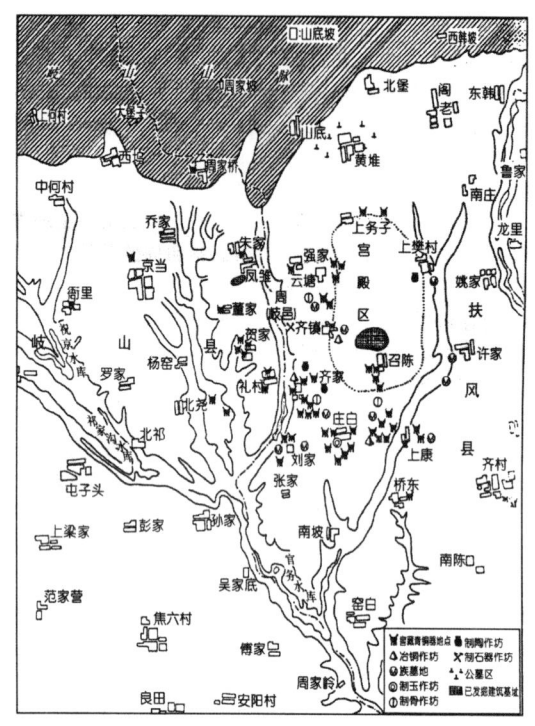

图 4-4 岐周遗址图

根据以上文献和金文两方面的证据，我们认为成王五年以后金文中的"周"，是指位于陕西关中西部岐山、扶风两县北部交界处的岐邑、岐周，也就是周太王在岐山之下建立的都城周邑（见图4-4）。

二、西周中晚期周邑的性质

自周文王迁都丰邑以后，周太王古公亶父在岐山之下所作的都邑"周"，也就是岐邑、岐周，就失去了都邑的地位，成为周人的故都。

周原遗址，也就是周邑、岐邑、岐周遗址，西周时虽然是故都，但是在后世是名副其实的"青铜器之乡"。西汉宣帝神爵四年（公元前58年）以来，特别是清代至今，不断发现西周王臣的青铜器窖藏。不管是窖藏的数量、窖藏的规模，还是铜器铭文的重要性，周邑（岐周）遗址都远远超过了宗周遗址和成周遗址。

周原遗址发现的西周铜器窖藏，有据可查的就有70余处，加上墓葬铜器，共出土西周青铜礼器1000多件，有铭文的近400件，其中多为有长篇铭文的西周王臣的宗庙重器，例如大盂鼎、小盂鼎、卫鼎、卫盉、匜、墙盘、毛公鼎等等。

周原遗址发现的青铜器窖藏，不仅比陪都成周洛邑多很多，而且比西周的都城宗周丰镐二京也多很多。宗周、成周遗址很少发现青铜器窖藏，而周原遗址为什么会有如此众多的西周青铜器窖藏呢？这是我们需要认真探讨的问题。

清代嘉庆《扶风县志》说周原遗址一带是"畿内之地，王臣多居之"。从周原遗址发现大量西周晚期或西周末年西周王臣的青铜器窖藏来看，那里确是一个西周王臣聚居的地方。那么周邑为什么会成为西周王臣聚集的地方呢？这应与岐周的性质有关。西周中晚期，周邑不再仅仅是一个故都，而实际上成为西周的王都。

文献中虽然不见西周王室迁都的记载，但是西周中晚期铜器铭文中最多见的是"王在周"之语，而"王在宗周""王在成周"的记载很少见到，特别是周原岐周遗址内又发现大量西周王臣的铜器窖藏，这种现象只有都城遗址才可以见到。这说明西周中晚期当时的周邑（岐周）实际上是周王室的都邑，所以周王才能经常住在岐周，而西周众多的王臣才能聚居岐周为周王服务。

周邑（岐邑、岐周）作为周人的故都，前人多认为西周时期成为周公、召公的采邑，如汉代郑玄的《诗谱·周南召南谱》云："周、召者，《禹贡》雍州岐山之阳地名。……文王受命，作邑于丰，乃分岐邦周、召之地，为周公旦、召公奭之采地，施先公之教于己所职之国。……周公封鲁，死谥曰文公，召公封燕，死谥曰康公，元子世之，其次子亦世守采地，在王官，春秋时周公、召公是也。"《史记·鲁周公世家》裴骃《集解》引谯周说："以太王所居周地为其采邑，故谓周公。"司马贞《索隐》也说："周，地名，在岐山之阳，本太王所居，后以为周公之采邑，故曰周公，即今之扶风雍东北故周城是也。"

如果说周邑是周公的采邑，或者说周邑仅仅是"畿内之地"，那么周王就不可能经常住在这里，众多王臣也就不可能聚居在这里。何况已知周公的采邑在岐山县的周公庙一带，召公的采邑在岐山县刘家原村，不在今周原遗址。我们说西周中晚期周邑实际是王都，金文中有以下证据：

①西周早期至周穆王时代，西周金文中常见"王在宗周"，也偶尔见"王在成周"，但是不见"王在周"之语，这说明当时历代周王是在宗周居住、行政，偶尔也去陪都成周，而不去或者很少去周邑。但是西周中晚期情况大不相同，西周金文中"王在宗周"和"王在成周"的记载并不多见，而出现大量"王在周"的记载（详见附表），这说明周王经常在周邑居住、行政。

②西周金文中"周"（周邑、岐周、岐邑）有"康宫"和"䵼宫"，而且有太

庙。"康宫"中有康庙、昭宫、穆宫、𢉩宫、剌宫等康王庙、昭王庙、穆王庙、夷王庙、厉王庙，周王常在上述这些宗庙中册命、赏赐大臣。

周邑，也就是岐邑、岐周，是西周的故都，周族王室的宗庙始终没有废弃，例如懿王时代的免簋铭文曰：

　　唯十又二月初吉，王在周，昧爽，王格大庙。

孝王三年师兑簋铭文曰：

　　唯三年二月初吉丁亥，王在周，格大庙。

岐周还有"康宫"，其中有康王、昭王、穆王、夷王、厉王庙已见前文。西周中期的庚嬴鼎铭曰："王格琱宫"。懿孝时期的即簋铭曰：

　　唯王三月初吉庚申，王在康宫，格大室，定伯入佑即，王呼："命汝赤市、朱衡、玄衣、黹纯、銮旂。"曰："司琱宫人虢、庸，用事"。

"司琱宫人"，就是管理禁卫"琱宫"的人，"虢"与"庸"是禁卫"琱宫"的少数民族军人的族称。师簋铭中有"宰琱生"，"琱生"又称"周生"（见周生豆）。"宰琱生"一称，"宰"是官名，说明周生是"琱宫"的"宰"，是"琱宫"的大总管。上述资料，说明"琱宫"是一座王宫，当是指周邑的王宫，周生是以官为氏称琱生。西周中晚期的周邑，不仅有王室的宗庙，而且还有王宫，以及居住着众多的王臣，其性质绝非一般。

《汉书·地理志》京兆尹下注引臣瓒曰："周自穆王以下都于西郑"。今天看来这种说法不是空穴来风。西郑在今宝鸡市凤翔县、陈仓区一带周原的西部，周原遗址有可能也包括在郑地内。根据西周金文记载，西周中晚期周王经常在周邑，偶尔也到郑地。虽然我们说西周中晚期西周王朝实际上是都于岐周，但是当时西周王朝并没有迁都，宗周仍然是西周的都城，岐周只是一个别都。周厉王时的"国人暴动"，很可能是发生在岐周，所以周原遗址内，才能发现那么多西周王臣的青铜器窖藏，就连厉王制作的巨型胡簋，因为奔戴，仓皇之间，刚离开岐周，就埋藏在扶风法门镇近旁的齐村。可能正是因为上述原因，当时的岐周被破坏过甚，宣王时又回到了宗周丰镐地区，所以西周晚期猃狁侵周到达泾阳，准备"侵镐及方"（"镐"是镐京；"方"是𧘝京，是指丰邑的王宫、宗庙区）。

第五节
陪都成周洛邑

西周陪都成周洛邑，是根据武王迁都洛阳的遗愿而营建的。《逸周书·度邑解》记载武王曰：

> 呜呼，旦！我图夷兹殷，其惟依天。其有宪令，求兹无远，虑天有求绎，相我不难。自洛汭延于伊汭，居阳无固，其有夏之居。我南望过于三涂，我北望过于有岳，丕愿瞻过于河，宛瞻于伊洛，无远天室。其曰兹曰度邑。[1]

《史记·周本纪》说：

> 武王征九牧之君，登豳之阜，以望商邑。武王至于周，自夜不寐。周公旦即王所，曰："曷为不寐？"王曰："告女：维天不飨殷，自发未生于今六十年，麋鹿在牧，蜚鸿满野。天不享殷，乃今有成。维天建殷，其登名民三百六十夫，不显亦不宾灭，以至今。我未定天保，何暇寐！"王曰："定天保，依天室，悉求夫恶，贬从殷王受。日夜劳来定我西土，我维显服，及德方明。自洛汭延于伊汭，居易毋固，其有夏之居。我南望三涂，北望岳鄙，顾詹有河，粤詹雒、伊，毋远天室。"营周居于雒邑而后去。

《史记·周本纪》的说法有本自《度邑解》之处，周武王认为自洛汭到伊汭一带的地方，是有夏之居。他希望在这里建立国都，从而"无远天室"。《集解》引徐广曰："夏居河南，初在阳城，后居阳翟。"阳城遗址，在今河南省登封市告成镇。《小尔雅·广器》曰："水之北谓之汭。"据此，"洛汭"和"伊汭"在洛水与伊水之北。成王五年的何尊铭曰：

> 隹（唯）王初迁宅于成周，……隹（唯）珷（武）王既克大邑商，则廷告

---

[1] 黄怀信、张懋镕、田旭东：《逸周书汇校集注》，上海古籍出版社，1995年，第511—514页。

于天曰:"余其宅兹中或(国),自之辥(乂)民。"……隹(唯)王五祀。

何尊铭文告诉了我们,武王攻克了大邑商(在今河南安阳市)后,就在广庭中向天祷告说:"我要建宅居住在国家中心地区,从这里治理民众。""中国"一称在何尊铭文中首见,其原义是指国家的中心地区。

何尊铭文与《逸周书·度邑解》互相印证,说明营建洛邑作为都城,是武王克殷灭商后的规划。武王灭商后两年就死去了,营建洛邑成了他的遗愿。武王死后其子成王年幼,据说当时只有13岁,于是由武王之弟周公摄政七年,然后返政于成王。(见《史记·周本纪》和《尚书大传》)

周公摄政期间平定三监叛乱以后,根据武王的遗愿,经过成王批准,开始营建洛邑。《史记·周本纪》说:"成王在丰,使召公复营洛邑,如武王之意。周公复卜申视,卒营筑,居九鼎焉。曰:'此天下之中,四方入贡道里均。'作《召诰》、《洛诰》。"

不仅武王要建都"中国"(国家的中心),而且周公也认为,洛阳处于天下的中心地位,四方诸侯向周王室入贡的道路,都很均匀。而且洛邑便于统治东方的殷民,巩固周王室的政权,所以他热心于营建洛邑,实现武王的遗愿。唐兰先生指出:

> 这里司马迁把《召诰》、《洛诰》这两篇读错了,营成周实际是周公的主意。《逸周书·作雒解》说:"周公敬念于后,曰:'予畏周室克追,俾中天下。'及将致政,乃作大邑成周于土中。"在《洛诰》的第一段是摄政五年周公开始营洛邑时的卜宅,是周公先去卜宅后,把地图和卜兆送给成王最后同意的。至于《召诰》中所说的召公相宅,则是在摄政七年初,新的大邑已经建成后,去选择居宅罢了。①

《尚书·洛诰》记载周公说:"予惟乙卯,朝至于洛师,我卜河朔黎水,我乃卜涧水东、瀍水西,惟洛食;我又卜瀍水东,亦惟洛食。伻来,以图及献卜。"②"食",伪《孔传》释曰:"卜必先墨画龟,然后灼之,兆顺食墨。"这里伪《孔传》释"食"为"食墨",不确。"食",即吉兆。《文选》张衡《东京赋》有"卜惟洛食",注引薛综曰:"食谓吉兆。"

按照唐兰先生的说法,这是周公摄政五年,开始营建洛邑时的占卜活动。三月乙卯

---

① 唐兰:《西周青铜器铭文分代史征》,中华书局,1986年,第77页。
② 孙星衍:《尚书今古文注疏》,中华书局,1986年,第403—405页。

这天早晨周公到达洛邑，随即开始占卜，首先卜的是黄河北岸的黎水，大概没有得到吉兆，于是又卜涧水以东、瀍水以西靠近洛水的地方，得到吉兆。又卜瀍水以东靠近洛水的地方，复得吉兆。嗣后遣使把城邑设计图和卜兆呈送给远在镐京的成王，得到批准，这就是历史上说的"周公相宅"，为第一次"相宅"，是周公摄政五年的事情。

周武王灭商后，曾在洛阳营周居而后去，但不知所营的周居在哪里。周公兴建洛邑的工程分为两部分：一部分在涧水的东边、瀍水的西边，后来称为王城，是王宫、宗庙区、也是姬姓贵族居住和手工业作坊区；另一部分是在瀍水的东边，靠近洛水的地方，名叫下都，是迁居殷顽民（殷民贵族）的地方。王城与下都合起来叫成周，是洛邑的总称，下都也单称为成周。

《召诰》中所说的"召公相宅"，是第二次"相宅"。"宅"与"家室"同义，"相宅"就是选择建立家室（居所）的地方。洛邑是周王朝的又一个家室，后来成为西周王朝的陪都。《尚书·召诰》曰：

> 惟二月既望，越六日乙未，王朝步自周，则至于丰，惟太保先周公相宅。越若来三月，惟丙午朏，越三日戊申，太保朝至于洛，卜宅。厥既得卜，则经营。越三日庚戌，太保乃以庶殷攻位于洛汭。越五日甲寅，位成。若翼日乙卯，周公朝至于洛，则达观于新邑营。①

按照唐兰先生的说法，这是周公摄政七年初，召公去洛邑选择居宅。召公也是先占卜，得到吉兆后才安排营建。根据何尊铭文记载，成王当政五年，初次迁居成周洛邑，但是不久后又回到故都丰京。据《尚书·召诰》，成王是在丰邑命召公到洛阳相宅，说明当时成王已从成周返回丰镐。"越三日庚戌，太保乃以庶殷攻位于洛汭"，说明太保召公到洛邑后的第三天，与庶殷选择在洛水以北营建。这是营建下都，也就是成周，是为迁殷顽民而建。乙卯日，周公到了洛邑，视察了新邑的营建。

以上所述，如果不错的话，那么洛邑的营建前后可能分为两次。周公第一次"相宅"是在其摄政五年，周公营建的可能主要是王城，而王城有可能是在武王所营周居的基础上兴建的。《后汉书·郡国志》"河南尹"条下说："河南，周公时所城雒邑也，春秋时谓之王城。"召公第二次"相宅"，是摄政七年。召公营建的洛邑可能主要是下都，是为迁殷顽民而建。"周公朝至于洛，则达观于新邑营。"这里"新邑"显然是指下都，也就是指成周。

---

① 孙星衍：《尚书今古文注疏》，中华书局，1986年，第390—393页。

成周洛邑的布局与宗周丰镐二京极为相似，宗周分为丰京、镐京两个分区，中间有沣水相隔。成周洛邑也有两个分区，中间有瀍水分隔。前引《尚书·洛诰》说："我乃卜涧水东、瀍水西，惟洛食；我又卜瀍水东，亦惟洛食。"这说明经过占卜选择的城址有两处：一处在瀍水西，一处在瀍水东。

今洛阳市涧水以东、瀍水西岸的北窑村一带，是一处分布范围很大的西周铸铜作坊遗址，面积约28万平方米，是目前发现的西周铸铜作坊中最大的一处，遗址遗物有房基、地下水管道、炼铜炉残块、烘范窑、铸铜器的陶范等。作坊始于西周初期，废弃于西周中期穆共之后。位于洛阳市老城区以北1公里，邙山之阳瀍水西岸的庞家沟一带，是一处范围很大的西周王臣、贵族家族墓地，已发掘西周墓葬近400座，出土数以千计的西周青铜器、玉器、原始瓷器和陶器，其中有王妊簋、太保戈、康伯壶、伯懋父簋盖、毛伯戈、丰伯戈、丰伯剑等西周王妃、王臣的青铜器。庞家沟一带的西周墓葬随葬车马器，但是均无腰坑，也不殉狗，反映出周人的习俗，是姬姓贵族的墓葬区。北窑村、庞家沟一带，可能在西周王城故址的范围内。

关于"洛汭"，《说文》曰："水相入貌。"《诗经·大雅·公刘》："芮鞫之即。"笺云："芮之言内也。水之内曰隩，水之外曰鞫。""洛汭"是指瀍水流入洛水的地方，即二水交汇之间的夹角处，在瀍水以东、洛水以北。这一带当是下都的城址，位于今洛阳市东北，其范围大概是西自瀍水东岸，东到白马寺，南至洛水北岸，北依邙山。洛阳市老城区东起塔东、马坡，西至老城西关，南起泰山庙，北至邙山之下，西周遗址、墓葬分布密集。位于瀍水东岸的摆驾路口、下窑村、东大寺，以及塔东、塔西村一带的西周墓葬，一部分或全部有腰坑，其中殉狗，反映出殷人的习俗，说明是"殷人墓"或"殷遗民墓"。这一带正是迁殷顽民的成周城址。

周公用了两三年时间建成了洛邑，成王当政五年（约公元前1037年），"初迁宅于成周"，成周初次出现，从此洛邑定名为成周。成王曾迁居成周洛邑，但是时间很短又回到了宗周，居住在丰京。

成周洛邑有两个分区，瀍水以西的西区称为王城，与瀍水以东的东区下都，合称为成周，也有人单称东区为成周。周族自后稷始封邰，后来公刘徙豳，太王迁岐作周，至文王受命，徙都于丰，武王自丰居镐，到周公营建陪都洛邑定名为成周，并称镐京为宗周，至西周末年平王迁都王城，数百年间数次徙都。成周洛邑建成后，虽然西周时期是陪都，然而却是西周王朝在东方的军事重镇与经济中心。

第五章 西周的丰京、镐京

丰京、镐京在西安市沣河中游东西两岸的马王街道、斗门街道，二者隔河相望近在咫尺。遗址中有大型的宫室建筑，也有小型的民居遗存。在丰京遗址内客省庄与张家坡之间，发现西周大型宫室建筑基址六座。其中最大的是4号基址，东西长61.5米，西部南北最宽35.5米，东部残宽27.3米，基址总面积约1826.98平方米，是迄今发现的我国古代奴隶制时期建筑面积最大的一座宫室遗存。

丰京遗址发现的平民居住活动遗存有房子、窖穴、水井、灰坑等。从先周晚期至西周早期小型的民居房屋，有深土窑式房址（全洞式窑洞房址）和长方形半竖穴式房址两种。

镐京遗址内发现的大型宫室建筑遗存，在今花园村、普渡村一带。共发现大型建筑基址十一座，并发现西周大量的板瓦与陶水管道等建材。镐京遗址内，也发现有民居遗存。

丰京、镐京遗址内发现有西周贵族墓葬和大量的平民墓葬。丰京遗址发现的姬姓贵族墓葬，有井叔及其家族的墓葬等。井叔分为两支，一支称为郑（西郑）井叔，另一支称为丰（丰京）井叔。镐京遗址发现有异性贵族墓葬，例如1954年发掘的长甶墓、1981年发掘的"亚束"家族墓葬。

第一节
丰京、镐京的宫室遗存

一、丰京的宫室遗存

前述西周金文中的"京"是西周王室在丰邑的王宫、宗庙区，所以考古工作者在丰邑遗址东北部的客省庄和马王村之间，发现了分布十分密集的西周时代的建筑群夯土残基址，这些大型夯土建筑残基址都应该是西周王室的宫室建筑遗存。目前已经发掘六座西周大型夯土建筑基址和两处陶管水道；钻探出十座建筑基址和六处陶管水道，以及一条有车辙的大道和两段小路。（见图5-1）

位于建筑群西南部的两座夯土基址是1959年春季发掘的，二者东西并列，相距约30米。两座夯土建筑基址遭破坏严重，其建筑形制都不清楚。西边的基址编号为F1，东西残长5~11米不等，夯土台基残厚1~1.5米不等。夯土呈黄褐色，土内不夹杂陶片，基址东端被一座西周晚期全洞式窑洞房址打破。东边的基址编号为F2，东西残长约20米，南北残宽2~5米不等，夯土台基残厚0.8~1.5米不等。夯土呈黄褐色，土内不夹杂陶片，基址西北部被一座西周晚期竖穴式陶窑打破。两座夯土基址都属于西周初期建筑遗存。

1976—1978年发掘了三座夯土建筑基址，其中1号基址于1975年已暴露在土壕的断崖上，位于1959年发掘的F2基址东北部约60米处。[①]基址南半部及西部边缘遭破坏，基址上堆积着一些西周板瓦碎片。揭露出来的基址平面形状近似长方形，东西残长22米，南北残宽7.3米，夯土台基残厚0.8~2米不等。夯土呈灰褐色，土内夹杂有西周初期陶器碎片，而基址又被西周晚期灰坑打破。

2号基址在1号基址东北约20米处。基址遭破坏严重，形状不清，东西残长约9.3

[①] 胡谦盈：《胡谦盈周文化考古研究选集》，四川大学出版社，2000年，第43页。

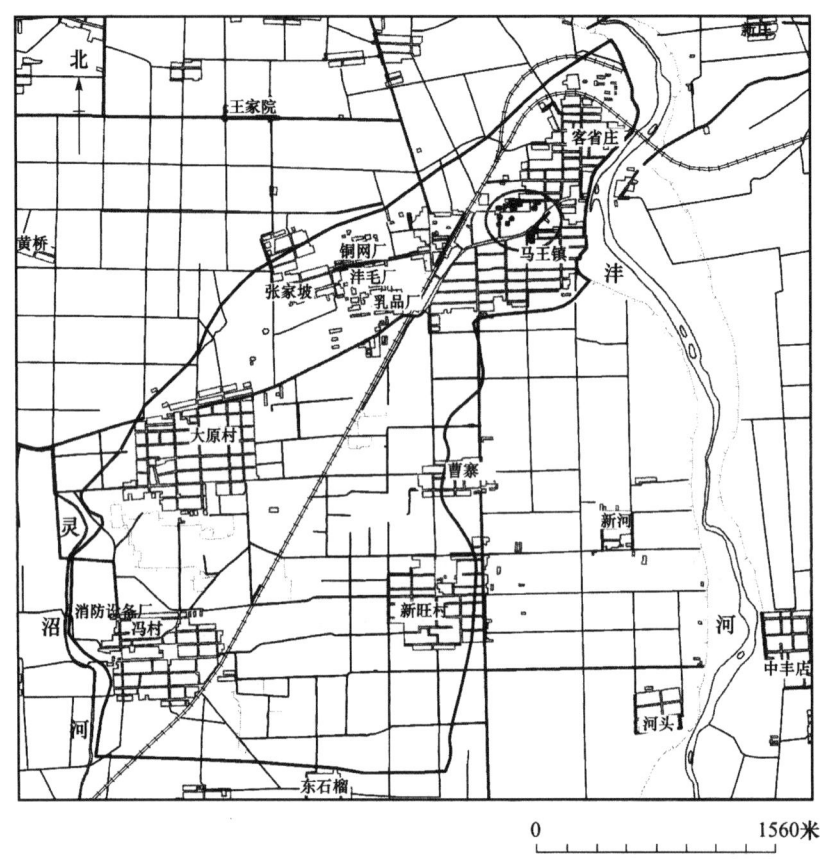

（引自《丰镐考古八十年》图 4-9）

图 5-1　丰京遗址大型夯土基址区位置图

米，南北残宽约1.65米，夯土台基残厚0.5~1.2米不等。夯土为灰褐色，土内夹杂西周初期很多陶器碎片。在2号基址北边约25米的断崖上，发现两段地下排水管道，由一端粗一端细的陶水管套接而成。陶管的长度约0.8~0.9米。

3号基址在1号基址正东约65米处，基址遭破坏也比较严重，基址东半部近似方形，东西残长约20米，南北残宽约18米；西半部呈长条形，东西残长约12.5米，南北残宽约1.7~2.1米，似是一条廊道。夯土基残厚0.5~2米不等。夯土为灰褐色，土内夹杂西周初期很多陶器碎片。夯土基址的底部压着西周初期灰坑H1和H2，而基址又被一座西周晚期灰坑H3打破。

继1976—1978年的发掘之后，1983—1984年又发掘了4号夯土建筑基址，它位于3号基址北边约15米处，是一座特大型夯土基址，是迄今发现的我国古代奴隶制时期建筑面积最大的一座宫室遗存之一。夯土基址的平面略呈"T"字形，西部较宽大，东部略向南突，但大多被断崖破坏。基址东西长61.5米，西部南北最宽35.5米，东部残宽27.3米，基址总面积1826.98平方米。

由于夯土基址破坏严重，基址上没有发现任何柱穴、础石或墙基之类的建筑遗存。基址周边的夯土较薄，薄处仅有0.2米，基址中部的夯土较厚，最厚处可达4米以上，一般夯土厚在2~3米之间。夯土基址的底部，有的比较平整，有的则是坑洼不平的。基址的夯土是由上下两层夯土组成的，上层夯土为紫褐色黏胶土，土质板结，内含小礓石碎块，夯土结实，夯窝为椭圆形，直径为3~4厘米，现存厚度在0.2~0.8米之间。下层夯土为黄褐色，夯土层一般厚10~15厘米，最厚的可达25厘米，夯窝多为圆形，直径3~3.5厘米。

基址底部压着年代较早的西周初期灰坑，基址夯土内也夹杂有年代较早的西周初期陶器碎片，而基址的东北部被一座西周晚期灰坑H1打破。由此说明基址的上限年代晚于西周初期前段，下限年代则早于西周晚期。换言之，4号夯土基址有可能建于西周初期后段或西周初、中期之交，而毁于西周晚期或稍早，前后百余年。1、2、3号夯土基址的地层情况和4号夯土基址是相同的，其年代也应该相同，可以认为，它们应该属于同时期建筑群的遗存。

通过钻探，在上述宫室建筑群的东边和南边，还发现十座夯土基址（编号为5—14号夯土基址）、一条大道、两段小路和六段陶质管道。其大概情况如下：

5号夯土基址在4号夯土基址正东约100米处，现存夯土面距地表约2.6米，基址呈长方形，东西长约30米，南北宽约8~10米，夯土基址厚度0.5~2.5米不等（基址中部夯土厚而边缘夯土薄）。

6号夯土基址在5号夯土基址正南约30米处，夯土面距地表约2.4米。这处夯土基址残存平面形状不规整，东西最长为13米，南北最宽约10米，基址夯土厚度在2.5米左右。

7号夯土基址在1号夯土基址正南约50米处，夯土面距地表约0.9米。夯土基址残留平面形状近似长方形，东西长约12米，南北宽约8米，夯土基址厚度在2米左右。

8号夯土基址在7号夯土基址西南约35米处，夯土面距地表约1.5~1.8米不等。基址的两端被土壕断崖破坏，现存东西残长5米，南北宽约8米，基址夯土厚度在2米左右。

9号夯土基址在8号夯土基址正东约50米处，夯土面距地表约1.5米。基址东西残长约7米，南北宽约8米，基址夯土厚度在2米左右。

10号夯土基址在9号夯土基址东北约20米处，夯土面距地表仅有0.5米。基址东西残长约7米，南北宽约8米，基址夯土厚度在2~3米之间。

11号夯土基址在4号夯土基址西南约160米处，夯土面距地表约0.7米。基址南北残长约12米，东西残宽约5米，基址夯土厚度在1.5米左右。

12号夯土基址在11号夯土基址东南约10米处，夯土面距地表约1米。基址东西残长约7米，南北残宽约8米，基址夯土厚度残存约1米。夯土基址下面压着一座西周初期灰坑。

13号夯土基址在12号夯土基址的正南约25米处，夯土面距地表约1米。基址残存平面形状近似方形，东西残长约18米，南北残宽约14米，基址夯土厚度在1.2~1.7米不等。

14号夯土基址在11号夯土基址的东北约50米处，夯土面距地表仅有0.7米。基址残存平面形状近似方形，东西残长约7米，南北残宽约5米，基址夯土厚度为2.5米。夯土基址下面压着西周初期灰坑。

六段陶质排水管道大都暴露在断崖上，它们也是由一端粗一端细的陶水管套接而成。关于六段管道的归属问题，可以根据它们的位置来判断。11号夯土基址周围有三段陶水管道，北边有两段，西边5米远处有一段，这表明这三段陶水管道是属于11号夯土基址的排水管道。12号夯土基址西边发现一段陶水管道。余下两段管道位于12号夯土基址的东边，13号夯土基址的东北部，14号夯土基址的南边，其归属难以确认。

丰邑内发现的大路已探明的长度有200多米，北起5号夯土基址南侧，绕6号夯土基址的东边蜿蜒向西南。路面距地表深1.6~2米不等，路面宽约10~13米，最宽处约15米。大路共有三层踩踏面，每层路面均坚实起层。发现的两段较窄的路土距今地表1米左右，其中：一段在13号夯土基址的东边，路土东西走向，宽约0.7米，长约40米。另一段在13号夯土基址的西面，路土南北行，宽约0.7米，长约35米。

上述十座夯土基址及一条大路和两段小路，都是压在汉代堆积层之下，有的基址下面是生土，有的基址下面压着年代较早的西周初期灰坑，由此可见，它们的地层情况和上述1—4号夯土基址的地层情况是相同的，它们很可能也是西周时代的文化遗存。

1961年和1973年，先后两次在马王村一带发现西周青铜器窖藏，出土西周早期和中晚期青铜礼器80多件，其中不少的铜器都有铭文，特别是遹盂铭文记载周王为后宫后妃遴选宫人宫婢之事，是有关西周宫廷制度的重要史料。其铭文说：

> 隹（唯）正月初吉，君在𠭯（𠭯）既宫。命遹事（使）于述（遂）土，𨷼谋各姒司察女寮奚、述华。夫君事（使）遹事（使）颍……

铭中前文的"君"即后文的"天君",是指周王之正妻。"各姒"当是指周王各个姒姓后妃,可知当时周王的姒姓妃子非一个。"寮女寮奚"就是要给姒姓的各个妃子遴选的宫女和男性宫奴。周王的正妻"天君"命遹到遂土这个地方为姒姓的各个妃子遴选宫女宫人,遹当为周王宫中的近臣。

根据以上考古资料来分析,西周丰京的中心区很可能是在马王村、客省庄一带。马王村在客省庄村的西南,处在丰京遗址的腹地。客省庄村靠近沣河中游的西岸,处在丰京遗址的东北部。丰京遗址内马王村、客省庄一带,很可能是西周王室的宫室、宗庙区,或许就是金文中莽京的中心区。如果我们的推测不错的话,先周晚期丰邑的王宫区,即所谓的文王宫室"丰宫"区,也应该在沣西(丰邑)遗址的北部,即马王村和客省庄一带。

二、镐京的宫室遗存

镐京遗址东南部可能被汉武帝开凿昆明池所破坏,所以镐京的整体布局与规模大小已无法得知,就遗址残存部分来看,洛水村一带可能是遗址的中心区。

根据《镐京西周宫室》一书介绍,1983年5月—1993年3月,陕西省考古研究所镐京考古队,在镐京遗址的普渡村和花园村一带钻探出十一座"镐京西周宫室夯土基址",发掘了其中的1号和5号基址。[①]十一座夯土基址都遭破坏过,多数夯土基址只残存底部,建筑的形制不清楚。

上述诸遗存分布在以下两个不同地区,其中一、二、三、六、七、八、九、一〇等八座夯土基址位于普渡村的西北部。这里原本是一处残留的约为4万平方米的高冈地带;其他四、五和十一等三座基址则分布在花园村西边的洼地,这里俗称"花楼子"或称"观花楼"。这些遗存的位置,均在古代沣水支津即滈水故道的东岸近旁。

尽管普渡村、花园村发现的十一座夯土建筑基址,是不是属于西周宫室建筑基址,学术界尚有人持怀疑态度,但是镐京故址的洛水村、花园村一带发现众多西周板瓦。板瓦是用泥条盘筑法制成,周边有切削痕,正面饰绳纹,背面有手捺痕。板瓦的正面或背面有的有瓦钉或瓦环,瓦钉有圆柱形也有圆锥形。有些板瓦的一端有小孔,可容瓦钉等插入。板瓦一般长56厘米,宽28~33厘米,高11.5厘米,重约2.2~2.5千克。这些板瓦与

---

① 陕西省考古研究所:《镐京西周宫室》,西北大学出版社,1995年。

周原遗址发现的西周板瓦类似,因此确定为西周板瓦,说明自洛水村向西南经普渡村至花园村一带可能是西周的宫室区。普渡村及其以南的花园村一带应该是镐京的贵族居住区和墓葬区。著名的长由盉就出土于普渡村西周墓葬。

长由盉铭文记载周穆王在下淢行宫举行燕礼,又到井伯住所举行射礼,印证了《礼记·射义》关于举行射礼之前必先进行燕礼的记载。

1981年,陕西省文物管理委员会在普渡村东和花园村北,发掘西周墓葬12座,[①]其中最重要的是花园村15号、17号墓。

15号墓,长方形竖穴,南北向,长3.8米,宽2.4米,深4.7米。有二层台,长方形腰坑四角呈圆角,葬狗骨1具,另外在墓葬填土中发现狗架1具。葬具一棺一椁,棺、椁髹漆,并撒有朱砂。墓主头南足北,仰身直肢,两臂屈于腹上。青铜器、陶器等随葬品置于头箱内,头顶放玉琮1枚,玉琮一侧及墓主胸、腹部各置玉"柄形饰"1件,二层台上散置数枚蚌鱼。随葬青铜礼器计有圆鼎2件、方鼎2件、簋2件、尊2件、卣2件、爵2件、觯1件,共13件。其中2件禽鼎铭文分别为:

禽作文考宝鬻鼎,子子孙孙永宝。亚束。

禽作文考父辛宝鼎。亚束。

17号墓位于15号墓正东8米,"T"形竖穴,正南正北向。"T"形上横部分为头箱,东西3.08米,南北1.25米,放置青铜礼器、陶器和漆器多件,有的器物中有牛骨,知有牛肉作为牲品随葬。"T"形下竖部分为墓室,深3米,墓口长3.85米,宽2.25米。墓底通长4.2米,宽2.45米。有二层台、长方形腰坑,殉狗骨1具。葬具为一棺一椁,木棺髹漆。墓主头南足北,直肢葬。棺椁之间右侧有铜盾饰1件,左侧有玉"柄形饰"1件。墓主右肩部有玉戚1件,头两侧及左臂处有玉鱼、玉鸟等10余枚,口含碎玉数块。填土内发现马腿骨1节、狗骨1具。随葬青铜器计有圆鼎2件、方鼎1件、甗1件、簋2件、尊1件、卣1件、壶1件、"方壶"1件、爵2件、觚1件、觯1件、盘1件、盉1件,共16件。

两墓都有鬲妣进所作铜器,计有方鼎3件(15号墓2件,17号墓1件)、甗1件(17号墓)、壶1件(17号墓)、"方壶"1件(17号墓)、爵1件(15号墓)。方鼎铭曰:

隹(唯)八月辰才(在)乙亥,王才(在)莽京,王赐鬲妣进金,肆(朕)龏,对扬王休,用作父辛宝齍。亚束。

[①] 陕西省文物管理委员会:《西周镐京附近部分墓葬发掘简报》,载《文物》1986年第1期。

歸姎进和禽都属于束族，其父庙号均为辛，他们应是兄弟辈。另外，宋代出土的厚趠方鼎铭末族徽也为束，其父庙号也为辛，厚趠与歸姎进、禽可能是兄弟三人。厚趠方鼎铭中有濂公，濂公是康王晚期伐东夷的主帅之一，厚趠当活动于康王晚期至昭王世，可能是进与禽的长兄。进与禽活动于昭穆之世，花园村15号、17号墓的时代为穆王初期。

1960年扶风县法门公社庄白大队出土3件同铭簋，其铭曰："歸叔山父作叠姬鐏簋，其永宝用。"①

1960年在扶风县黄堆公社齐家村东出土几父壶、柞钟、中义钟、中友父器等39件西周窖藏青铜器，这是一个家族数代人之器。②其中仲伐父甗铭文说："仲伐父作姬尚母旅甗，其永用。"郭沫若先生认为："姬尚母乃姬姓之女，足证仲伐父非姬姓，乃仲伐父之族与姬姓之族联为婚姻。"③诚如此例，叠姬当是歸叔山父之妻，叠是叠姬母族的氏名，歸氏为非姬姓族。另外，使用日名和族徽是商族的习俗，歸氏当是殷商的贵族。由歸叔山父一称，可知歸是氏名，歸氏当因食采于歸而称歸氏。镐京故址内的花园村北应是歸氏家族的墓地，歸地或许在镐京附近。歸氏的族徽为束，殷墟西区墓葬出土过束氏铜器。④17号墓当是歸姎进之墓，15号墓当是禽的墓。

17号墓出土2件同铭的𧻗簋，其铭曰：

隹（唯）九月，堆（鸿）叔从王員（远）征楚荆，在成周，𧻗作宝簋。

传世有𧻗鼎，与𧻗簋系一人所作，其铭曰：

堆（鸿）叔从王南征，惟归，惟八月，在䣛宝，𧻗作宝鬲（？）鼎。

2件铜器铭文相互对照，可知堆（鸿）叔随从昭王参加了昭王十六年第一次伐楚荆地区的南征，于当年八月回归，九月回到成周洛邑。䣛地当在湖北或河南境内。𧻗可能是堆叔的名字，也可能是堆叔的下属。17号墓还出土1件伯姜鼎，其铭曰：

隹（唯）正月既生霸庚申，王才（在）莽京湿宫。天子泜宁伯姜，赐贝百朋，
伯姜对扬天子休，用作宝尊彝，用凤夜盟享于邵伯日庚。天子万年，百世孙孙
子子受厥纯鲁，伯姜日受天子鲁休。

---

① 史言：《扶风庄白大队出土的一批西周铜器》，载《文物》1972年第6期。
② 陕西省博物馆、陕西省文物管理委员会编：《扶风齐家村青铜器群》，文物出版社，1963年；又见陈公柔：《记几父壶、柞钟及其同出的铜器》，载《考古》1962年第2期。
③ 郭沫若：《扶风齐家村器群铭文汇释》，见陕西省博物馆、陕西省文物管理委员会编：《扶风齐家村青铜器群》，文物出版社，1963年。
④ 中国社会科学院考古研究所安阳工作队：《1969—1977年殷墟西区墓葬发掘报告》图五八（6、9），载《考古学报》1979年第1期。

穆王妃是王姐姜，伯姜可能是姐姜的姐姐。李学勤先生说："'浽'字从'戌'声，疑读为'恤'。"并引《释名》"戌，恤也"为证。[①]邵伯日庚当是伯姜之夫，由于伯姜是王姐姜之姊，已丧夫，所以穆王矜恤她，向她问安，并赐贝百朋，给予了特殊的恩宠。15号墓出土有戎甬王人尊、卣，其铭曰：

　　戎甬王人（？）父宗彝，将（享）。

由戎甬王人（？），可知器主属西戎，结合伯姜鼎分析，器主属姜氏之戎。

嬬氏家族的墓地位于长由墓附近，长由与嬬虮进等都是西周的王臣，可见镐京遗址的北部是王臣的居住区和墓葬区。这些王臣贵族，是以殷商族为主体的。

西周的王都宗周，包括镐京、丰京（苍京）两个分区。（见图5-2）周王室的宗庙、王宫区在丰京，同时丰京是姬姓王臣贵族的聚居区（详见下文），而镐京可能是异姓王臣贵族的聚居区。西周王都宗周与陪都成周的分区基本相似，陪都成周洛邑也是两个分区，分为成周（下都）与王城两部分。成周是殷遗民，也就是旧的殷商贵族聚居区；王城是周王室王宫的所在地，以及姬姓周人王臣贵族的聚居区。由于都城丰镐与陪都成周分区如此相似，所以我们怀疑成周的营建，可能是参照丰镐的分区规划的。

图5-2　丰镐遗址

[①] 李学勤：《论长安花园村两墓青铜器》，载《文物》1986年第1期。

第二节
丰京是姬姓贵族聚居区

沣西遗址，即丰京遗址内的张家坡村东与马王村接壤处，也就是今天西户铁路以西地带，西周遗址逐渐密集，并发现零星夯土基址。20世纪60年代，这一带先后出土几批西周窖藏铜器，有孟簋、师旋簋、伯梁父簋、伯喜簋、伯百父盨、卫鼎、卫簋诸器。西王村又名新旺村，位于丰邑南部，地处高冈。新旺村附近曾先后三次发现西周窖藏青铜器，而且铜器的形体大，纹饰精美华丽。上述窖藏铜器的主人，多为姬姓王臣、贵族。

西周丰京遗址内已发掘的西周墓葬达2000座以上，其中绝大多数墓葬是在张家坡一带发掘的，少数墓葬位于客省庄村北、村西以及马王村北，另有个别墓葬是在遗址南部的大原村发掘的。丰邑地区的西周墓葬分为两类，一类是幼儿"瓦棺葬"，另一类是成人墓葬。

幼儿"瓦棺葬"多埋于居址的灰土堆积中，由于墓穴很浅，所以圹边一般难以分辨清楚。埋葬的方法是利用残破的陶器，如鬲、罐、盆、瓮等器皿的破片铺盖在幼儿尸体的上下。

丰邑发现的西周成人墓葬是主要的，多数属于中小型墓葬，形制都是长方形土坑竖穴，墓室一般长2.4~4.1米，宽1.05~2.8米，墓内多有二层台和腰坑。有腰坑者多属墓穴较大和较厚葬的墓，贫穷者的墓则不见或罕见腰坑。成人墓葬式主要流行仰身直肢葬，其次是俯身直肢葬，个别有屈肢葬和合葬。墓主人的头向不固定，东、西、南、北向都有。葬具流行长方形木棺，少数墓有棺有椁，棺、椁表面涂朱漆。葬具上下常用芦席铺盖，这是西周墓葬的特征之一。死者身上往往撒有朱砂。有些墓没有葬具或者仅用席子裹尸。随葬品中陶器以鬲、簋、罐为主，或加豆、尊、壶、瓿、盂等（见图5-3），并有少量原始瓷器，此外也有随葬贝、蚌饰、玉饰的。随葬铜器的墓很少。出土铜器计有鼎、甗、鬲、簋、匜、盘、壶、盂、卣、罍、爵、觚、觯、豆等。乐器有青铜编钟。

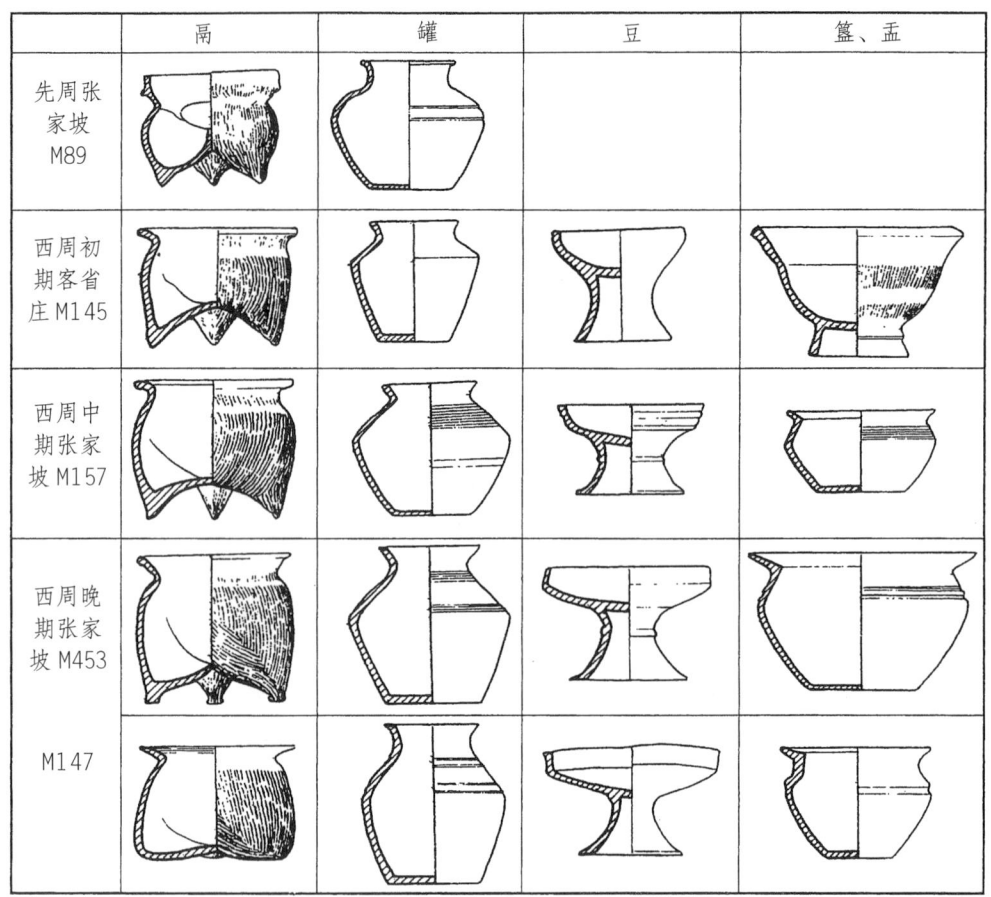

（引自《胡谦盈周文化考古研究选集》图十）

图 5-3　丰邑先周和西周墓葬陶器比较图

随葬装饰物种类繁多。玉、石器多雕琢成鱼、鸟、蝉、蚕、牛、马和虎等动物。随葬的玉、石质武器和工具有戈、戚、斧、锛、凿等。它们可能属于礼仪用品。此外还有玉、石质地的串饰、璜、环、璧、圭、"柄形器"等。用狗殉葬的墓只占少数，每墓殉狗一只或两只，多放在腰坑里，个别放在二层台上或填土中。狗架颈部或附近，常发现贝或铜铃，系殉狗生前所戴。用人、狗殉葬的墓占全部墓葬的比例不足10%。每墓常见殉葬一人，稍大一些的墓殉多人。殉人多置于墓主人两侧或脚端的二层台上。殉人仰身直肢葬和俯身直肢葬并存，置于两侧二层台的殉人头向多与墓主人一致，置于脚端二层台的殉人头向多向右。殉人多无葬具，偶有极少的随葬品，如陶鬲、贝、玉饰和蛤蜊壳等。

西周丰邑地区的大墓以1984年发掘的张家坡村西南区井叔墓为代表。张家坡位于丰邑遗址的西部，这一带有迄今发现的西周时期最大的墓葬区。除20世纪五六十年代发掘的几百座西周墓葬外，80年代初期又在村西一带发现了一处面积较大的西周墓地，南北

第五章 西周的丰京、镐京

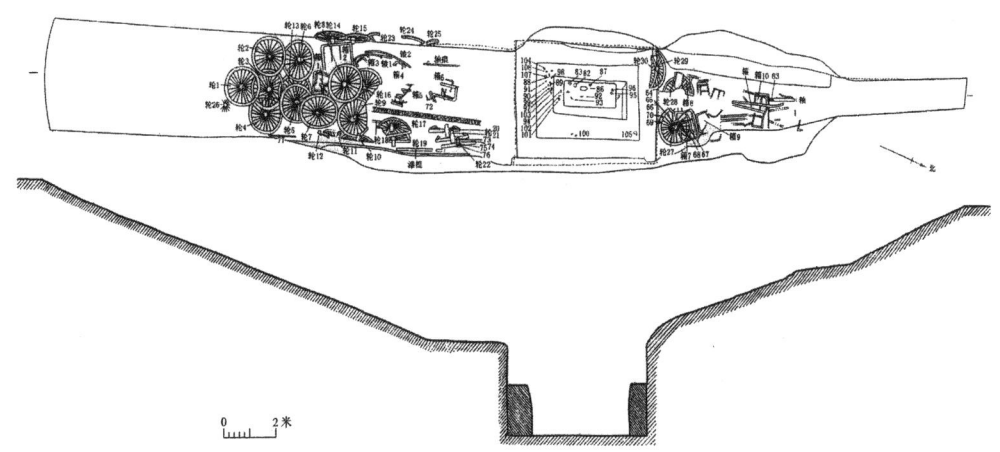

图 5-4 张家坡墓葬 M157 平面、剖面图

约400米，东西约600米。在此墓地内，经探明的西周各个时期的大、中、小型墓葬1500余座。墓地的南区是西周井叔家族墓地，共发现东西排列的带墓道的井叔大墓4座，另有井叔夫人墓，以及井叔家族墓葬100多座。井叔墓（M157）位于张家坡村西墓地南部。墓葬南北向，有两条墓道，南墓道长而宽，北墓道短而窄，总长35.4米，墓室为长方形土坑竖穴，深约9米。（见图5-4）葬具三重：一椁二棺。南墓道埋葬木车数十辆，木车是被拆散后埋入的，车轮置于墓道正中部或立靠在墓道两侧，车厢与轴、辕则放在墓道或椁盖上。此墓被盗掘，但仍出土不少玉器（见图5-5）、铜车马器、骨蚌器等。井叔墓东南有几座车马陪葬坑，在墓室东西两侧各有一座中等规模的墓葬，分别为M163、M161，均被盗掘，但M163还残留了几件青铜礼器，其中有邓仲牺尊和井叔钟等。

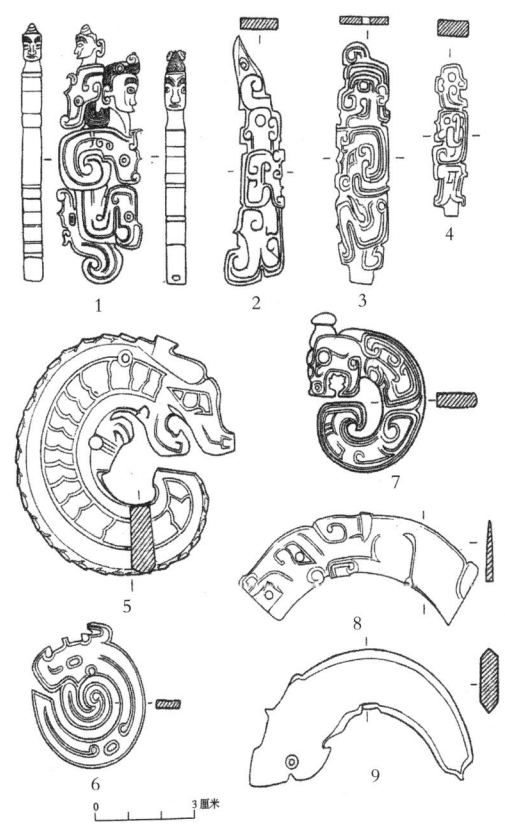

1.龙凤人物 M157：104 2.人物 M157：102 3.人物 M163：043 4.人物 M163：15 5. I式龙 M60：1 6. I式龙 M1：7 7. I式龙 M121：29 8. II式龙 M60：8 9. II式龙 M170：86（引自《张家坡西周墓地》图 210）

图 5-5 张家坡墓葬 M157 出土的玉器

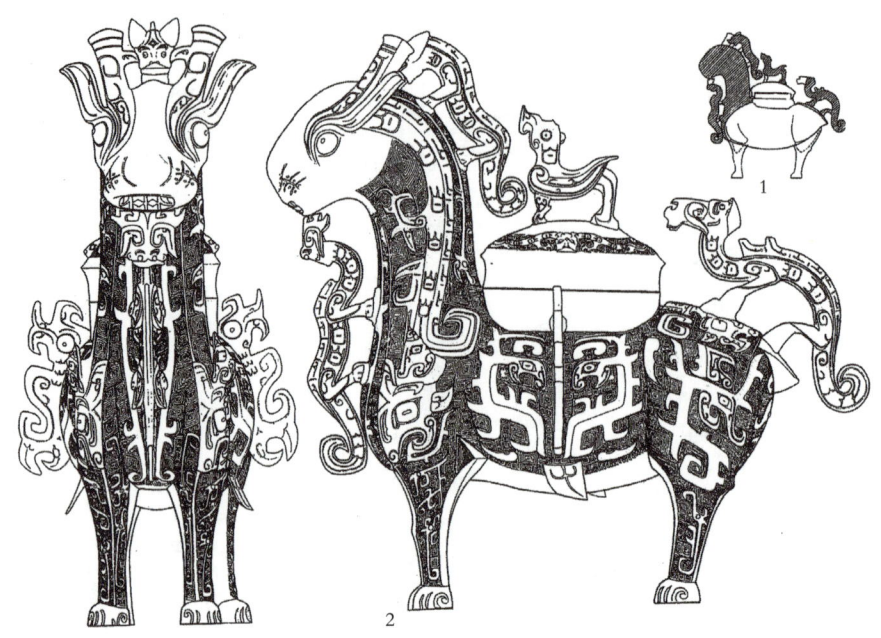

1. 剖面（1/10）　2. 正视、侧视（2/5）（引自《张家坡西周墓地》图122）

图 5-6　张家坡西周墓葬铜牺尊（M163：33）

1985年春季，在M157井叔墓等3座墓葬附近继续发掘，从另外几座墓中又获得几件井叔所作的青铜礼器，证明此处原是井叔家族墓地。从M157、M161、M163的排列来看，很像是异穴埋葬的夫妻墓，而人骨鉴定证明：M157是一代井叔墓，而M161、M163是其妻室墓。M163出土有邓仲牺尊。邓为曼姓国，故地在今河南省邓州市。M163墓主是一位25~30岁的女性，为M157墓主井叔的妻子之一，可能是邓仲之女，所以墓中既出井叔钟，又出邓仲牺尊（见图5-6）。井叔及其二位妻室墓的时代在西周中期懿孝之世。①

带双墓道的M157是井叔采之墓，M152是井叔达之墓，M170是另一代井叔之墓。除此以外，还有其家族100多座小型墓葬。周人生前聚族而居，死后聚族而葬，丰邑井叔家族墓地的发现，又为周人族葬制度增加了新的例证。《长安张家坡西周井叔墓发掘简报》说：

> 这次发现的井叔钟以及𦭞鼎、免簋、免尊、免卣诸铭中的井叔均直称井叔，而奠井叔康盨、奠井叔钟、奠井叔鬲则均冠以奠字。1978年陕西扶风县出土一件簋，铭曰：丰井叔乍百姬䵼簋，其万年子子孙孙永宝用。可见井叔、奠井叔、

---

① 中国社会科学院考古研究所沣西发掘队：《长安张家坡西周井叔墓发掘简报》，载《考古》1986年第1期。

丰井叔自有区别。如以食邑而别，奠井叔、丰井叔理应在井叔之后。张家坡位于丰邑故址，丰井叔或即 M157 井叔之后也未可知。……

免簋、免尊、趩觯的井叔均是右者，陈梦家认为是随从在王左右的王官，而舀鼎的井叔锡舀赤金蔑，并受理舀提出的讼事，应是王室重臣。M157 是沣西地区首次发现的双墓道的大型墓，其规模似与后者的地位相当。①

上文所引诸器的时代，均在西周中期懿孝之世。西周的井叔有两支：一支是郑井叔，即奠井叔康盨、奠井叔钟、奠井叔鬲铭文中的郑井叔；另一支是丰井叔，即丰井叔簋铭文中的丰井叔。至于从前所说的"咸井叔"则是不存在的，那是由于铭文断句所误。

大约是在西周中期懿孝时期，郑井叔家族形成，从此两支井叔为了互相区别，各自在氏名前面冠以所在的地名，分别称为郑井叔和丰井叔。郑井叔在陕西关中西部的郑地，而郑地在宝鸡市的凤翔县和陈仓区一带。丰井叔在丰京，即今西安市沣西西周遗址内，所以其家族墓地在沣西遗址张家坡村西一带。两支井叔在氏名前未冠各自居地名以前，丰井叔的前辈均直称井叔，所以井叔钟以及舀鼎、免簋、免尊、免卣诸铭中只称井叔。

西周的两支井叔家族，都是出自西周的邢国，皆是西周第一代邢侯的后辈子孙。郑井叔家族，是西周第一代邢侯长子井伯（邢伯）家族的一个分支；丰井叔家族，是西周邢国宗室的一个分支，其家族由于入朝担任王室卿士而居于丰邑，故称为丰井叔。②《左传·僖公二十四年》说：

王怒，将以狄伐郑。富辰谏曰："不可。臣闻之：大上以德抚民，其次亲亲以相及也。昔周公吊二叔之不咸，故封建亲戚以蕃屏周。管、蔡、郕、霍、鲁、卫、毛、聃、郜、雍、曹、滕、毕、原、酆、郇，文之昭也。邢、晋、应、韩，武之穆也。凡、蒋、邢、茅、胙、祭，周公之胤也。"

由"昔周公吊二叔之不咸，故封建亲戚以蕃屏周"，可知周初大封诸侯，是在周公平定三监与武庚叛乱，并征服东夷之后进行的。当时成王封同姓（姬姓）文王之子十六人、武王之子四人、周公庶子六人，其中有的分封为诸侯，有的是在王畿内为其封采邑。也就是说有的是封为畿外诸侯，有的是分封为畿内诸侯。《汉书·王莽传》说："成王广封周公庶子六人，皆有茅土。""茅土"是指采地，即房屋与土地。凡、蒋、邢、茅、胙、祭，是周公旦六个庶子封邑的名称，周公六庶子皆为成王所封的畿内诸

---

① 中国社会科学院考古研究所沣西发掘队：《长安张家坡西周井叔墓发掘简报》，载《考古》1986年第1期。
② 尹盛平：《邢国改封的原因及其与郑邢、丰邢的关系》，见《三代文明研究》编辑委员会编：《三代文明研究》（一），科学出版社，1999年。

侯，都是采邑主。

我们在第四章第一节中，已经指出邢侯原本是被周成王封在畿内的采邑主，其采地在关中西部的郑地。后来他又被周康王改封为畿外诸侯，因其封地在今河北省邢台市一带的邢地，故称其为邢侯。

邢侯改封以后，其长子留相王室担任司马之职，并继承了邢侯原来在郑地的封邑，又因邢侯改封在邢地，所以他以国为氏称邢伯。西周金文中有司马井伯，即司马邢伯。郑井叔家族，就是出自司马井伯宗室的一个分支。至于丰京的井叔家族，则是从西周中期开始，自邢国入王室为官，免簋、免尊、免卣诸铭中的井叔，当是入仕周王室的第一代井叔。丰井叔家族世代居住在丰京，死后埋葬在丰京。①

西周早期的井伯㮚父鼎，时代为康昭之际。长由盉、师虎鼎、师虎簋、五祀卫鼎、趞曹鼎、豆闭簋、殳簋盖、师永盂、师毛父簋、井伯甗、走簋、师奎父鼎、师𤸫簋盖等铭文中的井伯名顥（见师𤸫簋盖铭），官为司马，常为周王册命时的"右"者。长由盉、师虎鼎等是穆王时代的铜器，其余五祀卫鼎等是共王时铜器，可知司马井伯是穆共时期的大臣之一，在五祀卫鼎铭中列共王时的五大臣之首。按时代排下来，司马井伯是井伯㮚父之子，井伯㮚父是郑井世族的第一代井伯，他应是第一代邢侯的长子。

井叔钟、井叔䋣、康鼎铭文中的郑井叔康，其时代为共懿时期，当是司马井伯之子。井叔蒦父鬲铭文中的郑井叔蒦父，其时代为孝夷时期，当是郑井叔康之子。郑井世族的世系可以表述如下：

井伯㮚父—司马井伯—井伯（？）
　　　　　　　└—郑井叔康—郑井叔蒦父

西安镐京遗址的普渡村，出土了一件穆王时代的长由盉，其铭文说：

惟三月初吉丁亥，穆王在下淢厬。穆王乡礼，即井伯大祝射。穆王蔑长白，以来即井伯。

陈梦家先生指出："作器者乃随穆王至于井白所在之地，于王之行屋行乡射之礼，并至于井白之所，是下淢当是井白所在之地。"②以长由盉的时代推测，"井伯"当是郑井世族中的司马井伯，"下淢"在今凤翔县城以南秦都雍城遗址一带。

---

① 详见尹盛平：《邢国改封的原因及其与郑邢、丰邢的关系》，见《三代文明研究》编辑委员会编：《三代文明研究》（一），科学出版社，1999年；又见尹盛平：《周文化考古研究论集》，文物出版社，2012年。

② 陈梦家：《西周铜器断代（五）》，载《考古学报》1956年第3期。

《山海经·西山经》云："又西七十里，曰渝次之山，漆水出焉，北流注于渭，其上多棫橿。"郭璞注："棫，白桵也，音域。"《水经注·渭水》说："漆水出扶风杜阳县俞山东，北入于渭。""渝次之山"即"俞山"。汉代杜阳县治所在今麟游县招贤镇，遗址犹存。由此可知，麟游县西南部、千阳县东南部、凤翔县北部的山，古代叫俞山，属于今岐山山脉。

《汉书·地理志》右扶风雍县下自注："棫阳宫，昭王起。"《汉书·苏武传》也说："至雍棫阳宫"。《汉书·郊祀志》说："是岁，雍县无云，如雷者三，或如虹气，苍黄若飞鸟，集棫阳宫南。"凡此，皆说明棫阳宫在雍县，即今凤翔县。但是《三辅黄图》说："棫阳宫，秦昭王所作，在今岐州扶风县东北。"《长安志》《清一统志》《中国历史地图集》皆从其说，认为棫阳宫在扶风县。

1962年，陕西省考古研究所凤翔工作队勘察秦都雍城遗址时，在凤翔县南古城村东北发现汉代半个云纹瓦当，当面有"棫"字，发现者认为是棫阳宫的瓦当[①]。1982年，陕西省考古研究所雍城考古队，又在凤翔县东社村采集到1件完整的棫阳宫瓦当，当面有"棫阳"二字[②]。这两次发现，证实棫阳宫在凤翔县南古城、东社村一带，在秦都雍城遗址内。

棫阳宫因建在棫山之阳而得名，棫山即渝次之山，又称俞山。棫与渝、俞音同而字通。棫山因"其上多棫橿"而得名。棫阳宫在凤翔县，证明凤翔县北部的山古代叫棫山。棫字从木为棫，从水为淢。"下淢"为水名，淢水因发源于棫山而得名。古代"上"指高处，"下"指低处，"下淢"是指淢水流经低洼之处。凤翔县境内流经棫阳宫附近而发源于棫山的水只有雍水，所以淢水即后世的雍水，宋人释"淢"为雍字（见《捃古录》）不无道理。雍水发源于棫山，自北向南流，在秦都雍城遗址南部折向东流。由于这段折向东流的河床低洼，两岸为高地，因此水流不畅而雍沮，视之如同瓮中之水，所以古代称此水为沮水，后世称此水为雍水，当地群众至今读雍水为"瓮水"，"下淢"就是指这段"瓮水"。

周原遗址出土的𢼊簋铭文中有一个地名叫"棫林"，棫字从或从周。唐兰先生指出："棫字原作𢆶，下从囗，即周字，𢆶林即棫林，大概由于在周原一带，所以从

[①] 徐锡台、孙德润：《凤翔县发现"年宫"与"棫"字的瓦当》，载《文物》1963年第5期。
[②] 马振智、焦南峰：《蕲年、棫阳、年宫考》，见《考古与文物》编辑部编辑：《陕西省考古学会第一届年会论文集》（考古与文物丛刊第三号），1983年。

周。"①此说甚是，棫山在周原西端北面的凤翔县境内，"棫林"最早是因棫山之上有棫橿树林而得名。古代称"棫林"的地名不止一处。

由长由盉铭文，可知井伯的封地井邑是在"下淢"，而"下淢"是在秦雍城遗址南端的凤翔县南古城、东社村一带。郑虢仲簋铭文说：

惟十又一月既生霸，庚戌，郑虢仲作宝簋，子子孙孙伋（及）永宝。

虢仲为西虢的封君，封邑在今宝鸡市陈仓区、凤翔县，可能是在凤翔县的虢王镇一带。由于虢仲的封地是在郑地内，因此他冠以其封邑的大地名称郑虢仲，这可能是为了与虢叔所封的东虢区别开。由郑井和郑虢的称呼，可知今宝鸡市凤翔县、陈仓区汧水以东的广义周原的西部，可能还包括岐山、扶风县的狭义周原一带，古代的大地名称为郑，史称西郑。正因为如此，所以后来秦人在其都城雍城内建筑的宫殿称为大郑宫。古代广义的大周原，可能从高原来说称为周原，而从地名来说称为西郑。

据上述，可知周公庶子之一的第一代邢侯，原是成王所封的内服王臣，其封邑在古代的西郑，即今陕西省凤翔县城以南的秦都雍城遗址一带，也就是见于散氏盘铭文的井邑。康王改封他到今河北省邢台市一带为邢侯，成为西周邢国的始封君。

梁玉绳《古今人表考》说第一代邢侯是"周公第四子"，不管此说是否可靠，周公的长子是伯禽，次子是君陈，作为周公庶子六人之一的第一代邢侯，只能列在伯禽和君陈之后排行为叔，可以称其为邢叔。周公庶子之一邢叔改封为邢侯后，其长子留相王室为王臣，并继承邢叔原来在畿内西郑的封邑称井伯。

1978年，扶风县法门公社齐村陂塘工地，同坑出土了厉王簋和丰邢叔簋2件铜器，丰邢叔簋铭文说："丰井（邢）叔作伯姬尊簋，其万年子子孙孙永宝用。"伯姬是丰井叔之长女，因知丰邑的井氏也是姬姓。正因为郑地的井叔与丰邑的井叔都是姬姓，所以两地的井叔才在氏名前各自冠以自己的居地名，以示区别。

中国社会科学院考古研究所在陕西省长安区沣西张家坡村西南，发掘了西周丰井叔家族墓地。根据四代丰井叔墓葬的年代和他们所作的铜器铭文，可以推知其家族的世系。

张家坡丰井叔家族墓地M163出土2件井叔采钟，2件甬钟的形制与铭文均相同，唯铭文行款略异，大小有别，属于井叔采所作的一套编钟中次序不同的2件。其铭曰："井叔采作

---

① 唐兰：《伯威三器铭文的译文和考释》注［一二］，见故宫博物院主编：《唐兰先生金文论集》，紫禁城出版社，1995年，第507页。

朕文祖穆公大钟。"井叔采的时代为共懿时期，当是传世的舀鼎、舀壶、免簠、免簋、趞觯等铜器铭文中的井叔、井公，是共王后期至懿王时代执政的公爵大臣之一，其官职当为卿士（西周最高的行政长官），常为周王发布册命时引导受命者的"右者"。

井叔采之父是穆王时代人，其名可能是达，业绩缺考。井叔采的祖父称文祖穆公，其时代为康昭时期，应是周公庶子之一的第一代邢侯之子，排行为叔。井叔采之子是一代井叔，其孙也是一代井叔，但名号均缺考。

西周共王时，当郑井氏的司马井伯死后，郑井氏族失去官位，于是邢国的井叔采入朝为官，住在丰京。据永盂铭文记载，共王十二年，司马井伯尚在周王室执事。又据懿王元年舀鼎铭文，此时井叔采已在周王朝任事，所以井叔采当在共王十二年以后入朝任职。

西郑与丰京的两个井叔为了互相区别开，所以各冠以居地的地名，分别称郑井叔、丰井叔，这就是西周金文中郑井世族和丰井世族的来历。郑井世族的世系已如前述，丰井世族的世系如下：

文祖穆公—井叔达（？）—井叔采—丰井叔□—井叔□

传世的季𩰫簋铭文曰："季𩰫肇作厥文考井叔宝尊彝。"传世的井季𩰫尊、卣铭文曰："井季𩰫肇作厥文考井叔宝尊彝。"这3件铜器都饰大鸟纹，冠羽和尾羽都有所谓的联璧，时代为康昭之际。陈梦家先生认为季即井季，为井叔之后，年代在昭穆时。张长寿先生则认为："季𩰫和井季𩰫有可能是兄弟行，如此，则其文考一辈的井叔或是在井叔采的文祖穆公之前的。"①

关于季𩰫与井季𩰫的关系，当以陈梦家先生之说为是，因为季在排行中为老末，指最后的一人，只能有一个，不能有兄弟两人都称季。井季𩰫之父井叔的时代早于井叔采之文祖穆公，这一点张长寿先生的意见是正确的。所以井季𩰫之文考井叔可能是第一代邢侯，井季𩰫当是第一代邢侯之幼子。季𩰫即井𩰫季，当为一名一字。

第一代邢侯之子有井伯、井叔、井季，那么也必有井仲。邢侯改封以后，其长子井伯䂳父世袭邢侯在畿内郑地原有的封邑，其后世称郑井氏族；邢国的井叔采入朝为官世居丰京，其后世称丰井叔氏族；井季𩰫显然并未继位为邢侯。那么，第一代邢侯死后，继承邢侯之位的当是邢仲，所以金文中从未出现井仲这一称呼。西周邢国宗室的世系可以表述如下：

---

① 张长寿：《论井叔铜器——1983~1986年沣西发掘资料之二》，载《文物》1990年第7期。

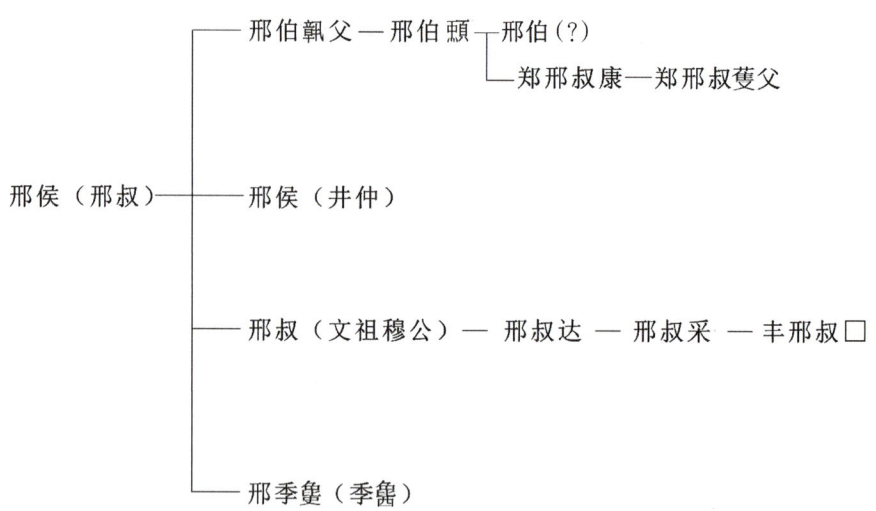

丰京遗址张家坡井叔家族墓地，发掘四座带墓道的井叔大墓，其中带双墓道的"中"字形大墓M157居西，年代为共王、懿王之际，当是井叔采的墓葬。位于M157左侧（东侧）的M163，墓葬中出土有井叔采铸造的编钟，当是井叔采的夫人墓。因为井叔采为公爵级的执政大臣，所以四代井叔墓中只有他的墓葬带双墓道，其余三代井叔墓均为单墓道。

四座带墓道的墓葬中居中偏西的M152，出土3件铜扣漆木达盨，盖上有铭文曰：

> 隹（唯）三年五月既生霸壬寅，王在周，执驹于滆麂。王呼蒿趩召达，王锡达驹，达拜稽首，对扬王休，用作旅盨。

达盨铭文中周王召达赐驹，内容与穆王时期的盠驹尊铭相似，当为同时代之器。张长寿先生认为达盨"当是墓主人的用器"，并据此推断："M152的墓主人也是一代井叔，其名也许为达。"① 如果M152的墓主是井叔达，那么墓葬的年代当为穆王世。

居中偏东的M168也是一代井叔墓，但是形制最小，且无头箱，又无随葬轮舆。究其原因，或因"年少早逝，或权势稍逊"②。

居东的M170，出土1件井叔方彝，铭文为"井叔作旅彝"，形制与昭穆时期的盠方彝相同，花纹与盠驹尊相同，当为同时代之器。这件井叔方彝有可能是井叔达所作的铜器。M170出土的1件仿铜式陶鬲，形制晚于扶风齐家十九号墓出土的共王时代的仿铜式

---

① 张长寿：《关于井叔家族墓地》，见张长寿：《商周考古论集》，文物出版社，2007年，第329页。
② 张长寿：《关于井叔家族墓地》，见张长寿：《商周考古论集》，文物出版社，2007年，第329页。

陶鬲①，时代与扶风孝王时代强家一号墓出土的仿铜式陶鬲②相当，因此M170的年代当在懿孝之际。《陕西长安张家坡M170号井叔墓发掘简报》认为M170是四代井叔墓"其中年代最晚的"③，但是M152、M157、M170的年代排列下来为穆王世—共王世—懿孝之际，其中没有了M168的空间，因此M168有可能才是四座井叔墓中年代最晚的一座墓葬。陕西扶风齐村与厉王簋同坑出土的丰井叔簋，时代为夷厉时期。如果M168是四座井叔墓中年代最晚的，应该就是丰井叔簋作器者的墓葬。丰井叔世族的世系及其与周王的对应关系可表述如下：

康王、昭王	昭王、穆王	共王	懿王、孝王	夷王、厉王
文祖穆公	井叔达	井叔采	井叔□	丰井叔

如果我们上述的推断不错的话，那么长安张家坡四代井叔墓可分为两组，即M152、M157为一组，M168、M170为一组。两组墓葬共同的排列规律为：父居左，子居右，暗示出两组墓葬可能是按照昭穆次序排列的。（见图5-7）

康王为什么要改封邢侯呢？康王改封邢侯，目的是在邢地设蕃屏周，抵御北戎沿泜水流域的入侵，保卫东都成周的安全。

河北省元氏县西张村出土的臣谏簋铭文，以及在邢台市发掘的邢侯大墓，证明西周的邢国在今邢台市，也证明商代"祖乙迁邢"之邢，以及商周金文中的"井方"，都在今邢台市一带。商代的井伯，是商王朝的三公之一，所以邢地的位置十分重要。

邢国的改封，确实起到了

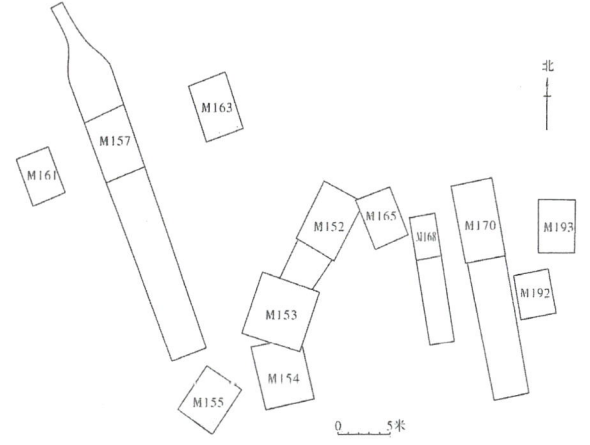

图5-7 丰井叔家族墓地墓葬分布图

"以蕃屏周"的作用，成为抵御北戎入侵成周洛邑的军事屏障。河北元氏县出土的臣谏簋铭曰：

---

① 陕西周原考古队：《陕西扶风齐家十九号西周墓》，载《文物》1979年第11期。
② 周原扶风文管所：《陕西扶风强家一号西周墓》，载《文博》1987年第4期。
③ 中国社会科学院考古研究所沣西发掘队：《陕西长安张家坡M170号井叔墓发掘简报》，载《考古》1990年第6期。

> 惟戎大出于軧，邢侯厚（搏）戎，延（诞）命臣谏以师氏、亚旅处于軧，从王□□……

这是说北戎大举沿着泜水流域出来入侵，邢侯率军与北戎搏战，并命臣谏率领师氏、亚旅属下的军队驻守軧国，随从周王的军队抵御北戎的入侵。师氏、亚旅是西周军队中的两级将领，北戎在太行山间及其两侧，位于今山西、河北两省交界处。軧国在今河北省元氏县一带，在古泜水，即今槐沙河的上游地区。李学勤先生指出：

> 邢国的历史始终与戎狄有关。《后汉书·西羌传》载，周室东迁，秦襄公攻戎救周，"后二年，邢侯大破北戎"，这条重要史料当出于古本《纪年》。臣谏簋邢侯所御的戎，我们以为也是北戎。①

此说至确，邢国与北戎的关系，充分说明了康王改封邢国所发挥的"以蕃屏周"的作用。

西周贵族的大墓不仅有丰富的随葬品，而且往往有车马坑。丰京的车马坑均为竖穴，分方形、扇形、长方形三种。前两种竖穴都是埋一辆车，车前驾二马。长方形竖穴埋二车四马、二车六马（内有一车驾四马）或三车八马。多数车马坑内有殉人，均埋在车厢底下，当是御人。马坑都是长方形竖穴，内埋二马。牛坑多为长方形竖穴，也有少数是圆形竖穴，内埋一头牛。

西周的社会基层组织是以血缘关系为纽带的氏族，各个氏族生前聚族而居，死后聚族而葬，墓葬区往往在其居址附近，所以自张家坡及其以南的新旺村、大原村一带，既是西周王臣、贵族的居住区，又是其族人的墓葬区。西周时代，由于宗周的王宫、宗庙主要是在丰京，所以金文中称这一区域为荟京。西周早、中期，周王主要是居住在荟京，而姬姓的丰井叔家族也居住在丰京，死后葬在丰京。西周的王臣孟、师旋、伯梁父、伯喜、伯百父、卫等多为姬姓，由于其家族居住在丰京，所以他们的窖藏铜器才能出土于丰京遗址。以丰井叔家族墓地为代表的姬姓贵族家族墓地的发现，也说明西周时代姬姓贵族多居住于丰京。

吴虎鼎铭文记载有"荟姜"一称，"荟姜"是指京的姜姓族，这说明丰京有姜姓族居住。西周丰京遗址内发现一批偏洞室墓，时代约在西周早期至西周中期。这种偏洞室墓以长方形土坑竖穴作为墓道，底部偏在一侧斜向内挖窑洞式墓室，洞室呈长方形，穹形顶，内置棺椁葬具，多用横向木板封门。墓向为南北向，也有东西向，洞室偏在竖穴

---

① 李学勤、唐云明：《元氏铜器与西周的邢国》，载《考古》1979年第1期。

左侧或右侧，尚无定例。葬式多为仰身直肢，随葬器物以鬲、罐为主，放置在棺外头部。这批偏洞室墓与周人土坑竖穴墓杂置在同一墓地，时代早晚也基本相同。西周丰京发现的偏洞室墓，其形制与扶风刘家村等地姜戎墓葬相同，其族属当是姜氏之戎。这说明西周丰京内是以周人为主，同时有少数姜戎与周人杂处，这种现象至少维持到西周中期，表明周族与姜戎的联盟关系是何等牢固！根据沣西西周考古发现，我们推测西周时代的丰京，虽然有少量的异姓族居住，但是主要还是周王室和姬姓王臣及其族人聚居的地方。

沣西遗址发现的先周、西周遗址、墓葬，不仅证明沣西遗址是丰邑、丰京遗址，而且从一个侧面反映了先周、西周的文化和社会面貌。在漆水流域包括岐邑遗址，以及泾水上游等地的先周墓葬中尚未发现殉人现象，同时殉狗现象也并不常见，而在丰邑遗址先周晚期和西周大中型墓葬中，殉人、殉狗现象却比较多。一些形制不大、随葬品不多的墓葬，例如张家坡第89号墓，长3米，宽1.8米，深4.1米，随葬品只有鬲和罐两件陶器，却用人殉。① 这种现象表明，文王居丰后，周族社会的奴隶制开始迅速发展，并接受殷商殉人、殉狗习俗。

张家坡村东及其以南地区，虽然已发现西周夯土建筑基址，但是目前在沣西地区尚未发现这类建筑较完整的夯土基址。沣西遗址发现与居住遗址有密切关联的还有夯土墙等遗迹。如在H413的附近发现了一段倒塌的夯土墙，残长2.5米，厚0.5米，高0.85米。夯土墙的一面涂有一层细泥，而且是用火烧红了的。这种现象显示出它和居住遗存的关系。另外，在有些窖穴内发现了成堆的大块夯土，有不少夯土块保存着光平的表面，有的用火烧过，有的则用泥浆涂刷过，所有这些，无疑都是房屋的残存。根据丰京遗址发现的西周夯土墙遗存，可以肯定在当时王臣、贵族的房屋建筑中，采用了夯土打墙的技术，他们居住的是地面以上的宫室建筑。丰京遗址发现的西周宫室建筑虽然保存状况很差，难以复原。但是西周岐周遗址发现的西周王室、王臣、贵族的住宅为夯土高台建筑，屋顶多为四坡流水，并且施瓦，四周房檐之下都有小型鹅卵石铺设的散水。因此丰镐地区的西周王室、王臣、贵族居住的房屋，应该也是这类建筑，多是屋顶为四坡流水的大型夯土高台建筑，屋顶施瓦，屋檐下四周应该也有鹅卵石铺设的散水。

---

① 中国社会科学院考古研究所沣西发掘队：《1967年长安张家坡西周墓葬的发掘》，载《考古学报》1980年第4期。

第三节
丰京的民居

根据《沣西发掘报告》介绍，丰京遗址内客省庄和张家坡一带，发现有先周、西周的居住遗址。从先周晚期至西周早期小型的民居房屋，计有深土窑式房址（全洞式窑洞房址）和长方形半竖穴式房址两种。西周晚期居址只发现一种圆形半竖穴式房址。同时发现长方形和椭圆形水井，以及深浅不同的圆形、长方形和不规则形灰坑。

西周丰京遗址发现的平民居住活动遗存种类有房子、窖穴、水井、灰坑等。根据不完全统计，截至目前在丰京遗址内已发掘出民居房屋建筑基址约45座。绝大多数房址位于遗址北半部的客省庄村北、马王村村北和张家坡村东三个地点，在遗址的南半部的西王村和大原村一带只发掘了3座。

沣西遗址发现的所有小型房屋都是残破不全的，但是根据各座房屋的残存部分仍然可以判明房屋的结构和形制，它们大致可以分为半竖穴式建筑和窑洞建筑两大类。

一、半竖穴式房屋

这类房屋的最大特征，是房子的下半部是一个竖穴土坑，上半部用木杆搭架屋顶。房子面积均在7~12平方米之间。个别房子的建筑形制稍大，面积为16~17平方米。屋内地面平整，设有圆形、椭圆形或十字形浅凹坑烧灶，出入口是土坡道或台阶道路，在个别房子的地面上发现大型立柱柱洞，或在土坑墙壁上发现浅小的壁龛。多数房子的墙壁和居住面，没有加工装饰。少数房子的周墙和居住面用火烧烤过或涂抹一层黄色泥浆。根据房子的具体形制构造，可分为Ⅰ型和Ⅱ型两种，前者多见，后者只个别见到。

（一）Ⅰ型

Ⅰ型，为单间建筑，房子基址的平面形状分为长方形、方形和圆形三种。前两种多见于西周早期，后一种仅见于西周晚期。下面分别举例来加以介绍。

1. 长方形房子

1956—1957年在张家坡发掘的H105，是一座南北向长方形房屋。[①]房屋北部被西周晚期灰坑打破，只残存东、南、西三壁。南壁完整，宽2.2米。东、西两壁都残存一段，长4.1米，房屋的中部较南壁宽，最宽处有2.85米。屋内中央被一座西周初期墓葬的墓穴打破，破坏了一部分居住地面。

房子是在生黄土上挖的，利用坑壁作屋墙，保存最高的地方有1.4米。墙壁近乎垂直，壁面没有经过修饰，只是在墙根的地方有高约5厘米的一段是用火烧过的，呈红色。屋内中部偏东有一个支撑屋顶架的立柱，只留下圆形柱洞，柱洞剖面为漏斗状，口径0.25米，深0.4米。

屋内有两层居住过的硬地面。上层居住面比较平整，靠近东墙有一片红烧土，和东壁墙根上烧红的壁面相连，大概原来的居住地面是用火烧过的，所以墙根上也有这种痕迹。靠近南壁的中部有一个凹入地面的椭圆形小灶，表面烧成红色，但是不太坚硬，东西径0.6米，南北径0.4米。下层的居住面略向东南角倾斜，也有一片红烧土硬面。西墙偏北有三个相连的浅小凹坑，没有火烧过的痕迹，用途不明。屋内的北部发现有路土，房子出入口应开在北边，唯通往屋外的土坡道已遭破坏。屋顶构造为四坡顶。

2. 方形房子

发现的三座方形房子，平面形状都是近似方形。例如1960年秋季在张家坡村东发掘的房子H205[②]，坐南朝北，东西长3.95米，南北宽3.15米，面积为12.44平方米。西、南两壁保存较好，残高0.95米，距地表深1.7米。房屋的出入口在北墙偏东的地方，宽0.7米。门外有一条斜坡形小道，通向当时的地面。墙壁较光硬，都用火烧过。屋内居住面都用火烧过，呈暗红色。居住面的南部较低，北部略高。在屋内东部南壁下有一个圆形凹坑小灶，直径0.55米，深0.25米。灶的周围烧成红色，底部呈青色。灶内有白色烧灰，并夹杂不少炭屑。在灶的北边，即靠近房屋的东南角，有一个粗绳纹的夹砂灰陶瓮，瓮的下部埋在居住面以下。在屋内中央偏北处有一圆形柱穴，直径0.16米，深0.3米，洞穴内残留有朽木白灰。（见图5-8）

在这座房屋的西边发现了一口水井，与房屋相距1.3米。井的平面形状为长方形，井口南北长1.85米，东西宽0.95米，深7米尚未到底。井壁很光滑，东西两壁上有对称的脚

---

① 中国科学院考古研究所编著：《沣西发掘报告》，文物出版社，1963年，第75页。
② 中国科学院考古研究所沣西发掘队：《1960年秋陕西长安张家坡发掘简报》，载《考古》1962年第1期。

窝。这个井的井口是在与房屋的墙壁同一层次和深度发现的，井内的包含物与房屋内的出土遗物特征相同，表明它和房屋同是西周早期的，而且有可能是附属于这座房屋的。

3. 圆形房子

发现两座圆形房子，平面形状都是圆形。其中1956—1957年在张家坡村东发掘的圆形房屋基址H104①，是保存较好的一座。直径2.65米，坑壁垂直，保存最高的地方有1.16米。墙壁的表面很平整，涂抹一层厚0.3~0.8厘米的黄土细泥。房屋的出入口开在南墙上，宽0.85米，高出坑底0.5米。在门里有一条土坡，长1米，宽0.75米，可由坑底经登土坡至出入口。门外有一条向南的沟状斜坡小道，长1.8米，最南端宽0.55米，通向当时的地面。

（引自《考古》1962年第1期）
图 5-8 张家坡方形半竖穴房址 H205

室内的居住地面平坦而坚硬，也涂了一层黄土细泥。居住面没有用火烧过的迹象。在靠近东壁处有一个凹入地面的小灶，平面形状略成十字形，长宽都是0.4米，小灶烧得很红，底部还留有不少灰烬。靠近东北壁有一个完整的大陶瓮，瓮的型式是晚期基址中最常见的小口、圆腹、圜底灰陶瓮，瓮的下半截埋在居住面下面，是固定在屋内作为储水或贮粮用的。

房子居住面上没有发现柱洞，估计其圆尖屋顶是用若干长杆架设起来的。搭设屋架的方法，与上述方形房屋的屋顶架搭设方法相类似，是将若干长杆一端斜插在地穴口部的外面，另一端捆扎在一起竖立在房内中央上空，然后在长杆上捆绑横向木棍和草帘，在草帘上面抹以15~18厘米厚的草泥土面。

（二）Ⅱ型

Ⅱ型，为套间建筑。1956年春季在张家坡村东发掘的房子，HA是一座套间建筑房址。②房址是一个竖井浅土坑，平面形状为椭圆形，东西长5.8米，南北宽3.8米。坑壁垂直，墙壁保存高度0.3~1.2米不等。墙壁的表面平整光滑。房内地面上垫一层很薄的黄土。屋内有五个立柱柱洞，其中：形制最大的一个位于西部，直径0.28米；其余四个位于中部，直径约0.1米。4号和5号柱洞之间有一道凹槽沟通，凹槽宽0.6米，深0.08米，槽

---

① 中国科学院考古研究所编著：《沣西发掘报告》，文物出版社，1963年，第76—77页。
② 陕西省文物管理委员会：《陕西长安沣西张家坡西周遗址的发掘》，载《考古》1964年第9期。

内有白色木灰。（见图5-9）

室内分东西两部分。西半部为住室，地面上用火烧烤过，表面呈红褐色。东半部的地面没有火烧痕迹，但是表皮有一层十分坚硬的路土，偏东北部的墙壁下有一个黄土台，系用熟土筑成，台子内外均有路土，是出入口的台阶。台子呈菱形，长1.15米，宽0.75米，高1.2米。东南部的地面上有一个烧灶，长方形，东西长1.2米，南北宽0.6

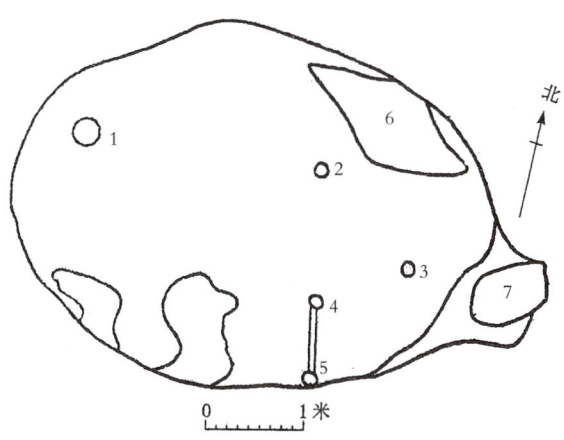

1—5. 柱洞　6. 黄土台　7. 灶坑（引自《考古》1964年第9期）

图 5-9　张家坡半竖穴套间房址 HA 平面图

米，深0.3米。灶坑周壁被火烧成一层厚1厘米的青灰色土，坑口周围地面也被火烧成红色，坑底留有木炭渣末和草灰。房子门外道路及周围环境全遭破坏。屋顶没有留下任何痕迹，其结构不清楚。

半竖穴式套间房屋在武功县郑家坡先周文化遗址内也有发现，编号F13（H28）。房址建筑形制与张家坡房址HA相同，平面形状为椭圆形，东西长5.5米，南北宽3.5米，残深1.25~1.45米。后半部有生土梁将房屋分成前后两室，中间留有0.65米宽的通道。前室大，后室小。出入口有三级台阶，台阶面有踩踏土。在竖穴坑口残留有五个直径0.3~0.4米、深0.3~0.35米的圆形柱洞，说明房屋是沿坑口建造房墙，然后用木杆和草帘搭架房顶的。[①]

二、窑洞房子

这类房子的特点为居室是一个洞穴。根据房子的建筑构造及形制的差异，可分为以下不同的两种形式。

（一）Ⅰ型

Ⅰ型窑洞房子，最大特点是窑洞住室门前没有深土坑院落，洞穴居室是直接选择在已有的崖面向内挖掘而成，或者是沿着竖井土坡道向内掏掘而成的。

1959年春季在丰邑遗址马王村北，发现一座窑洞房址F1，是一座圆角长方形房子。

---

① 宝鸡市考古工作队：《陕西武功郑家坡先周遗址发掘简报》，载《文物》1984年第7期。

它挖在一座西周初期大型夯土建筑基址内，窑洞壁保存高度达2.2米。窑洞内北半部的地面平坦，地表有一层坚硬的路土面，南半部中央有两个浅小凹坑。房门开在南边靠西墙一侧，有一条土坡路从室内通往屋外。窑洞顶部及房外环境已被破坏。房址属西周晚期遗存。

（二）Ⅱ型

Ⅱ型窑洞房子，特点是在窑洞前面设有一个深土坑院落，其建造方法是先从地面挖掘一个深土坑，然后从深土坑一壁向断崖内挖掘洞穴居室。深土坑院落和洞穴居室的平面形状多为不规则的半圆形。由于房址的上部遭破坏，所以发掘出来的都是一个深浅不同的椭圆形大土坑。这类先挖深土坑院落，然后从深土坑院落一壁向里挖掘洞穴居室的窑洞房屋，后世在黄土高原地区称为地窑。下面以1956—1957年在张家坡发掘的房址H143为例，来说明其具体构造及形制的复原：

房子挖在生黄土里，上部遭破坏，土坑的平面形状为椭圆形，坑口南北径9.5米，东西径7.8米，坑底南北径6.3米，东西径7.8米，土坑残深约3米（这类窑洞房址中，有个别土坑残深达5米多）。在距坑口深约2米处坑内北半部有大片的生黄土，由北壁向南长达4米。在坑底偏南有一条东西向生土梁将坑分为南北两半，生土梁的中部有一个宽1.2米的缺口，坑的两个部分可以互通，缺口当属住室的房门。坑底较平整，有一层很薄的路土硬面。北半部坑底高出南半部坑底约0.4米。在北壁下有一个沿着坑壁的半圆形浅凹坑烧土灶，深0.5厘米。在东部的斜坡土梁上有三级台阶，台阶南转通往屋外。土坑南半部是院落，北半部是洞穴住室，进深为4米。院落低于住室的作用是防止雨水倒灌穴内。估计窑洞住室的顶部为圆拱形，顶高约2.7米。这类设深土坑院落的窑洞房屋，就是所谓的"陶复陶穴"。这类窑洞居室在陕西省长武县碾子坡遗址多有发现。[①]

三、其他与居住有关的遗迹

西周丰京居址的周围或其附近地区，常常发现与日常生活有关的建筑遗存，如水井、窖穴和深浅不一的各种不同形状的灰坑等文化遗迹。

（一）水井

发现水井10多口，都是在丰邑遗址北半部的客省庄村北、马王村村北和张家坡村东

---

① 胡谦盈：《论窑洞——考古中所见西周及其以前土洞穴房基址研究》，见胡谦盈：《胡谦盈周文化考古研究选集》，四川大学出版社，2000年，第310页。

三个地点内发现的。有的水井发掘到9米多深，已达地下水面，但是还没有发掘到底。由于地下渗水，或者水井周壁有崩塌的危险，所有的水井都未能清理到底。

水井的平面形状，大致可以分为长方形和椭圆形两种，以前者较多见，后者少见。它们在西周初、中、晚三个不同时期都有发现。长方形水井口部的长径为1.6~2.4米，宽径为0.7~1.05米。椭圆形水井口部的长径为1.95~2.1米，宽径为1.3~1.4米。水井的深度估计在10米以上。

井的口部很规整，四壁近于垂直，壁面平整光滑。井的壁上有对称的脚窝，间距不等，在0.2~0.5米之间。在接近井口的壁上，往往有绳索和汲水器皿摩擦过的痕迹。

这些水井都是分布在居住遗址的附近，是遗址中当时居民日常用水的水源。

（二）窖穴

发现窖穴10多座，除个别是长方形直壁竖穴土坑以外，多数属于口小底大圆形或椭圆形袋状土坑。这类土坑的底部平坦，坑壁整齐平光，是挖成后再经过一番加工修饰的。窖穴的容积都不大，如口小底大的圆形袋状土坑，口径在1.6米左右，底径1.8~2.4米，深1~1.75米。

丰京遗址内平民居址的窖穴中常常发现石、铜、陶和骨质的工具和用具，如石斧、石铲、铜锥、骨铲、骨锥以及完整的陶质器皿等。（见图5-10）例如1956—1957年在张家坡村东发掘的H162，在土坑底部靠近南壁放着1件大陶瓮、1件陶甑和1件器盖。在窖穴H410中也发现了较完整的2件陶鬲、1件陶瓮和1件陶罐。[①]

丰京遗址内专门用来埋葬青铜器的窖藏清理了约5座，是在丰邑遗址的马王村和西王村发现的。各座铜器窖藏出土青铜器的数量不一，少的只有2件，最多的达53件。铜器的年代有早有晚，多数属于西周中、晚期的器皿，个别的属于西周早期器皿。这些铜器窖藏，大概都是西周王朝覆灭前夕王臣、贵族埋藏的。

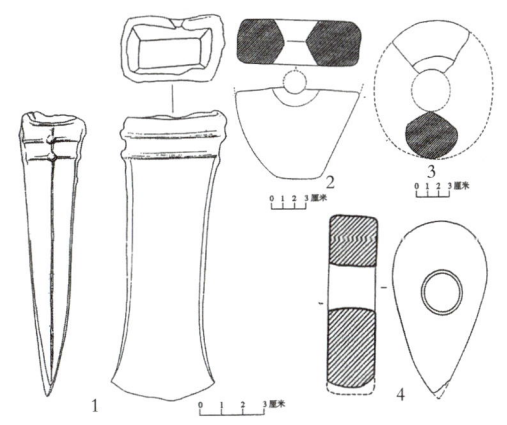

1.铜斧（T145：4A：24） 2.Ⅱ式石锤（T147：4B：14） 3.Ⅰ式石锤（T125：3：2） 4.石锤斧（约1/3）（1、2、3引自《沣西发掘报告》图四八、五一，4引自《考古》1964年第9期）

图5-10 张家坡西周居址的铜斧和石制工具

[①] 中国科学院考古研究所编著：《沣西发掘报告》，文物出版社，1963年，第77页。

（三）"灰土坑"

"灰土坑"是古代各种不同文化遗址中常见的一种遗存，在丰京遗址中发现的深浅不一的"灰土坑"几百座。它们都是直壁土坑和口大底小的斜壁土坑。土坑的平面形状大致可以分为长方形（或长条形）、方形、圆形、椭圆形和不规则形等五种。其中，前三种土坑的形制比较小，坑形规整，底部较平坦，坑壁多无凹凸不平现象，原来可能是用来贮藏东西或放置杂物的，废弃不用后成为堆放残破陶器碎片等物及脏土的"垃圾坑"。后两种土坑基本上属于口大底小的斜壁土坑，坑形都比较大，坑径均在3米以上，最大的坑径在9米以上。凡是坑径在7米以上的土坑，在坑底常发现有土坡路通往坑口，所以我们不排除以下的可能性，有些土坑原来是窑洞房子或手工业作坊遗址，塌陷废弃不用以后因屡遭破坏而面目全非。上述土坑内的填土，都是颜色深浅不同的灰土或灰烬，其中夹杂有大量的破碎陶片，能粘对复原的陶器多出自这些土坑。此外，在土坑内的填土中还常常发现完整的或残破的石、铜、陶和骨、角质工具、用具（见图5-11），还有骨笄等装饰物（见图5-12），以及大量的骨、角料和器物半成品。

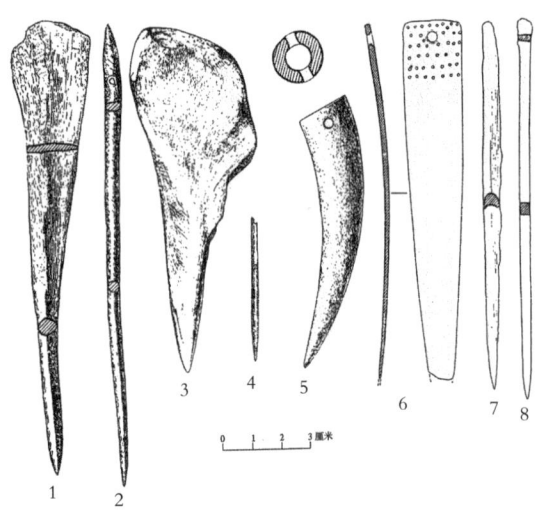

1. Ⅱ式骨锥（T412：3：2） 2.骨针（H160：3：15） 3.Ⅰ式骨锥（T103：3B：39） 4.骨针（H149：3：61） 5.角锥（T103：3B：8） 6.骨器（H149：2：6） 7、8.铜锥（H430：1：7、H413：1：23）（引自《沣西发掘报告》图五九）

图 5-11 张家坡西周居址的骨锥及其他

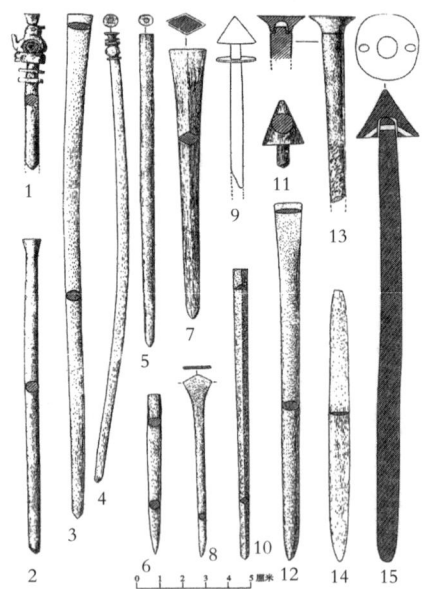

1.T111：4：14 2.T142：4F：17 3.H301：16 4.H201：2 5.H301：37 6.T162：4A：1 7.T202：3：7 8.H430：1：2 9.H423：2：14 10.H301：45 11.H144：1 12.H301：69 13.T460：4：11 14.T445：3：5 15.H105：3、T313：3：57（引自《沣西发掘报告》图六七）

图 5-12 张家坡西周居址的骨笄

第六章 丰京、镐京的社会经济

周人善于经营农业，西周已进入农业社会。西周土地虽然属于国有，但是对土地实行分级管理。周王室管理的土地称为王畿，千里王畿之内大部分土地归周王室所有，一部分土地分给王臣、贵族建立采邑，作为俸禄田。王畿以外的土地分封诸侯国，诸侯为其大夫建立采邑。于是西周形成了王畿、诸侯国、采邑等不同等级的土地管理制度。

西周的经济以农业为主，还有渔猎业、畜牧业、手工业以及商业等不同的经济门类。农业中有种植、养殖等不同的农业经济门类。西周的交通干线称为"周道"，四通八达。

第一节
西周社会的等级结构

西周国土西起陇右，东临大海，北越燕山，南抵江淮，纵横1500多公里，是一个空前庞大的王国。为了管理全国的土地，西周实行分封制，周王将都城宗周，以及故都岐周、陪都成周周围的领土划为王畿，形成了千里王畿。王畿以内的土地大部分属于王室所有，由周王室直接管理，但是王畿以内的小部分土地，要分封给王室大臣和姬姓贵族建立采邑，作为他们的食邑。王畿以外"选建明德，以藩屏周"，建立诸侯国，由诸侯管理其国内的土地。王畿以内和王畿以外，都有少数民族自己建立的方国，当然方国主要是在王畿以外，特别是在西周的边远地区，他们占有各自方国内的土地。这种将土地分而治之的模式，由于武王灭商，成王东征占领了广大的领土，所以墙盘铭文中对康王的颂词为"遂尹亿疆"。

西周王朝的分封制度，使西周的社会首先形成了周王室、诸侯国、采邑、方国等不同等级的结构。然后诸侯、采邑主也要将土地分给其子孙，建立更低等级的聚落，所以《礼记·礼运》说："大夫有采以处其子孙，是谓制度。"《左传·昭公七年》说："故王臣公，公臣大夫，大夫臣士，士臣皂……"讲的就是西周社会的等级结构和隶属关系。

西周社会的等级结构，形成了都邑（王都）、诸侯国邑、西周王臣中的公、卿级采邑和诸侯国中大夫级采邑（族邑、宗邑），以及级别更低的邑落等大大小小不同等级的西周聚落。西周考古事业的不断发展，考古资料的不断积累，以及西周考古研究的不断深入，为了解西周社会的等级结构提供了非常宝贵的科学信息。西周王室的都邑已如前述，诸侯国邑的布局尚不清晰。张天恩博士近著有《西周社会结构的考古学观察》[①]一

[①] 张天恩：《西周社会结构的考古学观察》，载《考古与文物》2013年第5期。

文，现以张文为主略加修改与补充，将考古发现的西周采邑遗址进行阐述如下。

一、西周王畿地区发现的采邑

西周的王畿之地，包括关中及洛阳地区两部分。关中以都城和周原为核心，拥有后世所谓的八百里秦川，洛阳地区则以东都成周为中心，也称"方六百里之地"，共同构成了西周王朝的统治中心。洛阳一带虽有北窑西周墓地、铸铜遗址等重要发现，但对成周的位置和具体情况尚未确认。与此相反，关中地区西周都城的考古收获较多，还有更为丰富的西周采邑类聚落也被陆续发现。

属于采邑类的遗址，早年已有过一些发现，但因科学发展水平和认识程度的局限，多被指称为西周的封国。如宝鸡市的茹家庄、纸坊头等墓地被称为强国，再如泾阳县高家堡墓地被称为戈国。实际上，这些都可能是关中王畿地区属于采邑性质的家族墓地。如果说这些发现还不足以代表西周采邑的基本面貌，那么，近10年许多发现让我们对此类遗址会有一个比较清楚的了解。据有关考古资料分析，在关中地区可确认的采邑包括周公庙、段家河、孔头沟等近二十处。

这类遗址均有性质不同的功能区，是其共同的突出特征。各自必有一个规模可观的居址，其内不乏较高等级的建筑遗址。在居址或附近往往会有一个或多个同期的墓地，经过一定规模发掘的采邑，还发现铸铜、制陶等手工业作坊。依据考古资料提供的信息，参考有关功能区域的复杂程度，大体可将这些采邑分为三类。

（一）功能区复杂的采邑

这类采邑中的功能区最多，同一类功能区可以有多个，目前所知的仅周公庙（见图6–1）一处。周公庙遗址位于岐山县凤鸣镇祝家巷、庙王村和周公庙一带，调查勘探确认范围有4.5平方公里。在其北部、东部和南部的边缘，分布着规模不同、等级有差的墓地七处。其中陵坡墓地的规格最高，勘探发现带墓道大墓就有22座。在祝家巷和庙王村北发现大型夯土建筑基址和砖瓦等建筑材料，显示这一带有高等级建筑，庙王村和折树棱分别发现铸铜作坊等。还发现有制陶器的作坊区。周公庙遗址出土甲骨文字数达2200个，超过了周原，成为出土西周甲骨文最多的遗址。这里所出甲骨文中记载最多的人名为周公，结合遗址规格、时代特征及文献记载的地望等，其为周公及其家族的采邑已可论定。

图 6-1　岐山周公庙

（二）功能区较齐全的采邑

这类采邑规模均较前一类规模较小，但也确认有居址、墓地、作坊等功能区。已做过一些考古发掘或勘探工作的岐山孔头沟遗址是其代表。

孔头沟遗址位于岐山县城东8公里的沣河支流两岸台塬上，包括蒲村镇赵家台、画东、宋家等多个自然村，分布范围最大时约4平方公里。有一处面积达6万平方米的大型墓地处在遗址东部的中间位置。一处铸铜作坊位于遗址西部西侧的中间，面积约5000平方米。制陶区设在墓地以北的赵家台村南北沟畔附近，烧制生活陶器和烧砖的区域被分置。

与孔头沟相似的采邑，可能还有凤翔水沟、劝读，眉县杨家村等遗址。因尚没有足够的考古调查、发掘，了解得都不很清楚，但少量的工作就发现过一些重要的功能区。水沟遗址面积约100万平方米，周围有夯土城墙环绕，还发现有墓地，出土过青铜器和陶器。劝读遗址发现有铸铜作坊，早年曾有重要青铜器出土。杨家村已发现含中小型墓的墓地和板瓦等大型建筑所用的建筑材料，还多次发现青铜器窖藏，出土有逨鼎、逨盘等重要西周青铜器，铭文记载了西周单氏家族的世系及其功绩，学界普遍相信其应是西周单氏家族采邑。

（三）部分功能区较清楚的采邑

此类采邑指因考古工作的局限，主要对墓地进行过勘探发掘，虽知有居址但情况了解较少。目前主要有澄城县段家河遗址、韩城梁带村遗址等。

段家河遗址，位于陕西澄城县庄头镇段家河与姬家河村东的大峪河东岸台塬上，2006年勘探发现了一处规模较大的西周墓地，其中带墓道的大墓有20座，仅次于周公庙的大墓数量。抢救清理过的2座被盗残墓的出土物显示，年代约为西周中期，如此多墓葬的年代范围应较长。墓地西南方的西周遗址虽因水土流失破坏严重，但面积尚有近20平方米。墓地和遗址相距仅百余米，应是同一采邑的两个主要功能区。

梁带村遗址，位于陕西韩城市梁带村的黄河西岸台塬上。2005年至2010年，发现了一处大型周代墓地，已知有西周晚期至春秋早期的墓葬1300多座，其中带墓道大墓为8座（有1座早年被毁，残存墓道）。出土青铜器有芮公、芮太子等铭文，表明此为两周之际的芮国墓地。在墓地东侧靠近黄河的梁带村原址和其北的化石寨一带，调查发现有范围较大的周代遗址，并采集有板瓦等大型建筑所用的建筑材料，应属于墓地埋葬者生前生活的居址。两者共同构成了芮国后期的聚落和葬所，实际上也是芮公家族在两周之际的采邑。周室东渡后，关中的周人遗族多与王朝失去了紧密的联系而被称为芮国当然也无不妥。

属于这一类的采邑，还应该包括华州区东阳墓地及居址，宝鸡斗鸡台、茹家庄和竹园沟，以及甘肃崇信于家湾、灵台白草坡等。

除以上三类外，关中还有一些遗址因考古工作较少，功能区不够清楚，但曾有比较重要发现，也可能属于比较重要的采邑。如宝鸡石鼓山，先后有数批青铜器发现，直到2012年发现了大型墓葬，出土了商周之际的重要青铜器才引起大家关注。石鼓山附近也有周代居址，若进一步调查勘探应该会有收获。还有临潼的西段遗址，早年调查西周遗存的分布达20万平方米，先后发现过青铜器墓2座，还发现包括著名的"利簋"在内的2座青铜器窖藏等。而多次出过青铜器窖藏的永寿县好畤河遗址，也应属此类性质的采邑。

二、采邑的分级情况分析

从目前考古资料来看，周原以西的采邑密度最大。如孔头沟、周公庙、劝读、水沟遗址等，相互之间的直线距离都在10公里左右。宝鸡市附近的斗鸡台、石鼓山、茹家庄、蒋家庙遗址的分布，大体也在此区间范围的上下。那么是否就可以认为关中西部的西周时期聚落的分布,就是这样一种境况呢?这自然是否定的。事实上西周遗址的密度,远远高于这些采邑的分布。在那些采邑类聚落的周围,半径以5公里上下的范围为限,还分布着数量不等的同期较小聚落。它们与最为临近的采邑,很可能存在着比较直接的隶属关系。也就是说,西周的采邑还存在着等级更低的聚落。

在周公家族采邑周公庙附近,可确认的西周遗址有杜沟、北寨、吴家庄、坳王村等,数量在十处左右。不少遗址早年都曾出土过青铜器,有些礼器上还带有铭文。如北寨遗址曾出土过史父鼎等铜器,王伯姜鼎等则出自吴家庄遗址。可见这些遗址内也还有有一定地位的人居住,但他们的身份一定不会比周公及其子孙更高,其最大可能是隶属于周公庙采邑管辖。

孔头沟采邑的周围,也有故郡、官路、前庄等较小的西周遗址。从分布的情况观察,这些遗址可能与孔头沟有隶属关系。韩城市原叠村镇的党家村西,发现有一处范围数万平方米的遗址,调查发现还有筒瓦等建筑材料,可见应有较高等级的建筑存在。其距梁带村遗址仅约3公里,相信两者有较直接的从属关系。还有眉县杨家村附近的西关、郝家堡、车圈等遗址,可能都是隶属单氏家族采邑的聚落。

西周青铜器铭文对西周历史研究意义重大,可以提供诸多方面的研究信息。散氏盘亦称"矢人盘",根据其铭文以及其他铜器铭文的记载,西周时代在关中西部的王畿之内,即今宝鸡市汧水下游,也就是当时的西郑之地(今陕西凤翔县和宝鸡市陈仓区)分布着散、郑井(邢)、郑虢等氏族的采邑,并且宝鸡市贾村塬一带还有一个姜姓的方国——矢王之国。西周部分青铜器铭文的内容,对西周贵族等级的差别有明确反映,也有助于我们更好地了解不同级别贵族采邑的存在。

西安市长安区马王街道窖藏出土青铜器19件[①],其中的豢簋铸铭文4行32字。首句铭文为"太师小子豢作朕皇考宝尊簋"。可知作器者名"豢"。"小子"为周代官职之一,《周礼·夏官司马·序官》记载"小子,下士二人",可知其当为司马属官。又有"小子掌祭祀"的记载,可见"小子"负责祭祀方面的事务。太师虽不见于《周礼》,但实际上在西周王朝是非常重要的职务,往往由执政大臣担任,为军事方面的最高长官。姜子牙就曾出任太师,故被称为师尚父。铭文既说是太师小子,显见太师之下有此属官。任此职者西周金文中还有多位,如师望壶和师望簋所记的"太师小子师望"、休盨铭文的"仲太师小子休"等。

---

① 王长启:《西安市文物中心收藏的商周青铜器》,载《考古与文物》1990年第5期。

岐山董家窖藏有冄簋1件，冄还铸有铜鼎，岐山贺家村周墓内出土过1件。铭文内容近同，为"荣有司冄作旅鼎（簋），用媵嬴龏母"。知作器者冄是其上级荣的下属有司，因为嫁其女（或妹）曾铸青铜媵器一组，出土者为其中的鼎、簋各1件。表明其也有一定的地位，可铸作成组的青铜礼器。

另外一位担任高官属下有司的仲枏父，也铸作过成组的青铜礼器。1962年出土于永寿县店头公社好畤河的青铜器窖藏①，器物虽多失散，但仲枏父所铸器先后面世的已有簋9、簠2、匕1。簋、簠铭文基本相同，内有"师汤父有司仲枏父作宝簋（簠）"之语，可知铸器者仲枏父是师汤父的有司。所铸组器铜簋有9件之多，与眉县杨家村窖藏所出单五父簋的数量相同。仲枏父虽为更高级别的师汤父属官，但一次可铸这样多的铜器，地位也应不低。同出的匕和早年出土于同地的青铜甗，铭文分别为"仲枏父作匕""仲枏父作旅甗"，虽无师汤父有司内容，但人名、出土地相同，为同一人之器应无疑问。

虽然仲枏父铜器集中出土于好畤河村，这一带当是他本人及其家族采邑的所在。而他的上司师汤父的铜器，也已经有所出土。1991年扶风齐家村墓葬M1出土了1件师汤父鼎，铭文曰："师汤父作旅鼎，子孙其万年永宝用。"因为墓葬被盗，考古人员清理残墓只出土了2件青铜器（1件无铭文）②，再无他物，不好判断是否为师汤父墓。所以，不排除师汤父的采邑距店头一带不远，好畤河仲枏父采邑可能为其属下的采地。

至此就可以明白，周公庙附近有关遗址出土的青铜器中，甚至有王伯姜这样重要人物并不意外。较次一级的采邑，也完全可以拥有属于其主人及其家族的青铜礼器。当然，级别越低下的采邑或居址，代表身份地位的标志大墓、大型建筑，以及青铜器等就越稀缺，也属正常。所以，我们能看到诸如扶风北吕、长安少陵原、凤翔西村等西周墓地，墓葬数虽多达300~400座，但均为中、小型墓，少量墓也出土少量青铜器礼器，却没有发现过一座大型墓。少陵原和北吕墓地附近均发现相关的西周遗址，也没有大型建筑、铸铜作坊等重要设施发现。表明都是一些级别更低的村邑聚落，故少陵原可能属"西六师"所属的卒营家族墓地和居址。③

---

① 咸阳市文物事业管理局编：《咸阳市文物志》，三秦出版社，2008年。
② 罗西章：《陕西周原新出土的青铜器》，载《考古》1999年第4期。
③ 张天恩：《少陵原西周墓地性质蠡测》，见陕西历史博物馆编：《陕西历史博物馆刊》第16辑，三秦出版社，2009年。

三、诸侯国内采邑的考察

西周王臣采邑及其属邑的普遍建立，使王畿关中，以及成周为中心的河洛地区，至少在有些地方会呈现出阡陌相连、墟里相望的繁盛景象。相信关中西部的周原以西，以及宝鸡市周围，在当时确有可能如此。至于更遥远的地区，我们知道周王朝是以封建诸侯的形式进行遥控。有如《孟子》所言，大国地方百里，次国方七十里，小国方五十里，周王朝更大范围的边远地区，大体上就是以这样的方式管理的。而西周诸侯国内部的管理情况，由于历史文献很少记述，研究者也罕有提及。

所幸的是，近几年的考古发现提供了一些重要的线索，我们了解到西周时期的诸侯国内，同样有采邑这类较国都层次为低的重要聚落。目前基本可认定的主要是晋、齐两国，其他的也有一些线索。

（一）晋国

晋是西周最重要的封国之一，《史记》等文献记载受封于周成王，首封者为武王之子，成王之弟叔虞。因封于故唐旧地而称唐叔虞，位置在"河、汾之东"，后因其子燮父徙都晋水旁而称晋。20世纪80年代以来，山西曲沃和翼城县交界的天马—曲村遗址，和北赵晋侯墓地的发掘，基本将晋国自燮父到春秋前期的晋国都城确定了下来。

在该遗址东南20余公里处的绛县横水镇北，山西省考古研究所发掘了一处大型西周墓地①，清理墓葬达1200多座，应是曲村晋国墓地以外山西地区发现墓葬最多的。墓地年代从周早期延续到春秋早期，有2座带墓道的大型墓葬，出土了大量的青铜器、玉器、陶器等重要文物。有些青铜器上铸有倗伯等铭文，此处被认为是倗国墓地，倗国是一个文献失载的西周诸侯国，实际上倗国很可能是晋国的一个附庸国。

山西省考古研究所在山西翼城县大河口村，也发现了一处大型西周墓地，距晋都遗址仅约10公里。2007—2011年共清理了西周墓585座，时代从西周早期一直延续到春秋初年。②墓葬有大、中、小型之分，出土了大量珍贵文物。青铜器铭文有霸伯、霸姬等名，发掘者认为这里应是西周的霸国墓地，同样也被历史文献失载，霸国也应该是晋国的一个附庸国。

但根据这两处墓地与晋都地望关系、墓地规模和延续的时间范围等，均显示应该是

---

① 山西省考古研究所等：《山西绛县横水西周墓地》，载《考古》2006年第7期。
② 山西省考古研究所大河口墓地联合考古队：《山西翼城县大河口西周墓地》，载《考古》2011年第7期。

晋国的大夫级采邑墓地。①距横水墓地东约2公里处的周家庄西周遗址，大河口墓地西南约500米处的西周遗址，可能分别为各自的采邑所在。只可惜因没有进行相关的考古工作，难以了解更具体一些的情况。

之所以认为这些墓地及相关遗址可能为采邑，主要是从以下方面考虑的。按照西周诸侯大国土地方百里的说法，无论其是指直径还是边长，距晋都天马—曲村遗址10或20多公里的距离，基本都在此里程的范围内。两墓地规模都不算很大，横水墓地虽发现了1200多座墓，但比起曲村晋国墓地可能超过20000座墓来，显然不是一个档次，而与关中的周公庙、孔头沟采邑的900多座墓葬的数量相近。尽管其墓数多了约300座，但其年代延续到春秋早期，显然比周公庙等墓地的下限要晚不少。至于只有580多座墓的大河口，则更难与曲村比较，而仅略多于更低级别的少陵原等墓地。

值得注意的是，两处墓地的上限时间均为西周早期偏晚，几乎与天马—曲村晋国遗址和墓地出现于晋南的时间相同。据有关资料研究，横水、大河口墓地的倗、霸两族为媿姓，可能出自戎狄之民。若为当地土著，其上限年代应更早为宜，没有理由必须与晋同时进入一地，迫近而居，限制各自的生存空间。若大河口为另一封国，距晋国的另一大型遗址北寿城仅约5公里，生存空间似乎更为局促，却还能相安无事地共同生活300年，实在很难进行合理的解释。两处墓地的下限为春秋早期，基本与历史记载的曲沃代晋时间及羊舌晋侯墓地晚期年代相同。这似乎表明晋国公室变更后，这两个国家也衰微了，他们有什么理由要与晋室共存亡呢？显然，两者作为晋国境内附庸级的采邑，这些就不是什么问题了。另外相关研究表明媿姓，也就是怀姓，与戎狄族有关，《左传》记载封给晋国的臣属有"怀姓九宗"，由此就有了很好的说明。

（二）齐国

齐因姜太公的功绩受封，为西周最大的诸侯国之一，但早期都城营丘所在地至今没有得到确认。近年发掘的山东高青县陈庄西周城址②，发现了大墓、祭坛，还有带齐公铭文的青铜器等重要遗存，一度被认为与营丘有关③。但因城址范围不过4万平方米，整个遗址也仅9万多平方米的规模，与太公初封兴建到胡公迁薄姑近200年历史的大国之都，显然难以匹配。后又有封邑和军事城堡等看法。综合各方面的资料分析，显然以封

---

① 张天恩：《晋南已发现的西周国族初析》，载《考古与文物》2010年第1期。
② 山东省文物考古研究所：《山东高青县陈庄西周遗址》，载《考古》2010年第8期。
③ 王恩田：《高青陈庄西周遗址与齐都营丘》，见山东省文物考古研究所编：《海岱考古》第4辑，科学出版社，2011年。

邑说最为合理，也就是齐国大夫级别的采邑遗址。①

在遗址长350米、宽300米的范围内，普遍有相当丰富的西周文化遗存，年代从西周中期偏晚至西周晚期，还有一座约4万平方米的城址建于中心位置。祭坛、大墓等重要遗存就在城内，有城垣、隍壕环护，以彰尊崇，是整个遗址的重点区。根据这些发现，认为陈庄为西周时期一处齐国卿大夫的采邑遗址，是比较可信的。

年代最早的墓葬M18相当于西周中期偏晚，出土铜器铭文记载墓主丰启为其祖齐公作器，说明其出自齐国公室，是姜太公之裔孙，该采邑显然是因他获封。城址中轴线南部的夯土祭坛，是已发掘出的最重要遗迹，可能是为受自齐君的"土"而建的社坛，应与采邑受封时的授土仪式有关。M18和祭坛在中轴线南部东西并列，颇有左祖右社的格局，显示陈庄应为丰启家族的封邑。在陈庄周围10公里的范围内，调查还发现有几处遗址，如果都包含西周遗存的话，可能就属于陈庄丰启家族采邑的附属居址。这种聚落间的结构关系，显然和关中地区相关采邑的布局情况比较一致。

另外，湖北随州叶家山西周墓地和附近庙台子遗址的发掘②，基本确定了西周早期汉东地区重要诸侯曾国公室墓地和都城的所在，是近年商周考古的重大收获之一。在此基础上，考古工作者还在其周边调查发现了九处商周遗址。如果再进一步做工作，应该可以确认一些类似于陈庄那样的曾国采邑及其更低等级的聚落。

还有西汉水上游周代遗址调查显示，发现的周秦文化遗址有三十七处，可分为30万平方米以上、10万平方米以上及10万平方米以下三个等级，并形成了大堡子山—赵坪、西山—石沟坪、六八图—费家庄为核心的聚落群，错落有致地分布在这一区域。说明甘肃礼县一带，在西周至春秋阶段，聚落的等级关系是比较分明的。可推知当时秦国的都城西犬丘，无论是三个核心聚落中的哪一个，其余两个以及其他10万平方米以上的遗址，就只能属于秦国的第二、第三等级采邑类居址。

上述晋、齐等国的考古资料说明，西周的诸侯国与关中王畿地区类似，是将其所管辖的土地，分赐给其卿大夫，为其建立采邑。所赐土地用于卿大夫各自家族的居住、生活、生产和经营管理，并供给自身所需各类资源。

---

① 张天恩：《陈庄西周诸侯采邑的初步认识》，见陕西省考古研究院、上海博物馆编：《两周封国论衡——陕西韩城出土芮国文物暨周代封国考古学研究国际学术研讨会论文集》，上海古籍出版社，2014年。
② 湖北省文物考古研究所、随州市博物馆：《湖北随州叶家山西周墓地发掘简报》，载《文物》2011年第11期。

第二节
西周的经济管理模式

由于西周实行分封制度，于是形成了天子、诸侯、采邑主、方国君主等不同等级的领主式经济分级管理形态。在这种经济管理模式下，周天子管理着王畿经济，诸侯管理诸侯国的经济，采邑主管理各自采邑的经济，方国管理各自方国的经济，不过诸侯国和方国，都要向周天子纳贡。

周王室经济的直接来源是王畿之内农、林、牧、副、渔业等收入，还有王室直接管理的手工业。周王室经济的间接来源是从诸侯国和方国等征收的贡、赋。周王室经济主要是由司土（徒）及其下属官吏管理。诸侯国与采邑也设置与周王室相同的官职管理经济。西周金文中记载司土职掌的铭文比较多。

载簋铭文说："王曰：载命汝作司土，官司籍田。""籍田"，是周王举行籍农，也就是举行耕种仪式的田地，令鼎铭文"王大籍民于淇田"，是说周康王在淇水沿岸一带田地上与民众举行盛大的耕种仪式。

柞钟铭文说："司五邑佃人事"。佃人即甸人，是指耕种王室田地的庶人。《诗经·周颂·噫嘻》《诗经·周颂·臣工》记载庶人在周王田地上劳作的情景，他们拥有自己的钱镈，实行助耕，身份相当于半自由的农奴。"司五邑佃人事"，是管理五邑种田人的事务。

西周金文中有"五邑走马""五邑祝""五邑守堰"等。"五邑"历来无解，但是"五邑"的有关事务都是由周王派官员去管理，所以"五邑"很可能是指周邑、丰邑、镐京、成周、王城等周王室五个都邑。这五个都邑，除故都岐周只有周邑一个都邑外，西周都城宗周包括丰邑和镐京两个都邑，陪都成周也包括下都和王城两个都邑。不过"五邑"还有一种可能，是指宗周的丰京、镐京，还有成周、岐周和"郑"等五个都

邑。"郑"，西周也称"雍"，在今凤翔县。（详见下文）

庶人在金文中多次出现，例如：大盂鼎铭文有"人鬲自御至于庶人六百又五十又九夫"，裘卫盉铭文曰："王禹旂于丰，矩伯庶人取堇（瑾）章（璋）于裘卫。"矩伯能派庶人去裘卫那里取瑾璋，说明庶人不是奴隶，而是矩伯属下具有一定自由身份的人。

南宫柳鼎铭文说："王呼作册尹册命柳：司六自（师）牧昜（场）、吴（虞）囗，司羲夷昜（场）佃史。""六自"，是指"西六师"，是宗周丰镐二京的卫戍部队。"司六自（师）牧昜（场）、吴（虞）囗"，可能是指管理"西六师"的牧场、山林。"羲夷"是"西六师"中一种少数民族军人的族称；"佃史"应该是文献中的"田畯"，是管理农业的基层官吏。周王册命南宫柳做司土，去管理"西六师"的牧场、山林，以及管理"羲夷"牧场的基层官吏"田畯"。"西六师"除卫戍宗周丰镐二京，奉王命出征外，还要从事农牧业生产，是具有屯田性质的军队。平时从事农牧业生产，战时出征打仗。

免簠铭文说："王在周，命免作司土，司奠（郑）还散，眔吴（虞），眔牧。""王在周"（岐周），命免担任司土之职，管理郑地的仓廪以及山林、牧场等。

由西周铜器铭文，可以看出西周司土（司徒）的职掌是：管理土地（裘卫鼎、裘卫盉）；管理农业生产（盠方彝）；管理籍田（载簋）；管理散、虞、牧等仓廪、山林、牧场等（免簠、免簋）；等等。①

根据西周金文中的记载，周王室不仅有籍田，而且有大量的农田。在王畿之内农田上进行耕种的农人由司土管理着，所以后世文献中司土改称为司徒。郑地在今宝鸡市凤翔县、陈仓区一带，可能还包括岐山、扶风的周原地区，属于王畿之地，由周王派官员管理。同簋铭文记载周王命同这个人协助虞大夫司易等。易或作阳，都是场的同音假借字，司易即司场，是管理牧场。周王室不仅管理着王畿内的农业，而且还管理着王畿内的山林、牧场、陂池、园囿等。

西周司土管理土地、籍田、仓廪、山林、牧场等，是当时管理农、林、牧、副、水利、园囿等方面的长官，而这些都是与土地有关的自然经济，故称司土。后来（大约是西周晚期至春秋时期），司土的职务是以管理土地上的人为主，故改称司徒。毛公鼎铭文曰："王曰：'……埶小大楚赋。'"郭沫若先生说：

"埶小大楚赋"，埶者树也。孙诒让云"楚疑与胥通。楚胥并从疋得声。

---

① 张亚初、刘雨：《西周金文官制研究》，中华书局，1986年，第8页。

《困学纪闻》卷二引《尚书大传》云'古者十税一。多于十税一，谓之大桀小桀，少于十税一，谓之大貉小貉。王者十一而税，而颂声作矣。故《书》曰：越惟有胥赋小大多正。'今《书·多方》胥赋作胥伯，文义并异。依伏《传》则胥赋之赋为赋税。胥疑当读为糈，《说文》米部云'糈，粮也'。小大胥赋与《书》云胥赋，又云大小多正，文义相类。"又引或说"胥当读为《周礼》小司徒'追胥'之胥。胥赋谓军赋，起徒役追胥之事"。①

"楚赋"不能解释为赋税之税，因为税出现于春秋时期，例如鲁国的"初税亩"。李学勤先生说：

> 古代贡与赋是两个不同的范畴。例如在《尚书·禹贡》中，贡、赋的区别就很明确。南宋学者王炎已经指出："凡赋，诸侯以供其国用者也；凡贡，诸侯以献其天子者也。"王朝向诸侯或受王朝统治的少数民族征取的财物，是贡而不能称为赋。②

"毳小大楚赋"，不是向诸侯和方国征取，而是在王畿内向采邑主征取"楚赋"，也就是征取"胥赋"，而且"楚赋"的大小是有区别的。

周王室征收贡品的情况金文中有所反映。宣王时代的驹父盨盖铭文记载，周王命驹父"率高父见南淮夷厥取厥服"，就是命驹父率领高父去见南淮夷诸邦之君，要求他们交纳其服物。服物是指布帛，是南淮夷向周王室进献的贡物，这是南淮夷应尽的职责。兮甲盘铭文（见图6-2）曰：

> 王命甲政嗣（司）成周四方责（积），至于南淮夷。淮夷旧我员晦（贿）人，毋敢不出其员、其责（积）、其进人，其寅（贾）毋敢不即飾（次）即市。敢不用命，则即井（刑）厡（扑）伐。其惟我诸侯百姓，厥寅（贾）毋不即市，毋敢或入窨（蛮）完寅（贾），则亦井（刑）。

"嗣"，训为治。"责"，前人都读为"积"。据《礼记·儒行》疏，"积"是指"积聚财物"。"成周四方积"，是指四方诸侯、方国进献到成周的贡物而言。由于东方诸侯、方国的贡物都积聚于成周，故曰"成周四方积"。

何尊铭文称成周之地为"中国"，后世称成周一带为"中州"。《史记·周本纪》说："此天下之中，四方入贡道里均。"可见在周人眼里成周是国家四方的中心，这一观

---

① 郭沫若：《两周金文辞大系图录考释》，科学出版社，1958年，第137页。
② 李学勤：《兮甲盘与驹父盨——论西周末年周朝与淮夷的关系》，见人文杂志编辑部编辑：《西周史研究》（人文杂志丛刊第2辑），1984年，第268页。

念又见于《尚书》等文献。由此可知成周是西周王朝在东方征收四方贡物的中心,当时周王朝征收贡物主要是在成周周围的东方地区。"貟"即帛,"晦"即贿,所谓"旧我帛贿人"与师袁簋铭文"淮夷我帛贿臣"同义,都是说淮夷过去就是为周王朝贡献布帛的人。"其进人",是指淮夷向周王朝贡献的服劳役的人,其身份可能是奴隶。淮夷要向周王朝入贡布帛,同时还要输送粮草和奴隶一类的人众。淮夷如此,其他

图 6-2 兮甲盘铭文拓片

诸侯和方国的贡品也应当是一些土特产和粮草、人众等,例如《诗经·大雅·韩奕》咏及韩侯入觐时云:"献其貔皮,赤豹黄罴。"乖伯簋铭文曰:"二月,眉敖至,见,献貟。""献貟",就是献帛。另外,今本《竹书纪年》载,周厉王元年"楚人来献龟贝"。西周时期,淮夷负担向周王朝交纳的贡品特别重,因此西周中晚期引起淮夷不断的反抗,这应当是西周中晚期,周王朝与淮夷多次发生战争的重要原因。

西周诸侯和采邑主管理各自封国和封邑经济的方式,基本与周王室相同。诸侯、采邑主,包括一些方国设有司土、司虞、司牧等官职,管理与土地有关的自然经济。

王来伐商邑,诞令康侯啚于卫,沬司土送采啚作厥考尊彝。(康侯簋)

鲁司徒伯吴父敢肇作旅簋。(伯吴父盨)

晋司徒伯鄀父作周姬宝尊鼎。(伯鄀父鼎)

以上卫、鲁、晋等诸侯国都有司土,可证诸侯均设司土之职,管理各自诸侯国的土地及其经济。

盠司土幽作祖辛旅彝。(司土幽尊)

司土㮘作宝尊簋。(司土㮘簋)

司土□□、司马……司工骉君、宰德父……凡散有司十夫。(散氏盘)

乃令参有司司土邑人赵、司马颂人邦、司工陶矩、内史友寺刍帅履裘卫厉田四田。

（裘卫鼎）

乃令参有司司土微邑、司马单旗、司工邑人服眔受田燹赵。（裘卫盉）

以上所举铜器铭文中的司土等都是采邑主属下的官吏。

裘卫鼎铭文中的"厥吴（虞）喜皮二"，散氏盘铭文中的矢人司豆人虞丂、原人虞芇，都是采邑、方国的司虞之官，即管理山林的官吏。爯从鼎铭文记载："爯从以攸卫牧告于王曰：汝觅我田牧，弗能许爯从。"爯从向周王状告攸卫的司牧之官侵犯他的牧场，说明采邑主各自有牧场，并设司牧之官管理牧场。

岐山董家窖藏出土同铭的公臣簋4件①，铭文记载："虢仲令（命）公臣：'司朕百工，赐汝马乘、钟五、金，用事。'"由此可见，作器者公臣是更高级别贵族虢仲的下臣，他是受虢仲的直接任命，主管虢仲的"百工"事务，并接受过坐骑、5件钟等赏赐。虢仲是西虢，也就是"郑虢"的采邑主。公臣簋铭文说明采邑主有自己的手工业工匠"百工"。已发现的同铭公臣簋4件，说明公臣虽为虢仲的属下，但至少有铸一组4件簋的权力，级别并不低。按照西周五鼎四簋的配置规格，公臣应有相当于使用五鼎四簋的大夫级官阶。

西周的建筑业是由司工管理的。扬簋铭文曰：

王若曰："扬，作司工，官司量田佃、眔司宫、眔司刍、眔司寇、眔司工史。"

司工管理修建房屋、宫室之事，司刍管理刍薪之类建筑材料。司刍之官相当于《周礼》中的刍人，为司空的下属。

综合以上所述，可知西周的经济管理模式是分级管理，并且周王室、诸侯国、采邑，甚至一些方国都设置相同的官职，对经济进行分级管理。

---

① 庞怀清、镇烽、忠如等：《陕西省岐山县董家村西周铜器窖穴发掘简报》，载《文物》1976年第5期。

第三节
丰京、镐京的农业经济

周族是一个古老的农业民族，以擅长农耕而著称，因农业发达而得名，并依靠农业而兴起。周人迁居周原后，由于"周原膴膴，堇荼如饴"，农业更加发达，为武王"执戈秉钺以伐纣胜殷"奠定了坚实的物质基础。关于西周建立之后的农业发展水平，尽管学术界还有一些争议，但可以肯定的是，农业是西周社会经济的主体，是西周社会的一个决定性生产部门。西周的农业包括农、林、牧、副、渔（人工养鱼业）等。西周的经济除以农业为主外，还有渔猎业、手工业等。

据《尚书·无逸》记载，周公认为商灭亡的原因就是"生则逸，不知稼穑之艰难，不闻小人之劳，惟耽乐之从"。在周公的眼里，商王朝灭亡的原因是贵族们生下来就过着安逸的生活，不知道种庄稼的艰难，也听不到老百姓的劳苦之声，一味地沉湎于享乐。周初禁酒，就是吸取了殷商王朝上下嗜酒，浪费粮食，最终因酒亡国的教训。

周王室还效仿"君臣并耕"的古训，《吕氏春秋·上农》载周初"天子亲率诸侯耕帝籍田"，"后妃率九嫔蚕于郊，桑于公田"。《诗经·周颂》载成王尚能"率时农夫，播厥百谷"。《吕氏春秋·上农》载"大夫、士皆有功业"，广大农夫"春秋冬夏，皆有麻枲丝茧之功"。《史记·货殖列传》和《汉书·地理志》都说周人"好稼穑，务本业"，故《豳诗》言农桑衣食之本甚备。

从丰京、镐京居住遗址看，当时的普通居民仍以农业为主，生产工具依然以石、骨、蚌器为主，不过石器的数量较以前明显减少，仅有扁平形铲，打制或磨制的扁圆体斧、锛，横长条形刀或穿孔刀、镰，以及砺石（磨石）与杵状锤等。出土数量最多的生产工具是挖土工具骨铲，而穿孔凹刃石刀、蚌刀是当时普遍使用的收割工具，铜铲仅得1件。当时的农业经济包括农业、渔猎业、畜牧业，以及养殖等副业。

一、丰京、镐京发现的农业生产工具

丰京、镐京遗址中发现许多农业生产和渔猎生产等工具，分别介绍如下。

（一）农业生产工具

农业生产工具在丰京、镐京遗址中只发现铲、刀、镰等三种（见图6-3），但出土数量特别多，说明遗址中的居民以从事农业生产活动为主。铲是挖土用的农具，多为骨制品，石制品和蚌制品较少，铜铲仅获得1件。骨铲都是利用牛或马的下颚骨或肩胛骨做成竖的铲子，平面形状分为长条形、长方形和梯形三种（见图6-4）。石铲系利用扁平砾石或石片磨制而成，平面形状为长方形。蚌铲是利用河蚌壳做成竖的铲子，其形制分为二式：Ⅰ式是利用河蚌片截去两侧边做成，平面呈长方形；Ⅱ式是将一扇河蚌较薄一端截去略磨成刃，其余部分保持河蚌的天然形态，平面呈弧顶近似梯形。铜铲形

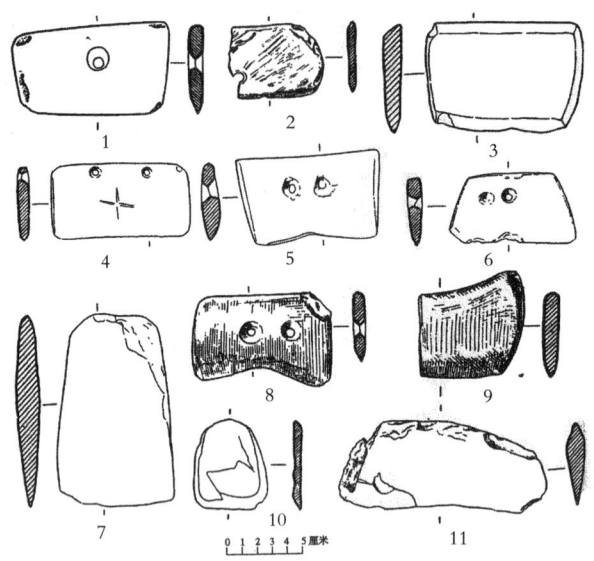

1. Ⅱ式石刀（T202∶3∶42） 2. Ⅱ式石刀（T139∶4B∶4）
3. 石刀半成品（T402∶4∶1） 4. Ⅲ式石刀（H168∶2∶3） 5. Ⅲ式石刀（T165∶4B∶31） 6. Ⅲ式石刀（H143∶7∶18） 7. Ⅰ式石铲（T156∶4B∶26） 8. Ⅴ式石刀（T144∶4B∶18） 9. Ⅳ式石刀（T129∶4C∶25） 10. Ⅵ式石刀（T108∶4∶25）
11. 石镰（T110∶4∶21）（引自《沣西发掘报告》图五四）

图6-3 张家坡西周居址的石制农具

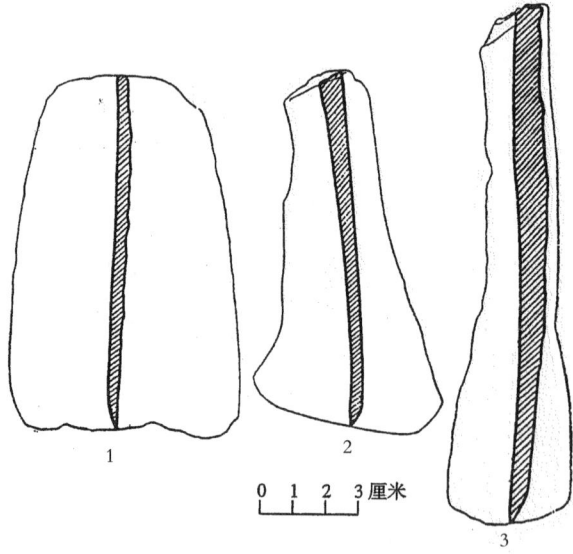

1. Ⅰ式（H103∶17） 2. Ⅱ式（T110∶4A∶12） 3. Ⅲ式（T108∶4∶66）（引自《沣西发掘报告》图五三）

图6-4 张家坡西周居址的骨铲

制别致，平面近似方形，顶部有一个安装木柄的长方形銎，銎内残留有朽木碎块。刀和镰是收割农作物使用的，蚌制品比石制品多得多，这是丰镐遗址中西周文化的一大特色。石刀的平面大都呈长方形，中间钻一孔或双孔，无孔者少见。三孔刀只发现1件蚌制品（见《沣西发掘报告》西周Ⅱ式蚌刀T313∶3∶83）。镰为长条弯曲状，石镰的刃部系从两面磨成，蚌镰的刃部则多做成锯齿状。

砍砸工具发现有斧、锛、凿、锤和棒等多种，而以斧为最多。除铜斧和骨凿各出土1件以外，其余均属石制品。石制品标本大都是打制成雏形后经过磨制而成的，但磨制精细的不多见，个别石斧只略磨刃部，通体表面残留打制的破裂凹坑。上述工具中，石锤和石锤斧两种工具颇具特色。石锤的形制为扁身，平面呈圆形或椭圆形，中间有一个安装木柄的大圆孔。石锤斧的

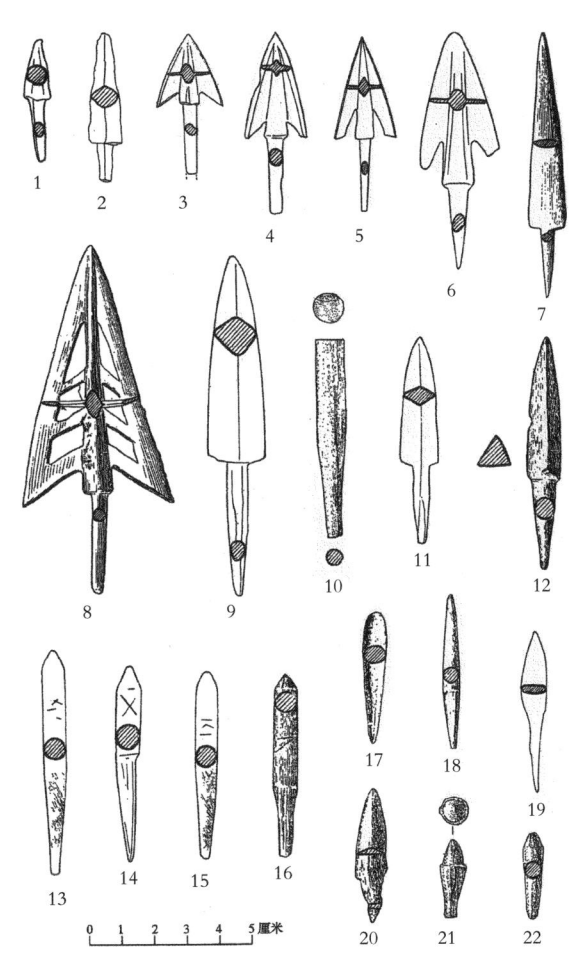

1—8.铜镞（T202∶3∶88、T103∶3B∶26、T169∶4A∶14、T156∶4∶19、T122∶3∶5、H172、T159∶4B∶70、T162∶4C∶14）9—22.骨角镞（T108∶4∶21、T164∶4∶1、T142∶4A∶21、T159∶4A∶46、H172∶14、T108∶4∶87、H172∶71、H302∶1、T428∶3∶10、T314∶3∶14、T110∶4∶32、T169∶4∶9、T159∶4A∶45、H416∶1）（引自《沣西发掘报告》图六〇）

图6-5 张家坡西周居址的铜镞和骨角镞

平面形状大都近似三角形，扁身，刃从两面磨制，靠顶端有一个安装木柄的大圆孔，它应是一种砍伐开荒的生产工具，也应该属于农业生产工具。

（二）渔猎生产工具

渔猎生产活动在丰镐二京居民中不占重要地位。狩猎工具只出土一些铜镞和骨角镞（见图6-5），捕捞工具只发现个别陶网坠。采集物的食后残余如田螺等，在遗址中也

很少见到。这是周文化的一个突出特点。

狩猎使用的角镞、骨镞大部分是用鹿角做的，用兽骨做的只占少数。骨角镞的杀伤能力较低，尤其是镞锋做成圆头的（这类骨角镞占出土数量的70%以上），即使射中，也不能入肉，显然不宜用于猎取较大的兽类，大概是专用来猎取较小的兽类和飞禽的。骨角镞的形状分为六式。

Ⅰ式，圆棒式，出土数量占总数的70%以上。镞身为圆棒状，锋端有圆顶的，也有削尖成圆锥形的。铤部逐渐收细和镞身的分界多不甚明显。

Ⅱ式，长锥式，镞身细长成圆形锥状。这种骨角镞极为罕见。

Ⅲ式，两刃式，较常见，镞身中脊起棱，横断面成菱形，两侧薄刃聚为尖峰。铤成圆柱形，与镞身分界清楚。

Ⅳ式，三棱式，三刃，镞身横断面略成等边三角形。铤作圆柱形，与镞身分界清楚。

Ⅴ式，叶状式，镞身扁平，两侧无刃，前锋作扁锥状。铤作尖锥状。这类镞少见。

Ⅵ式，圆锥形短镞式，镞身作圆锥形，极短小。铤与镞身分界处，铤大于镞身一周。这类镞也少见。[1]

除以上所述外，生产工具类铜器发现较多，但是多为小件，主要有铜斧、铜锛、铜凿、铜刀、铜锥等，用于与农业有关的副业。

二、农作物种类

周人由豳迁到周原后，充分利用周原肥沃的土地资源、优越的自然条件，使农业得到了长足的发展，粮食作物常常丰收。《诗经》对丰收情景的形容是"乃求千斯仓，乃求万斯箱，黍稷稻粱"（《小雅·甫田》），对丰年的描述是"丰年多黍多稌，亦有高廪万亿及秭"（《周颂·丰年》）。西周时期人们"食用六谷"，《周礼·天官·膳夫》郑玄注："六谷，稌、黍、稷、粱、麦、苽。"可知"谷"是粮食作物的总称。根据文献记载和考古发现的实物来看，西周农作物的名称有黍、稷、粟、谷、粱、麦、稻、菽等等。当时贮藏粮食的窖穴，有的直径达4米以上，周壁及底部用木板或席子铺

---

[1] 丰京、镐京出土的农业、渔猎业生产工具，资料来源于胡谦盈：《三代都址考古纪实——丰、镐周都的发掘与研究》，中国社会科学出版社，2009年，第96—103页。

垫。地面建筑储藏用谷仓，《诗经》中记载的就有囷（《魏风·伐檀》）、庾（《小雅·楚茨》《小雅·甫田》）、高廪（《周颂·丰年》），还有用房子储存粮食的（《周颂·良耜》）。

1976年1月，扶风县黄堆公社云塘村出土的伯公父盨，铭文曰：

    伯太师小子伯公父作盨，擇之金，隹鐈隹卢，其金孔吉，亦玄亦黄，用盛（盛）稺穧需梁，我用召卿事辟王。

稺为糕，即糜子；穧即稻；需为糯；梁为粱，即谷子。这篇铭文明确地说明西周时已经有黏性的糯、糕和粱之类的粮食作物。

《诗经》中记载的西周农作物种类很多，重要的谷物如黍、稷、稻、粱、菽、麦等等。"黍，禾属而黏者也"（《说文》），即今之黍子，去皮叫作大黄米，河北邢台曹演庄和藁城台西遗址已发现商代的"黍"。粟，又称作稷，即禾，其本义是谷子，去皮则称为小米。《诗经·大雅·生民》云："诞降嘉种，维秬维秠，维穈维芑。"秬和秠是黍的两个品种，秠的壳内有两颗米。穈和芑则是谷的两个品种，穈又名赤粱粟，芑又称白粱粟。"嘉种"即优良品种，这是我国农作物优良品种的最早记录。《豳风·七月》和《鲁颂·閟宫》中都有"黍稷重穋"，也就是指黍稷的不同品种而言的。

湖北蕲春毛家嘴遗址发现西周时期成堆的粳型稻谷一处，可能是贮藏粮食的地方。《诗经·周颂·丰年》说"丰年多黍多稌"。稌也是稻的一个品种，即糯稻，是在"涂"里生长的。《豳风·七月》里"十月获稻"的"稻"也指的是可用来酿酒的糯稻。

1955年在安徽省亳县钓鱼台，发掘出西周时期的炭化麦粒，已变为深黑色，但颗粒保存完好，经鉴定是我国最古老最完整的普通小麦，称为中国古小麦。[1]这说明中国至迟在西周时已栽培小麦了。有人认为中原小麦可能是由我国西部传入[2]，也有人认为黄河流域是小麦的起源地之一[3]。筱田统《五谷的起源》及星川清亲《栽培植物的起源与传播》中认为中国汉代以前没有小麦，小麦是在此以后传入的论点是不能成立的。

《诗经·周颂·思文》有"贻我来牟"，《周颂·臣工》也载有"于皇来牟"，来就是小麦，牟则是指大麦。

---

[1] 杨建芳：《安徽钓鱼台出土小麦年代商榷》，载《考古》1963年第11期。
[2] 李凤岐：《西周关中农业》，载《人文杂志》1984年第3期。
[3] 曹隆恭：《关于中国小麦的起源问题》，载《农业考古》1983年第1期。

菽即大豆，原产于我国。周弃幼年时，就"艺之荏菽，荏菽旆旆"（《诗经·大雅·生民》）。春秋战国时文献多以"菽粟"并称来代替整个谷物。《诗经·鲁颂·閟宫》有"稙稚菽麦"的记载，"稙"指早种者，"稚"指晚种者，可知西周菽、麦有不同的品种。

品种的产生和选种的关系密切。《大雅·生民》"种之黄茂，实方实苞"、《小雅·大田》"既种既戒"等均是指选种，可见西周对选种的重视，农作物的优良品种因此而逐渐增加。

农业发展的同时，西周的桑、麻等林、副业也有很大的发展。当时的林、副产品主要有桑、麻、桃、李、梅、核、桃、樱桃、枣等等。

桃树在藁城商代遗址已有出土，但是难以断定当时的桃树是野生的还是栽培的。西周时，桃树已成为栽培果树。《诗经·周南·桃夭》："桃之夭夭，灼灼其华……有蕡其实。"《尔雅·释木》："蕡，藹。"郭璞注曰："树实繁茂菴藹。"《诗经·魏风·园有桃》："园有桃，其实之殽。"桃生长在园中，结的果实又很大，自然是栽培的桃树了。

《诗经·小雅·南山有台》："南山有杞，北山有李。"《诗经·王风·丘中有麻》："丘中有麦……丘中有李。"李同麦一样在丘中生长，亦当为人所栽培。

桃李在西周时为人们所并重。《诗经·召南·何彼襛矣》有"何彼襛矣，华如桃李"，《诗经·大雅·抑》有"投我以李，报之以桃"。

《礼记·内则》载"兽用梅"，《左传》中也说"和如羹焉，水火醯醢盐梅，以烹鱼肉"，可知梅为调味原料。西周时梅主要产在长江流域，至迟到春秋时梅已是栽培果树。

河南信阳孙砦西周遗址中，出土了较多的西周植物种子及果核，计有桃核、欧李核、毛樱桃核、棱罗树种子、石笔树种子、葫芦子、甜瓜子、西瓜子、菱角以及多孔菌等等。[①]

三、农业生产技术

西周立国之前，周人就已认识到肥美的土地对农业收成的重要性。《诗经·大雅·

[①] 河南省文物研究所：《信阳孙砦遗址发掘报告》，载《华夏考古》1989年第2期。

公刘》载："笃公刘，既溥既长，既景乃冈。相其阴阳，观其流泉。其军三单，度其隰原，彻田为粮。度其夕阳，豳居允荒。"可见早在公刘时代，周人已对耕地精挑细选了。西周时期，周人更加注重农田的优劣，当时已对农田进行了分类。共王时代的㝬农鼎铭文曰：

> 庚午，王命㝬农眚（省）北田四品，在二月。

此鼎铭末的家族徽号是"样册"，因此㝬农属于西周微氏家族，当是共王时代的史墙之弟。根据墙盘和痶钟铭文记载，西周微氏家族是商代微国（微子启之国）史官的后裔，是从西周微史世族（大宗）分出来的小宗。这个家族的高祖辛公旅、文考乙公丰、史墙、痶，包括痶的儿子惠，五代人世袭周王室的史官作册一职。据墙盘铭文，史墙之父文考乙公丰是一个善于管理农业的人。可能正是这个原因，所以共王派乙公丰之子㝬农去视察"北田四品"。"北田"是指邶地的农田，"四品"即四类，说明西周时代农田按其优劣至少已分为四个等级。"㝬农"是官名，是管理农业的官员。

西周时期，随着金属农具被更多地应用，开荒的规模越来越大。《诗经·周颂·载芟》："载芟载柞，其耕泽泽。"这是说选择好了耕地，清理了地面草木，就需要对土地进行翻耕。西周时盛行耦耕，即二人为一组相对而立，一人用脚跐耒入土，一人用手拉耜拨土，合力而耕。① 耦耕与商代三人协作的劦田相比，是耕作方法的一大进步。《诗经·周颂·载芟》云："千耦其耘，徂隰徂畛。"《诗经·周颂·噫嘻》云："十千维耦。"这些歌咏是耦耕广泛推广的生动写照。商、周时可能已用犁耕，但犁耕并不发达，其原因可能是犁耕不能用来开荒，只能耕熟田，并且犁耕比耒耜翻土浅。② 西周时，已有一套土壤翻耕的理论。《国语·周语上》记载了西周晚期的虢文公在这方面所谈的道理，认为立春前后"土气震发……土乃脉发"，"阳气俱蒸，土膏其动，弗震弗渝，脉其满眚，谷乃不殖"。这是说立春前后，土地解冻，阳气蒸发，应适时翻动，否则五谷不繁殖，生长不良。

西周时比商代更加注重田间管理。卜辞反映出殷代的农作过程是"劦""籍""获""向"③，即协耕、播种、收获、仓储。西周时已知"或耘或耔，黍稷薿薿"（《诗经·小雅·甫田》），"其镈斯赵，以薅荼蓼，荼蓼朽止，黍稷茂

---

① 孙常叙：《耒耜的起原和发展》，载《东北师范大学科学集刊》1956年第2期。
② 杨升南：《商代经济史》，贵州人民出版社，1992年。
③ 陈梦家：《殷虚卜辞综述》，中华书局，1988年。

止"（《诗经·周颂·良耜》），"荑厥丰草"（《诗经·大雅·生民》）。《国语·周语上》说西周农人耕作"日服其镈，不解于时"。《逸周书·大开武解》记载周公旦的话说："若农之服田，务耕而不耨，维草其宅之；既秋而不获，维禽其飨之，人而获饥，云谁哀之。"当时将除耨与收获相比而言，说明西周时人们对中耕除草培苗的重视。

在生产实践中，周人具备一套比较完整的沟洫制度。当时，沟洫分别起着向农田引水、输水、配水、灌水以及排水的作用。①《周礼·考工记·匠人》记载："匠人为沟洫，耜广五寸，二耜为耦。一耦之伐广尺深尺谓之畎。田首倍之，广二尺，深二尺，谓之遂。九夫为井，井间广四尺，深四尺，谓之沟。方十里为成，成间广八尺，深八尺，谓之洫。方百里为同，同间广二寻，深二仞，谓之浍。"这说明西周时田间水道设施已形成一套完整的水利系统。《诗经·小雅·白华》说："滮池北流，浸彼稻田。"西周时人们已经知道应用人工灌溉，但是，当时农业生产用水主要还是依靠天然的雨水。《诗经·小雅·甫田》记载"琴瑟击鼓，以御田祖，以祈甘雨，以介我稷黍"，就是农人向大自然祈求"甘雨"的生动写照。

西周时期的农人还采用了先进的垄作技术。《诗经·小雅·信南山》有"我疆我理，南东其亩"，《国语·周语下》载"或在畎亩"，韦昭注云："下曰畎，高曰亩。亩，垄也。"到了战国时，人们对畎亩制的优越性已有了比较科学的认识。《吕氏春秋·辩土》云："亩欲广以平，甽欲小以深，下得阴，上得阳，然后咸生。"有人认为垄作技术可能与井田制的实行有一定的关系。②

防治虫害也是西周农人非常注意的一件事情。《诗经》中常提到螟、螣、蟊、贼等多种虫名。《诗经·大雅·桑柔》："降此蟊贼，稼穑卒痒。"《诗经·大雅·瞻卬》："蟊贼蟊疾，靡有夷届。"螟食苗心，螣蚀苗叶，蟊害苗根，贼害苗节，因此，要"去其螟螣，及其蟊贼，无害我田稚，田祖有神，秉畀炎火"（《诗经·小雅·大田》）。"秉畀炎火"，还说明周人已掌握用火光诱引并烧死虫子的方法。

谷物成熟后的收获过程，《诗经》中也有生动的描绘。《诗经·小雅·大田》："彼有不获稚，此有不敛穧，彼有遗秉，此有滞穗。"《诗经·大雅·生民》："恒之

---

① 阴法鲁、许树安主编：《中国古代文化史》（三），北京大学出版社，1991年。
② 刘军社：《陕西宝鸡地区西周农业考古概况及其相关问题》，载《农业考古》1992年第1期。

秬秠，是获是亩，恒之糜芑，是任是负。"《诗经·周颂·载芟》："载获济济，有实其积，万亿及秭。"

四、耕作制度

农业发展中土地的利用形式，即耕作制度的基本规律是撂荒（包括生荒和熟荒阶段）—休闲制—连耕制—轮作制（合理轮作、套种、间作）。生荒期实行"畅耕"，熟荒期实行轮荒；休闲制是实行一定顺序的轮种轮休，并在休耕地实行一定的耕种；连耕制则是指田地可连续耕种。

西周的耕作制度自古到今都是有争议的问题。《诗经·小雅·采芑》："薄言采芑，于彼新田，于此菑亩。"又《诗经·周颂·臣工》："维莫之春，亦又何求？如何新畬。"《尔雅·释地》曰："田，一岁曰菑，二岁曰新田，三岁曰畬。"郑玄注《礼记·坊记》曰："田，一岁曰菑，二岁曰畬，三岁曰新田。"这两种说法都承认菑、新、畬是"田"，即已耕地，但菑、新、畬序列不同，对其内涵的解释也存在较大分歧。翦伯赞在《中国史纲要》中认为菑、畬、新是指耕种年数不同的田地，并说第三年耕种以后，因地力衰竭，即被抛荒，数年之后，再次开垦。郭沫若在《中国史稿》中认为，把荒地开辟为井田需要三年的工夫，第一年清理草木曰菑，第二年整治沟洫道路曰新，第三年方始耕作曰畬。杨宽在《古史新探》中认为菑、新、畬是三种不同年数的田，菑为第一年初开垦的荒地，新是第二年已能种植的田，畬是第三年耕种的田。徐中舒认为菑、新、畬是村公社的三田制，并说菑为休耕的田，新为休耕后新耕的田，畬为休耕后连续耕种的田。[①]郭文韬认为菑是垦耕第一年的田，新是垦耕后第二年的田，畬是垦耕后第三年的田，并认为连续耕种二三年之后的田，就弃耕撂荒而易地耕种。[②]石声汉在《中国农学遗产要略》中认为菑（古茬字）是刚收获过，旧茬还明显残留在田地上；畬是旧茬已被天然植物掩盖和代替，田地正在"复壮"过程中；新表示田地又长出灌木，需要用小斧头砍掉，重新开辟为新田。

关于西周的农作制度，陈振中认为包括二田制、三田制在内的定期休闲耕作的土地

---

① 徐中舒：《试论周代田制及其社会性质》，见历史研究编辑部编：《中国的奴隶制与封建制分期问题论文选集》，生活·读书·新知三联书店，1956年。
② 郭文韬：《中国古代农作制之史的考察》，载《中国农报》1963年第9期。

可能占多数,但在国郊和都城周围也有很大部分土地是可以连耕的,同时也在一定数量的土地上实行火耕。①刘军社认为西周的耕作制已是连耕制与休闲制的结合。②李凤岐称之为"田莱制"③,此名源于《周礼·地官·县师》"辨其夫家人民、田莱之数",郑玄注:"莱,休不耕者。"

  周族是一个古老的农业部族,一块土地耕种三四年之后,就因地力衰退而丢弃。随着时代的推移,外部生存环境的压迫,他们对土地的利用程度由于新知识的不断积累而日渐充分,周人已懂得改良土壤,提高土地肥力,其耕作制逐渐向休闲制过渡。立国以后,特别是到了成康之际,天下安定,社会经济繁荣,农业生产经验进一步丰富。《臣工》是成王时代的歌咏,"新畲"连出。《采芑》为宣王诗篇,"新田""菑亩"并举,说明这时已进入休闲制耕作阶段。西周末年,人们对耕地有了"不易之地""一易之地""再易之地"的认识,反映出西周后期土地利用中休闲制和连耕制并存的特点。不易之田就是无须休耕的上等好田;一易之田,即耕作一年休耕一年的一般田地;再易之地,即耕作一年休耕两年的生荒田。可见这时最差的田也只需休闲两年即可继续耕种一年,好田已能连年耕种。

  综合以上所述,可知菑、畲、新的初义为轮荒,西周以前已有休闲制,西周时耕作制度已是连耕制和休闲制相结合。

五、蚕桑养殖

  西周的农业经济中还有人工养殖,其中最重要的是蚕桑养殖。我国是世界上最早饲养家蚕的国家,④西周时家蚕养殖业又有了长足的发展。据《吕氏春秋·季春纪》和《礼记·月令》记载,当时饲养家蚕的设备已有蚕室、蚕架、蚕箔和受桑器。《诗经》中有关于西周蚕桑生产活动的记载,例如《诗经·小雅·小弁》云:"维桑与梓,必恭敬止。"《诗经·大雅·瞻卬》云:"休其蚕织,天何以刺。"《诗经·豳风·七月》云:"春日迟迟,采蘩祁祁。"《毛传》:"蘩,白蒿也,所以生蚕。"可知春天时

---

① 陈振中:《菑新畲与西周的农作制度》,见陕西历史博物馆编:《西周史论文集》,陕西人民教育出版社,1993年,第516页。
② 刘军社:《陕西宝鸡地区西周农业考古概况及其相关问题》,载《农业考古》1992年第1期。
③ 李凤岐:《西周关中农业》,载《人文杂志》1984年第3期。
④ 夏鼐:《我国古代蚕、桑、丝、绸的历史》,载《考古》1972年第2期。

先要采蘩，即采白蒿，用以沃蚕子使其生蚕。《七月》又云："春日载阳，有鸣仓庚。女执懿筐，遵彼微行，爰求柔桑。"是说阳春二月，少女执筐去采摘幼嫩的桑叶。《七月》又云："蚕月条桑，取彼斧斨，以伐远扬，猗彼女桑。""条桑"是给桑树整枝，所以要取斧、斨，用来砍伐"远扬"的枝条。从《豳风·七月》可以得知西周对饲养家蚕十分重视，精心管理，形成了整套的程序，富有经验。当然，饲养蚕桑的劳动主体是妇女。

西周饲养蚕桑的区域很广，《诗经》中豳、鄘、卫、郑、魏、唐、秦、曹等诸风都提到蚕桑。豳、秦在陕甘一带，位于泾渭流域；魏、唐在山西，处于汾水流域；鄘、卫在太行山东南；郑在今天河南中部；曹在山东西南部。《尚书·禹贡》记载九州土产，其中青、兖两州有丝，徐、豫、荆三州有丝织品。西周金文中淮夷盛产布帛，可证当时徐、豫、荆确产丝织品。《禹贡》虽为战国时作品，但是也可反映西周时的蚕桑生产，说明今山东鲁西南、江苏、河南、湖北一带皆有蚕桑饲养业。四川是古代蜀锦的著名产地，西周当有丝织品。由以上所述可知，西周时西起甘肃东部和四川，东到山东西南部，北起山西、河北，南到湖北、河南、江苏，皆有蚕桑饲养业。当然，西周从事蚕桑饲养业的范围当更加广泛，宗周丰京、镐京也不例外。

考古发现方面，西周的玉蚕出土较多，例如丰镐遗址、浚县辛村卫国墓地、周原遗址、宝鸡强国墓地等均出土过西周的玉蚕。另外，宝鸡市茹家庄强伯墓、周原遗址，北京琉璃河，河南信阳孙砦遗址等，都发现西周的丝织品实物。这些重要的考古发现，充分证明西周饲养家蚕业的地域很广。

六、畜牧业

西周时，畜产是拥有财富的标志之一。《礼记·曲礼下》说："问庶人之富，数畜以对。"周王为了表示对畜牧业的关心，还要亲自参与和发展畜牧业有关的春祭马神，拘系未成年幼马的"执驹"仪式。眉县李村出土的盠驹尊铭文就记载了周王参加这种典礼。

除食用、拉车、使役外，西周社会大量牲畜都是用作"牺牲"的，"牺牲"的用牲量是惊人的。在丰京、镐京西周墓葬中，常常会看到鼎、簋、鬲、豆中有鸡、猪、牛、羊、兔等动物的骨头，说明当时随葬上述动物的肉。另外，腰坑内殉狗的现象也比较普遍，殉葬马坑中马的数量更为惊人，这也从一个侧面反映出西周畜牧业发达状况。

西周王室设置有牧马场。昭穆时代的盠驹尊甲铭文曰"惟王十又二月，辰在甲申，王初执驹于斵（厈）"，盠驹尊乙铭文曰"王执驹豆"。西周中期的井叔达盨铭文曰"隹（唯）三年五月既生霸壬寅，王在周，执驹于滆应"。宗周王室不仅在厈地举行执驹礼，而且还到豆地询问马驹的情况，并在滆地举行执驹礼。西周有执驹典礼，在春季举行，而且周王要亲自参加，这充分说明周王室对养马业的重视。"厈""豆""滆"皆在汧渭之间，都是周王室的养马场。《史记·秦本纪》说："非子居犬丘，好马及畜，善养息之。犬丘人言之周孝王，孝王召使主马于汧渭之间，马大蕃息。"这不但说明周孝王重视养马业，也证实汧渭之间的河谷地区确是周王室的牧马场。

当时的专业马场由善于养马的专业人才管理着，金文中有牧马、牧牛，是专门管理养马、养牛之官，非子就是最精通养马的人。西周设置王室马场，重视养马专业人才，设管理养牛、养马的官职，这对于提高畜牧业生产技术和管理水平无疑是有益的。正因为如此，西周时期畜牧业的生产技术有较高的水平。《诗经·小雅·无羊》："谁谓尔无羊，三百维群。谁谓尔无牛，九十其犉。"羊以300、牛以90为一群，群皆有数，是一个比较理想的畜牧规模。《无羊》还云："或降于阿，或饮于池，或寝或讹。尔牧来思，何蓑何笠，或负其糇。三十维物，尔牲则具。尔牧来思，以薪以蒸，以雌以雄。尔羊来思，矜矜兢兢，不骞不崩。麾之以肱，毕来既升。"由此反映出西周时对牛、羊的饲养普遍实行了放牧、圈养相结合的方法。《诗经·大雅·公刘》载"执豕于牢，酌之用匏"，孔疏云"牢是养豕之处"，可见周人以栏圈养猪。

《周礼·天官》中有"兽医"，职掌治疗"兽病""兽疡"，并且将"颁马攻特"作为一项制度，还设有专人管理。如《巫马》："掌养疾马而乘治之，相医而药攻马疾"；《牧师》："掌牧地，皆有厉禁而颁之，孟春焚牧，中春通淫。"由此可知，西周时兽医已从医学中独立出来，从侧面反映出周人已有一些选择牲畜良种的方法。

《诗经·大雅·灵台》云："王在灵囿，麀鹿攸伏"，《毛传》云："囿，所以域养禽畜也，天子百里，诸侯四十里。灵囿言灵道行于囿也。麀，牝也。"孙疏云："《春秋》成十八年筑鹿囿，昭九年筑郎囿，则囿者筑墙为界域，而禽兽在其中，故云囿，所以域养禽兽也。"由这些记载不难看出，在囿中所养殖的鹿绝非家畜，鹿只是王室贵族用以观赏、游猎的动物罢了。

总之，西周时期牛、马、羊、猪、狗、鸡"六畜"齐全，当时的畜牧生产技术也比较发达。

七、渔猎业

据《尚书·无逸》记载，文王"不敢盘于游田"。《逸周书》记载文王临终遗言说："山林非时不升斤斧，以成草木之长；川泽非时不入网罟，以成鱼鳖之长；不麛不卵，以成鸟兽之长。"可见他很重视保护森林水产资源。西周时，渔猎已不是获取生活资料的主要手段。郭沫若先生通过对《周易》中关于渔猎记载的分析，在《中国古代社会研究》中指出周代时"渔猎已成游乐化"。罗西章在《西周的畜牧业和渔猎》中则认为"周人开展渔猎的目的，穷苦的劳动者用以谋取衣食，贵族们用以娱乐消遣，天子诸侯则以军事和政治目的为主"。

西周时期渔猎业，仍然是周人一项必不可少的重要经济活动。《礼记·王制》记载："天子诸侯无事则岁三田：一为干豆；二为宾客；三为充君之庖。""干豆"，郑玄注云："谓腊之以为祭祀豆实也。"天子诸侯空闲的时候，一年之内要进行三次田猎活动，因为当时有些祭品也要靠猎取。猎取来的猎物，首先要用来进行祭祀活动，其次是供宾客享用，最后是用来充实厨房的食料。

第四节
丰京、镐京的手工业

丰京、镐京遗址考古发现说明，除农业以外，手工业是当时社会经济生活的重要方面。在丰京遗址的张家坡，发现了制骨作坊遗址，出土了大量经过加工和未加工的骨角料与骨器成品、半成品和废品，其中以骨角料笄与箭头较多，并有一些铲、锥等成品与半成品。丰京遗址内还发现有不少铸造铜器的泥范，包括铜簋和车马饰十字形铜泡的外范与内模，说明铸造铜器是当时手工业的一个重要方面。丰京、镐京的制陶业也很发达，在丰京遗址的张家坡、曹家寨村北，以及镐京遗址的普渡村，都发现了陶窑和制陶作坊遗址，出土有制陶工具陶拍等。丰京遗址的客省庄西周晚期遗址，以及镐京遗址的普渡村、花园村一带，都发现了西周的瓦和瓦坯，表明瓦是当时制陶业的产品之一。丰京的张家坡车马坑发现的车马具表明整套车马器是由木、铜、骨、蚌、皮革等原料制作的，也说明当时的手工业除制骨业、铸铜业、制陶业以外，还有制革业、木器业和纺织业等。

一、丰镐遗址出土的手工业生产工具

（一）铸铜工具
丰镐遗址发现的铸铜工具，只发现铜簋泥范，以及车马器中的圆形铜泡和十字形铜泡的内模和外范。

（二）制陶工具
丰镐遗址发现的陶压锤是西周制陶工具，陶压锤的器形分为两式。Ⅰ式，平面作等腰三角形，表面光滑平整，有微小的弧度，中间略略隆起。背面有一条宽銎，连接三角形的两腰。銎孔可以容纳拇指伸入，以便把持。Ⅱ式，平面呈椭圆形，其余和Ⅰ式压

锤相同。

（三）制骨角器的工具

制造骨角器的工具只发现磨石一种，但出土数量很多，而且多为石质制品，个别是陶质制品。磨石制作一般异常简单粗糙，是利用合适的扁平砂页岩石打制周边，少数的周边经过磨制，但研磨光滑者罕见。磨石的上下两面平整，中央部位有使用痕迹，因磨制器物而微微凹陷，或两面都有一条纵向凹槽。（见图6-6）磨石的大小不一，形状也各不相同，只选以下几件标本作为代表。

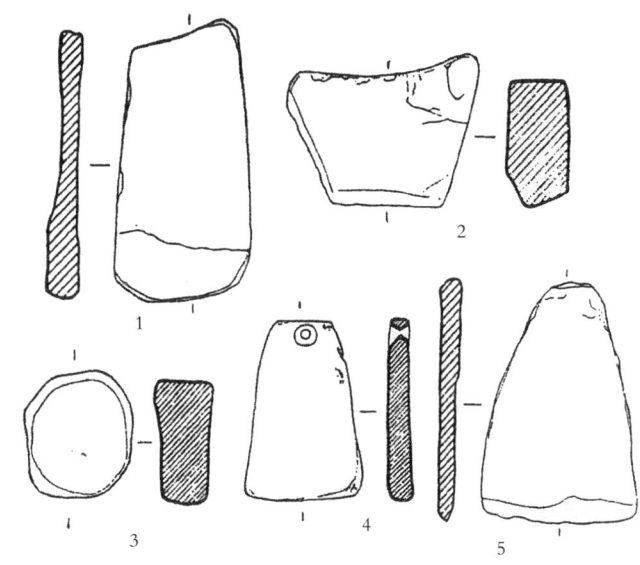

1.H169：2：20 2.H408：5 3.T155：3A：18 4.T124：3：12
5.H168：2：16（引自《沣西发掘报告》图五六）

图6-6 张家坡西周居址的磨石

标本H169：2：20扁平长方形，两面略凹，可能是磨制较长的骨角器用的，使用的方法大概是将器物横着在上面来回推磨。

标本H408：5为一倒转的梯形，长的一边因长期使用而形成马鞍状。可能是磨制刮削骨角器的青铜工具的。

标本T124：3：12为扁平梯形，窄端有一孔。也有的呈长方形柱状，一端有穿孔。这类磨石可能是用来磨铜刀的。

标本H168：2：16与前一标本的形制相似，器身也为扁平梯形，但是顶端较窄小而无穿孔。

陶"磨石"使用夹砂粗陶片做成，扁平椭圆形，两面都有磨成的凹槽，估计它也是做磨石用的。

（四）纺织和缝纫工具

纺织工具只发现陶纺轮一种，但出土数量很多，表明这种生产是极其普遍的。（见图6-7）骨针显然是缝纫工具，除铜锥外，骨角制的锥子大概也和缝纫有关。

1. 陶纺轮

出土数量很多，可分为四式。Ⅰ式，出土数量较多，扁平圆形，中央有一孔。Ⅱ式，也是较常见的一种，形状为圆锥形或截顶圆锥形，中央穿一孔。标本T105∶4∶12的底部刻画着几个数目字，应属八卦爻辞。Ⅲ式，像是两个圆锥形纺轮合在一起而成，中有一孔，表面饰绳纹。Ⅳ式，形状像算盘珠，纵断面成六角形。

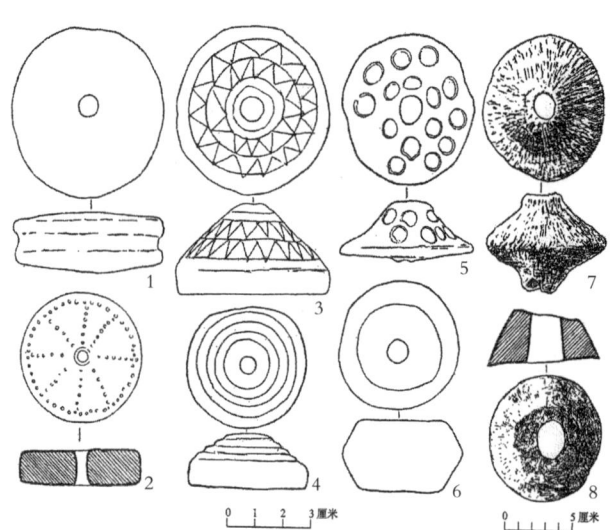

1、2. Ⅰ式（T110∶4、T412∶4∶8） 3—5. Ⅱ式（T107∶4∶28、T124∶4∶14、T105∶4∶12） 6. Ⅳ式（T126∶3） 7. Ⅲ式（T122∶3∶3）（以上均为1/2） 8. 骨纺轮（T313∶3∶23）（1/4）（引自《沣西发掘报告》图五七）

图6-7 张家坡西周居址的纺轮

2. 骨纺轮形器

1件，用兽类的股骨圆头做成。圆砣形，纵断面作梯形，底面较宽。中间有一孔。这件器物形同纺轮，但是重量太轻，骨质不坚硬，做纺轮似乎不太适用，可能是一件艺术品。

3. 骨针

出土近100件，因为器物纤细，保存完整的极少。器物为长条圆形，一端磨尖，另一端有穿孔。

4. 铜锥

有50多件，器物为细长条状。一种略成圆柱形，一端尖锐，另一端钝圆。另一种为方柱形，一端尖锐，另一端为扁平状。

5. 骨锥

出土数量很多，由于器物选用不同骨料做成，因而器形各异。一般来说，凡选用肢骨带关节部位做成的锥子，关节部分做柄，另一端磨成锥尖。用肢骨干劈开磨制而成的锥子，器物为长条形，一端磨成圆锥尖，另一端保持半片肋骨的原来状态。个别的利用一般肋骨，在一端磨尖，其他地方都保持肋骨的原来状态。

6. 角锥

角锥都是用鹿角尖磨制而成。在顶端有圆形銎，两侧有穿孔。

二、丰镐遗址发现的手工业生产迹象

虽然目前丰镐遗址内的各种手工业作坊分布，以及生产状况，我们尚不清楚，但是已发现制铜、制陶和制骨角器等手工业生产迹象。

（一）青铜冶铸生产迹象

目前在西周丰京遗址的客省庄村南和张家坡村东两个地点发现青铜冶铸生产迹象。1956—1957年在张家坡村东第一和第二发掘地点共发现4件陶范，都是铸车马器用的。1件是十字形四通铜泡的内模，1件是长条形铜泡的内模，另外2件都是圆形小铜泡的外范。这些陶范与附近车马坑中发现的同类铜饰的形状和大小都相同。1959年春季在客省庄村南西户公路南侧一个西周初期灰坑H10中发现不少铸造铜器的泥质内模和外范碎块，其中能辨别器形的只有铜簋一种，有1件外范上刻有西周初期常见的翘尾夔龙花纹。丰京、镐京遗址发现的青铜冶铸生产迹象虽然不多，但是发现了大量的西周青铜器。

1. 青铜容器

丰镐遗址发现的西周青铜容器数百件，多出自窖藏、墓葬。从时代来说，西周早、中、晚期的铜器都有，器类有鼎、鬲、甗、簋、豆、匜、盉、盘、壶、鉴和杯等十多种，还有挹水器斗，其中以鼎、鬲和簋三种器皿出土数量最多。多数铜器制作精美华丽，具有较高工艺水平。部分铜器有铭文，具有较高史料价值。

西周的青铜容器都是使用合范制造的，在各种器皿上都留有很清楚的范铸痕迹。例如铜鼎的鼎身大概是用三块范合成的，在合范的地方都有明显的铸缝，鼎的底部是一块三角形的范，和鼎身的三块范相接。鼎耳可能是单铸的。鼎耳及足都是连内模一起铸入的，从有的缝隙中可以清楚地看到内模的泥质。有的器物在铸成后还将铸缝错平，因而在器身上留下不少错磨的痕迹。再如铜簋的器身是用四块范合成的，圈足大概是和器身一次浇铸而成。簋耳也是连内模一并铸入的。在个别器壁较薄而穿破的地方，还有焊补过的痕迹。多数铜器的制作精美华丽，具有较高工艺水平，是不可多得的艺术品。其中在西王村村北窖藏出土的铜鼎，通高85厘米，口径63厘米，重82.2千克，是一件特别大的青铜重器。

西周早期流行的青铜器皿形制及纹饰，大都承袭商代同类铜器的形制及纹饰作风，但是当时出现的带方座的铜簋却是周人的创造。西周昭穆时期开始，出现并渐渐形成周文化青铜器的独特风格。例如鼎形器是商周时期异常流行的器皿，而迄今所见西周时期的鼎形器大致有方鼎、浅腹扁足鼎、分裆柱足鼎、圆腹鼎和球腹蹄足鼎五种不同的型式。其中，前三种型式的铜鼎起源和流行于商代，到西周早期仍然很常见，西周中期就少见了，西周晚期几乎绝迹。圆腹鼎流行于整个商周时期，就其演变趋势而言，则由深腹而垂腹，由柱足而蹄足。深腹柱足鼎流行于商代和西周早期，垂腹蹄足鼎则是出现和流行于西周中、晚期的铜鼎型式。铜器的花纹，西周早期流行兽面纹，西周中、晚期兴起和流行窃曲纹、波浪纹和鳞纹。

铜斗为挹酒之器，分为斗身和柄两部分。斗身为圆筒形，口径略大于底径，平底。斗柄为细长圆形铜条，前端直径较粗呈波浪形弯曲状，后端直径较细小而平直。

2. 铜制切削工具

青铜切削工具只发现铜刀一种。铜刀的形制，一般可以分为以下三种不同的型式。

Ⅰ式，刀背平直，刀身略成直角三角形，刃部略向外凹。柄部平直，上面有三条凹沟，末端附长方形环。标本T119：4：19，全长16厘米。

Ⅱ式，刀身窄长，刀尖向上翘起，直柄，柄末附椭圆形或长方形环。标本T137：4：4的椭圆形环残损，器残长16厘米。标本T431：4：7的柄部饰鳞形纹，全长14.2厘米。这式铜刀最为常见，占铜刀出土数量的80%以上。

Ⅲ式，刀背和柄衔接处稍稍隆起。刀身较宽。刃部略向内凹。刀柄为椭圆形的长条，上有斜行的凹沟，柄末端附长方形环。标本T144：3：1的刀尖残损，器残长20.2厘米。这式铜刀限于个别见到。另有Ⅳ式铜刀，刀柄较长，刀身较宽，刀尖略上翘。

从上述介绍可知，西周比较流行的铜刀形制是刀身窄长，刀尖上翘，直柄，柄末附椭圆形或长方形环。（见图6-8）上述铜刀与商文化中常见的刀身宽大、凹背凸刃（或直背直刃）、曲柄末端附环的铜刀形制迥然有别。铜刀既是生活用具，也可能使用于某

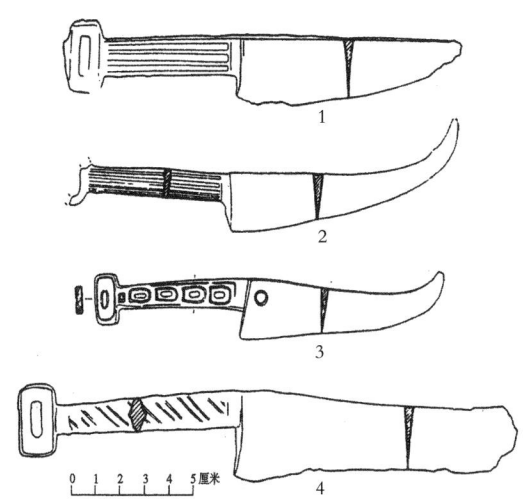
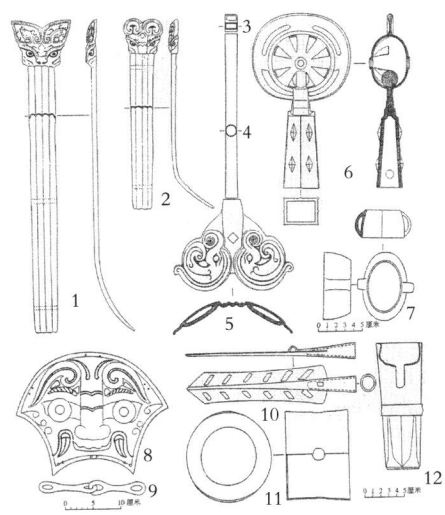

1. Ⅰ式铜刀（T119：4：19） 2. Ⅱ式铜刀（T137：4：4）
3. Ⅲ式铜刀（T431：4：7） 4. Ⅳ式铜刀（T144：3：1）
（引自《沣西发掘报告》图五〇）

图6-8 张家坡西周居址的铜刀

1、2. 大小钩形铜饰 3. 方形扁平带孔铜饰 4. 铜管 5. 兽面有管铜饰 6. 铜銮 7. 铜轭箍 8. 兽面铜饰 9. 铜衔 10. 铜矛 11. 铜辖 12. 铜軎（引自《沣西发掘报告》图一〇二）

图6-9 西周车马器物

些生产领域，例如手工业制作领域。

3. 青铜车马器

车马器发现较多，主要是青铜车马器。马身上使用的铜器为马器，车上使用的铜器为车器，合称为车马器。由于使用的部位不同，所以铜车马器种类很多。马器主要有当卢、马镳等，以及圆形或十字形铜泡等马饰；车器主要有车軎、车辖、车轭等。（见图6-9）

（二）制骨生产迹象

在西周丰京都址内多个不同地点都发现了制作骨角器的现象，除出土很多大小不一、形状各异的各种磨石以外，还发现数量众多的有锯、切、削痕迹的骨角料以及一些骨角器的半成品。在张家坡发现的制骨生产遗存，主要的产品是骨角镞和骨笄，另外，还有骨针、骨锥、角锥、骨铲等。根据各类器物的锯、切、削、磨加工痕迹，大致可以看出各类骨角器的制作过程及其基本特征。例如制作骨角镞的生产过程，首先是将原料砍截成长短合适的材料，然后将它们剖成粗细合用的素材并削成镞的雏形，成为半成品，最后再加工精细修磨成为表皮平整光滑的镞成品。骨笄则用兽类的肢骨做原料，也是经过锯截剖裁，削成半成品，然后加工细磨成表皮平整光滑的骨笄。骨针则采用兽类的肋骨做原料，先把肋骨劈成薄片，再截成长条和穿孔，最后细磨成针。骨铲所用骨料有两种：一种是牛或马的下颌骨，一种是同类大牲畜的肩胛骨。用肩胛骨做成的骨铲是将肩胛骨的骨臼截去，再把骨脊削平，同时将肩胛骨较厚的一侧削薄，切削成宽窄不等的铲子雏形加以修磨。用下颌骨做成的骨铲由于取材的部位不同，又有两种形状。一种是长方形的，它是利用下颌骨臼齿所在的部分，顺着齿槽劈开成两片，截去两端，利用横的骨料做成竖的铲子。这种骨铲一面光滑，另一面则保存着臼齿根槽的痕迹。另一种是用下颌骨后部带关节部分做成的，这种形状的骨铲在顶端中部都有半圆形的凹槽。用下颌骨做成这两种骨铲似是周文化的特色，它不仅见于丰京地区的西周文化遗址，而且还见于先周文化遗址。

（三）制陶生产迹象

陶质器皿是西周丰京、镐京遗址中居民日常大量使用的生活用具，出土陶器碎片数以万计，而且在十多处地点都发现了制陶生产遗迹，这种现象说明制陶是当时最重要的和最发达的手工业部门。

目前在西周丰京、镐京遗址中，发掘出多座烧陶窑址。陶窑往往是三五成群分布在一起的，面积多在100平方米左右；单座陶窑孤立存在的现象，极为罕见。发现的陶窑都是残破不全的，陶窑上部均遭破坏，仅残留下半部或近底部分，而且陶窑和陶窑之间的有关遗迹也无残留，所以没有一处烧陶作坊遗址的面目是清楚的。陶窑的形制结构，可以分为竖穴式和横穴式的不同类型。前者的数量居绝大多数，称Ⅰ型；后者只发现2座，称Ⅱ型。下面加以介绍和说明。

Ⅰ型，竖穴式陶窑。Ⅰ型陶窑由火膛、窑室和窑箅三个部分组成，火膛是一个洞穴，穴顶面即窑箅下方，窑箅上方即圆形窑室的底部。窑箅上有若干直壁箅孔。

窑址建造在生黄土里，由陶窑和窑前竖穴土坑两个部分组成。竖穴土坑是烧陶时活动和堆放燃料的场地，其平面为不规则形，坑底近平，地表是一层坚硬的路土。土坑的周壁垂直，坑底东南部有一条土坡路通往坑口，表面残存着路土面，是出入的通道。陶窑由火膛、窑室和窑箅三个部分组成，火膛是一个从竖穴土坑向里掏掘的洞穴，洞口（俗称"火门"）和洞穴平面均成椭圆形，洞口以内的切面呈半圆形。窑室是口小底大的圆形袋状土坑，坑内堆满草拌泥红烧土块，可见其顶部是用草拌泥土做成的。火膛和窑室之间隔着一层厚生黄土,俗称"窑箅",是建造陶窑时留下来的。窑箅平面呈圆形,并有竖直的椭圆形火眼,俗称"箅孔"。火膛内壁被火烧成红色,窑室和窑箅由于受热温度高,表面普遍形成一层青灰色硬面。火膛底部留有草本和木本植物灰烬,其中还夹杂有大量牲畜粪便灰烬。可见牲畜粪便也是当时烧窑的燃料,也可能是保存火种使用。

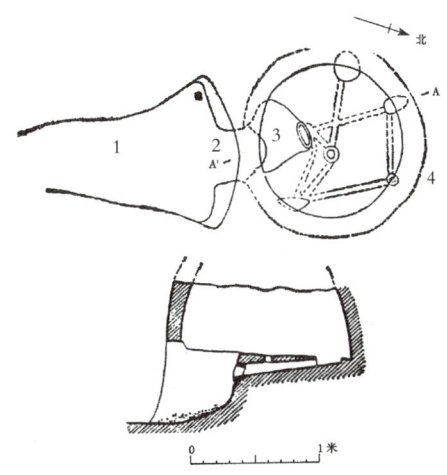

1. 斜坡火通道　2. 火膛门　3. 火膛（引自《考古》1986年第3期第207页图一六）

图6-10　普渡村Ⅱ式陶窑Y2平面、剖面图

Ⅱ型,横穴式陶窑。该型陶窑的主要特点,是火膛和窑室同在一个圆形的窑体内,火膛在前,窑室位后,窑室底高出火膛底约0.4米。（见图6-10）

例如马王街道第1号窑址①,它是建造在生黄土里,由火门、火膛、窑室、火道和出烟口等五个部分组成。火门在窑室的南部,长0.92米,宽0.68米。火膛南接火门,长0.42米,宽0.72米,呈阶梯状到窑室底面。窑室底呈圆形,直径1.92米,窑底被从中间穿行和沿周边而行的三条火道分成两个部分。三条火道经窑室后,汇集于窑室北部的出烟口,窑室壁面由下至上渐内收,估计窑顶呈穹隆状,残高1.16米。

在西周丰京遗址发现的制陶生产迹象,有制作建造屋顶的板瓦生产迹象。1955年在丰邑遗址客省庄村北的发掘中,除发现了一些烧结了的西周板瓦碎片以外,还发现了一些未经烧制的西周瓦坯碎块。②制瓦场所位于丰京西周宫室群所在地西南400多米处。以上说明,丰京的宫室建筑用瓦是在宫室所在地附近制作生产的,而不是从较远的地方运来的。

虽然我们对丰京、镐京遗址中的制陶手工业作坊分布状况,至今还缺乏一个清晰的概念和认识,但是我们对西周陶器的面貌特征却有一个比较全面和深入的了解。

陶器的质料基本上可分为夹砂粗陶和泥质陶两类。以泥质陶为多,约占总数的

---

① 中国社会科学院考古研究所沣镐队:《1992年沣西发掘简报》,载《考古》1994年第11期。
② 胡谦盈:《1961～1962年陕西长安沣东试掘简报》,见胡谦盈:《胡谦盈周文化考古研究选集》,四川大学出版社,2000年,第26页。

70%；夹砂粗陶较少，约占总数的30%。夹砂粗陶中都含有较多的沙粒，器形主要有鬲、甗、鼎等炊具，其他像瓮、罐、盆等也有用夹砂粗陶的，但数量很少。泥质陶一般泥质比较纯净，但也有夹杂少许细沙粒的，从所含沙粒并不均匀看来，不像是有意掺入的，可能是整理陶泥或做陶坯时被混进去的。泥质陶的陶泥并没有加工淘洗的迹象。除炊具外，其他器类大都是用泥质陶做的。

陶器的颜色分为灰色和红色两种。灰陶约占陶片总数的75%以上，灰色是陶器的主要色泽。灰陶的颜色有深有浅，有极少数深灰色的近似黑色，一般色泽都很匀，没有斑驳不纯的现象。红陶约占陶片总数的25%。红陶的颜色多作红褐色，极少有砖红色的，一般颜色都不纯正，陶胎内外壁面往往有不同颜色的斑点。

陶器的制法有轮制、模制、泥条盘筑和手制等四种。在一件陶器上并不限于一种制法，而是常常有两种甚至更多制法的痕迹，其中以轮制和模制最为常见。

西周陶器除三足器（主要是陶鬲和陶甗，这类器皿属于炊具，出土数量最大宗）采用模制外，其余的器皿都是轮制的。一般形制较小的平底器像罐、盘、盂和碗等都可能是一次轮制而成；簋、豆和瓿等圈足器则器身和圈足是分别轮制而成，然后将二者粘接在一起。体积较大的平底器像瓮和尊等是采用泥条盘筑和轮制两种方法做成的，而且有可能是采取间歇的做法，即做好一截后，将陶坯晾至半干，然后继续在上面盘筑和轮制。如果一次就盘筑成很高大的泥坯，湿润的陶坯容易歪斜或塌毁。这类器皿的平底，是另外盘筑做好后从器底外面粘接上去的。（见图6-11）

大型贮器三足瓮的上部是一个平沿鼓腹圆底罐，下附三个圆体矮小袋足，器高和最大腹径均在50厘米或稍大一些，如客省庄三足瓮标本T22∶2。瓮的器身和三个袋足系分别盘筑后再接合在一起的。

小件的器物如勺、器皿的附件如罐耳、仿铜陶鬲的圆锥形或圆柱形三足等则都是用手捏制然后接合在器皿上的。

袋足陶鬲和瘪裆（联裆）陶鬲的制作，各自的特点十分明显。袋足陶鬲的三个袋足系分别模制后再捏合在一起的，三足以上的领部再用泥条盘筑而成。鬲底三足接缝填以泥条抹平。先周时期乳状袋足陶鬲，由于鬲内三足接合处是粘接而成，用手捏合粘接时要向上提拉，所以形成隆起呈三岔状凸脊内隔，而西周的袋足陶鬲的鬲内三足接合处不向上提拉，所以鬲内没有隆起的三岔状凸脊内隔。这种差别反映了制作工艺的不同。

瘪裆（联裆）陶鬲的制法，是先做成一个圆筒形泥坯，然后将泥坯一端切开三等份捏制三足，三足内壁接缝用泥条填平抹光。上部采用泥条盘筑而成。足与足之间微微内陷或内陷较深，是做鬲坯时有意识地做成的，故称之为"瘪裆"陶鬲。其中A型（窄裆）鬲的三足连接处不附加泥饼，鬲底往往有隆起的三岔状凸脊，鬲底侧视呈弧形或近似三角形。B型（宽裆）鬲的三足连接处附加泥饼，鬲底近平，其侧视若"∏"形。（见图6-12）

陶器的纹饰主要是绳纹，约占全部陶片的90%。其次是弦纹、篮纹、划纹、附加堆纹和印纹。此外，还有少许的瓦纹、暗纹和指甲纹等。

西周早期陶器上的绳纹，由于所用的绳子纤维较细，纺得也较紧密，拍印纹饰时掌握陶坯的湿度也较合适，所以拍印出来的绳纹极为清晰。中期绳纹变粗变

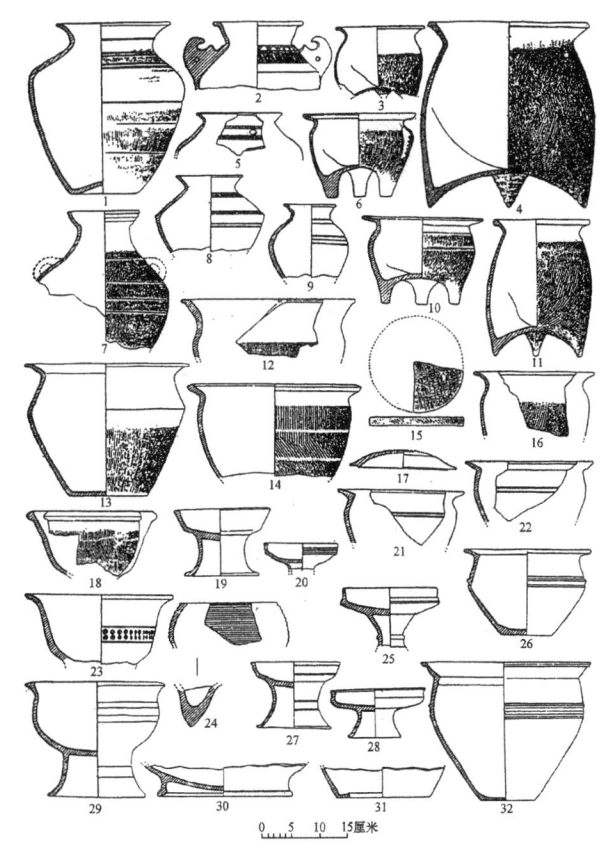

1、2、3、6、12、13、15、16、19、27、29.早期　4、5、7、14、17、20、21、22、24、30.中期　8、9、10、11、25、26、28、31、32.晚期
18、23.早期和中期都有（引自《胡谦盈周文化考古研究选集》第29页）

图6-11　镐京西周遗址出土陶器

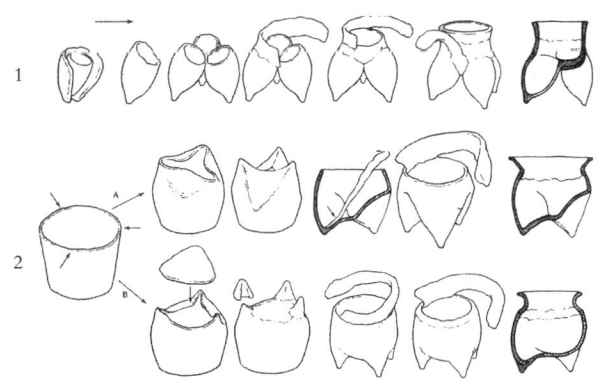

1.乳形袋足陶鬲　2.瘪裆陶鬲（A.窄裆式；B.宽裆式）（张孝光绘制）
（引自《胡谦盈周文化考古研究选集》图十三）

图6-12　乳形袋足陶鬲和瘪裆陶鬲制作方法分解示意图

浅，显得疏松。晚期流行的绳纹粗大松散，纹理缭乱，往往因拍压过浅而模糊不清。绳纹的排列有竖行整齐的，也有斜行交错的，以前者居多数，后者较少。

弦纹是借陶轮旋转时压成的，多加在碗、盂和罐的肩部，也常施于豆盘、豆座、器盖以及陶簋和陶瓿的壁面上。

篦纹多划成直线或锯齿状态的纹饰施于罐的肩部，是西周晚期异常流行的一种纹饰。

划纹大都施于罐的肩部，纹样多为锯齿纹和斜方格纹。

附加堆纹有两种。一种是锯齿形的泥条，附加在盆或甗的口沿下，围成一圈；或作锯齿状泥条横行或竖行贴在鬲腹上或裆间。另一种作圆形泥饼状贴在簋的腹部或罐的肩部。

印纹的花样有回纹、雷纹、"S"形纹、圆圈纹、斜方格纹，大都施在盂、罐和簋的肩部或腹部，组成带状。印纹流行于西周早期，晚期基本不见。

指甲纹是用指甲在陶坯上掐成的，多见于器皿的肩部或腹部，也有在器口上做成锯齿状花边的。瓦纹多见于豆盘壁面上。暗纹多见于罐的肩部上。

器皿种类有鬲、甗、鼎、甑（炊器）、簋、豆、盂、碗、盘、盉、匜（食器）、尊、罐、盆、瓮（储器）以及器皿附件器盖等十多种。其中鬲、簋、豆、盂、罐和瓮等六种陶器，是西周时期最流行的器皿。

西周专供贵族奴隶主享用的原始瓷器，在丰镐居址中只发现少量的豆和罐的残片，胎部作青灰色，陶泥似属高岭土。陶片的表面有青色或黄绿色的釉。豆一般无纹饰，在罐的残片上发现有细方格的印纹。烧造温度达到1200摄氏度，表明西周的陶瓷工艺具有相当水平。

三、西周的手工业管理

古代工商食官，丰京、镐京的手工业作坊，以及手工业作坊中的工匠，都属于周王室，主要为王宫服务。管理王室手工业作坊及其工匠的是王宫大总管"宰"。西周中期懿王时代的蔡簋铭文曰：

> 唯元年既望丁亥，王在减应，旦，王格庙，即位。宰召入佑蔡，立中廷，
> 王呼史兑册命蔡。王若曰："蔡，昔先王既命汝作宰，司王家。今余唯申京乃命，

命汝眔曶疋对各，从司王家外内，毋敢有不闻，司百工，出入姜氏命……"

"减应"，是指周王室在雍地的行宫。"雍"，西周也称"郑"，西周金文中，多有"王在郑"之语，其地在今凤翔县城南秦雍城遗址一带。那里有王室的行宫，还有宗庙，不过这里的宗庙是周王室的宗庙，还是当地采邑（井邑）主的宗庙，有待进一步研究。

蔡簋铭文说明，懿王时的王宫大总管有宰蔡和宰曶二人，他们管理王宫的"臣妾"（王宫内男女奴仆）、"百工"（手工作坊的工奴），并且接受懿王妃姜氏的领导，传达执行姜氏的命令，管理王家（王宫）内外一切事务。懿王要求他们对王宫内外的一切事务"毋敢有不闻"，就是王宫内外的一切事务都要在他们的掌控之中，不能有他们不知道的事情。厉王时代的伊簋铭文曰：

> 隹（唯）王廿又七年正月既望丁亥，王在周康宫。旦，王格穆大室，即位。䣾（縄）季内右伊，立中廷，北向。王呼命尹氏册命伊："䩱官司康宫王臣妾、百工。"

伊簋铭文记载的史实是厉王册命伊管理"康宫"中王室的"臣妾""百工"。铭中"康宫"在岐周，有康王庙。宣王时期有宰珢生，他是岐周王宫"琱宫"的总管。"琱宫"也应当有"臣妾"与"百工"。

上述例证说明，西周的王宫以及宗庙，除有供奴役的"臣妾"外，还有为王宫和宗庙制造各种手工业产品的"百工"，当然这些"百工"并不住在王宫中，只是隶属于王宫和王室宗庙而已，他们居住和劳动的场所是在王宫、宗庙附近的手工业作坊区。

诸侯、采邑主、方国也有"百工"，也有管理"百工"的"宰"。散氏盘铭文记载散氏有宰德父，说明采邑主也有宫室总管"宰"。

> 虢仲令（命）公臣：司朕百工。（公臣簋）

> 伯龢父若曰……余令汝死司我家，䩱司我西隔东隔，仆驭百工，牧臣妾，东（董）裁内外，毋敢否善。（师獸簋）

虢仲与伯龢父都是厉王臣，虢仲的封邑为西虢，在今宝鸡市陈仓区。公臣是虢仲的家宰，所以虢仲命他管"百工"。"宰"是周王、诸侯、采邑主、方国之君的家臣，除管理他们宫中的事务及"臣妾"外，还管理"百工"。

伯龢父的封邑不详。伯龢父命师獸管理其"西隔东隔"中的"百工"和"臣妾"。

"鄘"即"偏"。《左传·隐公十一年》："郑伯使许大夫百里奉许叔以居许东偏。"杜注："东偏，东鄙也。"那么"西偏"即"西鄙"。《周礼·地官·大司徒》大司徒职文为"凡造都鄙制其地域而封沟之"，郑注："都鄙，王子弟公卿大夫采地，其界曰都，鄙所居也。""居"指居住的房屋，即宫室。伯龢父的"西鄙东鄙"，是指他西边的居所与东边的居所，可知他有两处居所，其中有从事手工业劳作的"百工"和供奴役的"臣妾"。看来师㝨是伯龢父的家宰。

虢仲与伯龢父都有"百工"，说明采邑主有自己的手工业工匠，那么诸侯、方国有自己的手工业工匠更不待言。作为王臣的采邑主虢仲与伯龢父，设"宰"管理"百工"，那么诸侯、方国之君必然也设"宰"管理"百工"。

当时管理"百工"的，除宫中的"宰"总管以外，各个手工业作坊还有工头管理。矢令方彝铭文说："舍三事命眾卿事寮、眾诸尹、眾里君、眾百工、眾诸侯"。这里"百工"与"卿事寮"（西周最高的行政官署）、"诸尹"（各个行政部门的长官）、"里君"（乡村长官）、"诸侯"并列，"百工"当是指手工业各个行业的长官。可知手工业各个行业有工头之类的官员管理。

狩猎活动是兽皮的来源之一，特别是狐皮只有通过狩猎获得。《诗经·豳风·七月》云："一之日于貉，取彼狐狸，为公子裘。"可知通过狩猎活动获得狐狸皮，再通过皮革业的手工工匠制成毛皮，然后制作贵族的毛皮大衣。《周礼》中将西周时期王室专掌皮革制作的官员称为"司裘"。1975年在陕西岐山县董家村出土有"裘卫四器"，"裘卫"当是周王室的"司裘"之官，主管皮革生产，成为当时的富有者。

第五节
丰京、镐京的商业与交通

西周虽然以农业立国，而且经济又是以王室、诸侯国、采邑、方国为单位，实行分级管理，但是商业交易也是当时经济生活中的一项重要的活动。

一、西周的商业

《尚书·酒诰》说："妹土，嗣尔股肱，纯其艺黍稷，奔走事厥考厥长，肇牵车牛，远服贾，用孝养厥父母。"妹土，是指商王朝的都城所在地，即今河南安阳市殷墟一带。康王改封康叔于卫地，即此妹土。《酒诰》是康王为教育妹土之民而作，康王教育妹土之民的话大意是，妹土之民要提高熟练种庄稼的技艺，殷勤地服侍父辈和长官，在此基础上，可以牵上牛车载运货物，到远方去从事商贾活动，用以孝养父母。这说明从西周早期开始，周王朝就允许商族人在不影响农事的情况下从事商业活动。

《诗经》中也有反映西周商业活动的歌咏，除大家熟悉的《卫风·氓》所云"抱布贸丝"外，还有《诗经·大雅·瞻卬》云"如贾三倍"。"抱布贸丝"虽然可能是以物易物，但是属于要到市场上去进行的商业交易。"如贾三倍"说明从事商贾活动可以获利，反映出西周商业市场的存在。西周晚期郑桓公东迁就国时，与新封地的贾人盟誓，据《左传·昭公十六年》记载，其誓词是："尔无我叛，我无强贾，毋或匄夺，尔有利市宝贿，我勿与知。"这说明郑地的商贾势力很大，故郑桓公不得不与他们盟誓，不干涉和控制他们的商业经营活动，从而取得他们的支持。

最能说明西周商业状况的资料是西周金文。共王时代的裘卫盉铭文曰：

> 王再旂于丰，矩伯庶人取堇（瑾）章（璋）于裘卫。才（财）八十朋，厥

贾其舍田十田。矩或取赤虎（琥）两、麀韏两、𪎮韐一，才（财）廿朋，其舍田三田。

矩伯要到丰京参加一次升旗的仪式大典，但是缺少佩戴的瑾璋。他派其庶人到裘卫那里取瑾璋。矩伯与裘卫的交易属于私下以田换物，但是瑾璋的价格先折算成货币贝值八十朋，然后矩伯给裘卫以种庄稼的土地"十田"。这就是说，"十田"的价值相当于贝币八十朋。矩伯又从裘卫那里取走几件物品，作价二十朋，矩伯给裘卫以种庄稼的土地"三田"。看来矩伯是有田地而没有货币贝，只好用田地抵货币。吴镇烽编《陕西金文汇编》记西周晚期的齐生鲁方彝铭文曰：

惟八年十又二月初吉丁亥，齐生鲁肇贾休多赢，朕文考乙公永启余。鲁用作朕文考乙公宝尊彝。鲁其万年子子孙孙永宝用。

这是发现的第一件西周商贾所作的铜器，证明西周商贾阶层的存在。齐生鲁第一次从事商业贸易，就获得很多盈利，因此用来制作铜器祭祀其父"文考乙公"。西周不仅有商业市场，有商人阶层，而且还有管理市场的官方机构。宣王时代的兮甲盘铭文曰：

其賨（贾）毋敢不即饎（次）即市。敢不用命，则即井（刑）扑（扑）伐。

其惟我诸侯百姓，厥賨（贾）毋不即市，毋敢或入𧻗（蛮）完賨（贾），则亦井（刑）。

金文中的"贾"字是李学勤先生在《重新估价中国古代文明》中释出来的①，这个字过去多释为"贮"。关于上面所引的兮甲盘铭文这段话，李先生有精辟的论述：

"其贾毋敢不即饎即市"，是对淮夷的又一严格限制。孙诒让考释这件盘，已经释出"市"字。这一句必须参读《周礼·司市》，才能通晓。《司市》云："掌市之治教政刑、量度禁令，以次叙分地而经市。"注："次，谓吏所治舍，思次、介次也，若今市亭然。""次"（盘铭作"饎"）是管理市场的机构。因此，盘铭是讲淮夷的贾人到规定的市场上去，这是控制淮夷和内地交易的具体措施。铭文还说到周人方面的诸侯百姓，其贾人也必须到市场上去，"毋敢或入𧻗完贾"。"入𧻗"即阑入，指乱入市场；"完贾"的"完"训为奸，指非法交易。这一段说的交易，还是与淮夷的交易。

---

① 李学勤：《重新估价中国古代文明》，见人文杂志编辑委员会编：《先秦史论文集》（《人文杂志》专刊），1982年。

宣王的命令规定，如果淮夷不贡纳布帛以及粮草、人众，或者淮夷的贾人不遵守交易的限制，"则即井（刑）扑伐"。"扑伐"是用军队征伐，对方国而言；"刑"是以法律惩罚，对贾人而言。至于周的诸侯百姓，贾人如不遵守交易规定，也要处刑。我们知道，古代的刑虽有几等，但单说"刑"，一般就是杀的意思。①

兮甲盘铭文反映出西周晚期中原诸侯百姓与淮夷有广泛的商业贸易关系，因此宣王要求把这种交易限制到指定的市场上去进行，由官吏加以管理。"这告诉我们，西周晚期已经有了比较发达的商业，同时有确定制度的官市也已形成了。淮夷地区盛产布帛，根据其它金文还以'金'为特产。'金'即铜，也可能包括其它金属原料。周人与淮夷交易的商品大概以此为主。"②

西周不仅设置有官市和官吏对商业市场进行管理，而且还册命官员对商贾之家加以管理。共王时代的颂鼎铭文曰：

> 唯三年五月既死霸甲戌，王在周康邵（昭）宫……王呼史虢生册命颂。王曰："颂，命汝官司成周贾廿家，监司新寤（造），贾用宫御。"

共王册命史颂去管理成周洛邑的贾人二十家，并监督新产品的生产。"宫御"即宫中治事之官。《诗经·大雅·崧高》云："王命傅御"，《毛传》："御，治事之官也。""贾用宫御"，即买来供宫中治事之官分配使用。由此鼎铭，可知西周都邑内的贾人，要在周王朝的官员管理之下从事商业活动，周王宫中有些日常用品也要到市场上去买。

反映西周商业的实物有商品交换的中介——货币。关于西周的货币，朱活先生说：

> 在西周，龟贝、珠玉都曾取得了货币职能，特别是贝壳。在金属货币中，主要是铜，以铜铸造的手工业和农业用具，而以孚为计算单位的"锊"，可能就是商代"賹"的异名，也就是以青铜铸造的铜贝。当然谷物、布帛及牲畜也都曾取得过货币的职能。既然"奴隶的买卖，在形式上，也是商品的买卖"，奴隶成为币材就可以理解了。③

---

① 李学勤：《兮甲盘与驹父盨——论西周末年周朝与淮夷的关系》，见人文杂志编辑部编辑：《西周史研究》（人文杂志丛刊第2辑），1984年，第269页。

② 李学勤：《兮甲盘与驹父盨——论西周末年周朝与淮夷的关系》，见人文杂志编辑部编辑：《西周史研究》（人文杂志丛刊第2辑），1984年，第274页。

③ 朱活：《西周币制论》，见人文杂志编辑部编辑：《西周史研究》（人文杂志丛刊第2辑），1984年，第36页。

据文献记载，我国先秦时期，龟和珠玉都曾取得货币职能。《说文》贝部云："古者货贝而宝龟。"郭璞《文贝赞》云："先民有作，龟贝为货。"另外，《史记·平准书》《汉书·食货志》均记载龟在先秦时期是货币，一直到秦统一货币，"珠玉、龟贝、银锡之属为器饰，宝藏，不为币"。《管子·国蓄》说先王"以珠玉为上币"。"珠玉"是指玉珠、玛瑙珠、玉器、玛瑙器，包括琉璃料珠、料器等。玉作为货币，其计算单位是珏。王国维在《观堂集林·说珏朋》中说："于玉则谓之珏，于贝则谓之朋，然二者于古实为一字……古者玉亦以备计，即珏之假借。齐侯壶云璧二备，即二珏也。"

我们虽然不能否认西周时龟和珠玉是货币，但是我们尚未发现西周时龟和珠玉作为货币的确证。据裘卫盉铭文记载，矩伯派其庶人以十田交换裘卫的玉器，又以三田交换裘卫的玉器和皮货，交换中裘卫的玉璋、赤琥和皮货，分别按市场价格合为八十朋和二十朋。这说明玉和皮货并不是在市场上直接流通的货币。

曶鼎铭文记载在一个荒年里，匡季指使其家臣二十人抢劫曶十秭禾，曶告到东宫处，东宫判罚匡季，匡季答应用五田和四名奴隶赔偿曶的损失。曶仍不满意，再次控告，东宫改判匡季以所劫盗禾稻的二倍赔偿。最后双方未依公判，而是私下协商结案。匡季交还了所抢的十秭禾，并付给曶七田和五个奴隶了事。五个奴隶还折价为"匹马束丝"，即折价为一匹马加一束丝。这个案例说明，西周的谷物和奴隶是可以折价交换的商品，而且奴隶的价格很便宜，五个奴隶的价格相当于一匹马加一束丝。

西周时确切证实可以在市场上直接流通的货币只有贝，当时的贝分为海贝和铜贝两种。西周海贝的发现数以万计，分为大贝和小贝两种。大海贝十分罕见，周原法门镇庄李村陶器窖藏出土1枚，称为虎斑宝贝，经鉴定，这种大海贝分布于我国海南岛等地。由《扶风县文物志》图版七可见贝长8厘米，宽6厘米。小海贝即货贝，在西周墓葬和遗址中普遍出土，例如1955—1957年在沣西的发掘中，出土小海贝总数在千枚以上。河南浚县辛村卫国墓地出土货贝总数为3472枚。[①]另外在洛阳西周墓地、鲁国墓地、燕国墓地、虢国墓地，以及山西、甘肃、江苏等地西周墓葬中均有出土。

周原遗址扶风境内发掘的103座周墓中，随葬货币的有49座墓葬，占48%。每墓

---

① 郭宝钧：《浚县辛村》，科学出版社，1964年。

少则3~5枚，多则数百枚，共出土完好货贝1400余枚。[①]贝的计量单位是"朋"。或说十贝为一朋；或说五贝为一朋；或说二贝为一朋。扶风县黄堆乡强家一号墓椁室旁出土两串贝，每串5枚，可证一朋为五贝之说。[②]

商代铜器铭文记载赐贝数量多则十朋、三十朋。西周铜器铭文和《诗经》所载赐贝数量周初最多已达百朋。塱方鼎铭文曰："唯周公于征伐东夷，丰伯、薄姑咸戈……戊辰，禽（饮）秦禽，公赏塱贝百朋，用作尊鼎。"《诗经·小雅·菁菁者莪》云："既见君子，赐我百朋。"西周的货币海贝主要来源于东方沿海一带的夷族。小臣謎簋铭曰："歔！东夷大反，伯懋父以殷八师征东夷……厥复归，在牧师。伯懋父承王命易（锡）师，率征自五隅贝。"又据雪鼎铭文，雪参加伐东夷的战争俘获到贝，用来铸造铜器。

穆王时代的稻卣铭文曰："稻从师雍父戍于古自，蒇历，赐贝卅孚。"朱活先生指出："贝以'朋'计，众所周知，此铭所赐贝为什么以'孚'计。孚是青铜的计量单位，前已述及……贝以'孚'为计量单位，无疑所赐之贝为金属所铸，其币材当然就是被称为金的青铜。"又说："其实，西周器铭多有'取遗若干孚'的记载，趞鼎、牧簋、扬簋、䜌簋、散簋、番士簋、毛公鼎等器均有之。遗或作禣、作赍。郭沫若氏认为'大抵乃货贝字'。的确近情，因为'孚'既然是铜的重量标度的名称，而遗字又从贝，殆与契文'賏'字其义相通。'遗'字当为西周青铜铸币的名称。传世西周铜铸贝币虽有，但缺乏可靠的地层记录，目前考古界也没有提供西周铜贝的实物证据。"[③]

1981年，扶风县法门公社李村西周遗址出土1枚西周铜贝，由《扶风县文物志》图版七可见其长1.5厘米，最大宽度1.2厘米，重2.9克，翠绿色，形制颇似磨背式货贝。正面铸有唇齿，背面形似铜泡，有一横梁，前端有小孔，便于穿系。

西周还发现玉贝，例如《扶风县文物志》载周原遗址出土有玉贝，形似货币，长约3厘米，有的有唇无齿，有的有唇有齿。西周玉贝当时是否作为货贝使用，目前尚不得而知。

---

① 陕西省文物志编纂委员会、扶风县文物志编纂委员会、周原博物馆：《扶风县文物志》，陕西人民教育出版社，1993年，第149页。

② 周原扶风文管所：《陕西扶风强家一号西周墓》，载《文博》1987年第4期。

③ 朱活：《西周币制论》，见人文杂志编辑部编辑：《西周史研究》（人文杂志丛刊第2辑），1984年，第47页。

西周金文关于大量锡贝的记载，以及丰京、镐京等西周遗址大量货贝的出土，说明西周货币的流通量是很大的，从一个侧面反映出当时商业的发展状况。

二、宗周丰京、镐京的交通

商业的繁荣离不开交通，西周商业运输方式有人挑、马驮、牛车拉和船载等（见图6-13），这些都要有水陆交通做保证。杨升南先生在《说"周行""周道"——西周时期的交通初探》一文中对西周时期的交通进行了初步的探索。①我们参考他的研究成果，来探讨丰京、镐京的交通。

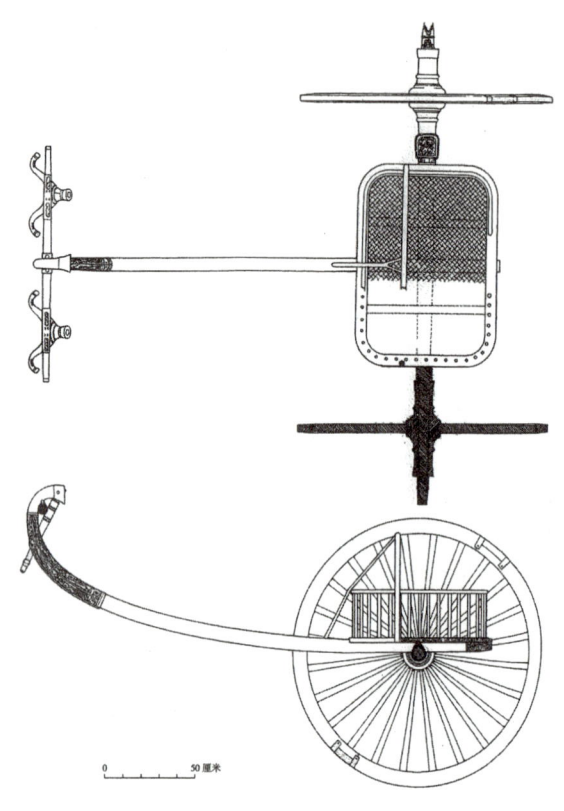

（引自《张家坡西周墓地》图251）

图6-13 张家坡西周轮舆复原图

《诗经》和文献中有"周道""周行"之称。"周行"在《诗经》中三见，如《周南·卷耳》："嗟我怀人，置彼周行。"《小雅·鹿鸣》："人之好我，示我周行。"《小雅·大东》："佻佻公子，行彼周行。""周道"在《诗经》中五见，如《桧风·匪风》："顾瞻周道，中心怛兮"，"顾瞻周道，中心吊兮"。《小雅·四牡》："四牡骓骓，周道倭迟。"《小雅·小弁》："踧踧周道，鞠为茂草。"《小雅·大东》："周道如砥，其直如矢。"《小雅·何草不黄》："有栈之车，行彼周道。"（见图6-14）《左传·襄公五年》引逸诗云："周道挺挺，我心扃扃。"金文散氏盘铭有"封于周道"。据《水经注》，宝鸡市区渭水以南的清姜河发源于周道谷。

---

① 杨升南：《说"周行""周道"——西周时期的交通初探》，见人文杂志编辑部编辑：《西周史研究》（人文杂志丛刊第2辑），1984年，第51—66页。

杨升南先生指出："对《诗经》中'周行''周道'作出正确解释的，是宋代的朱熹，他在《诗集传》中对这两词一律以'大路'、'大道'为释。近人顾颉刚有《周道与周行》一文，推扬朱熹的解释，汉人解诗时对这两词制造的迷障，可谓彻底廓清。"他说："道路而冠以'周'，无疑是与周王室有关。所以'周道'应是指由周王室修筑，通向王室各地（各诸侯国境内）的一种道路的专称。"

反过来说，"周道"是通向周，也就是通向西周都城道路的专称。周是西周都城的专称，周人的都城宗周、岐周，以及西周陪都成周，都是周人的都邑周，因此各地诸侯国、

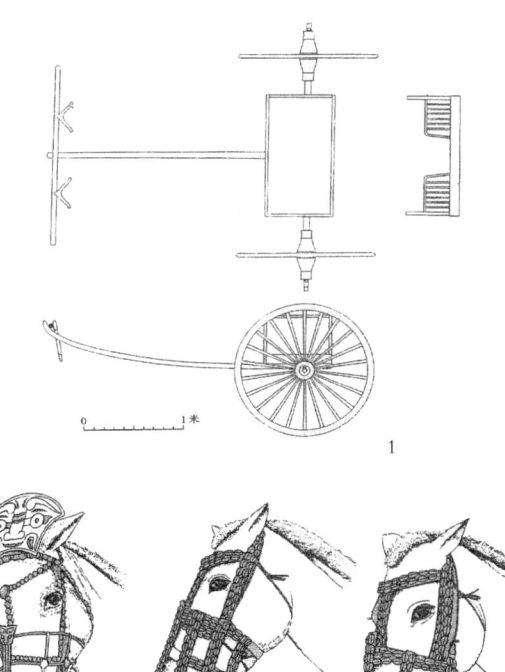

1. 第三号车马坑车子复原图　上．俯视图　上右．车门（从右面侧视）下．侧视图　2. 第二号车马坑第一号车的铜饰马具复原图　3. 第二号车马坑第二号车的贝饰马具复原图（引自《沣西发掘报告》图九八、九九、一〇〇）

图 6-14　沣西车马坑铜饰和贝饰马具及第三号车马坑车子复原图

方国通往宗周、岐周、成周的道路都叫"周道""周行"，是西周交通的主干道。例如《诗经·小雅·四牡》的"周道倭迟"，《毛传》说："周道，岐周之道也。倭迟，历远之貌。"这是说通往岐周的"周道"，历经很远的路程。不仅通往岐周的道路称为"周道""周行"，而且通往宗周、成周的道路也叫"周道""周行"。"周道""周行"的修筑，应该有王室所修，可能也有诸侯、方国所修，有些根本就是古道。

根据文献与青铜器铭文记载，对于宗周丰镐二京通向各地的主要道路，可以推知其大致走向。

（一）宗周通向西及西南方的道路

散氏盘铭文记载矢国（矢王之国）划归散氏几块土地，有一段地界即以"周道"

为界。夨国在宝鸡市凤翔县、陈仓区汧水下游的东西两岸，散氏在凤翔县秦雍城遗址一带，故"周道"当在凤翔县境内。西周当时由丰京、镐京有周道向西通往岐周，然后由岐周有周道向西南通往凤翔县、宝鸡市区，最终由宝鸡市区以南秦岭山中的周道谷通往巴蜀地区。反过来说，西南巴蜀地区有周道经过汉中、宝鸡市、凤翔县，向东通往岐山、扶风县北部交界一带的岐周，再由岐周有周道通向都城宗周。

《水经注·渭水》说："渭水又与扞水合，水出周道谷，北迳武都故道县之故城西，王莽更名曰善治也。……其水又东北历大散关而入渭水也。"武都故道县即今宝鸡市凤县，北魏时期的大散关，在今宝鸡市区以南秦岭梁上的煎茶坪下，位于宋代松林堡（今名松树坡）东北山坡下，即宝成公路26.5公里处，遗址犹存。①扞水即今宝鸡市区以南的清河，其水向东北流经大散关而入渭水，那么周道谷当是指嘉陵江上游的河谷。郦道元在《水经注·渭水》中没有说清楚，似乎是把清姜河与嘉陵江上游混为一谈，这是因为嘉陵江与清姜河都发源于周道谷，在秦岭梁即煎茶坪（分水岭）分为二水，一水向西南流为嘉陵江上游，一水向北流为清姜河。总之，镐京、丰京、岐周向西的"周道"，在宝鸡市区又折向西南，通向陕南汉中与巴蜀地区，所以在今凤县境内嘉陵江上游留下了周道谷的地名。

周原甲骨文中有"伐蜀"（H11∶68）、"克蜀"（H11∶97）。据《尚书·牧誓》记载，参加周武王伐商的八个西南、西北的少数民族就有蜀族。周原甲骨文中的"伐蜀""克蜀"之役，当在周武王灭商以前，可知西南通向岐周、宗周的"周道"开辟甚早。

散氏盘铭文中除有"周道"外，还有秉道、原道、眉道、同道、棫木道、井邑道、刍道、㲽遫道。这些都是地方道路，例如井邑道，是通向井邑的道路。

（二）宗周通向东方的道路

宗周与岐周之间有道路相通，宗周与成周之间也有道路相通。宗周与成周之间的"周道"，东出淆山谷进入河南的伊洛平原。杨升南先生在《说"周行""周道"——西周时期的交通初探》一文中指出："周武王克商，'戎车三百乘'，渡孟津，春秋时秦袭郑，出淆山谷，过周北门至滑（今河南偃师市缑氏镇）还师，都是走的此道。"这条

---

① 尹盛平：《大散关与和尚原考实》，见《中国考古学研究论集》编委会编：《中国考古学研究论集——纪念夏鼐先生考古五十周年》，三秦出版社，1987年。

车路大道是沿黄河以南走，不用渡黄河，故周武王伐商时在洛阳以北的孟津北渡黄河。这条周道从周初就有可通车的大道。反过来说，成周通往宗周的周道，也是这条道路。

（三）宗周通向北方的道路

《诗经·大雅·韩奕》是歌颂周宣王时韩侯到宗周朝见天子，受到优渥赏赐之事。诗的开头描写韩侯行走在宽阔的大道上说："奕奕梁山，维禹甸之，有倬其道"。"奕奕梁山，维禹甸之"，此梁山当指今韩城市一带的禹山。"有倬其道"，是指宽阔的大道。诗中又云："四牡奕奕，孔修且张……入觐于王。"这是说韩侯乘坐着四匹高头大马拉的车，而去都城宗周朝见周宣王。韩侯的地望，历来众说纷纭。一是河西说，在今陕西韩城市境内；二是河东说，在山西河津市、万荣县境内，或说在芮城县；三是河北说，在今河北省固安县。

河北说的主要依据是《韩奕》诗中云"溥彼韩城，燕师所完"和"王锡韩侯，其追其貊，奄受北国"。认为燕在今北京市，地近河北固安，所以燕国民众能为其筑城。而貊为东北地区的少数民族，韩国才能与其发生关系。

杨宽先生否定河北说，理由一是诗中之燕是姞姓的南燕而非姬姓的北燕。诗称韩侯娶妻为韩姞，可证韩、燕通婚，燕确实是南燕。南燕在今河南延津县。二是貊本为游牧部落，不仅北燕以北存在，秦晋以北亦存在。所以建国于河东汾水以北的韩国，亦能与貊为邻。杨说可从。

韩国在今山西河津市、万荣县境内，到宗周丰京、镐京有宽阔的大道。韩侯能渡过黄河去宗周丰京、镐京朝见周宣王，那么由宗周丰京、镐京出发，向北通过韩侯之国，可以到达山西的晋国、霍国等诸侯国。

（四）宗周通往南方的道路

根据西周启卣、启尊铭文，昭王南征伐楚是由出狩南山开始的，而且动用了"西六师"。南山是后世的秦岭即终南山，昭王伐楚是从宗周丰京、镐京出发，越过秦岭，东南出武关，经商洛地区，沿丹江河谷到达河南南阳地区，然后进入湖北境内，再通过随枣走廊进入江汉地区，这说明西周从宗周向南有通达江汉地区的道路。

《诗经·周南·卷耳》："嗟我怀人，寘彼周行。"诗中描写一个少女思念情人，而把采野菜的篮子放在大路上。《诗集传》："周，国名。南，南方诸侯之国也。"诗中"周行"说明西周的都城有通向南方的交通大道。

《诗经·大雅·崧高》描述了周宣王改封申侯之事。周宣王赏赐申伯的物品中有"四牡""路车""乘马"。申伯原来的封地在陕西周至、眉县交界一带，他到南方（今河南南阳市）就国时带着大批的人马，乘坐着由4匹马拉的"路车"。这说明当时从关中地区通往南阳有大路可行。

陕西关中地区通往长江以南的交通自古有之，江西省新干县大洋洲商代大墓出土先周时期的联裆陶鬲，说明当时关中的先周文化已经远播至江西省的赣水流域。这说明至迟到商代，关中地区至长江以南就有了交通往来。当时的道路可能有两条：一条是经宝鸡到汉中，然后沿着汉江南下到达湖北、湖南和江西，也可以向西南经嘉陵江到达巴蜀地区；另一条是出武关，沿丹江、汉江南下，到达湖北、湖南和江西。

三、陪都成周的交通

据《史记·周本纪》记载，成周为"天下之中，四方入贡道里均"，所以西周陪都成周洛邑的交通也是四通八达。

（一）成周通向东方的道路

《诗经·桧风·匪风》诗中两次提到"周道"，可知"周道"经过桧国。这里的"周道"，是通向成周洛邑的道路。桧，《左传》《国语》作郐，西周的员卣铭文作"会"。《国语·郑语》："妘姓，邬、郐、路、偪阳。"韦昭注："陆终第四子曰求言，为妘姓，封于郐，郐今新郑也。"《左传·僖公三十三年》郑葬公子瑕于"郐城之下"，杜注："郐城，故郐国，在荥阳密县东北。"《大清一统志》："桧城在密县东北五十里。"杜预云："新郑在荥阳宛陵县西南，是郑非郐都，故别有郐城也。"郐城在今郑州市南不远。

从成周出发经郐国向东，"周道"可以通达于今山东省境内。《大东》诗中讲到"周道""周行"。《诗序》说："大东，刺乱也。东国困于役而伤于财，谭大夫作是诗以告病焉。"郑笺云："谭国在东，故其大夫尤苦征役之事也。鲁庄公十年，齐师灭谭。"《大东》诗中"周道"向东通过小东、大东境，达于山东。谭国在今山东济南历城东。据《诗经》，桧（郐）、谭二国有通往成周的"周道"，那么齐国等山东半岛的诸侯、方国可以通过谭国、郐国的"周道"前往成周洛邑，然后达于宗周镐京、丰京。《齐风·南山》有"鲁道"，是齐国通往鲁国的道路。

《史记·齐太公世家》记载，周武王封姜太公于营丘，太公"东就国，道宿行迟"。逆旅之人曰："吾闻时难得而易失。客寝甚安，殆非就国者也。"太公闻此言连夜赶到封地，而莱夷也正好来与其争地。洹子孟姜壶铭文说，"齐侯命太子乘遽"至周请命。"遽"即传遽，是古代的驿车。有驿车当然就有驿道。周代从周王室至大东的齐鲁之地，"周道"一直畅通。这条道路把西周王室与东方诸侯联系在一起。从东方的齐、鲁之国，到宗周的丰镐二京，中间首先要经过陪都成周洛邑。

据宜侯夨簋铭文，康王曾到江苏丹徒一带的宜地视察，说明西周早期已有道路通往江苏。从宗周丰京、镐京向东到达江苏境内，这中间要经过的重要一站仍是陪都成周洛邑。

（二）成周通向南方的道路

据西周金文记载，成周向南有通向鄂、申、曾等国的道路，并可达江汉地区。昭王第一次伐楚返回时，就是经过鄂、曾等国回到成周洛邑。

中方鼎铭文说："惟王命南宫伐反虎方之年。王命中先省南国贯行……"中甗铭文说："王命中先省南国贯行，埶应在曾。……中省自方、昇（邓）、洀（洧）、囗邦，在噩（鄂）𠂤（师）、𠂤（次），伯买父以厥人戍汉中州。"地名曾在今湖北随县一带。方在河南方城县。鄂在河南邓州市。"汉中州"当在湖北的汉水沿岸。昭王伐楚开始阶段，途中先命令中这个人去河南南阳、湖北随县一带探路。这说明由成周向西南，经过河南南阳，有通往湖北的道路。

𢑩鼎铭文说："𢑩（鸿）叔从王南征，惟归，惟八月，在䢼位"。𢑩簋铭文说："隹（唯）九月，𢑩（鸿）叔从王员（远）征楚荆，在成周"。这是周昭王第一次伐楚归来，八月在䢼，九月就回到成周。可知陪都成周也有道路通向西南方的湖北省境内的汉水流域，所以昭王伐楚后可以从这条道路回到成周。

由成周向东南还有经大伾山通向陈、蔡、䜌（胡）等地的交通道路，这是周王室经营淮夷的要道。西周经营淮夷是从成周出发，虢仲盨铭文说："虢仲目（与）王南征，伐南淮夷，在成周……"竞卣铭文记载伯屖父以成师伐南夷，"正月辛丑，在坯"。噩侯驭方鼎铭文记载："王南征，伐角僪，惟还自征，在坯。""坯"即大伾山，在河南成皋，即今河南荥阳市境内。从大伾山南下，经郐国的"周道"，经过蔡国境内，向南可以到达南淮夷。驹父盨盖铭文中驹父"见南淮夷"，"还至于蔡"，说明他"见南淮夷"后，是经过蔡国，然后回到成周的。他去见南淮夷时，走的应该是由成周向东南，经过蔡国境内，然后通往南淮夷的道路。

（三）成周通向北方的道路

据堇鼎铭文记载，燕侯曾派堇到宗周给太保召公奭送食品，说明燕国与宗周之间也有道路交通，当然堇所走的路线可能是南下经过邢国、卫国，经成周再到宗周。

成周北、东、南都有交通要道，通往东方的各个诸侯国。西面更有"周道"通达宗周丰京、镐京。正是因为陪都成周洛邑的交通四通八达，而西周的诸侯国主要又分布于东方，所以陪都成周洛邑成为西周王朝经营东方的中心城市。

西周的交通除陆路外，还有水路航运，可谓四通八达。据杨升南先生总结，西周道路的特点为："第一，'周道'修筑的十分平直。""其次，宽阔，可容四马拉的大车行走。""第三，大道两旁种植有树木以'表道'和蕃蔽。""在道路中还可能有亭舍、供食宿一类的设施。"①

总之，西周时期已建立了具有一定规模的交通网络，不仅在巩固西周王朝的统治方面发挥了很大的作用，同时也促进了西周经济，特别是商业的发展。

---

① 杨升南：《说"周行""周道"——西周时期的交通初探》，见人文杂志编辑部编辑：《西周史研究》（人文杂志丛刊第2辑），1984年，第63—64页。

第七章 丰京、镐京的文化艺术与宗教信仰

丰京、镐京出土的文物遗存种类多，数量大，有文字、艺术品等，反映了西周的文化艺术与宗教信仰。文字中计有甲骨文、铜器铭文、陶文、符号标记等。甲骨文记载了西周的占卜、易卦等宗教信仰内容，青铜器铭文记载了西周的政治事件、社会生活等内容，为我们了解西周社会提供了重要史料。

　　丰京、镐京的文物遗存，例如石雕、陶塑、青铜器、玉器等，反映了西周的文化艺术；丰镐二京的墓葬则反映了西周视死如生的宗教信仰；丰京、镐京出土的铜人、玉人等反映了西周的服饰文化。

第一节
文化艺术

一、文字与符号

最能反映丰京、镐京文化艺术的，首先是文字。丰镐二京遗址中发现的文字和符号，大约可分为甲骨文、陶文和铜器铭文，还有族徽以及各种符号标记图形。

（一）甲骨文

丰京数个字连书的甲骨文共发现四例。据《张家坡西周墓地》第19页说明及图15的刻字拓片，其中1件标本出于张家坡村西南"井叔采"墓葬，"王君穴"三个字连书刻在殉葬人的下颌骨上面。另3件标本是卜骨，都出自张家坡村东西周居址的灰土堆积里。据《沣西发掘报告》，标本T313∶2∶3是兽类的长骨，出自1956—1957年张家坡村东第三发掘地点内，骨面上连书刻着"二、六、二、一"等几个数目字。另2件标本是牛的肩胛骨，是陕西省文物管理委员会于1955年冬至1956年春季在沣西砖厂内配合基建工程发掘出土的①，挖掘地点在《沣西发掘报告》图三中的第四发掘地点正东约100米处。标本T3④∶32的骨面上刻"六、六、八、二、六"和"六、六、六、六、·"几个字。标本T4⑤∶44的骨面上刻"六、八、二、五、一"和"五、二、六、八、一"几个字。

（二）陶文

陶文出土数量不多，大都是单个字，如张家坡西周居址出土的陶文有"Ⅰ"（壬）、"×"（五）、"田"（周）等字。②多个字连书的现象很少见到，只获2件

---

① 陕西省文物管理委员会：《长安张家坡村西周遗址的重要发现》，载《文物参考资料》1956年第3期；又见陕西省文物管理委员会：《陕西长安沣西张家坡西周遗址的发掘》，载《考古》1964年第9期。

② 陕西省文物管理委员会：《长安张家坡村西周遗址的重要发现》，载《文物参考资料》1956年第3期。

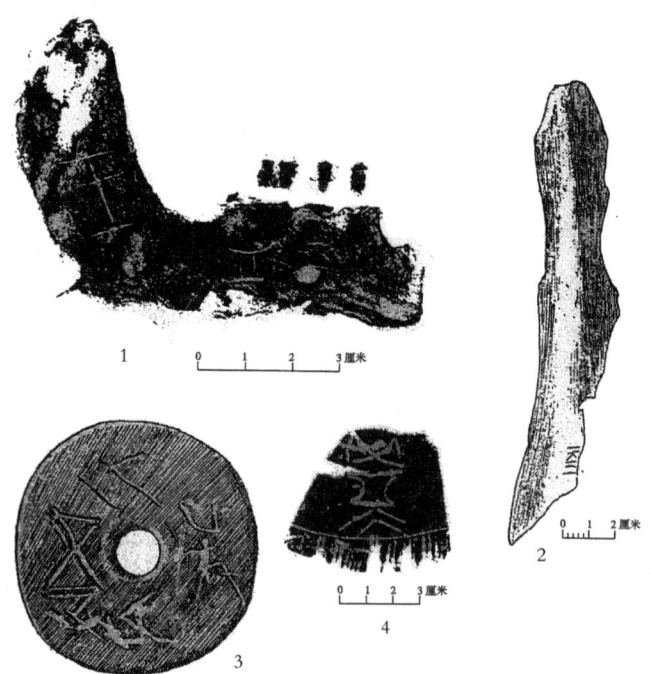

1. M157人骨下颌上的刻字拓本（引自《张家坡西周墓地》图15）
2. 张家坡西周居址的带字卜骨（T313：2：3）（引自《沣西发掘报告》图七〇）
3. 陶纺轮底部的文字（T105：4：12）（引自《沣西发掘报告》图五八）
4. 马王镇先周陶罐肩部的文字（引自《考古学报》2000年第2期第207页图一〇，4）

图 7-1 周文化甲文和陶文

标本。其中西周陶纺轮标本T105：4：12的文字刻在纺轮底面，"五"字和"∧"（六、六）字的笔画清楚，余下两个字迹模糊不清晰。先周文化陶罐标本H12：6的文字刻在肩部上面，由"五、一、八、一、六、六"数个字组成①，这是迄今发现年代最早的八卦爻辞之一。（见图7-1）

（三）铜器铭文

根据不完全统计，丰镐遗址出土有铭文或族徽的铜器达100多件，岐周出自窖藏的和出自墓葬的约各占一半。其中单有族徽，或者既有族徽又有铭文的铜器各出土10件左右。每件铜器的铭文字数多寡不一，最少的只有一个族徽，或者只有"父乙"或"父辛"之类的两个字。铭文多的近100个字，最常见的是20~30个字。铭文大都见于鼎、鬲、甗、簋、壶、盉、卣、觯、盘、爵等器皿的内壁上或器盖内壁上，刻在杯、钟等器物上的较少见。铭文记事内容十分广泛，涉及当时政治、经济、军事、官制、礼制、人名、地名及宫廷生活各个不同方面的问题。

镐京普渡村西周墓葬出土的长由盉铭文6行共59个字。记载作器者长由是穆王左右亲信的随员，曾经跟随周穆王参加战役和祭礼大典等活动。周穆王在下减应举行燕礼，又跟邢伯大祝举行射礼，证实《礼记·射礼》关于在举行射礼之前必先举行燕礼的

---

① 参见中国社会科学院考古研究所丰镐工作队：《1997年沣西发掘报告》，载《考古学报》2000年第2期图一〇，4；图一三，7；图版伍，3。

记载。

丰京遗址马王村铜器窖藏出土的第7号铜簋（卫簋），在底部和器盖内壁有内容和字数相同的铭文，6行共55字，涉及当时官制以及周王客于康宫事迹，是研究西周官制和丰邑宫室的一则新材料。

1976年丰邑遗址西王村铜器窖藏出土的遹盂，腹内有铭文6行，行8字，共49个字。①该器铭文记载周王内宫后妃遴选宫人、宫婢之事，这是有关西周宫选制度的一则新材料。

丰镐二京西周甲骨文、陶文和铜器铭文的大量出土，为人们深入探讨我国古代历史，尤其西周历史提供了一批十分重要的研究资料。

（四）符号标记

根据有关考古报告的报道，迄今在丰镐西周遗址的发掘中发现符号标记一类遗物的数量很少。符号标记大都见于陶片上，或者刻在骨角质的器物上。符号标记多属于单个数目字或两个数字的刻画，如张家坡村东西周遗址出土的石、陶质工具和骨镞上的符号，计发现有"↑""×"">""<"等多种。②

二、装饰品与艺术品

丰镐居址中出土的装饰品、艺术品种类繁多，陶、铜、玉、石、骨、蚌质的制品都有，大致可以分为骨角制的发髻饰物、玉石制的佩戴饰物、蚌壳磨制的镶嵌饰物和雕刻艺术品等。

（一）发髻饰物

发髻饰物只发现发笄一种，它既是实用品又是装饰品，大部分是骨制品，只有极少数是用象牙或鹿角做成的。骨角笄出土数量很多，总数在1000件以上，说明这是西周极为普遍的装饰物。周人有戴笄的习俗，多用骨笄插在发髻上，所以居址中出土的骨笄已达700多件。骨笄多用兽类的肋骨切削成锥形后加以磨制而成。象牙制品和鹿角制品也是切削成锥形后加以磨制而成，大都磨得很细，表皮异常平整光滑，内有不少的精美制品。骨笄绝大多数是残断的，完整的约占三分之一。

---

① 陕西省博物馆：《陕西长安沣西出土的遹盂》，载《考古》1977年第1期。
② 参见中国科学院考古研究所编著：《沣西发掘报告》，文物出版社，1963年，第91页，图五四、图五五、图六〇。

骨笄的形状多种多样，但笄身大都呈圆柱形，少数为扁圆形，或作四棱形，或作三棱形，个别的通体作扁平条状。骨笄的顶端，多数是平顶，个别的还在平顶上面镶嵌有绿松石。少数骨笄顶部雕刻成鸟形，鸟的眼睛和胸部镶嵌绿松石，鸟下面还雕刻有几条齿棱。有的骨笄顶端雕刻成壶形，顶部中心镶一块绿松石，壶的腹部镶嵌三块绿松石；有的骨笄顶端雕刻成葫芦形或钉头形，顶部中间镶嵌绿松石；有的骨笄顶端安装有圆锥形或钉头形的笄帽，骨笄的顶部或有子榫，可以插入平顶或圆锥形的笄帽。此外，还有少数或个别的笄顶端作扁平尖状，或作扁平犁尖状。

（二）佩戴饰物

佩戴装饰物发现的数量很少，而且大都是残破的。多数是石制品，器形有石璧、石璜、石环、石琮、石玦、石坠、石珠、石管、石鱼、石鸟、石戈、石圭、石钩和石"钱"等十多种。少数是玉制品或蚌制品，个别是玛瑙珠和料珠。

上述饰物大都有穿孔，可以穿系串联在一起，作为佩戴在胸前的成串饰物，或戴在手腕上的串饰。

（三）镶嵌饰物

镶嵌饰物都是用蚌壳磨制而成的，大多镶嵌在漆器或木器上，个别镶嵌在陶器上。蚌饰形状主要有两种：一种是蚌泡；一种是蚌片。

蚌泡大都呈正圆形，正面作球面状凸出，底部平，直径在3厘米左右。少数蚌泡为椭圆形。蚌泡中央多有一孔，无穿孔的很少见到。

蚌片都是较小的薄片，形状多呈方形或长方形，少数作正圆形或椭圆形。

居址还出土少量的贝、蚌和蛤壳（有文蛤和魁蛤两种）。其中有的贝、蚌和蛤壳的尾端磨一小孔，估计它们可能是穿在一起，作为装饰的。

（四）雕塑艺术品

雕塑艺术品只发现骨雕品2件，石雕品和泥塑品各1件，其中大理石雕刻品和泥塑牛头，虽属于器物的附件，但是造型独特，做工精巧，反映了当时的雕塑水平。总之，西周的雕刻、雕塑工艺已达到相当高的水平。

骨雕马头标本T467：4：16是用兽骨骨节的一端雕成马的头部和颈部，雕刻的手法极为简朴而形象特征明显。（见《沣西发掘报告》图版陆壹，7）

大理石雕刻是石雕器物上的一段残件。器形作斝柱状，顶是中央刻一周圆圈，周围刻三条圆涡状线条。柱身刻正倒相间的三角形纹。

第七章　丰京、镐京的文化艺术与宗教信仰

泥塑牛头是陶器物上的一段残件，造型独特逼真，是一件不可多得的艺术品。（见图7-2）

骨刀标本T316：1：2是用兽类的长骨仿造青铜刀雕刻的，刀身已残断。（见《沣西发掘报告》图版陆壹，10）器物并非实用物，而是一件艺术品。

（五）玉器

丰镐二京遗址出土了大量的西周精美玉器，其造型奇特，雕工精细，堪称精美的艺术品。玉器的造型多雕琢成鱼、鸟、蝉、蚕、牛、马和虎等动物。（见图7-3）礼仪用玉有璜、环、璧、圭等。当时的玉器，早期在造型、纹饰方面沿袭了商代晚期的风格与作风，但是动物的造型有所减少，纹饰也不像商代后期那样繁缛，有简化的趋势。大约从昭穆时期开始，西周玉器开始形成了自己的艺术风格。

（六）青铜礼器

丰镐遗址出土的青铜礼器，有300多件，其时代西周早、中、晚三个时期都有，器类有鼎、甗、鬲、簋、豆、盂、匜、卣、盘、壶、罐、罍、尊、觯、爵和杯等十多种。（见图7-4）这些青铜礼器，不管是从造型还是从纹饰来

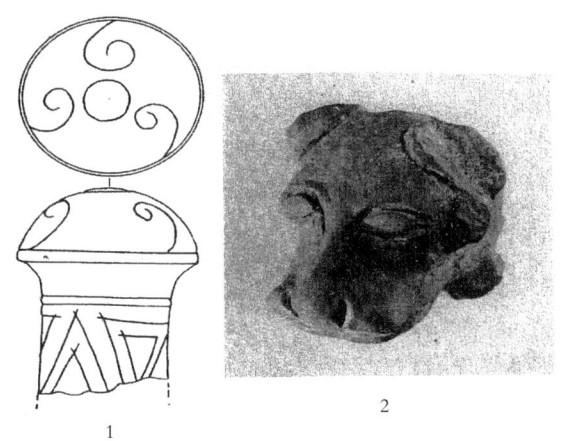

1. 石雕残器（T208：3：38）（引自《沣西发掘报告》图六八）
2. 泥塑牛头（F1：15）（引自《胡谦盈周文化考古研究选集》图版四，5）

图7-2　西周石雕残器和泥塑牛头

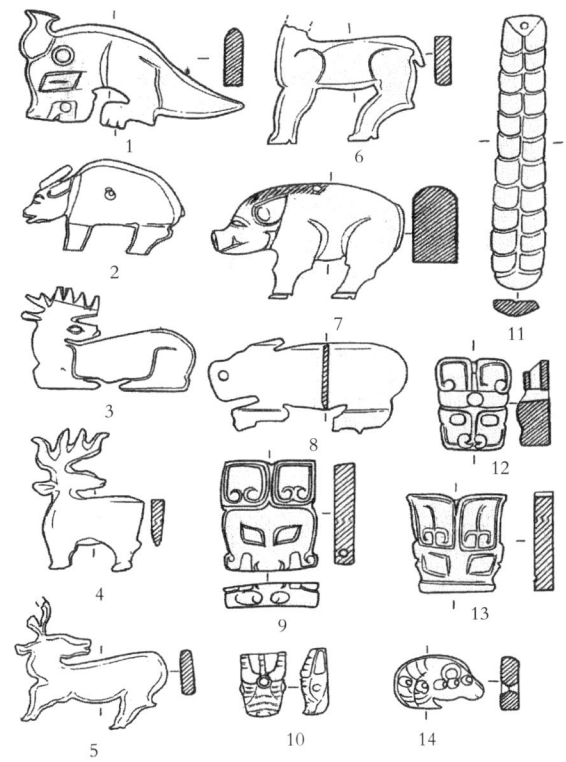

1. 虎（M273：14）　2. 牛（M163：12）　3. 鹿（M163：7）　4. 鹿（M44：22）　5. 鹿（M215：9）　6. 兽（M54：8）　7. 猪（M390：5）　8. 兔（M1：9）　9. 兽面（M14：43）　10. 兽面（M176：6）　11. 蛇（M42：8）　12. 兽面（M314：3）　13. 兽面（M176：4：1）　14. 兽（M200：022）（引自《张家坡西周墓地》图215）

图7-3　玉饰

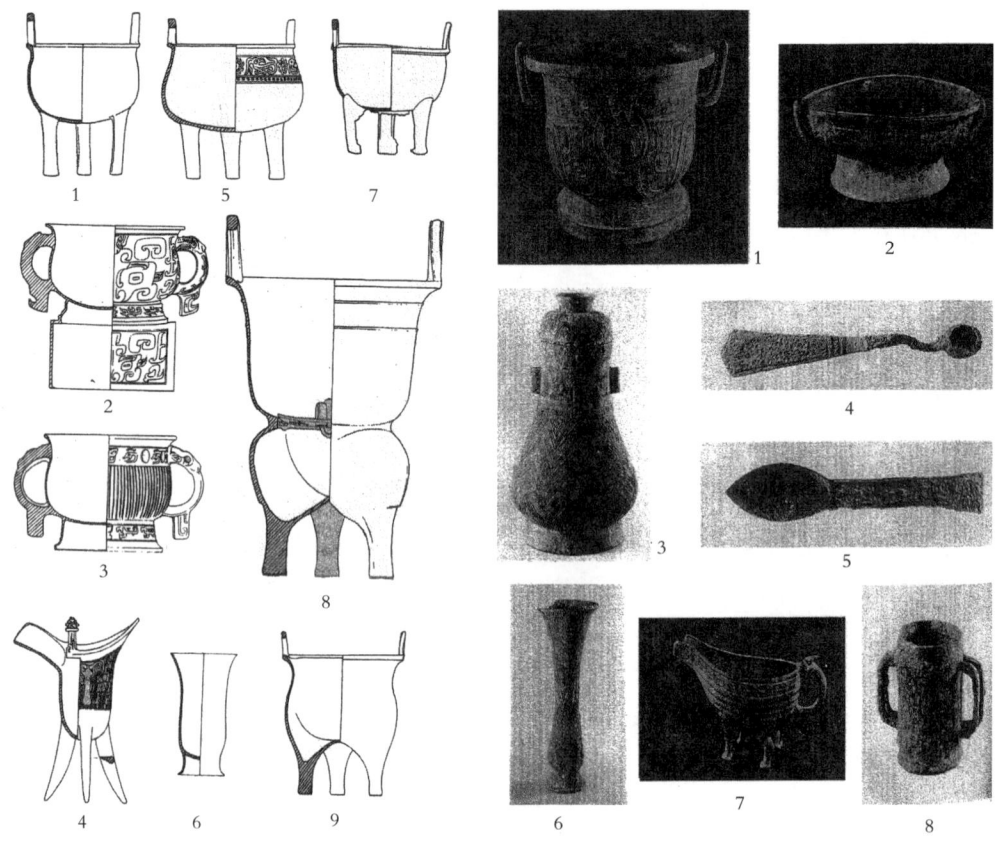

1、5、7.铜鼎 2、3.铜簋 4.铜爵 6.铜觯 8.铜甗 9.铜鬲

图7-4 丰镐西周居址的铜器

1.铜盂 2.铜盘 3.铜壶 4.铜斗 5.铜匕 6.铜尊 7.铜匜 8.铜杯

图7-5 丰镐西周居址的铜器

看,都是精美绝伦的艺术品。有些青铜礼器,仿各种动物的形象,造型十分逼真,生动形象。青铜礼器纹饰繁缛,装饰手法多样,有饕餮纹、云雷纹、蕉叶纹、夔纹、蝉纹、凤鸟纹、圆涡纹、连珠纹、直棱纹、窃曲纹、波带纹等等。从造型到纹饰,都反映了当时人们的艺术情趣。(见图7-5)

综合以上所述,可知西周丰镐二京的居民,使用着文字,并且创造了精美的青铜器、玉器、镶嵌饰物、佩戴饰物,以及石雕、陶塑等艺术品。他们的文化艺术生活可谓丰富多彩。

西周文学的成就集中在《诗经》中,而丰京、镐京是《诗经》的发源地。《诗经》收集了自西周初年至春秋时期大约500多年的305篇诗歌。内容上分为风、雅、颂三部分,其中"风"是地方民歌,有十五国风,故而又称"国风",共160首。十五国风并

不是十五个国家的乐曲，而是十五个地区的乐曲，包括周南、召南、邶、鄘、卫、王、郑、桧、齐、魏、唐、秦、豳、陈、曹的乐歌。这一部分是《诗经》的精华所在，文学成就最高，思想和艺术价值也最高，有对爱情、劳动等美好事物的吟唱，也有怀念故土、思念征人及反压迫、反欺凌的怨恨。《伐檀》《硕鼠》是"风"的代表作。"雅"主要是朝廷乐歌，分大雅和小雅，共105篇。大雅主要是周人对先公、先王的歌颂；小雅中的部分诗歌则记叙了西周王朝在北方抵御猃狁（犬戎）、在南方抵御淮夷的战争。总之，大雅、小雅中包含着许多珍贵的史料，是我们研究西周历史不可或缺的资料。"颂"主要是宗庙乐歌，分为"周颂""鲁颂""商颂"，有40首，其表现手法主要是赋、比、兴。"赋"就是铺陈（敷陈其事而直言之也），"比"就是类比（以彼物比此物也），"兴"就是启发（先言它物以引起所咏之词也）。

2008年7月，入藏清华大学的一批战国竹简（简称清华简）中，《耆夜》一篇叙述武王等在战胜黎国后庆功饮酒，其间周公旦即席所作的诗《蟋蟀》，内容与现存《诗经·唐风》中的《蟋蟀》一篇有非常密切的关系。可见《诗经》中不仅有周公等王公贵族等创作的诗歌，也有平民百姓创作的诗歌。

第二节
宗教信仰

周人崇拜"天",笃信鬼神,和商人一样崇尚巫术。丰京、镐京遗址中发现卜骨、易卦爻辞等,这是反映当地周人宗教信仰的遗物。

一、占卜

周人和商人一样崇尚占卜。在这方面,反映周人宗教信仰的遗物,在丰镐遗址中发现有卜骨和卜甲两种。

卜骨所用原料大都是牛或马的肩胛骨和长骨,用鹿、猪或羊的肩胛骨做原料的现象很少见。采用动物肩胛骨的做法是将骨臼的一半连同骨脊及两侧较厚的部分切去,再加以磨平。也有将两侧较厚的部分保留,只将中间的部分修磨成平槽的。臼角部分往往只削除一角,也有不加切除的。采用动物肢骨的做法是将卜骨劈开成片状略加修磨。(见图7-6)

钻凿的方法有下列几种:①钻、凿、灼三者兼施。钻孔为圆形,平底。在钻孔的底部,靠近外侧再凿成一细长的沟。然后在骨面上用灼。②有凿和灼而无钻。凿孔为方形,凿孔的外侧垂直凿,然后由内

图 7-6 张家坡西周刻字卜骨

侧向外斜凿，使成尖底槽。在骨面上用灼。③个别骨面较薄的，则不用钻凿，直接灼于骨面上。卜骨上的钻凿无定数，也看不出有固定的排列。

卜甲所用原料多为鳖的腹甲，少用龟的腹甲。卜甲的背面都经过修磨。卜甲都用方凿，凿成方形平底的浅槽，再在槽底的外侧凿成一条细沟。凿孔的排列一般都很整齐，其中排列最密的有8行，而且上下都对齐。用灼均在甲的正面。没有钻孔的卜甲只个别见到，直接灼于甲的正面。上述情况说明，西周和商代武丁以后占卜使用原料以及加工整治甲骨的现象和特征，是基本相似或相同的。

二、易卦

前述1956年在沣西张家坡村一处西周遗址中，发现刻有数目字的卜骨。①卜骨上的数目字，以前在铜器铭文中已有发现，但是世人都读不懂其义。古文字学家唐兰先生曾提出其为种数目字，是甲骨文、金文中所见的一种已经失传的中国文字。②后来刻有这种数目字的卜骨在周原西周遗址发现较多，而且在河南安阳殷墟、山东平阴县朱家桥商代遗址、陕西淳化县石桥镇等地，发现的陶器上也刻有这种数目字，从而更加引起学者的关注。张政烺先生首先提出这种数目字是易卦爻辞③，目前这种说法已成为学术界的一种共识。

传说八卦最初为伏羲氏发明，周文王将其演绎为六十四卦，所以《周易》相传是周文王所作。《史记·周本纪》说："西伯……囚羑里，盖益易之八卦为六十四卦。"《史记·日者列传》说："自伏羲作八卦，周文王演三百八十四爻而天下治。"《史记·太史公自序》说："昔西伯拘羑里，演《周易》。"文王演《周易》在《汉书》的《五行志》《艺文志》中也有记载。《周易》虽然成书于春秋末或战国初期，但是有西周时期的原始资料。郭沫若先生指出："在原始筮书中，可能只有卦象而无卦名，八卦和六十四卦的卦名是后来附益上去的。"④西周的易卦正是只有卦象而没有卦名，证实郭沫若先生的说法是正确的。

管燮初先生搜集了商周甲骨和青铜器上的卦符十一例，并对其进行了分析，在《商

---

① 陕西省文物管理委员会：《长安张家坡村西周遗址的重要发现》，载《文物参考资料》1956年第3期。
② 唐兰：《在甲骨金文中所见的一种已经遗失的中国古代文字》，载《考古学报》1957年第2期。
③ 张政烺：《试释周初青铜器铭文中的易卦》，载《考古学报》1980年第4期。
④ 郭沫若：《有关〈易经〉的信》，载《中国史研究》1979年第1期。

周甲骨和青铜器上的卦爻辨识》一文中总结出卦符有两个特点:"一是构成这类图形的符号有'∧,)(,—,+,×,ᛯ'六种,这六种符号在同一地区出土的卜骨或同一篇铭文中至多只出现其中的四种"。他列表比较后指出:"'—'和'+'、'×'和'ᛯ'不同时出现,这两对符号是互补的。对立的符号只有'∧,)(,—(+),×(ᛯ)'四类。二是每一个图形用六个符号累积而成,不多也不少",因而"这两个特点和易卦的结构完全相同"。西周八卦数字符号,其中"∧"表示六,")("表示八,"—"和"+"都表示一,但不同时出现,二者是互补的,释"+"为七当误。"×"和"ᛯ"都表示五,也是一对互补的符号。"ᛯ"是西周数字中的五,作为卦符使用一般都作"⋈"。另外,刻符"×"很容易被误识为"十"。根据以上规律,先将西周甲骨文、金文、陶文中完整的卦符释出列举如下。

长安张家坡甲骨卦符:

五一一六八一、六八一一五一（第一片）

一一六一一一（第二片）

六六八一一六、六一六六六一（第三片）

周原岐山凤雏甲骨卦符:

八一八一八五（H11：7）

一六六一六六（H11：81）

一六六一一八（H11：85）

□六六一一一（H11：90）

六六五五六□（H11：91）

一六八六一六（H11：117）

周原扶风齐家六号卜骨卦符:

一六一六六八（正面）

六八一一一八、八□六六六六、一八六八五五、六八一一一一（以上分别为背面两行卦符）

金文完整的卦符有:

一八六六六六、八一八六六六（中方鼎）

陶文中完整卦符有扶风召陈遗址三足瓮上所刻卦符为:

一一一一八一。

1987年陕西淳化县石桥镇发现1件西周陶罐，肩部刻有卦符11组，分别为：一一一一一一、一一六八八一、一八八一一一、六八五六一八、八一一八一六、一八一六一一、一一六一八五、一一六一一一、六一一六八八、一六一一一一、六一一五一一。①

1958—1959年殷墟发掘出土的陶片、陶簋、陶范上所刻卦符应分别为：一一八六六一、六六一六六八、六六一六一五、一八六六一一、六六五六五一、六六五六一八、五一六八一一。②

山东平阴县朱家桥商代遗址出土的陶罐上所刻卦符为：一八八六一一。

《周易》相传是周文王所作，西周文字中有大量卦符，而商代早期甲骨刻辞中又没有八卦数字符号，因此易卦应当是周族占筮的方法，八卦数字符号应该是周族的发明。商代晚期甲骨文和陶文中出现卦符，应当是商周文化交流的结果，可能是殷人学习了周族的易卦占筮方法。

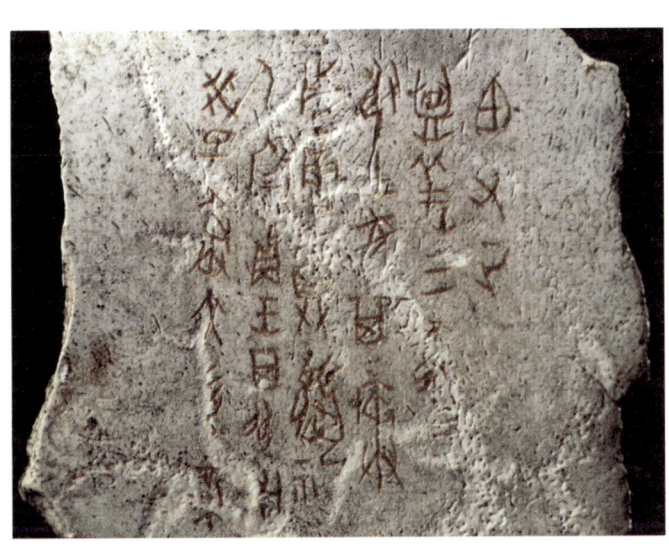

王宇信先生说："西周甲骨上契刻的六个数字应是揲蓍所得的总数字——筮数。筮数不是卜兆，但它的作用与卜兆是相同的。"③（见图7-7）西周六个数字符号记录的是卦象，它所反映的卦爻是占筮时判断吉或凶的依据，《周易》就是西周这种由数字符号记录卦象的易卦发展而来。

图7-7 周原出土的甲骨卜辞

---

① 姚生民：《淳化县发现西周易卦符号文字陶罐》，载《文博》1990年第3期。
② 张政烺：《试释周初青铜器铭文中的易卦》，载《考古学报》1980年第4期。
③ 王宇信：《西周甲骨探论》，中国社会科学出版社，1984年，第184页。

第三节
丰京、镐京的墓葬及其反映的丧葬习俗

古人相信灵魂不灭,他们视死如生,相信死后会到另一个世界生活,所以往往是按照生前的生活状态,安排死后的埋葬及其随葬品。丰镐遗址中发掘的西周墓葬及其附属坑——车马坑、马坑和牛坑,体现了丰镐二京居民处理亲人死后埋葬尸体的丧葬习俗和制度,是当时的物质文化遗存,属于当时社会上层建筑在信仰方面的文化内涵,也是西周奴隶制社会一个重要侧面——意识形态方面的一种具体反映和写照。

一、墓葬数量及其分布概况

根据不完全的初步统计,截至目前,在丰镐二京都址内已发掘西周墓葬约达1000座,发掘墓葬的附属坑——车马坑、马坑和牛坑60多座。这些西周墓葬,绝大多数(约占墓葬总数的95%)是在丰京遗址内发掘的,它们主要分布在遗址西北部的张家坡村东、村西和村南三个不同地区的十个发掘地点内,共发掘740多座西周墓,约占墓葬总数的75%。在客省庄村村北和村西以及马王村北地等三个不同地区发掘了100多座西周墓葬。在丰京遗址南半部做的发掘工作比较少,目前限于在西王村和大原村一带清理西周墓葬约50座。因为镐京遗址被破坏严重,而且遗址发掘工作做得少,目前只限于在普渡村和花园村的东边——西安至鄠邑区公路东、西两旁发掘了50座西周墓葬。

至于墓葬附属坑的分布地点,除在镐京遗址的普渡村发掘2座车马坑以外,其他车马坑、马坑和牛坑都是在丰京遗址发掘的。其中车马坑多位于张家坡村东各个发掘地点内,其次是位于张家坡村西和村南的发掘地点内,余下6座车马坑分别是在客省庄村北、马王村村北和西王村村西三个地点发掘的。29座马坑都是在张家坡村西南的北区和南区等地点发掘的。4座牛坑都是在张家坡第六地点发掘的。

二、墓葬分类

丰镐二京遗址中已发掘的约1000座西周墓葬，根据其丧葬习俗和埋葬形式的差异，基本上可以分为幼儿"瓦棺葬"和成年人土坑葬两大类。

（一）幼儿"瓦棺葬"

幼儿的"瓦棺葬"仅发现20多座，多数是在张家坡村东发掘的，少数几座是在客省庄村北发现的。由于这类墓葬的墓圹挖得浅小，而且往往位于房子旁或其附近的灰土堆积里，所以墓穴的圹限一般难以分辨清楚。埋葬的方法是先挖一个浅小凹坑，再利用破陶器的残片，如鬲、罐、盆和瓮等形制较大的器皿铺盖在幼儿尸体的上下，然后用土掩盖。埋葬幼儿使用"瓦棺葬"的习俗，在我国古代中原史前文化中乃至商周奴隶制时代都是普遍存在的。

（二）成年人土坑葬

成年人死后实行土坑葬，在史前社会以及夏、商、周时代是普遍的埋葬习俗。丰镐二京遗址已发掘的约1000座西周墓葬中，内有带墓道的奴隶主贵族大型墓葬4座、洞室墓葬23座，其他900多座都是竖穴土圹墓，约占墓葬总数的95%。这说明，竖穴土圹墓是西周时代最为流行的一种墓穴形制。下面分类来加以介绍和说明。

1. 带墓道的大型墓葬

根据《张家坡西周墓地》介绍，在4座带墓地的大墓中，有1座（M157）是双墓道的"中"字形墓葬，其余3座（M152、M168、M170）是单墓道的"甲"字形墓葬，它们均位于张家坡村西南的发掘北区，东西横列，M157位西，M152、M168、M170依次向东排列，分布面积约1700平方米。这是迄今在丰镐地区发现的规模最大的、级别最高的奴隶主贵族墓葬，可惜的是墓葬都遭严重盗扰，无从了解其全貌特征。

（1）双墓道的"中"字形大墓 M157

M157是一座南北向的双墓道"中"字形大墓，墓室是一个长方形竖穴土圹，椁室以上坑壁坍塌，墓底长5.5米，北宽4米，南宽4.3米，墓穴残深8.24米。南墓道是主墓道，长约18.2米，北端宽4.06米，南端宽3.5米；底部为斜坡状，坡度为18度，下距椁室顶为1.35米。北墓道为辅墓道，形状略似细颈瓶状，北端为窄长条，似瓶颈，南段逐渐加宽，南端与墓室等宽，似瓶腹。墓道长11.7米，北端宽1.2米，南端宽4.2米。墓道底呈斜坡状，下距墓室椁顶为1.5米。

葬具是一椁二棺，都已腐朽成灰。外棺表面有0.2厘米厚的黑色漆皮，内棺则髹红漆，其上绘有深褐色及石青色的图案，但纹样已不清晰。

墓主人和殉葬人的骨骸被盗扰，葬式不明。墓主人为男性，年龄为40~45岁。殉人的骨骸至少有七处用利器砍伤的痕迹，在下颌骨外面骨质上还刻有"王君穴"三字。男性，约50岁。

随葬器物被盗，棺内只残留铜戈1件、小玉戈2件、面幕（幎目，即覆面巾）上的玉饰2件，以及若干铜容器的残片和陶豆、釉陶豆的残片（有的陶器可以拼合复原）。棺、椁之间残留大石磬2件，以及璜、环、戈、龙、鱼等小玉饰多件。墓内埋12个车厢、30个车轮，还有轴、辕、轭、衡等车件，摆在墓道和椁盖上，木质已腐朽成灰。

（2）单墓道的"甲"字形大墓 M152

M152是一座南北向的单墓道"甲"字形大墓，墓室是一个长方形直壁土圹，长5.9米，南宽3.9米，北宽4米，穴深约7.2米。墓室东北角被一座竖穴墓M165挖破。墓道位南，大部被马坑M153打破，仅残留靠墓室3.35米一段，底部北宽3.35米，南宽2.75米。墓道底部为斜坡，坡长4.1米，坡度较缓，为9度，但在接近墓室时，突变为43度陡坡。墓道连接墓室处距墓口4.4米，下距椁顶1.1米。

葬具有木椁、头箱、外棺和内棺，木质已腐朽成灰。外棺表面髹褐漆，其上有红色、黑色及天蓝色彩绘图案，可惜已不清楚。内棺表面也经髹漆彩绘，图案也不清晰。

墓主人骨骸被扰，葬式不明，男性，年龄在40岁左右。

发现殉狗1只，埋葬在墓道靠墓室处，头西尾东，作伏卧状。

随葬品大部被盗，仅残留铜鼎2件、镶铜漆豆3件、石磬4件、铜戈3件、铜矛2件、铜镞200多枚、铜铃1件、銮铃4件、铜车軎2件、釉陶豆6件，以及未经钻、凿、灸灼的龟甲等物。车辆都是拆成散件埋在墓道内，仅仅残存1个车厢、5个车轮和一段车辕，都已腐朽成灰末。

（3）单墓道的"甲"字形大墓 M168

M168是井叔家族墓地三座单墓道大墓中居中的一座，它的西面是M152，相距6米，东面是M170，相隔仅2米。它是这三座墓中占地面积最小的一座，而且和其他两座墓在埋葬形制和随葬器物上也有所不同，比如椁前不设头箱，墓道略宽于墓室，墓道内不随葬轮舆，等等。

M168为南北向墓葬，墓室位北，墓道在南。墓室呈长方形覆斗状，口小底大。墓口长3.7米，南端宽2.2米，北端宽2.5米，墓底向北扩出较多，长4.2米，南端宽2.5米，北端宽2.65米，墓穴深6.4米。墓道为长条形，上口长8.23米，北宽2.6米，南宽2.68米。墓道底部为斜坡，坡长9.4米，宽2.5米，坡度为27度，与墓室连接处上口深4.7米，下距椁顶仅15厘米。

葬具是一椁二棺，木质已腐朽成灰。棺经髹漆，其上有红色、黑色和褐色彩绘，图形不清。内棺底铺有朱砂。

墓主人尸骨被扰，葬式、性别及年龄不明。

发现殉狗2只。一埋在墓葬东壁下，狗头向南，作伏卧状；一埋在墓室东南角的填土内，距墓口深4.6米，狗身东西横置，无头。

随葬品被盗，仅残留铜辖4件、铜䡅3件、铜辖1件，以及玉戈、玉鱼、"玉柄形器"和贝等物。此外，在盗洞内清理出陶鬲、釉陶豆的残片以及玉、石、蚌器和铜片等物。其中陶鬲复原了4件。

（4）单墓道的"甲"字形大墓 M170

M170是一座南北向的单墓道"甲"字形大墓，墓室在北，墓道位南。墓室口小底大，呈覆斗形，上口长7.68米，宽4.65米，底长8.76米，宽5.6米，穴深7.8米。墓道为长条形直壁土坑，北宽南窄，上口长12.8米，宽3.6~4米，墓道坡长13.2米，坡度24度。在墓室底部没有发现腰坑的痕迹。

葬具发现木椁、头箱、外棺、内棺以及在木椁下面垫两根枕木的灰痕。外棺表面髹红漆。内棺表面髹黑漆。棺盖表面有朱红色图案，头端为兽面纹，兽面嘴下是垂三角形图案，下端两侧各绘一个卷尾大鸟纹。这是目前保存年代较早而内容完整的彩绘葬具资料。

在墓室的底面，发现10厘米厚的一层木炭块，说明当时有墓内积炭之风，其风当始于西周中、晚期之交时。

墓主人的尸骸被扰，葬式不明，成年人，男性。

随葬品大都被盗，仅残留铜方彝1件、铜器盖1件、铜斗勺2件、铜足漆案和漆案各1件（木质已腐朽成灰）、象牙杯1件、雕花象牙戈鞘1件、象牙虎头杖首1件、铜钺2件、铜戈31件、铜铃44件、銮铃64件、衡矛24件、铜辖24件、玉琮1件、玉鱼50多件、陶鬲1

件和釉陶豆2件。

此外，在墓道和墓室二层台上共清理出30多个车轮以及若干车厢、车衡、车轴、车辕等木质车件痕迹。在盗洞内清理出若干象牙雕刻板。

2. 洞室墓葬

这类墓葬的主要特征，是先挖一个竖穴墓道，然后在底部一侧掏出一个横向洞穴墓室。

竖穴墓道的平面形状都为长方形，四壁角平直，上下基本垂直。墓道的底部大都向下洞室一侧倾斜，也有少数墓道底部是平坦的。墓道的大小不一，最大的长度达3.55米，最小的长度仅有2.3米，一般的长度在2.5~3.2米之间。墓道最深的达6.67米，最浅的仅有1.8米。

洞穴墓室位于墓道底部的一侧，是一个向外掏挖而成的横向洞穴，用以安放棺木和随葬品。洞室掏在哪一侧并不固定，南北向的墓，洞室位于东侧和西侧的都有；东西向的墓，洞室位于北侧和南侧的都有。洞室的平面形状分为长方形、梯形和扇形三种。长方形洞室的平面略呈长方形，也有一端为斜线或弧线的。梯形洞室的两端均为向外扩张的斜线。扇形洞室除两端为斜线外，外侧的一边呈弧线。洞室的门，也即是墓门，就开在墓道的侧壁上，墓门两边垂直，顶部呈拱形。洞室内周壁大体垂直，底部平坦，顶部则靠墓门一面较高，靠后壁一面较低，呈前高后低的斜坡状或有微小的弧度；以斜坡形洞顶居多，弧形顶少见。洞室的底部一般均低于墓道的底部10~35厘米，两者之间呈一级台阶状。

洞室的大小不一，中线长度在3米以下者多见，3米以上者很少见。宽度大都在2米以下，超过2米的仅个别见到。洞室高度多在1.5米以下，超过1.5米的是少数。

在洞室内安置了棺木和随葬品之后，墓门都用木板或苇席封挡。从残存的灰末痕迹观察，挡板均横置，略长于墓门的宽度，保存最高近1米。

葬具多用一棺，用重棺是个别现象。棺都是长方形的，棺木已腐朽成灰仅留下痕迹。棺木大都经过髹漆，颜色有红、黑两色。个别墓在棺底下铺有约4厘米的朱砂。

葬式流行仰身直肢葬，也发现个别侧身直肢葬。仰身直肢葬的尸骸为仰卧，面向上或侧向一边，双腿并列伸直，双手交叉置于腹部或胸前。侧身直肢葬的骨骸为侧卧，双腿伸直重叠在一起。

随葬器物大都放在葬具的周围，其中青铜容器和陶器大都放在墓主人头端，铜车马器多放在脚端，漆盾多放在棺盖上，玉器、石器多出于墓主人的身上。随葬轮舆的只有M112，在墓道的东南角发现一个残破的车轮痕迹。陶鬲是最常见的随葬器物，各墓都有，出2件陶器的多为鬲和罐。随葬青铜器的7座墓中，出土2件以上青铜容器的有3座，每墓均有鼎和簋，可见鼎、簋配置是铜容器的组合形式。大凡出土铜容器的墓，往往都随葬铜兵器、车马器和玉器等，随葬器物比较丰富。

洞室墓大都属于西周昭、穆、共、懿、孝王时期，即西周中期及稍早的文化遗存，少数属于周初成康时代或西周晚期的文化遗存。洞室墓因为有在墓道底部一侧向外掏挖横向洞穴作为墓室，所以又称偏洞室墓。这种墓葬形式见于商代晚期扶风县刘家姜戎墓地、长武县碾子坡遗址，更早则见于青海省羌族卡约文化墓葬，因此偏洞室墓当是姜氏之戎的习俗，实为羌族的古老习俗。

3. 竖穴土圹墓葬

丰镐二京遗址内已发掘的约1000座西周墓葬中，大约940座是竖穴土圹墓，占墓葬总数的95%左右。由此说明，竖穴土圹墓是西周时代最为流行的一种墓葬形制。根据初步统计，在940座竖穴土圹墓中，绝大多数是小型墓葬，土圹长度都在3米以下；土圹长度为3~4米稍大一点的中型墓葬，约占墓葬总数的40%弱；土圹长度达4米以上的大型墓葬，共发掘了30多座墓。在上述三类墓葬中，其中大、中型两类墓葬在古代大都被盗掘过，特别是大型墓葬往往多次被盗，墓内随葬器物甚至无一存留。小型墓葬被盗的现象比较少见，而且被盗的往往是墓穴长度接近3米的西周初期墓葬。竖穴土圹墓的基本特征，下面概括做一介绍和说明。

（1）墓葬形制

西周竖穴墓的土圹形制具有以下十分突出的特点：

①墓穴土圹的平面形状大都作长方形，四个墓角多为90度直角，墓角近似半圆形的很少见到。

②长方形土圹流行窄长形，即土圹的宽度约等于长度的三分之一。少数土圹为短宽形，即穴宽约等于长度的二分之一。有若干形制较大的墓葬，墓穴长、宽比例约为3∶2，平面形状近似方形。

③土圹底部常见墓主人头向一端略宽于脚端，脚端略宽于头端的虽有发现，但属个

别例外现象。

④长方形土圹的墓穴构造，大致可以分为以下三种：一是口小底大若覆斗形的土圹；二是口、底大小尺寸相同的直壁形土圹；三是口大底小若漏斗状的土圹。上述三种穴形中，以覆斗形土圹的数量居多，直壁形土圹次之，漏斗状土圹只个别见到。前两种土圹初、中、晚三个不同时期墓葬中都有发现，后一种穴形似乎仅见于西周晚期，到东周时代则变成最为流行的一种墓穴形制。

⑤在形制较大或较厚葬的墓葬中，常见在墓穴土圹底部中央挖一个圆形或椭圆形或长方形的浅凹坑，俗称"腰坑"。坑内常见殉狗，寓意是为墓主人警戒。此葬俗在西周初期异常流行，西周中期也比较常见，西周晚期就少见了。在墓穴底部中央设腰坑和埋狗习俗是商文化墓葬的一个显著特征。周墓穴底设腰坑和埋狗的现象，是周人受到商文化影响的一种具体反映。①

（2）葬式

西周墓主人的葬式计有仰身直肢葬、俯身直肢葬、仰身屈肢葬、侧身屈肢葬、侧身直肢葬以及只埋一个人头等六种。其中仰身直肢葬最多，约占墓葬总数的70%，其余的大都是俯身直肢葬，至于其他四种葬式极少发现。

仰身直肢葬的姿态是尸体仰卧，面向上或侧向左边或右边，双手下垂贴在身旁或交叉放在腹部或胸前，双腿并列伸直。俯身直肢葬除尸体俯卧以及面向下或侧向一边以外，上下肢的姿态与仰身直肢葬相同。侧身直肢葬是侧卧，一臂压在身下，下肢同上。仰身屈肢和侧身屈肢除上身有仰卧和侧卧的区别外，下肢都弯曲重叠侧向一边，而弯曲的程度则有轻重之别，双腿屈曲较甚的，则有如蹲坐状。只埋一个人头的墓，都用布一类的纺织物包裹人头放在棺内一端，头颅骨靠近木棺的顶板，面部向上。

西周墓葬流行单人葬，但是在张家坡村南的第六发掘地点发现了两座二人合葬墓。其中158号墓，成人为女性，侧身屈肢，头向西，面向北，双手上举，放在前面，下肢的胫骨叠压在股骨之下如蹲坐状。婴儿在成人的腹前，头向一致。这座墓的东端边缘被一座西周弯曲灰坑破坏，墓内随葬一件西周陶鬲。在此墓北边不远的162号墓，也是一座成人和婴儿合葬墓，但葬式不同，成人为仰身直肢，婴儿则放在成人的右脚旁。众所

---

① 胡谦盈：《商、周关系史和先周文化中的商文化因素管窥》，见胡谦盈：《胡谦盈周文化考古研究选集》，四川大学出版社，2000年，第218—219页。

周知,父母和儿辈合葬在我国新石器时代诸考古文化中是一种常见现象。这种葬俗在甘青地区直到青铜时代诸考古文化中仍然常有发现,如四坝文化、寺洼文化等。但此葬俗在中原地区,约在商代已经绝迹,今在丰邑张家坡发现母、子(或女)二人合葬墓两例,说明西周时代仍然保留着比较原始的埋葬习俗,这或许是西周戎狄的一种习俗。

(3)葬具

西周墓葬的葬具,小型墓大都使用一个长方形木棺,大、中型墓则多用一椁一棺,少数墓穴长在4米以上的大型墓是一椁二棺。用椁的墓,有的墓穴底部的两端各横置一根方形枕木,将木椁垫起。

绝大多数的椁室木质已腐朽,仅存留板灰痕迹,个别椁室残留部分椁板,我们根据这些资料可以基本弄清椁室结构。椁室都是在墓穴挖好后在墓底现搭的,以张家坡西南村旁南区M1为例:先在墓底两端各横置一根长2.3米,高、厚约18厘米的枕木,然后在枕木上顺放十块长3.5米、宽0.2米的木板拼合成椁底板。在椁底板上搭椁室四壁框架,各壁约用七根方木上下叠筑而成,四角大概是用榫卯结构互相套合。最后预留盖板,待放入棺木后再盖上椁顶板。椁盖系由十五块长2.2米、宽约0.3米的木板横置拼合而成。

木棺都已朽,仅存遗迹,结构不明,推测为长方形箱状。内棺和外棺的表面常见髹黑漆或褐漆,有的还有彩绘,但图案都已模糊不清,只有"甲"字形大墓M170内棺上的彩绘图案清楚。

葬具上下常用席子铺盖,这是西周墓葬的一个显著特征。

在墓主人的身上往往撒有朱砂,少数墓葬在棺底铺一层朱砂。个别墓在墓底发现10厘米厚的一层木炭块,可见当时有墓内积炭之风。

此外,还发现一些小型墓葬,大都属于墓穴长不及2米的墓,或没有葬具,或仅用席子裹尸,墓主人应该是当时社会上地位最低的奴隶。

三、殉葬风俗

(一)殉葬动物

用动物殉葬在西周时期异常普遍,殉葬动物基本上属于家畜,如牛、马、羊、猪和狗等,可能属于狩猎捕获的动物如鹿等则很少见到。上述殉葬动物中,以殉狗最为流行。殉葬动物都是事先处死后才放进墓穴内的。殉牛、殉马多在墓主人的陪葬坑,但也发现将马或牛放在椁盖或棺盖上的现象。殉鹿都放在椁盖上或二层台上，猪和羊也大都放在椁盖或棺盖上，羊的体积比较小，有的则陈放在墓穴的二层台上。殉狗大都放在墓穴底部中央的腰坑里，无腰坑的墓则多见于墓穴填土中，少数或个别的埋在穴底四边的二层台上。在狗架的颈部或周围，常常发现用贝、蛤蜊和铜铃做成的串饰，估计原来是系在狗颈部做装饰的。狗是一种善于警戒的动物，殉狗风俗的寓意当是为死者守护门户和警卫的意思。殉牛或殉马特别是殉鹿等的含义，应该是反映墓主人生前社会地位和拥有较多财富的一种象征和标志。

（二）殉人

根据不完全的初步统计，用人殉葬的墓约占全部墓葬的6%。每座墓常见殉一人；形制较大而且较厚葬的墓殉二人，或殉三人，或殉四人的现象都有发现。殉人都是事先处死以后才埋的，大都置于墓主人两侧或脚端的二层台上，少数或个别的埋在墓主人脚端上面的墓穴填土内。有的殉人墓大概因二层台较窄小，专门在墓壁上向外掏出一个横向壁龛，以便有足够的地方容纳殉葬人。位于墓主人两侧二层台上的殉葬人头向，大都与墓主人头向一致，例外的是个别现象。位于墓主人脚端二层台上的殉葬人，头多向右。殉人是仰身直肢葬和俯身直肢葬并存流行，个别的殉人姿态是仰身微屈肢，或者向墓主人侧身屈肢若跪拜状，这说明殉人的葬式并不固定。绝大多数殉人无葬具，个别的用席子裹卷置于长方形浅凹穴里，穴深10厘米左右。有少数殉葬人有极少的随葬物，如有的口中含贝或玉、石，有的腰际有10多枚贝串饰，有的腰下发现若干玉鱼和蛤蜊壳串饰。个别殉人头前放1件陶鬲，很可能是他的随葬物。

西周用人殉葬的墓大都属于初期周武王、成王、康王、昭王时期的墓葬，少数属于中期偏早周穆王、共王时期的墓葬，到中期后段即周懿王、孝王时期，用人殉葬就只限于个别现象了。

四、随葬品

（一）随葬品放置位置

墓葬中的随葬品陶容器和青铜器一般都放在墓主人头前的棺内，或棺、椁之间，有的横放成一列，有的则堆在一起。也有放在墓主人头前的二层台上，或横向摆成一行，或堆放在一隅。陈放在墓主人脚端的棺内，或棺、椁之间，或二层台上的情况虽有发现，但属于少数和个别现象。

漆器大都和青铜容器等放在一起，或单独放在二层台上。

青铜兵器大都放在棺内墓主人头端两侧，或者陈放在墓主人头前和两旁的二层台上。随葬的铜戈，援中部往往弯曲成钩状，或被折成两段，分置两处，这大概是当时的一种习俗，也是西周墓葬的一个显著特征。

玉器大都随墓主人放在棺内，多为佩戴串饰一类饰物，有的戴在墓主人的颈部，有的戴在墓主人的手腕。出土玉器较多的墓，往往集中堆放，分层叠置，器形有戈、璜、鱼、鸟、龙、柄形饰等，尤以柄形饰数量为最多。

墓主人口内大都含贝或玉、石。有一些墓主人的手掌内握贝或玉、石。蚌鱼、铜鱼之类，或成串，或散置，以及各种不同形状的蚌泡和蚌片都是棺饰。

墓内常见随葬祭肉，其中牛、马、羊和猪等牲畜的肢腿大都放在墓主人头端的二层台上，少数墓陈放在墓穴两侧的二层台上，个别墓放在棺内墓主人脚下一角或二层台上。小块祭肉则盛在陶容器或青铜器内。

随葬的车辆都放在椁盖上或二层台上。车子都是被拆散的，车轮通常都放在二层台上，靠立在墓壁旁，墓壁上或挖有圆形浅凹槽，将轮毂的一端纳入槽内。车轴常顺放在一侧的二层台上，车厢、辕、衡等则散置在椁盖上。车马器具通常都埋在墓室上部的填土内，也有陈放在墓室四边二层台上，堆放在一起的。

（二）随葬器物

墓葬中的随葬器物，大都是墓主人生前使用的兵器、工具、生活用具、乐器、装饰品以及车马器具等器物。专供埋葬使用的所谓冥器，极为少见，只出土少量劣质的陶器以及一些可能作为礼仪使用的玉、石质武器和工具等。此外，在墓穴底部墓主人周围往往还发现大量的各种不同形状的铜、玉、石、蚌质的棺饰。下面分类来加以介绍。

1. 兵器

兵器为作战器械，大都是青铜制品，可分为锋刃器具、锤击器具和防御性器具三类。绝大多数是锋刃器具，个别为锤击器具和防御器具。

由于这些器物形态都比较简单，因而都用合范浇铸，均使用一次成形的浑铸法制成。

（1）锋刃器具

出土有钺、戣、戈、矛、剑和镞等六种。其中前四种是安木柲的长兵器，剑是安柄的短兵器，镞是安木杆的射杀器械。

铜钺是商周时期形制最大的砍伐长兵器，而且是掌握杀伐大权的象征，因此出土极少，是当时地位显赫的作战人员使用的。器形分两种：一种是常见的形式，扁身，上窄下宽，弧形刃部宽阔，刃角上翘。器身中部和长方形内各有一圆孔。标本M199∶10的器身两面及两侧各附着一条夔龙浮雕，器长14.5厘米，刃宽8.7厘米。另一种很罕见，形制别致。器身为扁宽的半环形，上端含柲处做成张口的龙首，器身里侧为曲体龙身，器身外侧为圆角方形的刃部，器身下端连接胡部。胡部较长，一侧有上下两个椭圆形銎。器身上端之龙首向下，顶部有角，方目鼓凸，张口，口部正好与胡侧之椭圆形銎相对，连成一线。标本M170∶246，全长27.5厘米，身宽7.7厘米。

铜戚是砍和钩两用的长兵器，在商代异常流行，在西周墓中很少见。器身扁平，援平面形状若等腰三角形，尖端钝圆，两侧刃斜直，无阑，两穿，长方形内中央有一圆孔。

铜戈也是砍和钩两用的长兵器，但援身细长，前锋尖锐，比铜戚的杀伤力大，是西周墓中常见的随葬兵器，出土数量比较多。器形分为以下六种。无胡戈，标本M285∶8全长22.5厘米。短胡无穿戈，标本M37∶3，全长19.6厘米。短胡一穿戈，标本M116∶5，全长22.5厘米。中胡二穿戈，标本M117∶1∶4，全长18.5厘米。长胡三穿戈，标本M319∶4，全长16.8厘米。单銎戈，标本M315∶2，全长21.9厘米。

标本M170∶129为两件带柲铜戈，出土时两戈之柲部紧靠一起，戈身彼此叠压，一件保存完整，另一件援体中断，但可对合复原。木柲长82.5厘米，上端长径3厘米，下端长径3.5~4.5厘米。木柲自顶端以下长55.5厘米，一段缠绕着细绳，涂以黑漆。其余长27厘米的最下一段也缠绳，但涂红漆，漆皮下有细沙状泥子。出土时保存完整的那件铜戈的阑部紧靠柲部，戈身与木柲呈直角形安装在一起。另一件器身与柲略有移位，接合不紧。

铜矛是一种刺杀式长兵器。器形细长，叶两侧有刃，尖锋；叶身中部起脊，脊与安木柲的圆筒形骹通连。形制大致可分为两种。一种为柳叶形叶，长圆筒形骹，骹侧有双环。流行于西周早期，如标本M315∶3，全长20.2厘米。一种为凹腰叶，长骹，骹口作菱形或圆形，骹侧附双环或无双环。流行于西周中晚期，如标本M285∶7，全长20厘米。

此外，还发现个别标本的形制特别，叶身为两级三角形，长骹，凹口，如标本

M152：120。

铜剑在西周墓中罕见，只出土了3件，形制相同。器身细长似柳叶状，尖锋，直刃，锋刃交接处圆转，无折角。器身中部作弧形隆起，横截面作枣核形。短柄，柄前宽后窄，中部有一个安柄的圆孔。标本M183：6，全长21.2厘米。

铜镞都属于双翼倒刺式，出土数量甚多，但木杆都已腐朽，具体结构不明。

（2）锤击器具

只发现1件。标本M66：23，器身后半部近似戈形，但在相当于援身前部的地方却有一个带把的锤头。锤头作球状，直径3.7厘米。锤把为圆柱状，直径1.5~1.9厘米。援身后部做成一宽厚的浮雕式虎头。胡部无穿，上下有阑。直内，内呈长方形，中部有一圆孔。器全长16厘米。

（3）防御性器具

发现有漆盾和铠甲两种。

漆盾已腐朽，只存痕迹。盾的表面涂有红、黑两色漆，两角钉着2枚大铜泡，漆盾形制结构不清楚。

铠甲是在皮革衬里之上缀以铜甲片并镶铜条边框做成的，出土时皮质衬里已经腐朽，仅存干缩龟裂状的遗痕。经清理复原，可大略知道它原来的面貌。[①]

铠甲为长方形，长110厘米，宽29厘米，表面髹红漆。

铠甲上的铜甲片共65枚。甲片的平面为半月形，正面呈泡状鼓起，边上无穿孔。甲片分为5行13排，每排5枚，皆是正面朝上，排列整齐，片与片之间保持着基本相等的距离。甲片四周空隙处的皮革衬里上，用红褐色绦带缝缀链状装饰。绦带由多股丝线对折搓捻而成。由于甲片上无穿孔，估计有可能使用漆器镶嵌附件那样的办法把甲片安装在皮革衬里之上。铜甲上的铜条边框用扁平的长铜条构成，转角处铜片相互搭接。在铜条边框上附着一些蚌泡。

2. 工具

工具大都是青铜制品，个别是石质和骨质制品。铜制品均出自大、中型墓葬，石、骨质制品出自小型墓葬。

铜制工具有斧、锛、凿、铲、刀和锥等六种。

---

① 白荣金：《长安张家坡M170号西周墓出土一组半月形铜件的组合复原》，载《考古》1990年第6期。

斧是砍伐工具，均为銎顶，两面刃，器身平面为上宽下窄的倒梯形。

锛也是砍伐工具，均为銎顶，单面刃，器身为窄长的倒梯形。

凿是木、骨、角器加工工具，长条形，平顶，平刃，横剖面呈四棱形。

铲是挖土农业工具，柄部呈长条形，方銎，铲身长方形。

刀是切削工具，出土了两种完全不同形制的器物：一类是西周常见的形式，刀身窄长，直柄，柄末附环，详见居址出土的Ⅰ式和Ⅲ式铜刀；另一类是端刃刀，器身为扁平的长条形，顶端较窄，刃端较宽，斜刃，如当今刻刀状。①

锥是缝纫工具，三棱长条形，锥尖锐利。

石质工具有斧和长方形小磨石。

骨质工具只出土了锥一种。

3. 生活用具

生活用具种类繁多且数量大宗，大致可分为陶质器皿（包括釉陶器皿、印纹硬陶器皿）、青铜器皿、漆器和铜漆器具、象牙器皿和铜质、骨质生活用具等五大类。

（1）陶质器皿

这是墓葬中最为常见的随葬品，无陶制器皿的墓是极少见的。

根据不完全的初步统计，共出土陶器约3000件。炊器类有鬲、甗和鼎。食器类有簋、豆、盂和碗。贮器类有罐、瓿和瓮。酒器类有尊、壶、觚、觯和卣。水器类有盆和盘。陶器的质料、颜色、纹饰、制法以及各类器皿的形制与居址所出土陶器相同。

①釉陶器皿。仅出土釉陶器皿30多件。器类只有豆和尊两种，前者占绝大多数，后者仅个别见到。

②印纹硬陶器皿。印纹硬陶器皿的器表是橘红色，局部是浅灰色，器胎为浅灰色。这类陶器在我国长江流域下游地区的古文化中十分流行，但在中原地区则十分罕见。西周墓中仅出土了3件陶罍。

（2）青铜器皿

青铜器皿皆出自大、中型墓葬，而此类墓多被盗掘。共发现铜器200多件，其中鼎和簋的数量最多。凡随葬铜容器的墓，约有四分之三的墓出土鼎，有四分之一的墓出土簋，而且凡出土2件以上铜容器的墓，往往都有鼎和簋。由此说明，鼎和簋相配是西周

---

① 见《张家坡西周墓地》图137，7.Ⅳ式刀 M183：64。

墓随葬铜礼器最为常见的器物组合形式，它应该是当时的一种定制。

按用途区分，各种铜容器可分为炊器、食器、酒器和水器四类。

炊器类有鼎、鬲和甗三种，占铜容器的二分之一弱。

食器类有簋和豆两种，占铜容器的四分之一左右。

酒器类有爵、觯、卣、罍、方彝、杯、尊等，占铜容器的四分之一弱。

水器类有盉和壶等，约占铜容器的3%。

所有器物皆用范铸法制成，范铸方法有浑铸法和分铸法两种：浑铸法是将器物之主体部分与附属部分连接在一起，一次铸造成形的方法；分铸法是将器物之主体部分与附属部分分开铸造，然后接合在一起成为整体的方法。

各种器类的用范情况有所不同，如圆鼎用范多为3块腹范、1块底范和1块腹芯。而簋用范多者使用4块外范、1块腹芯、1块圈足芯铸成；少者仅用2块外范、1块腹芯、1块圈足芯铸成。簋盖则只用2块外范、1块盖芯及1块把芯铸成。

纹饰有兽面纹、夔纹、龙纹、鸟纹、云雷纹、窃曲纹、重环纹、曲波纹、弦纹、S形纹、瓦纹、勾卷纹、列旗纹、涡纹、花瓣纹、直线纹等十多种。其中兽面纹、夔纹、鸟纹等纹饰流行于西周初期；窃曲纹、重环纹和瓦纹等纹饰出现和流行于西周中、晚期。铜器的花纹有主、次与阴、阳之分。主纹一般用阳线加以表示，有的为了醒目，更鼓凸起来如半浮雕状。次要花纹一般用阴线加以表示，用以作为衬托主体花纹的地子。例如，163号墓出土的铜牺尊，器身为一站立怪兽，形象逼真。兽背有盖，盖纽为一立鸟。兽之项背附着一虎，胸前及臀部各附着一龙。兽身以雷纹为地，上饰浮凸的夔纹及兽面纹。有少数铜器上有族徽或铭文，每件铜器上的铭文字数多寡不一，最少的只2个字，多的近100个字。铭文内容涉及西周经济、政治、军事、礼制等各个不同方面的事迹，为探讨和研究西周史提供了十分宝贵的研究素材。

（3）漆器和铜漆器具

漆器和铜漆器具的木质部分都已腐朽，仅留有器皿痕迹。其中能分辨其器类的，计有豆、案、罍、壶、盒、盘、豆、碗和杯等九种，以豆形最为常见。

（4）象牙器皿及象牙质生活用具

发现杯一种，都是截取一段象牙，利用其空腔做成杯子。标本M170：69是取材象牙后端做成的杯子，形制较大，平面略成椭圆形，侈口，尖唇，斜腹壁，近底处略向内凹一周，形成假圈足。红漆木质杯底已腐朽，只存红漆痕迹。口径10.4~12.4厘米，底径8.2~9厘米，高13.3厘米，壁厚0.7厘米。标本170：70：1是取材象牙尖端做成的杯子，形制较小，圆筒形，直壁，圈足，红漆木质杯底已腐朽，只存红漆痕迹。口径6厘米，底径5.7厘米，高7.6厘米，壁厚0.3厘米。

发现1件雕花梳，出自309号洞室墓的棺内。器身为方形牌状，上端中央有一短柄，柄部略残缺。两面雕刻同样的纹饰，于方框内的上方刻兽面纹，往下依次刻卷云纹双角，粗而长的双眉，"臣"字形眼，两侧有耳，下有锯齿形牙。与此器相同的标本，在北京市琉璃河的西周墓中也有出土。①

（5）铜质、骨质生活用具

饮食使用的生活用具，发现有铜斗、铜勺、铜匕和骨匕等。有一些器物的柄部饰有各种花纹。

与象牙梳器形雷同的骨梳，在丰邑客省庄南地先周窑洞房址H11有发现。②

4. 乐器

乐器只发现青铜编钟和石磬两种。除墓葬中发现的青铜编钟与石磬外，丰京、镐京遗址中发现的青铜甬钟，均出自窖藏。也发现若干石磬残片。

1979年6月出土于扶风县南阳公社豹子沟的南宫乎钟，有铭文曰："司土南宫乎作大镛协钟，兹钟名曰无斁。"

另外，位于钲间和鼓部还有铭文，内容与上述铭文不连贯。南宫乎钟的时代为宣王世，自铭为"无斁"之钟，"无斁"是先秦文献中传下来的十二律律名之一，表明先秦时代音乐中的律名可能是从钟名而来。南宫乎钟，是首次发现的以律名为自铭的钟，说明西周晚期编钟的调音已很准确。西周晚期的邓子磬铭文曰："厥名曰怀石"③，证明石磬与编钟同样有律名，说明当时石磬的调音也很准确。

5. 装饰器物

出土装饰器物的种类繁多，数量大宗。

骨制品主要有发髻的各种不同形式的笄形器，以及用骨管、骨圈和方形骨牌等做成

---

① 北京市文物研究所编：《琉璃河西周燕国墓地（1973—1977）》，文物出版社，1995年，图版108。
② 中国科学院考古研究所沣西发掘队：《陕西长安鄠县调查与试掘简报》，载《考古》1962年第6期，第309页图九，2。
③ 薛尚功：《历代钟鼎彝器款识法帖》，中华书局，1986年。

的佩戴串饰。

玉饰出土达1000多件，内有供佩戴的颈链串饰、腕串饰以及挂在衣物上的串饰。M581是由3件玉璜、4件玉管和148件玛瑙珠、料管等组成的颈链串饰。

玉饰有环、玦、管、笄、坠、珠和柄形饰等。

仿动物玉雕有龙、虎、牛、鹿、猪、兔、蛇等。

人物玉雕：标本M163：043，为一透雕的侧视蹲坐人像。标本M157：102，为一侧身蹲坐人像。标本M163：15，为一侧身坐式人像。标本M157：104，为龙、凤和人物头像的玉雕，分上、中、下三层。下层是一龙一凤；中层是一条横向的屈体卷尾龙；上层一侧是一个较大的人物头像，另一侧为一个龙头，其上有一个较小的人物头像。

石雕饰有穿孔球、兽纹饰、马鞍形饰、卷云纹饰和镶嵌用饰等。

料器只发现珠和管两种，它们往往单独组成串饰，但也有和其他饰物混合组成串饰的。

牙角器出土有牙牌、角形器、角管和角环等。

蚌器包括贝和蛤壳，是西周墓葬中最常见而数量又最多的随葬品，这是西周墓的突出特点之一。装饰物有蚌串珠、圆形或椭圆形的蚌泡、兽面泡、蚌环等。蚌雕饰有龙、蝉、蛙、螺、云形饰等。贝和蛤壳出土数量以千计，尾端往往磨一孔可以穿系。

6. 礼玉

出土有璧、琮、璜、圭和璋等多种。此外也有雕刻成武器或工具的玉、石制品，如钺、戚、戈、瘈、铲、锛、凿、刀、锥等，它们可能属于礼仪用品。

7. 葬玉

随葬玉器发现有玲、玉握以及缀玉面幕和缀玉棺罩等多种。

墓主人口含玉的器形有贝、珠以及璧、琮、璜等玉器残片。墓主人手中的握玉大约有两种形状：一种为圆柱形；另一种为长方形或长条形。通常为一对，分握于左右手。

缀玉面幕是覆盖在死者脸部的，没有发现完整的标本，只收集到若干从缀玉面幕上遗落的玉片。玉片形状有角形、鼻梁形、鼻形、眉形、眼形和齿形等。

棺罩有木质框架，顶面和四周围上布之类的纺织品，各种不同形状的玉饰、铜饰、蚌饰和蛤蜊壳则缝缀在纺织物上。木框架和纺织物已腐朽成灰，仅遗留下玉、铜、蚌质的饰物。器形有鸟、鱼、泡和蛤蜊壳等，其中玉鱼的数量最多。

8. 车马器具

出土车马器具的数量比较多，大都是铜制品，个别的是骨角制品。铜制品主要有轭、踵、軎、辖、辀、钏、镳、銮铃、当卢和衡矛等。骨角质制品只发现镳一种。

9. 其他

其他器物发现有金器、象牙器、龟甲和纺织物等。

（1）金器

出土有金环和金箔两种。金环直径2.5厘米，重3.354克，它应该是墓主人腰带上组件之一。金箔薄如蝉翼，且多破碎，原先装饰于何物已不可知。

（2）象牙器

象牙器的类别有容器、仪仗、装饰品等三类。容器只发现象牙杯。仪仗器物出土有象牙仗首和象牙戈鞘等。装饰品有雕花板、圆柱形器、菱形器、角形器和长条圭形器等。

（3）龟甲

M2等8座墓出土龟甲器共15件，其中腹甲7片，背甲8件。经鉴定，有的龟甲属花龟，有的属乌龟。

腹甲都经过刮削整治，背面都有方凿，一侧有凹槽，有灼痕，正面有圻兆。根据《周礼》，埋葬之前，先要用卜以择穴，即所谓"卜葬兆"。这些卜甲也许就是卜葬兆之遗物。

背甲也都经过整治，背面的中脊削平，两侧经锯磨，但无钻凿，也未经灼焦，背面多涂朱红色。

（4）纺织物痕迹

在多座墓内发现丝织物痕迹，但均因太朽未能采样鉴定。

五、车马坑与马坑、牛坑

（一）车马坑的形制

一般说来，西周中期懿王以前的墓葬附属坑——车马坑流行将车子和马匹一起埋葬在一个竖穴土坑里。竖穴土坑的平面形状，大致可分为长方形、方形和扇形三种。其中后两种土坑都是埋一车二马，两匹服马都是分列于车辕两侧，马匹多为四肢蜷曲作伏卧状；但也发现个别车马坑的两匹马四肢蜷曲、相背侧卧在土坑内的现象。例如，张家坡车马坑1967年M35长方形竖穴埋二车四马，或者埋二车六马，或者埋三车八马（位于中央的一辆车驾四马，位于两旁的车各驾二马）的现象都有发现。所有马匹都是事先处死以后才放进土坑里的，两匹服马位于车辕两侧作伏卧状，两匹骖马位于服马外侧旁，也作伏卧状。此时期的车马坑大都有殉人，均埋在车厢底下，估计是驾车的御人。

西周懿王以后埋葬车和马的形式，大致可以分为以下三类：

第一类是整车埋葬。竖穴土圹的平面形状分为正长方形和直角长条形两种。

正长方形竖穴土圹如张家坡车马坑M313，坑内埋二车四马，两辆车南北并列，车辕向东，两车的长轴前后交错。各车的两匹服马侧卧在车辕两侧，马的脊背部都朝向车辕。1号车的左服马前肢蜷曲，后肢伸直，压在车轴之下，由此说明是先放马匹，再放轮舆。右服马四肢伸直，与2号车的左服马抵足而卧。2号车的左服马四肢伸直，右服马四肢蜷曲，贴近坑的南壁。

直角长条形竖穴土圹如张家坡车马坑1979年M8，坑内埋三车六马，车辕均向东，两匹服马均放在车辕两侧的浅土槽里，头尾则在土槽之外，高于躯干。从东往西数，1号车的两个马头被破坏，两匹马的后肢骨也大部被扰乱。3号车的两匹马均向北侧卧，马头均伸在前面车厢之下，右服马四肢蜷曲，左服马前肢蜷曲，后肢骨向北伸直压在车辕和右服马的下面。

第二类是将车子拆卸成散件和马匹一起埋在一个竖穴土坑里。例如，张家坡车马坑M155，在坑底的南半部和东北部都布满了马的骨架，它们的头向不一，姿态各异，而且相互叠压，应该是活埋的。马的数量约有18匹。在坑南壁下发现一个殉葬人，仰身直肢。两辆车拆卸的车件——车轮、车厢、车辕和车衡等散置在土坑底部或马骨的上面。

第三类是马匹和车子分坑埋葬，即将马匹单独埋葬在一个竖穴土坑里，车子拆卸后散置在墓主人的墓穴内，一般是车厢放在棺顶或椁顶上面，车辕和车衡则横置在墓底的二层台上，车轮都放在二层台上，贴着墓壁。

将车子和马匹分坑埋葬的习俗在西周中、晚期异常流行，目前它不仅在丰镐地区常见，在岐邑和宝鸡茹家庄①以及河南浚县辛村②等地都有发现。1983—1986年在丰邑张家

---

① 卢连成、胡智生：《宝鸡㷛国墓地》上册，文物出版社，1988年，第407页。
② 郭宝钧：《浚县辛村》，科学出版社，1964年。

坡西南村旁发掘的365座西周墓葬中，竟有28座随葬轮舆，约占全部墓葬总数的8%。

（二）马坑的形制

埋葬马匹的竖穴土坑平面形状，分为方形和长方形两种。按照马的数量和处理方式，29座马坑大致可以分为以下两种类型。

第一种是活马埋葬，例如张家坡西南第208号马坑。而且马的数量比较多，多为奇数，少者有15匹，多者达45匹，坑内马骨架排列不整齐，错乱叠压。这类马坑都是方形竖穴土坑，只发现5座。

第二种是先将马匹处死，然后再埋，因而排列有序，马的数量也较少，多为偶数，最多的有10匹。例如张家坡村西南角第192号马坑，由东往西数，第十匹因无地可容，遂放在第八、第九匹马的身上。少的只有2匹，例如张家坡村南第116号马坑。这类马坑共发现24座，多为长方形竖穴土坑，个别的是方形竖穴土坑。

（三）牛坑的形制

4座牛坑中，有3座是长方形竖穴土坑，1座是椭圆形竖穴土坑，各个土坑内只埋1头牛，都是事先处死后再埋下的，牛的姿态侧卧，四肢蜷曲，例如张家坡村南第155号牛坑。

上述车马坑和马坑都是某些墓葬的随葬坑，或称陪葬坑、附属坑。原考古报告推测说牛坑"很可能是祭祀的牺牲坑"[1]。但没有提出任何理由和论据，应属一种大胆的猜想。我们认为不能完全排除牛坑也是西周墓葬随葬坑的可能性。其一，在那一带从未发现过任何祭祀的迹象；其二，4座牛坑和其他8座小型竖穴墓是混杂交错聚葬在一起的；其三，在比较流行厚葬的西周墓葬中常常发现殉牛、殉马、殉鹿、殉羊等情况；其四，与周文化关系十分密切的寺洼文化也曾发现过在墓穴填土中埋葬1头黄牛的现象[2]。由于马坑和牛坑多无任何随葬品，车马坑中虽有一些车马器，也难以作为说明其归属的有力证据，更为重要的因素是田野考古发掘的基础研究工作存在严重的缺陷，也就是没有弄清各座墓葬、车马坑、马坑和牛坑的层位关系，以及各个不同特定人群的茔地范围，所以，除个别例子外，都无确凿证据来说明各座车马坑、马坑、牛坑分别属于哪座墓的随

---

[1] 中国社会科学院考古研究所沣西发掘队：《1967年长安张家坡西周墓葬的发掘》，载《考古学报》1980年第4期。

[2] 中国社会科学院考古研究所编著：《徐家碾寺洼文化墓地——1980年甘肃庄浪徐家碾考古发掘报告》，科学出版社，2006年，图七六；图版八八，1。

葬坑。由于存在以上情况，因此在探讨和阐述丰镐地区西周丧葬习俗和制度，以及墓葬形制特征等问题时，也就不可避免地存在这样或那样的局限性和不足之处。不过，在丰镐二京都址内发掘的比较厚葬的西周墓葬，有车马坑、马坑或牛坑陪葬应该是明确的。从马的装束、车子形制以及土坑内常出现铜兵器等迹象看，当时用来陪葬的大概都是实用的车子和马匹。使用车马坑陪葬在商代墓葬中已屡有发现，但是到了西周时代似乎更为常见和普遍；另外，商代的车马坑往往限于一坑埋一车二马，而西周初期的车马坑已屡见一坑埋多辆车以及4~8匹马的现象了。这种情况可能是周人畜牧业生产比较发达，以及他们善于骑射和车战的缘故。但是也存在另一种可能性，即暗示和反映出西周比商代的社会生产和生活有了一定的提高。轮子族徽在商末周初的铜器上屡有发现，但是过去弄不清楚轮子族徽的来源问题，近年在陕西省长武县碾子坡遗址出土的陶纺轮上常常见到刻着车轮子的图形，而陶纺轮的年代比铜器的年代早了近200年，这似乎暗示和说明使用轮子族徽之人可能不是商族人[①]，至于他们属于哪一个族群有待于研究。

西周丰镐二京遗址内发现的西周墓葬，充分反映出西周是一个等级制的奴隶制社会，当时的社会有着严格的等级制度，处于社会最底层的是奴隶，他们生前要为奴隶主从事各种生产劳动，有的还要为奴隶主殉葬，他们的命运是十分悲惨的。处于社会上层的是各级奴隶主，他们生前过着不劳而获、妻妾成群、作威作福的生活，居住在屋顶施瓦、屋檐下用小型鹅卵石铺设散水的宫室建筑中，出行有车马代步。他们生前享用着青铜器、玉器、原始青瓷器、漆器、丝绸制品等当时社会的高端物品，死后还要将这些高档物品随葬，进行厚葬，甚至还要用人殉葬，以满足他们在另一个世界的享用。

奴隶主贵族重视的是对祖先和神灵的祭祀活动，而在祭祀活动中常常要进行占卜；他们还重视铸造铜器铭功，就是在铜器上铸造铭文记载他们的功绩。这些活动使丰镐二京遗址内遗留了甲骨文、铜器铭文等文字。至于陶文以及在骨器上刻的文字，多数是工匠们不经意的作品。通过丰镐二京的出土遗物，以及埋葬习俗，我们了解了西周都城宗周丰京、镐京当时的社会物质生活和宗教信仰、艺术观念等精神生活，还通过当时遗留的甲骨文、铜器铭文等文字，了解了西周社会的政治、经济、军事等方面的重要信息。

---

① 中国社会科学院考古研究所编著：《南邠州·碾子坡》，世界图书出版公司北京公司，2007年，第200页及图一四，1—4、9—13；图版一二五，2—6、8、9、11、12。

六、关于王陵问题

关于西周的王陵问题，一直是学术界关注的重要课题之一，但是几十年过去了，至今尚未发现有价值的线索。文献方面的线索，《史记·周本纪》说："明年，伐崇侯虎。而作丰邑，自岐下而徙都丰。明年，西伯崩，太子发立，是为武王。"《集解》引徐广曰："文王九十七乃崩。"《正义》引《括地志》云："周文王墓在雍州万年县西南二十八里原上也。"《史记·周本纪》说："九年，武王上祭于毕。东观兵，至于盟津。"《集解》引马融曰："毕，文王墓地名也。"《史记·周本纪》说："武王病。……后而崩，太子诵代立，是为成王。"《集解》裴骃按：《皇览》曰："文王、武王、周公冢皆在京兆长安镐聚东杜中也。"《正义》引《括地志》云："武王墓在雍州万年县西南二十八里毕原上也。"《史记·周本纪》末太史公曰："所谓'周公葬毕'，毕在镐东南杜中。"杜中当在今西安市南郊电子城街道与长安区交界一带的杜城村、沈家桥村一带，著名的秦代杜虎符就出土于这一代。

1989年长安县所在地韦曲北面的东韦村出土唐代韦豫、韦最两通墓志，都记载其葬地为毕原。长安区文管会收藏一方墓志，也记载墓人的葬地为毕原，因此西安市南郊的少陵原，应该就是毕原。如果再扩大一些范围，西周的王陵区也应该在今西安市南郊电子城街道至长安区的少陵原、神禾原一带。然而目前这一带也毫无线索可寻。

鉴于上述原因，也有一些学者怀疑西周的王陵可能在周人的故都周原遗址一带。周原遗址东北部扶风县境内有个黄堆村，也是黄堆乡的所在地。有人认为古代黄、王读音不分，所以怀疑周人的王陵可能在黄堆村一带。但是经过近几十年在黄堆村的考古调查、钻探、发掘，黄堆村周围虽然有西周墓葬，而且个别墓葬规模也比较大，可是王陵却不见踪影。总之，关于西周的王陵还在探索之中。

第四节
西周的服饰文化

　　由于服装不易长期保存，所以西周的服装实物资料至今尚未发现。目前只能借助考古发现的西周玉人、铜人等人物雕像所展现的服装，以及有关的考古发现，结合文献记载，来了解西周的服饰文化及其基本的制度。迄今所见西周的玉人、铜人等人像100余件，分为立式、跪坐式、蹲踞式和头像四种，在一定程度上反映出西周服装的款式、发型和冠饰，现分类举例说明如下。

一、西周玉人、铜人反映的西周贵族服饰

　　①天津艺术博物馆藏玉人[①]。头戴对称的双龙形高冠，身穿宽袖袍服，下摆过膝及踝。胸前、双肩、双袖的纹饰呈对称相背的双龙形，下摆有三角波折纹的缘饰。腰束宽带，腹前垂一博带，下端作宽刃斧形，这就是所谓的"蔽膝"。足穿高筒的厚底鞋，鞋底中间是空的，两头高。此玉人显然是一高级贵族形象。（见图7-8，1）

　　②山西晋侯墓地63号墓圆雕玉人[②]。头戴牌形高冠，头发下垂至颈部外卷，上身穿短衣，下身穿裙，衣领外翻成披肩。腰束宽带，腹前垂有下端作斧口形的蔽膝，足穿高筒鞋。上衣前身有如对称的海浪式纹饰，背后饰长方格状纹饰。裙饰水波纹，其下摆的边缘和披肩饰网格状花纹。此玉人也是一个贵族形象。（见图7-8，2）

　　③山西晋侯墓地8号墓平雕玉人[③]。头戴云朵形高冠，穿上衣下裳，上衣宽袖束腰，

[①] 范汝森：《商周时代的几件玉雕——天津艺术博物馆藏》，载《文物》1959年第7期。
[②] 山西省考古研究所、北京大学考古学系：《天马——曲村遗址北赵晋侯墓地第四次发掘》，载《文物》1994年第8期。
[③] 北京大学考古学系、山西省考古研究所：《天马——曲村遗址北赵晋侯墓地第二次发掘》，载《文物》1994年第1期。

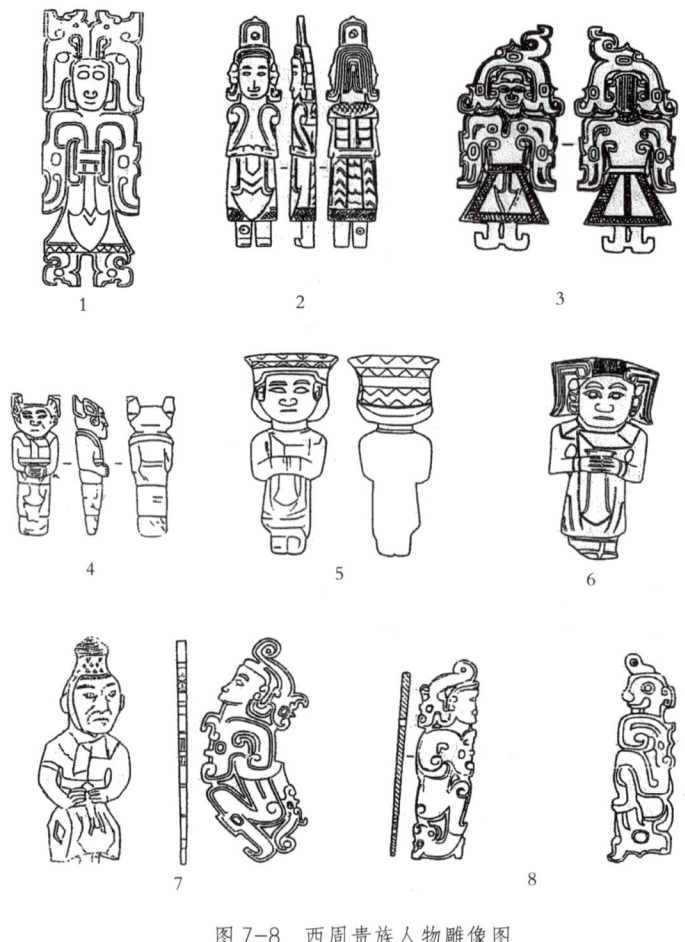

肩与袖饰对称的龙头形纹饰，圆领，领下右侧开短衽。下裳呈梯形，腹前有下端呈斧口形的蔽膝。足穿翘头高筒靴。上衣领及短衽、前身下沿，下裳两侧、中缝、下摆有斜网格纹花边缘饰。此玉人服饰十分华丽，是贵族形象无疑。（见图7-8，3）

④洛阳东郊西周墓圆雕玉人①。头发挽成双髻立于头两侧，双髻之上戴猫耳形冠。上衣较长，袖窄长，方领外翻成披肩，衣襟向右开。下裳如筒状，过膝及踝。腰束宽带，腹前垂下端作斧口形的蔽膝。此玉人拱手腹前，衣裳无纹饰，似为一低级贵族，如侍臣一类形象，或属士一级贵族。（见图7-8，4）

图7-8　西周贵族人物雕像图

⑤英国人瑞夫尔藏西周晚期圆雕玉人②。以缁韬发，就是用裹头巾将头发包裹起来，似一高冠。裹头巾上有波折纹。身穿长衣，下摆过膝及踝，前幅短，后幅长，曲领外翻。双手拱放胸前，腹前垂有下端呈斧口形的蔽膝。足下着履。玉人面目安详，神态高贵典雅，是一贵妇形象。（见图7-8，5）

⑥圆雕玉人③。头上两侧似为冠，中间露发，面部两侧有装饰品。身穿长衣过膝，

---

① 傅永魁：《洛阳东郊西周墓发掘简报》，载《考古》1959年第4期。
② 沈从文：《中国古代服饰研究》，商务印书馆，1981年。
③ 沈从文：《中国古代服饰研究》，商务印书馆，1981年。

衣下似有裙、裤一类服饰，足穿履，前端似上翘。方领作曲矩状外翻，衣襟右开，袖长口窄。拱手放于胸前，胸前垂有蔽膝，上端为斜角形，下端为斧口形。此玉人服饰华贵，为一贵妇形象。（见图7-8，6）

以上六例皆为西周立式玉人，下面再举例说明西周跪坐式铜人，以补充西周贵族服装资料。

洛阳庞家沟出土1件人形车辖①。铜人作跪坐状人形，发髻作高高的蘑菇状，外罩一筒形有镂孔的小高冠，有缨结于颌下。身穿过膝及胫的长衣，方领外折，窄袖，襟右开，宽带束腰，腹前垂有下端呈斧口形的蔽膝。双手轻握革带放于膝上如驭手，可能是士一级的贵族形象。（见图7-8，7）

据以上七例人物雕像反映的西周贵族服饰，其服装款式有以下几种：

①宽袖袍服，如第一例。其特点是衣袖宽大，衣身长，下摆及脚踝。上身有卷龙纹饰，下摆有缘饰，即所谓的"衮衣"，配龙形冠、"赤舄"穿戴，是西周男性高级贵族的礼服，即礼仪场所穿的服装。

②窄袖袍服，如第五、六、七例。其特点是衣身宽短，下摆及胫。这类袍服当为贵族妇女和低级男性贵族的常服。

③上衣下裳，如第二、三、四例。其特点是上衣短小，下有裳，即裙。上衣下裳均有华丽的纹饰。这类款式的服装可能是西周高级贵族的朝服。

西周金文中周王赏赐大臣的命服主要有以下几种：玄衮衣、玄衮黹屯。衮衣是指有卷龙纹饰的衣服，如第一、三例，可知衮衣有长身袍服，也有短衣。衮衣的例证多见于西周平雕人形玉佩，如河南新郑唐户西周墓出土的人形玉佩②、山西晋侯墓地63号墓出土的人形玉佩③、8号墓出土的人形玉佩④，扶风强家一号西周墓出土的人形玉佩⑤。这类平雕玉佩共同的特点是人面，头戴龙形冠，身为龙形，作蹲状，有的有龙形尾，有的无

---

① 沈从文：《中国古代服饰研究》，商务印书馆，1981年。
② 开封地区文管会、新郑县文管会、郑州大学历史系考古专业：《河南省新郑县唐户两周墓葬发掘简报》，见文物编辑委员会编：《文物资料丛刊》（2），文物出版社，1978年。
③ 山西省考古研究所、北京大学考古学系：《天马——曲村遗址北赵晋侯墓地第四次发掘》，载《文物》1994年第8期。
④ 北京大学考古学系、山西省考古研究所：《天马——曲村遗址北赵晋侯墓地第二次发掘》，载《文物》1994年第1期。
⑤ 周原扶风文管所：《陕西扶风强家一号西周墓》，载《文博》1987年第4期。

龙形尾但是蹲踞在龙身上。这种人形玉佩，是头戴龙形冠，身穿衮衣的西周高级贵族形象的艺术化，玉雕工匠采取艺术夸张的手法，表现为人面龙身。（见图7-8，8）衮衣是西周最高等级的礼服，《逸周书·世俘解》有"王服衮衣，矢琰格庙"，"王"是指武王，这说明周王在礼仪场合穿衮衣。穿衮衣，要戴龙形冠，登"赤舄"。玄衮衣是黑色有卷龙纹饰的衣服。玄衮齵屯，"屯"即纯。《仪礼·士冠礼》云："服纁裳纯衣"，注："纯衣，缘衣也。"可知"纯"是指上衣边缘的装饰。玄衮齵屯，是指黑色有缘饰、有卷龙纹饰的衣服。第一、三例均有卷龙纹和缘饰，如是黑色的，即可称为"玄衮齵屯"。玄衣齵屯，是指黑色的、有刺绣缘饰的衣服。西周的命服玄衮齵屯，当是指上衣下裳这种款式的服装，如第三例。第二例有刺绣纹饰，应是玄衣齵屯。朱市是朱红色的蔽膝。赤市是赤色的，即绛红色的蔽膝。𫄸市是黑色的蔽膝。叔市是指白色的蔽膝，"叔"是"素"的同音假借字。赤舄，是赤红色的高底鞋。

"市"即"韍"，也就是"韨"。《说文》云："市，韠也，上古衣蔽前而已，市以象之。天子朱市，诸侯赤市，大夫葱衡。"又云："韠，韨也，所以蔽前。"《诗经·小雅·采菽》云："赤芾在股"，郑笺："芾，大古蔽膝之象也。冕服谓之芾，其他服谓之韠。""芾"是远古遮羞布的遗制，金文中有"赤⊗市"或称"⊗市"。"⊗"字旧释"给""雍"，认为是指颜色。或释为"㠯"，认为是黼字，指有刺绣花纹的"芾"。此字有可能是男性睾丸的象形，"赤⊗市"可能指赤红色男性的"芾"。从西周玉人观察，当时男性贵族与女性贵族的"芾"，在形制方面似有差别，女性的短小一些。西周时"芾"是贵族身份等级的标志之一。

西周贵族腰间所束的宽带分为大带和革带两种。革带是用皮革制成，可以悬挂重物，如玉佩等佩饰。《礼记》郑玄注云："凡佩系于革带。"大带又名绅带，是用丝织品制作而成，虽然华丽，但是不能悬挂重物，所以玉佩等皆系于革带。《说文·革部》云："男子带鞶，妇人革丝。"这就是说男子束革带，女子束丝带，即绅带。《诗经·曹风·鸤鸠》云："淑人君子，其带伊丝。"郑笺云："其带伊丝，谓大带也。大带用素丝，有杂色饰焉。""淑人"是指贵族妇女，可证西周贵族妇女用大带，即素丝制成的宽带，其中有杂色装饰。"君子"一般是指男子，所以男子可能也使用丝带。

古代的鞋通名为履，西周时以舄最为尊贵。金文中周王常赐大臣赤舄作为命服之一。《释名》云："复其下曰舄。舄，腊也，行礼久立地或泥湿，故复其末下使干腊也。"《古今注》云:"舄以木置履下,干腊不畏泥湿也。"可知舄是在履下再加一层木制厚底的高底鞋,如第一例玉人所穿的鞋,有高底,当是在履下加了一层有如后世木屐一样的高底,是所谓的"舄"。《诗经·豳风·狼跋》云"赤舄几几",郑注:"赤舄,人君之盛屦也。"可见赤舄是高级贵族礼服的组成部分,是在礼仪活动中穿的鞋。《诗经·小雅·车攻》云:"驾彼四牡,四牡奕奕,赤芾金舄,会同有绎。"可知"赤芾金舄",是贵族进行军事演习性质的会猎活动时穿戴的。北京白浮村二号墓墓主尸骨腿部出土了一组排列整齐的小铜泡,共计125枚,是缀在高筒皮靴上护腿用的,此靴是西周武士之类的人穿的战靴。杨泓先生对其进行了复原,绘有复原图。[①]这类缀有铜泡之类的履,再加一层厚木底,即是所谓的"金舄",是西周高级贵族军事演习时穿的高底靴。

西周男性贵族多穿高筒翘尖靴,鞋帮向上延伸呈高筒状,尖头上翘,如第二、三例。贵族妇女穿的是圆头或平头鞋,无系带,鞋帮上有条状花纹,如第四、五例。

从西周玉人、铜人观察,长发垂颈外卷是西周男性高级贵族常见的发型,如第一、二、三例。歧角形双髻、蘑菇状高髻,则是低级男性贵族流行的发型。贵族妇女或戴冠,或以裹头巾包裹头发,其发型尚不清楚。冠是固定头发和发髻的发罩,与起保暖、挡风、遮阳作用的帽不同,所以《淮南子·人间训》说冠"寒不能暖,风不能鄣,暴不能蔽"。西周把冠纳入了礼制,《晏子春秋·内篇第二》说:"冠足以修敬。"《礼记·冠义》说:"冠者,礼之始也。"西周士以上的贵族20岁成年,头一件大事是举行戴冠礼,所以《仪礼》头一篇是《士冠礼》。当时的冠按制作的材料和颜色分为玄冠、缁布冠、皮弁、爵弁、韦弁、冠卷、帻等。我们从西周玉人、铜人看到的有对称的双龙形、牌饰形、单龙形、双歧角形、高帻等冠,其质料和颜色就不得而知了。商代流行低平冠,而西周流行高冠。商代流行上衣下裳,而西周除继续流行上衣下裳外,还流行袍服。

综上所述,冠、芾、带、舄,是西周贵族服饰中必不可少的组成部分,是贵族身份地位的标志。赤舄是配衮衣穿戴的。周人尚赤,故周王穿的衮衣也应是朱红色的,而玄衮衣是王室大臣和诸侯的礼服。据《诗经·大雅·韩奕》,周王赐给韩侯的命服是玄

---

① 杨泓:《中国古代的甲胄》,见杨泓:《中国古兵器论丛》,文物出版社,1980年。

衮赤舄，可证诸侯的命服也为黑色的衮衣。周人贵族礼服为衮衣，当与古人自认是龙的传人有关。从西周金文来看，芾的颜色有等级之分。朱芾是赐给公爵一级执政大臣如毛公厝、番生等的命服。赤芾是赐给司土、司工、师式、膳夫等官员的命服。这些官员属于卿一级，其爵位当为伯爵。至于载芾、叔芾的等级尚不清晰。标志贵族身份地位的还有佩饰，包括发饰、耳饰、颈饰、腕饰、胸佩饰、腰佩饰等，其中以胸部的佩饰组玉佩最能代表身份地位，集中体现了西周服饰的等级制度。考古发现的胸部的组玉佩分为二璜佩、三璜佩、四璜佩、五璜佩、六璜佩、七璜佩、多璜佩等，身份愈高，组玉佩就愈复杂愈长，其中诸侯与其夫人使用五璜佩及其以上的组玉佩。组玉佩除多用玉璜联缀外，还使用玉牌饰联缀，可称为牌饰组玉佩。金文中命服包括悤黄、朱黄、冋黄、金亢（黄）。"黄"，文献作"珩"或"衡"，就是"璜"，是指用玉璜联缀的组玉佩。悤黄，文献作"葱珩"。《诗经·小雅·采芑》记载卿士方叔出征时云："服其命服，朱芾斯皇，有玱葱珩。"毛公鼎、番生簋铭，赏赐毛公、番生的命服有"朱芾、悤黄"。可知葱绿色玉璜联缀的组玉佩，配朱芾，是王室公爵级执政大臣命服中的胸佩饰。朱黄即朱红色玉璜联缀的组玉佩，配赤芾，是伯爵级王臣命服中的胸佩饰。冋黄，即䌹黄，是指白色玉璜联缀的组玉佩，配载芾。金黄，即金色玉璜联缀的组玉佩，配叔芾。这两种组玉佩代表的身份等级不明确，可能是较低级王臣命服中的胸佩饰。总之，西周贵族的服饰包括佩饰，是分等级的，等级制是西周服饰制度的显著特点。

二、西周玉人、铜人反映的平民奴隶服装

①河南平顶山应国墓地五十号墓出土匍鸭铜盉[①]。鸭尾上站立一个铜人，为一青年女子。双手抱住器盖上的环形纽，双脚之间有横梁。铜人面目消瘦，五官清秀，发丝细密而且梳理整齐，头顶高绾发髻。身着上衣下裳。上衣素面无纹，形制不清。下裳有十道褶纹，有如后世的百褶裙。腰间束有连续菱形花纹的宽带。足穿浅筒尖头鞋。（见图7-9，1）此铜人当为臣妾一类家内奴隶的形象。

②甘肃灵台白草坡西周墓出土1件圆雕玉人[②]。盘发于头顶作高螺髻状，形如盘蛇，髻端饰虎头。裸体垂乳，身体消瘦，双手捧腹，双足脚尖翘立合并作铲形，双耳有穿

[①] 王龙正、姜涛、娄金山：《匍鸭铜盉与頫聘礼》，载《文物》1998年4期。
[②] 甘肃省博物馆文物队：《甘肃灵台白草坡西周墓》，载《考古学报》1977年第2期。

孔。（见图7-9，2）此玉人当是老年女奴或俘虏的形象。

③扶风庄白一号铜器窖藏出土刖人守门鬲①。刖人头发梳拢在脑后挽成圆形发髻。赤身裸体，手放在胸前。右脚跣足，左脚被砍去。这是一个受了刖刑的奴隶形象。（见图7-9，3）同样的形象又见于内蒙古宁城小黑石沟出土的刖人守门鬲。

④山西晋侯墓地63号出土1件青铜方座筒形器②。方座四足为人形，头顶有高耸的椎髻，赤身裸体，跣足，屈膝下蹲，双手后背，作奋力抬物状。（见图7-9，4）其身份为奴隶。

⑤山西晋侯墓地31号墓出土1件青铜盉③。盉足为人形，光头，赤身裸体，跣足，两腿蹲立，曲肘架于腿上，双手撑于膝，身前倾，背负器身。（见图7-9，5）其身份为奴隶无疑。

由于西周下层平民、奴隶等的服装实例发现甚少，我们还无法全面了解西周下层人民的服饰。上面所举第一例，说明西周下层妇女，包括平民妇女和家内女奴，也是上衣下裳，但是与贵族妇女不同的是无代表身份地位的冠、蔽膝之类。西周男性平民的衣制可能也是袍服、上衣下裳，但是由于当时"礼不下庶人"，平民男人与妇女当一样，也无冠、无蔽膝之类礼服饰件。至于奴隶，除家内奴隶外，无衣可穿，赤身裸体当是寻常的事。

从西周的玉人、铜人来看，状似盘蛇的螺髻，以及高髻，是西周社会下层人常见的发型，至于椎髻、光头，则是一部分奴隶的发型。

三、西周少数民族的服装与发型

反映西周少数民族服饰与发型的玉人、铜人发现较少，但是宝鸡㝹国墓地发现几件铜人，使我们从中对西周部分少数民族的服装与发型可以略知一二，现说明如下。

①宝鸡茹家庄一号墓出土1件铜人④。男相，缺足部。铜人光头圆脸，尖下颌，额

---

① 陕西周原考古队：《陕西扶风庄白一号西周青铜器窖藏发掘简报》，载《文物》1978年第3期。
② 山西省考古研究所、北京大学考古学系：《天马——曲村遗址北赵晋侯墓地第四次发掘》，载《文物》1994年第8期。
③ 山西省考古研究所、北京大学考古学系：《天马——曲村遗址北赵晋侯墓地第三次发掘》，载《文物》1994年第8期。
④ 宝鸡茹家庄西周墓发掘队：《陕西省宝鸡市茹家庄西周墓发掘简报》，载《文物》1976年第4期。

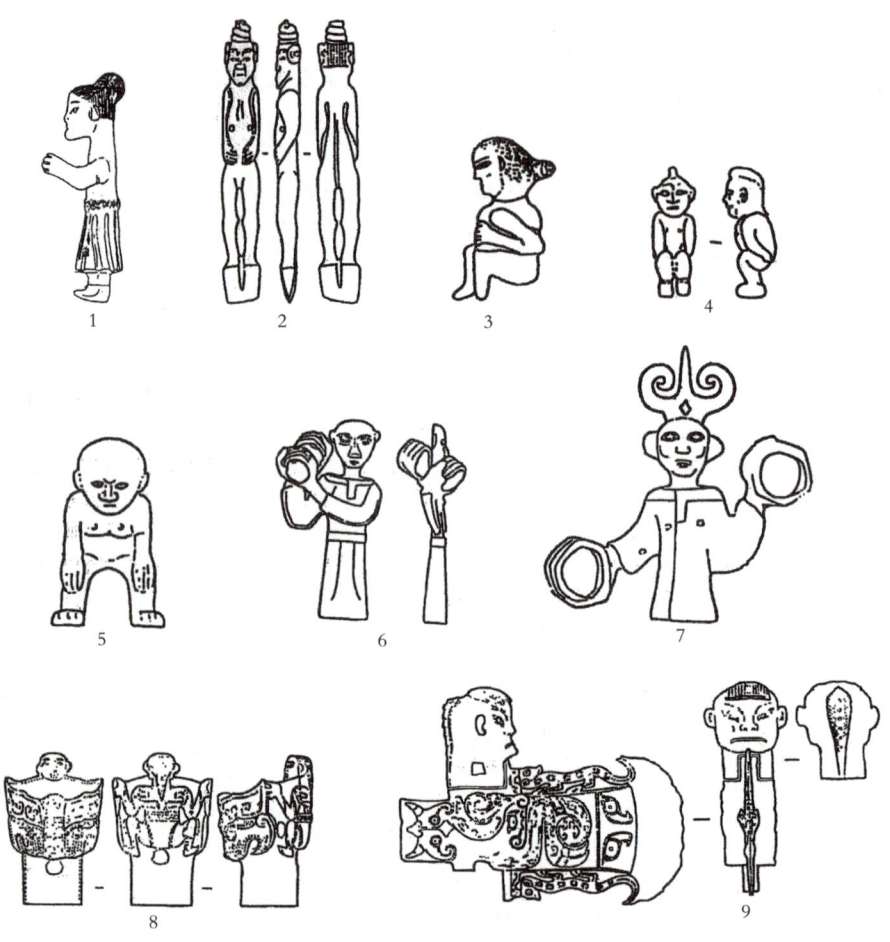

图 7-9 西周平民、奴隶、少数民族人物雕像图

头较窄。双臂弯曲上举至右肩部,双手握环状物,一上一下,圆孔相对。身穿长袍,圆领,窄长袖至腕部,腰身修长,下摆至脚踝。宽带束腰,腹前悬长条形蔽膝,下端为斜角形。肩部与前胸有宽带状缘饰,领下中间开短衽。(见图7-9,6)

②宝鸡茹家庄二号墓出土1件半身铜人[①]。女相,圆脸尖颌,额头较窄。头顶有椎状三叉型发饰,中间一叉直立,两端两叉作对称向内卷曲状。身穿圆领袍服,左襟压右襟,肩部与胸前有宽带状缘饰,当是在领下开有短衽。双手拿环状物,左臂上举,右臂向下斜伸,作舞蹈状。衣袖宽大,及腕部。(见图7-9,7)

这2件铜人一男一女,手中所握的环状物或许是法器,其身份有可能是巫师。当

---

① 宝鸡茹家庄西周墓发掘队:《陕西省宝鸡市茹家庄西周墓发掘简报》,载《文物》1976年第4期。

然，也有可能是舞人。

③宝鸡茹家庄一号、二号车马坑出土3件纹饰相同的青铜车辕饰，一面有高浮雕的兽面纹，一面铸有高浮雕人像。[①]铜人作蹲伏状，断发披于脑后，赤裸上身，背部有两只尾部相背而头部回首相望的鹿纹，双臂各有两道饰雷纹的宽带状纹饰。下身穿短裤，边缘有斜线纹。腰间束宽带，有斜方孔状纹饰。足穿尖头上翘的短帮鞋。这3件浮雕铜人，无疑是"文身断发"的形象。（见图7-9，8）

④宝鸡竹园沟十三号墓出土銎内人头钺[②]。人头中空，方脸，浓眉，阔口，是一青年男子形象。额头有刘海，脑后有小发辫垂肩，发辫分为八节，极为清楚。头发除留有刘海、小发辫外，其余部分剃光。（见图7-9，9）

上述人像反映的是西周強国的服装与发型，但是強国是荆蛮句吴族，是巴人，其服装与发型代表了当时部分少数民族的服装与发型。首先，荆蛮句吴人"文身断发"，其俗与越人相同。其次，弓鱼人的袍服与氐、羌族，包括蜀人的袍服相似。据《魏略·西戎传》记载，氐人"其妇人嫁时著衽露，其缘饰之制有似羌，衽露有似中国袍，皆编发，多知中国语，由与中国错居故也"。"衽露"就是类似弓鱼人在领下开短衽的袍服，因短衽露在胸前而得名。四川广汉三星堆出土的商代蜀族铜人，也穿长袍，而且辫发。弓鱼人"文身断发"，穿短裤，是其本俗，而穿袍服，可能是受氐、羌族的影响，男性腹前垂蔽膝可能是受周族的影响。至于胸饰组玉佩等，更是受西周礼制的影响。

弓鱼人的发型有断发，即把头发剪短披在脑后，有光头，有留刘海加小发辫等，可能也有椎髻。《淮南子·齐俗训》说："三苗髽首，羌人括领，中国冠笄，越人劗鬋，其于服　也。"《南齐书》卷五十八说："蛮俗衣布徒跣，或椎髻，或翦发。""髽首"就是剪短发。羌人辫发，"括领"就是穿圆领袍服。"冠笄"就是在发髻上罩冠插笄。"劗鬋"就是剃发。弓鱼人属于南蛮，"文身断发"，是其本俗。辫发、披发本是羌族的习俗。《礼记·王制》曰："西方曰戎，被发，衣皮。"《后汉书·西羌传》说："羌无弋爱剑者……与劓女遇于野，遂成夫妇，女耻其状，被发覆面，羌人因以为俗。"顾颉刚先生指出："此说倒果为因，被发覆面者，羌人本俗，无弋之妇仍其制

[①] 卢连成、胡智生：《宝鸡強国墓地》上册，文物出版社，1988年，第401—403页。
[②] 卢连成、胡智生：《宝鸡強国墓地》上册，文物出版社，1988年，第72—73页。

耳。"①此说甚是，不仅羌人辫发而披，就是氐人、蜀人也受其影响而辫发。弓鱼人辫发，当是受氐、羌影响的结果。

西周的衣料有丝织品、麻织品、毛织品、皮革、裘皮等。当时的衣服有单衣、夹衣、棉衣、裘衣等。西周服装的颜色有红、黄、黑、绿、白等，丝织品的颜色以红、黄、白为主，其中以赤红色最为尊贵，这是因为周人尚赤。当时的染色技术已很发达。服装的纹饰采用刺绣和画绘结合的方法，有些纹饰是手工刺绣的，有些纹饰，如卷龙纹可能是手工画绘的。

西周的服饰制度体现了西周的宗法等级制度，是西周礼制的组成部分。在当时"礼不下庶人"的情况下，贵族的服饰，一般平民、奴隶是不能穿戴的，也是无法拥有的。就是在贵族阶层中，服饰也是有等级的，像衮衣、玄衣黼屯、赤舄、龙形高冠等，以及四璜佩及其以上的组玉佩，低级贵族，例如士一级贵族，也是不能穿戴的。因此可以进一步看出，西周礼制的核心是宗法等级制。

---

① 顾颉刚：《史林杂识·"被发、左衽"》，中华书局，2005年。

第八章 丰京、镐京的军事防御

西周"寓兵于农",平时从事农、林、牧业等生产,战时作战,不同于后世的常备军队,所以西周的军队由氏族成员组成。丰京、镐京的卫戍部队称为"西六师",陪都"成周"的卫戍部队称为"殷八师",又称"成周八师"。他们平时屯垦戍守京师"宗周""成周",战时出征作战。

西周的战争频繁,著名的战争有周武王灭商的"牧野之战"、成王初年征伐东夷的战争、康王晚年征伐鬼方的战争、昭王初年征伐东夷的战争、昭王晚年征伐荆楚的战争、穆王早期征伐北戎的战争、穆王中期反击淮夷的战争、穆王晚年西征犬戎的战争、厉王灭鄂的战争、宣王征伐淮夷与"太原之戎"的战争等等。

第一节
殷八师参加的平叛战争

商代甲骨文有"王作三师右中左",其相当于后世的左中右三军,是古代军队作战的基本阵式。西周承袭了殷商军队的编制,金文中有西六师,驻守在宗周镐京、丰京,是宗周镐京、丰京的卫戍部队。西周金文中不仅有西六师,而且还有殷八师与成周八师。殷八师多出现于西周早期的金文,而成周八师多出现于西周中晚期的金文。殷八师最早驻守在殷都,防止殷遗民(殷商贵族)反叛,当是因为驻在殷都而得名。学者或认为殷八师是由八个殷民氏族组成的军队,故称殷八师。成周洛邑建成后,由于将殷都大多数殷遗民都迁往成周洛邑监视了起来,所以殷八师可能随即移驻成周洛邑,成为成周洛邑的戍守部队,故又称为成周八师。殷八师与成周八师,可能是同一支部队,是西周王朝用来镇守东方的军队。

西六师与殷八师或成周八师,都不是常备军。当时的军队寓兵于农,他们平时屯田从事农、林、牧业等生产,战时作战,不同于后世职业的常备军队。

西周中晚期金文中,师簋、师酉簋、询簋铭文记载,周王册命师、师酉、师询"官司邑人、虎臣"。杨宽先生认为:

> "邑人"当为乡邑的长官……因为当时"六自"、"八自"即由近郊乡邑居民编制而成,军队的编制是和乡邑组织密切结合的,乡邑的长官即是军队的武官。"邑人"既是乡邑之长,同时又是师旅之长,所以会成为"师氏"所属的主要官员,而地位在虎臣之上。[①]

古代的"自"字就是后世的"师"字,是军队的编制单位或驻军之所。每师可能是由若干个乡邑的居民组成,而每个乡邑的军人可能是同一个氏族的人,因此西周的军队

---

① 杨宽:《论西周金文中"六自""八自"和乡遂制度的关系》,载《考古》1964年第8期。

说到底是氏族军队。正是因为这种原因，所以率领氏族军队的长官称为"师氏"，即率领氏族军队的人。《诗经·小雅·十月之交》云："楀维师氏。"《诗经·大雅·云汉》云："趣马师氏。"《尚书·顾命》有"师氏、虎臣"。《尚书·牧誓》有"司徒、司马、司空、亚旅、师氏、千夫长、百夫长"。师氏的官职在千夫长之上，每师的人数在千人以上。《说文·帀部》云："二千五百人为师。"

西周金文中"虎臣"有"左右虎臣"和"正侧虎臣"的称呼。虎臣是周王的禁卫部队，常在周王左右。师酉簋铭文说："司乃祖啻官邑人虎臣：西门夷、㫚夷、秦夷、京夷、弁□夷新。"询簋铭文说："今余令（命）女（汝）啻官司邑人，先虎臣后庸，西门夷、秦夷、京夷、㫚夷、师笒侧新……""新"与"侧新"是指罪犯，文献中称为"鬼薪"。师询与师酉是祖孙关系，他们统领的军队有虎臣，有西门夷、秦夷等，还有一些罪犯。文献中"虎臣"又称"虎贲""虎士"，是指勇猛善战而又奔走快速的人，是精锐的步兵部队，所以成为周王的禁卫部队，平时为周王守卫宫门，或警卫周王的人身安全，作战时充当冲锋陷阵的敢死队或突击队。

《史记·周本纪》说："故成康之际，天下安宁，刑错四十余年不用。"从成王中、后期到康王前期，有40余年的时间，天下安宁。《史记·周本纪》的说法基本上是可信的，所以这段时间史称"成康之治"。据小盂鼎铭文记载，康王二十五年南宫盂奉命率军征伐鬼方族。当时的战争规模很大，周军得胜，俘获甚众。昭王时，战争又起，鲁侯簋铭文（见图8-1）曰：

惟王命明公遣三族伐东国，在𩵦。
鲁侯又（有）囻（协）工（功），用作旅彝。

图8-1　鲁侯簋铭文拓片

明公是第二代周公君陈之子，是康昭时期的执政大臣。"三族"，是指成王封鲁时所分六族中的三族。郭沫若先生指出："𩵦即朌、棽等之本字也，朌、棽，《尚书》作费，是鲁国都城曲阜东郊之地名。"他认为"明公即《令彝》之明公"是正确的，但是他说"鲁侯即是明公",却是错误的。他释"囲工"为"过工",谓鲁侯有优越之战功,不确。"囲"从口下声,与协为一声之转,当假借为协。"工"即功,"协功"就是协助之功。明公征用鲁国殷民三族伐东夷,在征调的过程中鲁侯进行了协助,所以说鲁侯有协助之功。铭文的大意是说:王命令明公派遣三族去征伐东国的夷族,在费这个地方。鲁侯有协助之功,得到的奖赏用来做族中公用的铜器。

旅鼎铭文说:

> 惟公太保来伐反夷年,在十又一月庚申,公在盩师,公锡旅贝十朋,旅用作父□尊彝。来。

唐兰先生说:"此公太保是明保,即明公。此保字从玉,决非成王初期。"①此说可从。旅鼎铭的"在十又一月"与小臣謎簋铭的"惟十又一月"相同,知"公太保来伐反夷年"与"伯懋父以殷八师征东夷"为同时之事。小臣謎簋铭文(见图8-2)说:

> 䟽!东夷大反,伯懋父以殷八师征东夷。惟十又一月,遣自𦊆(相)师,述东陕(滕),伐海眉。雩厥复归,在牧师。伯懋父承王命易(锡)师,率征自五隅贝。

东夷一般是泛指东方的夷族。另有夷国,《左传·隐公元年》说:"八月,纪人伐夷。"此处"夷"为国名,一说为姜姓,《左传·桓公十六年》:"卫宣公烝于夷姜……夷姜缢。"另一说为妘姓。夷国故城,"当在山东省即墨县西六十一里壮武故城"②。"大反",说明当时东夷是全面反叛了,而不是小范围的叛乱。据学者考证,伯懋父是昭穆时代的大臣祭公谋父。③

殷八师是因为最初驻守在殷都而得名的军队,相师、牧师是驻军之所,都在殷都附近。这次殷八师征东夷是从相师出发,途经东滕,去讨伐海边的夷

图8-2 小臣謎簋铭文拓片

---

① 唐兰:《西周青铜器铭文分代史征》,中华书局,1986年,第216页。
② 杨伯峻编著:《春秋左传注》,中华书局,1981年,第17页。
③ 彭裕商:《伯懋父考》,见彭裕商:《述古集》,巴蜀书社,2016年,第476—481页。

族，战争结束后又回到牧师。

唐兰先生说："㽙字疑从㕻象声，《书序》：'河亶甲居相'，《括地志》说：'故殷城在相州内黄县东南十三里，即河亶甲所筑都之，故名殷城也。'（见《史记·殷本纪》张守节《正义》）象相音近。汉代内黄县在今河南省内黄县境，离牧野不远，在原殷王国境内。"①

牧师，是指牧野的驻军之所，是当时殷八师的驻地。东滕，当指古滕国，在今山东省滕州市境内。海眉即海边的高地，可能是指山东半岛东南部沿海地区，这一带正是东夷族聚居区。记载昭王伐东夷的铜器还有敻鼎、雪鼎、员卣等。敻鼎铭文曰：

王命遣戡东反夷，敻肇从遣征，攻嬛无敌，省于人身，俘戈，用作宝尊彝，子子孙其永宝。

"东反夷"指反叛了的东夷，即小臣謎簋铭所云"东夷大反"之"东夷"。雪鼎铭文曰：

惟王伐东夷，溓公命雪眔史旟曰："以师氏眔有司逡或戡伐𪁌。"雪俘贝，雪用作饗公宝尊鼎。

史旟又见员卣、旟鼎铭。旟鼎为昭王世铜器，其铭文中有王姜可证。王姜是康王的皇后，她赐给史旟三田，以及田地上等待收割的庄稼。"𪁌"从鸟月声，据《左传·昭公十七年》记载，少昊氏多以鸟名氏，有凤鸟氏、玄鸟氏、青鸟氏、丹鸟氏等，还有五雉、五鸠等以鸟为图腾的氏族。"𪁌"与"鸠"为一声之转，当指五鸠氏族，为少昊之后裔，是东夷的国族之一，其地当在今河南省东部。员卣铭文曰：

员从史旟伐会（郐），员先内邑，员俘金，用作旅彝。析子孙。

郐为妘姓国，在今河南省新密市东北。据雪鼎铭记载，雪与史旟率领师氏及其属下人员，作为溓公伐东夷的后续部队去征伐𪁌国。伐𪁌与伐郐，都在今豫东一带作战。

明公太保指挥的伐东夷的战争，与周初周公、召公指挥的东征战争不同。周初的东征，征伐的对象有奄国、丰伯、薄姑等，作战的地域在山东省的中部曲阜、淄博等地，而明公伐东夷，征伐的对象为海眉、郐、𪁌等。

明公伐东国可能分为三路大军：中路由明公统率鲁国的殷民三族，但作战的方向不明；东路由伯懋父统率，伐海眉，在山东东南海边作战，所征伐的对象很可能是莒国；西路由溓公统率，在河南东部作战。总之，明公伐东夷，征伐的对象和作战的地域，与周初成王的东征均不同。

---

① 唐兰：《西周青铜器铭文分代史征》，中华书局，1986年，第240页。

第二节
西六师参加的征伐战争

西六师是西周都城宗周的卫戍部队，虽然不是职业的常备军，但是要负责保卫王都宗周的安全，而且有时还要奉王命出征。根据西周金文资料，西六师从宗周丰镐地区出发，参加过康王北伐鬼方、昭王南征荆楚、穆王东征救乱、厉王灭鄂国、宣王伐"太原之戎"的战争。

一、康王征伐鬼方的战争

西周金文中首次动用西六师进行征伐战争，可能是小盂鼎铭文记载的伐鬼方之役。周康王二十五年的小盂鼎铭文说：

> 唯八月既望，辰在甲申，昧爽，三左三右多君入服酒，明，王格周庙，□□□□宾。延邦宾尊其旅服，东乡（向）。盂以多旗佩，□□□□□□□王门，告曰："王□（令）盂以□□伐鬼方，□□□□□（执酋）三人，获馘四千八百□二馘，俘人万三千八十一人，俘□（马）□□匹，俘车卅辆，俘牛三百五十五牛、羊卅八羊。盂或□□□□□□俘□我征，执酋一（人），获馘二百卅七馘，俘人□□□人，俘马四匹，俘车百□辆。"

盂就是南宫盂，复姓南宫，单名盂。他率领西六师与鬼方进行过两次战斗：第一次战役俘虏敌酋3人，斩首48□2人，俘虏敌兵13081人，俘获马□□匹、战车30辆、牛355头、羊38只；第二次战役俘虏敌酋1人，斩首237人，俘虏敌兵□□□□人（当在千人以上），俘获马4匹、战车100辆以上。两次战役总共俘虏敌酋4人，斩首5000多人，俘虏敌兵14000多人，俘获战车100多辆、马100多匹、牛355头、羊38只，可知战争规模非常大，俘获甚众。

根据周康王二十三年大盂鼎铭文记载，南宫盂，其祖父称南公，可能是商末周初周军著名的将领南宫括。康王册命南宫盂仿效其祖父南公的风范，主管军事。西周中晚期金文中的南宫柳鼎铭文记载："王呼作册尹册命柳：司六𠂤（师）牧昜（场）、吴（虞）囗，司羲夷昜（场）佃史。"周王册命南公柳担任主管西六师牧场、山林，以及羲夷牧场的基层官员田畯。西周的军队战时作战，平时屯田，因此西六师有牧场、山林等。南宫乎钟铭文说："司土南宫乎作大镛协钟"。南宫乎担任的"司土"之职，可能是主管西六师农业的官员。西周的军职是世袭的，南宫氏族世代担任"西六师"的军职，因此南宫盂征伐鬼方的战争，率领的军队当是西六师。

二、昭王南征荆楚的战争

昭王南征荆楚是西周的一件大事，《左传》《楚辞》《竹书纪年》《吕氏春秋》等均有记载。《国语·齐语》说：

> 管子对曰："昔吾先王昭王、穆王，世法文、武远绩以成名，合群叟，比校民之有道者，设象以为民纪，式权以相应，比缀以度，靖本肇末，劝之以赏赐，纠之以刑法，班序颠毛，以为民纪统。"

在管仲眼中，昭王与穆王都是有作为的君王。两代君王"世法文、武远绩以成名"，所以西周晚期的逨盘铭文说："雩朕皇高祖惠仲盠父，盭龢（和）于政，又（有）成于猷，用会邵（昭）王、穆王，盗（欲）政四方，扑伐楚荆。"昭王、穆王两代君王都"欲政四方"，但是"扑伐楚荆"是昭王所为。

文献中对于昭王南征记载甚为简略，《左传·僖公四年》载管仲责问楚国使臣时说："昭王南征而不复，寡人是问。"《史记·周本纪》说："昭王之时，王道微缺。昭王南巡狩不返，卒于江上。其卒不赴告，讳之也。"《初学记》卷七引古本《竹书纪年》说："周昭王十六年，伐楚荆，涉汉，遇大兕。"又说："周昭王十九年，天大曀，雉兔皆震，丧六师于汉。"据此，昭王伐楚前后有两次，第一次是昭王十六年，第二次是昭王十九年，"丧六师于汉"，自己也死于汉江。

(一)昭王第一次南征

西周金文中关于昭王南征的记载较多,使我们得以了解昭王南征的大概情况。昭王第一次南征,首先征伐的是虎方。中方鼎铭文曰:

> 惟王命南宫伐反虎方之年。王命中先省南国贯行,埶王应在夔𨽥真山,中呼归生凤(凤)于王,埶于宝彝。

南宫是氏名,中觯铭中也是单称氏名南宫,而未具私名。南宫,当指小盂鼎铭文中的南宫盂。据大盂鼎铭文记载,康王二十三年册命南宫盂专司戎事(军事)之职,他于康王二十五年率军征伐鬼方,大获全胜。他完全可以活到昭王时代,所以昭王第一次南征时,命他率军征伐反叛的虎方。

虎方是方国名,殷墟卜辞中关于虎方的记载很多,例如"虎方其涉河"(《前》6.63.6)、"命望乘眔㞢虎方"(《甲骨文合集》6667)。郭沫若认为虎方"当在江淮流域"。①谭其骧主编的《中国历史地图集》也将虎方确定在江淮地区。李学勤认为:"虎方应近于汉水流域。"②丁山认为"虎方"即春秋时代的"夷虎"。③《左传·哀公四年》说:"夏,楚人既克夷虎,乃谋北方。"《水经注·肥水》说:"(肥水)北迳芍陂东,又北迳死虎塘东"。"死虎"即"夷虎",古代屍、死、尸、夷通用。李修松说:"虎与舒古音相通,所以虎方疑即后来的舒方。"并说:"此死虎塘在今安徽寿县东南四十余里处。"④

由古本《竹书纪年》所载"丧六师于汉",可知昭王南征荆楚时,动用了宗周镐京的西六师。征伐虎方的统帅南宫盂,正是西六师的将领,这就更加说明西六师参加了昭王南征荆楚的战争。

中甗铭文曰:

> 王命中先省南国贯行,埶应在曾。史儿(倪)至,以王命曰:"余命汝史(使)小大邦,厥又舍汝□,量至于汝虖小多□。"中省自方、𠂔(邓)、洀(洭)、□邦,在噩(鄂)𠂤(师)、𠂤(次),伯买父以厥人戍汉中州。

---

① 郭沫若:《两周金文辞大系图录考释》,科学出版社,1958年,释文第17页。
② 李学勤:《殷代地理简论》,科学出版社,1959年,第99页。
③ 丁山:《甲骨文所见氏族及其制度·殷商氏族方国志·虎氏 虎方》,中华书局,1988年,第150页。
④ 李修松:《淮河流域古国族考述》,见李修松主编:《淮河流域历史文化研究》,黄山书社,2001年,第41页。

"贯行"，当是取鱼贯而行之意，是指军队可以行走的大道。"埶"即"藝"字，《说文》云："种也。""应"即廎字，《说文》云："行屋也。""埶王应在夔陕真山"，即在夔陕真山建造昭王出行途中临时的行宫。夔陕真山，不见于文献记载，其地不详。

中甗铭的"曾"为地名、国名。早在北宋时，湖北省安陆县就出土了曾侯钟（即楚王熊章钟）。近年来，湖北省的枣阳、随县、京山一带不断发现西周至战国时的曾国铜器，当时的曾国当在这一带。

中巡视南方时，在曾地建造好了昭王的行屋，这时昭王派使臣史倪到了曾地，宣布王命，命中出使大大小小的方国。"舍汝"后面一字，当为"刍"字。"舍汝刍"，是给予马匹草料。"省"有探察、探视之义，中探察的路线是方、邓、洀。

唐兰先生说："洀当即朝，《汉书·地理志》南阳郡朝阳县，应邵注：'在朝水之阳'，在今河南省邓县东南。"①此说大致不误，中最后到达噩（鄂）地驻军之所，就在湖北省的随州市一带。

中方鼎的"埶王应在夔陕真山"与中甗的"埶应在曾"当是一回事，可知夔陕真山在曾地内。中考察的行军路线在今河南邓州市和湖北的襄阳市一带，那么昭王命南宫盂征伐的虎方应在湖北的汉水流域。虎方可能与巴人有关，或许因为巴族早期以白虎为图腾崇拜，所以被称为虎方。如果推断不错的话，西周时虎方或许在今湖北省宜城市一带，战国时那里是巴人的都城，荆门市出土过战国时代巴人的"大武舞戚"。

《诗经·鲁颂·閟宫》云："荆舒是惩。"据此，那么昭王南征时，征伐的对象既有荆楚，又有舒方。金文中有虎方没有舒方，舒方在安徽寿县一带。

由中器铭文，可知昭王第一次南征时，曾命南宫盂率军征伐虎方，还命中先到南方诸国探察军队可以行走的路线，并在曾地建造临时行宫。由此可知，昭王伐楚，是沿丹江、汉水南下，然后通过随枣走廊到达荆楚。

昭王时代的过伯簋铭文曰：

> 过伯从王伐反荆，孚金，用作宗室宝尊彝。

西周早期楚国在荆山地区，所以荆就是楚，而且西周金文中楚荆每每连言。由"王

---

① 唐兰：《西周青铜器铭文分代史征》，中华书局，1986年，第287页。

伐反荆"，可知是因为楚国反叛，昭王才去征伐。过为氏名，其地在今山东省莱州市（旧称掖县）一带，过伯远从山东而来，随从昭王伐楚，俘获铜，因此作宗室的祭器。

昭王南征是以巡狩之名开始的，夨鼎铭文曰："夨从寓（狩）逨（来）即王。"夨是因为随从昭王巡狩而来到昭王身边的。启卣铭文说：

　　王出兽（狩）南山，俊（蒐）遹（出）山谷，至上侯滰川。启从征，堇（勤）
　　不夒（扰）。作祖丁宝旅尊彝，用匄鲁福，用夙（夙）夜事。圭葡。

铭文中的"南山"，可能是指后世的秦岭，因为古代秦岭也称为"南山"，所以有终南山一称。昭王伐楚时动用了西六师，所以昭王南征可能是从宗周出发，沿丹江河谷南下，进入湖北荆山地区。

"狩"是指行猎，"王出兽（狩）南山"，是说昭王假借狩猎的名义出师南征，正如《史记·周本纪》所说"昭王南巡狩不返"。古代狩是在春天进行，这说明昭王出征的时间当在春天。启尊铭文曰：

　　启从王南征，遹（出）山谷，在洀水上。启作祖丁旅宝彝。圭葡。

前述洀水可能是朝水，在今河南邓州市东南，因此昭王可能是沿丹江出了山谷，至上侯滰川，"在洀水上"，然后沿着中事先考察过的行军路线南下，到达汉水之滨。沿着汉水走，这也是康王时太保召公视察南方走过的路线。

昭王第一次伐荆舒，诸臣获得了不少的铜，夨骏簋铭文曰：

　　夨骏从王南征，伐楚荆。又（有）得，用作父戊宝尊彝。吴。

噩簋铭文说："噩从王伐荆，俘，用作铼簋。"过伯簋铭所说的"俘金"，即俘获了铜，可知"有得"和"俘"都是指俘获铜。正因为昭王第一次伐楚，参战的将领们获得了许多铜料，所以唐兰先生认为昭王伐楚，是为了夺取南方的铜。

昭王十六年第一次伐楚，春天出发，于当年八月回归，詨鼎铭文曰：

　　雄（鸿）叔从王南征，惟归，惟八月，在䣙宝，詨作宝鬲（？）鼎。

"䣙宝"为昭王在䣙地的行屋，䣙地不详所在。丕椙方鼎铭文曰：

　　惟八月既望戊辰，王在上厌（侯）应，华灌丕椙，锡贝十朋。丕椙捧（拜）
　　颉（稽）首，敢扬王休，用作宝䵼彝。

"华灌丕椙"，是说昭王为表彰丕椙的功劳而赐酒给丕椙饮用。"上厌（侯）应"，是昭王在上侯的行屋。"上厌（侯）"，即昭王出征时经过的上侯滰川，可能在今河南

省邓州市东南一带。师俞鼎铭文曰:

> 王女(如)上厌(侯),师俞从。王□功,锡师俞金,俞则对扬厥德,用作厥文考宝尊。孙孙子子宝。

这是昭王第一次伐楚回来的路上,在上侯行屋论功行赏,赐铜给随从师俞。

諆簋铭文说:

> 隹(唯)九月,堆(鸿)叔从王员(远)征楚荆,在成周,諆作宝簋。

昭王八月在上侯的行屋赏赐臣下,諆九月就回到成周。中觯铭文曰:

> 王大省公族,于庚□旅。王锡中马,自隰,厌(侯)四骝,南宫贶。王曰:"用先。"中执王休,用作父乙宝尊彝。

"公族",是指与周王室同祖之人。《诗经·周南·麟之趾》云"振振公族",《毛传》:"公族,公同祖也。""□旅",指"振旅"。《尔雅·释天》云:"振旅阗阗。出为治兵,尚威武也;入为振旅,反尊卑也。"出征时的"振旅"是誓师,得胜班师时的"振旅"是祝捷,论功行赏。昭王赏赐给中的马,是来自隰地的4匹小马,是由南宫(当为南宫盂)送给昭王的。"用先"一语,是说用来奖励中先前去南国考察行军路线的功劳。昭王大张旗鼓地接见公族,并举行祝捷大会,证明他第一次伐楚获胜了,获得了大量的铜料,一部分铜料用来赏赐有功之臣,但是并没有征服荆楚,所以又进行了第二次伐楚。

(二)昭王第二次南征

关于昭王南征荆楚,西周共王时代的墙盘铭文说:"宖(弘)鲁邵(昭)王,广魰(惩)楚荆,惟奂南行。"这是西周金文中关于昭王伐楚最明确的记载。

弘与宏通用,训大。鲁训为嘉善、美善。于省吾先生指出,"鲁与旅、嘉古通用",并引《史记·周本纪》的"鲁天子之命",《书序》作"旅天子之命",《史记·鲁周公世家》作"嘉天子命"为证。[①] 金文中常有"鲁天子休命"之语,休,为美善之意。"弘鲁昭王"的意思是:宏大而美善的昭王。

"广魰楚荆",陈世辉先生读为"广惩楚荆",并引《诗经·鲁颂·閟宫》所云

---

① 于省吾:《墙盘铭文十二解》,见中山大学古文字研究室编:《古文字研究》第5辑,中华书局,1981年,第3页。

"荆舒是惩"为证。①

于省吾先生说："焕为奂的后起字。《汉书·韦玄成传》的'惟懿惟奂'，颜注谓'奂，盛也'。《礼记·檀弓》的'善哉奂焉'，郑注谓'奂言众多'。……总之，奂之训大，训盛，训众多，意义相涵。"②"惟奂南行"，是说昭王南征时士卒众多，盛况空前。墙盘铭文只颂扬昭王南征出师的盛况，而讳言"丧六师于汉"，昭王"没于水中而崩"的悲惨结局。昭王之死，周人讳之，不讣告，因此墙盘铭也只能讳而不言。逨盘铭文说：

　　雩朕皇高祖惠仲盠父，盭穌（和）于政，又（有）成于猷，用会邵（昭）王、穆王，盗（欲）政四方，扑伐楚荆。

逨盘铭是说逨的高祖能协和于政，计谋有成就，用计服务于昭王、穆王。盗为盗的繁文，从次从皿。秦公镈和王姬镈有"盗百蠻（蛮），具即其服"。"盗"字训为欲，《六书正讹》说："次即涎字，欲也。欲皿为盗，会意，从次，俗从次，误。""欲百蛮，具即其服"，就是想叫百蛮，都履行其服事，就是纳贡。"欲政四方"指想向四方推行其政治，这是昭、穆两代都想做的事情。但是"扑伐楚荆"是昭王的业绩。"扑伐楚荆"与"欲政四方"相对，但是与墙盘铭文一样，没有说明昭王伐楚荆的详情。正因为周人对伐楚的结果隐讳不言，所以关于昭王第二次伐楚之事后世所知甚少，金文中也绝少记载。昭王十九年的铜器有作册睘尊、作册睘卣、作册旂尊、作册旂觥、作册旂方彝、趞尊、趞卣、中作父乙方鼎等，但是铭文中都没有明言伐楚之事。作册睘卣铭文曰：

　　惟王十又（有）九年，王在厈。王姜命作册睘安尸（夷）伯，尸伯宾睘贝、布，扬王姜休，用作文考癸宝尊彝器。

"十九年"，学者公认为昭王十九年。"王在厈"，又见于作册睘尊、作册旂尊、作册旂觥、作册旂方彝、趞尊、趞卣等铜器铭文。中作父乙方鼎铭中有"王在寒帥（次）"。郭沫若先生认为"厈"与"寒帥"为一地，当是寒浞之故地，在今山东省潍坊市境内。③陈梦家先生认为"厈"与麦方尊铭中的"敁"为一地，是镐京宫观的一部

---

① 陈世辉：《墙盘铭文解说》，载《考古》1980年第5期。
② 于省吾：《墙盘铭文十二解》，见中山大学古文字研究室编：《古文字研究》第5辑，中华书局，1981年，第4页。
③ 郭沫若：《两周金文辞大系图录考释》，科学出版社，1958年，释文第14页。

分。①唐兰先生最早考证"斅"在湖北省孝感一带②，后来又说"序"与荼京相距甚近③，晚年提出"序"在今陕西凤翔④。卢连成先生认为"序"在汧渭之间，即今宝鸡市陈仓区、凤翔县、眉县交界一带⑤。麦方尊铭文记载井（邢）侯到宗周朝见康王，在荼京参加祭祀活动，康王"在斅"赏赐邢侯。盠驹尊铭文曰："王初执驹于斅。""序"与"斅"当通用，是举行执驹礼等礼仪活动的场所，因此"序"必距荼京不远，或许是属于荼京的一部分，在丰邑附近。

王姜是康王之妃、昭王之母，昭王十九年她还活着。作册睘尊铭文曰：

在序，君命余作册睘安夷伯，夷伯宾贝、布，用作朕文考日癸旅宝。八。

"君"又称"天君"。《礼记·玉藻》说："君命屈狄"，注："君，女君也。"可证金文中的"君"或"天君"是指王后。此铭的"君"是指王姜。王姜除见于此铭文和作册睘卣铭文外，又见于以下诸器：

作册夨令簋铭曰："作册夨令尊俎于王姜。"

息伯卣铭曰："惟王八月，息伯锡贝于姜（王姜）。"

叔卣铭曰："王姜吏（使）叔事于太保。"

不寿簋铭曰："惟九月初吉戊辰，王在大宫，王姜锡不寿裘。"

旗鼎铭曰："惟八月初吉，王姜锡旗田三于待刘。"

郭沫若先生早年推定夨令簋为成王时代的铜器，后来又认为王姜是武王后⑥。唐兰先生早年认为王姜是昭王后，后来又认为是康王后⑦，最后又认为是昭王后⑧。刘启益先生考定王姜为康王后⑨，我们认为是正确的。

《诗经·周南·葛覃》云："归宁父母"，《毛传》："宁，安也。"作册睘卣铭

---

① 陈梦家：《西周铜器断代（二）》，载《考古学报》1955年第10册。
② 唐兰：《西周铜器断代中的"康宫"问题》，载《考古学报》1962年第1期。
③ 唐兰：《论周昭王时代的青铜器铭刻》，见中华书局编辑部编：《古文字研究》第2辑，中华书局，1981年，第60页。
④ 唐兰：《西周青铜器铭文分代史征》，中华书局，1986年，第252页。
⑤ 卢连成：《序地与昭王十九年南征》，载《考古与文物》1984年第6期。
⑥ 郭沫若：《关于眉县大鼎铭辞考释》，载《文物》1972年第7期。
⑦ 唐兰：《西周铜器断代中的"康宫"问题》，载《考古学报》1962年第1期。
⑧ 唐兰：《略论西周微史家族窖藏铜器群的重要意义——陕西扶风新出墙盘铭文解释》，载《文物》1978年第3期。
⑨ 刘启益：《西周金文中所见的周王后妃》，载《考古与文物》1980年第4期。

文中的"安夷伯"即归宁夷伯，是向夷伯问安。《左传·桓公十六年》说："卫宣公烝于夷姜。"可知周代的夷氏为姜姓。"王姜命作册睘安夷伯"，说明姜姓的夷氏是王姜的母家，夷伯是王姜之父或其兄弟。王姜当是出自姜姓的夷氏，可称为夷姜。王姜在序地命作册睘"安夷伯"。

作册旂尊、旂觥、旂方彝铭曰：

惟五月，王在序，戊子，命作册旂兄（贶）望土于枢侯，锡金、锡臣，扬王休。

惟王十又（有）九祀，用作父乙尊，其永宝。样册。

"王在序"，是指昭王在丰邑莽京附近。"贶望土于枢侯"，就是命旂去向枢侯赏赐望地的土地。"枢"字又见于枢父乙壶①、枢侯簋。"枢"字或释相，不确。"枢"字从木，臣声，假借为陈蔡之陈。枢侯即陈侯，其国在今河南省淮阳县一带。望土当距陈国不远。

中作父乙方鼎铭文曰：

惟十又（有）三月庚寅，王在寒帅（次），王命太史兄（贶）裛（福）土。

王曰："中！兹裛（福）人入事，锡于珷（武）王作臣。今兄畁汝裛土，作乃采。"

福土不详所在，井叔达盨盖铭曰："惟三年五月既生霸壬寅，王在周，执驹于滆应。"②"周"即周邑，在周原。周王的行屋"滆应"必在周原一带。盠驹尊乙盖铭曰："王执驹豆，锡盠驹。"散氏盘铭有"豆人""豆新宫"，豆地在矢国附近，当在汧水下游，距离周邑不远。滆地也应该在汧水下游，滆与福可能是一地。昭王给予中的采地裛土应该在汧水下游一带。"寒帅"为驻军之所，当在"序"地，即丰京附近。趞尊、趞卣铭曰：

惟十又（有）三月辛卯，王在序，锡趞采曰趞，锡贝五朋。趞对王休，用

作姞宝彝。

以上趞器和中作父乙方鼎铭，均未具王年，但是都有"十又三月"，地点也相同，当为同时之器。"十有三月"是年终置闰，当是昭王十八年的"十有三月"。

综合以上诸器铭，可知昭王十九年五月以前，并未开始第二次伐楚，而是在莽京附

---

① 吴大澂：《愙斋集古录》卷十二，商务印书馆，1930年。
② 中国社会科学院考古研究所沣西发掘队：《长安张家坡西周井叔墓发掘简报》，载《考古》1986年第1期。

近的庠地，赏赐有功之臣和畿内诸侯，即向有功之臣赐采地。向有关诸侯赏赐土地，可能是为了调动群臣和诸侯伐楚的积极性，是为第二次伐楚做准备。矢令簋铭文曰：

惟王于伐楚，伯在炎。惟九月既死霸丁丑，作册矢令尊俎于王姜。姜赏令贝十朋、臣十家、鬲百人。公尹伯丁父兄（贶）于戍，戍冀，司气（饩）。令敢扬皇王宝（休），丁公文报，用颉后人享。惟丁公报，令用青（靖）辰（张）于皇王。

唐兰先生关于矢令簋铭文的考释是：

此应以伐楚断句，伯在炎为句。下召尊、召卣铭说："唯九月，在炎𠂤，甲午，伯懋父赐召白马姜、黄𩯒𢻬。"与此铭同在炎地，又同在九月，彼铭为甲午，较此铭丁丑晚十七日，可见此两铭是同时事。那末，下文的伯就是伯懋父。

冀在春秋时为国名，《左传·僖公二年》："冀为不道"，注："平阳皮氏县东北有冀亭"。在今山西省河津县一带。……冀亭应跨河两岸，其地在龙门以南，为重要渡口，所以在此设戍。

伯丁父当是丁公之子，……按：《书·顾命》于康王即位时称齐侯吕伋，……丁公已死，则此伯丁父当在昭王时无疑。……王姜疑是丁公吕伋之女，与公尹伯丁父同辈。①

刘向《列女传》卷二说："周宣姜后者，齐侯之女也。贤而有德，事非礼不言，行非礼不动。宣王尝早卧晏起，后夫人不出房，姜后脱簪珥，待罪于永巷，使其傅母通言于王曰：'妾不才，妾之淫心见矣，至使君王失礼而晏朝，以见君王乐色而忘德也。'"刘启益先生曾据此称宣王之妃为齐姜②。

刘向是汉成帝时的光禄大夫，因为成帝宠爱赵飞燕姐妹，淫逸无度，因此刘向撰《列女传》劝诫天子。他所说的"周宣姜后者，齐侯之女也"，并无依据，宣王的皇后是不是齐姜暂可存疑。

西周时周王室多与姜姓的夷、申通婚，夷、申虽然与齐国同宗，但是周王室并不是经常与齐国通婚。《左传·昭公十年》杜注："邑姜，齐大公女，晋唐叔之母。"《史记·晋世家》裴骃《集解》引服虔曰："邑姜，武王后，齐太公女。"前述康王后王姜

---

① 唐兰：《西周青铜器铭文分代史征》，中华书局，1986年，第275—279页。
② 刘启益：《西周金文中所见的周王后妃》，载《考古与文物》1980年第4期。

为夷姜，证明西周早期周王室与姜姓的夷氏通婚。武王后"邑姜"之"邑"与"夷"音同字通，因此"邑姜"当为"夷姜"之误。"夷姜"虽然是姜太公吕尚之女，但是她应该是出自姜姓的夷氏。这说明西周第一代的姜姓夷伯是姜太公吕尚之子，因为只有"邑姜"与西周第一代姜姓的夷伯是同母姐弟或兄妹，她才可能称夷姜。姜姓的夷氏出自申。《国语·周语上》说："宣王即位，不籍千亩，虢文公谏曰：'不可。……'王不听。三十九年，战于千亩，王师败绩于姜氏之戎。"《史记·周本纪》采《国语》之说，简化为："宣王不修籍于千亩，虢文公谏曰不可，王弗听。三十九年，战于千亩，王师败绩于姜氏之戎。"《后汉书·西羌传》说：

> 及宣王立四年，使秦仲伐戎，为戎所杀，王乃召秦仲子庄公，与兵七千人，伐戎破之，由是少却。后二十七年，王遣兵伐太原戎，不克。后五年，王伐条戎、奔戎，王师败绩。后二年，晋人败北戎于汾隰，戎人灭姜侯之邑。明年，王征申戎，破之。

"千亩"是一个地名，《左传·桓公二年》说："初，晋穆侯之夫人姜氏以条之役生大子，命之曰仇。其弟以千亩之战生，命之曰成师。"杜注："西河界休县南有地，名千亩。"《史记》采用《左传》之说，在《晋世家》中说："（晋穆侯）七年，伐条，生太子仇。十年，伐千亩，有功。生少子，名曰成师。"又在《十二诸侯年表》中说晋穆侯十年，"以千亩战，生仇弟成师"。"千亩"，《史记·周本纪》司马贞《索隐》云："地名也，在西河介休县。""西河介休县"，即今山西省的介休市。

过去学者往往把申戎与西申联系在一起，显然是错误的。《后汉书·西羌传》所记"宣王立四年"，加上"后二十七年""后五年""后二年"，再加上"明年"，正是《国语》的"（宣王）三十九年"，说明宣王征伐的申戎，正是千亩之战时打败王师的姜氏之戎，也说明"戎人灭姜侯之邑"，就是灭申戎的封邑。

山西省介休市一带的姜氏之戎被称为申戎，说明申戎与申国有关。申国原本是姜太公吕尚的封邑，在今陕西省周至县与眉县之间，史称西申。我们认为：申戎第一代的始封君——夷伯，当是姜太公吕尚之子，但不是长子。只有这种情况，山西省介休市一带的姜氏之戎，才能被称为申戎，周武王之妃才能称为夷姜。周宣王时"戎人灭姜侯之邑"的姜侯，当是西周金文中夷伯的后世。

西周时夷为畿内诸侯，伯爵。《左传·庄公十六年》说："晋武公伐夷，执夷诡诸。"杜注:"夷诡诸,周大夫;夷,采地名。"《左传·文公六年》说:"晋蒐于夷,舍二军。"杜注:"夷,晋地。"今知西周夷伯的封邑在今山西省介休市一带,其封地春秋时归为晋地,所以杜注说:"夷,晋地。"

周宣王时,改封西申之君申伯到南阳市的谢地为诸侯,此后其国称为南申(见禹父簋铭文)。夷伯这支申戎,也就是千亩之战时的姜氏之戎,可称为北申。①

据以上所述,可知姜太公吕尚之子分为三支:长子吕伋分封为齐侯,都营丘;次子是君陈,继承了姜子牙的爵禄。可能是三子封为畿内的夷伯,封地在今山西省介休市一带。

姜子牙与周王室是世代姻亲。姜太公吕尚之女武王妃邑姜,也就是夷姜,她与西周第一代夷伯应是同母姐弟或兄妹;康王后为王姜,应称她为夷姜;据眉县出土的王作仲姜鼎、扶风县出土的㽅鼎,可知穆王后为申伯之女仲姜,也就是王姐姜;据《诗经·大雅·崧高》、王作姜氏簋、太师作孟姜簋,可知厉王后为申伯之女孟姜②;据《列女传》,宣王后为姜姓,是不是齐姜暂可存疑;据《史记·周本纪》,幽王后为申姜。另外,由蔡簋、王伯姜壶、王伯姜鬲铭文,可知西周懿孝时期有一位王妃称为王伯姜。孝夷时期的夷伯簋铭文曰:

惟王征(正)月初吉,辰在壬寅,夷伯尸于西宫,益贝十朋,敢对阳(扬)王休,用作尹姞宝簋,子子孙孙永宝用。

"尸",主也。《诗经·国风·召南》云:"谁其尸之,有齐季女。"郑玄笺云:"主设羹者。"夷伯能在周王的西宫主持设羹之事,而且得到周王的赏赐,可见他与周王室的关系不一般。夷伯可能是王伯姜之父,因此王伯姜当是夷姜,应该是懿王之妃。

西周一代,周王室为了巩固与姜姓的联盟,从西周早期至中期,每隔一代都要与姜太公及其后世夷伯、申伯通婚,而且到了西周晚期,厉王、宣王、幽王三代人都与姜姓通婚。西周晚期,周王室改变隔代与姜姓通婚的惯例,三代周王都与姜姓通婚,这可能是因为当时周王室的政权不稳,为了得到姜姓更有力的支持,所以三代周王都选择了与姜姓通婚。

《吕氏春秋·音初》说:

---

① 尹盛平:《西周史征》,陕西师范大学出版社,2004年,第173页。
② 尹盛平:《西周史征》,陕西师范大学出版社,2004年,第84—86页。

周昭王亲将征荆，辛馀靡长且多力，为王右。还反，涉汉，梁败，王及蔡公拯于汉中，辛馀靡振王北济，又反振蔡公。周公乃侯之于西翟，实为长公。

《诗经·大雅·大明》云："造舟为梁。"《方言》卷九说："造舟谓之浮梁。""浮梁"即浮桥，"造舟为梁"是将船连接起来作为浮桥。"梁败"，是指连接在一起作为桥梁的船散开了。昭王第二次伐楚，胜败不清楚，但是因为用船连接起来的桥梁垮了，溺水而死，所以唐兰先生说：

服虔注《左传》说："周昭王南巡狩，涉汉，未济，船解而溺昭王。"是说风浪太大，系联船的绳索断了，所以船梁解散，昭王因此而溺。《史记·正义》引《帝王世纪》说："昭王南征，济于汉，船人恶之，以胶船进王。王御船至中流，胶液船解，王及祭公俱没于水中而崩。"则因船解而虚构出胶船之说，真是齐东野人之语了。①

昭王之死直接的责任并不在楚国，所以春秋时齐国的管仲责问楚国使臣时，楚国使臣回答说："昭王之不复，君其问诸水滨。"

三、周穆王救乱的战争

《后汉书·东夷列传》说："徐夷僭号，乃率九夷，以伐宗周，西至河上。穆王畏其方炽，乃分东方诸侯，命徐偃王主之。""徐夷僭号"，是指徐偃王称王。"九夷"是指山东、江苏一带的九种夷人。《后汉书·东夷列传》说："夷有九种，曰畎夷、于夷、方夷、黄夷、白夷、赤夷、玄夷、风夷、阳夷。"徐国故城在安徽省泗县北。《左传·昭公四年》载春秋时楚椒举说："穆有涂山之会"，杜预注云："涂山在寿春东北。"涂山在今安徽省蚌埠市西，处于淮河下游南岸。"涂山之会"，或许与徐偃王称王，穆王前去安抚，让他做东方诸侯首领有关。《史记·赵世家》说：

造父幸于周缪王，造父取骥之乘匹，与桃林盗骊、骅骝、绿耳，献之缪王。缪王使造父御，西巡狩，见西王母，乐而忘归。而徐偃王反，缪王日驰千里马，攻徐偃王，大破之。

据《穆天子传》，周穆王西巡狩，见西王母，随行的军队是西六师，所以穆王"日

---

① 唐兰：《西周青铜器铭文分代史征》，中华书局，1986年，第199页。

驰千里马，攻徐偃王，大破之"，率领的军队也应该是西六师。《史记·秦本纪》说：

造父以善御幸于周缪王，得骥、温骊、骅骝、騄耳之驷，西巡狩，乐而忘归。

徐偃王作乱，造父为缪王御，长驱归周，一日千里，以救乱。

《集解》引郭璞曰："《纪年》云穆王十七年，西征于昆仑丘，见西王母。"关于周穆王平定徐偃王叛乱的战争，西周穆王时代的班簋铭文有所反映，其铭文（见图8-3）曰：

唯八月初吉，才（在）宗周。甲戌，王令（命）毛伯更虢虩（城）公服，嬰（屏）王位，作四方极，秉緐（繁）、蜀、巢令（命）。易（锡）铃勒，咸。王令（命）毛公吕（以）邦冢君土（徒）馭（御）、戜人伐东或（国）痏（偃）戎，咸。王令（命）吴伯曰："吕（以）乃自（师）左比毛父。"王令（命）吕白（伯）曰："吕（以）乃自（师）右比毛父。"趋令（命）曰："吕（以）乃族从父征，徣（出）虩（城）卫父身。"三年静东或（国），亡不成哭（戝）天畏（威），否奥（昇）屯陟。公告氒（厥）事于上："惟民亡徣（出），才（在）彝，昧（昧）天令（命），故王允，才（在）显。惟苟（敬）德亡迪（攸）违。"

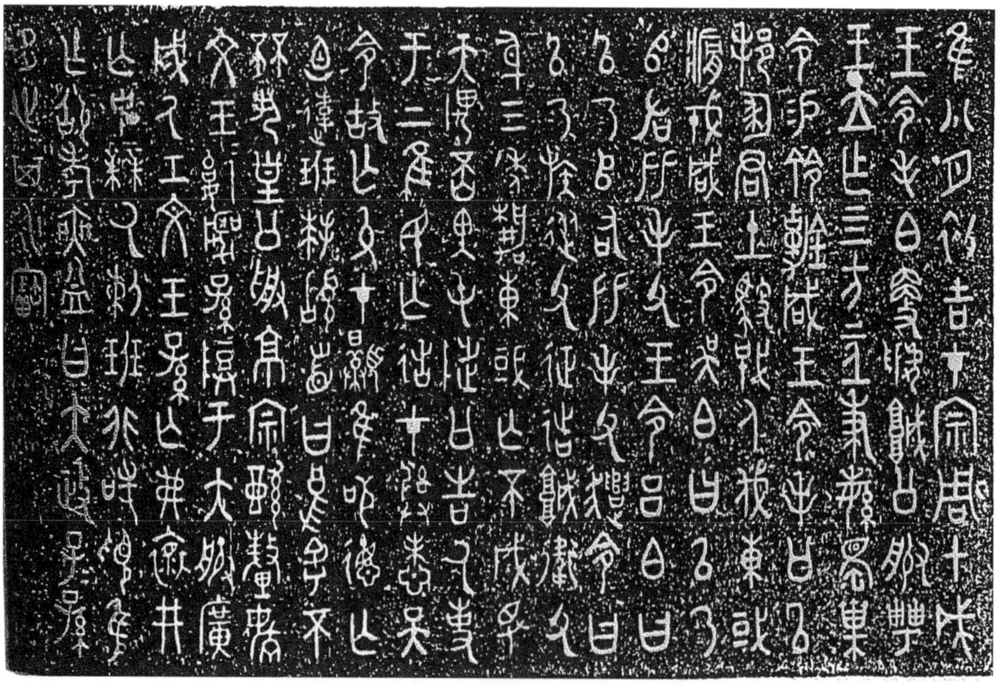

图 8-3 班簋铭文拓片

班簋是穆王时代的标准器，铭文中毛伯即作器者班，《穆天子传》中称为毛班。毛公是毛伯班，因为是穆王的叔父，所以穆王又称其为毛父。公是王室执政重臣的爵称，如周公、召公、毕公等。周穆王命毛伯替代虢城公的服事（官职）以后，毛班成为穆王的执政大臣，所以穆王称其为毛公。"更虢城公服"，是穆王命毛班替代虢城公的服事，就是政事，也就是职务。

周初有二虢，《左传·僖公五年》说："虢仲、虢叔，王季之穆也，为文王卿士，勋在王室，藏于盟府。"《国语·晋语四》文王"询于八虞而谘于二虢"。郭沫若先生说："虢城公当即下文'趞令曰'之趞，别有麸虢趞生段者可为证。又有麸虢仲段出土于凤翔，凤翔乃故西虢之地，《汉书·地理志》'西虢在雍州'，是知麸虢即西虢。"①此说可从。虢城公为城虢公的倒文，"城"同音假借为郑，城虢就是郑虢。郑虢公名趞，是西虢之君。"郑"是周原西部宝鸡市凤翔县和陈仓区一带的古地名。西虢为虢仲的封国，在今陕西凤翔县虢王、彪角镇一带。

"趞命曰：'以乃族从父征，出郑卫父身。'"这是穆王对郑虢趞生的命令，命他带领自己的族人随从毛父出征，保卫毛父的人身安全。毛父就是毛伯、毛班，是这次出征的主帅，统领中军，而吴伯、吕伯是其左右副手，吴伯统领左军，吕伯统领右军。

唐兰先生说："痟字疑与偃通，偃戎即徐戎，《书·费誓》说：'淮夷徐戎并兴'，可见徐是戎。"②"三年静东国"，当是指平定徐偃王的东征。穆王命毛公东征，用了3年时间才取得胜利。

黄盛璋先生说："《后汉书》又记'偃王处潢池东，地方五百里'，潢池即黄池，在济水流域，封丘之南，足证徐夷自被周公讨伐退处原根据地，后来又沿泗及济水向东发展，几乎到达黄河，所以'西至黄河'，是可信的。《礼记·檀弓》记徐使者容居曰：'昔我先君驹王，西讨济河'，也说明《后汉书》确有所据"③。

总之，徐偃王率九夷叛周，沿济水西进，几乎到达黄河，直接威胁到西周王朝陪都成周的安全，所以周穆王调动了包括西六师在内的几路大军围剿，据说还借助了楚人的帮助，用了3年时间，才将叛乱平定下去。

---

① 郭沫若：《两周金文辞大系图录考释》，科学出版社，1958年，释文第21页。
② 唐兰：《西周青铜器铭文分代史征》，中华书局，1986年，第351页。
③ 黄盛璋：《录伯䍙铜器及其相关问题》，载《考古与文物》1983年第5期。

四、厉王灭鄂的战争

周夷王征伐太原之戎（猃狁）的战争虽然取得了小胜，但是并没有能阻止住其他少数民族的反叛。《后汉书·东夷列传》说："厉王无道，淮夷入寇，王命虢仲征之，不克。"厉王时代的铜器铭文也记载了征淮夷的史实。虢仲盨铭文曰："虢仲目（与）王南征，伐南淮夷，在成周作旅盨，兹盨友十又二。"虢仲是据周王的命令进行南征，征伐洛阳以南的淮夷。厉王㝬（胡）钟铭文说：

> 王肇遹省文、武堇（勤）疆土。南国𠬝（服）孳（子）敢陷处我土。王敦伐其至，厥（扑）伐厥都，𠬝（服）孳（子）乃遣闲（间）来逆邵王，南夷、东夷具见廿又六邦。

厉王㝬钟铭文是说：王开始省视文王武王开拓的疆土，发现南国服子竟敢攻陷我们的国土而居之。王迎头痛击于他们所到之处，一直打到他们的国都，服子才派遣中间人前来迎接并朝见厉王，南夷、东夷同来朝见的有二十六国。

"服子"，过去有学者认为是"濮子"，非也。"服子"是指淮夷，因为淮夷从前就是向周王朝贡纳布帛之类"服物"的人，所以称其为"服子"。"南国服子"，就是指成周以南向周王朝贡纳"服物"的人，即南夷、南淮夷，与濮族无关。

"敦伐其至"，是说凡是有入侵淮夷人的地方，厉王都要征伐。"扑伐厥都"，就是攻打南淮夷的国都。厉王的征伐，使淮夷害怕了，于是"遣闲来逆邵王"，即派说客来迎接厉王。"闲"是指作为第三者的说客，"逆"是迎接的意思。"具见"，是带着布帛之类"服物"来见。"具见廿又六邦"，是说南淮夷、东淮夷带着"服物"来见的共有二十六个方国。

㝬钟铭文中未具年月，但无叀簋铭文曰："惟十又三年正月初吉壬寅，王征南夷。"知虢仲盨、㝬钟铭所载伐南夷是周厉王十三年之事。厉王南征取得了一定的胜利，南夷、东夷共有二十六个方国派使臣迎接王师并朝见厉王。

据虢仲盨铭文，知厉王南征是从成周出发。厉王南征取得了一定胜利后，又班师回到了成周，驻师坯。噩侯驭方鼎铭文说：

> 王南征，伐角鄩，惟还自征，在坯。噩侯驭方内（入）□于王，乃裸之。
> 驭方侑王，王休宴，乃射，驭方卿王射。驭方休阑，王宴，咸饮。王亲锡驭□（方）

□（玉）五瑴，马四匹，矢五□（束）。

"角鄀"，当是南淮夷邦国名，也可以说是地名，其地今在何处不详。铭文记载厉王南征回来时，驻师在坯，即河南成皋大伾山一带。

噩侯即鄂侯，驭方是其名。传世有噩侯簋，其铭文曰："噩侯作王姞媵簋，王姞其万年子子孙孙永宝。"刘启益先生定噩侯簋的时代为夷王世，认为王姞是夷王妃①，那么噩国为姞姓。可能是因为夷王妃是噩国之女，所以噩侯驭方与厉王的关系非同一般。当驭方来见厉王时，厉王让他陪同进行祭祀活动，又让他陪同饮宴，二人一会儿轮流射箭，一会儿又共射，最后又共饮，显得亲密无间。但是好景不长，后来噩侯驭方又率领南淮夷、东夷起兵反周。周厉王时代的禹鼎铭文说：

禹曰："……"乌摩（呼）哀哉！用天降大丧于下或（国），亦唯噩（鄂）侯驭方逺（率）南淮夷、东夷广伐南或（国）东或（国），至于历内。王乃命西六𠂤（师）、殷八𠂤（师），曰："剌（扑）伐噩（鄂）侯驭方，勿遗寿幼。"肄（肆）𠂤（师）弥宋匐匡（匡），弗克伐噩（鄂）。肄（肆）武公乃遣禹率公戎车百乘，斯駿（驭）二百、徒千，曰："于匡（匡）朕（朕）肃慕（慕）叀（唯）西六𠂤（师）、殷八𠂤（师）伐噩（鄂）侯驭方，勿遗寿幼。"雩禹㠯（以）武公徒驭至于噩（鄂），章（敦）伐噩（鄂），休，隻（获）氒（厥）君驭方。

西周时以洛阳为天下的中心，称之为中国。洛阳以南称南国，洛阳以东称东国。南淮夷是指洛阳以南的淮夷，东夷是指东方的夷人。这次战争是由噩侯驭方联合南淮夷、东夷大面积攻伐南方、东方诸侯国引起的。

禹鼎铭文说南淮夷的入侵，"至于历内"。"历"，次也，《礼记·月令》云季冬之月"命宰历卿大夫至于庶民"。注："历，犹次也。""历内"是指等次以内，当时与诸侯、方国领土等次不同的是王畿。"历内"可能是指陪都成周王畿以内。由于鄂侯率领淮夷"广伐南或（国）东或（国）"，进入陪都成周王畿以内，所以禹惊呼："乌呼哀哉，用天降大丧于下或（国）。""下或（国）"是指周王朝，说明驭方率领的反叛联军已深入王畿之地。于是周厉王倾尽全力，命周军主力西六师、殷八师抗击驭方，并下达了严厉而残酷的命令："勿遗寿幼"，即杀光，老小不留。周军主力西六师、殷

---

① 刘启益：《西周金文中所见的周王后妃》，载《考古与文物》1980年第4期。

八师受命之后，却长时间惊惶恐惧，怯敌不前，武公只好命令禹率领武公的战车与亲军，即公戎车百辆、车兵200人、步兵千人，率先冲锋，带动西六师、殷八师作战，终于反攻至噩都，擒获其君驭方，灭掉了鄂国。

厉王征伐鄂侯驭方的战争取得了重大胜利，对震慑南方起到了一定的作用。《史记·楚世家》记载：

> 熊渠生子三人。当周夷王之时，王室微，诸侯或不朝，相伐。熊渠甚得江汉间民和，乃兴兵伐庸、杨粤，至于鄂。熊渠曰："我蛮夷也，不与中国之号谥。"乃立其长子康为句亶王，中子红为鄂王，少子执疵为越章王，皆在江上楚蛮之地。及周厉王之时，暴虐，熊渠畏其伐楚，亦去其王。

可能周军伐噩时，周厉王下达的老小不留的杀光命令，使熊渠受到很大震动，所以他自动将儿子们的王号去掉，以免遭到讨伐。厉王伐鄂的战争，也暴露出周军的主力西六师、殷八师已腐败无斗志，只是依靠武公的亲军才勉强取胜。

五、宣王伐"太原之戎"的战争

《后汉书·西羌传》说："夷王衰弱，荒服不朝，乃命虢公率六师伐太原之戎，至于俞泉，获马千匹。"这段话当出自古本《竹书纪年》。太原之戎即犬戎，也就是猃狁，西周金文称为严允，是指严地的允姓之戎。

《后汉书·西羌传》说："至穆王时，戎狄不贡，王乃西征犬戎，获其五王。……王遂迁戎于太原。""太原"之地何在，以往学术界争论很大。一说为今山西太原；二说为汉时五原，即今内蒙古包头市西北；三说为后魏所立之原州，即今宁夏固原。顾炎武《日知录》云：

> 必先求泾阳所在，而后大原可得而明也。……《后汉书·灵帝纪》段颎破先零羌于泾阳，《注》泾阳县属安定，在原州。《郡县志》原州平凉县，本汉泾阳县地，今县西四十里泾阳故城是也。然则大原当即今之平凉，而后魏立为原州，亦是取古大原之名尔。

顾说正确。"大原"就是太原，古"大"与"太"通。西周晚期猃狁在"大原"，即今固原、庆阳、平凉一带，《诗经·小雅·六月》之"薄伐猃狁，至于大原"可证。

《诗经·大雅·公刘》云："瞻彼溥原"。"溥原"之"溥"训大，"溥原"即大原。泾水上游固原、庆阳、平凉地区为广大的黄土高原地区，尤以其中最大的董志塬最为著名，故名之为"太原"。公刘登上高冈所望之"溥原"即庆阳、平凉一带的"太原"。猃狁居于甘肃陇东平凉一带的"太原"，发现于平凉的寺洼文化安国类型是其文化遗存。①

《左传·僖公二十二年》杜注："允姓之戎居陆浑，在秦、晋西北，二国诱而徙之伊川。"这里杜预弄错了，"允姓之戎"的原居地不在陆浑，而在古代的"太原"，所以是在秦、晋西北。陆浑在洛阳西南的伊川，是秦、晋二国将"允姓之戎"诱而徙之伊川，也就是徙之陆浑。

《史记·楚世家》说："（楚庄王）八年，伐陆浑戎，遂至洛，观兵于周郊。"《集解》引服虔曰："陆浑戎在洛西南。"《正义》说："允姓之戎徙居陆浑。"这说明陆浑在伊川，陆浑是"允姓之戎"的徙居地，那么"允姓之戎"的原居地是在秦、晋西北。杜预是把"允姓之戎"的原居地与徙居地弄颠倒了，位于秦、晋西北的正是古"太原"之地。西周晚期，"太原之戎"就是猃狁，金文称为严允，所以猃狁就是"允姓之戎"，徙居伊川后又称为"陆浑戎"，他们都是犬戎的后世。

犬戎被周穆王迁到"太原"后，为什么又称为"㹴允"了呢？这是因为古代的"太原"，也就是陇东高原的缘故。《说文》云："㹴，崟也，一曰地名。"又"崟，山之岑崟也"。"岑，山小而高。"《楚辞·招隐士》云"状皃崟崟兮峨峨"，言高耸貌。《诗经·大雅·公刘》云："陟则在巘，复降在原。"升起来在巘，降下去在原，可知巘是指高处，就是所谓高原上的小山。

《诗经·大雅·皇矣》云："度其鲜原，居岐之阳，在渭之将。"《毛传》："小山别大山曰鲜。"《尔雅·释山》："小山别大山，鲜。""巘"与"鲜"义同，知"鲜原"即"巘原"，是指其上有高耸小山的高原。"㹴"与"巘"古音同在侵部，音义相同。古代的"太原"因为有"㹴"这种高耸的小山，所以被称为"㹴"地。总之，㹴是指有高耸小山的高原，是地名。

㹴地的"允姓之戎"简称为"㹴允"，"㹴允"的含义为㹴地的"允姓之戎"，

---

① 尹盛平：《猃狁、鬼方的族属及其与周族的关系》，载《人文杂志》1985年第1期；又见尹盛平：《周文化考古研究论集》，文物出版社，2012年，第384页。

这是显而易见的。厰允后世加反犬旁称为猃狁（也称猃狁）。因为猃狁居于固原、平凉、庆阳一带广大的黄土高原，处在泾水上游，所以西周中晚期泾水河谷成为猃狁入侵宗周镐京的主要通道。

西周晚期，猃狁不仅不朝贡，而且与周王朝兵戎相见，进犯京师。出土于沣河河床沉沙中厉王时代的多友鼎铭文（见图8-4、图8-5）说：

> 惟十月，用严允放（旁）棐（兴），广伐京师，告追于王，命武公："遣乃元士，羞追于京师。"武公命多友率公车，羞追于京师。癸未，戎伐筍，衣（卒）孚（俘），多友西追。甲申之屑（晨），搏于郲（漆），多友右（有）折首执讯：凡吕（以）公车折首二百又□又五人，执讯廿又三人，孚（俘）戎车百乘一十又七乘，衣（卒）复筍人孚（俘）。或搏于䰜（龚），折首卅又六人，执讯二人，孚（俘）车十乘，从至。追搏于世，多友或右（有）折首执讯。乃轍追，至于

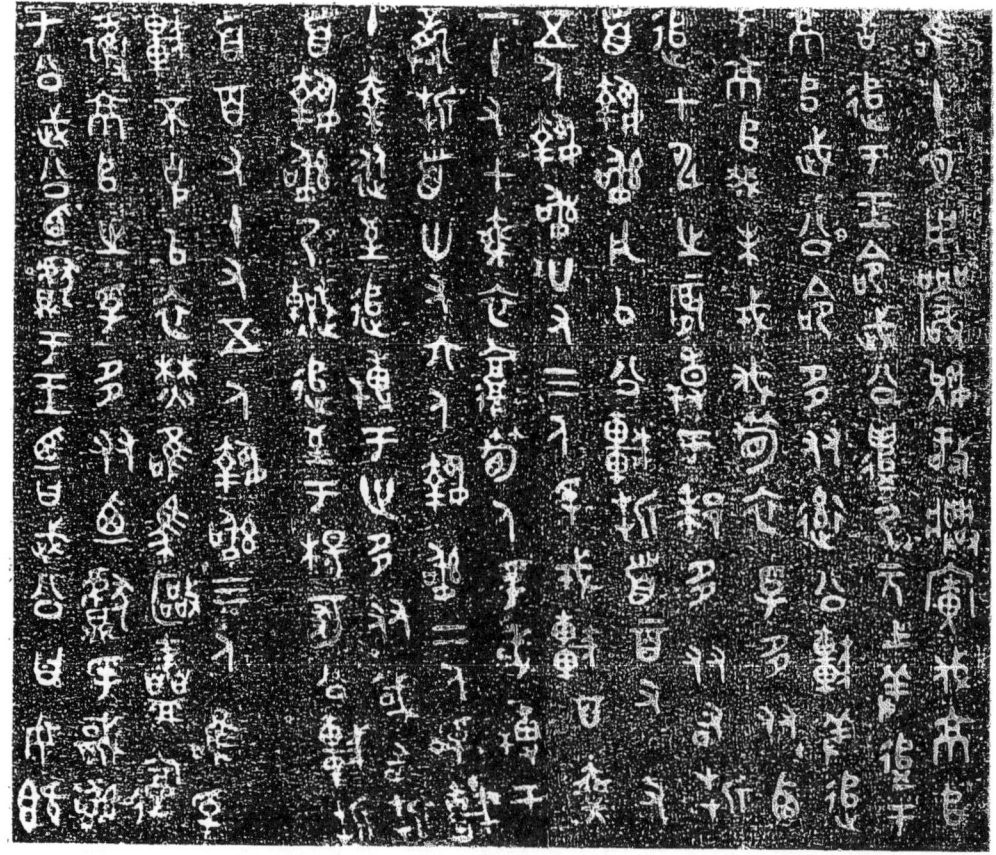

图8-4 多友鼎铭文拓片

杨冢,公车折首百又十又五人,执讯三人。惟孚车不克吕(以),衣(卒)焚。惟马敺尽复襄(夺)京师之孚(俘),多友乃献孚(俘)馘讯于公,武公乃献于王。

图 8-5 多友鼎

京师指公刘的故居,在邠地。《诗经·大雅·公刘》云:"京师之野,于时处处",京师即公刘"乃觏于京"的京地,是公刘在邠地所居之处。克钟铭文曰:"王亲命克遹泾东,至于京师。"这是说周王亲自命令克沿着泾水以东急行,向西北抵达邠地的京师。筍为地名,是指西周时的旬邑。汉代美阳(今陕西扶风县)出土的尸臣鼎铭文曰:"王命尸臣官此(司)枸邑。"筍地当即此枸邑,在邠地,在今陕西旬邑县境内。鄩为地名,当在漆水沿岸。《诗经·大雅·绵》云:"绵绵瓜瓞,民之初生,自土沮漆",笺云:"公刘失职,迁于豳,居沮漆之地。"知鄩地在邠,当距筍邑不远。龚即共,《诗经·大雅·皇矣》云:"密人不恭,敢距大邦,侵阮徂共。"朱右曾《诗地理征》说:"泾州今有共池,即共也。"又说:"共池在今泾州北五里。"共池在今甘肃省泾川县境内。

《诗经·小雅·六月》说:"玁狁匪茹,整居焦获,侵镐及方,至于泾阳。""焦获"是指焦获泽,在今陕西泾阳县西北,与泾水相连,知玁狁是沿泾水上游的河谷下来的,驻扎在焦获泽一带,要侵犯镐京及荟京,到达了泾水之阳。

由于玁狁在陇东平凉一带,京师在今陕西旬邑县境内,所以玁狁入侵京师是沿着泾水上游的河谷下来的。武公命多友率武公的车兵追击入侵京师的玁狁,是溯泾水逆流而上。当多友尚未到达京师之时,癸未这一天,玁狁又入侵筍地,俘虏了筍邑的周人。筍邑当在京师附近的泾水或其支流沿岸。甲申早晨,也就是第二天早晨,多友在鄩地展开了追击猃狁的第一次战斗。这一仗出乎猃狁意料，多友率军突然杀到，斩获甚众。除多友有斩获外，武公车兵斩200多人的首级，捉住活口23人，俘获战车117乘，并解救了被猃狁俘虏的筍地周人。

第二仗的战场是在共地，当是武公的车兵进行的，斩首36人，捉住俘虏2人，俘获战车10乘。第三仗是多友追击猃狁到世地展开的，有些斩获。第四仗是多友与武公车兵突袭猃狁于杨冢，武公的车兵斩获猃狁115人的首级，捉住俘虏3人，俘获的战车由于带不走只好就地焚烧了，马匹全部杀掉了，解救了被猃狁从京师掳去的周人。世与杨冢均为地名，其他虽然不能确指，但是据"多友西追"判断，世与杨冢当在共地以西的泾水更上游一带。

多友鼎铭文中的武公已见于夷王时代的敔簋铭文，又见于南宫柳鼎和禹鼎铭文。南宫柳鼎的时代为夷王世，禹鼎略晚于多友鼎，时代为厉王世。"武公入右敔"，而且生称武公。多友鼎铭文中王命武公"遣乃元士，羞追于京师"，禹鼎铭文中"武公乃遣禹率公戎车百乘，斯驭（驭）二百、徒千"，这些都是武公的直属军队。以上所述，说明武公历经夷王、厉王二世，到了厉王时，他的直属军队拥有战车百乘，驭手200名，步兵千人，战斗力极强，武公显然是统军主帅，所以杨宽先生说："他属于'公'一级的执政大臣是无疑的。"①

前引《后汉书·西羌传》说，夷王时"乃命虢公率六师伐太原之戎"，多友鼎铭文记载追击进犯京师之地的猃狁，猃狁正是太原之戎。铭文中的武公是生称，武是氏名，公是爵称。武氏是周的世族，《春秋·隐公三年》有"秋，武氏子来求赙"，《左传·隐公五年》说："曲沃庄伯以郑人、邢人伐翼，王使尹氏、武氏助之。"以多友鼎铭文中的武公证之，武氏西周中期偏晚时业已存在，一直延续到春秋时期。

---

① 杨宽：《西周王朝公卿的官爵制度》，见人文杂志编辑部编辑：《西周史研究》（人文杂志丛刊第2辑），1984年，第104页。

第九章 陪都成周

周武王灭商后，曾想在当时称为"中国"的洛阳建都。成王遵照武王的遗愿，命周公营建了洛邑以为都城。成王五年曾迁都洛邑，命名洛邑为"成周"，命名镐京为"宗周"。但是成王不久后又回到了丰邑，康王在此设朝处理国政，金文中称为"莽京"，从此"成周"洛邑成为陪都。

根据考古发现，陪都"成周"也分为东西两部分，分布在洛阳瀍水的东西两岸。东岸最早为迁移、监视"殷顽民"（殷民贵族）而建，初期称为"周"，成王五年命名为"成周"，史称下都；西岸是王宫宗庙区，居民以周人姬姓贵族为主，初期称为"新邑"，金文中称为"王"，史称"王城"。

"成周"居于西周王朝的中心，通往东方诸侯、方国道路的距离平均，便于西周王朝征收东方诸侯、方国贡品，而且驻有"殷八师"，又称"成周八师"，所以成为宗周在东方的经济中心与军事重镇。

第一节
洛邑的发现

宝鸡市贾村塬出土的何尊铭文说:

> 隹(唯)珷(武)王既克大邑商,则廷告于天曰:"余其宅兹中或(国),自之辥(乂)民。"

这是说,武王攻克了大邑商(殷都)以后,就在广庭中向上天祷告说:我要居住在这天下中心之地——"中国",从这里治理民众。"中国"与中原、中州的含义相近,是指天下的中心。周武王不仅这样说了,而且还付之于行动。

《史记·周本纪》说武王灭商后,本想在洛阳建都,但是他"营周居于雒邑而后去",未能迁都洛邑。这说明建都洛阳是周武王的遗愿。西周初年,周公东征平叛以后,根据武王的遗愿,考察、规划了洛邑的城址,后报经成王批准,在武王所建"周居"的基础上营建了洛邑。根据何尊铭文,成王五年洛邑建成后定名为"成周",周成王迁居于此,但是不久后他又回到了丰镐故都,从此"成周"成了西周的陪都。

我们之所以把陪都成周与西周丰京、镐京联系在一起,是因为陪都成周是西周王朝在东方的经济中心与军事重镇,担负着周王室在东方征收贡物、转运物资,不断地向宗周提供财政支持的重任,而且西周在陪都成周驻有"成周八师",担负着保卫都城丰京、镐京的重要任务。武王病逝后,成王年幼,武王弟周公、召公辅政,二人决定"分陕而治",即以河南陕县为界,陕县以西由召公管辖,陕县以东由周公管辖。所以西周在丰京、镐京与成周都设有卿事寮,管理各自的行政事务。第一位在成周主持卿事寮工作的是周公,第二位是周公之子君陈,第三位是毕公,昭王时代是周公之子君陈的儿子太保明公,又称明保。总之,陪都成周与丰京、镐京的关系密不可分。

根据《尚书·洛诰》所记,洛邑的位置应在洛水以北,瀍水东西两岸。《汉书·地理志》曰：

> 周地，柳、七星、张之分野也。今之河南雒阳、榖城、平阴、偃师、巩、缑氏，是其分也。昔周公营雒邑，以为在于土中，诸侯蕃屏四方，故立京师。

《太平寰宇记》载：

> （周公相成王）以丰鄗镐偏在西方，职贡不均，乃使召公卜居涧水东瀍水之阳，以即中土。而为洛邑，是为成周王都，今苑内王城是也……于是遂筑新邑，营定九鼎，以为王之东都。①

周初营建的西周陪都洛邑，周平王东迁以后成了东周（春秋时期）王室的都城。《后汉书·郡国志》"河南尹"条说："河南，周公时所城雒邑也，春秋时谓之王城。"据此，东周的王城就是周公所建的洛邑。从洛邑的沿革关系入手，如果找到了东周王城的城址，周公所建洛邑的位置也就大致可以确定了。然而事实并不是这么简单。

洛邑的调查和发掘，是从寻找王城开始的。根据古典文献的记载，平王东迁后的王城即东周城址，其位置与汉代河南县城为同一地。关于汉代河南县的位置，一直被认为在今涧河东岸，洛阳市小屯附近。

20世纪50年代，考古工作者先后在河南洛阳市区的涧河沿岸发现了汉代的河南县城遗址和东周的王城遗址。《考古学报》1959年第2期发表了《洛阳涧滨东周城址发掘报告》。根据发掘报告可知，东周王城城址位于涧水东岸，其北城垣保存完整，全长2890米，走向是北偏东78度30分，北面有一条与之平行的东西向护城河遗迹。西城垣迂回曲折，北端与北城垣西端相接，向南进入东干沟一带，走向为北偏西14度。沿着涧河东岸，在王城公园处跨过涧河向西，于七里河村北转南。靠近南段，城墙不做直线，向外稍有弧度，在兴隆寨村的西北向东直拐，形成城址的西南角。南城垣从西南城角向东，由兴隆寨村北跨涧河至瞿家屯东小路终止，其走向为北偏东89度。与此不远处，另外发现一段往北稍拐的城墙，长度不过30米。再往东因地势低下，城墙东段已湮没不见，因而其东南角没有找到。东城垣自北城垣转弯处直向南行，残存约1000米，走向为南偏东5度30分。这就是东周王城城址的大致轮廓。

中国科学院考古研究所洛阳发掘队1954年至1958年的考古发掘调查显示，东周王城遗址内除存在大小两城以外，从外城墙的版筑城墙中，发现许多东周遗物。当时的发掘者推测，东周城墙大约建于春秋中叶以前，从战国时代以至于秦汉之际曾迭次修

---

① 乐史：《宋本太平寰宇记》卷三《河南道三》，中华书局，2000年，第26页。

补，到了西汉后期以后，就逐渐荒废了，代之而起的当是大城圈里的小城圈（汉代河南县城）。这与文献所载王城的兴废情况是相吻合的。由于在东周城墙下出土了西周的陶器，并有战国时期的瓦，因此东周王城的年代不会早于西周。

20世纪50年代初，在洛阳老城的东郊和老城内的考古发掘，也发现了商周之际的墓葬和西周的车马坑。① 从1954年秋至1955年春对东西贯通洛阳市内的中州路的发掘调查，发现了汉代的陶文，其中除有表示河南县的"河南"之外，还包括与河南县相关的"河亭""河市"等。②1954年春郭宝钧先生等在对涧河东岸小屯附近的调查中，也发现了"河市"陶文。③

"河南""河亭""河市"等陶文的发现，是证明中州路一带为汉代河南县城之所在的最好证据。在涧河东岸发现的内侧小城，周长约5400米，南北两墙相距约1410米。西墙沿涧河曲折，北、东、南三墙基本成直线，版筑城墙中包含汉遗物。城墙下有战国时期墓葬，其上被东汉初平年间的墓葬所叠压。因此内侧小城的年代可定为汉代，当即汉代河南县城。④

20世纪50年代汉代河南县城的发现，把东周王城的位置确定在今洛阳市区涧、洛两河交汇处的洛河北岸和涧水东岸一带。《后汉书·郡国志》"河南尹"条记载的应是东周王城的位置，而成周洛邑的位置被认定在汉魏故城遗址，也就是在今洛阳市东郊白马寺以东的偃师、孟津县境内。根据文献记载找到的涧河东岸的王城遗址，只是东周王城而非西周城址，它未能证实西周洛邑的位置。

近年来在洛阳附近的考古发掘证实，殷周时期的遗址多分布于瀍河和涧河流域，特别是今洛阳市区东北的瀍水两岸，东起塔东、塔西、马坡，西至老城西关，南从泰山庙，北至邙山之坡，西周遗址、墓葬分布密集。其中位于老城区以北约1公里处瀍河西岸的北窑村一带，是一处很大的西周铸铜作坊遗址，面积约28万平方米。已发现的遗迹、遗物有房基、地下水管道、炼铜炉残块、烘范窑和大量铸造铜器的陶范等。⑤遗址的年代始于西周初期，毁于西周中期穆共之后。

---

① 郭宝钧、林寿晋：《一九五二年秋季洛阳东郊发掘报告》，载《考古学报》1955年第9册；中国社会科学院考古研究所洛阳唐城队：《洛阳老城发现四座西周车马坑》，载《考古》1988年第1期。
② 中国科学院考古研究所编著：《洛阳中州路（西工段）》，科学出版社，1959年。
③ 郭宝钧：《洛阳古城勘察简报》，载《考古通讯》1955年创刊号。
④ 郭宝钧、马得志、张云鹏等：《一九五四年春洛阳西郊发掘报告》，载《考古学报》1956年第2期。
⑤ 洛阳市文物工作队：《1975—1979洛阳北窑西周铸铜遗址的发掘》，载《考古》1983年第5期。

在北窑村西周铸铜作坊遗址，发现房基多座，其中F2是一座残房基，在房基下发现有12个奠基坑，有的坑内分别埋葬1人、1马或1狗。共发现人骨架7具、马骨架3具、狗骨架2具，均作挣扎状。从埋葬人、马或狗的奠基坑的分布位置看，可能与建筑该房时作为立柱和安门的奠基有关。

发现的铸铜烘范窑，由窑室、火膛和烟囱等部分组成。窑室平面近方形，平底，直壁，拱形顶，顶部设有烟囱。火膛与窑底平。发掘时，发现窑室内曾堆积有碎陶片、碎范块和草木灰等遗存。

铸铜作坊区除发现大量西周陶片、石器、骨器、蚌器、卜骨、卜甲和一些残铜器外，还发现大量炼铜熔炉残壁块、坩埚残块和浇铸铜器的陶范。冶铜熔炉的修筑方法多是先用黏土、石英砂加草拌和成泥条，再盘筑成圜底筒形炉身，然后在内壁涂以细泥衬炉，外壁抹草泥，留有鼓风眼。坩埚则多是用去掉口部的大口的大型陶器作为主体，然后在器内外涂以掺有石英砂和黏土的耐火泥做成。陶范多残破较甚，发现大小2万多块，分外范、内范和范芯等。陶范是用细砂掺细泥制作而成，能辨认出器型的有方鼎、圆鼎、甗、簋、盂、尊、瓿、爵、罍、卣、觯、编钟等，还有少量铸造车軏、车辖、銮铃、泡、戈、镞和斧等车马器、兵器与生产工具范。另外还有铸造大型铜器装饰的牛头范、羊头范、象头范。范面上的花纹有兽面纹、夔纹、凤鸟纹、蝉纹、云雷纹、竖条纹、饕餮纹、涡纹、联珠纹等。以上材料说明，这处西周早期铸铜作坊是以铸造青铜容器为主，兼铸车马器、生产工具和兵器，铸造的青铜器种类齐全，是我国目前已经发掘规模最大的一处西周铸铜作坊遗址。

1963年，洛阳市考古工作者在老城北1公里，位于邙山之阳瀍河西岸的北窑、庞家沟一带，发现西周墓葬400多座，其中庞家沟的西周墓葬多且分布集中。在以后的10多年中共发掘西周墓葬367座。墓葬均为长方形土坑竖穴，保存较好的墓葬多南北向。墓室一般长3米，宽1~2米。最大的墓葬长9.7米，宽6.35米，深9.7米。最小的墓葬长2.6米，宽1.3米。大中型墓内有二层台与棺、椁，墓底铺朱砂，小型墓只有棺。死者头多向北，葬式多为仰身直肢。但是，在葬俗方面几乎全部没有腰坑和殉狗。随葬品有青铜器、玉器、陶器和原始瓷器。出土青铜鼎、鬲、簋、甗、方彝、觯、斝、盂、卣、壶、罍等铜礼器67件，出土车軎、车辖、铜泡、马衔等车马器，以及戈、戟、镞等兵器与工具近3000件。部分青铜礼器有铭文，特别在1件铜戈上还有墨书文字。出土的重要青铜器有王妊簋、太保戈、康伯壶、伯懋父簋盖、师隻卣、毛伯戈、丰伯剑、丰伯戈等，表明北窑、庞家沟一带是一处西周贵族墓地，因此原始青瓷器发现较多，器型有豆、簋、罍、罐、瓮等。胎质多呈灰白色，釉为豆绿色。墓葬年代早者为西周早期，晚者为西周晚期，也有西周中期墓。

洛阳市北窑西周早期铸铜遗址和北窑、庞家沟西周贵族墓地的发现，应当说为确定成周故址提供了可靠的依据。同时在瀍河西岸发现了一条通向庞家沟西周墓地和北窑西周铸铜作坊的西周早期南北大道，在瀍河东岸也发现多处西周遗址和墓葬，并发现了圆形殉葬坑和西周大路。[1]北窑、庞家沟西周墓随葬车马器，但是没有腰坑和犬骨，这些都是周人的习俗。然而，洛阳市摆驾路口、下窑村、东大寺，以及塔东、塔西村一带的西周墓葬，一部分或全部都有腰坑和殉狗，反映出殷人的习俗，因此郭宝均、林寿晋等称之为"殷人墓""殷遗民墓"[2]。

《史记·周本纪》张守节《正义》引《尚书·洛诰》云："我卜瀍水东，亦惟洛食，以居邶、鄘、卫之众。"《尚书·多士》云："成周既成，迁殷顽民。"邶、鄘、卫之众，是指殷顽民。洛阳市塔东、塔西等村正在瀍水东岸，与《尚书·洛诰》所说邶、鄘、卫等殷顽民所居之地吻合，而且这一带的西周墓葬皆有腰坑和犬骨，当是"殷顽民墓"。这一带应该是成周的下都遗址。

关于西周陪都成周的研究，学者多有建树。长期在洛阳地区进行考古发掘的叶万松、余扶危两位先生，根据洛阳地区的西周考古资料，结合《尚书·洛诰》的记载，认为"周公营建的洛邑城址可能在瀍河之滨"，"其范围大概是东起白马寺，西临涧河，南及洛河，北依邙山，亦即《逸周书·作雒》所描述的'南至洛水，北因于郏山，以为天下之大凑'"。[3]

笔者赞同叶万松、余扶危二位先生的说法，即西周洛邑的位置在今洛阳市老城区以北，邙山以南的瀍水两岸，这与《尚书·洛诰》显示的洛邑位置吻合。具体说来瀍水以东，应是成周洛邑的下都遗址，而瀍水以西，涧水以东，应是成周洛邑的王城遗址。

---

[1] 叶万松、余扶危：《关于西周洛邑城址的探索》，见人文杂志编辑部编辑：《西周史研究》（人文杂志丛刊第2辑），1984年。

[2] 郭宝钧、林寿晋：《一九五二年秋季洛阳东郊发掘报告》，载《考古学报》1955年第9册；中国社会科学院考古研究所洛阳唐城队：《洛阳老城发现四座西周车马坑》，载《考古》1988年第1期。

[3] 叶万松、余扶危：《关于西周洛邑城址的探索》，见人文杂志编辑部编辑：《西周史研究》（人文杂志丛刊第2辑），1984年，第323页。

第二节
新邑与成周

我们在传世的文献中时常可以见到"新邑"一词，如《尚书·洛诰》说：

周公曰："王肇称殷礼，祀于新邑，咸秩无文。予齐百工，伻从王于周，予惟曰：庶有事。"①

《尚书·康诰》说：

惟三月哉生魄，周公初基作新大邑于东国洛。四方民大和会。②

《尚书·多士》说：

惟三月，周公初于新邑洛，用告商王士。③

《尚书·召诰》说：

若翼日乙卯，周公朝至于洛，则达观于新邑营。④

在出土的西周金文材料中，也有多件西周早期青铜器铭文提到"新邑"。如柬鼎铭文说：

癸卯，王来奠新邑，□旬又三（四）日丁卯，□自新邑于柬，王□贝十朋，用乍（作）宝彝。

臣卿鼎铭文说：

公违眚（省）自柬，在新邑，臣卿易（锡）金，用乍（作）父乙宝彝。

士卿尊铭文说：

丁子（巳），王在新邑，初□工，王易（锡）鸣士卿贝朋，用乍（作）父戊尊彝，子□。

---

① 孙星衍：《尚书今古文注疏》，中华书局，1986年，第406—407页。
② 孙星衍：《尚书今古文注疏》，中华书局，1986年，第355—356页。
③ 孙星衍：《尚书今古文注疏》，中华书局，1986年，第423页。
④ 孙星衍：《尚书今古文注疏》，中华书局，1986年，第393页。

第九章 陪都成周

从金文看，"新邑"乃当时一处重要地点。"新"在金文中与其他表示地点的词也有相配出现的，如臣卫尊铭文说：

> 惟三（四）月乙卯，公易（锡）臣卫宋□贝三（四）朋，在新京，用乍（作）父辛宝尊彝。

十五年趞曹鼎铭文说：

> 隹（唯）十又五年五月既生霸壬午，龏（共）王才（在）周新宫。

从铭文可知，"新京"就是指一处新建的"京"，也就是一处新建的周王室居住地。"新宫"是指一处新建的王宫。"新宫"一称，除十五年趞曹鼎铭文外，在师汤父鼎、师遽簋等的铭文中多次出现。从"新宫"出现在"周康宫"后面的情况看，"新宫"当指康宫中新修建的宫。因此，"新"与一地点相配出现，一般都是指一处新建的王都或王室建筑。所以，从字面意思理解，"新邑"当是一处刚刚建立的都城。但是究竟这个刚刚建立的都城是指哪里呢？因为"新邑"所涉及的人物，都是周王和周公这样的重要人物，所以引起学术界的关注，学者们也纷纷发表了自己的见解。总结起来，主要有以下两种观点：

其一，认为周初文献和金文记载中的"新邑"，都是指成周，这也是比较传统的观点。陈梦家[1]、陈公柔[2]、朱凤瀚[3]等学者，包括笔者[4]，均持此观点。

其二，认为"新邑"不是成周，但是与成周相近，同在洛地。在通过一系列考证后，提出"新邑"就是后来的王城。[5]

"新邑"王城说的观点提出后，对传统的观点产生了一定的冲击。通过仔细分析，我们发现其立论主要有以下几点依据：首先，"新邑"王城说认为"新邑"不是"周"，而成周在周初也单称为"周"。其次，通过对金文材料的分析，认为"新邑"也不是成周，成周与"新邑"是并存于某一时期的两种称呼，并非同一地的先后两个不同称呼。认为"新邑"，其营建晚于成周，即周初的"作洛"，当在成王五年。最后，通过"新邑"居住和方位的考证，认为王城初建时称为"新邑"，后来定名为王城。[6]上述观点，通过分析，我们发现其中有些地方与事实不符。首先，"新邑"与"周"确

---

[1] 陈梦家：《西周铜器断代》上册，中华书局，2004年，第366页。
[2] 陈公柔：《西周金文中的新邑、成周与王城》，见《庆祝苏秉琦考古五十五年论文集》编辑组编：《庆祝苏秉琦考古五十五年论文集》，文物出版社，1989年，第388页。
[3] 朱凤瀚：《〈召诰〉、〈洛诰〉、何尊与成周》，载《历史研究》2006年第1期。
[4] 尹盛平：《西周史征》，陕西师范大学出版社，2004年，第93页。
[5] 彭裕商：《西周青铜器年代综合研究》，巴蜀书社，2003年，第60—89页。
[6] 彭裕商：《西周青铜器年代综合研究》，巴蜀书社，2003年，第89页。

实不是同一个地方。成王五年成周在何尊铭文中首次出现，从此以后金文中的周是指岐周。成王五年以前，文献和金文中的周曾经是指镐京，但是周在金文中从来没有与"新邑"发生过关系。其次，从文献看，"新邑"都在东国洛，如《尚书·康诰》云："周公初基作新大邑于东国洛"①，《多士》也说："周公初于新邑洛"②，这些都是"新邑"在洛阳的证据。但是，金文中的"新邑"是不是王城，就需要另外讨论了。

《史记·周本纪》所说"营周居于雒邑而后去"，说的是"周居"，指的是周族或周王室居住的地方，即王宫之类，并非是指"周"（王都），二者意思并不相同。保卣铭文载：

乙卯，王令保及殷东或（国）五侯，征兄（贶）六品，蔑历于保，易（锡）宾，用作文父癸宗宝尊彝。遘于四方，迨（会）王大祀，祓于周，在二月既望。

这篇铭文中是有"祓于周"的记载，但是并不能因为保卣出土在洛阳，又是殷遗民所作之器，就说保卣铭文中的周是指成周。保卣记载的是周初成王东征的事情，当时成周洛邑尚未营建，铭文中的周是指镐京，而不是指成周。况且西周铜器铭文中周与宗周、成周是互相排斥的关系，已经说明金文中的周不是成周，而且文献中成周也未称过周。此外，从营建的时间看，出现"新邑"的铜器和文献的时代都是比较早的，也看不出"新邑"的营建要晚于成周的营建。成王五年成周已经建成，而且正式命名为成周，目前尚无证据可以证明成周与"新邑"并存过一段时间。西周时期金文和文献中从来没有出现过王城的记载，金文中只出现过两例关于"王"的记载，而"王"实际上是指王宫而不是指王城。（详见下文）从以上这几个方面来看，认为"新邑"就是王城的观点恐怕难以成立。

首先，文献中对于营建成周，有着比较明确的记载。《尚书大传》说："周公摄政，一年救乱，二年克殷，三年践奄，四年建侯卫，五年营成周，六年制礼作乐，七年致政成王。"这里明确讲是成王"五年营成周"。《尚书·多士》云："周公初于新邑洛"。《尚书·召诰》又云："周公朝至于洛，则达观于新邑营。""新邑"在洛，而成周也在洛，其实二名本是指一地。成周未营建好以前称为"新邑"，营建好以后则正式命名为成周，意寓周人的王业告成，当然也有可能表示是成王营建的"周"。总之，成周的命名，是为了与岐周、宗周互相区别。其次，金文材料也做了很好的说明，可以与文献相印证。

何尊是一件流行于晚商周初的典型的三段式尊，纹饰繁缛，并有四条扉棱，非常

---

① 孙星衍：《尚书今古文注疏》，中华书局，1986年，第356页。
② 孙星衍：《尚书今古文注疏》，中华书局，1986年，第423页。

古朴，这些都是周初特点。此外，"惟王五祀"，这种缀在文尾的纪年体例，还保留有商末的特点。我们所引柬鼎、士卿尊、臣卿鼎、臣卿簋等四器铭文都记载有"新邑"，这四器的器型、纹饰都具有商末周初特征，其年代为成王时期，这是多数学者的共识。何尊铭文证明："新邑"从成王五年开始正式称为成周，这与《尚书大传》所说"五年营成周"吻合。文献和金文结合互相印证，还可以把一系列事件串联起来。《尚书·召诰》说：

> 惟二月既望，越六日乙未，王朝步自周，则至于丰，惟太保先周公相宅。越若来三月，惟丙午朏，越三日戊申，太保朝至于洛，卜宅。厥既得卜，则经营。越三日庚戌，太保乃以庶殷攻位于洛汭。越五日甲寅，位成。若翼日乙卯，周公朝至于洛，则达观于新邑营。①

据以上所述，说明成王五年二月，成王在丰；三月，太保先到洛阳相宅、卜宅；八天后，周公来到"新邑"；四月，成王来"新邑"，在京室祭祀，从此"新邑"正式称为"成周"。成王五年何尊铭文中首次出现"成周"，此后西周金文中不见"新邑"一称。

我们需要指出的是：成王五年初发生的这些事件在时间上并不矛盾。卜宅、相宅之"宅"是指太保为成王占卜居住的王宫，这与建洛阳的城邑无关。关于这一点，朱凤瀚先生已经详细论证②。《左传》说："昔成王合诸侯城成周，以为东都，崇文德焉。"③所谓"城成周"，是指修建成周城。因此，宅与成周是两个概念，三月卜宅、相宅与四月在成周京室祭祀并不矛盾。因为成周京室是宗庙，即太庙，它的修建与王宫的修建是两回事，它可以在三月以前已建成，三月卜宅、相宅是建王宫。

综合以上所述，我们赞同传统的观点，即新邑不是单指王城，而是指整个陪都洛邑。新邑与成周，都是洛邑的总称，所以新邑就是后来的成周，不存在单指王城的问题。岐山县周公庙西周遗址出土的甲骨文中有"新邑"，而周公庙遗址是周公采邑的所在地，所以周公庙甲骨文中的"新邑"，很可能是指新建立的周公采邑。周公的采邑称为周，因此周初很可能是每建一处周，在未建成以前都称为新邑。这也就是说，"新邑"是周未建成以前的称呼，但是洛邑建成以后未定名为周，而是为了表示是成王建立的周，或者说为了表示王业告成，于是定名为成周。但是在建设期间，它是新建的周，因此称为"新邑"。

---

① 孙星衍：《尚书今古文注疏》，中华书局，1986年，第390—393页。
② 朱凤瀚：《〈召诰〉、〈洛诰〉、何尊与成周》，载《历史研究》2006年第1期。
③ 杨伯峻编著：《春秋左传注》，中华书局，1990年，第1517页。

第三节
"王"与王城

西周金文资料中常见"王":一种是指周王,最为多见;另一种是指一地点,虽然在金文中出现较少,但是很重要。如矢令方尊铭文说:"甲申,明公用牲于京宫。乙酉,用牲于康宫。咸既,用牲于王。"这里"王"与"京宫""康宫"并称,"王"应该是指一处王宫,也就是周王所住的地方。

"王"究竟指何处,学术界一直有争议。一些学者认为"王"就是指王城,如唐兰[①]、陈梦家[②]、彭裕商[③]等先生,就持这种观点。另一些学者则认为"王"是指王宫,是成周城内周王居住的地方。《洛阳北窑西周墓》在总结北窑西周墓发掘的重要意义时指出:"个别西周铜器铭文中的王,当是指成周城内周王居住的王宫。"[④]这之后,朱凤瀚先生又进行了详细论证[⑤]。

金文中的"王"究竟是指王城,还是指王宫呢?主张金文中的"王"可能是指王宫的学者,认为西周时期并无王城,其主要依据是涉及王城的文献时代都偏晚,多是东周的材料,如《左传·庄公二十一年》最早记载:"春,胥命于弭。夏,同伐王城。郑伯将王自圉门入,虢叔自北门入。杀王子颓及五大夫。"此后,《左传》里也相继出现了王城的记载。如襄公二十四年记载:"齐人城郏。"杜预注:"郏,王城也,于是穀雒斗毁王宫,齐叛晋欲求媚于天子,故为王城之。"另外在昭公二十二年、二十三年及

---

① 唐兰:《作册令尊及作册令彝铭文考释》,见故宫博物院编:《唐兰先生金文论集》,紫禁城出版社,1995年。
② 陈梦家:《西周铜器断代》上册,中华书局,2004年。
③ 彭裕商:《西周青铜器年代综合研究》,巴蜀书社,2003年,第76页。
④ 洛阳市文物工作队编著:《洛阳北窑西周墓》,文物出版社,1999年,第369页。
⑤ 朱凤瀚:《〈召诰〉、〈洛诰〉、何尊与成周》,载《历史研究》2006年第1期。

定公七年也有关于王城的记载。在记录西周时期历史的文献中，也出现王城，如《逸周书·作雒解》说：

> 周公敬念于后，曰："予畏同室克追，俾中天下。"及将至政，乃作大邑成周于土中。城方千七百二十丈，郭方七十里。南系于洛水，地因于郏山，以为天下之大凑。制郊甸，方六百里，国西土为方千里。分以百县，县有四郡，郡有□鄙。大县城方王城三之一，小县立城，方王城九之一。

《逸周书·作雒解》中成周与王城同时出现于一篇内容中，我们认为它们是一种互相排斥的关系，成周并非王城，反之亦然。同时，《逸周书·作雒解》还透露了一个重要信息，就是王城被作为参照物与"大县""小县"对比，可见王城是一座城市，并不是一座王宫。但是郡、县出现的时代较晚，可知《作雒解》的成书年代晚于西周，其成书的年代可能为东周时期。

矢令方尊铭文中前面讲明公来到成周，后面讲"明公归自王"。过去学者有人认为"王"是指昭王，不确。但是这篇铭文说明成周与"王"为二地，并非指同一处地点。

我们在前文中也讲到，文献中的宅与成周为两个概念，《尚书·召诰》中的卜宅、相宅就是指为成王规划修建王宫，但是此王宫却与岐周、宗周的某某宫不同。在金文资料中，岐周、宗周、成周常常出现一些宫室名称，但是它们都是以某某宫出现，如京宫、康宫等，却未见一例称为"王"，这是因为金文中的"王"是一个特例。西周初年政局尚未稳定，而在洛邑建立都城控制殷遗民与东方各国，这是一件很急迫的事情，但当时还难以完成王城的全部规划，所以只能为成王先营建一座王宫，以便控制政局。郑玄在《诗经·王城谱》中说："使召公先相宅，既成，谓之王城"。相宅，就是先为成王规划建立一座王宫，所以王城最早实际上只是一座王宫，所以西周早期的矢令方尊中单称为"王"。此外，御正卫簋铭文说："五月初吉甲申，懋父赏御正卫马匹，自王。用作父戊宝尊彝。"这里也单称为"王"，但是"王"，在西周中晚期的金文中从未出现，而西周时期也未出现王城的称呼，所以说金文中的"王"，实际上是指成周的王宫，这座王宫有可能是在武王建周居的基础上营建的。

金文中的"王"，东周（春秋时）不仅称为王城，而且还称为周。《左传·僖公二十五年》说："（襄）王入于王城。"《国语·晋语》说："文公即位二年……乃纳襄王于周。"这里"周"就是王城，从中可以看出春秋时期"王"不仅称为王城，而且还逐渐将王城称为周了。

西周洛邑的"王",是指洛邑的王宫,那么洛邑的王宫都有哪些建筑呢?《逸周书·作雒解》说:"乃位五宫:大庙、宗宫、考宫、路寝、明堂。"孔晁注:"五宫,宫府寺也。大庙,后稷庙。二宫,祖考庙、考庙也。"朱右曾在《逸周书集训校释》中说:"宗宫文王庙,考宫武王庙。"

《诗经·大雅·下武》云:"下武维周,世有哲王。三后在天,王配于京。"我们在前文中已指出太庙"三后在天","三后"是指太王、王季、文王。"王配于京",其中的"王"指武王,"京"指"京宫",此时"京宫"中有太庙、周庙。周庙是以文王为祖,以武王为宗。成王死后也要配于京宫中的周庙,所以《下武》云:"永言配命,成王之孚。"这说明成王营建成周洛邑时,除建立太庙外,又在成周洛邑的京宫中建立了以文王为太祖的周庙。

路寝是周王的寝宫。明堂是周王听政的殿堂,即周王处理朝政的地方。《逸周书·作雒解》所说的"乃位五宫",实际上是营建了太庙、宗宫文王庙、考宫武王庙,共三宫,加上路寝、明堂合为五宫。成周确有太庙,例如敔簋铭文曰:

惟王十又一月,王格于成周太庙。武公入右敔,告禽(擒)馘百,执讯四十……

成周有京宫(见矢令彝铭文),成周的太庙在京宫中。

第四节
洛邑的分区

关于西周时代陪都洛邑的分区，学术界有不同的观点。一部分学者认为成周实为一城，其中或认为王城为成周城的一部分，或认为西周时期的王城并不存在。早期持此观点的有童书业先生，他在《春秋王都辨疑》一文中指出："王城即成周之内城，成周乃东都之总名。"① 其后，杨宽先生也认为："成周是东都的总称，王城只是东都的宫城，并非相距四十里的两个邑。"杨宽先生还认为：王城是成周的小城，成周的郭城位于瀍河两岸附近，而王城则位于郭城之西。现今的王城只是处于成周大城西南角的一座宫城而已，而其外城的东北角在北窑遗址一带。② 史为乐先生也认为："周公所营洛邑即成周，王城是成周的一部分。"③ 另一些学者更认为西周时期王城是不存在的。李民先生就认为："在西周时期，洛邑与王城并非两地，当时，仅有洛邑（成周）之称，而无王城之名。"④ 曲英杰先生认为："在整个周代作为王都者一直是只有一座城，即成周城。所谓洛邑、王城等，原是其不同称谓。"⑤ 杜勇也认为："在可信的西周文献中，我们不曾看到'王城'一词，即使《尚书》有多篇言及营洛事，'王城'也无一见……周初营建东都洛邑，只有一座位于涧东瀍西的成周城，双城说是与历史事实不相符合的。"⑥ 朱凤瀚先生也认为"西周时并无'王城'之称"，"洛邑亦即成周"。⑦

---

① 童书业：《春秋王都辨疑》，见童书业：《中国古代地理考证论文集》，中华书局，1962年，第53页。
② 杨宽：《西周初期东都成周的建设及其政治作用》，载《历史教学问题》1983年第4期。
③ 史为乐：《西周营建成周考辨》，载《中国史研究》1984年第1期。
④ 李民：《说洛邑、成周与王城》，载《郑州大学学报》（哲学社会科学版）1982年第1期。
⑤ 曲英杰：《周都成周考》，载《史学集刊》1990年第1期。
⑥ 杜勇：《周初东都成周的营建》，载《中国历史地理论丛》1997年第4辑。
⑦ 朱凤瀚：《〈召诰〉、〈洛诰〉、何尊与成周》，载《历史研究》2006年第1期。

王占奎先生则认为成周即汉魏故城的西周城，西周时代并不存在另外一座名叫王城的城。①日本后藤均平先生认为成周当在瀍河的东西两岸，而王城则是春秋时建在别的位置即汉代河南县城附近。②

一部分学者则认为成周、王城为两城。唐兰先生早在《作册令尊及作册令彝铭文考释》一文就指出："王，王城也……然则王城、成周，实二邑也。"③陈梦家先生在《西周金文中的都邑》中也指出："汉儒去古未远，所述洛地两周城，自应可信。"④王玉哲先生指出："所谓'新大邑''新邑''东都''成周'等，是异名同实一地的总名。若细分之，这个新大邑包有两地：一为王城，一为成周。中隔瀍水。西周铜器《令方彝》反映得甚清楚：既说'明公朝至于成周'，又说'明公归自王（城）'，可证'成周'与'王城'是二非一。"⑤主张洛邑为二城的学者还有陈昌远⑥、许倬云⑦、彭裕商⑧等先生。

我们认为：西周早期金文中的"王"虽然是指王宫，但是后来有可能扩建为王城，所以西周时期的王城也许是存在的。那么王城或王宫与成周究竟是怎样一种关系呢？《汉书·地理志》河南郡洛阳下自注曰："周公迁殷民，是为成周。"在河南下自注云："故郏鄏地周武王迁九鼎，周公致太平，营以为都，是为王城。至平王居之。"郑玄在《诗经·王城谱》中进一步指出："周公摄政五年，成王在丰，欲宅洛邑，使召公先相宅，既成，谓之王城，是为东都，今河南是也。召公既相宅，周公往营成周，今洛阳是也。"可见在汉儒的眼中，成周与王城是东西并列的两城。韦昭在注《国语·周语》时说："成周在瀍水东，王城在瀍水西"，进一步明确了两者的位置关系。

---

① 王占奎：《成周、成自、王城杂谈——兼论宗周之得名》，见北京大学考古文博学院编：《考古学研究》（五）下册，科学出版社，2003年，第572页。
② ［日］后藤均平：《成周与王城》，见和田博士古稀纪念东洋史论丛编纂委员会编：《和田博士古稀纪念东洋史论丛》，讲坛社，1961年。
③ 唐兰：《作册令尊及作册令彝铭文考释》，见故宫博物院主编：《唐兰先生全文论集》，紫禁城出版社，1995年，第11页。
④ 陈梦家：《西周铜器断代》上册，中华书局，2004年，第370页。
⑤ 王玉哲：《周公旦的当政及其东征考》，见人文杂志编辑部编辑：《西周史研究》（人文杂志丛刊第2辑），1984年，第139—140页。
⑥ 陈昌远：《有关周公营雒邑的几个问题——兼论雒邑成周的地理位置与作用》，见中国先秦史学会秘书处编：《中国古代史论丛》第8辑，福建人民出版社，1983年。
⑦ 许倬云：《西周史》，生活·读书·新知三联书店，1994年。
⑧ 彭裕商：《西周青铜器年代综合研究》，巴蜀书社，2003年，第70页。

宋代司马光在《稽古录》卷八《周上》说:"成王年十三,周公为冢宰,摄行天子事。……遂奉武庚禄父、淮夷作乱。周公帅师东征,居东二年,罪人斯得,杀武庚禄父及管叔,囚蔡叔于郭邻,降霍叔于庶人,灭淮夷,三年而归。卜宅洛邑为王城,使四方入贡道里均,又作下都于瀍水东,命曰成周。迁殷顽民教治之。然天子犹往来常居镐京,曰宗周。"

我们认为上述说法是可信的,洛邑可能就是分为成周与王城,隔瀍水东西并列建立的两个分区,与宗周分为镐京与丰邑,隔沣水而建的分区类似。《尚书·多士》提到"成周既成,迁殷顽民","成周"应是为迁殷顽民而建。周人为了防止殷人再次叛乱,专门在瀍水东岸营建成周,迁殷顽民而监视起来,这也正好解释了《尚书·洛诰》所记"王肇称殷礼,祀于新邑"的原因。瀍水西岸的王城则为王宫区,是周王居住之处,也是周人贵族聚居区和手工业作坊区。

我们的上述观点也得到了考古材料的支持,前述在洛阳市老城区东北的瀍水东岸,即今东起塔东、塔西、马坡,西至老城西关,南起泰山庙,北至邙山之坡,西周遗址、墓葬分布密集。洛阳市摆驾路口、下窑村、东大寺,以及塔东、塔西村一带的西周墓葬,一部分或全部都有腰坑和殉狗,反映出殷人的习俗,因此学者称之为"殷人墓""殷遗民墓"。这说明瀍水以东是殷遗民集中居住的地区,印证了"成周既成,迁殷顽民"的说法。

位于洛阳市老城区以北约1公里,瀍河西岸的北窑村一带,是一处面积很大的西周时期铸铜作坊遗址,面积为28万平方米。遗址的年代始于西周初期,毁于西周中期穆共之后。今洛阳市老城区以北1公里,位于邙山之阳瀍河西岸的北窑、庞家沟一带,已发现西周墓葬400多座,其中庞家沟的西周墓葬分布最为集中,已发掘367座。出土数以千计的西周青铜器、玉器、原始瓷器和陶器,其中重要的青铜器有王妊簋、太保戈、康伯壶、伯懋父簋盖、师隻卣、毛伯戈、丰伯剑、丰伯戈等,这些铜器铭文中的西周许多重要人物都是王妃、王臣,有些人不仅是王臣而且还是有封邑的采邑主,例如康伯、毛伯、丰伯等。这说明北窑、庞家沟一带是以西周姬姓贵族为主的墓葬区,所以这里的墓葬随葬车马器,但是均无腰坑,也不殉狗。

1984年中国社会科学院考古研究所对汉魏洛阳故城的城垣遗址进行了解剖发掘,发现该城至少有三个规模不同、时代有别的古城叠压在一起。时代最早的城址位于汉晋洛阳城中部，为西周时期所筑，城圈基本为方形。①

西周时期的王城虽未发现，但是在涧河以东的王城公园一带发现了东周时期的王城。该城平面为不规则方形，南北长约3700米，东西宽约2890米。② 2004年11月—2005年12月，洛阳市文物工作队在瞿家屯村东南、东周王城南城墙外西南部，发现大型成组的夯土建筑基址、墙基、散水、给排水设施、池苑等遗迹，并出土了大量建筑材料。③ 这些都为我们进一步探索西周的王城提供了线索。

根据以上所述，不管西周有没有王城，都不影响陪都洛邑有两个分区：瀍河以东为成周，也叫下都；瀍河以西为王城，或者叫王宫。总之，王宫区不在成周城内。成周居民以殷遗民为主，成周八师的驻地可能也在成周内。矢令方彝铭文说：

> 唯十月月吉癸未，明公朝至于成周，出命舍三事命眔卿事寮、眔诸尹、眔里君、
> 眔百工、眔诸侯：侯、甸（田）、男，舍四方命。

"卿事寮"是西周最高的官署，"里君"相当于后世的里长，"百工"可能是指手工业工匠的工头。由此可知，成周有卿事寮等官署，居民中还有里长管辖的自由民，以及手工业工匠等。王城除有王宫（路寝、明堂）外，还有京宫、康宫。周王室的太庙、周庙，是在京宫中。王城还有周王室的手工业作坊区，居民以姬姓贵族为主。

综上所述，我们赞同西周时期成周是洛邑的总名，但是它分为成周、王城两个区域。成周，也就是下都，主要是殷顽民的居住区，在瀍水东岸；王城是周王室的王宫、宗庙和姬姓贵族居住区，以及周王室手工业作坊区，在瀍水西岸、涧河东岸。成周的分区与宗周的分区相似。宗周镐京的居民多为异姓贵族、王臣，在沣水东岸；宗周的莽京是周王室的王宫、宗庙和姬姓贵族居住区，以及周王室手工业作坊区，在沣水西岸的丰邑内。成周洛邑的营建当是参照了丰镐二京的分区。

西周时陪都洛邑的王城也许只是一座王宫，当然也有可能已建立城垣。瞿家屯村东南、东周王城南城墙外西南，发现的西周大型成组的夯土建筑基址与西周的王城或王宫有没有关系，有待进一步研究，但是它们是探索西周洛邑王城的重要线索。

---

① 中国社会科学院考古研究所洛阳汉魏城队：《汉魏洛阳故城城垣试掘》，载《考古学报》1998年第3期。
② 中国社会科学院考古研究所：《洛阳发掘报告——1955—1960年洛阳涧滨考古发掘资料》，北京燕山出版社，1989年。
③ 洛阳市文物工作队：《洛阳瞿家屯东周大型夯土建筑基址发掘简报》，载《文物》2007年第9期。

第五节
宗周在东方的经济中心

洛邑位于黄河支流洛河之畔,具有便利的水路交通条件,伊、洛、瀍、涧四水绕流其间,造就了广阔的冲积平原,除适宜农业的发展等自然条件外,更重要的是它所处的地理位置十分优越。从西周的版图上看,洛邑位于"天下之中",西周的何尊铭文称之为"中国","中国"的意思就是指"天下之中"。随着周初剪商计划的进行,西周的版图大大地向东扩展,岐周、宗周(丰镐)位于西土,距东部广大地区愈加显得遥远,且有崤函之险与东方相隔,四方贡物中转十分不便。由于洛邑居于天下之中,是四方贡物汇聚、转运的中心。《史记·周本纪》说:"成王在丰,使召公复营洛邑,如武王之意。周公复卜申视,卒营筑,居九鼎焉。曰:'此天下之中,四方入贡道里均。'"由此可见,洛邑一开始就是作为经济中心而营建的。

西周金文中有铭文记载周王命大臣去成周管理贾人(商人),也有铭文记载周王命大臣到成周征收贡物,例如颂鼎铭文说:

唯三年五月既死霸甲戌,王在周康邵(昭)宫……王呼史虢生册命颂。王曰:"颂,命汝官司成周贾廿家,监司新寤(造),贾用宫御。"

"新寤(造)",是指新生产的商品。关于"贾用宫御",《诗经·大雅·崧高》云:"王命傅御",《毛传》:"御,治事之官也。""贾用宫御",就是买来供宫中治事之官分配使用。成周洛邑除周王室的手工业作坊及其百工外,还有商人的手工业作坊,他们的生产及其产品都要纳入官家的管理。洛邑除有发达的手工业以外,还是征收贡物的中心,兮甲盘铭文说:

惟五年三月既死霸庚寅,……王命甲政嗣(司)成周四方责(积),至于南淮夷。淮夷旧我帛晦(贿)人,毋敢不出其帛、其责(积)、其进人,其寔(贾)

毋敢不即䵞（次）即市。敢不用命，则即井（刑）㦰（扑）伐。其惟我诸侯百姓，厥賨（贾）毋不即市，毋敢或入蠻（蛮）宄賨（贾），则亦井（刑）。

据今本《竹书纪年》记载，宣王五年六月，尹吉甫率师伐猃狁，至于太原。兮甲即尹吉甫，郭沫若先生指出："兮伯吉父即《小雅·六月》之'文武吉甫'，伯吉父其字，甲其名，兮其氏，旧亦称尹吉甫，则尹其官也。名甲字吉父者，王国维云'甲者日之始，故其字曰伯吉父。吉有始义，古人名月朔为月吉，以月之首八日为初吉，是其证也。'"①《诗经·小雅·六月》中的"文武吉甫"即宣王的大臣尹吉甫。可知兮甲盘铭的"惟五年"是宣王五年，即公元前823年。这一年宣王伐猃狁取得胜利，还命令兮甲去成周管理征收四方贡物的政事，于是兮甲到了南淮夷，发布了宣王的命令。

"积"是"委积"，即粮草一类的物资。②"員"，杨树达先生读为"帛"。③"賄"，郭沫若先生读为"贿"④。《周礼·大宰》注："布帛曰贿"。"淮夷旧我帛贿人"，是说淮夷过去就是向我周朝贡纳布帛的人。"毋敢不出其帛、其积、其进人"，是说淮夷不敢不出其应贡纳的布帛、粮草、供役使的人。"其贾毋敢不即次即市"，是说淮夷的商人不敢不到规定的市场上去交易。"敢不用命，则即刑扑伐"，是说淮夷的商人如果敢于违抗上述命令，就要对淮夷进行征伐。"我诸侯百姓"，是指周王朝所分封的诸侯国的百姓。"毋敢或入蛮宄贾"，是说不敢进入淮夷非法的市场上去交易，如果违犯的话，也要施以刑法。李学勤先生指出：

由此可见，淮夷虽然主要是入贡布帛，同时也要向周朝输送粮草和人众，后者的身分可能就是奴隶。周朝对淮夷征取的苛重，于此不难想见。⑤

"賨"字，李学勤先生释为"贾"⑥，于文义十分贴切。"其贾毋敢不即次即市"，是对淮夷商人的管制。李学勤先生说：

这一句必须参读《周礼·司市》，才能通晓。《司市》云："掌市之治教

---

① 郭沫若：《两周金文辞大系图录考释》，科学出版社，1958年，释文第144页。
② 李学勤：《兮甲盘与驹父盨——论西周末年周朝与淮夷的关系》，见人文杂志编辑部编辑：《西周史研究》（人文杂志丛刊第2辑），1984年，第268页。
③ 杨树达：《积微居金文说》（增订本），科学出版社，1959年，第36页。
④ 郭沫若：《两周金文辞大系图录考释》，科学出版社，1958年，释文第144页。
⑤ 李学勤：《兮甲盘与驹父盨——论西周末年周朝与淮夷的关系》，见人文杂志编辑部编辑：《西周史研究》（人文杂志丛刊第2辑），1984年，第269页。
⑥ 李学勤：《兮甲盘与驹父盨——论西周末年周朝与淮夷的关系》，见人文杂志编辑部编辑：《西周史研究》（人文杂志丛刊第2辑），1984年，第269页。

政刑，量度禁令，以次叙分地而经市。"注："次，谓吏所治舍，思次、介次也，若今市亭然。""次"（盘铭作"师"）是管理市场的机构。因此，盘铭是讲淮夷的贾人到规定的市场上去，这是控制淮夷和内地交易的具体措施。①

宣王限制淮夷非法的商业活动，目的是加强对淮夷"服物"的征收，这必然会引起淮夷的反抗，因此发生了宣王征伐淮夷和徐国的战争。据今本《竹书纪年》记载，宣王六年，召穆公率师伐淮夷，宣王率师伐徐戎，皇父、休父从王，次于淮。这条史料虽然不见于其他古籍记载，但是宣王时期确实征伐过淮夷和徐戎。宣王时代的师寰簋铭文曰：

王若曰："师寰叏（父），淮夷繇（旧）我帛（帛）晦（贿）臣，今敢搏氒（厥）众，叚（假）反氒（厥）工（功）吏（事），弗速（迹）我东馘（国）。今余肇命汝達（率）齐㠯（师）、曩（纪）、萊（莱）、棘、眉、左右虎臣征淮夷，即质氒（厥）邦兽（酋），曰𢀰、曰䅃、曰铃、曰达。"师寰虔不坠，夙夜卹氒（厥）牆（将）事，休，既又（有）功：折首执讯，无諆（欺）徒驭，毆俘士女羊牛，俘吉金。

此铭所言"淮夷旧我帛贿臣"，与兮甲盘以及下文的驹父盨盖铭所言相同。"今敢搏厥众，假反厥功事，弗迹我东国"，是说淮夷今天敢拼搏其民众，假借反对其交纳"服物"职责的名义，不到我东国之地，也就是不到东国之地交易布帛之类的物品。因为上述原因，宣王命令征伐淮夷。

"齐师"，是指齐国军队。"曩"，又作"己"，即姜姓的纪国。容庚先生说："纪台在今寿光县城南二十五里。复南五里有纪王城，即剧县故城，春秋时之纪国也。"②"萊"即"釐"，也就是"莱"，史密簋铭称莱国之君为莱伯，其国在山东省黄县，即今龙口市一带。"棘"即"棘"，其国在今山东省淄博市东。"眉"，也是邻近齐国的一个小国。

"虎臣"是周王的禁卫部队，是周军中的精锐，编制分为左、右部分，故曰"左右虎臣"。宣王命师寰父率齐、纪、莱、棘、眉五国军队和周军中的精锐部队虎臣伐淮夷，要求就地杀死淮夷方国中𢀰、䅃、铃、达四个酋长。师寰取得了胜利，所谓"折首执讯"，是将一些淮夷斩首了，并捉到供审问的活口。"无欺徒驭"，是说对自己的步

---

① 李学勤：《兮甲盘与驹父盨——论西周末年周朝与淮夷的关系》，见人文杂志编辑部编辑：《西周史研究》（人文杂志丛刊第2辑），1984年，第269页。
② 容希白：《商周彝器通考》上册，大通书局，1973年，第498页。

兵和战车驭手没有欺辱行为。"殴俘士女羊牛，俘吉金"，是说俘获驱赶回一批淮夷的男女和羊、牛，并俘获了铜。宣王对徐戎、淮夷的战争取得了胜利，因此向淮夷征收贡赋变得较为容易，驹父盨盖铭文说：

> 惟王十又（有）八年正月，南仲邦父命驹父殷南诸侯，率高父见南淮夷厥取厥服，堇（谨）夷俗，苶（遂）不敢不苟（敬）畏王命，逆见我厥献厥服。我乃至于淮，小大邦亡敢不敄（储）鼎（具）逆王命。四月，睘（还）至于蔡，作旅盨，驹父其万年永用，多休。

"十有八年"，即宣王十八年，也就是公元前810年。"殷"，李学勤先生读为"鸠"，并引《左传·定公四年》注"安集也"、《国语·晋语》注"安也"为证。①"服"，黄盛璋先生指出是《周礼·大行人》之"服物"②，即布帛之类的贡品。王辉先生说："'堇'当读为'谨'，'俗'训习。""堇夷俗"，是说谨慎地对待夷人的习俗，也就是尊重夷族的风俗习惯。③"具"，李学勤先生读为"储具"，认为是"积蓄准备的意思"，并指出"储具逆王命"，"就是准备好贡物而迎接王命的到来"。④"蔡"，当指蔡侯之国，在今河南省上蔡县。

驹父盨盖铭文是说：宣王十八年正月，南仲邦父命驹父去安抚南国诸侯，率领高父见南淮夷，征取其布帛之类的服物。告诫他们谨慎地对待夷人的习俗，尊重他们的风俗习惯，使他们不敢不敬畏王命，不迎见我王朝使者，献出其服物。于是他们到了南淮夷地区，大小方国没有不积蓄"服物"而迎接王命的。四月，返回到蔡国之地。

综上所述，可知成周洛邑是周王室在东方的手工业制造中心，同时也是周王室在东方征收贡物、转运物资的中心。总之，陪都成周是周王室在东方的经济中心，是向宗周转运东方贡赋的中心。

---

① 李学勤：《兮甲盘与驹父盨——论西周末年周朝与淮夷的关系》，见人文杂志编辑部编辑：《西周史研究》（人文杂志丛刊第2辑），1984年，第272页。
② 黄盛璋：《驹父盨盖铭文研究》，载《考古与文物》1983年第4期。
③ 王辉：《驹父盨盖铭试释》，见王辉：《一粟集——王辉学术文存》，艺文印书馆，2002年，第107页。
④ 李学勤：《兮甲盘与驹父盨——论西周末年周朝与淮夷的关系》，见人文杂志编辑部编辑：《西周史研究》（人文杂志丛刊第2辑），1984年，第273页。

第六节
宗周在东方的军事重镇

成周洛邑不仅是西周王朝在东方的一个经济中心，而且是西周王朝在东方的军事重镇。成周洛邑建成后，为了消除殷商贵族势力的叛乱，周王室把邶、鄘、卫等地的殷顽民，也就是跟随武庚禄父叛乱的殷商贵族迁移到洛邑内。为了戍守成周，防止殷顽民作乱，可能是把原来驻守殷都的殷八师，调往成周长期驻守，故殷八师又称为成周八师。

西周早期金文中多见殷八师，西周中晚期金文中多见成周八师，但是殷八师偶尔也出现在西周中晚期的金文中，可知西周中晚期金文中成周八师与殷八师偶尔可以互称，但是可能是同一支部队。

迁移殷顽民的过程中，不仅殷都的殷商贵族被迁徙到成周城内，而且殷都的百工也被迁徙到成周城内，令其为周王朝效劳。成周与成周八师，在监临殷顽民方面的作用十分明显，从此殷顽民被镇服了。不仅如此，而且成周作为东方的军事重镇，在保卫陪都洛邑方面，曾发挥了十分重要的作用。其中成周八师在穆王时期抵御淮夷入侵陪都，以及西周中晚期与淮夷的战争中，都起到了十分重要的作用。

一、穆王时期抵御淮夷入侵的战争

周穆王时期发生徐偃僭号，徐偃王率九夷，"以伐宗周，西至河上"的叛乱，"造父为缪王御，长驱归周，一日千里，以救乱"。（详见第八章）在徐偃王领导九夷沿着济水向成周洛阳进军的同时，淮夷也响应徐夷叛周，沿着汝水西进，攻略汝南上蔡一带的甫侯国土。成周八师参加了抵御淮夷入侵陪都洛邑的战争。录䇂卣铭文曰：

王令（命）䇂曰：虡淮夷敢伐内或（国），汝其以成周𠂤（师）氏戍于叶𠂤（师）。

伯雝（雍）父蔑录曆，锡贝十朋。录拜稽首，对扬伯休。

录为氏名，彧又称伯彧，伯是排行，冠以氏名称录伯彧。伯雍父又见于𣄰鼎、遇甗、稿卣、臤尊等铜器铭文。录簋铭文有："伯雍父来自𣄰（甫），蔑录曆，锡赤金，对扬伯休。"𣄰鼎、遇甗铭文记载伯雍父到𣄰地"省道"，即视察前线道路。伯雍父是抵御淮夷、救援甫侯的主帅，因此又称师雍父。淮夷所伐内国是指甫侯等诸侯国。𣄰从夫声，与胡、甫音同字通，𣄰侯即甫侯。《说文》云："鄜，汝南上蔡亭。"鄜亭应是甫国之亭，盖甫国与蔡国毗邻，故上蔡县有鄜亭。

"成周师氏"，是指统率成周八氏族军队的将领。因为当时的军队是以氏族为单位，"师氏"是统率氏族军队的将领。叶师处于淮水支流的汝水上游，穆王派伯雍父、录伯彧、𣄰、遇、稿等率领成周八师中的一部分军队戍守叶，正是为了阻止淮夷沿汝水西进，以保卫成周洛邑。正因为伯彧担负着抗击淮夷保卫成周洛邑的重要使命，所以穆王命他率领的是精锐之师。彧方鼎铭文说：

乌摩（乎）！王唯念彧辟剌（烈）考甲公，王用肇吏（使）乃子彧䢔（率）虎臣御濰（淮）戎。

虎臣即虎贲，是王宫的禁卫部队，都是一些勇猛善战之士。伯彧后来又移师堂师，在棫林战役中，与淮夷作战大获全胜。彧簋铭文说：

惟六月初吉乙酉，在堂师，戎伐𣄰。彧䢔（率）有嗣（司）、师氏奔追，籅戎于齎（棫）林，博（搏）戎𣄰（胡）。朕（朕）文母竞敏䆎行，休宕𢂤（厥）心，永袭𢂤（厥）身，卑（俾）克𢂤（厥）啻（敌）。隻（获）馘百，执讯二夫；孚（俘）戎兵：盾（盾）、矛、戈、弓、箙矢、裨、冑，凡百又（有）卅又（有）五款；拼戎孚（俘）人百又（有）十又（有）四人。衣（卒）博（搏），无尤于彧身。

棫林战役中，伯彧率领的有司不明身份，当是伯彧的下属。师氏是成周八师氏族军队的将领，此役共杀死淮夷100余名，生擒2名，缴获盾、矛、戈、弓、成袋装的箭、裨、冑等军用品共135件，夺回被淮夷掳去的人114名。

堂师之堂即棠，春秋时齐、鲁、楚三国皆有棠邑。楚国棠邑在今江苏南京市六合区，齐、鲁之棠邑皆在山东。黄盛璋先生说："堂自应是《春秋·定五年》吴大夫概奔楚所封之堂谿。《水经·灈水注》：'吴房县西北有堂谿城'。张守节《正义》引《地理志》：'堂谿故城在豫州郾城县西八十五里'。《元和郡县志》：'西平县西界有棠谿村'，堂谿有此三条，方位不难确定。"①郾城西85里，在汝水西岸，距叶师不远。

---

① 黄盛璋：《录伯彧铜器及其相关问题》，载《考古与文物》1983年第5期。

棫林，已知其地有三。其一，《世本》云："郑桓公封棫林"，此棫林旧说在今陕西省渭南市华州区，但是"郑桓公封棫林"是在今凤翔县一带；其二，《左传·襄公十四年》说："济泾而次……至于棫林"，此棫林在今陕西省渭水北岸的泾水西岸；其三，《左传·襄公十六年》说："夏六月，次于棫林。庚寅，伐许，次于函氏。"杨伯峻先生说："棫林，许地，今河南叶县东北。与十四年传秦地棫林同名异地。"①

伯㝬与淮夷在棫林进行的战争，当发生在汝水上游的偃城附近，因此㝬簋铭文中的棫林，当即《左传·襄公十六年》所载"夏六月，次于棫林"之"棫林"，距今许昌市不会太远。铭文中"棫"字作"𣌭"，下从周，说明棫地最早在周原附近。我们已指出，棫山在今陕西省凤翔县北部、麟游县西部、千阳县东南部，位于周原以北，"𣌭"字正符合棫山与周原的相对位置。②棫林是指有柞棫树丛林的地方，凡有柞棫树丛林之地皆可称为棫林，所以棫林不止一处。

穆王时期，抵御淮夷入侵的将领，除戍守叶师的伯雍父、戍守堂师的伯㝬外，还有移师向东戍守大坯的伯犀父。竞卣铭文曰："惟伯犀父以成师即东，令（命）戍南夷，正月既生霸辛丑，才（在）坯，伯犀父皇竞各（格）于宫。""成师"是驻守在成皋的军队。"南夷"是指淮夷。禹鼎铭文曰："亦唯噩（鄂）侯驭方率（率）南淮夷、东夷广伐南或（国）东或（国）"。驹父盨盖铭文曰："惟王十又（有）八年正月，南仲邦父命驹父殷南诸侯，率高父见南淮夷……我乃至于淮"，可证西周时淮夷又被称为南淮夷，亦单称南夷。

淮夷为什么被称为南夷？这是因为西周以成周洛邑为天下中心。《左传·昭公九年》说：

> 王使詹桓伯辞于晋曰：我自夏以后稷，魏、骀、芮、岐、毕，吾西土也。及武王克商，蒲姑、商奄，吾东土也；巴、濮、楚、邓，吾南土也；肃慎、燕、亳，吾北土也。

由上文可知西周以成周洛邑为天下的中心，对此何尊铭文说得很清楚。据何尊铭文，武王克商后，就提出要以洛阳为其统治天下的中心。由于淮河在成周洛阳以南，所以淮夷又被称为南夷。

---

① 杨伯峻编著：《春秋左传注》，中华书局，1981年，第1027页。
② 尹盛平：《周原文化与西周文明》，江苏教育出版社，2005年，第250页。

坯,是指大伾山,在成皋,位于成周洛阳东,地当黄河要冲。伯犀父率领军队戍守大伾山一带,是防止淮夷沿颍水进逼成周洛邑,当然也可抵御徐夷沿济水攻略成周洛邑。淮夷追随徐偃王作乱,所以穆王对淮夷的战争用了3年时间才取得了胜利,当时的战争是在东都成周洛邑附近进行的。

二、西周中晚期与淮夷的战争

西周中晚期淮夷不断地反叛,因此西周王朝多次征伐淮夷。懿王时,淮夷再次反叛,史密簋铭文曰:

> 唯十又(有)一月,王命师俗、史密曰:"东征,敆南夷。"唐(膚)虎会杞夷、舟夷、雚(观)不所(折),广伐东国。齐𠂤(师)、族土(徒)、述(遂)人,乃执(执)啚(鄙)宽亚。师俗達(率)齐𠂤(师)、述(遂)人左,周伐长必;史密右率族人、釐(莱)伯、僰、眉,周伐长必,隻(获)百人。对扬天子休,用作朕文考乙伯尊簋,子子孙孙其永宝用。

史密簋弇口,鼓腹,饰瓦纹,虽已残破,但是仍可看出原有圈足,并有四个兽面附足,腹部有一对兽首鋬耳。这种铜簋,出现于共懿之际,流行于西周中期后段和西周晚期。史密簋口沿下所饰窃曲纹,与懿王时代的王臣簋和楚簋所饰窃曲纹完全相同。

师俗又见于共王五年的卫鼎和懿王世的师晨鼎铭,在共王十二年的永盂铭中称为师俗父,在共王世的南季鼎铭中又称为伯俗父。据共王五年卫鼎铭文记载,他是参加公证裘卫与邦君厉交换土地的五执政大臣之一。据永盂铭文记载,他参加了共王赏赐师永土地的出命仪式,共王赏赐师永的土地与他的土地毗连,在今陕西省洛南县境内。史密在金文中首次出现,传世有伯密父鼎①,时代为西周中期。史是官名,伯是排行,伯密父当是史密。墙盘铭文记载,共王时四夷宾服,蛮夷之邦没有不来投诚朝见的,淮夷也不当反叛,所以史密簋的时代当是懿王之时。

"敆"字,张懋镕等认为"作合击解"②,可从。"南夷",即南淮夷,是指成周以南的淮夷,多在淮河以南。"敆南夷",是合击南夷的意思。

"膚虎",是方国名而不是人名。《左传·哀公四年》说:"夏,楚人既克夷虎,

---

① 罗振玉编:《三代吉金文存》,中华书局,1983年,第317页。
② 张懋镕、赵荣、邹东涛:《安康出土的史密簋及其意义》,载《文物》1989年第7期。

乃谋北方。"杜注："夷虎，蛮夷叛楚者。""夷虎"，"夷"是族称，"虎"是方国名。《释名》云："膚，布也。"西周时"膚虎"为南夷，其国出产布帛，故称其为"膚虎"。"膚虎"当即"夷虎"。《水经注·肥水》说："（肥水）北迳芍陂东，又北迳死虎塘东"。古代屍、死、尸、夷通用，"死虎"即"夷虎"，其国在今安徽省寿县一带。"膚虎"或释为"卢、虎"，认为是卢方与虎方①，此说非是，卢方与虎方在汉水下游，与杞夷等相距甚远，不可能联合起来"广伐东国"，而且卢方与虎方是"蛮"而不是"夷"。

"杞夷"即杞国，是周武王所封的姒姓国，为夏王朝的后裔，在河南省杞县。《春秋·僖公二十三年》载："冬十有一月，杞子卒。"杜预注："杞，入春秋称侯，庄二十七年绌称伯，至此用夷礼，贬称子。"《左传》则直书"杞，夷也"，与"杞夷"之称相合。

"舟夷"，不见古籍记载，其地不详，当在杞夷附近。

"雚"即"观"字，是国名。《左传·昭公元年》说："虞有三苗，夏有观、扈，商有姺、邳，周有徐、奄。"《通志·氏族略》说："观氏……姒姓，侯爵。"又引《左传》说："夏有观、扈，皆同姓之国，至商失国，子孙以国为氏，今澶州有观城是其地也。"汉代的观城，在今河南省范县一带。②西周晚期有雚姒簋，其铭曰："雚姒作善尊簋，子子孙孙永宝用。"③"雚"为作器者母家国名，"姒"为其母家姓，证明雚国为姒姓。

"不折"，即不折服。"广伐"是指大范围、大规模地攻伐。"东国"是指成周以东的地域。"膚虎会杞夷、舟夷、观不折，广伐东国"，是说夷虎会合杞夷、舟夷、观国不肯折服，大范围攻伐成周以东地区。

"齐师"即齐国军队。"族土"，张懋镕先生释为"族徒"，认为："齐师、族徒、遂人乃是齐国的三种军事组织名称。只是归属不同，地位有异。齐师系由乡里的正卒组成，是齐国的主力军；族徒是分布于国与野的齐国贵族采邑所出之兵卒，属于私家武装力量，故在本铭中位置仅次于齐师；遂人所掌兵卒乃是由'野'、'鄙'征召而

---

① 张懋镕、赵荣、邹东涛：《安康出土的史密簋及其意义》，载《文物》1989年第7期。
② 杨伯峻编著：《春秋左传注》，中华书局，1981年，第1206页。
③ 韩建武、赵峰、朱天舒：《陕西历史博物馆新征集文物精萃》，见陕西历史博物馆馆刊编辑部编：《陕西历史博物馆馆刊》第1辑，三秦出版社，1994年，第156页。

来，位卑一等"。他认为："'执'有守义。"并引《礼记·少仪》"执君之乘车"，郑注曰："执，执辔，谓守之也。"《礼记·曲礼上》云"坐必安，执尔颜"，郑注曰"执，犹守也"为证。他说："所谓'执鄙'就是加紧、加强边境防守的意思。"他考证"亚"为齐国国都以外、边鄙以内的区域，认为："西周晚期齐国大致划分为亚、鄙两大区域。所谓'执鄙宽亚'是当时的军事用语，相当于后世所谓的内弛外张。"①

"长必"是地名。《春秋·宣公十二年》说："夏六月乙卯，晋荀林父帅师及楚子战于邲，晋师败绩。""孙人和《左宦漫录·两棠考》说：'两棠即邲地也。'邲本为水名，即汴河，汴河亦曰汴渠。"②汴河下游在开封，"长必"有可能指开封一带的汴河。南淮夷入侵东国，驻军"长必"，所以周军分左右两路合击"长必"。

"釐伯"即莱伯，《通志·氏族略》说："莱氏，子爵，其俗夷，故亦谓之莱夷，今登州黄县东南二十五里有故黄城，是莱子国，襄公六年齐灭之。"今山东龙口市东南归城（一作灰城），曾出土釐伯鼎，李学勤先生认为此城即莱国故城③。

"僰"即棘，《礼记·王制》云："西方曰棘，东方曰寄"，郑玄注："棘当为僰。"《经典释文》云："棘又作僰。"山东省有两个棘邑：一为齐邑，《左传·昭公十年》说："桓子召子山，私具幄幕器用从者之衣屦，而反棘焉。"郑玄注："棘，子山故邑，齐国西安县东有戟里亭。"东汉西安县在今山东省淄博市东。一为鲁邑，《春秋·成公三年》载："叔孙侨如帅师围棘"，郑玄注："棘，汶阳田之邑，在济北蛇丘县。"汉代的蛇丘县在今肥城市南，属鲁国之地。两个棘邑，均为棘国故地，齐国棘邑当为棘国初居之地，而鲁国棘邑当为棘国后迁之地，西周时棘国当在齐国棘邑一带。

"眉"也是山东境内的一个小国，其居地虽然不能确指，但是当临近齐国。"莱""僰""眉"三国，经常随齐国军队征战淮夷。

在长必之战中，史密率其族人、莱伯的军队，以及棘人、眉人为右路军，围攻长必，杀死叛军百人。但是长必之战，并没有把南淮夷制服，南淮夷后来又侵入周王朝的核心之地上洛一带。夷王时代的敔簋铭文说：

> 惟王十月，王在成周。南淮夷迁服，内伐溟、昂、参、泉、裕，敏阴阳洛。王命敔追御于上洛悆谷，至于伊燹（班）。彭榦截首百、执讯四十，夺俘

---

① 张懋镕：《史密簋与西周乡遂制度——附论"周礼在齐"》，载《文物》1991年第1期。
② 杨伯峻编著：《春秋左传注》，中华书局，1981年，第717页。
③ 李学勤：《试论山东新出青铜器的意义》，载《文物》1983年第12期。

人四百，于噩荣伯之所。于恣衣，肆復付厥君。惟王十又一月，王格于成周太庙。武公入右敌，告禽（擒）馘百，执讯四十。王蔑敌历。使尹氏授赟敌圭瓒、寰贝五十朋。锡田于敆五十田、于早五十田。

荣伯又见于同簋、辅师嫠簋铭文，其时代为懿王前后。尹氏即作册尹，是史官之长，又见于辅师嫠簋、痶钟铭文，其时代为懿王前后。武公又见于多友鼎、禹鼎、南宫柳鼎铭文，是夷厉时期南征淮夷、北伐猃狁的统帅，他可能就是虢公长父，金文中又称虢仲。

《史记·楚世家》说："当周夷王之时，王室微，诸侯或不朝，相伐。"从这一历史背景判断，特别是铭文中有武公，敌簋的时代当为夷王前后。

"迁服"，是指不再臣服。"阴阳洛"，是指流经陕西、河南境内的南洛水南北两岸。昂、参、泉、裕等地，皆在洛水流域。郭沫若先生指出："上洛即《汉志》弘农郡之上雒，今陕西省商县地。"① "恣"字从火从乃，心声，心与析声相近，"恣谷"有可能是指洛水以南析水发源地一带的山谷。"焚"字，《字汇补》："古琴字。"《汉鲁君碑》有"焚书自误"。"伊焚"当在伊水沿岸。

"髟"字旧释"长"，不确。此字与墙盘铭"髟伐夷僮"之"髟"字写法相同，当是"髟"字。"髟"字，《说文》云："长发猋猋也。"郭沫若先生指出："榜即榜字，用为枋，言旗柄也。"② "髟榜戟首百"，是说挂在旗杆上长发飘飘的首级100个。

这次战争，当时周王在成周洛邑，因为南淮夷入侵到南洛水两岸的王畿之内，所以夷王命敌率军追到陕西商洛的"恣谷"，敌打到了"伊焚"这个地方，共斩首100人，俘虏40人，夺回被南淮夷掠去的周人400名，送到荣伯那里，在"恣谷"发给衣服，归还给他们原来的主人。敌献俘馘于成周太庙，周王赐给敌圭瓒、寰贝和田地。

敌所取得的胜利并没有解除南淮夷对成周的威胁。今本《竹书纪年》云："（厉王）三年，淮夷侵洛，王命虢仲长父伐之，不克。"厉王时代的虢仲盨盖铭曰："虢仲目（与）王南征，伐南淮夷，在成周作旅盨，兹盨友十又二。"虢仲盨盖铭与今本《竹书纪年》互相印证，可知厉王初年南淮夷又入侵南洛水沿岸，厉王命虢仲长父到成周指挥伐南淮夷，没有取得成功，后来厉王亲自征伐南淮夷，翏生盨铭文曰：

---

① 郭沫若：《两周金文辞大系图录考释》，科学出版社，1958年，释文第110页。
② 郭沫若：《两周金文辞大系图录考释》，科学出版社，1958年，释文第110页。

王征南淮夷，伐角、𩁹，伐桐、遹，翏生从，执讯斩首，俘戎器，俘金。

"角"，在今江苏省宿迁市东南。"𩁹"，从淮，舟声，或释为"津"，认为在今江苏省宝应县南。"桐"在今安徽省桐城市北。"遹"，也作"�"，或以为在淮水上游。① 前引禹鼎铭文说：

> 禹曰："……"乌虖（呼）哀哉！用天降大丧于下或（国），亦唯噩（鄂）侯驭方達（率）南淮夷、东夷广伐南或（国）东或（国），至于历内。王乃命西六𠂤（师）、殷八𠂤（师），曰："剫（扑）伐噩（鄂）侯驭方，勿遗寿幼。"……雩禹㠯（以）武公徒驭至于噩（鄂），章（敦）伐噩（鄂），休，隻（获）氒（厥）君驭方。

"西六𠂤"即西六师，因驻守西方的宗周而得名，是保卫宗周的氏族军队。"殷八𠂤"即殷八师，因最初驻守殷都而得名，可能后来移驻洛邑，是保卫成周的氏族军队，因此又称成周八师。周厉王伐噩（鄂）之战，除命令西六师参战外，同时还命令殷八师，即成周八师参战。

厉王亲征南淮夷，取得了胜利。前引厉王㝬（胡）钟铭文说：当时表示臣服的淮夷有二十六个方国。前引虢仲盨铭文曰："虢仲㠯（与）王南征，伐南淮夷，在成周作旅盨，兹盨友十又二。"这说明虢仲征伐南淮夷的战争，当是从成周出发，取胜后又回到成周。

综上所述，充分说明陪都成周是西周王朝在东方的军事重镇，从西周初期一直到西周中晚期，成周是西周王朝抵御东夷、南淮夷入侵，巩固西周政权的军事重镇，也是西周王朝军队向东征伐东夷，向南讨伐楚荆、南淮夷，向北征伐北戎的出发点。总之，陪都成周是西周在东方的一个重要军事重镇，担负着在东方保卫西周都城丰镐的重要任务。

---

① 马承源：《关于翏生盨和者减钟的几点意见》，载《考古》1979年第1期。

第十章　西周灭亡　宗周废弃

西周实行嫡长子王位继承制，但是《史记·周本纪》说："懿王崩，共王弟辟方立，是为孝王。孝王崩，诸侯复立懿王太子燮，是为夷王。"这说明懿王死后，周王室发生了王位继承权的动乱，反映了懿王时的衰微。

懿王时的衰微，还表现在"戎狄交侵"。当时南有淮夷之扰，北有猃狁之难。所以西周晚期厉王时，北征猃狁，南伐淮夷。

西周晚期厉王用荣夷公为卿士（最高行政长官），实行专利，垄断了国家资源，激起了民怨沸腾，又利用巫蛊"监谤"（监视百姓的怨言），造成了"国人暴动"，赶走了厉王。周宣王虽然一度中兴，但是晚年南征淮夷"亡南国之师，乃料民于太原"，国势衰败。

周厉王宠褒姒戏诸侯，立褒姒之子为太子，破坏了姬姜联盟，于是姜姓的申侯联合犬戎（猃狁）等杀幽王于骊山之下，西周灭亡。周平王迁都洛邑，宗周丰京、镐京废弃。

第一节
西周中晚期的内乱

西周的灭亡有着深刻的社会原因。懿王时期，周王室的衰微，首先表现在王室传承制度的破坏。从周文王至懿王时，周王室实行的是长子继承制，但是懿王死后，这种制度受到了挑战。《史记·周本纪》说：

> 懿王崩，共王弟辟方立，是为孝王。孝王崩，诸侯复立懿王太子燮，是为夷王。

当时发生了什么事情，懿王死后为什么其太子燮没能继承王位，而是由懿王的叔父，即共王弟辟方继承了王位，其中的原因至今不明。但是当时肯定是出了问题，不然共王弟辟方不可能继承懿王的王位。孝王辟方是不是篡夺了王位，我们今天不得而知，但是他成为周王不符合当时的制度，也就是说是不合法的，所以他死后，"诸侯复立懿王太子燮"。

王位继承权在西周是大事情，周初武王死后，由于成王年幼不能执政，由周公代行政（摄政），引起管叔、蔡叔等的猜疑，掀起了武庚叛乱和东夷反叛的轩然大波。这场风波经成王、周公、召公东征，用了3年时间才平息下去。懿王死后，王位继承权的改变，必然会引起西周统治阶层内部的矛盾，甚至矛盾会扩散到民众之中，造成社会的动乱。这场王位继承权的风波平息后不久，新的更大的社会动乱又发生了。

夷王死后，其子厉王虽然对外镇压了以噩（鄂）侯为首的南淮夷的反叛，但是他执政的后期（厉王三十年），在内政方面"好利"，所以准备重用好专利的荣夷公，实行专利政策。大夫芮良夫向他陈述了实行专利必然会引起社会矛盾，激起民众的怨恨和愤怒，提出"夫荣公好专利而不知大难"，"荣公若用，周必败也"。厉王不听，以荣夷公为卿士，册命他为当时的最高行政长官，主持卿事寮的政务，实行专利，因此引起了社会民众的极大不满，激化了社会矛盾。

厉王不仅专山泽之利，而且行为暴虐侈傲，使得民众对他的批评之声不断。召公对厉王说："老百姓到了无法忍受的地步。"厉王听后大怒。当时有人向他举荐了卫国之巫，推荐卫巫监听诽谤厉王的人。厉王使卫巫监谤，监听到诽谤者，报告厉王以后就杀掉诽谤者，从此说厉王坏话的人少了，诸侯也不来朝见。

厉王三十四年，厉王对老百姓愈加严厉，国人没有敢说话的，走在路上见面互相不敢说话，只用目光交流。厉王高兴了，告诉召公说："我能制止诽谤了，老百姓不敢说话了。"召公说：是掩盖、遮挡的缘故。不让民众说话，难度超过防水，流水堵塞起来就会溃坝，伤人必多，老百姓说话也像流水一样。所以治理流水者要导流，治理民众者要允许他们说话。……而后王斟酌、推敲，所以事情推行而不违背客观现实。老百姓有口，就像土地上有山川，才能有钱财和使用的物品，就像土地有高而平的"原"、低平下湿的"隰"、低平的"衍"、有灌溉条件的"沃"，衣食就产生了。……老百姓考虑于心宣布于口，条件成熟了就付诸行动。假如堵住其口，能维持多久呢？

厉王不听，仍旧监谤，于是国人没有敢说话的。3年时间过去了，到了厉王三十七年，国人联合起来反叛，袭击厉王，厉王逃到山西的彘地（今山西霍州东北），这就是西周著名的"国人暴动"。

"国人暴动"时，厉王的太子静藏匿在召公的家里，国人听说了，就围住了召公的家。召公走出家门对国人说："从前我规劝王，王不听我的话，造成了这场灾难。"于是他把自己的儿子代替厉王的太子交给了国人，厉王太子才得以逃脱。

召公、周公二人联合执政，号称"共和"。共和十四年，周厉王死于山西的彘地。太子静这时候也在召公家里长大了，召公、周公于是就共立之为王，这就是宣王。召公、周公辅佐宣王，开始整治政风，效法文、武、成、康的遗风，诸侯重新尊崇周王室为天下的大宗。宣王十二年，鲁国的武公重新来宗周朝见天子。

"国人暴动"事件，已被西周金文资料所证实。宣王时代的㝬盨铭文曰：

又（有）进退；雩（粤）邦人、正人、师氏人又（有）辠（罪）又（有）故（辜），廼（乃）騷偁即女（汝），廼（乃）鯀宕，卑（俾）复虐逐氒（厥）君氒（厥）师，廼（乃）乍（作）余一人咎。王曰：塱！敬明乃心，用辟我一人，善效乃友内（入）辟（辟），勿吏（使）爩（暴）虐从（纵）狱。爰寧虡行道，氒（厥）非正命，廼（乃）敢庚（欽）讯人，则隹（唯）辅天降丧，不廷，唯死。

铭文记载了宣王训诰㝬的话，可惜不完整，"有进退"之前应有脱文。宣王的训

第十章　西周灭亡　宗周废弃

诰，第一段的大意是说：平时有些官吏懈怠于职，不检查约束下属，待到下属要升迁或降职时，以及民众犯罪违法时，才派人报告，而且自己也淫荡不羁，使民众更加猖獗，以至发生暴虐地驱逐君王和驱逐师长之事。

铭文中的"虐逐厥君厥师"，就是指"国人暴动"赶走厉王及其宠臣的事件。可知"国人暴动"是激烈的、暴虐的，所以厉王及其宠臣仓皇出逃。当时"虐逐厥君厥师"的人，包括"邦人""正人""师氏人"。"邦人"，"邦"与"国"同义，因此"邦人"就是"国人"。赵世超先生说：

> 居于国中的农民、部分工商和被征服者，虽然都属于国人，但国人的主体却应是士。……古代的士孔武有力，为各国军队的骨干，可以"执干戈以卫社稷"，同时，对上与国君或大夫有较近的血缘关系，从而也享有较多的政治经济权益，对下又是基层的家族长，可以支配其子弟，因此，他们便自然成为国人中举足轻重的一个阶层。[①]

"国人"，是居住于国都之中，以"士"为主体，包括农民、部分工商和被征服者在内的民众。"正人"，"正"是指官员中的首长，即正职。西周康王时代的大盂鼎铭文曰：

> 我闻殷述（坠）令（命），惟殷边侯、田（甸），雩（与）殷正百辟，率肆于酉（酒），古（故）丧𠂤（师）巳。……今我隹（惟）既井（刑）𩰫（廪）于玟（文）王正（政）德，若玟（文）王令（命）二三正。

"殷边侯、甸"，是指殷商王朝的外服诸侯。"殷正百辟"，是指殷王朝众多的官员正长。"若文王命二三正"，是说像文王那样任命两三个正职长官。西周初年，当时的执政大臣只有太师周公、太公、太保召公，如同文王时期的"二三正"。

麦方彝铭文曰："辟井（邢）侯光厥正史"，"正史"是邢侯的史官之长，相当于周王室的"作册尹"，简称"尹氏"，是作册的长官。作册䰧卣铭文曰："公太史咸见服于辟王，辨于多正"，"多正"指各部门许多的正职。五祀卫鼎铭记载裘卫把邦君厉告到邢伯、伯邑父、定伯、𤨗伯、伯俗父那里，裘卫对五大臣说：邦君厉说"余执共王恤功于昭太室东逆营二川"，又说"余舍汝田五田"。然后"正乃讯厉曰：'汝贾（价）田不（否）？'""正"，指五大臣中的邢伯，因为他是首席大臣，故称其为"正"。毛公鼎铭曰："善效乃友正，毋敢湎于酒。""友"是指其同僚及下属，

[①] 赵世超：《周代国野制度研究》，陕西人民出版社，1991年，第59—60页。

"正"是指其长官。总之,"正"是指正职长官,犹如今天各部门的一把手。"正人"是指各部门正职的下属。"师氏人","师氏"是军队的将领,"师氏人"是指军人。

"国人暴动"时参加赶走厉王及其宠臣的人,包括住在国都内的各个阶层。有以士为主体,包括其子弟、奴隶,以及庶人(自由民)等组成的邦人,即国人;有各部门正职的下属正人,主要是仆驭、百工、臣妾等官府中的下层;有所谓的师氏人,即军人。不言而喻,当时除厉王的宠臣等上层贵族外,住在国都内的中下层民众包括军人等,都参加了驱赶厉王及其宠臣的暴虐行动。由此可见,厉王后期的社会矛盾是何等尖锐!

关于"国人暴动"发生的地点,《史记·周本纪》张守节《正义》引《括地志》云:"晋州霍邑县本汉彘县,后改彘曰永安。从鄁犇晋也。"按此说,"国人暴动"发生在宗周丰镐地区。但是"国人暴动"实际上可能发生在周邑,即岐周。前述周邑是西周中晚期实际的都邑,那里有周王室的宗庙康宫、王宫珝宫等,当时周王经常住在周邑,因此周邑成为王臣聚居的地方。

正因为西周中晚期周邑是王臣聚居的地方,所以周邑遗址,也就是周原遗址经常发现铜器窖藏,被称为青铜器之乡。自汉代以来,那里出土西周青铜器的历史已有2000多年,特别是自清代以来发现西周大量的青铜器窖藏。据粗略统计,周原遗址已发现西周青铜器窖藏近70处,出土西周青铜礼器上千件。这里的西周铜器窖藏不仅数量远远超过宗周,而且规模也远远大于宗周,有的窖藏出土西周青铜器达200多件。有些窖藏出土的西周青铜器年代都不晚于厉王时代,例如1976年发现的扶风庄白一号青铜器窖藏,出土西周青铜礼器103件,没有1件晚于厉王时代。特别是1978年扶风法门公社齐村发现的西周青铜器窖藏,出土的簋是厉王自作的铜器,器形之大,胎体之厚,为簋中之冠,号称簋王。同坑出土的丰邢叔簋,年代也不晚于厉王。齐村在周原遗址的东南三四里处,这里不属于周原遗址的范围,从来也没有发现过西周铜器。簋出土于此,令人颇为费解,或许与"国人暴动"、厉王奔彘有关。

总之,在周邑遗址发现众多西周窖藏铜器,而且有些铜器可能是在厉王时代窖藏的,窖藏的原因可能与"国人暴动"、厉王奔彘有关。特别是簋这件厉王自作铜器,很可能是厉王及其宠臣从周邑逃跑奔彘时,路过今法门镇齐村,因为簋太重难以携带,只好挖坑埋藏起来。西周社会内部的动乱是造成西周王朝灭亡的主要原因。

第二节
西周中晚期"戎狄交侵"

西周王朝灭亡的原因，除西周中晚期不断加深的社会矛盾外，还有"戎狄交侵"，也就是说，当时除内忧之外还有外患。西周中晚期之际，当时南有淮夷之扰，北有猃狁之难，所以《汉书·匈奴传》说"戎狄交侵"，这是西周王朝走向灭亡的外部原因。

一、南有淮夷之扰

周王朝虽然最后是被猃狁攻灭的，但是造成周王室衰弱的，却是淮夷不断的反抗与入侵。淮夷始见于古本《竹书纪年》，此书记载：夏后相"元年，征淮夷、畎夷"。淮夷与畎夷都属于东夷集团，是少昊氏族的后裔。中国古代把东方民族称为"夷"，所以《说文》曰："夷，平也，从大，从弓，东方之人也。"《后汉书·东夷列传》说："夷有九种，曰畎夷、于夷、方夷、黄夷、白夷、赤夷、玄夷、风夷、阳夷。"

淮夷当起源于山东省的潍水流域。据顾颉刚先生的考证，潍水之"潍"，是因淮夷居住而得名[①]，反过来讲，淮夷也是因居于潍水流域而得名。殷墟卜辞中淮夷作"隹夷"，西周金文中淮夷亦作"滩夷""滩戎"，例如曾伯霥簠铭淮夷作"滩夷"、戎方鼎铭淮夷作"滩戎"。古籍中"潍"字或作"淮"，例如《左传·襄公十八年》说：晋师伐齐，"东侵及潍"，"潍"字或作"淮"。张栋铭《春秋地名疏证》说："案'潍'通作'淮'，《汉志》数见。……至今潍水流域之人皆呼潍水曰'淮河'，是'淮'即'维'也，无烦改字。"[②]"潍"与"淮"是一声之转，淮夷早期当称为潍

---

① 顾颉刚：《徐和淮夷的迁、留——周公东征史事考证四之五》，载《文史》1990年第32辑。
② 转引自李修松：《徐淮夷研究》，见李修松主编：《淮河流域历史文化研究》，黄山书社，2001年，第63页。

夷。商代后期，潍夷南迁。《后汉书·东夷列传》说："武乙衰敝，东夷寖盛，遂分迁淮岱，渐居中土。""遂分迁淮岱，渐居中土"的东夷，当是潍水流域的潍夷，其后发生音转，潍夷读成了淮夷，淮河因淮夷居住而得名为淮水。

商代晚期淮夷兴起，势力强大，与商王朝矛盾激化，《左传·昭公四年》说："商纣为黎之蒐，东夷叛之。"反叛的东夷，主要是人方，也就是淮夷。事实上淮夷的反叛，始于帝乙时期，所以帝乙、帝辛父子两代倾尽全力征伐人方。根据陈梦家先生对征人方路线研究的成果，人方是居于今河南省南部、安徽省北部淮河流域的淮夷。据商代晚期的殷甗铭文记载，当时人方的首领叫无敄。又据西周穆王时代的班簋和孟簋铭文，可知穆王时的徐偃王名为无需，当是商代晚期人方首领无敄的后世。徐国本在安徽省泗县，地处安徽省北部的淮河流域，与人方的地望正合，说明商代的人方是以徐国为首的淮夷。帝乙、帝辛征人方，进行了旷日持久的战争，虽然帝辛俘虏了大量的夷人作为奴隶（《左传·昭公二十四年》说"纣有亿兆夷人"），但是却耗尽了商王朝的国力，激化了国内矛盾，因此牧野之战时，"前徒倒戈"，使纣王国破身亡，所以《左传·昭公十一年》说："纣克东夷而陨其身。"

周初三监作乱，勾结纣王之子武康禄父为首的商族残余势力，联合淮夷反叛。周公东征，迁丰伯和奄国之君，成王把他们的故地分封为齐、鲁二国。《逸周书·作雒解》曰："凡征熊盈族十有七国，俘维九邑。"《韩非子·说林》曰："周公旦已胜殷，将攻商盖（奄），辛公甲曰：'大难攻，小易服，不如服众小以劫大。'乃攻九夷而商盖（奄）服。"

李修松认为："《说林》之'九夷'即《作雒》之'俘维九邑'。'维'即潍水流域之淮夷，参加这次反叛的共有九国，故称'九夷'，乃是商奄的附从。"他还说："这次周公东征所伐之国为'熊盈族十有七国'。除上述奄及潍水九国等外，其余当都是居于淮河流域的南方国家，文献所载及可考的都是嬴（盈）姓国，未见熊姓国。其实，这里所言的熊姓之"熊"，据顾孟武先生考证，乃是嬴姓的嬴之误。'熊盈族十有七国'实即淮夷十七国，包括山东境内以奄为首的十国及淮河流域的七国。"①此说可从，周公东征包括淮夷在内的十七国，"三年静东国"，暂时将淮夷征服了。

---

① 李修松：《徐淮夷研究》，见李修松主编：《淮河流域历史文化研究》，黄山书社，2001年，第65—66页。

周穆王时，以徐国之君徐偃王为首，淮夷又反叛了，入侵到东都洛邑东北的黄河之上。穆王派兵联合楚国，又用了3年时间，才将淮夷的反叛镇压下去。懿王时，南淮夷联合杞夷、舟夷等再次反叛。厉王时代，以噩侯驭方为首的南淮夷、东夷大范围反叛。厉王不得不御驾亲征，才将噩侯驭方为首的反叛镇压了下去。（详见第八章第二节）

号称"中兴"的宣王时代，宣王为了加强对淮夷"服物"的征收，采取了限制淮夷进行非法商业活动的政策，引起淮夷的反抗，因此发生了宣王征伐淮夷和徐国的战争。据今本《竹书纪年》记载，宣王六年，"召穆公帅师伐淮夷"；"（宣）王帅师伐徐戎，皇父、休父从王，次于淮"。这条史料虽然不见其他古籍记载，但是宣王时期确实征伐过淮夷和徐戎。宣王时代的师寰簋铭文曰：

> 王若曰："师寰叜（父），淮夷繇（旧）我員（帛）晦（贿）臣，今敢搏氒（厥）众，叚（假）反氒（厥）工（功）吏（事），弗速（迹）我东馘（国）。今余肇命汝達（率）齐臣（师）、昱（纪）、莢（莱）、僰、尼、左右虎臣征淮夷，即質氒（厥）邦兽（首），曰冉、曰萃、曰铃、曰达。"师寰虔不坠，夙夜卹氒（厥）牆（将）事，休，既又（有）功：折首执讯，无諆（欺）徒驭，毆俘士女羊牛，俘吉金。

此铭所言"淮夷旧我帛贿臣"，与兮甲盘、驹父盨盖铭所言相同。"今敢搏厥众，假反厥功事，弗迹我东国"是说淮夷今天敢拼搏其民众，假借反对其交纳"服物"职责的名义，不到我东国之地，也就是不到东国之地交易布帛之类的物品，因此宣王要征伐他们。

"齐师"，是指齐国军队。"昱"又作"己"，即姜姓的纪国。容庚先生说："纪台在今寿光县城南二十五里。复南五里有纪王城，即剧县故城，春秋时之纪国也。"① "莢"即"釐"，也就是"莱"，史密簋铭称莱国之君为莱伯，其国在山东省黄县，即今龙口市一带。"僰"即"棘"，其国在今山东省淄博市东。"尼"也是邻近齐国的一个小国。"虎臣"是周王的禁卫部队，是周军中的精锐，编制分为左、右部分，故曰"左右虎臣"。宣王命师寰父率齐、纪、莱、棘、尼五国军队和周军中的精锐部队虎臣伐淮夷，要求就地杀死淮夷方国中冉、萃、铃、达四个酋长。师寰取得了胜

---

① 容希白：《商周彝器通考》上册，大通书局，1973年，第498页。

利,所谓"折首执讯",是将一些淮夷斩首了,并捉到供审问的活口。"无欺徒驭",是说对自己的步兵和战车驭手没有欺辱行为。"殴俘士女羊牛,俘吉金",是说俘获驱赶回一批淮夷的男女之人和羊、牛,并俘获了铜。

宣王伐徐戎,是程伯休父率西六师进行的。《诗经·大雅·常武》云:

> 赫赫明明,王命卿士,南仲大祖,大师皇父:"整我六师,以修我戎。既敬既戒,惠此南国。"王谓尹氏,命程伯休父:"左右陈行,戒我师旅。率彼淮浦,省此徐土。不留不处,三事就绪。"……如雷如霆,徐方震惊。王奋厥武,如震如怒。进厥虎臣,阚如虓虎。铺敦淮渍,仍执丑虏。……王犹允塞,徐方既来,徐方既同,天子之功。四方既平,徐方来庭。

南仲即驹父盨盖铭文中的南仲邦父,南为氏名,当为南宫氏的简称。仲是排行,邦父是其字,大祖是尊称。南仲邦父当是南仲氏族的后世。南宫氏族世代为西六师的将领。大师皇父,即官为太师的函皇父。因为南仲邦父与函皇父是宣王的二卿士,即执政大臣,所以宣王命此二人"整我六师,以修我戎",以此警告南淮夷不要轻举妄动。宣王又通过尹氏,即作册尹,命令程伯休父率西六师沿着淮河去征伐徐国。程伯休父当时官为司马,由于其氏族后来"官失其守",失去高官,所以其后裔以其高官为氏,称司马氏。程伯休父率军虽然是在淮河水边作战,但是仍然捉到了徐国的俘虏,征服了徐国,徐国派遣使者去周王朝向宣王朝贡。

据以上所述,可知西周时期,特别是西周中晚期,淮夷由于不堪沉重的交纳贡品,不断反抗,攻略、入侵周王朝的领土,不仅损害了周王朝的国威,而且消耗了周王朝的国力,使周王朝一步一步地走上了衰败。厉王时军队的将领禹惊呼:"呜呼哀哉!用天降大衰于下国。"这说明淮夷的威胁到了何等严重的地步,因此厉王不得不下达严厉的命令,并御驾亲征,才将淮夷暂时征服。(详见第八章第二节)《史记·周本纪》说:"宣王既亡南国之师,乃料民于太原。""南国之师"是指征淮夷的西六师。《集解》引韦昭曰:"败于姜戎时所亡也。"《史记·周本纪》说:"三十九年,战于千亩,王师败绩于姜氏之戎。""千亩"是地名,在山西省介休市。姜氏之戎是指西周金文中夷伯,也就是北申的族众,所以《集解》引韦昭曰:"西夷别种,四岳之后也。"宣王晚年对外的战争,消耗了国力。

二、北有猃狁之难

周穆王迁犬戎于"太原",本意是为了就近控制这部分允姓之戎,但是结果适得其反,引来了西周中晚期西北的边患。犬戎被穆王迁到"太原"以后,西周晚期金文称为严允,含义为严地的允姓之戎,文献称为"猃狁"。

西周夷王时代多友鼎铭文说:"严允放(旁)烊(兴),广伐京师,告追于王,命武公:'遣乃元士,羞追于京师。'"所谓"旁兴",是指猃狁在宗周王畿旁边的陇东高原兴起。"京师"在泾水上游豳地(今陕西旬邑、彬州一带),临近甘肃平凉一带的陇东高原(太原),所以猃狁兴起后首先入侵京师之地。(详见第八章第二节)

《后汉书·西羌传》说:"夷王衰弱,荒服不朝,乃命虢公率六师伐太原之戎,至于俞泉,获马千匹。"虢公就是虢仲,是《吕氏春秋·当染》中的虢公长父,是夷王、厉王时期的统军大帅。"太原之戎"就是严允。

《后汉书·西羌传》说:"厉王无道,戎狄寇掠,乃入犬丘,杀秦仲之族,王命伐戎,不克。"注云:"犬丘,县名,秦曰废丘,汉曰槐里也。"此注是错误的,首先,犬丘是畎夷的都邑,先是地名而后来是县名。秦代的废丘县,汉代的槐里县,即今陕西省的兴平市。商代畎夷的都邑犬丘虽在今兴平市,但是商代晚期畎夷已迁往甘肃省天水市西南一带。西周时的犬丘为西犬丘,在今甘肃礼县,不在秦代的废丘、汉代的槐里县。"乃入犬丘,杀秦仲之族",《史记·秦本纪》作"灭犬丘大骆之族",以《史记·秦本纪》为是。"王命伐戎,不克",这是宣王使秦仲伐西戎,不是厉王时代的事情(详见下文)。

宣王初年,猃狁进一步强大,于是大举侵周,进逼丰镐二京。《诗经·小雅·六月》云:"狁孔炽,我是用急。……狁匪茹,整居焦获,侵镐及方,至于泾阳。"焦获是焦获泽,在今陕西省泾阳县西北,位于泾水北岸,故云"至于泾阳"。"方",即金文中的荟京,在丰邑,因为是在镐京的近旁,故成王时称为"旁",康王时在此设"鄷宫之朝",因此称为荟京。由于丰镐二京毗邻,也就是镐京与荟京相邻,故云"侵镐及方"。诗云猃狁甚盛,集结在焦获泽一带,到了泾水北岸,要入侵镐京及荟京。

猃狁入侵到宗周附近,危及丰镐二京,造成周人流离失所,不能安居。《诗经·小雅·采薇》云:"靡室靡家,狁之故;不遑启居,狁之故。"面对猃狁的入侵,宣王奋起反击。据今本《竹书纪年》记载，宣王五年六月，尹吉甫率师伐猃狁，至于太原。《诗经·小雅·六月》云："王于出征，以匡王国。……薄伐玁狁，至于大原，文武吉甫，万邦为宪。""大原"，即"太原"，就是陇东高原，包括甘肃的平凉、庆阳，宁夏的固原，是猃狁的居地。兮甲盘铭文曰：

> 惟五年三月既死霸庚寅，王初格伐严允于䈕䖒，兮甲从王，折首执讯，休，亡敃，王锡兮甲马四匹、驹车。

"惟五年三月"，是宣王五年三月，证明宣王五年时确实征伐过猃狁。兮甲即"文武吉甫"，也就是尹吉甫。"䈕䖒"，据学者考证是"彭衙"，在今陕西省大荔县，一说在今陕西省白水县。猃狁沿着北洛水退却，周军追至彭衙，与猃狁展开战斗，周军取得胜利。虢季子白盘铭文说：

> 丕显子白壮武于戎功，经维四方，搏伐严允于洛之阳，折首五百，执讯五十，是以先行。趯趯子白，献馘于王。王孔加子白义，王格周庙宣廨爰飨。
>
> 王曰："白父，孔覭有光。"

虢季子白盘是宣王十二年正月初吉丁亥日，虢季子白之子代其所作的铜器，故曰："丕显子白壮武于戎功"。虢季子白参加的伐猃狁之役，当是宣王五年三月在北洛水北岸或东岸与猃狁进行的战争。

宣王时还派南仲邦父到靠近猃狁的北方去筑城，抗击猃狁的入侵。《诗经·小雅·出车》云：

> 王命南仲，往城于方。出车彭彭，旂旐央央。天子命我，城彼朔方。赫赫南仲，猃狁于襄。昔我往矣，黍稷方华。今我来思，雨雪载涂。王事多难，不遑启居。……赫赫南仲，薄伐西戎。春日迟迟，卉木萋萋。仓庚喈喈，采蘩祁祁。执讯获丑，薄言还归。赫赫南仲，猃狁于夷。

郑笺云："朔方，北方也。"孔颖达疏："正义曰，下云城彼朔方，故知方是北方，近猃狁之国。"南仲在北方所筑的城，当在泾水上游，或许就在"京师之野"。南仲平定了猃狁对北方的入侵，捉到了供审问的敌酋，俘获了战俘奴隶。诗中前云"赫赫南仲，猃狁于襄"，后云"赫赫南仲，薄伐西戎"，说明西周时猃狁就被称为西戎。南仲即驹父盨盖铭文中的南仲邦父。

宣王六年，周王室曾指使秦人伐猃狁。《后汉书·西羌传》说："及宣立四年，使秦仲伐戎，为戎所杀，王乃召秦仲子庄公，与兵七千人，伐戎破之，由是少却。"周宣王四年，即公元前824年，"使秦仲伐戎，为戎所杀"，《史记·十二诸侯年表》列于周宣王六年，即公元前822年，当以《史记·十二诸侯年表》为是。不其簋铭文曰：

> 惟九月初吉戊申，伯氏曰："不其，驭（朔）方严允广伐西俞，王命我羞追于西。余来归献擒，余命汝御追于䈸。汝以我车宕伐严允于高陶（陶），汝多折首执讯。戎大同从追汝，汝及戎大敦搏，汝休，弗以我车函（陷）于艰，汝多擒，折首执讯。"伯氏曰："不其，汝小子，汝肇诲（敏）与戎工，锡汝弓一矢束、臣五家、田十田，用从乃事。"不其拜稽手，休，用作朕皇祖公伯孟姬尊簋，用匄多福，眉寿无疆，永纯灵终，子子孙孙，其永宝用享。

《史记·秦本纪》说：

> 公伯立三年，卒。生秦仲。秦仲立三年，周厉王无道，诸侯或叛之。西戎反王室，灭犬丘大骆之族。周宣王即位，乃以秦仲为大夫，诛西戎。西戎杀秦仲。秦仲立二十三年，死于戎。有子五人，其长者曰庄公。周宣王乃召庄公昆弟五人，与兵七千人，使伐西戎，破之。于是复予秦仲后，及其先大骆地犬丘并有之，为西垂大夫。

李学勤先生指出：不其簋所记是周宣王时秦庄公破西戎的战役。不其和他所称的伯氏（长兄）就是本纪的庄公昆弟，不其的"皇祖公伯"就是本纪所载庄公昆弟的祖父公伯。①

李学勤先生说："《史记·十二诸侯年表》载，秦庄公名其。大家知道，先秦时'不'字常用为无义助词，所以簋铭的不其很可能便是文献里的秦庄公。《秦本纪》说庄公是昆弟五人中的'长者'，也许不是最年长的。这一点有待更多的材料进一步证实。"②但是还有一种可能性，即《史记·十二诸侯年表》弄错了。从簋铭来看，"伯氏"应该是秦庄公，而不其应该是秦庄公之弟，《史记·十二诸侯年表》有可能是把不其的名字误记在秦庄公的名下。

据《史记·秦本纪》，秦人的先祖大骆生子二人：长子曰非子，为周孝王"主马于汧渭之间，马大蕃息"；次子曰成，是申侯之女所生。当时的申侯在今陕西省周至县与

---

① 李学勤：《秦国文物的新认识》，载《文物》1980年第9期。
② 李学勤：《秦国文物的新认识》，载《文物》1980年第9期。

眉县之间，所以与大骆通婚。周孝王本来想立秦非子嗣大骆之位，但是后来在申侯的反对下，只得立申侯的外甥成嗣大骆之位，乃分土封非子"邑之秦"，为"附庸"，"曰秦嬴"。《集解》引徐广曰："今天水陇西县秦亭也。"《正义》引《括地志》云："秦州清水县本名秦，嬴姓邑。""秦州"即今天水市，秦非子的封邑在今天水市清水县。秦庄公破西戎时，其族居住在清水县一带，而大骆之族居于西犬丘，在今天水市西南礼县境内。

据《诗经·小雅·出车》，西周时称猃狁为西戎，所以《史记·秦本纪》中所说的西戎是指猃狁，也就是不其簋铭文中的严允。不其与其长兄伯氏与猃狁的搏斗，就是宣王时秦庄公昆弟五人破西戎之事。簋铭的"驭方"是"朔方"之误，"驭"与"朔"音近易误。"驭方"与《诗经·小雅·出车》的"朔方"同义，是指北方。猃狁在陇东高原的"太原"，在西周王朝的北方，故不其簋铭文说："驭（朔）方严允广伐西俞"。

李学勤先生说："西俞"是泛指的地区名，应读为"西隅"，意即西方。猃狁侵扰周朝的西部，周王命簋铭中的伯氏和不其抗击，进追于西。西是具体地名，即秦公簋刻铭之"西"，也就是秦汉陇西郡的西县，古时又叫作西垂，在今甘肃天水西南。①

厉王时猃狁入西犬丘灭大骆之族，故宣王即位后命秦仲伐猃狁，秦仲被猃狁所杀，于是宣王又召秦仲之子昆弟五人，"与兵七千人，使伐西戎，破之"。秦仲之子昆弟五人，即秦庄公昆弟五人，所伐西戎即猃狁。当时猃狁占据着犬丘，在"西"，即"西垂"之地，因此不其簋铭文说："王命我羞追于西。"不其进攻的"罶"地，以及与猃狁搏斗的战场"高陶"，当在西犬丘附近，可能在西县，即今甘肃礼县境内。

《后汉书·西羌传》说："后二十七年，王遣兵伐太原戎，不克。""后二十七年"接宣王四年，是宣王三十一年，即公元前797年。"太原戎"即猃狁，可知宣王三十一年又伐猃狁，但是并没有打败猃狁。

古代的河谷是便捷的交通道路，因此西周陇东高原的猃狁是沿着东、中、西三条河谷南下侵周。东路沿着陕西境内的北洛水河谷南下，如虢季子白盘铭所记；中路沿着陕甘两省的泾水河谷南下，入侵豳地的京师和宗周的丰镐二京，如多友鼎铭和《诗经·小雅·六月》所载；西路沿着甘肃天水以北的葫芦河河谷南下，入侵秦人所居的犬丘，也

---

① 李学勤：《秦国文物的新认识》，载《文物》1980年第9期。

就是"西垂"之地，如不其簋铭和《史记·秦本纪》《后汉书·西羌传》所记。

猃狁南下入侵的路线，正可说明猃狁的居地是在陇山以东平凉、固原、庆阳一带的陇东高原，也可能包括陇山以西甘肃葫芦河流域的庄浪等地，这就说明猃狁确是穆王时被迁至"太原"一带的犬戎，是氐族的一支，平凉一带的寺洼文化九站类型，即过去所谓的安国式文化，也可能还包括葫芦河流域的寺洼文化徐家碾类型，都是猃狁的文化遗存。

另外值得一提的是，除上述猃狁南下侵周的三条路线外，还有一条便于猃狁南下入侵岐周之地的路线，那就是汧水河谷，即秦汉间的回中道，但是直到宣王时，猃狁从来没有沿着这条便捷的道路侵周，这可能是因为西周中晚期汧水河谷是矢国的领土，而矢国是姜氏之戎，既与周王室友好，又是羌族的一支，与猃狁同属于西戎，因此猃狁不便"假途灭虢"沿汧水河谷南下侵周。

综合以上所述，说明西周中晚期外患是很严重的，当时淮夷与猃狁交替入侵，使西周王朝处在外患内忧、风雨飘摇之中。就是到了所谓的"中兴"之主宣王时，也还要东征西讨，疲于奔命，但是也难以挽救西周王朝的颓势。而且宣王"不籍千亩""料民于太原"等社会政治、经济改革未获得成功，反而加剧了当时的社会矛盾。

第三节
宗周毁于战火

一、赫赫宗周,褒姒灭之

西周末年,宣王死后其子周幽王以虢石父为卿士(卿事寮的最高长官),虢石父"善谀好利",引起国人的怨恨。周幽王又宠褒姒,废申后及太子,以褒姒为后,立褒姒之子伯服为太子,为博得褒姒一笑,在骊山举烽火戏诸侯。《史记·周本纪》说:

> 申侯怒,与缯、西夷犬戎攻幽王。幽王举烽火征兵,兵莫至。遂杀幽王骊山下,虏褒姒,尽取周赂而去。于是诸侯乃即申侯而共立故幽王太子宜臼,是为平王,以奉周祀。平王立,东迁于雒邑,辟戎寇。

周幽王在骊山举烽火戏诸侯,是周幽王被杀、西周灭亡的导火索。申侯是申后之父,姜姓。周幽王废申后,破坏了自周太王(古公亶父)以来的姬姜联盟关系,这是西周灭亡的一个重要原因。申侯策动姒姓的缯国和犬戎(猃狁),攻杀幽王于骊山之下,周平王被迫迁都洛邑,西周从此灭亡。从此宗周丰京、镐京毁于战火,民众流散,宗庙、宫室破败废弃,沦为田园荒野。所以《诗经·大雅·正月》说:"赫赫宗周,褒姒灭之。"

《诗经·国风·王风》中有《黍离》篇,是一首很伤感的诗。《毛传》说:

> 闵,宗周也。周大夫行役,至于宗周,过故宗庙宫室,尽为禾黍。闵周室之颠覆,彷徨不忍去,而作是诗也。

可见春秋时期,宗周丰镐二京破败不堪,沦为农田,失去了往日的繁华景象。后世沣水两岸的丰镐二京仅存地下的遗址。

二、秦人出陇

商代晚期约相当于殷墟文化二期以后，周太王古公亶父带领族人从豳地迁到岐山之下，作周以为都，并与当地的姜氏之戎结盟，将秦人的先祖畎夷挤出了关中西部周原地区。畎夷被迫迁往今甘肃省东部的天水一带，随后遍及西和、礼县、清水、秦安、张家川等县的台塬地区，因被封于秦而得名为秦人，又称秦夷。后世流传的秦州（今甘肃天水市）、秦城、秦安、秦亭、秦谷、秦水、秦川等的取名，皆与秦人早期生活于渭水上游、西汉水流域有关。

20世纪50年代和90年代初，对甘肃东部的考古调查表明：在天水地区发现了数百处西周时期的秦文化遗址。特别是对甘谷县毛家坪和天水市董家坪秦遗址的发掘，获得了西周早期延续到战国中晚期秦文化的物证。天水地区土壤肥沃，气候温和，尤其在礼县的盐官、永兴一带，黄土台塬发达，临近水源，水草丰美，具有宜农宜牧的良好条件。

商代晚期，秦人"在西戎，保西垂"，其都城在西犬丘，也称"西垂"（甘肃礼县永兴镇一带），当时其族已过着农业经济兼畜牧业的相对稳定的定居生活。到西周中期（约公元前10世纪中叶至公元前9世纪中叶），甘肃东部的秦族已经形成了两个中心，这就是大骆族居住的西犬丘（今甘肃礼县西汉水两岸），以及秦非子受周孝王封赏"分土为附庸"，作邑而居的秦（今甘肃天水市清水县东北与张家川回族自治县之间）。《史记·秦本纪》说：

> 非子居犬丘，好马及畜，善养息之。犬丘人言之周孝王，孝王召使主马于汧渭之间，马大蕃息。孝王欲以为大骆适嗣。申侯之女为大骆妻，生子成为适。申侯乃言孝王曰："昔我先郦山之女，为戎胥轩妻，生中潏，以亲故归周，保西垂，西垂以其故和睦。今我复与大骆妻，生适子成。申骆重婚，西戎皆服，所以为王。王其图之。"于是孝王曰："昔伯翳为舜主畜，畜多息，故有土，赐姓嬴。今其后世亦为朕息马，朕其分土为附庸。"邑之秦，使复续嬴氏祀，号曰秦嬴。亦不废申侯之女子为骆适者，以和西戎。

周孝王封非子为附庸，"邑之秦"，非子从西汉水迁到了天水市以北渭河（古称秦川）北岸广阔的台地上，修建了秦川宫。据《史记·秦本纪》记载，西周晚期，周厉王无道，诸侯或叛之，西戎反王室，灭犬丘的大骆之族。秦非子重孙秦仲为周宣王大夫，诛伐西戎，也为戎人所杀。秦仲有子五人，领宣王命，率兵七千，破戎复地，立下赫赫战功。周宣王将秦仲的族人,以及其先祖大骆居住的犬丘都封给了庄公,命他为西垂大夫。在传世的铜器不其簋盖上,有铭文记载伯氏(可能是秦庄公)、不其奉王命征伐狁狁的事实。

陈梦家先生在其《殷虚卜辞综述》中指出:不其簋属于秦人的青铜礼器。簋铭记载,不其随伯氏在西俞(今甘肃天水市以北)战胜狁狁。伯氏回京献俘,不其留下继续追击戎人,多有斩获。

不其簋作为秦人早期的青铜器,同秦人早期的历史一样,也具有几分传奇的色彩。簋盖长期传世,今存中国国家博物馆。而不其簋器身则是1980年出土于山东滕县后荆沟,可是上面的盖却非原盖。①器身与中国国家博物馆的器盖相合,也算得上是合浦珠还。尤可称道的是不其簋有长达151字的对铭,它呈现了秦庄公的一段经历。器形椭圆,盖呈浅盘状,顶有捉手;器侧有兽形附耳,垂珥,圈足下有三兽足。身饰瓦棱纹、窃曲纹,顶为蟠龙纹,圈足系重环纹。通高26厘米,腹径深13厘米,盖径23.2厘米。从铭文体例、器形风格看,周秦一致,是秦人接受周文化的反映。

天水市礼县秦公墓地的发现,石破天惊般地揭开了认识秦人立国前后的历史与文化面貌的铁幕。秦公墓地可称作"西垂墓地",位于甘肃礼县永兴镇大堡子山,盗墓猖獗使之遭到严重破坏,大部分珍贵文物已被走私到国外。经钻探得知,有一"中"字形墓和3座大墓坑(其中"目"字形1、曲尺形2),另有9座中小型的墓。同大堡山相对的赵坪(位于西汉水南岸)又发现秦墓3座,出土有青铜器、陶器。

1993年底,在香港的文物市场出现了一批有"秦公"铭文的青铜器,还有一些与之相同但无铭文的青铜器。这批青铜器,从甘肃礼县大堡子山秦公墓地盗掘,被走私到美、法等国。上海博物馆馆长马承源在香港把有铭文的四鼎二簋抢救回来,收藏在馆内。鼎中最大者高47厘米,口径42.3厘米,腹内铸铭二行六字,作"秦公乍铸用鼎";最小的鼎高24.2厘米,口径24.2厘米。一簋高23.5厘米,口径18.8厘米,器盖有对铭各五字,作"秦公乍宝簋"。散失的秦公文物计有上海博物馆从香港回收的四鼎二簋②,美

---

① 传世的不其簋盖,现收藏于中国国家博物馆。盖铭著录见郭沫若:《两周金文辞大系图录考释》,科学出版社,1958年;又见容庚:《商周彝器通考》,燕京大学哈佛燕京学社,1941年。不其簋见滕县博物馆万树瀛:《滕县后荆沟出土不嬰簋等青铜器群》,载《文物》1981年第9期。

② 这批铜器的研究成果见《上海博物馆集刊》1996年第7期。

国纽约拉利（James Lally）行存秦公壶1对[①]，礼县公安局缴获秦公鼎、簋10余件，礼县出土而由上海博物馆帮助修复的壶1件，香港坊肆商有百余件秦公器，还有法国私人收购有作鸱枭、虎形等棺饰的金箔片44件。除过上述铜器有铭文，上海博物馆又收有同形、同纹而无铭的铜簋1件，大概也属礼县的秦公墓中之物。

这些古朴敦厚、精美绝伦的青铜器、金玉器、铁器，既体现出秦人立国早期，在金属铸造和手工制作方面有着相当成熟的技术，又是一件件高贵的艺术品，反映出秦人追求华丽堂皇的审美情趣，也表现出一种勇于开拓进取的精神。

综上所述，可知西周时代，秦人在陇山以西天水地区的沟谷、台塬一带，艰苦奋斗，发展壮大。那么，从陇右沟谷中发展壮大起来的秦人，是如何走出陇右的呢？西周王朝的灭亡，为秦人越过陇山挺进关中提供了机会。西周末年，当犬戎（猃狁）与申侯伐周，杀周幽王于骊山下后，《史记·秦本纪》说：

> 而秦襄公将兵救周，战甚力，有功。周避犬戎难，东徙雒邑，襄公以兵送周平王。平王封襄公为诸侯，赐之岐以西之地。曰："戎无道，侵夺我岐、丰之地，秦能攻逐戎，即有其地。"与誓，封爵之。襄公于是始国，与诸侯通使聘享之礼，乃用骝驹、黄牛、羝羊各三，祠上帝西畤。十二年，伐戎而至岐，卒。

《正义》引《括地志》云："故汧城在陇州汧源县东南三里。《帝王世纪》云秦襄公二年徙都汧，即此城。"秦襄公徙都的汧城，在今宝鸡市陇县城东南的边家庄、磨儿塬一带，遗址犹存。20世纪70年代以来，在边家庄多次发现春秋早期随葬五鼎四簋大夫一级的秦人墓。这说明在西周灭亡后，秦人开始越过陇山走出陇右，进入关中西部。《史记·秦本纪》记载：

> 文公元年，居西垂宫。三年，文公以兵七百人东猎。四年，至汧渭之会。曰："昔周邑我先秦嬴于此，后卒获为诸侯。"乃卜居之，占曰吉，即营邑之。……宁公二年，公徙居平阳。遣兵伐荡社。三年，与亳战，亳王奔戎，遂灭荡社。

秦文公是秦襄公之子，秦文公迁居"汧渭之会"，这是秦人进入陕西后建立的第二个都邑。据宝鸡市文物工作者调查，"汧渭之会"在宝鸡市陈仓区汧河东岸魏家崖村一带。这里位于汧水的东岸、渭河的北岸，正是所谓的"汧渭之会"。秦宁公徙居平阳，在今宝鸡市陈仓区阳平镇以东太公庙村一带，那里出土过秦公钟、秦公镈等秦国宗庙重

[①] 李学勤、艾兰：《最新出现的秦公壶》，载《中国文物报》1994年10月23日。

器。平阳是秦人进入陕西后建立的第三个都邑。

秦文公三年，率领士兵从甘肃礼县的西垂宫出发，越过陇山东猎到达了"汧渭之会"说："昔周邑我先秦嬴于此，后卒获为诸侯。"这是说：过去的周邑（岐周）我们的先祖秦嬴曾居住于此，后来终于成为诸侯。秦人的先祖秦嬴就是㽙夷，商代后期曾在周原居住，其文化遗存就是发现于关中西部的京当型商文化。秦文公的话，说明秦人的先祖㽙夷在周原一带居住的历史，其后世秦人是知道的。

关于亳王与荡社，《史记·殷本纪》太史公曰："契为子姓，其后分封，以国为姓，有殷氏、来氏、宋氏、空桐氏、稚氏、北殷氏、目夷氏。"《索隐》说："北殷氏盖秦宁公所伐亳主，汤之后也。"《史记·秦本纪》把徙居平阳和伐荡社事记作"宁公"，据宝鸡太公庙出土秦公钟铭文得知，"宁公"是"宪公"之误。《索隐》说："西戎之君号曰亳王，盖成汤之胤，其邑曰汤社。徐广云一作'荡杜'，言汤邑在杜县之界，故曰汤杜也。"又《正义》云："《括地志》云：'雍州三原县有汤陵。又有汤台，在始平县西北八里。'按：其国盖在三原、始平之界矣。"

顾颉刚先生在其《史林杂识·秦与西戎》一文中说："汤都于亳，或汤之子孙有散在四戎者，或西戎有以'汤'为标帜者，故有汤社、汤台、汤陵于其地而其自号则曰'亳'。其部族所居，或为渭南之杜，或为渭北、泾东之三原，或为泾西之兴平，莫能详也。"①

郭沫若先生据小盂鼎"从商"一语，认为："商当指北殷，亦即秦灵公所灭之荡社亳王，其地近戎。盖殷为周所灭，其遗民之一部分逃窜于西北者是为北殷氏，奉汤之祀而不臣服于周，且时串诱戎人与周为难也。"②

亳是商代王都的名称，亳王应是指商族之王。荡社即汤社，应是祭祀商王成汤之社。总之，亳王、荡社与殷遗民有关系，或者说与商代的崇国有关。西安地区有商文化遗址，说明商族曾入居西安一带。

关中西部为秦人的发展壮大提供了有利的条件，《史记·秦本纪》说："德公元年，初居雍城大郑宫。以牺三百牢祠鄜畤。卜居雍。"从德公"卜居"雍都之后，至秦献公迁都栎阳，秦都雍城近300年。

---

① 顾颉刚：《史林杂识》，中华书局，1963年，第58页。
② 郭沫若：《两周金文辞大系图录考释》，科学出版社，1958年，释文第36页。

秦雍城遗址，在今宝鸡市凤翔县城南姚家岗村至西劝读村一带。秦人都雍城后，不仅可以牧马于汧渭之间，而且雍城一带地势开阔，土壤肥沃，交通便利，从此秦国国力强盛，有秦穆公称霸西戎、子孙饮马于河之举，也博得周天子的致贺。

秦都雍城期间，西周的故都丰镐二京尚未完全破败。《左传·僖公十五年》说："晋饥，秦输之粟；秦饥，晋闭之籴，故秦伯伐晋。"秦、晋两国关于互相请粟的事件，《史记·秦本纪》有很详细的记载：

（秦穆公十二年）晋旱，来请粟。丕豹说缪公勿与，因其饥而伐之。缪公问公孙支，支曰："饥穰更事耳，不可不与。"问百里傒，傒曰："夷吾得罪于君，其百姓何罪？"于是用百里傒、公孙支言，卒与之粟。以船漕车转，自雍相望至绛。

十四年，秦饥，请粟于晋。晋君谋之群臣。虢射曰："因其饥伐之，可有大功。"晋君从之。十五年，兴兵将攻秦。缪公发兵，使丕豹将，自往击之。九月壬戌，与晋惠公夷吾合战于韩地。晋君弃其军，与秦争利，还而马鸷。缪公与麾下驰追之，不能得晋君，反为晋军所围。晋击缪公，缪公伤。于是岐下食善马者三百人驰冒晋军，晋军解围，遂脱缪公而反生得晋君。初，缪公亡善马，岐下野人共得而食之者三百余人，吏逐得，欲法之。缪公曰："君子不以畜产害人。吾闻食善马肉不饮酒，伤人。"乃皆赐酒而赦之。三百人者闻秦击晋，皆求从，从而见缪公窘，亦皆推锋争死，以报食马之德。于是缪公虏晋君以归，令于国，"齐宿，吾将以晋君祠上帝"。周天子闻之，曰："晋我同姓"，为请晋君。夷吾姊亦为缪公夫人，夫人闻之，乃衰绖跣，曰："妾兄弟不能相救，以辱君命。"缪公曰："我得晋君以为功，今天子为请，夫人是忧。"乃与晋君盟，许归之，更舍上舍，而馈之七牢。十一月，归晋君夷吾，夷吾献其河西地，使太子圉为质于秦。秦妻子圉以宗女。是时秦地东至河。

据《左传·僖公十五年》，晋侯被俘后，"乃舍诸灵台"。《史记·秦本纪》说"更舍上舍"，这说明晋侯被俘后，先被软禁在西周丰京的灵台，后来被转移到更好的住处。灵台传说是文王所筑，在丰京南郊，遗址南面靠近今西安市高新区秦渡街道。西周晚期丰镐二京虽经战火破坏，但是并没有完全废弃，灵台等建筑春秋时期还可以使用。

考古工作者在丰京遗址北部的客省庄村一带，发现了春秋时代的文化遗存①，证实周平王虽然迁都成周洛邑，但是宗周丰镐二京在东周时代仍有人居住生活。

秦灵公元年（公元前424年），"居泾阳"，地当今泾阳县境。秦献公二年（公元前383年），"城栎阳"（《史记·秦本纪》），十一年（公元前374年），"县栎阳"（《史记·六国年表》）。经勘探，栎阳故城在今临潼区东北阎良区东南武屯街道关庄、玉宝屯一带。至此，从陇山以西越过陇山大坂进入关中的秦人，在关中地区自西向东经过六次迁徙，其都城迁到了关中腹地丰镐二京附近。

秦人出陇以后，为了发展壮大，不得不先迈出第一步——进行艰苦的伐戎之战。据《史记·秦本纪》记载，秦人为了开拓国土，而对戎族的战争主要有：秦襄公十二年（公元前766年），"伐戎而至岐"。秦文公十六年（公元前750年），"以兵伐戎，戎败走。于是文公遂收周余民有之，地至岐，岐以东献之周"。秦宪公二年（公元前714年），"遣兵伐荡社"，三年（公元前713年）"与亳战，亳王奔戎，遂灭荡社"，十二年（公元前704年）"伐荡氏取之"。秦武公元年（公元前697年），"伐彭戏氏，至于华山下"，十年（公元前687年）"伐邽、冀戎，初县之"，十一年（公元前686年）"初县杜、郑。灭小虢"。杜县在今麟游县，郑县在今凤翔县，所以"灭小虢"。小虢在今凤翔县虢王一带，是西周西虢的故地。秦文公十六年所伐的戎人，是西周各国之民姜氏之戎，败走后退至汧陇山区，即《左传·襄公十四年》所说的"瓜州"。这部分姜氏之戎后来被晋惠公收容迁至晋国境内。

秦人经过四世80年对关中丰、亳、彭戏氏三戎，以及陇东之戎（主要是猃狁）的扫荡，不但夺回被犬戎（猃狁）侵占的岐以西之地，控制了关中西部地区，且使秦的势力东及华山、黄河一带。至此，秦人取得了关中周地的大部分，当然咸阳也从戎人之手转到了秦国的实际控制之下，为战国时期秦都咸阳的建立打下了坚实的基础。

---

① 中国科学院考古研究所编著：《沣西发掘报告》，文物出版社，1963年。

结语

陕西是中华民族的摇篮之一，也是华夏文明的发祥地。所以远在100万年前，就有人类活动在秦岭之下，例如西安市蓝田县公王岭发现的猿人头盖骨就是确凿的证据。距今20万年，关中东部又有大荔人繁衍生息。陕西是炎帝族与黄帝族起源的地方，所以新石器时代文明十分发达，特别是关中平原地区，遍布着母系氏族社会的仰韶文化遗址，以及父系氏族社会的客省庄二期文化遗址。仰韶文化早期是以华阴老官台文化遗址为代表，距今约8000年，还有稍晚的宝鸡北首岭下层文化遗址，距今约7000年。仰韶文化晚期著名而且具有代表性的遗址有西安半坡遗址、临潼姜寨遗址等，距今约6000年。父系氏族社会的文化遗存是以西安市沣西客省庄二期文化遗址、神木市石峁遗址、岐山县双庵遗址等为代表，距今约4000年。

一、夏商西周时代关中东部的居民

中国历史进入夏商时期，根据西安市老牛坡遗址的发掘资料，夏代早期客省庄二期文化，受到了关中平原西部陇县川口河类型齐家文化的强烈影响，形成了西安老牛坡类型文化，所以西安老牛坡类型文化，既有客省庄二期文化的因素，又有陇县川口河类型齐家文化的因素。这种龙山时代的文化，在商洛市东龙山遗址也有发现，所以有人建议称之为东龙山文化。我们认为陇县川口河类型齐家文化对客省庄二期文化的影响，是由西向东发生的，所以将关中东部，包括商洛市东龙山遗址的夏代早期文化，称为西安老牛坡类型文化比较合适。目前我们虽然还无法确定西安老牛坡类型文化时期的人属于何种民族，但是可以肯定的是，他们属于陕西原有的土著居民。

夏代晚期，河南姒姓的夏族有一部分西迁到关中东部与商洛地区，例如合阳县的莘国就属于姒姓的夏人。黄河西岸的河西地区发现的夏代晚期文化，可能由于临近山西省，所以具有山西东下冯类型夏文化的特点。商洛市东龙山遗址发现的夏代晚期文化，可能因为临近夏王朝晚期的都城河南省偃师二里头遗址，所以属于典型的二里头类型晚期夏文化。

根据《史记·周本纪》三家注，西安市附近从虞夏之际开始就有一个姒姓的崇国。《史记·周本纪》说：文王"明年，伐崇侯虎。而作丰邑，自岐下而徙都丰。"《正义》引皇甫谧云："夏鲧封。虞、夏、商、周皆有崇国，崇国盖在丰镐之间。《诗》云'既伐于崇，作邑于丰'，是国之地也。"根据西安市老牛坡遗址的考古发现，夏代的西安老牛坡类型文化是在客省庄二期文化的基础上形成的，它与夏文化无关，而属于西安地区的土著文化，所以西安市老牛坡遗址虽然可能与崇国的都城有关，但是夏代西安市附近不大可能有姒姓崇国的存在。由于西安市老牛坡文化骤变为商文化，所以西安市附近姒姓的崇国，很可能是夏代末年商汤灭夏以后，河南登封崇山一带姒姓崇伯鲧的后代臣服了商王朝，然后随商夷联军挺进到陕西关中的西安地区，在此建立了崇国，因此使用商代早期河南郑州二里岗商文化。商代西安市附近除姒姓的崇国外，还有子姓的商人，例如西安市附近的北殷氏，就是子姓商族的一支，所以其君称为亳王。商代西安市的骊山附近有骊山氏。另外，关中东部的合阳县境内仍有姒姓的有莘氏。商代晚期周文王迎娶合阳一带的姒姓之女大姒，曾亲迎于渭水之滨。西周时代，西安地区与关中东部的居民，都成为西周王朝的国民。

二、夏商西周时代关中西部的居民

夏商西周时代，关中西部的居民与关中东部的居民有所不同。夏代关中西部的居民有姜姓部族与姬姓的周族。据《国语·周语下》与《史记·齐太公世家》记载，虞夏之际炎帝后裔共工的从孙（旁系孙辈）四岳部族，因为帮助大禹治水有功，因此被封在吕地，即今宝鸡市区一带，建立了四岳国，"赐姓曰姜，氏曰有吕"，成为陕西第一个诸侯国。四岳国因为封地在四座岳山之中而得名，四岳中的南岳就是今宝鸡市陈仓区境内的吴岳，俗名"吴山"。

根据考古资料，甘青地区齐家文化中期偏晚阶段，距今约4000~3800年，有一支向东发展，越过了陕甘交界的陇山，进入关中西部汧水流域的陇县境内，形成了陇县川口河类型齐家文化，其年代的上限与姜姓四岳国分封的年代基本吻合，而且分布的范围在今宝鸡市与天水市以北的陇山东西两侧，与四岳国的封地也吻合，是姜姓四岳国的文化遗存无疑。由此可知，姜姓部族确是炎帝的后裔，是羌族的一个分支，是从甘青地区迁徙到陕西关中西部的人群。

商代早期，关中西部的宝鸡市区及其周围，有姜姓四岳国的后代居住。由于他们是羌族的一个分支，但是得姓为"姜"，所以史称"姜氏之戎"。姜氏之戎的文化遗存，是从陇县川口河类型齐家文化发展演变而来的刘家文化，从其族属来说又称为姜戎文化。刘家文化是以高领袋足分裆鬲为代表的一种考古学文化，分布于今天宝鸡市区及其周围的周原、陇东高原，以及天水市以北的陇山西侧。刘家文化分布的范围基本上是在四岳国的封地范围之内，但是略有扩大。由于姜戎是羌戎的分支，所以刘家文化整体的面貌与甘肃省商代羌戎的辛店文化最为相似。

根据西周金文资料，大约是在商周之际，姜氏之戎在宝鸡市区贾村塬一带建立了自己的方国，其国君在西周一代始终自称夨王。夨王之国简称"夨国"，其存在的时代从西周早期一直延续到西周晚期。西周灭亡以后，夨王为秦人所逼北迁至"瓜州"（汧陇山区），后来为晋国之君晋惠公接纳，迁至山西省境内。春秋时代，夨国的一部分后裔可能又在今宝鸡市区的虢镇建立了小虢，最后被秦武公所灭。

关于小虢，《史记·秦本纪》张守节《正义》引《括地志》云："故虢城在岐州陈仓县东四十里。次西十余里又有城，亦名虢城。"按：此虢灭时，陕州之虢犹谓之小虢。又云，小虢，羌之别种。

西虢是虢仲的封地，金文中称为"郑虢"，封邑当在今宝鸡市凤翔县的彪角镇、虢王镇一带。西虢"次西十余里"的地方，正是原宝鸡县城虢镇一带，这里很可能是小虢的故城。小虢如果是"羌之别种"，那么他们是姜氏之戎无疑。总而言之，夏、商、西周乃至于春秋时代，姜姓部族在今宝鸡市繁衍生息了1000多年。

关于周族的起源，传统的说法是：周族起源于漆水下游今咸阳市杨凌区一带的邰地。邰，是有邰氏的所在地，而有邰氏原作有吕氏，属于姜姓部族的一个氏族。正因为这种原因，因此后世注释家认为有邰氏是周人老祖母姜原的母家，即周后稷弃的外婆家。

姜姓部族起源于关中西部的汧水流域，后来发展到周原地区，所以周原腹地今岐山、扶风境内的沣水，古代被称为姜水。邰地临近姜水。因此，姬、姜两姓早期就通婚，周人的老祖母，也就是周族的始祖后稷弃的母亲姜原（后世加女旁称为姜嫄），就属于周原地区姜姓有邰（有吕）氏族中的妇女。这说明周族是从姜姓吕氏族中衍生出来的一个族体，所以孟子称周文王为西夷之人。

20世纪30年代，在当时疑古思潮的推动下，钱穆先生提出周族起源于山西说。此说一出，影响极大，众多史学家纷纷著文表示赞同，以致后来少数考古学家也加入了赞成的行列，并举出考古资料为证。为了解决周族的起源问题，考古学界从20世纪30年代开始，就沿着传说中周都的路线，展开了考古调查。1934年又在宝鸡市斗鸡台沟东区开始了考古发掘。经过80多年几代考古学者的不懈努力，如今已在邰地、豳地、周原、沣西等与周人都邑有关的地区发现了先周文化。目前学术界主流观点认可的先周文化有三：一是在漆水下游邰地范围内，发现的武功郑家坡先周文化，其年代约为商代二里岗上层时期，是目前发现年代最早的先周文化；二是在豳地发现的彬州断泾遗址一期先周文化，以及旬邑县孙家遗址发现的先周文化，年代约为殷墟商文化一期阶段；三是在周人迁岐以后的周原遗址、扶风北吕墓地，特别是1997年在沣西马王镇乳品厂北侧发现的以H18为代表的先周文化。周原、沣西发现的先周晚期文化，年代约为古公亶父迁岐以后，至武王灭商以前。

先周文化是一种以联裆鬲为代表的考古学文化，当然先周文化中也有少量的高领袋足分裆鬲。目前发现的先周文化遗存，虽然不能证明周人最早的起源地，但是已可初步印证传说中的周都是可信的，因此已可以确定姬姓的周人是起源于关中西部的泾渭之间。周人是起源于陕西的族体，也是第一个在陕西建立全国性政权的民族，山西省境内至今没有发现先周文化遗存，说明周人起源于山西说不能成立。

周族从其始祖后稷弃开始，世代担任夏王朝的农官，以官为号代代称后稷，所以夏代其世系中失其代数，只留下始祖后稷弃与末代后稷之子不窋两代人的名字，而且还没有留下族名，所以我们可以称其族为后稷氏族。夏代末年因为躲避战乱，末代后稷之子不窋自窜于戎狄之间。

关于周族的族名问题，《史记·周本纪》张守节《正义》说："因太王所居周原，因号曰周"，这是倒果为因。"周"字的含义是指一片农业发达的地区，所以周族不是因为居地而得名，而是因为善于经营农业而著称。据《史记·周本纪》所载，商代早期不窋之孙公刘居豳，宫室建在一处地势绝高叫"京"的地方，开始发展振兴农业，其族后来得名为周族，所以早在商王武丁时代，殷墟甲骨文中就出现了族名"周"，大部分学者认为商王武丁时代甲骨文中的"周"，就是姬姓的周族。

商代晚期公刘的九世孙周太王古公亶父，为了躲避北方戎狄的侵扰，从豳地迁徙到岐山之下的周原后"作周"，建立了周邑，表示是周族居住的地方，所以周原是因为周族迁此居住而得名。周太王迁居周原后，不是改国号（族名）为"周"，而是改都邑名称为"周"。周文王晚年为了向东发展便于灭商，攻灭了丰镐附近的崇国后迁都丰邑。周武王克殷灭商，建立了西周王朝，立都于宗周丰镐地区。

三、西安的地理位置与自然环境是古代建都的最大优势

西安的建城历史从西周开始算起，至今已3000多年，所以《西周丰京镐京卷》是《西安城市史》的开篇之作。正是因为这种原因，所以我们在绪论中引《管子·乘马》所说："凡立国都，非于大山之下，必于广川之上。高毋近旱而水用足，下毋近水而沟防省；因天材，就地利。"说明古代建立国都的原则是：不是选择在大山之下，就是选择在广大的平川之上。高处要选择远离干旱的地方，使水源充足；低处要选择远离大水的地方，省去排水防洪的沟渠。要依靠自然条件，而利用地理环境的优势。

古代的政治家选择建都的地方，首选的是形胜之地，是要选择自然地理特征有优势、有气势的地方。西安地处八百里秦川中部的最宽处，南面的秦岭横亘千里，北面的渭北黄土高原广袤无垠。既在大山之下，又在广川之上，是所谓的形胜之地，当然是古代政治家选择建都的首选之地。西安古称长安，取长久平安之义，历史上极少发生大地震、大干旱、大水灾等特大自然灾害，完全符合建都的条件。

西安的地理位置与自然环境是古代建都的最大优势。建立都城要考虑交通便捷、国都安全、民众富庶、文化底蕴深厚等诸多因素。西安的地理位置在中国大陆的腹地，中国大地的原点，就在西安市区以北直线距离45公里的西咸新区永乐镇。西安居于天下之中，占据着联络西北、西南、华北、中南以至于华东地区交通的重要地理位置，古代具有便于管毂四方的优势。建立都城还要考虑有险可守，西安在关中平原中心的位置，处在四关之中易守难攻，而且土地宽广肥沃，民众富庶，人口密集众多。正是因为有上述诸多优势，所以西安曾是中国历史上最重要的政治舞台的中心。

西安位于秦岭的终南山下，秦岭不仅是一道高高耸起的龙脉、天然屏障，而且将中国的水系分为长江与黄河南北两大水系，同时将中国的农业分为南方的稻作农业与北方的粟作农业两大分区。中国古代两大农神——前稷柱与后稷弃，前稷柱出自神农氏炎帝族，而后稷弃虽然是姬姓周族的始祖，但是姬姓的周族是从炎帝后裔姜姓吕氏族衍生出来的族体。这说明古代两大农神部落所在的陕、甘、宁、青黄土高原与陕西的关中平原，都是中国古代粟作农业的起源地与发达地区。辗转迁徙活动于泾渭之间的周族，因为善于经营农业而得名。周族迁都于土地肥沃、水系发达，更加有利于发展农业的丰镐地区，是如鱼得水，所以迅速地发展壮大。中华民族是一个以农耕著称于世的民族，古

代的西安正是因为地处天下之中，又有发展农业的优越条件，所以成为中国历史上周、秦、汉、唐等十三个王朝的龙兴之地。

四、丰京的演变与丰镐二京形成的制度

关于丰镐的位置，《诗经·大雅·文王有声》郑玄笺："丰邑在丰水之西，镐京在丰水之东。"经过80多年的考古调查与考古发掘工作，现已确认丰镐遗址分布在西安市沣河中游的东西两岸。丰邑遗址在沣河西岸的马王街道，故称沣西遗址；镐京遗址在沣河东岸的斗门街道，故称沣东遗址。

2012年，"丰镐西周都城遗址范围确认及地下遗存分布状况考古调查勘探"项目组，重新确定了丰镐遗址西周遗存的范围和四至。丰京遗址分布范围面积约8.62平方千米，大致跨客省庄、马王村、张家坡、大原村、冯村、新旺村、曹寨几个自然村；镐京遗址分布范围面积约9.2平方千米，分布在以郿坞岭为中心的区域内，大致跨张旺渠、官庄、下泉村、落水村、上泉村、普渡村、花园村、白家庄、斗门镇、马营寨、新庄几个自然村。

文王居丰至武王伐商以前的先周文化，保存状况并不完整、理想，现在已发现的灰坑、房址、窖穴、墓葬往往被西周，甚至更晚期的遗存所破坏。但是，可喜的是已发现了马王乳品厂H18等典型的先周晚期文化遗存。根据现在掌握的资料判断，先周文化遗址分布在从沣河西岸的客省庄经马王村至张家坡村之间的郿坞岭高地上，分布范围东西长约2500米，南北宽约1000米。从先周文化遗存的分布看，灰坑、居址与墓葬在大范围内相互交错，例如张家坡村东及东南一带，既有灰坑、房址，也有墓葬。客省庄一带也是既有居址，也有墓葬。居址与墓葬之间的关系，尚难论定，有待于今后的工作开展。

进入西周以后，遗址内的文化遗存数量和分布范围大为增加。根据现有资料看，大型建筑基址、井（邢）叔家族墓地、铜器窖藏和铸铜遗存等，多分布在客省庄、马王村、张家坡村和大原村一线的郿坞岭高地上，主要有客省庄西南的14座西周大型夯土建筑基址，张家坡村西的井叔家族墓地（包括一座两条墓道的大墓和三座单墓道大墓），张家坡村东和马王村北的铸铜遗存，张家坡村东的制骨作坊遗址，张家坡和马王村等地一般居址，张家坡和客省庄等地中小型墓地，大原村北、张家坡和客省庄车马坑，以及马王村铜器窖藏等。郿坞岭以南区域的高地上，也集中分布有居址、中小型墓葬和制骨

作坊等遗存，主要有曹寨北水面，曹寨东北、新旺村西南和冯村北制骨遗存，新旺村铜器窖藏，左家堡和新旺村等地一般居址，新旺村和大原村等地中小型墓葬，以及横穿遗址的曹寨村南至大原村西的人工河道等。上述西周遗存具有两个明显的特征：一是空间上呈连续性，遗存之间未发现明显的空白地带；二是时间上呈断裂性，居址和墓葬的互相转化是普遍存在的。

周文王迁都丰邑，一年多以后就死去了。周武王即位后，为了发展壮大周人的力量，能够满足接纳"四方之众"，于是想扩大都城的范围。但是由于丰邑东西是河流，南北是低洼地，当时要扩大都城范围，只能向沣水东岸发展，所以周武王在长满了蒿草的沣水东岸，建立了自己的新都镐京，最初称为"蒿"，又称"周"。成王初年，遵照武王的遗愿建成了洛邑，最初也称为"周"。根据何尊铭文的记载，成王五年迁居洛邑，定名洛邑的"周"为成周，表示周人的王业告成，一定程度上也可以说是表示成周是成王建立的"周"；又改称镐京的"周"为宗周，表示是武王建立的"周"，因为周人"祖文王而宗武王"，武王建立的"周"，自然应该称为宗周；周太王在周原所作的"周"（周邑，史称岐邑、岐周）仍称为"周"。这就是西周时都城名称的变迁。从此西周有了三个都邑：周原的"周"（故都）、丰镐的宗周（都城）、洛邑的成周（陪都）。

文王在丰邑建有京宫，而且其中有太庙。文王死后武王在京宫中，建立了以文王为始祖的宗庙周庙，所以成王东征践奄、迁都洛邑不久，都回到了丰邑，因为古代战争胜利后，归来要在祖庙中报告胜利的消息，并向祖先敬献俘虏等。这就是说，成王时可能经常住在丰邑，而康王又在丰邑的王宫设朝处理国政，于是位于镐京近旁丰邑的王宫、宗庙区得名为京，所以西周的都城宗周，虽然因为武王建立的"周"（镐京）而得名，但是实际上包括镐京与丰京两个分区。

丰京遗址从先周到西周，不仅分布状况有上述演变，而且王宫与宗庙也有变化。西周时丰邑的京宫中不仅有太庙，而且还有周庙，所以武王死后，周庙中又建立了武王庙，等到成王死后，周庙中又建立了成王庙，因此西周康王时代的小盂鼎铭文中，周庙中有文王庙、武王庙、成王庙。西周康王二十五年的小盂鼎铭文说：

唯八月既望，辰在甲申，昧爽，三左三右多君入服酒，明，王格周庙……
□□入燎周□。……□□用牲禘周王、〔武〕王、成王……（《集成》2839）

小盂鼎铭文记载康王在宗周的周庙中禘祭周王（文王）、武王、成王。彭林先生指出：

> 周代禘祭是从殷代禘祭发展而来的，但致祭的对象不再象殷代那样泛杂，而是专一于先祖父考。①

小盂鼎铭文中康王在宗周周庙的禘祭，正是对近亲父、祖、曾三代的祭祀。周庙中文王庙、武王庙世世不毁，称为文世室、武世室。所以西周共王以后康宫中的周庙，应该只有文王庙、武王庙。

西周京宫中周庙形成的近亲父、祖、曾三庙制度，在宝鸡市凤翔县马家庄春秋时期的秦国宗庙遗址得到印证。秦国宗庙遗址只有三庙，也是近亲父、祖、曾三庙，其中始祖庙居中，其余二庙按左昭右穆排列。西周早期康王死后，可能是因为周庙的三庙制度，康王死后进不了周庙，所以其子昭王以康王的谥号命名，在都城宗周的丰京、陪都成周洛邑、故都周邑（岐邑、岐周）都建立了康宫，而且在其中都建立了康庙（康王庙）。西周中期，康宫中除康庙（始祖康王庙）外，还有昭宫（昭王庙）、穆宫（穆王庙），也是近亲父、祖、曾三庙。西周晚期，可能是厉王破坏了原有的近亲父、祖、曾三庙制度，而在康庙中为其父夷王立了庙（夷宫），所以厉王死后，其子宣王又为其父厉王在康宫中立了庙（厉宫），这就形成了西周晚期，金文中岐周康宫中的康庙、昭宫、穆宫、夷宫、厉宫等五庙制度。

周公营建的洛邑，最初也称为"周"，成王五年定名为成周，后世称为"下都"，其分布范围大致是东至白马寺以西，西临瀍水，南濒洛水，北依邙山。所以东起塔东、十里铺一线，西到瀍水之滨的老城西关，北从马坡、栏沟，南到泰山庙，西周遗址、墓葬分布十分密集，当是成周洛邑的遗址。《逸周书·作雒解》说："乃位五宫：大庙、宗宫、考宫、路寝、明堂。"敔簋铭文说："惟王十又一月，王格于成周太庙"，可知成周洛邑有太庙。宗宫、考宫是文王、武王庙，都在周庙内。由此可知，周公营建成周洛邑，是仿照丰邑的京宫，又在洛邑建造了京宫，其中有太庙、宗宫、考宫、路寝、明堂等五宫。康王死后，其子昭王又在宗周、成周、岐周等地以康王的谥号建立了康宫，并在其中建立了以康王为始祖的康庙。

---

① 彭林：《周代禘祭平议》，见陕西历史博物馆编：《西周史论文集》，陕西人民教育出版社，1993年，第1049页。

召公营建的洛邑在瀍水下游西岸，最初称为"新邑"，西周矢令方彝铭文中称为"王"。西周末年，周平王迁都洛邑居之，定名为"王城"。瀍水西岸的庞家沟西周墓葬、北窑冶铜作坊遗址，以及岳村等西周遗址，当是"王"（王城）的文化遗存。

瀍水西岸庞家沟一带的西周墓葬普遍随葬车马器，但是均无腰坑，也不殉狗，出土有王妊簋、太保戈、康伯壶、伯懋父簋盖、师隻卣、毛伯戈、丰伯剑、丰伯戈等西周王妃、姬姓王臣的青铜器，表明庞家沟一带是西周姬姓贵族为主的墓葬区。瀍水东岸的摆驾路口、下窑村、东大寺，以及塔东、塔西一带的西周墓葬，大都有腰坑，其中埋狗殉葬。随葬车马器、墓葬无腰坑、不殉狗本是周人的习俗；而墓葬设腰坑、殉狗是殷人的习俗。《尚书·多士》说："成周既成，迁殷顽民。""殷顽民"，是指"邶、鄘、卫之众"，就是邶、鄘、卫三国的殷民贵族。他们被周公迁入成周洛邑监视起来，以保证周王朝的安定。上述考古发掘材料，也说明瀍水以东是成周洛邑，也就是下都，居民是以殷顽民为主。而瀍水以西是"新邑"，也就是"王"（王城），居民是以姬姓周人贵族为主。这与宗周镐京的居民是以殷民贵族为主，而丰京的居民是以姬姓周人贵族为主相同。

综上所述，不难看出陪都成周很可能是仿照宗周丰镐二京建造的，其中的王宫与宗庙、城市分区，以及居民的分类都与丰镐二京类似。尽管东都成周后来成为陪都，但是西周时形成的两都制度，开辟了后世两都制度或多都制度的先河。

五、西周建都丰镐对后世的影响

西周的都城宗周，包括丰京与镐京两个分区。丰京遗址，目前查明的分布范围约为8.62平方千米。镐京遗址，目前查明的分布范围约为9.2平方千米。这就是说：西周时宗周丰京、镐京两个分区的面积相加，约为17.82平方千米，规模略小于唐代的长安城，但是在当时来说，也可算得上是规模巨大。

西周的都城宗周丰镐二京不仅规模大，而且对后世产生了深远的影响。从政治方面来说，西周是第一个在西安建立全国性政权的王朝，丰镐二京作为西周的都城，首开了周秦汉唐建都西安的先河，引领了十三个王朝在西安建都之风。秦王朝"横扫六合"，统一中国，以及"汉唐雄风"的形成，都与西周在丰镐建都的首创之功、引领作用分不开，所以丰镐遗址在中国历史上的地位非常重要。

自周文王迁都丰邑，后世周、秦、汉、唐等十三个王朝在西安建国立邦，时间长达1000多年，使西安成为世界著名的千年古都。自西周王朝以来，在近3000年的岁月里，有三分之一多的时间内，西安处于中国政治、经济、文化，乃至于军事的中心地位。尤其是汉唐两代近500年，由于国家领土辽阔，经济发达，科技进步，文化繁荣，交通畅通，声威远播，"风行万里"，号称"汉唐雄风"。当时中国是世界上最强盛的国家之一，长安城是国际性的大都会，对世界产生了巨大而深远的影响。

中国古代夏、商、周三代，虽然都处在奴隶社会阶段，但是夏、商时代是神权与王权合一的社会，当时的社会还具有原始社会的野蛮性，例如大量杀害奴隶、殉葬奴隶作为牺牲。西周社会是中国古代社会真正迈入文明社会门槛的开始。西周社会虽然没有明文规定禁止殉人，但是姬姓周人的墓葬中，绝少发现殉人的现象，当然少数民族的墓葬有所例外。西周王朝不再利用神权作为维护其统治的主要手段，而是强调礼乐治国。

西安地处中华民族的发祥地、华夏文明的摇篮之中，中国传统文化深深地扎根于此，而西周的诗、书、礼、乐，就是中国传统文化的根。丰镐地区是《诗经》主要的起源地，一部《诗经》传颂了近3000年，至今还在滋养着中国的现代文明。《诗经》不仅是我国第一部文学作品的诗歌总集，而且具有很高的史料价值。传世的西周古籍《尚书》等，是我们今天研究西周历史的重要文献。随着地下出土的西周甲骨文、长篇青铜器铭文的不断增加，真实可靠的西周史料越来越丰富，《尚书》所记载的不少重大历史事件，已被地下出土的西周文字资料所证实。例如武王灭商的牧野之战，就被西安市临潼区出土的西周利簋铭文证明是可信的史实。再例如成王时营建洛邑，并短暂地迁都成周洛邑，就被宝鸡市贾村塬出土的西周何尊铭文所证实。总之，西周的《尚书》影响了中国学术研究2000多年。

周公"制礼作乐"，"礼"，是指礼制，包括礼仪容貌，规定了各种礼制及在各种礼仪场合，例如祭祀、宴飨、朝会时人们的穿戴、动作，包括风度表情等。"乐"，是指音乐舞蹈，规定了天子、诸侯和大夫演奏音乐舞蹈的制度及其用途。西周是一个等级社会，礼乐制度有严格的等级规定，例如周礼规定，只有周天子才能使用"八佾"之舞。"佾"是指舞列，"八佾"的舞列纵横都是8人，8乘以8，共64人，属于天子宗庙、宫廷用的雅乐舞。据《论语·八佾》记载，孔子曾对鲁国的季氏在自己家中演奏64人的大型音乐舞蹈非常气愤。按照周礼的规定，天子用八佾，诸侯用六佾，大夫用四佾，士用二佾。季氏是春秋时期鲁国大夫季孙氏，他只是一个诸侯国的大夫，却"于庭舞八佾"，是严重的超越礼制的行为，与孔子一生追求的"克己复礼"的政治意愿背道而驰，于是孔子发出了"是可忍，孰不可忍"的愤怒声讨。

据文献记载，西周的乐器有几十种，当时不仅出现了打击乐器和吹奏乐器，而且还有了丝弦乐器，但是主要的乐器是青铜的编钟、石质的编磬，两者合奏称为金石之声。青铜编钟称为"黄钟大吕"，使用编钟也有严格规定，所谓"王宫悬（四面悬挂），诸侯轩悬（三面悬挂），卿大夫判悬（二面悬挂），士特悬（一面悬挂）"，就是对各级贵族使用编钟的规定。当时的天子、诸侯、卿大夫等贵族举行宴会是要奏乐的，称为"钟鸣鼎食"。西周时宫廷演奏的音乐舞蹈有手执乐器、鸟羽的文舞，还有手执盾牌、斧钺的武舞，例如歌颂武王伐纣的乐舞《大武》，就属于武舞，可能是仿照巴人的歌舞改编的。宫廷演奏的音乐叫雅乐，多用于祭祀、朝会、宴飨等礼仪场合。

西周的礼乐文明形成的文化灿烂辉煌，奠定了中国传统文化的基础，所以孔子说："郁郁乎文哉！吾从周。"孔子创立儒学，一生追求恢复西周的礼制，就是要继承发扬西周时代的礼乐文明。西周的礼乐文明，被后世继承与发展，是中国传统文化的重要组成部分。

西周社会以血缘关系为纽带形成的宗族，是当时社会的重要组成部分。《左传·桓公二年》说：

> 天子建国，诸侯立家，卿置侧室，大夫有贰宗，士有隶子弟（或作朋友）；
> 庶人、工、商各有分亲，皆有等衰。是以民服事其上，而下无觊觎。

天子建的国、诸侯立的家、卿安置的侧室、大夫有的贰宗，都是宗族的不同称谓，虽有大小的不同，但是本质上并没有实质性的区别。"士有隶子弟"，虽然不曾说明士有宗族，但是士肯定是有其所属的宗族，只不过士是以父系个体为单位的小家庭，所以只说士有隶属的子弟。至于庶人、工商者，他们虽然不是奴隶，但是只是有夫妻配偶的小家庭，不过他们应该也有宗族隶属关系。

有宗族，为了管理宗族就产生了宗法制度。西周的宗法制度，除确立了嫡长子继承制以外，还确立了大宗与小宗的等级制度，规定了小宗服从大宗的关系。关于西周的宗法关系，《礼记·大传》说：

> 别子为祖，继别为宗，继祢者为小宗。有百世不迁之宗，有五世则迁之宗。
> 百世不迁之者，别子之后也，宗其继别子之所自出者，百世不迁者也。宗其继高祖者，五世则迁者也。尊祖故敬宗，敬宗，尊祖之义也。

《礼记·丧服小记》说：

> 别子为祖，继别为宗。继祢者为小宗。有五世而迁之宗，其继高祖者也。是故祖迁于上，宗易于下。尊祖故敬宗，敬宗所以尊祖、祢也。庶子不祭祖者，明其宗也。

《礼记·大传》与《礼记·丧服小记》相互对照，西周的宗法关系更加清楚。别子是指始封君，商王帝乙册封周文王为"周方伯"，而且周文王始受天命称王，所以西周尊文王为祖。"继别为宗"，是说继承别子血统和爵禄的人为宗。周武王继承了周文王的血统和王位，所以周武王是天下的大宗，诸侯宗之。《国语·鲁语上》《礼记·祭法》等文献说："周人禘喾而郊稷，祖文王而宗武王。"

诸侯国的始封君也是别子，但是他们虽然是诸侯国的始祖，但是对于周天子来说，却是小宗，这就是"继祢者为小宗"。诸侯国中，诸侯是大宗，诸侯的兄弟，也就是封为卿大夫的人，则为小宗。大宗是由父子直线延续发展下来，在宗庙中由始祖到最后一代，他们的神主（牌位）都放在宗庙里受到始祖子孙共同的祭祀，这就是所谓的"百世不迁之宗"。小宗是从高祖以下传到第五代时，就要另立的新宗，建立新的宗庙，这就是所谓的"五世则迁之宗"。关于"五世则迁之宗"，自汉代以来就被误解。王晖先生说：

> "五世则迁"的"五世"是怎样计算的呢？郑注《丧服小记》："高祖以下也，与始祖而五也。"《礼记集说·丧服小记》更具体地说："四庙，谓高、曾、祖、祢四亲庙也。始祖居中为五。"以至今日学者也多据旧说解释"五世则迁"说："于是根据五世亲尽的原则，规定连同本身，只向上推到第五世高祖，也就是一个人只要宗奉继祢、继祖、继曾祖、继高祖四个小宗，高祖以上可以不管"。① 这其实反映了目前大多数学者对这一问题的理解，也是自汉代至今误解的一个问题。

《礼记·大传》曰："四世而缌，服之穷也。五世袒免，杀同姓也。六世亲属竭矣。"笔者认为这里四世是连自己在内的四世：己身、父亲、祖父、曾祖父。这就是说丧服只到曾祖父一辈为止。王国维在《殷周制度论》中说得好：

> 丧服有曾祖父母服而无高祖父母服，曾祖父母服不过齐衰三月。若夫玄孙之生，殆未有及见高祖父母之死者，就令有之，其服亦不过袒免而止。此亲亲之界也，过是则亲属竭矣！故遂无服。服之所不及，祭亦不敢及。

---

① 王晖自注：阴法鲁、许树安主编：《中国古代文化史》，北京大学出版社，1995年，第89页。

王氏此说十分合理。不过他未把"五世则迁"与"五世袒免"结合起来观察，以至结论又回到旧说中去了。笔者认为，"四世而缌，服之穷也"，是说一个人服丧只在四代之中，至曾祖父母而止。也就说，所服丧服只有父母、祖父母、曾祖父母。至五世高祖则"袒免"，亦即"五世则迁之宗"。此言是说，宗法关系仅在四世之间：父辈、祖辈、曾祖辈和自己一辈。到了第五世自己儿子一辈，则要"祖迁于上，宗易于下"了，这就是"五世则迁"。①

王晖先生的说法是正确的。宝鸡市凤翔县马家庄发现的秦人近亲父祖曾宗庙遗址，其中只有三庙，始祖庙居中，昭庙居左，穆庙居右。②这说明西周的宗法关系仅在四世之间，即自身、父辈、祖辈、曾祖辈，到了第五世自己的儿子一辈，就要"祖迁于上，宗易于下"，另立新宗庙了。这就是"君子之泽，五世而斩"的原因。所以"五世则迁"的小宗只立父、祖、曾三庙。

按照西周的宗法制度，宗族有大宗与小宗的区别，小宗是从大宗中分出来的，所以小宗必须服从大宗。西周的宗族与宗法制度，以及西周时代的农村公社及其形成的村社文化，都是中国传统文化的重要组成部分，影响了中国社会2000多年，其影响至今还没有完全消除。

西安是历史上周、秦、汉、唐等十三个王朝的都城，中国传统文化的积淀十分深厚，所以有人比喻中国传统文化像一棵大树，它的根深深地扎在西安这片神奇的热土上。从这个意义上说：一个旅游者不到西安，就等于没有到中国。

自西周建都丰镐，首开西安建都之历史先河，2000多年来，深厚的文化底蕴不仅孕育了周、秦、汉、唐文明，而且还催生了世界上第一个人口超过百万的国际大都市——长安。西汉武帝时期张骞出使西域开通的丝绸之路，不仅打通了世界东方与西方的商贸之路，而且还沟通了世界东方与西方两大文明的交流。继往开来，千年古都西安，作为古丝绸之路的起点，如今已成为亚欧大陆桥的桥头堡、国家"一带一路"倡议中的重要节点，充分发挥着交通方面的区域优势，推动着世界经济的发展，自己也将成为国际化的大都市。

---

① 王晖：《商周文化比较研究》，人民出版社，2000年，第316—317页。
② 陕西雍城考古队：《凤翔马家庄一号建筑群遗址发掘简报》，载《文物》1985年第2期。

参考文献

[1] 左丘明. 国语[M]. 上海：上海古籍出版社，1982.

[2] 刘熙. 释名[M]. 影印文渊阁四库全书本. 台北：商务印书馆，1983.

[3] 班固. 汉书[M]. 北京：中华书局，1962.

[4] 班固. 两都赋[M]//萧统. 文选. 上海：上海古籍出版社，1986.

[5] 陈立. 白虎通疏证[M]. 吴则虞，点校. 北京：中华书局，1994.

[6] 冯复京. 六家诗名物疏[M]//四库全书：第80册. 上海：上海古籍出版社，1987.

[7] 段玉裁. 说文解字注[M]. 上海：上海古籍出版社，1981.

[8] 阮元. 十三经注疏[M]. 北京：中华书局，1980.

[9] 顾祖禹. 读史方舆纪要[M]. 贺次君，施和全，点校. 北京：中华书局，2005.

[10] 顾炎武. 历代宅京记[M]. 北京：中华书局，1984.

[11] 王先谦. 合校水经注[M]. 影印本. 成都：巴蜀书社，1985.

[12] 王引之. 经义述闻[M]. 南京：江苏古籍出版社，1985.

[13] 崔述. 崔东壁遗书[M]. 顾颉刚，编订. 上海：上海古籍出版社，1983.

[14] 戴震. 戴震集[M]. 汤志钧，校点. 上海：上海古籍出版社，1980.

[15] 吴大澂. 释荼[M]//吴大澂. 说文古籀补. 北京：中华书局，1988.

[16] 孙星衍. 尚书今古文注疏[M]. 陈抗，盛冬铃，点校. 北京：中华书局，1986.

[17] 吴大澂. 愙斋集古录[M]. 上海：商务印书馆，1930.

［18］王应麟．玉海［M］．上海：上海书店，1990．

［19］宋敏求．长安志：卷二［M］．北京：中华书局，1991．

［20］乐史．太平寰宇记［M］．北京：中华书局，2007．

［21］程大昌．雍录［M］．西安：陕西通志馆，1936．

［22］贺次君．括地志辑校［M］．北京：中华书局，1980．

［23］王维．终南山［G］//全唐诗：卷一百二十六．北京：中华书局，1960．

［24］李世民．望终南山［G］//全唐诗：卷一．北京：中华书局，1960．

［25］杜甫．秋兴八首［G］//全唐诗：卷二百三十．北京：中华书局，1960．

［26］王溥．唐会要［M］．北京：中华书局，1955．

［27］司马迁．史记［M］．2版．北京：中华书局，1982．

［28］薛尚功．历代钟鼎彝器款识法帖［M］．北京：中华书局，1986．

［29］夏纬瑛．吕氏春秋上农等四篇校释［M］．北京：中华书局，1956．

［30］北京大学考古学系商周组，山西省考古研究所．天马-曲村［M］．北京：科学出版社，2000．

［31］北京大学历史系考古教研室．元君庙仰韶墓地［M］．北京：文物出版社，1983．

［32］陈初生．金文常用字典［M］．西安：陕西人民出版社，1987．

［33］陈梦家．西周铜器断代［M］．北京：中华书局，2004．

［34］陈梦家．殷虚卜辞综述［M］．北京：中华书局，1988．

［35］丁山．甲骨文所见氏族及其制度［M］．北京：中华书局，1988．

［36］陕西省文物志编纂委员会，扶风县文物志编纂委员会，周原博物馆．扶风县文物志［M］．西安：陕西人民教育出版社，1993．

［37］顾颉刚．史林杂识［M］．北京：中华书局，1963．

［38］郭宝钧．浚县辛村［M］．北京：科学出版社，1964．

［39］郭沫若．两周金文辞大系图录考释［M］．北京：科学出版社，1958．

［40］郭沫若．中国古代社会研究［M］．北京：人民出版社，1964．

［41］侯志义．金文古音考［M］．西安：西北大学出版社，2000．

［42］胡谦盈．三代都址考古纪实：丰、镐周都的发掘与研究［M］．北京：中国社会科学出版社，2009．

［43］胡谦盈．胡谦盈周文化考古研究选集［M］．成都：四川大学出版社，2000．

［44］黄怀信，张懋镕，田旭东．逸周书汇校集注［M］．李学勤，审定．上海：上海古籍出版社，1995．

[45] 李修松. 淮河流域历史文化研究[M]. 合肥：黄山书社，2001.

[46] 李学勤. 清华大学藏战国竹简：壹[M]. 上海：中西书局，2010.

[47] 李学勤. 新出青铜器研究[M]. 北京：文物出版社，1990.

[48] 李学勤. 殷代地理简论[M]. 北京：科学出版社，1959.

[49] 李学勤. 中国古代文明与国家形成研究[M]. 昆明：云南人民出版社，1997.

[50] 林剑鸣. 秦史稿[M]. 上海：上海人民出版社，1981.

[51] 刘启益. 西周纪年[M]. 广州：广东教育出版社，2002.

[52] 刘士莪. 老牛坡：西北大学考古专业田野发掘报告[M]. 西安：陕西人民出版社，2002.

[53] 刘雨，卢岩. 近出殷周金文集录[M]. 北京：中华书局，2002.

[54] 刘毓庆. 雅颂新考[M]. 太原：山西高校联合出版社，1996.

[55] 卢连成，胡智生. 宝鸡𢑱国墓地[M]. 北京：文物出版社，1988.

[56] 洛阳市文物工作队. 洛阳北窑西周墓[M]. 北京：文物出版社，1999.

[57] 吕思勉. 先秦史[M]. 上海：开明书店，1941.

[58] 马正林. 丰镐—长安—西安[M]. 西安：陕西人民出版社，1978.

[59] 彭裕商. 西周青铜器年代综合研究[M]. 成都：巴蜀书社，2003.

[60] 齐思和. 中国史探研[M]. 石家庄：河北教育出版社，2000.

[61] 白川静. 西周史略[M]. 袁林，译. 西安：三秦出版社，1992.

[62] 容庚. 金文编[M]. 北京：中华书局，1985.

[63] 容希白. 商周彝器通考[M]. 台北：大通书局，1973.

[64] 陕西省博物馆，陕西省文物管理委员会. 扶风齐家村青铜器群[M]. 北京：文物出版社，1963.

[65] 陕西省考古研究所. 镐京西周宫室[M]. 西安：西北大学出版社，1995.

[66] 沈从文. 中国古代服饰研究[M]. 香港：商务印书馆，1981.

[67] 史念海. 中国古都和文化[M]. 北京：中华书局，1998.

[68] 苏秉琦. 苏秉琦考古学论述选集[M]. 北京：文物出版社，1984.

[69] 唐兰. 西周青铜器铭文分代史征[M]. 北京：中华书局，1986.

[70] 唐兰. 作册令尊及作册令彝铭文考释[G]//故宫博物院. 唐兰先生金文论集. 北京：紫禁城出版社，1995.

[71] 童书业. 中国古代地理考证论文集[M]. 北京：中华书局，1962.

[72] 王国维. 观堂集林[M]. 北京：中华书局，1959.

[73] 王杰，等. 西清续鉴甲编：卷一[M]. 内府写本缩小影印本. 北京：商务印书

馆，1910.

[74] 王开发，王宪曾. 孢粉学概论[M]. 北京：北京大学出版社，1983.

[75] 王世民，陈公柔，张长寿. 西周青铜器分期断代研究[M]. 北京：文物出版社，1999.

[76] 王宇信. 西周甲骨探论[M]. 北京：中国社会科学出版社，1984.

[77] 吴镇烽. 陕西金文汇编[M]. 西安：三秦出版社，1989.

[78] 许倬云. 西周史[M]. 北京：生活·读书·新知三联书店，1994.

[79] 徐锡台. 周原甲骨文综述[M]. 西安：三秦出版社，1987.

[80] 徐旭生. 中国古史的传说时代[M]. 北京：文物出版社，1985.

[81] 徐中舒. 试论周代田制及其社会性质[G]//历史研究编辑部. 中国的奴隶制与封建制分期问题论文选集. 北京：生活·读书·新知三联书店，1956.

[82] 徐中舒. 先秦史论稿[M]. 成都：巴蜀书社，1992.

[83] 杨泓. 中国古代的甲胄[M]//杨泓. 中国古兵器论丛. 北京：文物出版社，1980.

[84] 杨宽. 西周史[M]. 上海：上海人民出版社，1999.

[85] 杨升南. 商代经济史[M]. 贵阳：贵州人民出版社，1992.

[86] 杨树达. 积微居金文说[M]. 上海：上海古籍出版社，2007.

[87] 杨天宇. 周礼译注[M]. 上海：上海古籍出版社，2004.

[88] 杨伯峻. 春秋左传注[M]. 北京：中华书局，1981.

[89] 阴法鲁，许树安. 中国古代文化史：三[M]. 北京：北京大学出版社，1991.

[90] 尹盛平. 周原文化与西周文明[M]. 南京：江苏教育出版社，2005.

[91] 尹盛平. 周文化考古研究论集[M]. 北京：文物出版社，2012.

[92] 尹盛平. 西周史征[M]. 西安：陕西师范大学出版社，2004.

[93] 于豪亮. 于豪亮学术文存[M]. 北京：中华书局，1985.

[94] 张忠培. 中国考古学：走近历史真实之道[M]. 北京：科学出版社，1999.

[95] 张光直. 中国青铜时代[M]. 北京：生活·读书·新知三联书店，1983.

[96] 张天恩. 关中商代文化研究[M]. 北京：文物出版社，2004.

[97] 张亚初，刘雨. 西周金文官制研究[M]. 北京：中华书局，1986.

[98] 赵世超. 周代国野制度研究[M]. 西安：陕西人民出版社，1991.

[99] 郑杰祥. 夏史初探[M]. 郑州：中州古籍出版社，1988.

[100] 中国科学院考古研究所. 沣西发掘报告[M]. 北京：文物出版社，1963.

[101] 中国科学院考古研究所. 洛阳中州路：西工段[M]. 北京：科学出版社，1959.

[102] 中国科学院考古研究所. 长安张家坡西周铜器群[M]. 北京：文物出版社，1965.

[103] 中国社会科学院考古研究所. 洛阳发掘报告：1955—1960年洛阳涧滨考古发掘资料[M]. 北京：北京燕山出版社，1989.

[104] 中国社会科学院考古研究所. 南邠州·碾子坡[M]. 北京：世界图书出版公司，2007.

[105] 中国社会科学院考古研究所. 徐家碾寺洼文化墓地：1980年甘肃庄浪徐家碾考古发掘报告[M]. 北京：科学出版社，2006.

[106] 中国社会科学院考古研究所. 张家坡西周墓地[M]. 北京：中国大百科全书出版社，1999.

[107] 朱士光. 古都西安·西安的历史变迁与发展[M]. 西安：西安出版社，2003.

[108] 邹衡. 论先周文化[M]//邹衡. 夏商周考古学论文集. 北京：文物出版社，1980.

[109] 邹衡. 夏商周考古学论文集：续集[M]. 北京：文物出版社，1998.

[110] 北京大学考古文博院，宝鸡市考古工作队. 陕西麟游县蔡家河遗址商代遗存发掘报告[J]. 华夏考古，2000（1）.

[111] 北京大学考古系，宝鸡市考古工作队. 陕西麟游县蔡家河遗址龙山遗存发掘报告[J]. 考古与文物，2000（6）.

[112] 北京大学考古系商周组，陕西省考古研究所. 陕西耀县北村遗址1984年发掘报告[G]//北京大学考古系. 考古学研究：二. 北京：北京大学出版社，1994.

[113] 白荣金. 长安张家坡M170号西周墓出土一组半月形铜件的组合复原[J]. 考古，1990（6）.

[114] 蔡运章. 洛阳北窑西周墓墨书文字略论[J]. 文物，1994（7）.

[115] 曹玮. 也论金文中的"周"[G]//北京大学考古文博学院. 考古学研究：五. 北京：科学出版社，2003.

[116] 曹玮. 太王都邑与周公封邑[J]. 考古与文物，1993（3）.

[117] 曹隆恭. 关于中国小麦的起源问题[J]. 农业考古，1983（1）.

[118] 晁福林. 试论西周分封制的若干问题[C]//陕西历史博物馆. 西周史论文集. 西安：陕西人民教育出版社，1993.

[119] 晁福林. 从甲骨卜辞看姬周族的国号及其相关诸问题[G]//中国古文字研究会，中华书局编辑部. 古文字研究：第18辑. 北京：中华书局，1992.

[120] 陈昌远. 有关周公营雒邑的几个问题：兼论雒邑成周的地理位置与作用[G]//中国先秦史学会秘书处. 中国古代史论丛：第8辑. 福州：福建人民出版社，1983.

[121] 陈公柔. 西周金文中的新邑、成周与王城[G]//《庆祝苏秉琦考古五十五年论

文集》编辑组. 庆祝苏秉琦考古五十五年论文集. 北京：文物出版社，1989.

［122］陈世辉. 墙盘铭文解说［J］. 考古，1980（5）.

［123］陈云鸾. 西周莽京新考［J］. 中华文史论丛，1980（1）.

［124］陈子怡. 由昆明池而溯及镐京与丰邑［M］//陈子怡. 西京访古丛稿. 西安：西京筹备委员会，1935.

［125］陈振中. 畲新畲与西周的农作制度［C］//陕西历史博物馆. 西周史论文集. 西安：陕西人民教育出版社，1993.

［126］甘肃省博物馆文物队. 甘肃灵台白草坡西周墓［J］. 考古学报，1977（2）.

［127］丁山. 由三代都邑论其民族文化［J］. 国立中央研究院历史语言研究所集刊，1935（第五本第一分）.

［128］丁乙. 周原的建筑遗存和铜器窖藏［J］. 考古，1982（4）.

［129］杜勇. 周初东都成周的营建［J］. 中国历史地理论丛，1997（4）.

［130］段连勤. 犬戎历史始末：论犬戎的族源、迁徙及同西周王朝的关系［J］. 民族研究，1989（5）.

［131］段连勤. 关于夷族的西迁和秦嬴的起源地、族属问题［G］//人文杂志编辑委员会. 先秦史论文集. 西安：人文杂志编辑部，1982.

［132］饭岛武次. 先周文化陶器研究：试论周原出土陶器的性质［G］//北京大学考古系. 考古学研究：一. 北京：文物出版社，1992.

［133］范汝森. 商周时代的几件玉雕：天津艺术博物馆藏［J］. 文物，1959（7）.

［134］方述鑫. 姬周族出于土方考［G］//陕西历史博物馆. 西周史论文集. 西安：陕西人民教育出版社，1993.

［135］傅熹年. 陕西扶风召陈西周建筑遗址初探［J］. 文物，1981（3）.

［136］巩启明，王社江. 姜寨遗址早期生态环境的研究［G］//周昆叔. 环境考古研究：第1辑. 北京：科学出版社，1991.

［137］顾颉刚. 徐和淮夷的迁、留：周公东征史事考证四之五［J］. 文史，1990（32）.

［138］管燮初. 商周甲骨和青铜器上的卦爻辨识［G］//四川大学历史系古文字研究室. 古文字研究：第6辑. 北京：中华书局，1981.

［139］郭宝钧，林寿晋. 一九五二年秋季洛阳东郊发掘报告［J］. 考古学报，1955（9）.

［140］郭宝钧，马得志，张云鹏，等. 一九五四年春洛阳西郊发掘报告［J］. 考古学报，1956（2）.

［141］郭沫若. 由周初四德器的考释谈到殷代已在进行文字简化［J］. 文物，1959（7）.

[142] 郭沫若. 保卣铭释文 [J]. 考古学报, 1958 (1).

[143] 郭沫若. 扶风齐家村器群铭文汇释 [G] // 陕西省博物馆, 陕西省文物管理委员会. 扶风齐家村青铜器群. 北京: 文物出版社, 1963.

[144] 郭沫若. 有关《易经》的信 [J]. 中国史研究, 1979 (1).

[145] 郭文韬. 中国古代农作制之史的考察 [J]. 中国农报, 1963 (9).

[146] 何清谷. 嬴秦族西迁考 [M] // 何清谷. 秦史探索. 台北: 兰台出版社, 2004.

[147] 河南省文物研究所. 信阳孙砦遗址发掘报告 [J]. 华夏考古, 1989 (2).

[148] 胡谦盈, 张孝光. 论窑洞: 考古中所见西周及其以前土洞穴房基址研究 [G] // 苏秉琦. 考古学文化论集: 三. 北京: 文物出版社, 1993.

[149] 胡谦盈. 丰镐地区诸水道的踏察: 兼论周都丰镐位置 [J]. 考古, 1963 (4).

[150] 胡谦盈. 丰镐考古工作三十年 (1951—1981) 的回顾 [J]. 文物, 1982 (10).

[151] 胡谦盈. 姬周陶鬲研究 [J]. 考古与文物, 1982 (1).

[152] 胡谦盈. 姬周陶鬲研究: 周族起源研究之一 [G] // 胡谦盈. 胡谦盈周文化考古研究选集. 成都: 四川大学出版社, 2000.

[153] 胡谦盈. 试谈先周文化及相关问题 [G] // 《中国考古学研究》编委会. 中国考古学研究: 夏鼐先生考古五十年纪念论文集. 北京: 科学出版社, 1986.

[154] 黄盛璋. 保卣铭的时代与史实 [J]. 考古学报, 1957 (3).

[155] 黄盛璋. 驹父盨盖铭文研究 [J]. 考古与文物, 1983 (4).

[156] 黄盛璋. 录伯𣸪铜器及其相关问题 [J]. 考古与文物, 1983 (5).

[157] 黄盛璋. 论"兵避太岁"戈与"大一避兵图"争论症结、引出问题是非检验与其正解 [G] // 陕西历史博物馆. 陕西历史博物馆馆刊: 第10辑. 西安: 三秦出版社, 2003.

[158] 黄盛璋. 周都丰镐与金文中的蒡京 [J]. 历史研究, 1956 (10).

[159] 计宏祥. 蓝田人生活时代的自然环境探讨 [J]. 考古与文物, 1980 (3).

[160] 雷兴山. 蔡家河、园子坪等遗址的发掘与碾子坡类遗存分析 [G] // 北京大学考古学系. 考古学研究: 四. 北京: 科学出版社, 2000.

[161] 李峰. 先周文化的内涵及其渊源探讨 [J]. 考古学报, 1991 (3).

[162] 李凤岐. 西周关中农业 [J]. 人文杂志, 1984 (3).

[163] 李民. 释《尚书》"周人尊夏"说 [J]. 中国史研究, 1982 (2).

[164] 李民. 说洛邑、成周与王城 [J]. 郑州大学学报 (哲学社会科学版), 1982 (1).

[165] 李学勤, 唐云明. 元氏铜器与西周的邢国 [J]. 考古, 1979 (1).

[166] 李学勤. 荡社、唐土与老牛坡遗址 [G] // 《周秦文化研究》编委会. 周秦文化

　　　　研究．西安：陕西人民出版社，1998．

［167］李学勤．海外访古记：四［J］．文博，1987（3）．

［168］李学勤．何尊新释［J］．中原文物，1981（1）．

［169］李学勤．论长安花园村两墓青铜器［J］．文物，1986（1）．

［170］李学勤．秦国文物的新认识［J］．文物，1980（9）．

［171］李学勤．青铜器与周原遗址［J］．西北大学学报（哲学社会科学版），1981（2）．

［172］李学勤．试论山东新出青铜器的意义［J］．文物，1983（12）．

［173］李学勤．兮甲盘与驹父盨：论西周末年周朝与淮夷的关系［G］//人文杂志编辑部．西周史研究．西安：人文杂志编辑部，1984．

［174］李学勤．西周中期青铜器的重要标尺：周原庄白、强家两处青铜器窖藏的综合研究［J］．中国历史博物馆馆刊，1979（1）．

［175］张长寿，梁星彭．关中先周青铜文化的类型与周文化的渊源［J］．考古学报，1989（1）．

［176］李学勤．重新估价中国古代文明［G］//人文杂志编辑委员会．先秦史论文集．西安：人文杂志编辑部，1982．

［177］李仲立．试论先周文化的渊源：先周历史初探之一［J］．社会科学，1981（1）．

［178］梁星彭．《论先周文化》商榷［J］．考古与文物，1982（4）．

［179］林沄．关于中国早期国家形式的几个问题［J］．吉林大学社会科学学报，1986（6）．

［180］刘怀君．西周申国初封地浅谈［C］//陕西省文博考古科研成果汇报会论文选集．西安：陕西省文物事业管理局，1981．

［181］刘军社．陕西宝鸡地区西周农业考古概况及其相关问题［J］．农业考古，1992（1）．

［182］刘军社．壹家堡类型文化与早期秦文化［G］//秦始皇兵马俑博物馆《论丛》编委会．秦文化论丛：第3辑．西安：西北大学出版社，1994．

［183］刘军社．郑家坡文化与刘家文化的分期及其性质［J］．考古学报，1994（1）．

［184］刘启益．西周金文中所见的周王后妃［J］．考古与文物，1980（4）．

［185］刘起釪．周姬姜与氐羌的渊源关系［G］//田昌五．华夏文明：第2集．北京：北京大学出版社，1990．

［186］刘士莪．西安老牛坡商代文化的发现与问题：摘要［C］//周秦汉唐考古与文化国际学术会议论文集．西安：西北大学学报编辑部，1988．

［187］刘雨．金文茶京考［J］．考古与文物，1982（3）．

［188］卢连成．庐地与昭王十九年南征［J］．考古与文物，1984（6）．

[189] 卢连成. 扶风刘家先周墓地剖析：论先周文化[J]. 考古与文物，1985（2）.

[190] 卢连成. 论商代、西周都城形态：续篇[J]. 中国历史地理论丛，1991（1）.

[191] 卢连成. 西周丰镐两京考[J]. 中国历史地理论丛，1988（3）.

[192] 卢连成. 西周金文所见荥京及相关都邑讨论[J]. 中国历史地理论丛，1995（3）.

[193] 罗西章. 西周的畜牧业和渔猎[C]//陕西历史博物馆. 西周史论文集. 西安：陕西人民教育出版社，1993.

[194] 吕智荣. 试论陕晋北部黄河两岸地区出土的商代青铜器及有关问题[G]//《中国考古学研究论集》编委会. 中国考古学研究论集：纪念夏鼐先生考古五十周年. 西安：三秦出版社，1987.

[195] 马承源. 关于翏生盨和者减钟的几点意见[J]. 考古，1979（1）.

[196] 马振智，焦南峰. 蕲年、棫阳、年宫考[C]//《考古与文物》编辑部. 陕西省考古学会第一届年会论文集. 西安：《考古与文物》编辑部，1983.

[197] 牛世山. 陕西武功县岸底商代遗存分析[C]//中国社会科学院考古研究所. 考古求知集：'96考古研究所中青年学术讨论会文集. 北京：中国社会科学出版社，1997.

[198] 庞怀靖. 跋太保玉戈：兼论召公奭的有关问题[J]. 考古与文物，1986（1）.

[199] 彭邦炯. 西安老牛坡商墓遗存族属新探[J]. 考古与文物，1991（6）.

[200] 彭林. 周代禘祭平议[C]//陕西历史博物馆. 西周史论文集. 西安：陕西人民教育出版社，1993.

[201] 钱穆. 周初地理考[J]. 燕京学报，1931（10）.

[202] 曲英杰. 周都成周考[J]. 史学集刊，1990（1）.

[203] 星川清亲. 栽培植物的起源与传播[M]. 段传德，丁法元，译. 郑州：河南科学技术出版社，1981.

[204] 陕西周原考古队. 陕西岐山贺家村西周墓发掘报告[G]//文物编辑委员会. 文物资料丛刊：第8集. 北京：文物出版社，1983.

[205] 沈长云. 周族起源诸说辨正：兼论周族起源于白狄[J]. 中国史研究，2009（3）.

[206] 石兴邦. 长安普渡村西周墓葬发掘记[J]. 考古学报，1954（8）.

[207] 史念海. 论两周时期黄河流域的地理特征[M]//史念海. 河山集：二集. 北京：生活·读书·新知三联书店，1981.

[208] 史念海. 周原的历史地理与周原考古[J]. 西北大学学报（哲学社会科学版），1978（2）.

[209] 史为乐. 西周营建成周考辨[J]. 中国史研究，1984（1）.

[210] 石璋如. 传说中周都的实地考察 [J]. 中央研究院历史语言研究所集刊, 1949（第二十本下册）.

[211] 石璋如. 关中考古调查报告 [J]. 中央研究院历史语言研究所集刊, 1956（第二十七本）.

[212] 宋新潮. 西安老牛坡遗址发掘的主要收获 [J]. 西北大学学报（哲学社会科学版）, 1987（1）.

[213] 孙常叙. 耒耜的起原和发展 [J]. 东北师范大学科学集刊, 1956（2）.

[214] 孙华. 关中商代诸遗址的新认识：壹家堡遗址发掘的意义 [J]. 考古, 1993（5）.

[215] 唐兰. 伯㺇三器铭文的译文和考释 [G] // 故宫博物院. 唐兰先生金文论集. 北京：紫禁城出版社, 1995.

[216] 唐兰. 略论西周微史家族窖藏铜器群的重要意义：陕西扶风新出墙盘铭文解释 [J]. 文物, 1978（3）.

[217] 唐兰. 西周铜器断代中的"康宫"问题 [J]. 考古学报, 1962（1）.

[218] 唐兰. 在甲骨金文中所见的一种已经遗失的中国古代文字 [J]. 考古学报, 1957（2）.

[219] 田昌五. 对周灭商前所处社会发展阶段的估计 [M] // 田昌五. 中国古代社会发展史论. 济南：齐鲁书社, 1992.

[220] 王恩田. 高青陈庄西周遗址与齐都营丘 [G] // 山东省文物考古研究所. 海岱考古：第4辑. 北京：科学出版社, 2011.

[221] 王恩田. 再论西周的一继一及制 [J]. 大陆杂志, 1992, 84（3）.

[222] 王晖. 从西周金文看西周宗庙"图室"与早期军事地图及方国疆域图 [J]. 陕西师范大学学报（哲学社会科学版）, 2012（1）.

[223] 王晖. 庠序：商周武学堂考辨：兼论周代小学大学所学内容之别 [J]. 中国史研究, 2015（3）.

[224] 王晖. 季历选立之谜与贵族等级名号传嗣制 [G] // 黄永年, 李裕民, 马驰, 等. 中国古代史论集. 西安：陕西师范大学出版社, 1999.

[225] 王辉. 驹父盨盖铭试释 [M] // 王辉. 一粟集：王辉学术文存. 台北：艺文印书馆, 2002.

[226] 王克林. 试论齐家文化与晋南龙山文化的关系：兼论先周文化的渊源 [J]. 史前研究, 1983（2）.

[227] 王龙正, 姜涛, 娄金山. 匍鸭铜盉和颊聘礼 [J]. 文物, 1998（4）.

[228] 王世和，张宏彦，傅勇，等.案板遗址孢粉分析[G]//周昆叔.环境考古研究：第1辑.北京：科学出版社，1991.

[229] 王巍，徐良高.先周文化的考古学探索[J].考古学报，2000（3）.

[230] 王玉哲.西周莽京地望的再探讨[J].历史研究，1994（1）.

[231] 王玉哲.先周族最早来源于山西[J].中华文史论丛，1982（3）.

[232] 王玉哲.周公旦的当政及其东征考[G]//人文杂志编辑部.西周史研究.西安：人文杂志编辑部，1984.

[233] 王占奎.成周、成自、王城杂谈：兼论宗周之得名[G]//北京大学考古文博学院.考古学研究：五.北京：科学出版社，2003.

[234] 王占奎.论郑家坡先周遗存与刘家遗存[G]//石兴邦.考古学研究.西安：三秦出版社，1993.

[235] 吴其昌.矢彝考释[J].燕京学报，1931（9）.

[236] 夏鼐.我国古代蚕、桑、丝、绸的历史[J].考古，1972（2）.

[237] 咸阳市文物事业管理局.咸阳市文物志[M].西安：三秦出版社，2008.

[238] 徐炳昶，常惠.陕西调查古迹报告[J].国立北平研究院院务汇报，1933，4（6）.

[239] 徐锡台.早周文化的特点及其渊源的探索[J].文物，1979（10）.

[240] 徐中舒.试论周代田制及其社会性质：并批判胡适井田辨观点和方法的错误[J].四川大学学报（社会科学版），1955（2）.

[241] 徐中舒.周原甲骨初论[G]//四川大学学报编辑部，四川大学古文字研究室.古文字研究论文集.成都：四川人民出版社，1982.

[242] 杨建芳.安徽钓鱼台出土小麦年代商榷[J].考古，1963（11）.

[243] 杨宽.西周初期东都成周的建设及其政治作用[J].历史教学问题，1983（4）.

[244] 杨宽.论西周金文中"六𠂤""八𠂤"和乡遂制度的关系[J].考古，1964（8）.

[245] 杨宽.西周王朝公卿的官爵制度[G]//人文杂志编辑部.西周史研究.西安：人文杂志编辑部，1984.

[246] 杨善群.周族的起源地及其迁徙路线[J].史林，1991（3）.

[247] 杨升南.说"周行""周道"：西周时期的交通初探[G]//人文杂志编辑部.西周史研究.西安：人文杂志编辑部，1984.

[248] 杨升南.周族的起源及其播迁：从邰的地望说起[J].人文杂志，1984（6）.

[249] 杨亚长.陕西夏时期考古的新进展：商州东龙山遗址的发掘收获[J].古代文明研究通讯，2000（5）.

[250] 洛阳市文物工作队. 洛阳西周考古概述 [G] //人文杂志编辑部. 西周史研究. 西安：人文杂志编辑部，1984.

[251] 叶万松，张剑，李德方. 西周洛邑城址考 [J]. 华夏考古，1991（2）.

[252] 尹盛平. 猃狁、鬼方的族属及其与周族的关系 [J]. 人文杂志，1985（1）.

[253] 尹盛平，任周芳. 先周文化的初步研究 [J]. 文物，1984（7）..

[254] 尹盛平. 大散关与和尚原考实 [G] //《中国考古学研究论集》编委会. 中国考古学研究论集：纪念夏鼐先生考古五十周年. 西安：三秦出版社，1987.

[255] 尹盛平. 试论金文中的"周"[C] //《考古与文物》编辑部. 陕西省考古学会第一届年会论文集. 西安：《考古与文物》编辑部，1983.

[256] 尹盛平. 西周的昭穆制度与金文中的"康宫"问题 [G] //宋镇豪，郭引强，朱亮，等. 西周文明论集. 北京：朝华出版社，2004.

[257] 尹盛平. 邢国改封的原因及其与郑邢、丰邢的关系 [G] //《三代文明研究》编辑委员会. 三代文明研究：一. 北京：科学出版社，1999.

[258] 尹盛平. 周原西周宫室制度初探 [J]. 文物，1981（9）.

[259] 尹盛平. 周原遗址为什么大量发现西周青铜器窖藏：兼论周原遗址的性质 [G] //宝鸡青铜器博物馆. 周秦文明论丛：第1辑. 西安：陕西人民出版社，2006.

[260] 于省吾. 墙盘铭文十二解 [G] //中山大学古文字研究室. 古文字研究：第5辑. 北京：中华书局，1981.

[261] 于省吾. 释中国 [G] //中华书局编辑部. 中华学术论文集. 北京：中华书局，1981.

[262] 张长寿. 关于井叔家族墓地 [M] //张长寿. 商周考古论集. 北京：文物出版社，2007.

[263] 张长寿. 论井叔铜器：1983～1986年沣西发掘资料之二 [J]. 文物，1990（7）.

[264] 张长寿. 沣西的先周文化遗存 [J]. 考古与文物，2000（2）.

[265] 张光裕. 新见保员簋铭试释 [J]. 考古，1991（7）.

[266] 张懋镕. 史密簋与西周乡遂制度：附论"周礼在齐"[J]. 文物，1991（1）.

[267] 张懋镕. 周人不用日名说 [J]. 历史研究，1993（5）.

[268] 张懋镕. 周人不用族徽说 [J]. 考古，1995（9）.

[269] 张懋镕，赵荣，邹东涛. 安康出土的史密簋及其意义 [J]. 文物，1989（7）.

[270] 张天恩. 陈庄西周诸侯采邑的初步认识 [C] //陕西省考古研究院，上海博物馆. 两周封国论衡：陕西韩城出土芮国文物暨周代封国考古学研究国际学术研讨会论文集. 上海：上海古籍出版社，2014.

[271] 张天恩. 高领袋足鬲的研究 [J]. 文物，1989（6）.

［272］张天恩. 古密须国文化的初步认识［G］//远望集：陕西省考古研究所华诞四十周年纪念文集. 西安：陕西人民美术出版社，1998.

［273］张天恩. 晋南已发现的西周国族初析［J］. 考古与文物，2010（1）.

［274］张天恩. 少陵原西周墓地性质蠡测［G］//陕西历史博物馆. 陕西历史博物馆馆刊：第16辑. 西安：三秦出版社，2009.

［275］张天恩. 试论关中东部夏代文化遗存［J］. 文博，2000（3）.

［276］张天恩. 西周社会结构的考古学观察［J］. 考古与文物，2013（5）.

［277］张天恩. 先周文化早期相关问题浅议［C］//陕西历史博物馆. 西周史论文集. 西安：陕西人民教育出版社，1993.

［278］张天恩. 关中西部夏代文化遗存的探索［J］. 考古与文物，2000（3）.

［279］张天恩. 天水出土的兽面铜牌饰及有关问题［J］. 中原文物，2002（1）.

［280］张政烺. 试释周初青铜器铭文中的易卦［J］. 考古学报，1980（4）.

［281］张忠培，朱延平，乔梁. 晋陕高原及关中地区商代考古学文化结构分析［G］//内蒙古文物考古研究所. 内蒙古文物考古文集：第1辑. 北京：中国大百科全书出版社，1994.

［282］张忠培. 客省庄文化及其相关诸问题［G］//故宫博物院. 中国陶鬲谱系研究. 北京：故宫出版社，2014.

［283］赵化成. 甘肃东部秦和羌戎文化的考古学探索［G］//俞伟超. 考古类型学的理论与实践. 北京：文物出版社，1989.

［284］中国社会科学院考古研究所泾渭工作队. 陕西彬县断泾遗址发掘报告［J］. 考古学报，1999（1）.

［285］中国社会科学院考古研究所丰镐工作队. 1997年沣西发掘报告［J］. 考古学报，2000（2）.

［286］中国社会科学院考古研究所丰镐工作队. 1984—85年沣西西周遗址、墓葬发掘报告［J］. 考古，1987（1）.

［287］中国社会科学院考古研究所丰镐发掘队. 长安沣西早周墓葬发掘记略［J］. 考古，1984（9）.

［288］中国社会科学院考古研究所泾渭工作队. 陕西长武碾子坡先周文化遗址发掘记略［G］//《考古》编辑部. 考古学集刊：第6集. 北京：中国社会科学出版社，1989.

［289］周宏伟. 西周都城诸问题试解［J］. 中国历史地理论丛，2014（1）.

［290］周昆叔，张广如. 关中环境考古调查简报［G］//周昆叔. 环境考古研究：第1辑. 北京：科学出版社，1991.

[291] 周昆叔.西安半坡新石器时代遗址的孢粉分析[J].考古,1963(9).

[292] 朱凤瀚.《召诰》、《洛诰》、何尊与成周[J].历史研究,2006(1).

[293] 朱活.西周币制论[G]//人文杂志编辑部.西周史研究.西安:人文杂志编辑部,1984.

[294] 宗德生.试论西周金文中的"周"[J].南开学报(哲学社会科学版),1985(2).

[295] 邹衡.关于考古学理论和方法上的几个问题:与梁星彭同志讨论[J].考古与文物,1982(6).

[296] 邹衡.再论先周文化[G]//邹衡.夏商周考古学论文集:续集.北京:科学出版社,1998.

附表

附表1　西周铜器铭文中关于"王才(在)周"的记载

器名	时代	铭文	备注
师汤父鼎	西周中期后段	隹(唯)十又二月初吉丙午,王才(在)周新宫	
七年趞曹鼎	西周中期(共王世)	隹(唯)七年十月既生霸,王才(在)周般宫	
十五年趞曹鼎	西周中期(共王世)	隹(唯)十又五年五月既生霸壬午,龏(共)王才(在)周新宫	
趩鼎	西周晚期(厉王世)	隹(唯)十又九年四月既望辛卯,王才(在)周康邵(昭)宫	
师晨鼎	西周中期	隹(唯)三年三月初吉甲戌,王才(在)周师录宫	
訇从鼎	西周晚期	隹(唯)卅又二年三月初吉壬辰,王才(在)周康宫𢜜(夷)大(太)室	
裘鼎（伯姬鼎）	西周晚期	隹(唯)廿又八年五月既望庚寅,王才(在)周康穆宫	
此鼎	西周晚期(宣王世)	隹(唯)十又七年十又二月既生霸乙卯,王才(在)周康宫𢜜(夷)宫	共有3件
善夫山鼎	西周晚期(宣王世)	隹(唯)卅又七年正月初吉庚戌,王才(在)周	
九年卫鼎	西周中期前段(共王九年)	隹(唯)九年正月既死霸庚辰,王才(在)周驹宫	
四十二年逨鼎	西周晚期(宣王世)	隹(唯)四十又二年五月既生霸乙卯,王才(在)周康穆宫	共有10件
吴虎鼎	西周晚期(宣王世)	隹(唯)十又八年十又三月既生霸丙戌,王才(在)周康宫𢜜(夷)宫	

续表

器名	时代	铭文	备注
太师虘簋	西周中期后段	隹（唯）十又二年正月既望甲午，王才（在）周师量宫	
敔簋	西周晚期	隹四月初吉丁亥，王才（在）周	
师遽簋盖	西周中期（共王世）	隹（唯）王三祀四月既生霸辛酉，王才（在）周	
走簋	西周中期	隹（唯）王十又二年三月既望庚寅，王才（在）周	
裘卫簋（廿七年卫簋）	西周中期前段（穆王世）	隹（唯）廿又七年三月既生霸戊戌，王才（在）周	
申簋盖	西周中期前段	隹（唯）正月初吉丁卯，王才（在）周康宫	
望簋	西周中期（懿王世）	隹（唯）王十又三年六月初吉戊戌，王才（在）周康宫新宫	
元年师兑簋	西周晚期	隹(唯)元年五月初吉甲寅，王才(在)周	共有2件
师艅簋盖（师俞簋盖）	西周中期	隹（唯）三年三月初吉甲戌，王才（在）周师录宫	
訇从簋盖	西周晚期	隹（唯）卅又二年三月初吉壬辰，王才（在）周康宫徲大（太）室	
师瘨簋盖	西周中期前段	隹（唯）二月初吉戊寅，王才（在）周师司马宫	
谏簋	西周中期	隹（唯）五年三月初吉庚寅，王才(在)周师录宫	
辅师嫠簋	西周中期后段	隹（唯）王九月既生霸甲寅，王才（在）周康宫	
伊簋	西周晚期	隹（唯）王廿又七年正月既望丁亥，王在周康宫	
扬簋	西周中期	隹（唯）王九月既生霸庚寅，王才（在）周康宫	共有2件
鄀簋盖/鄀簋	西周晚期	隹（唯）二年正月初吉，王才（在）周邵（昭）宫	器盖同铭
此簋	西周晚期（宣王世）	隹（唯）十又七年十又二月既生霸乙卯，王才（在）周康宫	共有8件
师颎簋	西周晚期	隹(唯)元年九月既望丁亥，王才（在）周康宫	
三年师兑簋	西周晚期	隹（唯）三年二月初吉丁亥，王才（在）周	共有2件
师嫠簋	西周晚期	隹（唯）十又一年九月初吉丁亥，王才（在）周	共有2件，器盖同铭
颂簋	西周晚期	隹(唯)三年五月既死霸甲戌,王才(在)周康邵（昭）宫	共有6件，器盖同铭

续表

器名	时代	铭文	备注
牧簋	西周中期	隹（唯）王七年十又三月既生霸甲寅，王才（在）周，才（在）师汈父宫	
虎簋盖	西周中期（穆王世）	隹（唯）卅年四月初吉甲戌，王才（在）周新宫	共有2件
殷簋	西周中期	隹（唯）王二月既生霸丁丑，王才（在）周新宫	共有2件
柞伯簋	西周中期前段	隹（唯）八月辰才（在）庚申，王大射才（在）周	
宰兽簋	西周中期后段	隹（唯）六年二月初吉甲戌，王才（在）周师录宫	共有2件
覭簋	西周中期前段	隹（唯）廿又四年九月既望庚寅，王才（在）周	
夨簋	西周中期前段	隹（唯）十又一月既生霸戊申，王才（在）周康宫	共有2件
痶盨	西周中期后段（懿王世）	隹（唯）四年二月既生霸戊戌，王才（在）周师录宫	共有2件
善夫克盨	西周晚期	隹（唯）十又八年十又二月初吉庚寅，王才（在）周康穆宫	
达盨盖	西周中期	隹（唯）三年五月既生霸壬寅，王才（在）周	共有3件
趩觯（趩尊、趩簋）	西周中期前段	隹（唯）三月初吉乙卯，王才（在）周	
颂壶	西周晚期	隹（唯）三年五月既死霸甲戌，王才（在）周康邵（昭）宫	共有2件
师遽方彝	西周中期前段（共王世）	隹（唯）正月既生霸丁酉，王才（在）周康寝	
吴方彝盖	西周中期前段	隹（唯）二月初吉丁亥，王才（在）周成大（太）室	
免盘	西周中期	隹（唯）五月初吉，王才（在）周	
守宫盘	西周中期前段	隹（唯）正月既生霸乙未，王才（在）周	
走马休盘	西周中期	隹（唯）廿年正月既望甲戌，王才（在）周康宫	
士山盘	西周中期前段（共王世）	隹（唯）王十又六年九月既生霸甲申，王才（在）周新宫	
克钟	西周晚期	隹（唯）十又六年九月初吉庚寅，王才（在）周康剌（厉）宫	
戚钟	西周晚期（厉王世）	隹（唯）十又六年九月丁亥，王才（在）周康㝬（夷）宫	

附表2 西周铜器铭文中关于"宗周"的记载

器名	时代	铭文	备注
献侯鼎（成王鼎）	西周早期	佳（唯）成王大寨才（在）宗周	共有2件
匽侯旨鼎	西周早期	匽侯旨初见事于宗周	
堇鼎	西周早期前段	匽庆（燕侯）令堇饎太保于宗周	
奚方鼎	西周早期后段	佳（唯）二月初吉庚寅，才（在）宗周	
史颂鼎	西周晚期	佳（唯）三年五月丁子(巳)，王才（在）宗周	共有2件
微繺鼎	西周晚期（厉王世）	佳（唯）王廿又三年九月，王才（在）宗周	
小克鼎	西周晚期	佳（唯）王二十又三年九月，王在宗周	共有7件
善鼎	西周中期	佳（唯）十又二月初吉，辰才（在）丁亥，王才（在）宗周	
大克鼎（善夫克鼎）	西周中期后段（孝王世）	王在宗周，旦，王格穆庙，即位。醽季佑膳夫克入门，立中廷，北向，王呼尹氏册命膳夫克	
大盂鼎	西周早期（康王世）	佳（唯）九月，王才（在）宗周	
静方鼎	西周早期后段	佳（唯）七月甲子，王才（在）宗周	
中甗	西周早期后段	佳（唯）十又一月王令南宫伐虎方之年，佳（唯）正月既死霸庚申，王才（在）宗周	
叔簋（史叔隋器、叔卣）	西周早期后段（康王世）	佳（唯）王寨于宗周	共有2件
庸伯厭簋	西周早期后段	佳（唯）王伐逨鱼，徣（诞）伐淖。黑至，燎于宗周	
史颂簋	西周晚期	佳（唯）三年五月丁子(巳)，王才（在）宗周	器盖同铭，共有8件
趞簋	西周中期	佳（唯）三月，王才（在）宗周	
同簋	西周中期	佳（唯）十又二月，初吉丁丑，王才（在）宗周	器盖同铭
班簋	西周中期	佳（唯）八月初吉，才（在）宗周	
鸴簋	西周早期	佳（唯）八月甲申，公中（仲）才（在）宗周	
羚簋	西周中期前段	佳（唯）正月初吉丁丑，眛爽，王才（在）宗周	
鸢觯	西周早期前段	佳（唯）白（伯）初令于宗周	
隩尊	西周早期	佳（唯）邍公于宗周	
作册魃卣	西周早期	佳（唯）公大（太）史见服于宗周年	
晋侯苏钟	西周晚期（厉王世）	正月既生霸戊午，王步自宗周	
獣钟（宗周钟）	西周晚期（厉王世）	王对乍（作）宗周宝钟	

附表3 西周铜器铭文中关于"莽"的记载

器名	时代	铭文	备注
井鼎	西周中期前段	佳（唯）七月，王才（在）莽京	
鱀靔进方鼎	西周早期	佳（唯）八月辰才（在）乙亥，王才（在）莽京	共有3件
寓鼎	西周中期前段	佳（唯）二月既生霸丁丑，王才（在）莽京鼎□	
伯姜鼎	西周中期前段	佳（唯）正月既生霸庚申，王才（在）京湿宫	
伯唐父鼎	西周早期后段	乙卯，王饔莽京	
戒鬲	西周早期	戒乍莽官（宫）明（盟）尊彝	
奢簋	西周早期	佳（唯）十月初吉辛子（巳），公姒易（赐）奢贝，才（在）莽京	
小臣传簋（师田父敦）	西周早期	佳（唯）五月既望甲子，王才（在）莽京	
遹簋	西周中期前段（穆王世）	佳（唯）六月既生霸，穆王才（在）莽京	
弭叔师察簋	西周中期后段	佳（唯）五月初吉甲戌，王才（在）莽	共有2件
静簋	西周中期前段	佳（唯）王六月初吉，王才（在）莽京	
六年琱生簋（周生簋、六年召伯虎簋）	西周晚期	佳（唯）六年四月甲子，王才（在）莽	
卯簋盖	西周中期	昔乃且（祖）亦既令乃父尸司莽官、莽人，……今余唯命汝尸司莽官、莽人	
鲜簋（鲜盘）	西周中期前段（穆王世）	佳（唯）王卅又四祀，唯五月既望戊午，王才（在）莽京	
老簋	西周中期前段（穆王世）	佳（唯）五月初吉，王才（在）莽京	
王盂残底	西周早期	王乍（作）莽京中寝归盂	
士上尊（臣辰尊）	西周早期	佳（唯）王大禽（禴）于宗周，祂（诞）饔（祼）莽京年	
麦方尊	西周早期	王命辟井（邢）侯出坏侯于井（邢）。雩若二月侯见于宗周，亡述。诒王饔莽京	
史懋壶盖	西周中期	佳（唯）八月既死霸戊寅，王才（在）莽京湿宫	
高卣	西周早期（成王世）	佳（唯）十又二月，王初饔（祼）旁，唯还在周	"旁"即莽京；"周"指镐京

续表

器名	时代	铭文	备注
静卣	西周中期前段	隹（唯）四月初吉丙寅，王才（在）莽京	
士上卣（臣辰卣）	西周早期	隹（唯）王大禴（禘）于宗周，祮（诞）饔（祼）莽京年	共有2件
小臣静卣	西周早期	隹（唯）十又三月，王宛（祼）莽京	
士上盉（臣辰盉）	西周早期	隹（唯）王大禴于宗周，祮（诞）饔（祼）莽京年	
偡匜	西周中期后段	隹（唯）三月既死霸甲申，王才（在）莽上宫	

附表4　西周铜器铭文中关于"成周"的记载

器名	时代	铭文	备注
司鼎	西周早期	王初桒于成周	
易鼎（小臣鼎）	西周中期前段	隹（唯）十月，事（使）于曾，裛白（伯）于成周休眂小臣金	
厚趠方鼎	西周早期	隹（唯）王来各（格）于成周年	
史兽鼎	西周早期	尹令史兽洫工于成周	
史颂鼎	西周晚期	隹（唯）三年五月丁子（巳），王才（在）宗周，令史颂省苏姻友、里君、百生（姓），帅堣盩于成周	共有2件
小克鼎	西周晚期	隹（唯）王二十又三年九月，王在宗周，王命膳夫克舍令于成周	共有7件
颂鼎	西周晚期	王曰：颂，令女（命汝）官司成周贮二十家	共有3件
成周鼎	西周早期	成周	
叔矢方鼎	西周早期	隹（唯）十又四月，王酐（肜）大袮桒才（在）成周	
静方鼎	西周早期后段	隹（唯）七月甲子，王才（在）宗周，令师中眔（暨）静省南或（国）相，𧖟应，八月初吉庚申至，告于成周，月既望丁丑，王才（在）成周大（太）室	
諆簋（鸿叔簋）	西周早期后段（昭王世）	隹（唯）九月，堆（鸿）叔从王员（远）征楚荆，才（在）成周	共有2件

续表

器名	时代	铭文	备注
小臣传簋（师田父敦）	西周早期	隹（唯）五月既望甲子，王才（在）荅京，令师田父殷成周年	
𩵦簋	西周晚期	隹（唯）正月，辰才（在）甲午，王曰："𩵦，命女（汝）司成周里人眔诸侯、大亚……"	
史颂簋	西周晚期	隹（唯）三年五月丁子（巳），王才（在）宗周，令史颂省苏䣛友、里君、百生（姓），帅堣𥁰于成周	器盖同铭，共有8件
佣生簋（格伯簋）	西周中期	隹（唯）正月初吉癸子（巳），王才（在）成周	器盖同铭，共有4件
訇簋（询簋）	西周中期	王若曰：訇不（丕）显文、武，受令（命），则乃祖奠周邦。今余令（命）女（汝）啻官司邑人，先虎臣后庸，西门夷、秦夷、京夷、㚔夷、师笭侧新、……成周走亚、戍、秦人、降人、服夷	
敔簋	西周晚期	隹（唯）王十月，王才（在）成周	
颂簋	西周晚期	隹（唯）三年五月既死霸甲戌，王才（在）周康邵（昭）宫。……王乎（呼）史虢生册令（命）颂。王曰：颂，令（命）女（汝）官司成周贮	共有6件
伯弋父簋	西周晚期	隹（唯）王九月初吉庚午，王出自成周	共有2件
虢仲盨盖	西周晚期	虢仲㠯（与）王南征，伐南淮夷，才（在）成周	
伯寬父盨	西周晚期	隹（唯）卅又三年八月既死霸辛卯，王才（在）成周	器盖同铭，共有2件
叔剌父盨	西周晚期	隹（唯）王元年，王才（在）成周	器盖同铭，共有4件
文盨	西周晚期	隹（唯）王廿又三年八月，王命士智父殷南邦君诸侯。乃易（锡）马。王命文曰："率道于小南。"隹（唯）五月初吉，还至于成周	
孟爵	西周早期	隹（唯）王初桒于成周	
丰尊、丰卣	西周中期前段(穆王世)	隹（唯）六月既生霸乙卯，王才（在）成周	
士上尊（臣辰尊）	西周早期	隹（唯）王大禴（禴）于宗周，祢(诞)䄙（裸）荅京年，才（在）五月既望辛酉，王令士上眔史寅殷于成周	

续表

器名	时代	铭文	备注
何尊	西周早期前段	隹（唯）王初迁宅于成周	
录戏尊、录戏卣	西周中期前段	王令（命）戏曰：叔淮夷敢伐内或（国），汝其以成周自（师）氏戍于古叶自（师）	
成周邦父壶盖	西周晚期	成周邦父乍（作）干仲姜宝壶	
十三年痪壶	西周中期后段（懿王世）	隹（唯）十又三年九月初吉戊寅，王才（在）成周司土淲宫	共有2件
智壶盖	西周中期	隹（唯）正月初吉丁亥，王各（格）于成宫，井（邢）公内（入）右智，王乎（呼）尹氏册令（命）智，曰：更乃且（祖）考乍（作）冢司土于成周八师	
颂壶	西周晚期	隹（唯）三年五月既死霸甲戌，王才（在）周康邵（昭）宫……王曰：颂，女（汝）官司成周贮	共有2件
围卣（围壶）	西周早期前段	王莱于成周	
作册翻卣	西周早期	隹（唯）明保殷成周年	
兮甲盘	西周晚期	王命甲政嗣（司）成周四方责（积）	
应侯见工钟	西周中期前段（共王世）	隹（唯）正二月初吉，王归自成周	共有3件
鲜钟	西周中期	隹（唯）□月初吉□寅，王才（在）成周司土（徒）淲宫	
晋侯苏钟	西周晚期（厉王世）	二月既望癸卯，王入各（格）成周	
成周铃	西周早期	王成周令（铃）	共有2件
成周戈	西周早期	成周	共有5件

大事记

约公元前 2200 年
- 尧封周族始祖后稷于邰（在今陕西杨陵、武功）。

约公元前 1600 年
- 末代后稷之子不窋自窜于戎狄之间。

约公元前 1500 年
- 周族先祖公刘率族人迁徙到豳地（今陕西旬邑、彬州一带）。

约公元前 1150 年
- 周先王古公亶父率族人迁徙到岐山之下，营建周邑。

约公元前 1100 年
- 周王季历被商王文丁所杀。

约公元前 1080 年
- 周王姬昌被商王帝乙封为周方伯。文献称为西伯，即西方的霸主。

约公元前 1075 年
- 周方伯被商纣王囚禁于羑里（在今河南汤阴县北），演绎八卦。

约公元前 1070 年
- 虞、芮之君到周国，欲请周方伯评判土地纠纷。周方伯正式称王，即周文王。

约公元前 1057 年
- 周文王迁都丰邑（今陕西西安市沣河西岸马王街道）。

约公元前 1056 年
- 周文王出兵攻伐犬戎，大胜。

约公元前 1051 年

 ·周文王去世，太子发继位，是为周武王，建都镐京（今陕西西安市沣河东岸斗门街道）。

约公元前 1049 年

 ·周武王率领军队在河南孟津观兵（进行伐商演习）。

约公元前 1047 年

 ·武王伐纣大军从周都镐京出发。

约公元前 1046 年

 ·牧野之战，周灭商，西周王朝建立，定都镐京（今陕西西安市沣河东岸斗门街道）。

约公元前 1043 年

 ·武王病逝，成王诵登基，周公辅政（摄政）。

约公元前 1042 年

 ·商纣王之子武庚禄父与管叔、蔡叔、东夷、淮夷叛乱，周公、召公、成王东征，绌殷命，征东夷熊盈十七国，伐淮夷，残奄。

约公元前 1040 年

 ·周公主持营建洛邑。

约公元前 1039 年

 ·周公制礼作乐，建立各种典章制度。

约公元前 1038 年

 ·成王迁居洛邑，定名洛邑为成周，镐京为宗周，但不久后又回到故都，居于丰京。

约公元前 1035 年

 ·周公还政于成王。

约公元前 1033—前 1021 年

 ·成王迁殷顽民于成周。

约公元前 1020 年

 ·康王命作策毕公高"分民之居里于成周之郊"。

约公元前 996 年

 ·周康王命盂伐鬼方，获胜。

约公元前 979—前 977 年

 ·周昭王亲率六师南征荆楚，渡汉水时，用船连接起来的桥梁解体,昭王溺水而亡。

约公元前976—前966年

・周穆王征犬戎,迁犬戎于太原(今陇东甘肃平凉、宁夏固原一带)。

约公元前966—前960年

・吕侯奉穆王之命作《吕刑》。

约公元前960—前922年

・周穆王征伐以徐偃王为首的淮夷。

约公元前922—前900年

・周共王灭密须国,杀密康公。

约公元前899—前892年

・周懿王时"王室遂衰,戎狄交侵,暴虐中国"。北有猃狁之难(猃狁不纳贡),南有淮夷入侵。

约公元前891—前886年

・周孝王封非子于秦,号"秦嬴"。

约公元前885—前878年

・周夷王时猃狁("太原"即今甘肃平凉、庆阳与宁夏固原一带的"允姓之戎",也就是犬戎)入侵"京师"(在陕西旬邑、彬州一带的豳地),命虢公率西六师伐太原之戎。

约公元前878年

・周夷王死,太子胡继位,是为厉王。

约公元前844年

・周厉王"监谤",监督和禁止百姓的言论。

公元前841年

・国人暴动,周厉王出逃,"共和行政"开始。这是中国历史上有确切纪年的开始。

公元前828年

・厉王死于彘,周、召二公拥立太子静为周宣王,共和结束。

公元前827年

・周宣王不修籍于千亩,宣布废除籍田典礼。

公元前824年

・周宣王命大夫秦仲伐西戎。

公元前 823 年

- 猃狁"侵镐及方，至于泾阳"。夏六月，尹吉甫率师伐猃狁，至于太原。

公元前 806 年

- 宣王封庶弟友于郑，此即郑桓公。

公元前 789 年

- 宣王征伐申戎，战于千亩（今山西介休市），王师败绩于姜氏之戎。申戎即姜氏之戎，为北申，在山西介休市境内。

公元前 788 年

- 流亡之民渐多，宣王既亡南国之师，乃料民于太原，开始调查人丁户口。

公元前 780 年

- 镐京大地震，泾、渭、洛三川断流，岐山崩塌。

公元前 779 年

- 周幽王为了取悦褒姒，烽火戏诸侯。

公元前 777 年

- 周幽王废申后及太子宜臼，立褒姒为后，宜臼逃至申国。

公元前 776 年

- 发生了《诗经》记述的周历十月初一的日食。

公元前 774 年

- 周幽王立褒姒之子伯服为太子。

公元前 772 年

- 周幽王与诸侯盟于太室山，并派兵讨伐申国。

公元前 771 年

- 申侯与西夷、犬戎（猃狁）联兵攻周，杀幽王于骊山下，西周亡。周平王东迁成周洛邑，居于王城。

索引

B

宝山文化 / 020,023,071

北村遗址 / 019—020,052,069

北殷氏 / 013,023,388,393

薄伐猃狁 / 334—338,379—382

C

采邑 / 132—133,177,215—223

夨国 / 017,261—262,394

滻水 / 172,180—182,345,354—356,399—400

成康之治 / 238,314

成王 / 134,172,221,341—356

成王东征 / 077,121

成周 / 003,114,134,153,172—174,179—182,192,224—227,264—266,341—368

成周八师 / 313,340—341,356,361—362,368

崇伯鲧 / 011,016,393

崇国 / 011—012,088,090—091,392—393

崇侯虎 / 014,088,091

D

大郑宫 / 200,388

东下冯类型夏文化 / 032,392

E

二里岗文化 / 019—020,050,051,054,075

二里头文化 / 011,018—019,049,051,090,392

F

分封诸侯 / 129，133—134

丰京 / 002—003，102—103，121，
　　171—172，185—189，193—212，
　　249，269，397—400

丰邑 / 003，012，089—090，093—103

沣东遗址 / 045，397

沣水 / 002，091，102，119

沣西遗址 / 045—046，096，099，
　　102，107—110，193，205，397

封功臣谋士 / 081，129—130，132—133

G

弓鱼 / 081—082，125，309—310

公刘 / 029—030，036—039，062，
　　066，166，235，335，337

攻吴 / 081—082

共工 / 015—016

句吴 / 081—082，125，309

古公亶父 / 025，039—040，047—049，
　　062—063，069—070，081—082，
　　165—166，384—385

瓜州 / 016—017，087—088，394

广伐东国 / 315—316，364—365

广伐京师 / 336，379

鬼方 / 078

国人暴动 / 158，178，372—374

H

镐京 / 002—003，066，093，113—134，
　　137—144，146—147，153，162—164，
　　166—167，170—171，189—192，
　　397—398，400

鄗水 / 115，119—120

滈水 / 102—103，189

后稷 / 006，017，026—027，029—033，
　　040，395—396

虎臣 / 124，314，359，362，377

虎贲 / 124，314，362

黄帝 / 006，011，014，086，392

J

姬姜联盟 / 070，384

姬水 / 014

畿内 / 082，125，133，141，177，
　　197—198，327，328

畿外 / 133，141，197—198

涧水 / 180—182，342

姜戎氏 / 016—017

姜戎文化 / 025，051，053—055，069，
　　393

姜氏之戎 / 016—017，051，053—054，
　　069，088，132，165，192，205，
　　327—328，378，383，393—394

姜水 / 014—015，394

姜炎文化 / 025, 046, 054

姜原 / 017, 026, 068—069, 394

焦获 / 337, 379

京当型商文化 / 021—025, 057, 069, 075

京宫 / 066, 145—161, 166, 352, 398—399

泾水 / 024, 043, 077, 335—336

荆蛮 / 081—082, 125

居岐之阳 / 015, 039, 063, 070, 335

K

康宫 / 152—161, 174, 178, 253, 350, 399

康庙 / 153, 155, 157—158, 161, 178, 399

康王 / 134, 140—142, 153, 164, 167, 200, 203, 224, 255, 314, 317—318, 324, 398—399

客省庄二期文化 / 018, 021, 094, 119, 392—393

昆夷之患 / 078, 086

L

老牛坡类型文化 / 018, 021, 392—393

老牛坡遗址 / 019—020, 052, 069, 090, 392—393

骊山氏 / 012—013, 020, 393

礼乐盛行 / 170

厉宫 / 155, 157, 158, 161, 174, 399

厉王 / 158, 178, 253, 332—334, 338, 367—368, 371—374, 377—379, 385

厉王革典 / 158, 374

烈山氏 / 030

灵台 / 089, 093, 102, 104, 110, 168, 172, 389

灵囿 / 105, 168, 240

灵沼 / 103, 104, 110, 168, 172

刘家文化 / 017, 021, 025, 051, 053—054, 075, 088, 393—394

路寝 / 150, 154, 158, 167, 352

M

孟津观兵 / 122—123

明堂 / 104, 146, 150—151, 352

牧野之战 / 082, 122—129

穆宫 / 153—159, 161, 178, 399

穆王 / 087, 142, 152, 155, 168, 178, 190, 192, 198, 270, 329—331, 361—364, 377, 379

N

内服 / 141, 167, 200

碾子坡文化 / 021—022, 047, 057, 060—061

碾子坡遗址 / 047，285，299

P

菶京 / 003，160，162—172，178，379

平王东迁 / 182，342，384，400

Q

齐家文化 / 016，021，054，392—393

岐邑 / 007，034，040—041，075，138—139，143，152—153，160，174—178，398

岐周 / 007，040，075，143，146，152—153，161，163—164，173—176，178，374，398

汧陇 / 017，390，394

侵镐及方 / 163—164，178，337，379

秦川 / 003，216，385

秦岭 / 003，017，062，103，262—263，321，396

犬丘 / 012—013，023—025，069，073—078，086，089，166，379，382，385

犬戎 / 071，086—087，089，334—335，383，387

犬夷 / 012，022—023，071，077，086

畎夷 / 012，022—024，071，073—076，077，086，089，166，329，375，379，385，388

R

戎狄交侵 / 375

戎狄之间 / 033，035，038，062，077，395

芮国 / 218

S

三年静东国 / 331，376

散关 / 262

实始翦商 / 007，063，070，078

氏族军队 / 314，362，368

司工（空）/ 070，228，306

司马 / 070，122，124，198，228，314，378

四岳 / 016—017，088，132，378，393

四岳国 / 016，021，393

寺洼文化 / 046，087，287，298，335，383

T

太保 / 070，130，132，181，315—316，324，341，349，373

太伯 / 081—082，125，129，147

太傅 / 132

太庙 / 139，146—151，157，161，169，349，352，356

太师 / 070，130，132—133，219，378

太王迁岐 / 031，039—040，153，182

唐杜氏 / 031，061

陶复陶穴 / 047—049，069，210

土方 / 032，034

W

外服 / 141—142，167，373

渭水 / 015，031—032，115，262，385

文身断发 / 081，309—310

文王 / 002，007，014，030，040，066，068，078—081，085—092，110，113，144，149，168，172，177，241，277，279，300，389，392，393，395，403

文王灭崇 / 007，012，041，085—092，144，300，392，395

武庚叛乱 / 130，197，371

武关 / 263，264

武王 / 002—003，007，029，030，041，080—082，090，104，113—115，122—134，137，143，146，147，169—170，175，179，300，341，363，398，403

武王灭商 / 082，122—129

X

西伯 / 014，085，088，091，277

西垂 / 012，013，024，069，074—076，382，385

西六师 / 225，313，317—318，368，378

西落鬼戎 / 078

西征犬戎 / 087，334

西周灭亡 / 070，384

夏文化 / 018—019，392

先周 / 028—030

先周文化 / 021，022，025，028，032，038，043—061，106—107，395，397—398

猃狁之难 / 087，379—383

薰育戎狄 / 062，078

Y

炎帝 / 011，014—015，088

尧 / 017，026，029，036，129

夷宫 / 157—158，164，399

以藩屏周 / 215

殷八师 / 313，315，361，368

有扈氏 / 012

有吕氏 / 016，393，394

有莘氏 / 013—014，393

有邰氏 / 017，026，027，394

彊国 / 216，309

俞山 / 199

虞国 / 081

虞芮之讼 / 085，089

槭林 / 199—200，363

槭山 / 159，199—200，363

槭阳宫 / 159，199

允姓之戎 / 071，086—088，334，335，379

Z

早周文化 / 025，046

昭宫 / 153，154，174，178，399

昭王 / 191，199，263，265，318—329，399

昭王伐楚 / 263，265，318—329

征伐淮夷 / 329—331，359—360，364—368，375—378

正侧虎臣 / 124，314

郑家坡先周文化 / 049—050，055—061，395

郑家坡遗址 / 036，049—051，053，055—059

至于泾阳 / 164，172，337，379

至于太原 / 358，380

仲雍 / 081，082，125，129

周道 / 062，260—266

周方伯 / 068，080，085，403

周公 / 074，078，122，129，130，132，138，148—149，170，180—181，229，341，349，371—372，376

周庙 / 074，137，148，149，150，156，158—159，169，352，398—399

周行 / 260—264

周邑 / 040，066，075，146，152，161，173—178，325，374，395，398

周原 / 039，062—065，068—069，200，395

周原发祥 / 062—082

周原遗址 / 045，064，152，153，176，374

周族起源 / 030，030—061，394

追封先圣王之后 / 129

宗周 / 003，066，134，137，139，142—144，146，153，163，166，171，173，182，192，224，384，398，400

左右虎臣 / 124，314，359，377

后记

承蒙陕西师范大学历史文化学院教授王晖先生的推荐，我接受了《西安城市史·西周丰京镐京卷》的编写任务，经过几个春秋寒暑，总算完成了任务。由于西周丰镐遗址历史上保存不善，特别是中心区域大型的夯土建筑基址破坏严重，虽然经过八十余年的考古调查与发掘，取得了丰硕的成果，但是当时的城市布局仍然不甚清楚，为本书留下了遗憾。

由于我没有参加丰镐地区的考古发掘，而且对丰镐地区的考古资料研究不够，因此本书的写作不仅粗糙，而且认识上的错误在所难免，恳请方家指教，读者指正。

在写作的过程中，《西安城市史》主编、陕西师范大学西北研究院教授侯甬坚先生为我提供了帮助，赠送了胡谦盈先生的新作《周文化及相关遗存的发掘与研究》《三代都址考古纪实——丰、镐周都的发掘与研究》。这两本书提供了丰镐地区的考古资料，帮助我完成了本书的写作，在此对侯甬坚、胡谦盈先生表示衷心的感谢。在出版过程中，陕西师范大学出版总社的侯海英、赵荣芳等同志不辞辛苦，来回奔忙，给予我很大的帮助，在此向她们表示深深的感谢。

在写作的过程中，我的老伴廖源女士操作电脑，完成了全书的打字工作，十分辛苦，在此也表示感谢。

尹盛平

2019年12月